编　委　会

主　任：徐光春

副主任：宋争辉　李　俊

委　员：（以姓氏笔画为序）

王　晖　王震中　尹全海　刘庆柱　朱乃诚

李　俊　沈文慧　沈长云　吴圣刚　周洪宇

金荣权　张新斌　姚圣良　高　强　梁　枢

霍彦儒

本书为国家社会科学基金特别委托项目
"炎黄学概论"结项成果

炎黄学概论

信阳师范学院《炎黄学概论》编委会 编著

李 俊 王震中 主 编

梁 枢 姚圣良 副主编

人民出版社

序

炎黄学:以文化自知达至文化自信

徐 光 春[*]

  习近平总书记始终强调,中华民族有 5000 多年的文明发展史。在 2019 年 9 月召开的全国民族团结进步表彰大会上的讲话中,习近平总书记更是明确地指出:"我们悠久的历史是各民族共同书写的。早在先秦时期,我国就逐渐形成了以炎黄华夏为凝聚核心、'五方之民'共天下的交融格局。"[①]同月在郑州召开的黄河流域生态保护和高质量发展座谈会上,在谈到"黄河文化是中华文明的重要组成部分,是中华民族的根和魂"的时候,习近平总书记又特别指出:"早在上古时期,炎黄二帝的传说就产生于此"。从习近平总书记这些重要讲话中,我们可以悟出这样一些深刻的思想和道理:一是早在先秦时期,我国就逐渐形成了以炎黄华夏为凝聚核心、"五方之民"共天下的交融格局,这就是中华

---

  [*] 作者为中央马克思主义理论研究和建设工程咨询委员会主任、河南省委原书记、中华炎黄文化研究会首席顾问、信阳师范学院炎黄学研究院院长。

  [①] 习近平:《在全国民族团结进步表彰大会上的讲话》,人民出版社 2019 年版,第 4—5 页。

民族形成的初始形态,在这个初始形态形成的过程中,"炎黄华夏"发挥了凝聚作用,处于核心地位。二是黄河文化是中华文明的重要组成部分,是中华民族的根和魂。而这一上古时期历史发展的主导人物是炎黄二帝,炎黄二帝率领先民们创造的炎黄文化,作为黄河文化的先导文化,开创了中华文明初始纪元,成为中华民族的根和魂。三是中华文明5000多年历史起步阶段的状况,与"上古时期"、"先秦时期"炎黄二帝在古中国的活动,在时空上是相符的,在内容上是相融的,在成果上是相当的。四是炎黄二帝是真实存在的历史人物,不是后人臆造的神话人物。

从这些悟到的思想和道理中,我们也可以明确地认识到:中华5000多年的文明史,炎黄是中华文明开拓者的主要代表;中华民族5000多年的形成发展历史,炎黄是中华民族的人文始祖;中国几千年艰难卓绝的发展振兴,炎黄是古老中国的创世英雄。总之,炎黄在中国上古时期文明创造、民族发展、国家形成中的始祖、核心地位和开创、凝聚作用应该得到肯定和认可,特别是要从学理的角度,有根有据有理地讲清楚。这是事关国家和民族利益的一件大事,也是《炎黄学概论》编纂的初衷。

现在呈现在读者面前的《炎黄学概论》,是国家社科基金委托信阳师范学院炎黄学研究院完成的"特别委托项目",也是一部集合学科建设、学术前沿研究、学术体系创立为一体的具有开创意义的力作。我想从开创性、学科性、学术性、体系性讲起,谈谈对《炎黄学概论》的认识。

创建一个具有开创性、系统性、能反映出历史的真实和现实的需求的炎黄学学科,并使它确立起来,进入到河南省优势特色学科群,是很不容易的。信阳师范学院做到了这一点,并取得了可借鉴的经验,这很值得点赞!

我们知道,炎黄学研究的对象属于追记式的记载,其中大部分都是中国文字定型之前民间和官方的传说。到底我们的老祖宗是怎么回事,是需要我们花大力气闹明白的。我认为,炎黄文化是中华传统文化的先导文化、核心文化。三皇五帝中,炎帝神农位列三皇,代表了三皇;黄帝为五帝之首,代表了五帝。炎黄之中,最重要的是黄帝,他"合符釜山",创建了部族联盟这样一种共同体。在炎黄文化中,黄帝的思想文化是起融汇、传承、创新、发展作用的。历史文化探源工程也应该探到炎黄时代,具体探到炎黄身上。《炎黄学概论》中有一章讲的就是"炎黄时代与中国文明起源和形成",在炎黄学公开课中要坚持这样做。信阳师范学院关于《炎黄学概论》的编纂和在大学开设炎黄学公开课的做法,是一项创举。首先,炎黄学的研究就是一项历史性的创举;其次,在大学中开设炎黄学公开课,也是一项没有做过的创举;再则,把研究与教学结合起来,相互促进,这也是创举,是炎黄学研究、教学取得成功的重要原因。

学科化是《炎黄学概论》的一个重要目标。《炎黄学概论》的"绪论"特别讲了"创建炎黄学学科的必要性、可行性与时代契机"。习近平总书记在党的十九大报告中强调了"文化自信",并指出"没有高度的文化自信,没有文化的繁荣兴盛,就没有中华民族伟大复兴"，"中国特色社会主义文化，源自于中华民族五千多年文明历史所孕育的中华优秀传统文化"。① 文化自信的基础是文化自知。炎黄学学科建设，对于我们全面、深刻地认识中国自远古而来的文化特质，是一项基础性的建设。也就是说，炎黄学学科建设有利于我们把炎黄与中华民族的关系、炎黄精神与中华精神的关系、炎黄文化与中华文化的关系讲清说透，从而在对中华传统文化的自我认识的基础上，来达到文化自信和文化自觉。

在由文化自知而达到文化自信和文化自觉这一点上，以往的炎黄文化研究也有近似的作用，然而它远不如炎黄学这种方式更有意义。《炎黄学概论》提出：炎黄学与炎黄文化研究这两种方式，在培养和增强文化自信、自觉上，最主要的区别就在于：炎黄学是把我们对炎黄文化的自我认识，放在科学的、系统的学理基础之上，来进行学术建树、学科建设和文化弘扬的。所以，炎黄学凸显了炎黄文化研究的科学性和系统性。只有在科学性和系统性基础之上，才能实现从文化自知走向文化自信和文化自觉。这也是我们把炎黄文化研究提升为炎黄学的另一价值所在。

炎黄学走向学科化建设的时代契机，也与党的十八大以来以习近平同志为核心的党中央关于"中华优秀传统文化的创造性转化和创新性发展"的时代要求密切相关。2017 年 1 月，中共

---

① 《习近平谈治国理政》第三卷，外文出版社 2020 年版，第 32 页。

中央办公厅和国务院办公厅印发了《关于实施中华优秀传统文化传承发展工程的意见》,提出要"坚持中华优秀传统文化的创造性转化和创新性发展",要"推动高校开设中华优秀传统文化必修课……公开课"等,提出了传统文化进校园、进课堂的要求。显然,习近平总书记作的十九大报告和两办印发的《关于实施中华优秀传统文化传承发展工程的意见》吹响了包括炎黄学在内的国学学科化与进校园的集结号和动员令,它成为炎黄学走向学科化建设的重要时代契机。

学科化建设需要课程设计和教材编写。《炎黄学概论》分"学术版"和"教材版"两种。这里所呈现的是学术版。教材版是在学术版的基础上按照教材的体例格式进行编写。炎黄学的课程设计直接体现了炎黄文化进课堂,变"学问"为学科。两年多来,信阳师范学院从大学二年级开始讲授"炎黄学公开课",这适合了大学生已有的知识准备,遵循了大学教学规律。也正因为如此,2020年河南省把"炎黄学"增设为该省优势特色学科群。在师资上,经过两年多的努力,信阳师范学院已迈进了分"两步走"的第二步:第一步聘请该领域全国知名专家学者组成"炎黄学公开课"的授课教师团队;第二步逐步由本校教师接手,实现授课教师的本土化。

《炎黄学概论》学术性很高,展现了诸位作者的学术前沿研究。各章的作者绝大多数原本就是对炎黄文化有涉及、有研究的专家学者。这次撰写《炎黄学概论》,如何对待各章诸位作者的学术观点与全书主基调和体系相统一的问题,是一个挑战。

众所周知,在炎黄文化研究中有许多问题和课题尚未形成定论,有的甚至在学术界和各地众说纷纭。为此,课题组经过反复讨论,达成共识。其做法是:其一,各章在炎黄年代、古史传说人物究竟是人还是神、炎黄学中多学科的整合与互补等基本问题上,要照应"绪论"的论述;其二,允许各章作者阐述自己的学术观点、学术见解,但必须是在充分阐述了前人的各种观点的基础上,有根有据有理地来讲自己的学术观点,即在对众说纷纭的观点和说法有所交代的基础上,展开深入研究,阐述自己独到见解。现在通观全书,基本做到了这一要求。《炎黄学概论》的学术性体现在了书中长达7万多字的"绪论"和各章之中,是很成功的。

《炎黄学概论》是一部以突出学术性和学术创新为特色、以建立学术体系为宗旨的著作,是大手笔之作。全书分上、中、下三编,由"绪论"和15章组成。"绪论"属于全书的总纲,带有建立体系的意义。"绪论"中论述了八个方面的问题:一是创建炎黄学学科的必要性、可行性与时代契机;二是炎黄学的学科构成与特点;三是炎黄学中三皇与五帝的结构关系;四是炎黄时代的年代问题;五是炎黄与中国"大一统"思想的历史渊源;六是古史传说人物究竟是人还是神及炎黄名号的由来;七是炎黄学中多学科相整合而互补互益的必要性;八是《炎黄学概论》的结构。这些都是炎黄学中基础性、系统性所要面对的课题,放在"绪论"中加以阐述,使"绪论"成为全书各章相互协调的主基调。

"上编:炎黄学之本体",由第一章到第六章组成。这六章阐述了炎黄学的文献基础,以及炎帝、黄帝研究中的一些基本问题,例如炎黄名号的由来、神农与炎帝的区别和联系、炎帝族团的图腾、炎黄的发祥地、活动地域与迁徙、黄帝何以成为华夏民族的共同始祖、炎黄与苗蛮和东夷的关系、炎黄与五帝的关系,以及炎黄时代的发明创造等。这些属于炎黄学基本课题。

"中编:炎黄学与中华文明和传统文化",由第七章到第十章组成。"中编"的这四章是从"上编"炎黄学基本课题出发而引申出的炎黄学另一层次的课题,其路径和视角是把炎黄学与中华文明的起源及其早期发展的研究紧密相连;把炎黄学与中国的龙文化、中华姓氏文化以及中华传统文化紧密相连,从而印证了炎黄文化乃中华传统文化的龙头文化、核心文化的命题,它与上编共同印证了炎黄学是跨学科、多学科相结合的学科特色。

"下编:炎黄学与中华民族共同体",由第十一章到第十五章组成。这五章是从炎黄学基本课题出发延伸出的第二层次的课题。诚如书中所言,炎黄精神,既是中华民族自立于世界民族之林的一面旗帜,又是中华文化和中华文明传承发展、与时俱进的不竭动力,同时为中华民族精神的形成孕育了最基础的"基因"。这种发端于上古、绵延数千年的炎黄精神,已成为不同时期、不同地域人们共有的一种民族精神和力量源泉,成为今天社会主义核心价值观和构建中华民族精神家园的重要内容,是"铸牢中华民族共同体意识"的重要基石,其创造创新精神在今天仍然具有积极意义和强大生命力,为丰富今天"以爱国主义为核心的民族精神和以改革创新为核心的时代精神"提供了有益价值。炎黄文化既是历史文化,亦是活在当代的活生生的文化,炎黄精神的当代价值就是炎黄学的时代价值。

这样,由"绪论"和上、中、下三编构成的《炎黄学概论》,篇幅弘厚、结构合理、层次递进、体系完备,是信阳师范学院炎黄学研究院推出的有分量的开创性之作,为深入学习贯彻习近平总书记关于保护、传承、弘扬中华优秀传统文化的重要论述,为确立炎黄二帝在中国历史发展中的重要地位和作用,提供了知识基础和学理支撑。我为他们所取得的这一成绩感到欣慰!

特为此作书序。

于 2020 年 10 月 24 日

目　录

上编 ｜ 炎黄学之本体

中编 | 炎黄学与中华文明和传统文化

下编 | 炎黄学与中华民族共同体

绪　　论

一、创建炎黄学学科的必要性、
可行性与时代契机

从 20 世纪 80 年代改革开放的初期开始,随着海内外华人对中华优秀传统文化振兴的推动,中华大地兴起了"炎黄热"。为了弘扬中华优秀文化,振奋民族精神,推进和引领炎黄文化研究的可持续发展,经文化部和民政部批准,1991 年 5 月 10 日在人民大会堂召开大会,宣告中华炎黄文化研究会正式成立。时任中共中央政治局常委李瑞环,中共中央顾问委员会副主任、中华炎黄文化研究会名誉会长薄一波,全国人大常委会副委员长、中华炎黄文化研究会会长周谷城,中共中央顾问委员会常委、中华炎黄文化研究会执行会长萧克发表了重要讲话。李瑞环说:"中华炎黄文化也可以说就是中华民族文化,博大精深,源远流长,影响深远,是祖先留给我们的一份极其丰厚、极其珍贵的遗产。在当今世界上,凡是炎黄子孙,不管他走到什么地方,只要他良知未泯,都不能不为辉煌灿烂的中华民族文化而感到自豪。"①周谷城会长说:"研究和弘扬炎黄文化,就是研究和弘扬中华民族的优秀文化。中华民族文化历史悠久,

---

① 《李瑞环在中华炎黄文化研究会成立大会上的讲话》,《炎黄春秋》1991 年第 2 期。

上下五千年;涉及面广,关系到文史哲、数理化、天地生和工农兵学商的方方面面。因而,研究和弘扬中华民族的优秀文化和优良传统,是我们全国各民族人民共同的事,是全国十一亿人的事,也可以说是包括远在海外所有炎黄子孙共同的事。"①萧克执行会长说:"如何弘扬民族优秀文化,让中华文化走向世界,同时,更好地吸取世界文化的精华来充实与发展自己,作为我们这一代炎黄子孙不得不认真考虑。现在,我们成立了中华炎黄文化研究会,就是要勇于担负这个任务。我们广泛联系并团结海内外炎黄子孙,开展利于祖国统一和民族团结的有益活动,深入研究并大力弘扬中华民族的优秀文化,促进中外文化交流。"②几位领导的讲话,道出了海内外炎黄儿女的心声,概括了中华炎黄文化研究会的使命。自此开始,全国各地相应成立了地方炎黄文化研究会,形成了广泛参与、上下一心的生动局面。仅就中华炎黄文化研究会主抓的炎黄文化研究而论,其成就已是非凡。诸如,在河南省郑州市黄河风景名胜区向阳山(始祖山)上,背依邙山,面向黄河,修建了凝聚中华儿女感情的炎黄二帝巨大塑像;主办了《炎黄春秋》杂志和《炎黄文化研究》丛刊;筹备编纂并于2002年出版了会通中华5000年文化精神的百卷本《中华文化通志》,2010年出版了汇聚炎黄二帝及其时代历史文化资料的8卷本《炎黄汇典》;等等。

中华炎黄文化研究会自成立以来,集聚全国学术力量,在炎黄与中华文化研究上取得一系列标志性成果。在这样的形势下,中华炎黄文化研究会于2010年4月在北京召开的"新时期炎黄文化研究的回顾与思考"学术研讨会上,就如何推动炎黄文化研究进一步发展、开拓炎黄文化研究的新局面展开讨论。有学者提出,"建设多学科联合攻关的炎黄学"③。两年后,霍彦儒发表《炎黄学论

① 《李瑞环等谈中华炎黄文化》,《炎黄春秋》创刊号1991年第1期。
② 萧克:《弘扬中华民族优秀文化 促进社会主义精神文明建设——在中华炎黄文化研究会成立大会上的讲话》,载王俊义、黄爱平编:《炎黄文化与民族精神》,中国人民大学出版社1993年版。
③ 王志光:《开拓炎黄文化研究的新局面——"新时期炎黄文化研究的回顾与思考"学术研讨会综述》,载赵德润主编:《炎黄文化研究》第十二辑,大象出版社2011年版,第282—283页。

纲》认为,20 世纪 80 年代以来,炎黄文化的研究成果,为建立炎黄学打下了坚实的基础;"建立炎黄学,就是为了使炎黄文化研究成为一门学科研究,构建系统完整而科学的炎黄学研究理论体系。"①但是,几年过去后,"建立炎黄学"的提议并未引起学术界和有关机构的关注。究其原因,一是当时缺乏社会契机,时机尚不成熟。二是霍彦儒等先生提出的"炎黄学"仍停留在"学问"之学的概念上,而我们所提出的"炎黄学"是"学问"之学与"学科"之学相结合的学科化的东西。二者名称相同,内涵却不一样。提出"炎黄学学科化"的契机是 2017 年中共中央办公厅和国务院办公厅印发了《关于实施中华优秀传统文化传承发展工程的意见》以及 2017 年 12 月信阳师范学院炎黄学研究院的成立。

2017 年 12 月 23 日,在河南省委原书记、中华炎黄文化研究会首席顾问徐光春先生的支持下,在信阳师范学院党委书记宋争辉、校长李俊等领导的主导下,信阳师范学院在北京召开了炎黄学学科建设暨信阳师范学院炎黄学研究院成立大会,在全国率先成立了炎黄学研究院,旨在推动以炎黄学为代表的国学学科化进程。这次大会重新提出了"炎黄学",并要使它进入高校校园,明确走的是学科化建设的道路。那么,在新时代的今天,走向学科化道路的炎黄学,它的必要性和重要性何在? 它的可行性在哪里? 它的时代契机究竟是什么?

(一) 必要性和重要性

炎黄文化研究虽然取得了很大成绩,但也存在一些结构性问题。目前,在全国范围内,炎黄文化研究可以划分为三个层次、三种类型:一是对部分资料的整理,例如,由中华炎黄文化研究会原副会长李学勤、张岂之主编的 8 卷本《炎黄汇典》;二是各个大学和科研机构的专家学者以及地方上的研究人员进行的带有学术性的研究;三是被称为"民科"的民间文化人的研究。上述第一类属于资料性的基础工作。第二类虽然说多数是带有学术性的,但这些研究,

---

① 霍彦儒:《炎黄学论纲》,载赵德润主编:《炎黄文化研究》第十四辑,大象出版社 2012 年版,第 52、60 页。

科研与教学脱节,科研成果不能及时转化为教学内容;各地的研究是散点式的,缺乏总体规划,很多成果无法得到系统性的总结,无法将不同成果内在地联系成一个整体。第三类民间文化人的研究,每每表现出缺乏科学性和可信度的缺陷,有的甚至产生了一些负面的认知。

上述这些问题属于结构性的,多年来在炎黄文化研究的旧有模式与框架下反复出现,不断重演,没有得到很好的解决。这一问题要求我们要从结构这一层面寻找解决问题的办法。现在我们找到了让以炎黄学为龙头的国学进校园,在大学创建炎黄学学科的方法来解决这一问题。也就是说,只有通过炎黄学学科的建设,以学科为依托,通过学科平台,这些顽症才能得到解决。这是创立炎黄学的一个重要意义与价值所在。

炎黄学学科建设的另一重要意义在于把文化自信、文化自觉建立在文化自知的基础上。习近平总书记在党的十九大报告中强调了"文化自信",并指出"没有高度的文化自信,没有文化的繁荣兴盛,就没有中华民族伟大复兴","中国特色社会主义文化,源自于中华民族五千多年文明历史所孕育的中华优秀传统文化"。① 我们知道,文化自信的基础是文化自知。炎黄学学科建设,对于我们全面、深刻地认识中国自远古而来的文化特质,是一项基础性建设。也就是说,炎黄学学科建设有利于我们把炎黄与中华民族的关系、炎黄精神与中华精神的关系、炎黄文化与中华文化的关系讲清说透,从而在对中华传统文化的自我认识的基础上来达到文化自信和文化自觉。

诚然,在由文化自知而达到文化自信和文化自觉这一点上,以往的炎黄文化研究也有近似的作用,然而它远不如炎黄学这种方式更有意义。炎黄学与炎黄文化研究这两种方式,在培养和增强文化自信、自觉上,最主要的区别就在于:炎黄学是把我们对炎黄文化的自我认识,放在科学的、系统的学理基础之上来进行学术建树、学科建设和文化弘扬的。所以,炎黄学凸显了炎黄文化研究的科学性和

① 《习近平谈治国理政》第三卷,外文出版社 2020 年版,第 32 页。

系统性。只有在科学性和系统性基础之上,才能实现从文化自知走向文化自信和文化自觉。这也是我们把炎黄文化研究提升为炎黄学的另一价值所在。

(二)可行性措施

面对前文所说的问题,信阳师范学院的做法是依托学科化的方法从根本上解决问题。信阳师范学院于2017年12月成立炎黄学研究院,并从2018年9月开始,以大学本科二、三年级必修课的方式开设了"炎黄学公开课",同时着手编写《炎黄学概论》作为教材。这是把炎黄文化研究升级为"炎黄学",用学科的方式来梳理出学术界关于炎黄文化的基本脉络和科学体系;依托学科的建设推动炎黄文化于当代的创造性转化和创新性发展;要在"炎黄学"的旗帜下建立起文化自信与自觉;也是落实中共中央办公厅和国务院办公厅印发的《关于实施中华优秀传统文化传承发展工程的意见》提出的"推动高校开设中华优秀传统文化必修课"和"公开课"的有益实践。信阳师范学院把传统文化学科化的做法,使教与学、教与研有机统一,使炎黄文化研究真正进入高等教育课程体系,迈开了把传统文化从"学问"之学转为"学科"之学的坚实步伐,推动了以炎黄学为代表的国学学科化进程。此举被《光明日报》(国学版)刊载后,引起社会的广泛关注。

与我们现在提出的让"炎黄学"走进校园的学科建设相比,2010年至2012年部分学者所呼吁的"炎黄学",由于当时并没有提出相应的措施,并没有发现解决问题的渠道,所以没有引起人们的注意,也属正常。信阳师范学院炎黄学文化研究院经过两年的实践,在这方面已经取得初步成效,积累了初步的经验,表现在以下五个方面:

第一,炎黄文化进课堂,变"学问"为"学科"。大学课堂作为学科知识传授的主要场所和教书育人的主要阵地,是变"学问"为"学科"的一种最好方式。信阳师范学院从大二开始授课,适合大学生已有的知识准备,遵循了大学教学规律。

第二,各高校应把传统文化纳入"优势特色学科群"。信阳师范学院也应积极争取把"炎黄学"学科增设为河南省优势特色学科群,并进而争取使它成为教育部的一个重要基地。

第三,既是学科,就必须有教材,而且还应因地制宜。信阳师范学院凝聚全国一流学者撰写《炎黄学概论》,属于教材建设的第一步。

第四,在师资上,信阳师范学院分"两步走"的办法是可行的:第一步聘请全国知名专家学者组成授课教师团队;第二步逐步由本校教师接手,实现授课教师的本土化。第一步是全国层面上高端的教与研有机统一,第二步是要解决师资的可持续发展问题。

第五,教法改革:(1)公开课在讲授前举行集体备课会;课程结束后进行总结讨论,这样可以设计出该课程的学科体系及其各位授课教师之间的相互关联性。(2)授课教师在课堂上需有意识地作学术史的梳理和阐述。例如,自20世纪二三十年代以来,与炎黄研究有关的学术界关于"信古、疑古、释古"的学术思潮,就需要在教学中加以梳理和讲述。还须要求老师在讲课中体现"是什么、为什么、怎么办",也即"提出问题、分析问题、解决问题",以此启示学生如何做学问,也可极大地提高大学生对传统文化公开课的兴趣。(3)传统文化有精华亦有糟粕。课堂上既要阐述那些具有超越时空价值的优秀传统文化的核心部分,也要分析那些具有历史局限性或已被实践证明应该淘汰的部分。中办、国办印发的《关于实施中华优秀传统文化传承发展工程的意见》中的"两创"(传统文化的创造性转化和创新性发展)意见,就要求对传统文化的创新,需要在扬弃中进行。

(三)时代契机

炎黄学走向学科化建设的时代契机,就是近年来党中央、国务院关于文化自信和"中华优秀传统文化的创造性转化和创新性发展"的时代性要求。

党的十八大以来,以习近平同志为核心的党中央高度重视文化自信问题。

2017 年 7 月 26 日，习近平总书记在省部级主要领导干部专题研讨班开班式上发表重要讲话强调，"牢固树立中国特色社会主义道路自信、理论自信、制度自信、文化自信，确保党和国家事业始终沿着正确方向胜利前进"。在"四个自信"中，文化自信是更基础、更广泛、更深厚的自信，是更基本、更深沉、更持久的力量。"历史和现实都表明，一个抛弃了或者背叛了自己历史文化的民族，不仅不可能发展起来，而且很可能上演一幕幕历史悲剧。"①坚定文化自信，离不开对中华民族历史特别是中华优秀传统文化的研究和运用。

在 5000 多年文明历史的发展进程中，中华民族形成了自己的优秀文化，得到了整个中华民族的认可、认同和接受，其中最核心的内容已经成为中华民族最基本的文化基因。在新的时代条件下，习近平总书记在党的十九大报告中提出"实现中华文化的创造性转化和创新性发展"。2017 年 1 月，中办、国办印发了《关于实施中华优秀传统文化传承发展工程的意见》，提出要坚持中华优秀传统文化的创造性转化和创新性发展，要"推动高校开设中华优秀传统文化必修课……公开课"等。显然，党的十九大报告和《关于实施中华优秀传统义化传承发展工程的意见》吹响了包括炎黄学在内的国学学科化与进校园的集结号和动员令，它成为炎黄学走向学科化建设的时代契机。

二、炎黄学的学科构成与特点

学科建设是与时俱进的话题，是不变与变的统一体。"不变"是指有些学科是超越时代的，它构成人类知识体系的基本框架，属于基础性的。"变"是指有些学科有其时代特殊性，就像一个时代有一个时代的学问一样，时代不同，学科的特色不同，新生学科的诞生，每每都是新时代的产物。炎黄学就是应时代的需求而提出的。我们现今正处于中华民族复兴的伟大时代，中华民

---

① 《习近平谈治国理政》第二卷，外文出版社 2017 年版，第 349 页。

族的复兴与中华优秀传统文化在"创造性转化和创新性发展"中的弘扬,应该是同步的,炎黄学正体现了这一时代特色。

与较为单纯的"楚辞学""春秋学""敦煌学""洛阳学""神话学""甲骨学""古文字学"等相比,"炎黄学"则是带有跨学科特点的综合性的新兴学科。炎黄学之"学"首先是学问之学;其次,我们还把它作为中华传统文化中的一门学科之学来建设,它是学问与学科的结合。

关于炎黄学或炎黄文化的定义,有人认为,炎黄学是研究神话和古史传说的学问。有人认为,炎黄学是"根"文化,是中华传统文化中的龙头文化,它每每体现在寻根拜祖的活动中。也有人认为,炎黄文化的定义有广义与狭义之分,狭义的炎黄文化是指炎黄二帝及其时代所创造的文化;广义的炎黄文化既包括炎黄时代亦包括中华儿女所创造的文化,这样就等同于中华传统文化。

上述诸说,因出发点和侧重点不同,其强调亦有所不同。我们对炎黄学初步的界定是:炎黄学是中华传统文化的龙头文化之学,也是由历史学、历史文献学、训诂学、文字学、考古学、民族学、人类学等多种学科相结合的新兴综合和交叉学科。

在学科的构成上,炎黄学涉及历史学、历史文献学、训诂学、文字学、考古学、民族学、人类学等学科,是跨学科和多学科相结合的综合性交叉学科。这是时代赋予炎黄学的特质。

在时代上,炎黄学研究所包括的时代范围,一是指炎黄二帝及其所在的时代;二是指与炎黄密不可分的整个五帝时代乃至之前的三皇时代;三是指历代中华儿女对炎黄文化的传承与弘扬。

在运用历史材料的方法上,一方面,我们主张按照史料原始性的等次性,以先秦时期的资料(包括出土文献资料和古文字资料)为第一等材料,以秦汉时期的资料为第二等材料,以魏晋南北朝以后的资料为第三等材料;另一方面,又不能把这些"等次"绝对化。更为重要的是把材料融会贯通,做通盘的考虑。

在考古资料和人类学资料以及民间资料的使用上,以新石器时代和铜石并用时代的考古资料为第一等资料;进入成文史的历史时期以来的考古学实物资料(包括地上的陵寝等建筑物和碑刻等资料,以及后代的庙宇)的等次性将依时间的先后而递减。现代我国少数民族和国外土著民族的人类学资料则可作为参照系而对待。对于我国民间现在还存在的口述资料也可作为补充和参考。

上述炎黄学材料使用的原则和方法主要是借鉴了徐旭生先生在《中国古史的传说时代》第一章"我们怎样来治传说时代的历史"中提出的方法而又有所变通。徐旭生先生研究古史传说时代的方法主要有三点:

第一,我民族初入历史的时候,也同其他古代民族初入历史的时候一样,为复杂的,非单纯的。……第二,综合材料比未经系统化的材料价值低。现在所保存的关于此时代的文献方面的史料,大致可分为两类:一为专篇的,成系统的,大家看过可以得着一个综括印象的;二为零星散见的,不成系统,有时候不靠前项材料就很难知道把它向哪里安插的。前一项有《尚书》的头三篇:《尧典》《皋陶谟》《禹贡》;《大戴礼记》两篇:《五帝德》《帝系》;《史记》头三篇:《五帝本纪》《夏本纪》《殷本纪》(此篇后半所记已进入狭义历史时代,不在本研究范围内);《汉书·律历志》末所载的刘歆诸人的《世经》等。后一项除金文中保存有两三条,极可宝贵外,以见于《左传》及《国语》二书的为最多。先秦及两汉诸子中也还零零星星记载一些(以上所说暂以两汉以前材料为限)。后一项资料离开前一项资料几乎无法整理,所以从前的人不很看得起它。……第三,是需要注意此期史料的原始性的等次性。……由于以上所陈述的原因,我们就把关于此时代的文献分为数等:以见于金文,今文《尚书·虞夏书》的《甘誓》一篇,《商书》《周书》,《周易》的卦爻辞,《诗经》,《左传》,《国语》,及其他的先秦的著作为第一等。《山海经》虽《大荒经》以下为东汉人所增益,但因其所述古事绝非东汉所能伪作,仍列为第一等。《尚书》中的三篇、《大戴礼记》中的两篇的综合材料也属先秦著作,但因为它们的特殊性质,只能同西汉人著作中所保存的有关材料同列第二等(《礼记》各篇有些不很容易断定它的写定究竟是在战国时,或在西汉时的,只好随时研究和推定)。新综合材料,《世经》为第三等。谯周、皇甫谧、郦道元书中所载有关材料也备参考。使用的时候是:如果没有特别可靠的理由,不能拿应作参考的资料非议第二三等的资料;更重要的是:如果没有特别可靠的理由,绝不能用第二三等的资料非议第一等的资料。至于《水经注》以后各书中所载的古事,即当一笔勾销以免惑乱视听。试问:春秋、战国人不知道,两汉人不知道,以至于好搜罗杂事,漫无别择的皇甫谧也未尝知道,唐、宋以后的人又从哪里知道(比方说,古帝在位年数问题)?此种把有关史料分等次的办法是我个人首先提出的,姑且叫它作原始性的等次性,也希望历史界各贤达予以讨论和决定其是非。①

我们基本遵循徐旭生先生的方法,把炎黄学的文献史料按照"原始性的等次性"予以分等,但又有所变通。其变通是:第一,把各时代的史料尽可能予以融会贯通。第二,对于徐旭生先生所说的战国、秦汉时的"综合材料"予以历史与逻辑相统一的新的分析和解释,在分析解释的基础上再加以使用,例如关于《大戴礼记》和《史记·五帝本纪》中黄帝与其他四帝祖孙一系的关系问题,我们就把它解释为:并非血统血缘上一脉相承的关系,而反映出他们称雄时代的先后早晚的关系。对此,我们在后面再作论述。

三、炎黄学中的三皇与五帝结构关系*

我们在建构炎黄学的过程中,必然要遇到炎黄学中三皇五帝的地位与关系

---

① 徐旭生:《中国古史的传说时代》,科学出版社1960年版,第28—33页。

* 本节是王震中《三皇五帝传说与中国上古史研究》(载《中国社会科学院历史研究所学刊》第七集,商务印书馆2011年版)一文的改写。

的问题,这涉及在重建中国上古史时如何对待传统史学中的三皇五帝体系问题。

对于上古社会研究的重大进展当然是和人类学、民族学、考古学的发展分不开的,为此我们曾经提出对于文明起源的研究既是理论问题,也是考古学的实践问题。然而,在中国,当我们以自己有悠久而连续不断的历史和辉煌灿烂的古代文明而感到自豪的同时,也以有丰富的史书、浩瀚的典籍和发达的史学而举世瞩目。在传统史学中,"自从盘古开天地,三皇五帝到于今",已成为一种习惯,中国的历史自三皇五帝开始,中国的第一部以纪传体为体裁的通史性的历史巨著《史记》,也是从《五帝本纪》开始的,可以说,在中国 2000 多年的封建社会里,"三皇""五帝"的古史体系一直被人们深信不疑。然而,进入近代以来,特别是到 20 世纪 20 年代以后,在西方科学思想和实证史学的影响下,在五四前后中国思想界、学术界民主科学精神空前高涨的氛围中,儒学和经典的权威受到了极大的怀疑,以顾颉刚为核心的疑古辨伪学派(亦称为"古史辨"派)应运而兴,他们以"层累地造成的中国古史观"为辨伪的理论核心,彻底否定了"三皇""五帝"的古史体系,并在相当长的一段时间,对中国史学界乃至国际汉学界有过广泛的影响。也正因为如此,在 20 世纪 70 年代以前,学术界对于中国史前史的研究或著述,对于文献中有关三皇五帝传说材料的处理,宁取付之阙如的态度,也不贸然采用。[1] 但改革开放以来,随着思想的解放、思潮的转变,伴随寻根祭祖热的展开,疑古、信古、释古、考古,在新的历史条件下,又成了新的学术热点。那么,对于三皇五帝传说究竟应如何科学认知,对其在中国史前史研究中给予一个科学定位,已属势在必行,诸如李衡眉《三皇五帝传说及其在中国史前史中的定位》[2]、叶林生《古帝传说与华夏文明》[3]、许顺

---

[1]　参见李衡眉:《三皇五帝传说及其在中国史前史中的定位》,《中国社会科学》1997 年第 2 期。

[2]　参见李衡眉:《三皇五帝传说及其在中国史前史中的定位》,《中国社会科学》1997 年第 2 期。

[3]　参见叶林生:《古帝传说与华夏文明》,黑龙江教育出版社 1999 年版。

湛《五帝时代研究》①等大作,就是近年来这方面有代表性的著述。

(一)三皇五帝名称的由来及其组合模式

早在 20 世纪之初,顾颉刚先生即已指出,"三皇五帝"作为一个专有名称,出现在战国时代,此时期正当中国历史上一个文化巨变的大时代。这一看法,是符合中国史学历史实际的。清代学者崔述在《上古考信录》中即说:

> 经传述上古,皆无三皇之号。《春秋传》仅溯至黄帝,《易传》亦仅至伏羲,则谓羲农以前别有三皇者妄也。燧人不见于传,祝融乃颛顼氏臣,女娲虽见于记,而文亦不类天子,则以此三人配羲农以足三皇之数者,亦妄也。《春秋传》云:"黄帝氏以云纪,炎帝氏以火纪,共工氏以水纪,太皞氏以龙纪。少皞挚之立也,凤鸟适至,故纪于鸟。自颛顼以来不能纪远,乃纪于近。"此但历叙古帝纪官之不同耳,初无五帝之名,亦无五德之说也。《吕氏》缘此遂删共工氏,而以五德分属之,失传之本矣。《国语》云:"黄帝能成命百物,以明民共财;颛顼能修之;帝喾能序三辰以固民;尧能单均刑法以仪民;舜勤民事而野死。"但序此五人之功,为下郊禘张本耳,亦不称为五帝而谓帝必限以五也。《大戴礼记》遂独取此为五帝而他不与焉,亦非《国语》意也。至于《易传》五帝,亦偶举之。……盖三皇五帝之名,本起于战国以后。《周官》后人所撰,是以从而述之。

具体说来,"三皇五帝"之名见于《周礼·春官·宗伯》,也见于《庄子》和《吕氏春秋》等书。《周礼·春官·宗伯》云:"外史职掌三皇五帝之书。"《庄子·天运》说:"故夫三皇五帝之礼义法度,不矜于同而矜于治,故譬三皇五帝之礼义法度,其犹柤梨橘柚邪?其味相反而皆可于口。"《吕氏春秋·禁塞》曰:"上称三皇五帝之业,以愉其意;下称五伯名士之谋,以信其事。"《吕氏春

---

① 许顺湛:《五帝时代研究》,中州古籍出版社 2005 年版。

秋》的《贵公》、《用众》、《孝行》中也都提到"三皇五帝",但都如《禁塞》所言,只作泛称。三皇五帝到底指谁,上引《周礼》《庄子》《吕氏春秋》并未指实,而古代文献中关于三皇五帝的说法却有多种组合模式,情况甚为复杂。

1. 诸种三皇说

《风俗通义》引《尚书大传》说:"遂人以火纪,火,太阳也。阳尊,故托遂皇于天。伏牺以人事纪,故托戏皇于人。……神农悉地力,种谷疏,故托农皇于地。"此说主张三皇为天皇燧人,人皇伏羲,地皇神农。这一说法与《史记·秦始皇本纪》的说法是一致的,其曰:"古有天皇,有地皇,有泰皇,泰皇最贵。"这里的"泰"与"大"同音,"大"字像人形,故有学者提出泰为大之音借,大为人形之讹。① 可见,《史记》与《尚书大传》的说法可构成一说,即"天地人"三皇说,而且是"天地人"三皇说中较古的模式。②

与"天地人三皇说"相关的是"天地人三才说"。《古今注》载程稚问董生说,古代为何称三皇,答说三皇就是三才。"三才"指"天、地、人"。《易传·系辞下》:"有天道焉,有地道焉,有人道焉,兼三才而两之。"为此,亦有人指出,"天地人"三皇说是根据儒家经典《易传》中的"三才"理论构成的。此外,谶纬学中也有"天皇""地皇""人皇"式的三皇说。司马贞《史记·补三皇本纪》说:"天地初立,有天皇氏……兄弟十二人。……地皇……兄弟十一人。……人皇……兄弟九人。"《路史》引《真源赋》说天皇十三人,地皇十一人,人皇九人。《太平御览》引《春秋纬》说天皇、地皇、人皇兄弟各九人。相比儒家的"三才"三皇说,纬书"天皇地皇人皇"三皇说更属于后起之说。③

---

① 参见吕思勉《先秦史》;又见翁独健《顾颉刚、杨向奎〈三皇考〉跋》,载顾颉刚:《古史辨》第七册(中),上海古籍出版社1982年版。
② 参见李衡眉:《三皇五帝传说及其在中国史前史中的定位》,《中国社会科学》1997年第2期。
③ 参见李衡眉:《三皇五帝传说及其在中国史前史中的定位》,《中国社会科学》1997年第2期。

三皇系统的另外一些类型,是汉代以来的人们利用晚周诸子提到的神话传说人物所构建的诸种三皇说。其特点是试图以古代传说与所耳闻目睹的当时一些夷狄部族的实况,重构三皇神话故事,来作为对人类文化和文明起源的理论解释。李衡眉先生曾把此派称为后人综合诸子中古史人物所形成的三皇说。统括其说有六种:(1)伏羲、女娲、神农(《春秋元命苞》);(2)遂皇、伏羲、女娲(《春秋命历序》);(3)伏羲、神农、燧人(《白虎通德论·号》。《礼含文嘉》排列为:"宓戏、燧人、神农");(4)伏羲、神农、共工(《通鉴外纪》);(5)伏羲、神农、黄帝(《玉函山房辑佚书》引《礼稽命征》、孔安国《尚书传序》、皇甫谧《帝王世纪》);(6)伏羲、神农、祝融(《白虎通德论》)。以上六说虽然出处不同、说法各异,但在这些说法中的伏羲、女娲、燧人、神农、祝融、黄帝等,都是被战国秦汉时人视为华夏族远古时期有所发明创造、有功于人类进步的英雄人物。如燧人"钻燧取火,以化腥臊"(《韩非子·五蠹》);伏羲"作结绳而为网罟,以佃以渔"(《周易·系辞下》);"祝融作市"(《吕氏春秋·勿躬篇》);等等。①

总结上述我们认为,秦汉以来的三皇说可分为两大类别:一类是"天皇地皇人皇"或"天地人三才"的三皇;另一类是由燧人、伏羲、神农等组成的三皇。前者属于神学领域的三皇,后者属于人文领域的三皇。这二者又通过《尚书大传》"托遂皇于天""托戏皇于人""托农皇于地"之类的构想而获得了联结,并以人文领域的三皇为古史系统中五帝之前的一个环节,只是究竟以哪三人为三皇,诚如东汉末年的王符在《潜夫论·五德志》中所言:"世传三皇五帝,多以伏羲、神农为二皇,其一者或曰燧人,或曰祝融,或曰女娲,其是与非,未可知也。"王符这段话的无可奈何与无所适从,是当时人们构筑三皇古史系统时的实情。

---

① 参见李衡眉:《三皇五帝传说及其在中国史前史中的定位》,《中国社会科学》1997年第2期。

2. 不同组合的五帝说

五帝所指是谁,文献记载也不尽相同,有多种不同的组合:

(1)《易传》《大戴礼记·五帝德》《国语》《史记·五帝本纪》所记载五帝为:黄帝、颛顼、帝喾、帝尧、帝舜。

(2)《礼记·月令》《吕氏春秋·十二纪》《淮南子·天文训》《汉书·魏相传》《孔子家语·五帝》说太皞、炎帝、黄帝、少皞、颛顼为五帝。

(3)孔安国《尚书序》以少皞、颛顼、帝喾、唐尧、虞舜为五帝。

(4)郑玄注《中候敕省图》,"以伏羲、女娲、神农三代为三皇,以轩辕、少昊、高阳、高辛、陶唐、有虞六代为五帝"。关于六人而称为五帝,郑玄的解释是:"德合五帝座星者称帝,则黄帝、金天氏、高阳氏、高辛氏、陶唐氏、有虞氏是也。实六人而称五帝,以其俱合五帝座星也。"这样的解释实属牵强附会。

诸种不同组合五帝的出现,包括列有六人而称为五帝,这说明,第一,应当是先有"三皇五帝"这样的"三五"概念的存在,才会出现用不同的古帝去填充它;第二,"五帝"与远古诸帝是一个既有联系又有区别的概念,"五帝"可视为远古诸帝的代表或概括,因而应当把对"五帝"的研究置于远古诸帝的整体研究之中。

3. 横向与纵向的五帝组合模式的意义

上述五帝的多种组合模式,其中有的是用部族领袖或部族神按照历时纵向而排列组合的五帝模式,有的则是按照五方帝、五色帝和五行来横向排列组合的五帝的模式。有学者称前者为"历史学领域中的五帝说",亦即"人间的五帝说";称后者为"神学领域中的五帝说",亦即"神界的五帝说"。① 杨宽先

---

① 参见叶林生:《古帝传说与华夏文明》,黑龙江教育出版社 1999 年版,第 52—66 页。

生曾指出,这种"五方帝五色帝之祠最迟当春秋时已有"①。据《史记·封禅书》秦有五畤,自襄公始陆续作西畤、鄜畤、畦畤祀白帝,作密畤祀青帝,作上畤祭黄帝,作下畤祭炎帝。"高祖入关,问故秦时上帝祠何帝也。对曰:四帝有白、青、黄、赤帝之祠。高祖曰:吾闻天有五帝而有四,何也?""乃立黑帝祠,命曰北畤"。五色帝之说是认为天上东南西北中并立有青赤白黑黄五帝,各主一方,其渊源可以追溯到殷墟卜辞中对四方四土的祭祀。这种五方帝五色帝的组合模式,在战国秦汉时期经常是以四时配五行、五帝的。例如,《吕氏春秋·十二纪》和《礼记·月令》都说:

> 孟春、仲春、季春三月,其帝太皞,其神句芒;立春之日,天子迎春于东郊。孟夏、仲夏、季夏三月,其帝炎帝,其神祝融;立夏之日,天子迎夏于南郊。中央土,其帝黄帝,其神后土;孟秋、仲秋、季秋三月,其帝少皞,其神蓐收;立秋之日,天子迎秋于西郊。孟冬、仲冬、季东三月,其帝颛顼,其神玄冥;立冬之日,天子迎冬于北郊。

《淮南子·天文训》也说:

> 东方,木也,其帝太皞,其佐句芒,执规而治春。
>
> 南方,火也,其帝炎帝,其佐朱明,执衡而治夏。
>
> 中央,土也,其帝黄帝,其佐后土,执绳而制四方。
>
> 西方,金也,其帝少皞,其佐蓐收,执矩而治秋。
>
> 北方,水也,其帝颛顼,其佐玄冥,执权而治冬。

对于这种以五行相配的五帝组合模式,有学者说它是战国秦汉时的"学者为落实五帝说的编造",并认为"神学上的五帝说为人间的五帝说提供了理论依据"。② 其实这种所谓"神学上的五帝",是因应五行需求,把上古的古帝按五方作了横向上的分布组合,因而当然是先有上古诸帝的存在,而且还把商

① 杨宽:《中国上古史导论》,载顾颉刚:《古史辨》第七册(上),上海古籍出版社 1982 年版,第 250 页。
② 叶林生:《古帝传说与华夏文明》,黑龙江教育出版社 1999 年版,第 63、65 页。

代对四土四方的祭祀转变为对五方的祭祀之后,才会有与四时五行相配合的五帝。然而,这种按照方位进行横向组合的五方帝模式却透露出组成五帝的上古诸帝原本有可能不属于一个地域族系,他们当来自不同的地域族团。此外,在上古人的思维中,人与神可以互相转换,如祖先与祖先神的换位,祖先神与自然神的换位,等等,所以,用所谓"人间的五帝"来构筑所谓"神学上的五帝"是很正常的,谈不上所谓"神学上的五帝说为人间的五帝说提供了理论依据"。

对于我们重建上古史来说,那种用部族领袖或部族宗神来进行纵向排列组合的五帝模式,更值得重视。在这一类型的五帝模式中,因有司马迁撰写的《五帝本纪》,所以现在学术界一般都以黄帝、颛顼、帝喾、尧、舜为五帝的基本模式。通过后面的论述我们将会看到,不论黄帝、颛顼、帝喾、尧、舜诸族最初的发祥地在何处,他们后来都来到了中原,称雄于中原地区,所以这一五帝模式也就成了正统的传统史学模式。

4."三五之兴"即"三皇五帝"是时代递进的一种统括和表述

上面我们只是从文本的角度梳理了三皇五帝名称出现于先秦文献及其在战国秦汉时的组合情况。通过这些不同的组合模式,我们可以看到无论何样的组合,三皇和五帝都只是周秦时期的人们所谈到的上古诸帝中一部分而已,当时的人们只是用"三皇五帝"统括了上古其他诸帝而已,这就是当时所说的"三五之兴"。如汉人谷永就说:"夫周秦之末,三五之隆。"(《汉书·郊祀志第五下》)颜师古注曰:"三谓三皇,五谓五帝也。"当然,周秦时人在说到上古诸帝时,有时将他们作并列处理,但也有很多地方是把他们作为一种历史的推移和递进来讲的。如《战国策·赵策二》载赵武灵王说:

> 古今不同俗,何古之法!帝王不相袭,何礼之循!宓戏(伏羲)、神农,教而不诛。黄帝、尧、舜,诛而不怒。及至三王,观时而制法,因事而制礼。

《庄子·缮性》：

> 逮德下衰，及燧人、伏羲始为天下，是故顺而不一；德又下衰，及神农、黄帝始为天下，是故安而不顺；德又下衰，及唐虞始为天下，兴治化之流。

《商君书·更法》：

> 伏羲、神农教而不诛，黄帝、尧、舜诛而不怒。

《淮南子·泛论训》：

> 神农无制令而民从，唐虞有制令而无刑罚，夏后氏不负言，殷人誓，周人盟。

《风俗通义》：

> 三皇结绳，五帝画像，三王肉刑，霸世黜巧，此言步骤稍有优劣也。

桓谭《新论》：

> 夫上古称三皇五帝而次有三王五伯，此皆天下君之冠首也。故言三皇以道治而五帝由德化，三王由仁义，五伯以权智。其说之曰：无制令刑罚谓之皇，有制令而无刑罚谓之帝，赏善诛恶诸侯朝事谓之王，兴兵约盟以信义矫世谓之伯也。

可见，自周秦以来人们所论的古史系统中，从伏羲、神农到黄帝、尧、舜，以至于三王、五伯的这种排列，表达了一种历史递进的关系。我们今天在重建上古史时，对于周秦诸子有关我国上古历史的这种统括和划分，对于这些古史传说所反映的历史阶段，当然应该是在辨析的基础上，结合考古发现和民族学人类学资料而加以利用。

（二）三皇传说所反映的社会历史

1. 三皇诸帝传说所见的远古社会

战国诸子不但用"三皇五帝"来表达历史的推移与变化，而且还对属于三

皇阶段的远古社会有更具体的推测和描述,如《韩非子·五蠹》:

> 上古之世,人民少而禽兽众,人民不胜禽兽虫蛇;有圣人作,构木为巢,以避群害,而民悦之,使王天下,号之曰有巢氏。民食果蓏蚌蛤,腥臊恶臭而伤害腹胃,民多疾病;有圣人作,钻燧取火,以化腥臊,而民悦之,使王天下,号之曰燧人氏。中古之世,天下大水,而鲧禹决渎。近古之世,桀纣暴乱,而汤武征伐。今有……

《庄子·盗跖》:

> 古者禽兽多而人少,于是民皆巢居以避之。昼拾橡栗,暮栖木上,故命之曰"有巢氏之民"。古者民不知衣服,夏多积薪,冬则炀之,故命之曰"知生之民"。神农之世,卧则居居,起则于于,民知其母,不知其父,与麋鹿共处,耕而食,织而衣,无有相害之心,此至德之隆也。然而黄帝不能致德,与蚩尤战于涿鹿之野,流血百里。尧舜作,立群臣,汤放其主,武王杀纣。自是以后……

《易传·系辞下》:

> 古者包牺氏之王天下也,仰则观象于天,俯则观法于地,观鸟兽之文与地之宜,近取诸身,远取诸物,于是始作八卦,以通神明之德,以类万物之情。作结绳而为网罟,以佃以渔,盖取诸《离》。包牺氏没,神农氏作,斫木为耜,揉木为耒,耒耨之利,以教天下,盖取诸《益》。日中为市,致天下之民,聚天下之货,交易而退,各得其所,盖取诸《噬嗑》。神农氏没,黄帝、尧、舜氏作,通其变,使民不倦,神而化之,使民宜之。《易》穷则变,变则通,通则久。是以"自天佑之,吉无不利"。

对于战国诸子上述种种推测与描述,有人将其与摩尔根《古代社会》一书"根据生活资料生产的进步"这一标准而将原始社会发展阶段所作的划分,进行了比较,发现二者有着惊人的相似之处。[1] 如摩尔根指出,蒙昧时代的特

---

[1]　参见李衡眉:《中国史前文化》,广东人民出版社 1996 年版,第 23—26 页;李衡眉:《三皇五帝传说及其在中国史前史中的定位》,《中国社会科学》1997 年第 2 期。

征,是以采集现成的天然产物为主的时期。在蒙昧低级阶段,人们还住在自己最初居住的地方,他们以果实、坚果、根茎作为食物。蒙昧中级阶段是从采用鱼类(虾类、贝壳类及其其他水栖动物都包括在内)作为食物和使用火开始。蒙昧高级阶段则从弓箭的发明开始。野蛮时代的特征,是学会经营畜牧业和农业的时期,是学会靠人类的活动来增加天然物产生产的方法的时期。

摩尔根对蒙昧时代和野蛮时代特征的描绘与战国秦汉诸子对中国上古社会的推测和描述,之所以有相似和一致之处,主要在于人类早期社会的演进,大体是遵循同一进化的规律。我们知道,摩尔根是通过对原始民族的考察和与有史社会的比较而得出这些认识的,那么战国诸子又是何以获得这种认识的呢? 李衡眉曾归纳为:一是他们对有关上古的神话传说有着深刻的理解,对当时口头流传的上古谱系比较了解;二是对战国时夷狄等少数民族的原始习俗耳闻目睹较多,诸如“南越巢居,北朔穴居”(张华:《博物志》)等风俗,是当时人人皆知的事情。[①] 对此我们还想补充一点的是,他们不但博闻多识,而且还有追求逻辑与历史相统一的意识和思维头脑,因而他们对于上古社会的推测就显得合情合理。

对于口头流传的上古谱系,有些问题尚需澄清。从民族学调查资料来看,口头相传的前几世甚至几十世都是比较准确的,但口头很难相传上万年乃至几十万年的谱系。例如,四川凉山彝族地区在民主改革前,贵族黑彝还保存有严格的家支制度。每个黑彝男子自幼几乎都有受背诵谱系的训练。再如,司马迁根据收集到的上古传说和他所看到的书籍资料所写的《殷本纪》,其中关于殷代先世的谱系,经近代出土的甲骨文验证,基本上也是正确的。在战国时代,诸如陶唐氏、有虞氏、夏后氏等族氏的后人也当保存有自己祖先的谱系,因而对于夏代之前的有虞氏、陶唐氏的传说和谱系应较为清晰,而对于其前的颛顼、祝融、高辛氏、太皞氏、少皞氏、共工氏等就要差许多,至于再前的黄帝(轩

[①] 参见李衡眉:《三皇五帝传说及其在中国史前史中的定位》,《中国社会科学》1997年第2期。

辕氏、有熊氏等)、蚩尤、炎帝(姜姓族团、连山氏、烈山氏、厉山氏等)等就更差了,而对于像伏羲氏、燧人氏、神农氏等神话传说,当然不是依据来自伏羲氏、燧人氏、神农氏传下来的谱系构建起来的,而是依据战国诸子当时所掌握的文化人类学知识、社会经济类型知识,也是为了说明诸子自己的社会历史观,以人物为依托而创造出来的时代性符号。为此,徐旭生先生曾指出:"就现在所能得到的材料去研究,我们可以推断神农与有巢、燧人为同类,是战国时的思想家从社会进步的阶段而想出来指示时代的名词。"①我们以为,之所以使用"伏羲氏""燧人氏""神农氏"之类的某某氏的方式,是因古人的思维特点每每是借助于具体来表现一般。由于有陶唐氏、有虞氏、夏后氏之类的谱系知识作基础,也由于有对战国时夷狄等少数民族的原始习俗的耳闻目睹,还由于诸子自己的历史观的需求,"伏羲氏""燧人氏""神农氏"之类当然就被逻辑地排列在历史发展的初期,当后人需要用"三皇五帝"来概述上古历史的演进时,将诸子所称道的伏羲、女娲、燧人、神农等放入"三皇"的框架之中,也就势所必然了。只是在相当长的一段时间里,"多以伏羲、神农为二皇"(王符:《潜夫论·五德志》),已有一定共识,而对于燧人、祝融、女娲等,究竟哪一位可入另一皇,一直在斟酌和磨合之中。总之,三皇五帝中的三皇是古人对上古历史文化发展的一种时代特征的概括,是战国秦汉时人的历史观即历史发展观的表现,也是晚周诸子出于重构古代文明的需要,应该说这就是三皇说产生的起因。

那么,伏羲、燧人、神农等被后人称为三皇者,其所代表的历史发展阶段,究竟如何与考古学上的石器时代以及我国史前考古学文化的具体年代相照应? 以下试作简单说明。

2. 伏羲氏、燧人氏与旧石器时代晚期文化(距今50000—12000年)

传说中伏羲的文化特征有三个方面:一是"教民以猎"(《尸子》),"结绳

---

① 徐旭生:《中国古史的传说时代》,科学出版社1960年版,第221页。

而为网罟,以佃以渔"(《易传·系辞下》),"取牺牲以供庖厨"(《帝王世纪》);二是始"制嫁娶"之礼(见《古史考》);三是"始作八卦"(《易传·系辞下》)。低级的渔猎经济在摩尔根所划分的历史进化中属于蒙昧时代的中级阶段,发明了弓箭以后的渔猎经济被摩尔根划分为蒙昧时代的高级阶段。考古学上,低级的渔猎采集经济从旧石器时代早期开始一直持续到旧石器时代中期,而高级的渔猎采集经济则属于旧石器时代晚期。考虑到伏羲除"教民以猎"之外,还始"制嫁娶",出现以血缘为纽带的社会组织;而且"仰则观象于天,俯则观法于地,观鸟兽之文与地之宜,近取诸身,远取诸物,于是始作八卦"(《易传·系辞下》),说明当时已出现原始、朴素的逻辑思维和辩证思维。因而伏羲氏时代的渔猎经济不能与旧石器时代早期和中期较低级的渔猎经济相联系,而应与旧石器时代晚期较高级的渔猎经济相对应。

燧人氏的文化特征是"钻燧取火,以化腥臊"(《韩非子·五蠹》)。关于火的使用,在距今70万—23万年前的北京猿人洞穴遗址中,有4层面积较大并且较厚的灰烬层,有的灰烬层厚达6米。灰烬层里不仅有木炭,而且有因被烧烤而布满龟裂纹的石块和石器,因烧烤而扭曲变形的鹿角,烧烤过的朴树籽和各种兽骨等。这是长期连续用火的遗存,它显示了旧石器时代早期的北京猿人已学会使用火、控制火和保存火种的能力,但它也说明当时还不会人工取火,只能引用自然界的野火,因而必须小心翼翼地守护着,不让它熄灭。

"钻燧取火"属于人工取火。我国云南西盟佤族、海南黎族保存的钻木取火的方法是在木头上挖凹穴,旁边放上引火物,用木、竹钻棒在凹穴中快速搓转,一旦飞出火花落入引火物,就可以吹出火焰。在我国西北地方的居延烽燧遗址、敦煌烽燧遗址等地都发现过钻火工具。这种取火方法告诉我们,发明钻燧取火的前提是不仅要对火、对燃烧条件有充分的掌握,对木料质地有充分的认识,还要有磨、钻、锯等工艺产生,然后才有可能发明钻燧取火的方法。考古发现证明,正是在旧石器时代晚期发明了磨制、钻孔和锯的技术。在距今2.8万年前的山西朔县峙峪遗址可以看到磨制、穿孔的装饰品和石镞等,在山顶洞人遗址中发现有在细小的骨针上钻孔的技术和用火的遗迹。因此,只有在旧石器时代晚期已发明磨、钻、锯技术的条件下,山顶洞人等遗址中的用火遗迹,才有可能属于人工取火。燧人氏"钻燧取火"的传说,反映的应该是旧石器时代晚期发明人工取火之后的社会生活。① 燧人氏实为旧石器时代晚期人工取火这一文化特征的一个"指示时代的名词"或"文化符号",而不应将之视为某一个人或某一族的名称。燧人氏传说的文化特征属于旧石器时代晚期,年代约在距今5万—1.2万年前这一范围内。

3. 神农氏与新石器时代早期和中期(距今12000—7000年)

《逸周书·佚文》云:"神农之时天雨粟,神农耕而种之。作陶冶斤斧,破木为耜,锄耨以垦草莽,然后五谷兴,以助果蓏之实。"(朱右曾:《逸周书集训校释》)《易传·系辞下》曰:"神农氏作,斫木为耜,揉木为耒,耒耨之利,以教天下。"《尚书大传》说:"神农悉地力,种谷蔬,故托农皇于地。天、地、人之道备而三五之运兴矣。"蜀汉时的谯周《古史考》说:"神农时,民方食谷,释米加烧石上而食之。"又说:"神农作耒耜。"依据这些说法,神农是农业的发明者,也是耒耜的发明者。就农业的发明而论,可与考古学上的农业起源即新石器时代早期文化相联系;再就耒耜的发明来讲,可与农业已发展到耜耕农业技术阶段相联系,这是农业出现后第一个显著发展的时期。此外,《庄子·盗跖》说:"神农之世,卧则居居,起则于于,民知其母,不知其父,与麋鹿共处,耕而食,织而衣,无有相害之心,此至德之隆也。"据此,神农时代还处于母系氏族社会阶段。

首先,说到农业的发明,根据考古发现,我国的农业起源于距今1万年左右,分南北两大系统,南方是水稻、稻作农业系统,北方是小米和黄米黍粟类农业系统。在南方发现的遗址,有距今1万年以上的湖南道县玉蟾岩遗址、江西

---

① 参见罗琨、张永山:《原始社会》,中国青年出版社1995年版,第97页。

万年仙人洞和吊桶环遗址、距今 10000—9000 年左右的浙江浦江上山遗址、距今 9000—8000 年前的湖南澧县彭头山遗址、距今 7000 年的浙江余姚河姆渡遗址等。在北方也有距今万年左右的新石器时代早期遗址,如河北徐水县南庄头遗址、北京门头沟区东胡林遗址等,但在这些遗址中目前还没有谷物农作物的发现,在距今 7000 多年前的中原地区的磁山、裴李岗文化、陕西的老官台文化、山东的北辛文化等遗址中发现有谷物农作物遗存。依据上述考古发现,我国农业的起源不但分作南北两个系统,而且无论是南方还是北方,都不是由一个地方起源的,而是多个中心、在不同地区分散起源的。①

其次,就农业起源后的第一个发展时期而论,在距今 8000—7000 年的南北各地的农业都有显著的发展。例如,在北方,距今 7000 多年前的裴李岗·磁山文化时期,农业已进入所谓"锄耕"或"初级耜耕"农业阶段,当时整个黄河流域及东北地区,已出现包括翻土工具在内的成套农具,如从砍伐林木和加工木器用的石斧、松土或翻土用的石铲(即石耜)或骨耜、收割用的石镰或石刀、到加工用的石磨盘、石磨棒,一应俱全,而且制作精致。特别是在河北武安磁山遗址中发现 88 个窖穴储存着粮食,经计算 88 个窖穴的粮食堆积体约为 109 立方米,折合重量约为 13.82 万斤②,这足以说明这一时期的农业产量已相当可观。在南方,长江下游地区距今 7000 年前的浙江余姚河姆渡遗址中,不但有发达的骨耜木铲,用于水稻农业中开挖排灌管道和翻土整地,属于典型的稻作耜耕农业,而且发现与大批木构建筑一起,在 400 多平方米范围内,普遍发现由稻谷、稻秆、稻叶混在一起的堆积物,这些在仓库中储存的稻谷遗存如换算成新鲜稻谷,当在 10 万公斤以上,③也说明了其农业的发达。

这样看来,既然神农氏代表着农业的起源和它的早期发展,而考古发现又

---

① 参见王震中:《中国文明起源的比较研究》,陕西人民出版社 1994 年版;《中国文明起源的比较研究》(增订本),中国社会科学出版社 2013 年版。
② 参见佟伟华:《磁山遗址的原始农业遗存及其相关的问题》,《农业考古》1984 年第 1 期。
③ 参见严文明:《中国稻作农业的起源》,《农业考古》1982 年第 1 期。

表明农业是在不同地区分散起源的,而且在距今 7000 多年前的第一个显著发展阶段,南北各地的农业都是非常发达的,由此我们就不能说神农氏只是一个人,而应该说南北各地有各地的神农氏,也就是说,所谓"神农氏"也实为"指示时代的名称"或"文化符号",它是中华大地农业的发明这样一个伟大的历史进步的概括,它表达了社会进入农耕时代,并取得了初步的、也是显著的发展。所以,神农氏与伏羲氏、燧人氏一样,我们不应理解成是一个人或一个氏族部落,而应理解为它们都是一个时代性标签,可视为社会历史发展的一个文化符号。鉴于我国农业起源于距今 1 万年左右的新石器时代初期,其第一个显著发展时期为距今 7000 年前的新石器时代中期,所以我们将三皇中的神农氏所反映的时代拟定为中国新石器时代的早期和中期,具体年代约为距今 12000—7000 年的范围内,应当是妥当的,而且没有证据表明距今 7000 年前中华大地已出现父系氏族社会,所以,距今 12000—7000 年的范围也与神农之世"民知其母,不知其父"的社会特征相吻合。

4. 有巢氏所处时代问题

在给三皇五帝进行时代定位中,也有一种做法是把"有巢氏"划定为距今 200 万—50 万年的旧石器时代早期。[①] 有巢氏不在三皇之列,但在《韩非子》和《庄子》等书中,显然是把他作为人类的初期来对待。此时人类混迹于禽兽之中,为避野兽的伤害,于是有巢氏教人"构木为巢","暮栖木上"。从这一角度来说,我们把有巢氏划定在旧石器时代早期,应该是可以的。只是,作为人类初期的历史文化特征,在由猿转变为人之后,考古发现的北京人等旧石器时代早期的人类是居住在洞穴之中的,人类在居于洞穴之前,是否有一个阶段是普遍都居住在树上,现在还不能得到考古学上的印证。而考古学所发现的诸如河姆渡那样的干栏式房屋建筑遗址,其时代却属于新石器时代中期。所

---

① 参见李伯谦:《考古学视野的三皇五帝时代》,载王俊义主编:《炎黄文化研究》第八辑,大象出版社 2008 年版。

以,庄子等人在说"有巢氏之民"时,很可能是参照了当时"南越巢居,北朔穴居"(张华:《博物志》)的民俗,而把它安排在了人类历史进程的初期,在今天尚无法确知旧石器时代早期的人类是否普遍地居住在树上的情况下,我们不主张用"有巢氏"来作为我国旧石器时代早期这一阶段的特征的概括,以免引起不必要的误解。

(三)五帝传说在史前史研究中的重新定位

无论是对于炎黄学还是对于古史传说的研究,都要涉及《史记·五帝本纪》中"黄帝—颛顼—帝喾—尧—舜"之间的关系问题。关于五帝之关系,按照《史记·五帝本纪》中的排列顺序,黄帝为五帝之首,其余四帝都是黄帝的后裔。颛顼是黄帝之子昌意的儿子,即黄帝之孙。帝喾的父亲叫蟜极,蟜极的父亲叫玄嚣,玄嚣与颛顼的父亲昌意都是黄帝的儿子,所以,帝喾是颛顼的侄辈,黄帝的曾孙。尧又是帝喾的儿子,而舜则是颛顼的六世孙。

事实上,在上述五帝系统中,除了黄帝与帝尧在族属上是一系外,其余都很难说,特别是帝舜,孟子说他是"东夷之人也",他是由东夷的诸冯(今山东诸城)迁徙到中原的。① 我们认为,黄帝、颛顼、帝喾、尧、舜原本代表着不同的部族,他们先后来到中原或活动于中原地区,之后又都融合而形成华夏民族。也就是说,黄帝、颛顼、帝喾、尧、舜、禹所代表的部族是早期华夏民族重要族源和组成部分,但它们有许多却是来自四方的,原本的血缘有许多是不相同的,

---

① 《孟子·离娄下》说:"舜生于诸冯,迁于负夏,卒于鸣条,东夷之人也。"诸冯,在今山东诸城。清《诸城县志》说:该"县人物以舜为冠,古迹以诸冯为首"。今山东诸城在西汉时为诸县,春秋时是鲁国的一个邑。《春秋·庄公二十九年》记有:"城诸及防"。《春秋·文公十二年》说:"季孙行父帅师城诸及防。"杨伯峻《春秋左传注》说:"诸、防皆鲁邑。"朱玲玲《舜为"东夷人"考》认为:"诸冯应即诸,从语言角度讲,诸冯的冯字是个轻读语尾音,如北京话的'儿',付诸文字是可省去的,不省则作'诸冯',省去尾音则作'诸'。"(朱玲玲:《舜为"东夷人"考》,《南方文物》2011年第1期)清初张石民的《放鹤村文集》中的《诸冯辨》也说:"诸城得名,以鲁季孙行父所城诸,所城诸得名,则以诸冯……旧有舜祠。"为此,我们说诸冯在山东诸城,与孟子所说的舜为"东夷之人"颇为吻合,舜的出生地、虞舜族的发祥地在今山东诸城。

它们因汇聚于中原而形成了华夏民族。① 在融合成为华夏民族的过程中,他们在中原地区的称雄有先有后,《五帝本纪》中"黄帝—颛顼—帝喾—尧—舜"的排列,就透露出称雄的先后。

三皇五帝说的历史价值之一就在于它用"三皇—五帝—三王—五霸"这样的方式表述了历史文化演进的几个阶段。其中,那种用部族领袖或部族神来进行纵向排列组合的五帝模式,大概反映的是各部族因其称雄先后不同而登上历史舞台有前有后,它符合历史演进这样的史学要求,为此我们说,《五帝本纪》中五帝在历史舞台上称雄先后的时间顺序应该没什么大的问题,但认为黄帝与其他四帝即五帝之间在血统血缘上都是一脉相承的关系,是有疑问的。我们将五帝所表现出的先后时代关系称为符合历史实际的"实",而将其一脉相承的血缘谱系称为不符合历史实际的"虚"。所以,这一体系有"实"有"虚",虚实交汇。

我们知道,上古时期中华大地上的新石器文化星罗棋布,新石器文化遗址数以万计,创造这些新石器文化的氏族部落部族林立,即使后来组合成几个大的部族集团,各大族团之间起初也是互不统属,根本不可能是万古一系。因而对于司马迁等人把原本属于不同部族或族团的"黄帝、颛顼、帝喾、尧、舜"等的族属描写成一系的做法,需要予以纠正。撰写《史记·五帝本纪》的司马迁以及《大戴礼记·五帝德》的作者和《尚书》中《尧典》《皋陶谟》《禹贡》的作者们都生活在具有"大一统"观念的时代,他们将原本属于分散的材料,原本属于不同系统的部族的领袖人物或部族宗神,经过作者的取舍、加工、合并、改造等一番功夫,或者是安排构筑在一个朝廷里,或者描写成具有血亲关系的做法,应该说脱离了历史的实际。今天我们在面对《五帝本纪》中的"黄帝—颛顼—帝喾—尧—舜"这一谱系时,不必拘泥于这些传说人物是否具有血缘上的祖孙关系,而不妨把他们看成是不同的部族族团称霸一方时的先后早晚关系。

---

① 参见王震中:《中国古代国家的起源与王权的形成》,中国社会科学出版社 2013 年版。

四、炎黄时代的年代问题

所谓炎黄时代,是指炎帝族、黄帝族称雄的时期。因为作为古老的氏族部落或部族,其存续的时间是相当长久的,而它留在先民们的记忆中的年代每每是其称雄阶段,在其称雄之前或衰落之后,该族实际上都是存在的,只是它不在历史舞台的中心而已。

在"黄帝—颛顼—帝喾—尧—舜"这一五帝谱系中,尧、舜、禹三位传说人物距离夏王朝的时代较近,黄帝较远,颛顼和帝喾则介于二者之间。张光直先生曾对神话传说的"时间深度"作过一个很好的论述:

> 任何的神话都有极大的"时间深度",在其付诸记载以前,总先经历很久的口传。每一个神话,都多少保存一些其所经历的每一个时间单位及每一个文化社会环境的痕迹。过了一个时间,换了一个文化社会环境,一个神话故事不免要变化一次;但文籍中的神话并非一连串的经历过变化的许多神话,而仍是一个神话;在其形式或内容中,这许多的变迁都挤压在一起,成为完整的一体。①

我们若借用神话传说的"时间深度"的概念,尧、舜、禹距离夏朝的时间较近(禹是由五帝时代向夏代的过渡性人物,《史记·夏本纪》其至把他列在夏的开篇),作为"神话传说"所表达的"时间深度"不应该很长;而诸如黄帝氏、炎帝氏之类的神话传说所反映的"时间深度"应当是很长的;颛顼的情况,则介于黄帝时代与尧舜禹时代之间,属于二者的分界线。我们之所以作这样的划分,其依据是《左传·昭公十七年》郯子所说的一番话。郯子说:

> 昔者黄帝氏以云纪,故为云师而云名;炎帝氏以火纪,故为火师

① 张光直:《中国青铜器时代》,生活·读书·新知三联书店1983年版,第256页。

而火名;共工氏以水纪,故为水师而水名;太皞氏以龙纪,故为龙师而
龙名。我高祖少皞挚之立也,凤鸟适至,故纪于鸟,为鸟师而鸟
名。……自颛顼以来,不能纪远,乃纪于近,为民师而命以民事,则不
能故也。

郯子的这番话一般都是作为图腾崇拜的材料来引用的。除此之外,它也有年
代划分的意义。在这里,郯子所说的"自颛顼以来,不能纪远,乃纪于近",这
表明有关炎帝、黄帝、太皞、少皞等神话传说所代表的"时间深度"远比尧、舜、
禹时期大得多,颛顼可作为二者的分水岭。这样,通过文献,我们以颛顼为界,
可将五帝时代细分为三个时期:"黄帝时期—颛顼帝喾时期—尧舜时期"。黄
帝之前是炎帝时期,黄帝时期加上炎帝时期就是炎黄时代。那么,文献上的
"炎帝时期—黄帝时期—颛顼帝喾时期—尧舜时期"与考古学有着什么样的
时间对应关系呢?

　　炎黄是紧接神农氏而来的一个时代。神农氏时代因与农业的起源联系在
一起,所以我们在本书的第二章"炎帝"中将其划定在距今 12000—7000 年前
的新石器时代前期(早期和中期)。那么炎黄称雄的时代当拟划在距今
7000—5000 年的新石器时代晚期,若以黄河流域的考古学文化为坐标的话,
距今 7000—5000 年的范围属于仰韶文化时期,可称之为仰韶时代。就国家社
会的演进而言,黄帝时期属于即将跨入国家社会的前夕,是走向国家社会的转
型期。

　　说炎黄时代就是考古学上的仰韶时代,还可从仰韶文化中的图腾崇拜特
征得到旁证。仰韶文化前期(即半坡时期)出现的大量鱼纹和"人面鱼纹"可
与《山海经》所说的炎帝族氏人国(互人国)"人面而鱼身"的图腾标志相联
系,对此,本书第二章"炎帝"将作详细论述。仰韶文化和马家窑文化中的蛙
纹可与黄帝族中的轩辕氏(天鼋氏)相联系,对此我们在后面一节再作论述。
这一点还说明甘陕至豫西包括晋南的仰韶文化属于炎帝族和黄帝族共同创造
的考古学文化。《国语·晋语四》说:"昔少典娶于有蟜氏,生黄帝、炎帝。黄

帝以姬水成,炎帝以姜水成。成而异德,故黄帝为姬,炎帝为姜。"这段话也反映出炎帝族与黄帝族有合有分,实可合称为"炎黄族"。而这些都可作为我们把炎黄时期划定在仰韶时代的一个依据。

颛顼、高辛氏时期,帝颛顼"乃命南正重司天以属神,命火正黎司地以属民……是谓绝地天通"(《国语·楚语》)的现象,说明当时的社会已出现诸如"南正"、"火正"、巫觋之类的神职人员,也意味着已形成一个祭祀管理的阶层,这是史前走向文明过程中社会复杂化的重要现象,所以,颛顼、高辛氏时期是古代中国邦国文明的草创期,这应当属于距今5000—4500年的龙山时代前期。

尧舜禹时期史称"万邦"时代("万国"时代),这时大江南北、黄河内外都有邦国兴起,有的还结盟为族邦联盟,属于夏王朝之前的邦国文明阶段。夏代之前的邦国文明是早期国家文明的一种,其政治格局是典型的邦国林立和族邦联盟交织在一起。诚然,追溯族邦联盟,可以上溯到炎黄联盟,特别是黄帝与蚩尤涿鹿大战之后,《史记·五帝本纪》说"诸侯咸尊轩辕为天子","合符釜山",结成了大联盟。司马迁"诸侯咸尊轩辕为天子"这句话中使用了"诸侯"和"天子"这样的概念,这是用商周以来的语境和词汇来描述黄帝时期联盟的情形,我们只要有分析地对待这句话就行。总之,尧舜禹时期"万邦"所表述出的邦国林立,当与考古学上距今4500—4000年前的龙山时代后期纷纷崛起的"古城"现象相对应。

总括这里所论的神农、炎帝及五帝与考古学的时代对应关系,并参照李伯谦先生在《考古学视野的三皇五帝时代》[①]一文中所列出的"考古学重建的中国古史体系与传统史学的中国古史体系对应表",重新列表如下。

[①] 参见李伯谦:《考古学视野的三皇五帝时代》,载王俊义主编:《炎黄文化研究》第八辑,大象出版社2008年版。

考古学与中国古史体系的时代对应关系①

考古学时代	传统史学的古史体系	年代	社会形态	主要经济生活方式
旧石器时代晚期	伏羲氏 燧人氏	距今 50000—12000 年	原始群、氏族	渔猎、采集
新石器时代早期和中期	神农氏	距今 12000—7000 年	氏族、部落	渔猎、农业、畜牧业
新石器时代晚期的仰韶时代	炎帝、黄帝	距今 7000—5000 年	部落、部族	农业、畜牧业、手工业
新石器时代末期的龙山时代前期	颛顼、帝喾	距今 5000—4500 年	邦国的草创期	农业、畜牧业、手工业
新石器时代末期的龙山时代后期	尧、舜、禹	距今 4500—4000 年	邦国	农业、畜牧业、手工业
青铜时代	夏、商、周	距今 4000—2000 年	王朝国家	农业、畜牧业、手工业、商业
铁器时代	秦—清	前 221—1911 年	帝制国家	农业、畜牧业、手工业、商业

五、炎黄与中国"大一统"思想的历史渊源

中国"大一统"思想观念源远流长,它与炎黄有什么样的联系? 我们的回答是就"大一统"思想观念的历史渊源而言,五帝时代的族邦联盟是其社会基础的起点。

"大一统"是中国传统的政治思想,它与统一的多民族国家的认同密不可分。历史地看,源远流长的大一统思想观念,它经历了不同的发展阶段:它有三种背景指向、三个层次的发展轨迹。中国历史上真正"大一统"国家始于秦朝,这是史学界的共识。司马迁《史记》中的大一统史学观、董仲舒所阐述的

---

① 参见王震中:《三皇五帝传说与中国上古史研究》,载《中国社会科学院历史研究所学刊》第七集,商务印书馆 2011 年版。

春秋大一统思想,都有当时现实社会的基础。学者们在说中国的大一统始于秦时,也会指出中国人希望统一的观念始于战国。的确,《孟子·梁惠王上》记载梁惠王问孟子:"天下恶乎定?"孟子回答说:"定于一。"王又问:"孰能一之?"孟子回答说:"不嗜杀者能一之。"这里的"一"就是"统一"。冯友兰在其《中国哲学简史》中说这段话清楚地表现了时代的愿望。除战国诸子所反映出统一的愿望之外,成书于战国时期的《尚书》中的《尧典》《皋陶谟》《禹贡》等篇,也都可以看到其大一统的思想体系。例如,《尧典》把原本属于"族邦联盟"内的尧、舜、禹、共工、四岳、皋陶、伯益、夔、后稷、商契等不同族属的邦君,按照在一个朝廷里担任各种官职来描述的做法,就体现了作者的大一统思想观念。一般认为,成书于战国时期的《周礼》,其编纂的内容、结构和体例也透露出大一统的思想体系。就连邹衍的大九州论也包含着大一统思想要素。

对于战国时期大一统观念形成的原因,一般的解释是人民苦于战争和各国以邻为壑等灾难而迫切希望统一。我们以为这只说对了一个方面,但并未触及问题的本质。问题的实质在于夏商西周时期的"多元一体的复合制国家形态结构"及其传统理念已经为战国时大一统思想的发展作了较为充分的准备,成为其思想基础;如果从三代往前追溯,我们就会发现颛顼尧舜禹时期族邦联盟结构及其相关思想的萌发,成为大一统思想的最早渊源。否则的话,根据社会存在决定社会意识的唯物史观,我们总不能说是从战国时各个独立国家的现实直接产生出大一统的思想,然后再由大一统思想产生出秦汉大一统的国家。

关于夏商西周三代的国家形态和结构问题,以往传统的观点有两种:一种认为夏商周是"统一的中央集权制国家";另一种则把三代的各个王朝看作是由许多"平等的"邦国组成的联盟。第一种观点虽然可以解释战国时大一统思想的历史渊源,但其"统一的中央集权制国家说"本身却脱离了历史的真实。三代"统一的中央集权制国家"说,忽视了夏商西周时期虽说主权不完整但又世袭的诸侯邦国与秦汉以来被任免的地方郡县行政并不相同的问题。第二种观点,即"邦国联盟"说,不但无法解释战国时大一统思想的历史渊源,更主要的是它不能合理地解释三代王朝国家的结构,它忽视了夏王、商王和周王对于地方诸侯邦国的支配作用。在国土结构上,它无法解释《诗经·小雅·北山》所说"溥天之下,莫非王土;率土之滨,莫非王臣";无法解释《左传·昭公九年》周天子的大臣詹桓伯所说西部岐山和山西一带的"魏、骀、芮、岐、毕,吾西土也",东部齐鲁之地的"蒲姑、商奄,吾东土也",南方的"巴、濮、楚、邓,吾南土也",北部的"肃慎、燕、亳,吾北土也"等事实。

　　针对上述两种观点的局限,本书提出了"夏商西周三代是多元一体的复合制国家结构"。所谓"复合制国家结构",就像复合函数的函数套函数那样,处于"外服"的各个诸侯邦国是王朝内的"国中之国";处于"内服"的王邦即王国,属于王朝内的"国上之国",是王权的依靠和基础。具体来说,复合制国家结构与统一的中央集权国家的区别在于:作为复合制国家结构内处于属邦地位的侯伯等国,与后世郡县制下的行政机构或行政级别不同,不是一类;有一些商王朝的属邦是夏朝时即已存在的邦国,在商时这些属邦与商王有隶属或从属关系,可以受商王的调遣和支配,但并没有转换为商王朝的地方一级权力机构,它们臣服或服属于商王朝,只是使得该邦国的主权变得不完整,主权不能完全独立,但它们作为邦国的其他性能都是存在的,所以,形成了王朝内的"国中之国"。因此,如果把夏商西周王朝定性为与秦汉王朝差不多一样的统一的中央集权国家,显然不符合历史实际。而第二种观点则走到了另一极端,说夏商周王朝是"城邦联盟"或"方国联盟"。这种说法忽视了夏商周王权具有支配"天下"的正统理念;忽视了诸侯邦国在政治上不具有独立主权;在经济上要向朝廷贡纳,经济资源尤其是战略资源要输送到中央王国;在军事上,诸侯邦国的军队要随王出征或接受王的命令出征。也就是说,从属于王朝的诸侯邦国,虽然具有某种程度的相对独立性,但它们无论是与商王还是周王之间绝非联盟关系;这些诸侯国君都以王为"天下共主",受王的调遣和支配,是王朝的一个组成部分,只是这种结构关系是一种开放式的呈动态发展而已。对此,我们若用复合制王朝国家结构和形态来解释这一切,问题即可迎刃而解。"复合制王朝国家"说这一理论观点,解释了夏商周王朝国家结构中的二元性问题(王邦为一元,众多的诸侯邦国为另一元),揭示了夏商西周三代国家形态和结构的历史特点,这一特点既不同于三代之前和三代之后,也不同于西欧希腊罗马时的古典社会和西欧的封建社会。①

生活在复合制王朝中的周人,自认为自己的王朝是"统一"的,这就是前引《诗经》所谓"溥天之下,莫非王土"的社会基础。生活在春秋末期的孔子曾有"天下有道,则礼乐征伐自天子出;天下无道,则礼乐征伐自诸侯出"(《论语·季氏》)的感叹,也是鉴于他所向往的西周是"统一"的。与秦汉以来郡县制机制下一元化的大一统思想观念相对而言,从"多元一体的复合制王朝国家结构"产生出来的大一统观念,则属于相对早期的大一统观念。这样的一统观念在三代王朝代代相传,构成了一种正统观念。到了战国时期,当人们苦于列国纷争时,盼望统一,既是现实愿望,也有历史渊源。

从三代再往前追溯,《史记·五帝本纪》以及《尧典》《禹贡》所说的颛顼尧舜禹时期政治实体的形态结构又是什么样子呢? 以往的观点大多认为,尧舜禹是部落联盟。本书认为,当时固然是一种联盟,但它不是部落联盟,而是族邦联盟,或可称邦国联盟。尧舜禹都具有双重身份——既是本邦国的国君(即邦君),又是联盟的盟主。尧舜禹所禅让的是联盟的盟主之位,并非是本国国君之权位。尧舜禹时期也被称为是"万邦"时代,小国寡民的邦国林立。当时被称为"万邦"的众多政治实体之中,既有由尧舜禹所代表的、发展为早期国家的政治实体,也有许多还处于部落的政治实体。我们说矛盾的性质总是由主要矛盾的主要方面决定的,既然在尧舜禹时期各类不同的政治实体中那些已进入早期国家的邦国代表了当时社会发展的最高阶段,那么当时的联盟就应该称为"族邦联盟"或"邦国联盟",而不应称为"部落联盟"。②

---

① 参见王震中:《中国古代国家的起源与王权的形成》,中国社会科学出版社 2013 年版。
② 王震中:《中国古代国家的起源与王权的形成》,中国社会科学出版社 2013 年版,第381 页。

族邦联盟既不是一个王朝,也不同于后世的国家。但是,族邦联盟在走向"多元一体王朝国家"过程中也会产生与之相适应的"联盟一体"的思想观念,而春秋战国和秦汉时的人们由于不具有近代人类学所谓的"部落联盟"或"族邦联盟"之类社会科学的概念,因而只能比照夏商西周三代和秦汉时的国家形态的样子来描述和表达五帝时代的社会,只是有时用"禅让"与"家天下"对五帝时代与三代略作区别而已。其结果是把"联盟一体"的思想观念拟化为另一层次的大一统观念,这就是《史记·五帝本纪》所说的轩辕黄帝在征战了炎帝和蚩尤之后,"诸侯咸尊轩辕为天子","合符釜山"的情景;这也是《五帝本纪》和《尚书》中的《尧典》《皋陶谟》《禹贡》等篇所描述的五帝时代"天下"一统的缘由。

总之,从黄帝、颛顼、帝喾、尧、舜、禹经三代再到秦汉,伴随着国家形态和结构的变化,先后产生了三种背景指向的"大一统"观念:即与尧舜禹时代族邦联盟机制相适应的带有联盟一体色彩的"天下一统"观念;与夏商西周"复合制王朝国家"相适应的大一统观念;与秦汉以后郡县制机制下的中央集权的帝制国家形态相适应的大一统思想观念。这三种背景指向、三个层次的"大一统"思想观念,是历史发展的三个阶段的标识。在我国历史上,大一统的思想观念对于国家的统一和稳定一直发挥着深远而积极的影响。这种影响主要表现为:国家的统一、对国家统一的认同与中华民族的凝聚乃三位一体的关系;大一统的思想观念已构成中华传统文化中基因性的要素之一。①

六、古史传说人物究竟是人还是神以及炎黄名号的由来

(一)信古、疑古与释古

20世纪20年代以来,我国学术界对于古史传说曾有"信古""疑古""释

---

① 参见王震中:《论源远流长的"大一统"思想观念》,《光明日报》2019年6月10日。

古"三种态度和研究范式。具体说到炎帝、黄帝,信古者当然是把他们作为真实人物来对待;而疑古者则把他们作为神来对待。我们站在今天的角度来看待这一问题,理应超越简单的"疑古"和"信古",或者说要超越"疑古"与"信古"简单对立的做法。

先说"信古"。信古者不能指责疑古就是历史虚无主义;信古者那种凡是古书上写的都是可信的,也是站不住脚的。徐旭生先生是不赞成"古史辨"派(即疑古派)的,但他在《中国古史的传说时代》一书中对顾颉刚先生及他的朋友们"把《尚书》中的《尧典》《皋陶谟》《禹贡》三篇的写定归还在春秋和战国时候(初写在春秋,写定在战国)"①,给予了充分的肯定。也就是说,信古也是要在对史料进行"去伪存真""由此及彼、由表及里"分析的基础上的信古,也要区分史料的"原始性的等次性",不能退回到100多年前"信古"的老路上去。

再说"疑古"。古史辨派(疑古派)在顾颉刚先生"层累地造成的古史观"②的理论框架下提出了以下观点:第一,推翻了"自从盘古开天地,三皇五帝到于今"的传统的古史系统,也使得《史记·五帝本纪》中"黄帝—颛顼—帝喾—尧—舜"之间自古一系的祖孙血缘关系难以成立。第二,顾颉刚提出了"四个打破"③:一是打破民族出于一元的观念;二是打破地域向来一统的观念;三是打破古史人化的观念;四是打破古代为黄金世界的观念,这"四个打破"除了"打破古史人化的观念"尚需讨论之外,其余"三个打破"基本上能够立得住。第三,古史辨派推动了我国近代以来第一次大规模的古籍整理,特别是以确认成书年代为基本内容的古籍整理。第四,顾颉刚和他的古史辨派推动了对以《禹贡》为首的上古历史地理的深入研究。第五,古史辨派强调审查

① 徐旭生:《中国古史的传说时代》,科学出版社1960年版,第22页。
② 顾颉刚:《与钱玄同先生论古史书》,载顾颉刚:《古史辨》第一册"自序",上海古籍出版社1982年版,第52页。
③ 参见顾颉刚:《讨论古史答刘胡二先生》,《读书》第十二——十六期。

史料,去伪求真,是史学研究的必备条件。第六,古史辨派刺激和促进了我国学术界通过考古发掘来重建中国上古史的重视。这些都可以被视作以顾颉刚先生为首的古史辨派重要的学术建树。

古史辨派有建树亦有局限,其局限性最主要有两点:第一,就是学术界通常所说的"疑古过度"的问题,主要是指把一些属于先秦写定的古籍说成是秦汉以后,如《周礼》一书顾颉刚先生认为它成书于汉代;第二,就是认为古史传说人物都是神而不是人,即所谓"古史人化"的问题。

(二)远古社会的人名、族名、图腾名、神名的同一问题：以黄帝为例

其实,古史传说中的人物呈现出许多"神性",并不能以此就说明他们是神而不是人。古史传说人物所具有的神性,究其原因,一是因为远古人的思维具有两重性——逻辑思维与原逻辑思维的统一体,[1]在这样的神秘思维中,他们对于自己死去的祖先或活着的酋长、英雄人物赋予神力和神性,是必然的;二是远古时代的人名、族名、图腾名、神名是可以同一的,这样,从人名的角度看他是人,而从图腾名和神名的角度看呈现出的就是神。

以黄帝为例,古史辨派曾据已有的先秦文献中"黄帝"与皇天上帝之"皇帝"相互通用,而主张黄帝是神,不是人。[2] 而我们知道,黄帝号称轩辕氏,又号称有熊氏。郭沫若先生依据《国语·周语上》"我姬氏出自天鼋"的记载,说此"天鼋"就是轩辕黄帝的"轩辕",也就是青铜器铭文中族徽铭文"天鼋"(见图0-1)。[3]

---

① 法国学者列维-布留尔《原始思维》(丁由译,中华书局1981年版)一书强调原始人的思维不属于逻辑思维,而是一种"原逻辑"的神秘的"互渗律"思维。我们认为,原始人的思维固然有"原逻辑"的"互渗律"思维的一面,但它也有逻辑思维的另一面,而且这二者可以统一在一个人的脑海里,也统一在他们的活动中,统一在他们的宗教崇拜中。
② 参见杨宽:《中国上古史导论·黄帝与皇帝及上帝》,载顾颉刚:《古史辨》第七册,上海古籍出版社1982年版,第197页。
③ 参见郭沫若:《殷周青铜器铭文研究》卷一,人民出版社1954年版,第7页;郭沫若:《两周金文辞大系图录考释》(下),上海书店出版社1999年版。

这样的"天鼋"族徽铭文,邹衡先生在传世青铜器中搜集有 100 件左右。① 商周青铜器族徽铭文"天鼋"之"鼋"的形象是青蛙,而在距今 7000—5000 年前的陕西和河南的仰韶文化和甘肃的马家窑文化彩陶中就有青蛙的彩陶纹样(见图 0-2、图 0-3、图 0-4),属于黄帝族轩辕氏(天鼋)的图腾形象。关于有熊氏,著名的考古学家邹衡先生发现有一类青铜器族徽铭文是"天"字下面画有"兽"族徽铭文,他称之为"天兽"族徽铭文(见图 0-5)。他说《史记·五帝本纪》和《大戴礼记·五帝德》记载黄帝与炎帝在阪泉之野作战时动用的"熊、罴、貔、貅、䝙、虎",是以兽为名的 6 支不同图腾的军队,商周青铜器铭文中的"天兽"族徽铭文就是黄帝族中有熊氏的族徽。② 这样,我们就会发现作为古史传说人名的轩辕氏、有熊氏是与天鼋(即青蛙)和熊、罴、貔、貅、䝙、虎等图腾一致的。

在"天鼋"和"天兽"族徽之外,商周青铜器铭文中还有以"天"(𠀀或𠀁)为族徽铭文。邹衡先生搜集到 50 件有这样族徽铭文的青铜器,其中"《天姬自作壶》(《通考》731;《三代》12.7.2)的铭文,可以证明天族是姬姓"③。"天"这样的族徽铭文,其渊源也是来自以"天"为图腾。而在先秦文献中,"黄"与"皇"可通用。如《庄子·齐物论》:"是皇帝之所听荧也。"《经典释文》:"皇帝,本又作黄帝。"又《庄子·至乐》曰:"吾恐回与齐侯言尧、舜、黄帝之道……"《经典释文》:"皇帝,司马本作黄帝。"《吕氏春秋·贵公》:"丑不若黄帝。"毕沅校曰:"黄帝,刘本(明刘如宠本)作皇帝,黄、皇古通用。"《易·系辞》:"黄帝、尧、舜,垂衣裳而天下治。"《风俗通义·音声篇》作"皇帝"。可见"黄帝"与"皇帝"通用的例子甚多。《尚书·吕刑》:"蚩尤惟始作乱……皇帝清问下民……"此皇帝即上帝,所以,说黄帝即皇帝亦即皇天上帝,有训诂学上的依据。从"黄帝"与"皇帝"通假以及皇帝亦即上帝来看,"黄帝"一名含

---

① 参见邹衡:《夏商周考古学论文集》,科学出版社 2001 年版,第 312 页。
② 参见邹衡:《夏商周考古学论文集》,科学出版社 2001 年版,第 310—313 页。
③ 参见邹衡:《夏商周考古学论文集》,科学出版社 2001 年版,第 311 页。

有皇天上帝即含有天的意思,这样,黄帝一名也就成了天帝天神。然而,在《国语·晋语》中又说:"昔少典娶于有蟜氏,生黄帝、炎帝。黄帝以姬水成,炎帝以姜水成。成而异德,故黄帝为姬,炎帝为姜。"这里的黄帝、炎帝当然是人名。这就是我前面所说的古史传说中人名、族名、图腾名和神名是同一的依据。摩尔根在《古代社会》一书中也说美洲印第安人普遍存在人名、氏族名和图腾名相同一的情形。本书认为,造成这样的情况,是因为最初在氏族制还没有出现之前的图腾是个人图腾,这些个人图腾也就是当时的个人名称。后来随着氏族制度的出现,一些氏族酋长的个人图腾转换成了氏族图腾,使得氏族酋长的个人名字与氏族图腾的名称相同一。再后来,一些著名的氏族

图 0-1　青铜器"天黿"族徽铭文

酋长死后上升为祖先神,乃至成为氏族部落和部族的宗神,使得人名、族名、图腾名、宗神名更加混为一体。①

　　由于人名、族名、图腾名、神名可以同一的缘故,所以黄帝、炎帝等名号是一个沿袭性的名号。也就是说,作为一个个人他只能生存几十年或上百年,但是作为族团却可以存在几百年或几千年,它的名号是沿袭性的。

---

　　① 参见王震中:《重建中国上古史的探索》,云南人民出版社 2015 年版,第 42、43、76 页。

图 0-2　陕西临潼姜寨出土仰韶文化蛙纹彩陶盆

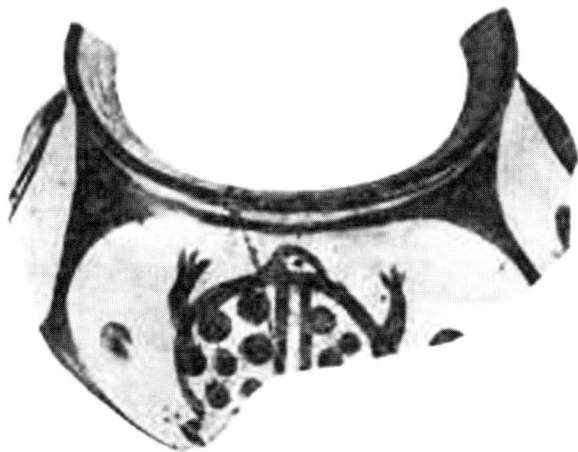

图 0-3　河南陕县庙底沟遗址出土仰韶文化蛙纹彩陶罐

图 0-4　甘肃天水市师赵村遗址出土马家窑文化蛙纹彩陶钵

（三）黄帝族的民族融合

　　黄帝等名号既是人名、族名、图腾名、宗神名的同一，也是民族融合的结果。黄帝号称轩辕氏，又号称有熊氏，已经说明他不是一个人，也不只是一个氏族。《国语·晋语》说："黄帝之子二十五宗，其得姓者十四人，为十二姓：姬、酉、祁、己、滕、箴、任、荀、僖、姞、儇、依是也。"我们知道，上古每一姓就是一个血缘姓族，黄帝族有十二姓，则说明黄帝族至少是由十二个姓族融合而成的一个庞大的部族集团，它们的共同点是都尊崇"天"，天为其宗神乃至成为至上神。所以，我们认为以黄帝为宗神即以天为宗神的部族集团的出现是民族融合的结果。从黄帝族和周人都是姬姓，都崇拜天，以天为图腾，把自己说成是天的儿子（天子），黄帝族与周族实属于同一族系。① 春秋战国时期的华夏民族普遍推崇黄帝，固然属于民族凝聚的需要，也应有周人的作用，黄帝族

---

　　① 参见王震中：《商周之变与从帝向天帝同一性转变的缘由》，《历史研究》2017 年第 5 期。

图 0-5　青铜器"天兽"族徽铭文

与周族实乃一族。①

　　黄帝崇拜是民族融合的结果。从上古的炎黄族到今天的中华民族,中华民族在其形成和发展的过程中采取滚雪球式的方式,经历的四个大的阶段是:由上古的炎黄族,发展为夏、商、西周、春秋、战国时期的华夏族,再发展为秦汉时期的汉民族,并在秦汉时期统一的多民族国家的基础上产生"正在形成中"的中华民族。② 这其中值得强调的是:上古社会的黄帝族、炎帝族构成了夏朝到春秋战国时期华夏民族的主干,但这一时期的华夏民族的成分已经是多元

---

① 参见沈长云:《华夏族、周族起源与石峁遗址的发现和探究》,《历史研究》2018 年第 2 期。

② 参见王震中:《国家认同与中华民族的凝聚》,《红旗文稿》2016 年第 1 期。

的,它们对于民族一体感的认同在于以中原为核心区的先进的华夏文化。只是在多元的华夏民族中作为主干作为核心的炎黄族表现出"血缘共同体"与"文化共同体"相重叠的形态,并产生出深远的历史影响。秦汉时期的汉民族,是在春秋战国时期以中原为核心的华夏民族的基础上,融合了众多其他民族和部族而形成的。秦汉以后,无论是因北方的少数民族入主中原,还是因汉民族政权南移,都使得不同的历史时期有不同的民族融入汉民族之中,庞大的汉民族本身就是经滚雪球式民族融合而发展起来的,它的血缘成分是多元的。无论是华夏族还是汉族,它并非纯粹意义上的血缘民族,而是在血缘认同与文化认同相重合意义上的文化民族,在这样的文化民族中顽强地保存着自己的血缘根脉的历史记忆,并嵌入在一以贯之的作为汉民族特征的汉文化——华夏文化之中。从民族的文化性上讲,今日包括汉民族在内由 56 个民族组成的中华民族,也是一个由历史上形成的文化民族——也可称之为当今的国族,其中汉民族及其汉文化发挥着凝聚作用。

(四)大禹是人还是神的问题

黄帝之外,关于远古人名、族名、神名同一的情形,大禹的例子也很能说明问题。在大禹的问题上,顾颉刚主张大禹是神而不是人,他在《与钱玄同先生论古史书》中写道:

> 至于禹从何来? ……我以为都是从九鼎上来的。禹,《说文》云:"虫也,从内,象形。"内,《说文》云:"兽足蹂地也。"以虫而有足蹂地,大约是蜥蜴之类。我以为禹或是九鼎上铸的一种动物,当时铸鼎象物,奇怪的形状一定很多,禹是鼎上动物的最有力者;或者有敷土的样子,所以就算他是开天辟地的人。流传到后来,就成了真的人王了。①

---

① 顾颉刚:《与钱玄同先生论古史书》,载顾颉刚:《古史辨》第一册"自序",上海古籍出版社 1982 年版,第 52 页。

确实,从"禹"字的构形来看,禹在青铜器铭文中是蛇形龙的形象。当然,提出禹为神的观点,并非仅仅依据禹字的构形,而且还有大禹治水传说夹杂着许多神话成分的问题。例如,《淮南子·人间训》说:"禹凿龙门、辟伊阙。"①这是说黄河的龙门、伊阙是禹凿开的,显示了其神力非凡。《诗经·小雅·信南山》说:"信彼南山,维禹甸之。"《诗经·大雅·韩奕》说:"奕奕梁山,维禹甸之。"《诗经·大雅·文王有声》说:"丰水东注,维禹之绩。"这些大山河川也都是禹开垦疏浚的。《诗经·商颂·长发》说:"洪水茫茫,禹敷下土方。"《山海经·海内经》说:"洪水滔天,鲧窃帝之息壤以堙洪水,不待帝命,帝令祝融杀鲧于羽郊,鲧复生禹,帝乃命禹卒布土以定九州。"郭璞注:"息壤者,言土自长息无限,故可以塞洪水也。"

这些传说虽然反映了大禹作为族邦联盟的盟主,他所领导的治水范围并非限于自己邦国所在地,而是遍及黄河和长江流域,但是传说中也包含着大量的神话,诸如以"身执耒锸"这样的工具,而竟能做出"凿龙门、辟伊阙""决江河"之类非当时人力所能为的治水功绩,当然显示出其神力和神性。这就属于古史传说中神话与历史相交融、相混杂的问题。

其实,"禹"这一名号的神性问题,若依据上古人名与神名可以同一的原则,即可迎刃而解。"禹"这个名字来源于他的图腾名。金文中"禹"字作蛇形龙的构形,例如《遂公盨》写作 ,《禹鼎》写作 ,《秦公簋》写作 ,均为从虫、从九的象形兼会意字。其中"从虫"之"虫"的形象即为蛇形龙;"从九"即《说文》说的"从内","从九"大概与禹"霸九州"有关。金文"禹"字作蛇形龙,并非说他是动物的龙,而是以龙为图腾的缘故。龙是禹的图腾,禹为夏族之国君,龙也就会成为夏族的宗神。所以,《列子·黄帝篇》说:"夏后氏蛇身人面。"说的就是夏的王族是以蛇形龙为图腾。《国语·郑语》说:"夏之衰也,褒人之神化为二龙,以同于王庭。而言曰:余褒之二君也。"褒为姒姓,乃夏禹之

---

① 《淮南子》的《修务训》《本经训》也有同样的记载。

后,褒氏是夏的同姓族邦中"用国为姓"者之一。姒姓褒国两位先君"化为二龙"的神话,显然出自夏族以龙为图腾的传说。

　　夏的王族以龙为图腾,崇拜龙,龙乃夏的宗神,可以得到考古学上的印证。按照众多考古学者的观点,河南偃师二里头遗址属于夏王朝后期的王都遗址,①在二里头遗址中就有许多蛇形龙的文物出土。例如,二里头遗址02VM3号贵族墓出土有大型绿松石龙形器与海贝串饰(见图0-6),二里头遗址也出土有蛇形龙纹陶器(见图0-7)和一首双身的蛇形龙纹陶片(见图0-8)等。二里头遗址诸多器物上所表现出对于龙的崇拜,可与夏族中有关龙图腾的传说相联系。

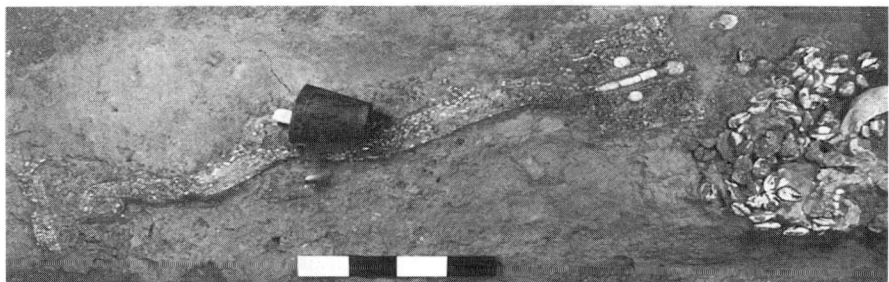

图0-6　二里头遗址贵族墓(02VM3)出土的大型绿松石龙形器与海贝串饰

　　总括上述,我们说"禹"字的构形为蛇形之龙,只是说明"禹"这一名号的取名来自蛇龙,而并非禹本身即为动物。但是,禹之所以称为禹,应与禹个人的图腾有关。而禹以龙为图腾又使得作为王族的夏后氏也以龙为宗神,并在宗教祭祀活动中呈现出《列子》所说的"夏后氏蛇身人面",在二里头遗址中也呈现出许多对龙的崇拜。禹及夏人的龙崇拜,又一次反映出人名、图腾神、宗神相同一。

<hr>

①　参见王震中:《中国古代国家的起源与王权的形成》,中国社会科学出版社2013年版,第412—423页。

图 0-7　二里头遗址出土的蛇形龙纹陶器

图 0-8　二里头遗址出土的一首双身蛇形龙纹陶片

（五）由人到神的"神化"与由神到人的"人化"

除了人名与神名相同一之外，大禹在治水中表现出的那么多神性也与远古先民对自己部族酋长、部族英雄和祖先不断加以神化有关。而之所以被神化，主要是远古先民的世界观和思维方式与后人不同。据本书作者研究，原始思维具有两重性，即既具有逻辑思维的一面，又具有"原逻辑"①思维的一面。原始思维这样的两重性，可以体现在一个人身上，也可以体现在原始人的活动和作品中。在这样的思维机制中，上古时期的人似乎不借助于神话就不可思想。在"原逻辑"的思维作用下，那些强有力的部落酋长和部落英雄，在其在世时候就可能被视为具有神力或神性，成为半人半神者；其死后变为部落神，其神性被不断地加以强化，并在部落中或部落间广泛流传，这都是有可能的。即使到了商代，由人到神的"神化"与由神到人的"人化"的现象也是明显的。例如在甲骨文中，我们可以看到人与人之间的战斗表现出神与神之间的争斗；商王活着的时候是人，只有死后才上升为神，现学术界一般称之为祖先神，对于这些死去的商王，学术界也称之为先王，先王叫以作祟于活着的王。所以，在神话传说的历史化、文献化过程中，有的经历的是由神到人的所谓"人化"过程，也有的经历的是由人到神或半人半神的"神化"过程，有的甚至是"人化"与"神化"交织在一起，亦即经历了：远古时是活着的部落酋长（系人，但具有神力、神性，乃至被视为半人半神者）——死后成为部落神——在进入有文字记载的历史以后，又被历史化、人化为人或具有神力的人。可见所谓"古史人化"或"神化"的问题，是极其复杂的，由神到人的现象是有的，但并非仅仅是由神到人。具体说到黄帝与轩辕氏和有熊氏的问题，我们说作为氏族部落酋长之名同时也是氏族部落之名的轩辕氏和有熊氏，原本应该有真实的人和真实的氏族部落存在的，而从轩辕氏有熊氏到黄帝的演变，大概经历了由人到

---

① 参见列维-布留尔：《原始思维》，商务印书馆 1981 年版。

神的"神化"的问题,这种神化的结果是在人身上加上了神性和神力,所以,在古史传说中,有的地方我们看到的是黄帝乃部落酋长,有的地方我们看到的则是黄帝乃部落宗神。大禹以及其他传说人物的情况也都是这样。这就使得古史传说呈现出的是"历史中有神话,神话中富于历史",①我称之为古史传说中有"实"亦有"虚","实"指的是历史或历史的素地,"虚"指的就是神话。② 而古史辨派则把这些一概作为神和神的"人化"来对待,这属于古史辨派最大的局限,这对于重建中国上古史是没有帮助的。

(六)炎帝、黄帝名号的由来

在炎黄二帝中,炎帝因火而得名,无论从文字上还是从文献上,都可得到直接的说明,而有关黄帝的得名是最难理解的。《左传·昭公十七年》郯子说:"昔者黄帝氏以云纪,故为云师而云名;炎帝氏以火纪,故为火师而火名;共工氏以水纪,故为水师而水名;大皞氏以龙纪,故为龙师而龙名。我高祖少皞挚之立也,凤鸟适至,故纪于鸟,为鸟师而鸟名:凤鸟氏,历正也;玄鸟氏,司分者也……"通过郯子的这一段话可以得知,炎帝的得名是与火有关的,不管这个火是自然之火还是天象心宿的大火星之火,③炎帝族以火为宗神是没有疑问的。然而郯子所说的黄帝氏以云纪是解释不了黄帝何以称为"黄"的问题。

在战国以来的说法中,黄帝被称为中央之帝,以土德王。如《史记·五帝本纪》说黄帝"有土德之瑞,故号黄帝"。《说文》曰:"黄,地之色也,从田光声。"《论衡·验符篇》说:"土色黄,汉土德也";又说:"黄为土色,位在中央,故轩辕德优,以黄为号。"这种土德说来自五行的观念。《淮南子·天文训》

---

① 《杨向奎学术文选》,人民出版社 2000 年版,第 121 页。
② 参见王震中:《三皇五帝传说与中国上古史研究》,载《中国社会科学院历史研究所学刊》第七集,商务印书馆 2011 年版。
③ 参见王震中:《炎帝族对于"大火历"的贡献》,载霍彦儒主编:《炎帝与民族复兴》,陕西人民出版社 2006 年版。

说:"东方,木也,其帝太皞,其佐句芒,执规而治春;……南方,火也,其帝炎帝,其佐朱明(即祝融,《占经》引《淮南子·天文训》作"其佐祝融"),执衡而治夏;……中央,土也,其帝黄帝,其佐后土,执绳而治四方;……西方,金也,其帝少昊,其佐蓐收,执矩而治秋;……北方,水也,其帝颛顼,其佐玄冥,执权而治冬。"类似的说法也见于《吕氏春秋》,在《吕氏春秋》的春、夏、秋、冬"四纪"中说:孟春、仲春、季春之月,"其日甲乙,其帝太皞,其神句芒";孟夏、仲夏、季夏之月,"其日丙丁,其帝炎帝,其神祝融";在《季夏纪》末尾说"中央土,其日戊己,其帝黄帝,其神后土";在孟秋、仲秋、季秋之月,"其日庚辛,其帝少皞,其神蓐收";在孟冬、仲冬、季冬之月,"其日壬癸,其帝颛顼,其神玄冥"。显然,《淮南子》和《吕氏春秋》是在五行与四方四季相配中来安排黄帝的,黄帝之黄乃取金木水火土五行土之色。

按照上述黄帝释名中黄帝之黄与黄土的关系,今日有的学者主张,黄帝者乃黄土高原之奇葩,说它是一种美称;也有的认为黄帝陵所在的陕北一带,有着十分丰富的史前文化,研究黄帝及其文化,理应首先从这里出发。诚然,在古史传说中,不但黄帝葬于陕北的桥山,而且黄帝族最初就生活在黄土高原,在这个意义上,这些看法并非没有缘由。只是,若黄帝之黄取自金木水火土五行土之色的话,这种与五行观念联系在一起的黄帝的说法也应当是后起的。

关于"黄帝"这一名号,以前古史辨派在讨论古史传说的时候,杨宽先生曾提出"黄帝即皇天上帝"的看法。[1] 杨先生的这一看法,与顾颉刚先生提出的著名的"四打破"中"打破古史人化的观念"是一致的。如前所述,主张黄帝即皇天上帝者,最主要的依据是黄、皇古通用。

从"黄帝"与"皇帝"通假以及皇帝亦即上帝来看,黄帝一名含有皇天上帝即含有天的意思,而郯子所说的"昔者黄帝氏以云纪,故为云师而云名",其云也是在天空中,也与天有关系。这样,联系郭沫若先生所说的"天鼋"的族徽

① 参见杨宽:《中国上古史导论·黄帝与皇帝及上帝》,载顾颉刚:《古史辨》第七册,上海古籍出版社1982年版,第197页。

就是古轩辕氏,邹衡先生所说的天兽的族徽就是有熊氏,以及铜器中单称为"天"的族徽,而且通过《天姬自作壶》的铭文,证明以"天"为族徽的"天族"是姬姓,为此,我们认为"天鼋""天兽"之"天"以及"天族"之"天"与黄帝即皇天上帝之"天"是有关联的,黄帝的得名应该是先秦时期的人们以"天"和"天鼋"(轩辕氏)、"天兽"(有熊氏)族徽为蓝本,加以抽象或转化的结果,也就是说"黄帝"之"黄"(皇)来源于"天鼋""天兽""天族"之"天",黄帝实可称作"天帝"。

既然"黄帝"一名既可以作为部落酋长之名,也可以作为该族的部族宗神之名,因此,在其神性上就会有皇天上帝的含义,而当金木水火土五行盛行的时候,自然就会产生以土德王的说法,至于称其为中央之帝,这不仅仅是因人们安排五行中以土为中,还在于黄帝族在其强盛的时期,占据的是中原,在古人的眼里,这是"天下"之中。而天下之中亦即四方汇集之地,它是最容易也是最早发生部族融合的地方。总之,"黄帝"这一名称的出现应晚于以"天"为图腾,也即晚于"天鼋""天兽""天"这样的族氏徽号。也就是说,是首先有轩辕氏("天鼋"氏)、有熊氏("天兽"氏)以及以"天"为氏的这些族氏名号(都是来源于图腾的族氏名号),然后才有"黄帝"这一名号,"黄帝"这一名号是对上述诸族氏的概括,是它们的统领和统称,是部族融合后的产物。①

我们称之为黄帝时期或黄帝时代,这是采用了周代以来用"黄帝"这个名称概括轩辕氏、有熊氏等族团的结果,也就是说,远古时期最初应该是只有以"天""天鼋""天兽"("天"与"熊""罴""貔""貅""貙""虎"之类的"兽"合一的图腾)等为名号的族团,当时还没有"黄帝"一名,也没有"帝"这个概念,当有了"帝"的概念之后,将作为图腾的"天"与"帝"相结合之后,才产生出"黄帝"("天帝")概念,这样的"黄帝"概念实即黄帝族中的图腾神"天帝",这也是先秦文献中何以"黄帝"与"皇帝"(皇天上帝)相通假的缘故。但在后来的

---

① 参见王震中:《黄帝时代的部族融合与和谐文化》,载《炎黄文化研究》第七辑,大象出版社 2008 年版。

典籍中,特别是在"五帝"这一概念中,人们对这一族团想象的祖先及其宗神都是用"黄帝"来称呼的,大有约定俗成的效果,为此在交代了"黄帝"得名之缘由的前提下,我们依旧将这一族团合称为黄帝族,将这一时期称之为黄帝时代,也是可行的。

"黄帝"这个名号是民族文化融合的结果,并不影响它作为中华民族人文始祖的地位和象征意义。因为从民族形成的过程看,包括"华夏族""汉族""中华民族"在内的世界上所有的民族,并不是一开始就是一个庞大的民族共同体,在最初都是从氏族部落林立、邦国林立,走向联盟,再走向具有广域王权的王朝国家。在中华大地上一直发展到尧舜禹时期,《尚书》等文献还称为"万邦",都是由分散的各个部落或部族团体,经过民族融合和民族文化的融合,最后才随着夏商周三代王朝的出现而形成一个统一的华夏民族,才会出现统一民族的人文始祖的概念和需求,炎黄作为人文始祖的象征意义才凸显了出来。

七、炎黄学中多学科相整合而互补互益的必要性

炎黄学在研究炎黄和五帝时代时,与中国文明起源和上古史有着天然的关联。这也是我们为什么说在学科的构成上,炎黄学涉及历史学、历史文献学、训诂学、文字学、考古学、民族学、人类学等,是跨学科和多学科相结合的综合学科的原因。

炎黄学是由多学科相结合而建构,而我们研究中国文明起源,并进而"重建中国上古史",走的也是多学科相整合的道路,所以,炎黄学与中国文明起源研究以及重建中国上古史是三位一体的关系。

"重建中国上古史"的倡导并非始于今日,早在20世纪20年代"古史辨"派兴起之后,在学术界信古、疑古、释古三种范式和态势并行之时,在古史研究

的一些学者的著述中就有这样的提法。20世纪50年代以后,在我国台湾的古史学界时常可以听到这样的声音。大陆的学者则是20世纪70年代末改革开放以来,这样的呼吁才越来越多。

如何研究中国文明的起源和重建中国上古史?较为一般的提法是"三重证据法"。所谓"三重证据法"是指用历史学、考古学和人类学(民族学)三个方面的证据来证明一些历史问题。"三重证据法"的前身是王国维提出的"二重证据法"。可是,王国维"二重证据法"的原意是说用地下出土的文字资料与地上传世的文献资料相互进行印证。尽管地下出土的文字资料也是考古物的一种,但它与考古学毕竟不是一个概念,而后来人们所说的"二重证据法"乃至"三重证据法"中的那一重证据已由地下出土的文字资料扩展为考古学,也就是说,它既包括出土物中的文字资料,亦包括非文字资料。王国维的"二重证据法"是两种资料之间的直接印证,具有证明的直接性;而后来所谓二重和三重证据法中的考古学资料往往并不含有文字资料(特别是新石器时代至二里头文化时期的考古学资料),其证明就有间接性的问题。这种证明的间接性是由考古学的特性决定的,对此我们后面再作进一步说明。

"三重证据法",把人类学(包括民族学)看作是一重证据。但在我们看来,人类学并非真正意义上的证据,而是一个参照系,它一方面可以提供人类学的事例,但更重要的价值是提供了一种理论思维和理论模式,并由此把考古学与历史学等学科联结在了一起。所以,"三重证据法"的概念也是有缺陷的,由此我们转向使用"整合"这一概念,即在重建中国上古史时把历史学、考古学和人类学加以整合,共同解说远古社会历史。

将考古学、历史学和人类学三者相结合来研究中国文明的起源和重建中国上古史,也是对三者的整合。整合时就需要清楚地知道这三者各自的优势和各自的局限,也就是说,每个学科有每个学科的长处,但也有它解决不了的问题,我们是在整合各个优势的基础上进行互补而互益。

（一）考古学优势与局限

考古学是通过古代人类的实物遗存来进行研究的,所以它是有确凿根据的,也不受历史记载的约束,而且,考古学的文化编年是以地层的先后叠压或打破关系为基础的,所以,考古学所反映的社会文化方面的变化,可以寻找出逻辑与历史的统一。然而,考古学又是阐释性的,遗迹遗物本身是不会说话的,它需要人们利用技术的、经济的、环境的、人口学、测年学、遗传学等自然科学的等等知识对人类活动的方式和文化乃至社会的变迁等作出符合上古实际的分析和解释。所以,考古发掘出土的材料是客观的,但对这些材料的阐释却不可避免地夹杂有主观的因素;阐释的高明与否也与阐释者的知识结构及其智慧密不可分。

在对考古资料的分析和解释中,往往形成一些理论,也会借鉴一些原有的理论,包括历史学的、人类学的、文化学的等等理论。因此,这里还存在理论与考古学实践相结合的问题。"国家与文明起源的研究,既是一个考古学实践问题,亦是一个理论问题,而且还需二者紧密地结合。"①对此说法,李学勤先生给予了充分的肯定,他说:"我觉得这说得很对,古代国家与文明起源形成,归根到底是一个理论问题。对这样重大课题的研究,如果没有提高到理论的高度,就不能说有真正的成果。"②

关于考古学的局限性,正如《古代的国家——起源和统治形式》一书的作者、德国前总统罗曼·赫尔佐克在该书的"绪论"中所指出:"研究史前和上古历史的科学,一般都是面对地下发现的断壁残垣、各种艺术品和日常生活用品,特别是那些永不变质的陶制品。从这些物件中,这门科学可以引出关于早

---

① 王震中:《中国古代国家的起源与王权的形成》,中国社会科学出版社 2013 年版,第503 页。
② 李学勤:《中国古代国家的起源与王权的形成》"序",中国社会科学出版社 2013 年版,第 2 页。

期历史上各民族的文化发展、迁徙,关于各种贸易关系、各居民点的建立和扩大等方面的结论。而那些地底下没有保存下来的东西——木制品、纺织品、皮革、纸张——,尤其是那些根本就不能进入地下的东西,对这门科学来说就意味着丧失净尽了。这里特别是指人的思想和人的社会生活。早期人类生活于其中的制度,是不能从地下挖掘出来的,正如早期人类的宗教、还有那——不论以这种或是那种方式——对人来说是命中注定摆脱不掉的国家、以及人的语言这些现象一样,一律无法从地下挖出来。"①罗曼·赫尔佐克说,不能直接从地下挖出社会的制度、宗教、国家等,并不是说对它们就不可以研究。事实上,今天的考古学在调动各种手段作出这方面的研究后,是可以提出有关上古社会的制度、宗教、国家等问题上的解释,当然其解释的观点也可以是多种多样的。总之,有些学术问题是考古学能够解决的,有些是它不能解决的。尽管如此,作为重建中国上古史的框架性材料,我们还得以考古学为基础,因为它毕竟是当时的人遗留给我们的直接材料。

(二)文献资料的优势与局限

中国上古史的范畴,包括国际学术界曾提出的"史前时期""原史时期"(Protohistory)的全部和"历史时期"一部分这样三个时期。所谓"原史",西方学者一般将其定义为紧接史前,但是又早于能以书写文件证明的历史,其时间段被界定在史前与历史两大阶段的过渡阶段。例如,中国的夏代历史,至今尚未发现像甲骨文、金文那样用本朝文字记录有关本朝史实的情形,即至今没有发现与夏代共时性的文字材料,《史记·夏本纪》是用周代以后的文献记载的材料来叙述夏王朝的历史和文化,所以,夏代历史的性质就属于"原史"的范畴。

从文献的角度讲,史前和原史都属于古史传说的历史时代,这也是炎黄学

---

① [德]罗曼·赫尔佐克:《古代的国家——起源和统治形式》,赵蓉恒译,北京大学出版社1998年版,第2页。

最基本的研究范围。所谓古史传说,是因为在没有文字记载出现的时候,历史是人们以口耳相传的方式来保存和流传的,这些内容后来用文字表现出来以后便成为文献中的古史传说。口耳相传的古史传说,从实证史学的角度来看,必然是有"实"有"虚",虚实相混。[①] 对于古史传说中的"实",尹达先生称之为"史实素地"。[②] 杨向奎先生则说"我国古代史叙述方法的发展程序"是:"在'诗亡然后春秋作','春秋作'以前的历史,不是由文献记录,而是存在于神或巫的心中,用口舌叙述出来,或是史诗的方式,如《天问》;或说故事的方式,如'防风氏'。在这种叙述方式中还是历史与神话交融的方式,历史中有神话,神话中富有历史;这历史是真实的,我们不能因为它在神话的迷雾包围中而否定了它的历史真实性。"[③]古史传说所含有的史实素地,其或者表现为对重大历史事件的浓缩性、神话性说明;或者表现为对远古社会的合理推测和想象;或者是把族团与族团之间的衍生、繁衍、分化表现为"某某生某某"式的父亲、儿子、孙子相传相生关系。古史传说中也含有许多纯粹属于神话的成分,其中有的属于古人对宇宙起源、对人类起源的想象和解释,有的则属于古人对自然现象的解释。例如,女娲抟土造人的神话传说,就是古人用神话来解释人类的起源。再如,共工"怒触不周山"的神话传说,《淮南子·天文训》说:"昔者共工与颛顼争为帝,怒而触不周之山,天柱折,地维绝。天倾西北,故日月星辰移焉;地不满东南,故水潦尘埃归焉。"在这个传说中,一方面是说共工氏与颛顼氏有过激烈的称霸之争,并以共工的失败而告终;另一方面古人也用它解释了中国地理西北高、东南低的地形地貌和许多江河都流向东南的河流走向。所以,古史传说有"实"有"虚",是一种历史与神话的交融,对于古史体系中虚妄的部分和荒诞不经的神话,我们当然需要去伪存真,对它尽可能地予

---

① 参见王震中:《三皇五帝传说与中国上古史研究》,载《中国社会科学院历史研究所学刊》第七集,商务印书馆 2011 年版。

② 尹达:《衷心的愿望——为〈史前研究〉的创刊而作》,《史前研究》1983 年创刊号。

③ 《杨向奎学术文选》,人民出版社 2000 年版,第 121 页。

以剥离。

现在对古史传说进行虚实分析时,有的做法是借用考古发掘的成果,若能被考古学所证实的古史传说,就应归于史实。然而,所谓"被考古学所证实",不能拘泥于某一遗址是否就是某一传说人物的遗留。至今为止,凡是说某个遗址就是古史传说中的某个人物的遗址,是很难得到学术界同仁认可的;而说某个考古学文化类型是某个传说人物所代表的那个族群或部落集团的某个时期的文化遗存,倒是有可能的,但也需要从时间、空间和文化特征三个方面予以论证。所以,若要探寻考古学文化与古史传说的对应,应该是远距离、大体上的对应。这主要是时代上的对应。对于古史传说所反映的历史文化,在时代特征或时代背景上能与考古学上的时代相一致,就应该说这样的传说包含有史实素地及合理内核。可见,对于古史传说中的"虚"与"实"的分析和剥离,是需要的,但其成效也是相对的。所以,古史传说中的实与虚,在与考古学相结合进行研究时,要作辩证分析;当然还要以研究者对考古学文化与古史传说都有系统的梳理、分析和研究为基础,而不能简单地比附,不能随意地主观臆断,要有论证。

上述关于古史传说中的"虚"与"实"及其"去伪存真"的问题,就是上古史学和历史文献的特点与局限性的问题。当然古史传说性质的历史文献只是上古史学的一个方面而已,作为与考古学、人类学相结合的历史学,其以重建上古史为目的的历史学理论,也是重要的,它也起着把历史学和考古学以及人类学联结起来的纽带作用。

(三)人类学的优势与局限

在文明起源研究和重建上古史中,人类学就其材料而言,有所谓"活化石"的意义,它弥补了考古学资料只见物而不见人的局限。但是"活化石"的意义也是有限的。人类学材料、民族志材料给我们提供了人类社会某些原始的状态,这对我们了解已经逝去的远古社会是有帮助的。但是,现存的这些原始的土著民族,他们自己至少也有几千年乃至上万年的历史,他们在近代以来的生存环境(包括生态环境和社会环境)与其远古是有差异的,有的甚至差异很大,特别是与中国远古时代的差异更大。因此,就材料而言人类学所提供的这些原始民族的材料和社会现象,其原始性也是相对的。

作为活化石的人类学资料,把它用来研究远古社会历史文化时,它有参照系的作用,但因为它并非远古某一地区历史文化的史实,所以作为资料的性质而言尚不能称作直接的证据。在这个意义上,所谓"三重证据法"的"第三重证据",不是证据而只是一种参照。

人类学的另一个价值是它的理论建树和理论模式,特别是其理论被当作解释人类早期社会演化的便利工具。人类学的理论模式是通过对那些鲜活真实、看得见摸得着的社会类型、社会制度、社会习俗、思想观念和原始宗教崇拜等具体事例的研究而建构起来的,在这个意义上讲,它是有真实性基础的。但是,人类学理论并非没有假说的成分。例如,在人类学的"酋邦"理论中,塞维斯把生产的地区分工与再分配机制作为酋邦兴起的模式就属于一个假说。依据这一模式,酋邦兴起于某种特殊的地理环境之中,即由于环境资源的不同,不同的村落之间出现生产的地区分工和交换的需求,从而产生相关的协调活动和再分配机制。如果酋邦只产生于这种特殊的地理环境之中,那么对于大部分属于自给自足的聚落群或社区来说,岂不就是无法由部落发展为酋邦,酋邦也就不具有普遍意义。塞维斯的"再分配机制"这一假说只可视为是对酋邦兴起原因的一种探讨。不赞成他这一说法的学者,在面对酋邦是如何产生,以及酋邦演进过程的动力等课题时,都提出过自己的新说,诸如人口增长压力说、战争说、对集体化生产活动的管理与对贵重物品的控制说,等等。应该说这些新说也含有假说的成分,也属于假说的范畴。理论需要联系实际,这些假说能否成立,关键在于它是否符合历史实际,这既是理论创新的魅力所在,也需要我们继续进行深入的研究。

总括上述,历史学、考古学、人类学,各自都有自己的特殊优势,也都有自己的局限,都有自己解决不了的问题。也正因为如此,整合才成为必要,才成为解决问题的途径。在整合中,发挥了各自特殊优势,也相互弥补了缺陷。对此,我们称之为"互补互益",并提出"以考古学材料为骨架,以文献材料为血肉,以人类学材料为参照"的方法论。[①] 这是一种从资料的个性特征上整合三者优势来研究中国文明起源和重建中国上古史的考虑,也是炎黄学多学科相结合的学科特征。炎黄学这样的建构和特点是由学术发展的时代要求所规定的。当然,由于研究的问题不同,整合时以谁为主也就不同。

八、《炎黄学概论》的结构

《炎黄学概论》由"绪论"、十五章和"后记"组成,十五章又分为上、中、下三编。"绪论",篇幅有 7 万余字,谈了八个问题:一、创建炎黄学学科的必要性、可行性与时代契机;二、炎黄学的学科构成与特点;三、炎黄学中三皇与五帝的结构关系;四、炎黄时代的年代问题;五、炎黄与中国"大一统"思想的历史渊源;六、古史传说人物究竟是人还是神及炎黄名号的由来;七、炎黄学中多学科相整合而互补互益的必要性;八、《炎黄学概论》的结构。这都是炎黄学中基础性、系统性所要面对的课题,我们放在"绪论"中加以阐述,它可以成为全书各章相互协调的主基调。

上编乃炎黄学之本体亦即基本课题编,由第一章到第六章组成。第一章"炎黄学古典文献概述",属于史料学范畴,是炎黄学研究的基础和前提,这一章不但介绍了炎黄学研究都有哪些基本史料,还阐述了这些史料的性质、特点以及使用时应遵循的原则和方法;第二章"炎帝";第三章"黄帝";第四章"炎黄与苗蛮、东夷的关系";第五章"炎黄与五帝";第六章"炎黄时代的辉煌创造"。这六章讲的是炎黄学的"本体",阐述了炎黄学的文献基础以及炎帝、黄

---

① 参见王震中:《中国文明起源的比较研究》,陕西人民出版社 1994 年版。

帝研究中的一些基本问题,例如炎黄名号的由来、神农与炎帝的区别和联系、炎帝族团的图腾、炎黄的发祥地、炎帝族的活动地域与迁徙、黄帝何以成为华夏民族的共同始祖、炎黄与苗蛮和东夷的关系、炎黄与五帝的关系,以及炎黄时代的发明创造等,属于炎黄学基本论题。

中编乃炎黄学与中华文明和传统文化编,由第七章到第十章组成。第七章"炎黄时代与中国文明起源和形成";第八章"炎黄与中华姓氏文化";第九章"炎黄时代与中华龙文化的起源和形成";第十章"炎黄与中华传统文化"。这四章是从炎黄学本体出发延伸出的第一层次的课题,从中可以看到炎黄学与中华文明和中华传统文化的关联,并从中印证了炎黄文化乃中华传统文化的龙头文化、核心文化的命题,它也与上编共同印证了炎黄学是跨学科、多学科相结合的交叉学科特色。

下编乃炎黄学与中华民族共同体编,由第十一章到第十五章组成。第十一章"炎黄祭祀与国家认同";第十二章"黄帝与中华文化共同体溯源";第十三章"炎黄文化与中华民族凝聚力";第十四章"炎黄文化的民族认同价值";第十五章"炎黄精神及其当代价值"。这五章是从炎黄学本体出发延伸出的第二层次的课题。下编的这五章共同指向一个时代主题:炎黄学的当代价值及其在中华民族团结和凝聚、铸牢中华民族共同体意识、弘扬人类命运共同体精神等方面所具有的作用。

从中编和下编这九章中可以看到,炎黄学与中国文明起源的研究,炎黄学与中华姓氏文化的研究,炎黄学与中华龙文化的研究,炎黄学与大一统国家认同、华夏民族的凝聚力以及中华文化共同体的研究,都有非常密切的关系,这充分体现了炎黄学是多学科相结合的新兴综合学科的特征。

值得指出的是最后一章"炎黄精神及其当代价值",是很有意义的,实际上它也是对"绪论"所谈到的"创建炎黄学学科的必要性、可行性与时代契机"的一种照应。这一章所阐述的炎黄精神,既是中华民族自立于世界民族之林的一面旗帜,又是中华文化和中华文明传承发展、与时俱进的不竭动力,同时为中华民族精神的形成,孕育了最基础的"基因"。这种发端于上古、绵延数千年的炎黄精神,已成为不同时期、不同地域人们共有的一种民族精神和力量源泉,成为今天社会主义核心价值观和构建中华民族精神家园的重要内容,是"铸牢中华民族共同体意识"的重要基石,其创造创新精神在今天的新时代仍然具有积极意义和强大生命力,为丰富今天"以爱国主义为核心的民族精神和以改革创新为核心的时代精神"提供了有益价值。炎黄精神的当代价值就是炎黄学的时代价值。

《炎黄学概论》作者执笔章节如下:绪论:王震中(中国社会科学院学部委员);第一章:高强(宝鸡文理学院教授);第二章:王震中;第三章:沈长云(河北师范大学教授);第四章:金荣权(信阳师范学院教授,社会科学处处长);第五章:王晖(陕西师范大学历史文化学院教授);第六章:霍彦儒(宝鸡炎帝与周秦文化研究会会长,研究员);第七章:朱乃诚(中国社会科学院考古研究所研究员);第八章:张新斌(河南省社会科学院历史与考古研究所所长,研究员);第九章:朱乃诚;第十章:尹全海(信阳师范学院历史文化学院院长,教授);第十一章:周洪宇(华中师范大学教授,湖北省人大常委会副主任);第十二章:梁枢(《光明日报》国学版主编);第十三章:高强;第十四章:李俊(信阳师范学院校长,教授);第十五章:霍彦儒。

上 编

炎黄学之本体

第一章　炎黄学古典文献概述

　　炎黄二帝是中华民族的人文初祖,炎黄文化是中华民族的祖根文化,炎黄学是寻根之学、溯源之学、铸魂之学。炎黄学是门大学问,炎黄学的古典文献是研究这门大学问的基础和前提。历史资料通常分为三大类。第一大类是文献,或者叫文字史料,如《左传》《史记》《资治通鉴》等。第二大类是实物史料,包括可移动文物,如石器、陶器、玉器、青铜器、瓷器等;不可移动文物,如遗址、陵墓、寺院、石窟、旧居等。第三大类是口头史料,又叫口传史料,即口耳相传下来的资料,如民间传说、歌谣等。炎黄学研究必须综合利用文献、考古、口传等多种资料。本章介绍的是炎黄学的古典文献,或者称古代文献,主要包括典籍、碑刻、诗词三类。一般而言,炎黄学文献中先秦文献可信度最高,秦汉文献次之,魏晋及其以后文献再次之。本章首先介绍炎黄学文献的种类,然后选择一些比较典型的炎黄学文献,进行深入分析,最后依据这些文献解读炎黄形象。

第一节　炎黄文献种类

一、典籍

（一）先秦典籍

先秦文献是炎黄文献最基础的部分,也是炎黄学的主要依据,后世炎黄文献往往都是依据先秦炎黄文献演绎出来的。如本书"绪论"所言,徐旭生先生在《中国古史的传说时代》一书中对文献的"原始性的等次性"进行过细致分析,他认为,"受过系统化的史料——此后我把它叫作综合史料——见于先秦古书中的零星记载为还未经过系统化的史料,后一种的真实性比前一种的高。"①对于先秦时期成书的这些"综合材料虽说比较失真,但是它们的写定,主要的还在先秦,属于相当的早期。它们的工作人也是搜集了不少古代的材料,并不是凭空臆造……所以较古的综合材料只要它同后一项未系统化的材料没有冲突,也还不损失它那可宝贵的价值。"②徐旭生先生将古文献分成三个等次:金文,今文尚书的《甘誓》《商书》《周书》,《周易》的卦爻辞,《诗经》《左传》《国语》《山海经》及其他的先秦著作为第一等;《尚书》中的三篇、《大戴礼记》中的两篇及西汉著作为第二等;《世经》《水经注》《帝王世纪》等为第三等。"如果没有特别可靠的理由,绝不能用第二三等的资料非议第一等的资料。"③这些应当成为采信和利用文献时遵循的原则。

先秦文献提及炎黄的有《逸周书》《左传》《国语》《周易》《竹书纪年》《世本》《山海经》《穆天子传》《大戴礼记》《商君书》《尸子》《孟子》《管子》《庄子》《孙子》《文子》《韩非子》《战国策》《吕氏春秋》等。其中同时记载黄帝(轩辕氏)和炎帝(神农氏)的有《逸周书》《国语》《左传》《周易》《世本》《山海经》《商君书》《尸子》《管子》《庄子》《文子》《韩非子》《战国策》《孙子兵法》《孙膑兵法》《吕氏春秋》等,仅记述黄帝的有《竹书纪年》《穆天子传》,仅记述神农氏的有《孟子》。另有战国齐器陈侯因齐敦铭文、战国楚简上博简《容成氏》也提到炎黄。

先秦文献中最早记载炎黄的是大约形成于西周时期的《逸周书·尝麦解》。过去认为《逸周书》晚出,大概是战国时期的东西。后来经过李学勤先

① 徐旭生:《中国古史的传说时代》(增订本),科学出版社1960年版,第3页。
② 徐旭生:《中国古史的传说时代》(增订本),科学出版社1960年版,第31页。
③ 徐旭生:《中国古史的传说时代》(增订本),科学出版社1960年版,第33页。

生考证,认为《逸周书》里面各篇成书的时间先后不一,《尝麦解》应该是西周时候的。① 先秦文献里提到炎黄最晚的是成书于秦统一中国前夕的《吕氏春秋》,这是一部集大成之作,里面提到了炎黄。

提及炎黄的先秦文献既有《左传》《国语》《战国策》《竹书纪年》这样的史书,也有《孟子》《管子》《庄子》《尸子》《孙子》《文子》《韩非子》《商君书》《大戴礼记》《吕氏春秋》这样的反映诸子思想的作品,还有《世本》这样最早记述炎黄世系、姓氏、居邑、制作的文献,大概成书于战国到秦汉之间。另外,《山海经》也提到了炎黄,甚至提到了炎黄的子孙。不同类型的先秦文献都不约而同地提到炎帝黄帝,证明炎黄实有其人,确有其事,并不是几个好事者的杜撰编造。所谓实有其人,是说炎黄很有可能是一个集合体,他们身上折射出许多部族首领的事迹,最后集合叠加到炎帝或者黄帝身上。所谓炎帝八世、十七世,黄帝也有好多代。为什么那么多的地方都讲自己是炎帝故里、黄帝故里,自己那里有炎帝陵、黄帝陵,很重要的一个原因就是炎黄可能不是一个具体的人,炎黄既是一个首领的名称,也是这个部族几代首领的共同称号。他们出名以后,炎帝或者黄帝会成为这个部族的名称,甚至可以用它指代某一个时代。因此,炎黄的时间跨度比较大,所涉及的区域也比较广。所谓确有其事,指的是炎黄的事迹基本上符合那个时代的历史状况,大体能够对应到那个大的历史阶段去。

（二）秦汉典籍

秦汉典籍对炎黄的记载已经趋于系统化,不像先秦文献只有片言只语,尤其是《史记》对黄帝的记载成为后世叙述黄帝及其时代的蓝本。

秦汉典籍提及炎黄的有《新语》《新书》《马王堆帛书十六经》《淮南子》《史记》《春秋繁露》《尚书大传》《韩诗外传》《焦氏易林》《盐铁论》《新序》《说

---

① 参见李缙云编:《李学勤学术文化随笔》,中国青年出版社1998年版,第17页。

苑》《新论》《汉书》《白虎通义》《风俗通义》《论衡》《潜夫论》《越绝书》《吴越春秋》《说文解字》《列仙传》《纬书集成》《神农本草经》《黄帝内经》等。

记载炎黄的秦汉典籍既有《史记》《汉书》这样的正史,也有《越绝书》《吴越春秋》这样的地方史著作;既有《新语》《新书》《尚书大传》《韩诗外传》《春秋繁露》这样的儒家典籍,又有《马王堆帛书十六经》《淮南子》这样的黄老道书籍;既有《说文解字》这样的字书,也有《神农本草经》《黄帝内经》这样假托炎黄之名的医书;既有《列仙传》这样的神仙书,也有《纬书集成》这样的谶纬书(谶是方士们制造的图录隐语,纬是对儒家经书的神学解读和附会)。

秦汉时期的炎黄形象趋于多元化,明显呈现出人格和神格两大系统。《列仙传》《纬书集成》所反映的是被神化了的炎黄,《史记》《汉书》所反映的是作为人文初祖、华夏始祖和帝王鼻祖的炎黄,即道统的炎黄、血统的炎黄、治统的炎黄,后者是炎黄的主流形象和正统形象。山东嘉祥武梁祠汉画像石上的神农、轩辕是目前所见最早的炎黄形象。

(三)魏晋及其以后典籍

记载炎黄的魏晋典籍有《古史考》《帝王世纪》《华阳国志》《后汉书》《三国志》《水经注》《博物志》《古今注》《抱朴子》《神仙传》《搜神记》《拾遗记》《述异记》《列子》《鹖冠子》《孔子家语》《昭明文选》等,其中最值得关注的是《帝王世纪》《水经注》《抱朴子》《列子》。

晋人皇甫谧的《帝王世纪》是一部帝王资料汇编,搜集汇编了各种炎黄资料,形成了较为完整的炎黄履历,具有一定的参考价值。由于《帝王世纪》大量采用谶纬资料,神话色彩较浓,因而影响了可信性。

北魏郦道元的《水经注》是一部历史地理名著,其中提到了许多与炎黄有关的地名和水名,对于我们确定炎黄空间颇有帮助。先秦炎黄文献里提到的姜水、姬水等,我们不太清楚,郦道元的《水经注》有考证和解释,有助于我们认识一些与炎黄有关的空间范畴。

《列子》相传为战国时列御寇所作,《汉书·艺文志》就有记载,但学界多认为今本《列子》是魏晋以来附益而成。书虽晚成,但却保存了一些可贵的古史资料,尤其是道家对炎黄的认识。

晋人葛洪的《抱朴子》成书于道教形成初期,代表了当时道家和道教对黄帝的认识,展现了亦人亦神亦仙的黄帝形象。

魏晋以后记载炎黄的典籍数量很多,主要有《晋书》《宋书》《南齐书》《梁书》《陈书》《魏书》《北齐书》《周书》《隋书》《旧唐书》《新唐书》《辽史》《金史》《宋史》《元史》《明史》《通典》《通志》《文献通考》《皇王大纪》《路史》《绎史》《稽古录》《资治通鉴外纪》《事物纪原》《古今事物考》《广博物志》《括地志》《元和郡县志》《太平寰宇记》《元丰九域志》《读史方舆纪要》《大明一统志》《元和姓纂》《古今姓氏书辨证》《广黄帝本行记》《云笈七签》《轩辕黄帝传》《历世真仙体道通鉴》《三才图会》《纲鉴易知录》《古文观止》《三字经》《四字鉴略》《五字鉴》《幼学琼林》,等等,既有史书、方志、地理书,又有姓氏书、蒙学书,还有道教典籍,说明炎黄特别是黄帝的始祖形象深入人心,已成为共识。

二、碑刻

与炎黄有关的古代碑刻主要集中在陕西黄陵、湖南炎陵、山西高平、湖北随州、陕西宝鸡、河南新郑等炎黄故地,现存多为明清碑刻。主要包括两类:一类是歌颂炎黄功德的祭文碑;另一类是记述立庙经过和护庙宗旨的碑刻。

现存于陕西黄帝陵碑廊内的元泰定二年(1325年)保护黄帝陵庙圣旨碑,是以圣旨的形式勒石立碑并保存至今最早的。

祭文是在祭祀仪式上恭读的一种文章,类似于今天的悼词。这里所说的祭文专指历代陵祭炎黄时撰写的祭文,勒石纪念,形成了一种特殊的碑刻,成为研究炎黄的重要史料。目前所见炎帝陵和黄帝陵古代祭文碑刻均为明清时期,最早的是明洪武四年(1371年)朱元璋致祭炎帝陵和黄帝陵的祭文。有明一代,除了短祚的建文帝外,其余诸帝皆派遣官员祭祀过炎帝陵、黄帝陵,这是以往历朝未曾有过的。自顺治以下清十帝中,除末代皇帝溥仪外,皆遣官致祭过炎帝陵、黄帝陵。

三、诗词

(一)汉魏诗赋

汉代班固的《幽都赋》《东都赋》、张衡的《思玄赋》《东京赋》、边让的《章华赋》、嵇康的《琴赋》、沈约的《郊居赋》等,都有炎黄的内容。

魏晋南北朝时期赞颂炎黄的诗歌,最著名的莫过于曹植的组诗,即《神农赞》《黄帝赞》《少昊赞》《颛顼赞》《帝喾赞》《黄帝三鼎赞》。另有挚虞的《神农赞》《黄帝赞》、牟秀的《黄帝颂》、曹毗的《黄帝赞》、郭璞的《轩辕国》《氐人国》、陶渊明的《读〈山海经〉》《时运诗》《赠羊长史》《饮酒》《感士不遇赋》《神释》、江淹的《遂古篇》等。

谢庄的《宋明堂歌·赤帝》《宋明堂歌·黄帝》《齐雩祭歌·赤帝》《齐雩祭歌·黄帝》、沈约的《梁明堂登歌·歌赤帝》《梁明堂登歌·歌黄帝》、萧子云的《梁明堂祭歌·赤帝》《梁明堂祭歌·黄帝》、陆印的《北齐五郊乐歌·黄帝文明乐》《北齐西郊乐歌·赤帝文明乐》、庾信的《黄帝见广成子赞》《北周祀五帝歌·赤帝云门舞》《北周祀五帝歌·配(赤)帝舞》《北周祀五帝歌·黄帝云门舞》《北周祀五帝歌·配(黄)帝舞》等,是专门为祭祀活动创作的。庄严盛大的祭祀活动要有歌舞、乐曲,这些应该就是配了乐曲和文字、祭祀炎黄时咏唱的乐歌。

(二)唐诗宋词

唐代是中国古典诗歌发展史上的鼎盛时期,咏颂炎黄的唐诗比比皆是。李白的《北风行》《飞龙引》《题随州紫阳先生壁》、韩愈的《苦寒》《月蚀诗效玉川子作》《岳阳楼别窦司直》《和水部张员外宣政衙赐百官樱桃诗》、杨炯的《和辅先入昊天观星瞻》、刘禹锡的《讽古》、陈子昂的《轩辕台》、韦应物的《神药》、李峤的《藤》、张籍的《卧疾》、王绩的《采药》《古意》、高适的《信安王幕府诗》、孟云卿的《放歌行》、舒元舆的《桥山怀古》、徐凝的《题缙云山鼎池》、缪岛云的《望黄山诸峰》、刘沧的《过铸鼎原》、胡曾的《涿鹿》《洞庭》、魏征的《五郊乐章·赤帝徵音》《五郊乐章·黄帝宫音》、元结的《补乐歌·云门》《补乐歌·丰年》、唐太宗的《幸武功庆善宫》、唐玄宗的赐大臣诗等。此外,杜甫、李贺、岑参、李商隐等也有咏颂炎黄的诗作。

宋词是中国古典诗歌的又一个高峰,宋代不乏讴歌炎黄二帝的诗词。范仲淹的《祭黄陵二首》《咏农》、梅尧臣的《耒耜》、王安石的《耒耜》、苏轼的《六月二十日夜渡海》、石介的《南山赠孙明复先生》《读韩文》、文天祥的《涿鹿》、罗泌的《炎帝赞》、王十朋的《咏史诗·黄帝》、鲁宗道的《登黄山》等。这些作者的脾气秉性各不相同,治国理念也不相同,甚至有些还是政敌,但咏颂炎黄却不遑多让。这说明到了唐宋时期,炎黄形象已经固化定型了,炎黄是人文初祖、华夏始祖。

第二节　炎黄文献选读

一、典籍

《逸周书·尝麦解》曰:"赤帝大慑,乃说于黄帝,执蚩尤杀之于中冀,以甲兵释怒。"赤帝,学者们普遍认为是炎帝,"赤""炎"相通。这句话是说炎帝战不过蚩尤,求助于黄帝,炎黄结盟一起去同蚩尤作战,最后才把蚩尤擒杀。按照徐旭生先生的说法,炎黄属于华夏集团,蚩尤属于东夷集团。《逸周书·尝麦解》中的这句话实际上叙述的是"涿鹿之战",这是中华文明开创时期一次非常重要的统一战争。

《国语·晋语》曰:"昔少典娶于有蟜氏,生黄帝、炎帝。黄帝以姬水成,炎帝以姜水成,成而异德,故黄帝为姬,炎帝为姜。二帝用师以相济也,异德之故也。"这段话乍看好像是说炎帝和黄帝是同父异母的亲兄弟,实则不然。东晋学者郭璞说:"诸言生者,多谓其苗裔,未必是亲所产。"这个"生"并不是我们通常讲的谁把谁给生出来,而是说黄帝和炎帝是从少典、有蟜两个大的氏族里面分离出来的,是有血缘关系的两个部族。黄帝族居住在姬水附近,炎帝族居住在姜水附近,因而黄帝姓姬,炎帝姓姜。"异德"怎么理解?这个"德"实际上是用周代人的观念来看炎黄的历史,大家对这个"德"的理解也各不相同。我们可以理解为由于黄帝和炎帝两个部族已经分离了,他们的生活方式发生了变化,甚至在一些价值观念上也发生了变化,这就是所谓的"异德"。《国语·晋语》里的这段话是对炎黄出身、姓氏、生长地、炎黄关系的最早记载,但记载得不够清楚,所以造成了一些歧义,比如说姜水、姬水到底在哪里?郦道元在《水经注》里说姬水、姜水在今天陕西的渭水流域。徐旭生先生 1934—1935 年曾在陕西宝鸡进行过考古发掘和田野调查,他认为"文献内的材料,考古方面的材料,民间传说的材料似乎完全相合,足以证明炎帝氏族的发祥地在今陕西境内渭水上游一带。"[①]这是综合运用文献、考古、传说三重证据得出的正确结论。

《国语·鲁语》曰:

夫圣王之制祀也,法施于民则祀之,以死勤事则祀之,以劳定国则祀之,能御大灾则祀之,能扞大患则祀之。非是族也,不在祀典。……黄帝能成命百物,以明民共财,颛顼能修之。……故有虞氏禘黄帝而祖颛顼,郊尧而宗舜;夏后氏禘黄帝而祖颛顼,郊鲧而宗禹;商人禘舜而祖契,郊冥而宗汤;周人禘喾而郊稷,祖文王而宗武王。

---

① 徐旭生:《中国古史的传说时代》(增订本),科学出版社 1960 年版,第 42 页。

这段话记述了一种名叫"爰居"的海鸟落在鲁国国都东门外,时任鲁国执政卿的臧文仲让国人祭之。展禽批评这种做法,认为"夫祀,国之大节也",不能随意为之。展禽的这番话透露出许多非常重要的信息:其一,祭祀的对象必须有大功德;其二,黄帝德高望重,因此受到尊崇和祭祀;其三,"非是族也,不在祀典"。祭祀的对象通常都是本族的圣贤,有虞氏、夏后氏禘黄帝,说明舜、禹都自认为是黄帝之后。至迟在春秋战国时期,人们已普遍认为黄帝、颛顼、帝喾、尧、舜、禹是一脉相承的,这个一脉相承不只是文明的传承,而且是血缘的传承。根据这个材料来判断,最晚到战国时期,黄帝已经成为各族共同尊奉的远祖。

《国语·周语》里记录了公元前550年太子晋对周灵王的谏言:

> 晋闻古之长民者,不堕山,不崇薮,不防川,不窦泽。……昔共工弃此道也……祸乱并兴,共工用灭。其在有虞,有崇伯鲧,播其淫心,称遂共工之过,尧用殛之于羽山。其后伯禹念前之非度,厘改制量,象物天地,比类百则,仪之于民,而度之于群生,共之从孙四岳佐之,高高下下,疏川导滞……皇天嘉之,祚以天下,赐姓曰姒,氏曰有夏。……祚四岳国,命以侯伯,赐姓曰"姜",氏曰"有吕"……有夏虽衰,杞、鄫犹在;申、吕虽衰,齐、许犹在。唯有嘉功,以命姓受祀,迄于天下。及其失之也,必有慆淫之心闲之,故亡其姓氏。……夫亡者岂繄无宠,皆黄炎之后也。

这段话是太子晋用黄帝之后鲧和炎帝之后共工"壅防百川,堕高埋庳,以害天下",因而"亡其姓氏"的故事来劝说其父周灵王不要壅防榖水、洛水,否则即便是鲧、共工这样血统高贵、世系显赫的人也会遭遇厄运。其中使用的"黄炎之后"一语是指黄帝、炎帝的后世子孙,显然是从血缘关系上讲的。严格地说,这里所说的"黄炎之后"并不是一个独立的名词,不过已开始具有独立名词的一些特性,可谓"炎黄子孙"称谓的雏形。

《左传·昭公十七年》记载了郯子与鲁国大夫昭子之间的一段对话。昭子问:"少皞氏鸟名官,何故也?"郯子曰:"吾祖也,我知之。昔者黄帝氏以云纪,故为云师而云名;炎帝氏以火纪,故为火师而火名;共工氏以水纪,故为水师而水名;太皞氏以龙纪,故为龙师而龙名。……自颛顼以来,不能纪远,乃纪于近。为民师而命以民事,则不能故也。"《史记·五帝本纪》集解引东汉应劭曰:"黄帝受命,有云瑞,故以云纪事也。"《左传》晋人杜预注认为,黄帝有云瑞,故以云纪事,以云命官;炎帝有火瑞,故以火纪事,以火命官。杨伯峻先生认为,颛顼以后无远来之天瑞,不能用云、鸟、火、水等为官名,故以就近之民事为官名。① 王震中先生认为,"火师"就是火正,"以火纪"就是使用"火历",即通过观察星宿大火的出没以定农时。②

《易传·系辞下》曰:"包牺氏没,神农氏作,斫木为耜,揉木为耒,耒耨之利以教天下。神农氏没,黄帝、尧、舜氏作,通其变,使民不倦;神而化之,使民宜之。黄帝、尧、舜垂衣裳而天下治。"这条史料勾画出伏羲、神农、黄帝、尧、舜这样一条早期中国文明的演进脉络,强调了伏羲、神农、黄帝、尧、舜的发明创造和重要贡献。

陈侯因资敦铭文载:"佳正六月,癸未,陈侯因资曰:'皇考孝武桓公,龚哉!大慕克成。其惟因资扬皇考,绍緟高祖黄帝,屖嗣桓文,朝爵诸侯,合扬厥德。诸侯黉荐吉金,用作孝武桓公祭器敦。以蒸以尝,保有齐邦,万世子孙,永为典范。'"③公元前386年,齐国权臣田和立为诸侯,史称"田氏代姜",齐国从此进入田齐时代。田齐第二代国君齐威王铸陈侯因资敦,宣称黄帝是自己的高祖。陈即田齐,陈侯即齐侯,因资通因资,亦通因齐,陈侯因资就是齐威王,是齐威王称王前的称呼。陈侯因资敦铸于公元前356年至公元前334年之间,其腹内铸有铭文79字。张光远先生将这段铭文译解如下:

---

① 参见杨伯峻:《春秋左传注》(修订本)四,中华书局1990年版,第1388—1389页。
② 参见王震中:《炎帝族对于"大火历"的贡献》,载王俊义主编:《炎黄文化研究》第五辑,大象出版社2007年版。
③ 徐中舒:《陈侯四器考释》,《历史语言研究所集刊》第3本第4分册,1934年版。

时在六月癸未这一天，齐威王——陈侯因资在器铭上铸曰："我孝武双全的父亲桓公(指田午——陈侯午)，你的兴邦大计能够实现，是我最敬佩的啊！我因齐为了宏扬父亲，并继承先祖黄帝及效法齐桓公(指春秋初之齐桓公——小白)和晋文公的霸业，大会诸侯，以炫耀祖先的圣德。诸侯献来纯好美铜，就以它为孝武双全的父亲桓公铸造这件祭祀用来盛饭的敦器。此敦可供秋冬祭用，愿祖先庇佑我保有齐国的强大，使万世子子孙孙，永远引为典范。"

《庄子·盗跖》曰："神农之世，卧则居居，起则于于，民知其母，不知其父，与麋鹿共处，耕而食，织而衣，无有相害之心，此至德之隆也。然而黄帝不能致德，与蚩尤战于涿鹿之野，流血百里。""世之所高，莫若黄帝。"庄子描绘了神农时代的美好景象，虽然他更喜欢神农时代那种"小国寡民"式的社会状态，但也不得不承认"世之所高，莫若黄帝"。在庄子生活的那个时代，百家争鸣，各家都把三皇五帝搬出来为自己背书。当时的两大显学——儒家和墨家言必称尧舜禹，不太提炎黄。诸家、法家为了对抗儒家和墨家，就把比他们更久远、更古老的圣君神农、黄帝搬出来，正如《淮南子·修务训》所说："世俗之人，多尊古而贱今。故为道者必托之于神农、黄帝而后能入说。"各家在争鸣中为了宣传己见，纷纷托辞于黄帝、神农，打着圣贤们的旗号以壮声势，其中亦不乏对黄帝、神农传说增益附丽之处。然其必有所本，其"底本"还是可信的，否则其辩辞及立论就会失去依据，就会被别人釜底抽薪，轻易驳倒。尽管诸子笔下的神农、黄帝，尤其是黄帝形象各异，但有一点却是基本相同的，即他们都是远古圣王和文化英雄。

《韩非子·外储说左上》曰："郑人有相与争年者，一人曰：'吾与尧同年。'其一人曰：'我与黄帝之兄同年。'"这句话说明黄帝在战国时代是个家喻户晓的远古人物，人们吵个架、斗个嘴都要把黄帝抬出来。

《世本·帝系》所载黄帝世系可图示如下：

玄嚣—蟜极—高辛(帝喾)—放勋(帝尧)

黄帝　青阳(契、少昊、金天氏)

昌意—高阳(颛顼)—穷系—敬康—句芒—蟜牛—瞀叟—

重华(舜)—鲧—高密(禹)

成书于战国末年的《世本》记录了黄帝轩辕氏、炎帝神农氏等远古帝王直至周代王侯公卿大夫的世系、姓氏、居邑及制作等,其中帝系篇、氏姓篇详细胪列了炎黄世系与后裔,堪称我国谱牒、姓书之祖,《史记》《汉书》《风俗通义》《元和姓纂》《通志》《古今姓氏书辨证》《姓氏急就篇》《万姓统谱》等多有称引。在这个世系里,颛顼、帝喾、尧、舜、禹等声名显赫的圣王都是黄帝子孙。《世本》为我们展示的黄帝族谱,其血缘上的真实性值得怀疑,然其文化上的真实性却毋庸置疑。它真实地反映了战国时期随着大一统趋势的出现和大一统观念的深入人心,人们祖先认同和文化认同的意识显著增强。

《大戴礼记·五帝德》曰:

> 宰我问于孔子:"昔者予闻诸荣伊,言黄帝三百年,请问黄帝者人邪?抑非人邪?何以至于三百年乎?"……孔子曰:"黄帝,少典之子也,曰轩辕。生而神灵,弱而能言,幼而慧齐,长而敦敏,成而聪明。治五气,设五量,抚万民,度四方,教熊罴貔貅豹虎,以与赤帝战于阪泉之野,三战,然后得行其志。……生而民得其利百年,死而民畏其神百年,亡而民用其教百年,故曰三百年。"

孔子的弟子宰予问孔子,黄帝三百年,这可能吗?黄帝到底是不是人呢?孔子回答得很巧妙,他说黄帝大概活了一百岁,死后他那一套施行了一百年,他的精神风尚又影响了一百年,所以大家就说黄帝活了三百岁,实际上不是真的活了三百岁。

《尸子》载:"子贡问孔子曰:'古者黄帝四面,信乎?'孔子曰:'黄帝取合己者四人,使治四方,不谋而亲,不约而成,大有成功,此之谓四面也。'"孔子认为,黄帝不是真的长了四张面孔,而是派了四个有本事的人到四方去,代表自己去执政,去施行自己的主张,做得非常好,所以就误传成黄帝长了四张面孔了。

孔子分别从空间(黄帝四面)和时间(黄帝三百年)两个维度对黄帝传说进行了解析,体现了"不语怪、力、乱、神"的基本原则。可见在孔子眼里黄帝是人不是神,是位圣人,只是不如尧舜事迹那样清楚罢了。《大戴礼记·帝系》是"今天所能看到的集中反映以黄帝为始祖的大一统帝王世系的最早作品"①。《大戴礼记·帝系》的这段话,后来被司马迁写进《史记·五帝本纪》,成为流传至今对黄帝最基本的记述与评价。

《史记·五帝本纪》曰:

黄帝者,少典之子,姓公孙,名曰轩辕。生而神灵,弱而能言,幼而徇齐,长而敦敏,成而聪明。

轩辕之时,神农氏世衰,诸侯相侵伐,暴虐百姓,而神农氏弗能征。于是轩辕乃习用干戈,以征不享,诸侯咸来宾从。而蚩尤最为暴,莫能伐。炎帝欲侵陵诸侯,诸侯咸归轩辕。轩辕乃修德振兵,治五气,蓺五种,抚万民,度四方,教熊、罴、貔、貅、貙、虎,以与炎帝战于阪泉之野。三战,然后得其志。蚩尤作乱,不用帝命。于是黄帝乃征师诸侯,与蚩尤战于涿鹿之野,遂禽杀蚩尤。而诸侯咸尊轩辕为天子,代神农氏,是为黄帝。天下有不顺者,黄帝从而征之,平者去之,披山通道,未尝宁居。

东至于海,登丸山,及岱宗。西至于空桐,登鸡头。南至于江,登熊、湘。北逐荤粥,合符釜山,而邑于涿鹿之阿。迁徙往来无常处,以师兵为营卫。官名皆以云命,为云师。置左右大监,监于万国。万国和,而鬼神山川封禅与为多焉。获宝鼎,迎日推策。举风后、力牧、常先、大鸿以治民。顺天地之纪,幽明之占,死生之说,存亡之难。时播

---

① 裘锡圭:《中国出土古文献十讲》,复旦大学出版社 2004 年版,第 26 页。

百谷草木,淳化鸟兽虫蛾,旁罗日月星辰水波土石金玉,劳勤心力耳目,节用水火材物。有土德之瑞,故号黄帝。

……

自黄帝至舜、禹,皆同姓而异其国号,以章明德。故黄帝为有熊,帝颛顼为高阳,帝喾为高辛,帝尧为陶唐,帝舜为有虞。帝禹为夏后而别氏,姓姒氏。契为商,姓子氏。弃为周,姓姬氏。

《史记·匈奴世家》曰:"匈奴,其先祖夏后氏之苗裔也。"《史记·东越世家》曰:"闽越王无诸及越东海王摇者,其先皆越王勾践之后也。"

真正把黄帝人文初祖和华夏始祖地位确立下来的是司马迁。翻开《史记》,第一位进入我们视线的人物就是黄帝。司马迁把《五帝本纪》列为《史记》首篇,又把黄帝尊为五帝之首,称赞其"法天则地,四圣遵序"。司马迁梳理华夏统绪,整合华夏历史,认定黄帝为各族共祖,各族皆黄帝子孙。在司马迁笔下,不仅尧、舜、禹、汤、文王、武王这些圣贤明君是黄帝子孙,而且秦、晋、卫、宋、陈、郑、韩、赵、魏、吴、楚、越等诸侯们也是黄帝之后,甚至匈奴、闽越之类的蛮夷原来亦为黄帝苗裔,从而构建起以黄帝为始祖的华夏族谱系,为中华民族的形成及发展奠定了心理文化基础。

《史记》里神农和炎帝是两个人,东汉以后才慢慢地合二为一了,这就是神农和炎帝的合户。本来是两个人的材料,混到一起,就会造成炎帝研究上的一些困惑。当然合二为一也有一定的道理,因为神农和炎帝都和农业有关,都擅长农耕。在《史记·五帝本纪》里,神农氏和炎帝还不是一个人,而且炎帝似乎还是一个反面角色,"蚩尤最为暴,莫能伐。炎帝欲侵陵诸侯,诸侯咸归轩辕"。就是说蚩尤不好,炎帝也不好,于是大家都拥戴轩辕黄帝,让他做部落联盟的首领。炎帝不止一个,炎帝族发达的时间比黄帝族要早。《史记·五帝本纪》里提到的炎帝是末代炎帝,已经衰落的那个炎帝。黄帝把炎帝打败了,把蚩尤也打败了,"合符釜山",开创了中华文明。

《史记·封禅书》曰:"秦灵公作吴阳上畤,祭黄帝;作下畤,祭炎帝。"这是首次有确切记载的诸侯祭祀炎黄的活动,时间是公元前 422 年。吴阳在哪里?一般认为在陕西宝鸡的吴山之南。吴山现在名气不大,但过去名气非常大,是五镇当中的西镇。近年来,考古工作者做了大量的工作,证明千河两岸的吴山、雍山、灵山这一区域是战国到秦汉时期的祭祀中心。

《白虎通义·号》曰:"黄帝中和之色,自然之姓,万世不易。黄帝始作制度,得其中和,万世常存,故称黄帝也。"《白虎通义·谥》曰:"黄帝先黄后帝何? 古者顺死生之称,各持行合而言之,美者在上。黄帝始制法度,得道之中,万世不易,名黄,自然也。后世虽圣,莫能与同也。后世德与天同,亦得称帝,不能立制作之时,故不得复称'黄'也。"《白虎通义·崩薨》曰:"礼始于黄帝,至尧舜而备。"《白虎通义》对黄帝的解读是吸收了阴阳五行观念的东汉儒家思想的产物,是古代中国对黄帝的主流认识。

《潜夫论·志氏姓》曰:"炎帝苗胄,四岳伯夷,为尧典礼,折民为刑,以封申、吕。""黄帝之子二十五人,班为十二。"记述了炎帝、黄帝的后裔世系。《潜夫论·思贤》曰:"国之乱待贤而治,治身有黄帝之术,治世有孔子之经。"反映了东汉时人们对黄帝和孔子的基本评价,黄帝是修身养性的典范,益寿延年要靠黄帝之术;孔子是礼乐文明的楷模,治理国家离不开孔子之经。

《风俗通义·五帝》曰:"黄帝始制冠冕,垂衣裳,上栋下宇,以避风雨,礼文法度,兴事创业。黄者,光也,厚也。中和之色,德施四季,与地同功,故先黄以别之也。"《风俗通义·三皇》引《含文嘉》记:"神农,神者,信也。农者,浓也。始作耒耜,教民耕种,美其衣食,德浓厚若神,故为神农也。"神农和黄帝是中国农业文明的开创者。

《越绝书》记载了春秋末年风胡子对楚王的一段话:"轩辕、神农、赫胥之时,以石为兵,断树木为宫室……至黄帝之时,以玉为兵,以伐树木为宫室……禹穴之时,以铜为兵,以凿伊阙,通龙门,决江导河……当此之时,作铁兵,威服三军。"这段话虽然有神话传说的色彩,但却把早期中国划分为石、玉、铜、铁四个时代,这与考古学划分的石器时代、铜石并用时代、铜器时代、铁器时代相吻合。

《辽史·世表》曰:"庖牺氏降,炎帝氏、黄帝氏子孙众多,王畿之封建有限,王政之布濩无穷,故君四方者,多二帝子孙,而自服土中者本同出也。考之宇文周之书,辽本炎帝之后,而耶律俨称辽为轩辕后。俨志晚出,盍从周书。"这段话指出古来为君王者多为炎黄二帝子孙,追溯了契丹族的来历,有炎帝之后和黄帝之后两说,以炎帝之后说为胜。契丹自称炎帝之后,表现出对中华文化和中华民族的强烈认同,这正是中华民族不断发展壮大的动力所在。

二、碑刻

元泰定二年(1325年),桥山黄帝陵住持道人状告"不畏公法之人,执把弹弓、吹筒辄入本宫,采打飞禽,掏取雀鸟,将飞檐走兽损坏,又有愚徒之辈,泼皮歹人,赍夯斧具,将桥陵内所长柏树林木斫伐等事。"泰定皇帝颁旨给陕西行省:"今给榜文常训张挂禁约,无得似前骚扰,如有违犯之人,许诸人捉拿到官,痛行断罪。"

明洪武四年(1371年),朱元璋遣中书管勾甘赴陕西黄帝陵致祭,祭文曰:

> 皇帝谨遣中书管勾甘,敢昭告于黄帝轩辕氏:朕生后世,为民于草野之间;当有元失驭,天下纷纭,乃乘群雄大乱之秋,集众用武。荷皇天后土眷佑,遂平暴乱,以有天下,主宰庶民,今已四年矣。君生上古,继天立极,作烝民主;神功圣德,垂法至今。朕兴百神之祀,考君陵墓于此,然相去年岁极远;观经典所载,虽切慕于心,奈禀生之愚,时有古今,民俗亦异。仰惟圣神,万世所法,特遣官奠祀修陵。圣灵不昧,其鉴纳焉! 尚飨!

据说此祭文为朱元璋亲自撰写,其碑至今保存在陕西黄帝陵黄帝庙内,是现存同类石碑中最早的。与此同时,朱元璋遣国史院编修雷燧致祭湖南炎帝陵,祭文除个别字词外,几乎与祭黄帝陵文相同,表达了朱元璋希望继承自炎黄以来的帝统,祈求国祚长久、国泰民安的心情。

清顺治八年(1651年),顺治皇帝遣侍读学士白允谦致祭炎帝陵,同时遣官致祭黄帝陵,开清帝致祭炎帝陵、黄帝陵之先河。两篇祭文内容几乎一样,祭文曰:"自古帝王,受天明命,继道统而新治统。圣贤代起,先后一揆。功德载籍,炳若日星。"道统指的是中国的文化思想传统,治统指的是中国的帝王统绪。顺治欲继承自炎黄以来的中国文化传统与帝王治统,巩固清政权之志昭然于天下。

三、诗词

李白《北风行》云:"燕山雪花大如席,片片吹落轩辕台。"此轩辕台当在今河北涿鹿。《飞龙引》云:"黄帝铸鼎于荆山,炼丹砂,丹砂成黄金。骑龙飞上太清家,云愁海思令人嗟。"《题随州紫阳先生壁》云:"神农好长生,风欲久已成。复闻紫阳客,早署丹台名。"很明显,在李白的笔下神农是得道的神仙。

韩愈《苦寒》云:"炎帝持祝融,呵嘘不相炎。"《月蚀诗效玉川子作》云:"黄帝有四目,帝舜重其明。"《和水部张员外宣政衙赐百官樱桃诗》云:"汉家旧种明光殿,炎帝还书本草经。"韦应物《神药》云:"好读神农书,多识药草名。"李峤《藤》:"神农尝药罢,质子寄书来。"张籍《卧疾》:"身病多思虑,亦读神农经。"王绩《采药》云:"行披葛仙经,坐检神农帙。"吴筠《广成子》云:"轩辕来顺风,问道修神形。"顾况《悲歌》云:"轩辕黄帝初得仙,鼎湖一去三千年。"舒元舆《桥山怀古》云:"轩辕厌代千万秋,渌波浩荡东南流。今来古往无不死,独有天地长悠悠。"徐凝《题缙云山鼎池》云:"黄帝旌旗去不回,空余片石碧崔嵬。"缪岛云《望黄山诸峰》云:"浮丘处处留丹灶,黄帝层层隐玉书。"刘沧《过铸鼎原》云:"黄帝修真万国朝,鼎成龙驾上丹霄。"胡曾《涿鹿》云:"涿鹿茫茫白草秋,轩辕曾此破蚩尤。丹霞遥映祠前水,疑是成川血尚流。"

唐诗中的炎黄二帝,既是远古圣王,又是人文初祖,还是得道神仙,是一个文化内涵极其丰富的多元集合体。早期帝王的形象比较明显,从东汉开始,神仙的气息越来越浓厚。在炎黄身上,既体现了儒家重视社会伦理,强调德治的内圣外王的观念,又体现了道教富贵不居,追求仙道的注重个体价值的因素,可以说是唐代儒道合流的社会思潮的具体体现。

范仲淹的《祭黄陵二首》云："轩辕龙驭古,百代景冠裳。"《咏农》云："圣人作耒耜,苍苍民乃粒。"梅尧臣的《耒耜》云："推化本神农,维时思后稷。"王安石的《耒耜》云："神农后稷死,般尔相寻来。"苏轼的《六月二十日夜渡海》云："空余鲁叟乘桴意,粗识轩辕奏乐声。"文天祥的《涿鹿》云："我瞻涿鹿野,古来战蚩尤。轩辕立此极,玉帛朝诸侯。"罗泌的《炎帝赞》云："火德开统,连山感神。谨修地利,粒我蒸民。……盛德不孤,万世同仁。"王十朋的《咏史诗·黄帝》云："百年功就蜕乾坤,鼎冷湖空迹尚存,别有庆源流不尽,皇朝叶叶是神孙。"吴黯的《黄山汤泉》云："浮丘与轩帝,仙迹可追寻。"鲁宗道的《登黄山》云："轩皇去后无消息,白鹿青牛何处眠。"黄山和黄帝有直接关系。黄山本来叫黟山,传说黄帝和浮丘子曾在黟山上炼丹,唐玄宗下了一道圣旨,把黟山改名为黄山,所以唐宋诗词里一提到黄山就说轩辕黄帝。

薛式的《西江月》云："天上三清真境,三皇五帝规模。"显然与道教有关。林正大的《括摸鱼儿》云："昔黄帝氏,仅获造其都,归而遂悟,结绳已非矣。"黄帝是开创文明的圣王。这些诗词中的炎黄虽有浓郁的神仙气息,但仍是开创文明的人文初祖。

四、炎黄形象解读

经过数千年的流传与演变,如今呈现在我们面前的炎黄形象是多元复杂的,大致可以划分为人格的炎黄和神格的炎黄两大系统,而人格的炎黄和神格的炎黄两大系统内又分别包含了一些子系统。所谓人格的炎黄指的是真实存在的具有人的品性的炎黄,属于这个系统的炎黄形象主要有远古圣王、华夏始祖、人文初祖等。所谓神格的炎黄指的是具有神的品性的炎黄,属于这个系统的炎黄形象主要有皇天上帝、太阳神、五方帝之中央帝和南方帝、道教神仙等。①

---

① 参见高强:《炎黄文化与中华民族凝聚力》,人民出版社 2019 年版,第 360—375 页。

历史与神话之间确实存在着"互渗现象"。① 正如德尔默·布朗所言:民族的形成使神话传说更像史实,使真实事件更像神话传说。② 这也正是钱穆所说的"人的神化,神的人化"的并存与转换。③ 这就是为什么在有的人眼里炎黄是神,在有的人眼里炎黄是人,炎黄人神难辨的缘由。然而,无论炎黄二帝的形象如何多元和复杂,其原型仍然是人,不是神。更准确地说,炎黄二帝是中国远古时期的部族首领,由于他们功绩卓著,声名显赫,加上后人不断的附丽和艺增,便成了人文初祖和远古帝王,成了文化英雄和华夏始祖。经过战国时期的造神运动以及汉代的造仙运动,炎黄二帝又成为太阳神、火神、中央帝、南方帝和道教神仙,甚至逐渐演变成为各行各业崇拜的"祖师神"。

《抱朴子·辨问》云:"圣人不必仙,仙人不必圣。""黄帝先治世而后登仙,此是偶有能兼之才者也。"同一个人很难既圣又仙。尧舜是圣不是仙,绝大多数神仙是仙不是圣。黄帝既是圣又是仙,极其难得,世所罕见。由于修炼成仙,黄帝高于尧舜;由于功德显赫,黄帝又高于绝大多数神仙,黄帝使得修炼成仙与世俗功德结缘,因而黄帝的地位至高无上。

闻一多先生说:"五帝是天神,又是人王。"④ 袁珂先生认为,"黄帝实在是人和神共同的老祖宗"⑤。我们现在所看到的炎黄二帝的形象,实际上是人格的炎黄与神格的炎黄的综合体。其实"黄帝的形貌如何较不重要,重要的是黄帝确确实实存在人们心中,逐渐成为中华民族凝聚力的一股力量"⑥。当下我们应该摒弃神格的炎黄形象,弘扬作为"华夏始祖"和"人文初祖"尤其是"人文初祖"的炎黄。我们要有"大炎黄"的概念与意识,要有"大中华"的气度与胸怀。

---

① 参见列维-布留尔:《原始思维》,商务印书馆1981年版,第435—440页。
② 转引自斯蒂芬·格罗斯比:《民族主义》,陈蕾蕾译,译林出版社2017年版,第55页。
③ 参见钱穆、姚汉源:《黄帝》,生活·读书·新知三联书店2004年版,第22页。
④ 闻一多:《伏羲考》,上海古籍出版社2006年版,第88页。
⑤ 袁珂:《中国古代神话》(修订本),中华书局1960年版,第109页。
⑥ 李亦园:《人类的视野》,上海文艺出版社1998年版,第51页。

习近平总书记指出:"黄帝陵是中华文明的精神标识,要溯到源,找到根,寻到魂。"①中华民族伟大复兴需要文化自信,文化自信的前提是文化自觉,而文化自觉的前提是文化寻根。炎黄是中华之根、中华之源、中华之魂,我们研究炎黄文化、祭祀炎黄二帝、弘扬炎黄精神,就是在寻根、溯源、铸魂,就是在铸牢中华民族共同体意识,就是在强化中华民族认同和中华文化认同。

---

① 《黄帝陵:中华文明的精神标识》,中国共产党新闻网,2017 年 3 月 24 日。

第二章　炎　帝

从《国语·晋语四》"昔少典娶于有蟜氏,生黄帝、炎帝"以及《史记·五帝本纪》黄帝"与炎帝战于阪泉之野"来看,炎帝与黄帝一度平行并存;但从其他一些史实考虑,炎帝早于黄帝。为此,正如本书"绪论"所言,我们说的炎黄二帝的时代是以其先后称雄时期有别而言。时代问题之外,炎帝的名号、炎帝与神农的区别和联系、炎帝故里、炎帝族团内的众多图腾,以及炎帝族的迁徙,等等,都属于炎帝文化研究中最基本的学术课题,也是颇有争论的问题,在这里我们逐一梳理。

第一节　炎帝名号的由来

这里所说的炎帝名号问题,既涉及"炎帝"一名,也涉及"烈山氏""列山氏""厉山氏""连山氏"名号,要对二者做统一考虑。

一、"炎帝"一名的由来

在《左传》《国语》等先秦文献中可以看到,"炎帝"一名有祖先名和族名之义,也有以火神为宗神的意思。"炎"字由上下两个火字组成。《左传·昭公十七年》载郯子说:

昔者黄帝氏以云纪,故为云师而云名;炎帝氏以火纪,故为火师而火名;共工氏以水纪,故为水师而水名;太皞氏以龙纪,故为龙师而龙名。我高祖少皞挚之立也,凤鸟适至,故纪于鸟,为鸟师而鸟名。……自颛顼以来,不能纪远,乃纪于近。为民师而命以民事,则不能故也。①

郯子所说的"炎帝氏以火纪,故为火师而火名",这是说炎帝这一名号是由火而得名。《左传·哀公九年》史墨也说:"炎帝为火师,姜姓其后也。"②可见炎帝之"炎"因火而得名,这在早期的文献中是十分明确的。《说文解字》也说:"炎,火光上也,从重火。"此"火"最初应该是指自然之火,后来也有可能兼指大火星(大火历)之火。③ 在炎帝族对火的崇拜中,火乃炎帝族的宗神,也是它的图腾神之一,对此我们在后面详加叙述。

由于炎帝与火的关系,使得原本属于颛顼集团的祝融也与炎帝发生关系。《山海经·海内经》曰:"炎帝之妻,赤水之子听訞生炎居,炎居生节并,节并生戏器,戏器生祝融,祝融降处于江水,生共工,共工生术器,术器首方颠,是复土穰,以处江水。共工生后土,后土生噎鸣,噎鸣生岁十有二。"④从这段记载中,炎帝与祝融似乎有衍生关系。《山海经》不但记有炎帝与祝融的关系,也记有颛顼与祝融的关系,如《大荒西经》说:"颛顼生老童,老童生祝融。"⑤

我们认为炎帝之所以与祝融有关系,就在于祝融是"火正",掌管着对火神(辰星大火)的祭祀和观象授时等。例如,《左传·昭公二十九年》说:"火正曰祝融。"⑥《国语·楚语下》说:"颛顼受之,乃命南正重司天以属神,命火正

---

① 杨伯峻编:《春秋左传注》,中华书局 1981 年版,第 1137—1138 页。
② 杨伯峻编:《春秋左传注》,中华书局 1981 年版,第 1653 页。
③ 参见王震中:《炎帝族对于"大火历"的贡献》,载王俊义主编:《炎黄文化研究》第五辑,大象出版社 2007 年版,第 61—65 页。
④ 袁珂校注:《山海经校注》,北京联合出版公司 2014 年版,第 394 页。
⑤ 袁珂校注:《山海经校注》,北京联合出版公司 2014 年版,第 333 页。
⑥ 杨伯峻编:《春秋左传注》,中华书局 1981 年版,第 1502 页。

黎司地以属民……是谓绝地天通。"①火正是负责对大火星做观象授时和祭祀之官职。《左传·襄公九年》说:"古之火正,或食于心,或食于咮,以出内火,是故咮为鹑火,心为大火。陶唐氏之火正阏伯居商丘,祀大火,而火纪时焉。相土因之,故商主大火。"②在这段话中,"食"即祭祀;"心"即大火心宿;"咮"即鹑火柳宿;"出火"是春耕时的大火星开始昏见,所以"出火"也即"昏升",是指春季太阳落山不久大火星出现在东方地平线上③;"内火"是深秋时的"火伏"④,即大火星与太阳同时出没,也就是《左传·哀公十二年》所谓"火伏而后蛰者毕"。《左传·襄公九年》这段话是说:古时候的火正就是负责观察和祭祀大火星出没的,这包括春季的"出火"和深秋的"内火",都是由火正负责举行一定的仪式。这段话还指出,有时随着时日推移,由于岁差的作用使得大火星昏升越来越晚,已不能由此确定播种季节,这时就改为观察鹑火,即咮,也就是柳宿了。

因火的缘故,炎帝与祝融处于搭档配列关系。如《吕氏春秋·孟夏纪》曰:"夏,其帝炎帝,其神祝融。"湖南长沙子弹库战国晚期墓出土的"楚帛书"也有"炎帝乃命祝融以四神降……奠四极"这样的文字。总之,炎帝与祝融,无论是衍生关系,还是配列关系,并非因血缘,而是由于二者都以火为宗神,都是火神的缘故。

二、"烈山氏""列山氏""厉山氏""连山氏"名号的由来

炎帝又号称"烈山氏""列山氏""厉山氏""连山氏"等。如《帝王世纪》说炎帝:"又曰连山氏,又曰列山氏。"

对于"烈山氏",有人认为与刀耕火种,用火焚山有关。但更多的看法是把"烈

---

① (战国)左丘明撰,(三国吴)韦昭注:《国语》,上海古籍出版社 2015 年版,第 371 页。
② 杨伯峻编:《春秋左传注》,中华书局 1981 年版,第 963—964 页。
③ 参见《左传·昭公十七年》:"火出,于夏为三月,于商为四月,于周为五月。"
④ 《周礼·春官》:"季春火星始见,出之以宣其气;季秋火星始伏,纳之以息其气。"

山"视为山名、地名。如《国语·鲁语上》说:"昔烈山氏之有天下也,其子曰柱,能殖百谷百蔬。夏之兴也,周弃继之,故祀以为稷。"韦昭注曰:"烈山氏,炎帝之号也,起于烈山。"①《左传·昭公二十九年》也说:"有烈山氏之子曰柱为稷,自夏以上祀之。周弃亦为稷,自商以来祀之。"②杜预注:"烈山氏,神农世诸侯。"

关于"厉山氏",上引《国语·鲁语上》和《左传·昭公二十九年》所说的"烈山氏",在《礼记·祭法》中称为"厉山氏"。如《礼记·祭法》曰:"厉山氏之有天下也,其子曰农,能殖百谷;夏之衰也,周弃继之,故祀以为稷。"厉山所在地,《括地志》云:"厉山在随州随县北百里。山东有石穴,[或]曰神农生于[此],所谓[厉]山氏也。春秋为厉国。"③《汉书·地理志》南阳郡随县下,班固自注说:"故国。厉乡,故厉国也。"这些是说:首先,《国语》《左传》所说的"烈山氏"("列山氏"),在《礼记·祭法》中称为"厉山氏";其次,厉山氏在今湖北随县北。

关于"连山氏",有人认为与《连山易》之连山有关。据研究,在湖南怀化市会同县有明清以来的连山乡地名,在连山乡的茶经庵有清代乾隆年间立的刻有"连山场"这样地名的石碑,而且当地流行以"艮"为起首的可称为《连山易》的八卦文化,为此,当地学者提出炎帝连山氏在会同这样的新说。④

那么,"烈山氏""列山氏""厉山氏""连山氏",究竟是一地还是两地,它们是什么样的关系,尚需研究。一般认为它们属于音转、音变,如孙诒让《周礼正义》即说"'连''厉''烈''列',一声之转"。只是究竟是由"厉山""列山""烈山"音转为"连山"呢,还是相反,由"连山"音转或音变为"厉山""列山""烈山"呢? 尚不易确定。主张炎帝乃连山氏的观点认为:《连山易》当由连山之地和连山氏而得名,而《连山易》又非常古老,《连山易》的古老性以及

① (战国)左丘明撰,(三国吴)韦昭注:《国语》,上海古籍出版社2015年版,第107—108页。

② 杨伯峻编:《春秋左传注》,中华书局1981年版,第1503—1504页。

③ 李泰等著,贺次君辑校:《括地志辑校》,中华书局1980年版,第190页。

④ 参见阳国胜:《对"炎帝故里在会同"新说之浅见》,载赵德润主编:《炎黄文化研究》第十辑,大象出版社2009年版,第12—25页。

它与炎帝的关联性,可证连山氏的出现要早一些,因而由"连山"音转或者说音变为"厉山""列山""烈山"的可能性,值得重视。与此相反,主张厉山氏者则会认为是由厉山音转为烈山(列山)和连山的。

炎帝何以会有这些不同名号?就像黄帝既称为轩辕氏("天鼋"族徽),又称为有熊氏("天兽"族徽)一样①,这是由于炎帝族内也存在着不同的图腾名称造成的。根据我们研究,在炎帝族内至少有火图腾、羊图腾、鱼图腾、鸟图腾(精卫)、龙图腾(共工)、山岳图腾等,对此后面再加详述。

第二节　神农与炎帝的区别和联系

关于炎帝与神农,在学者中有的认为二者是一回事,有的认为二者的"合户"是后来发生的;而在民间,多数相信二者是一回事。综合考虑,我们认为二者既有区别又有联系。

一、文献上神农与炎帝之关系

(一)单说神农的先秦文献

《逸周书·佚文》说:"神农之时天雨粟,神农耕而种之。作陶冶斤斧,破木为耜,钼耨以垦草莽,然后五谷兴,以助果蓏之实。"②这是说神农时,天降雨降下了粟的种子,神农耕种;神农还发明烧制陶器,制作了斤斧耒耜等农具;五谷兴旺了起来。

《周易·系辞下》说:"包牺氏没,神农氏作,斫木为耜,揉木为耒,耒耨之利,以教天下。"③文中说伏羲时代之后,是神农时代,神农发明了农业的最基

① 参见本书"绪论"。
② 黄怀信等:《逸周书汇校集注》,上海古籍出版社2007年版,第1139页。
③ 黄寿祺、张善文译注:《周易译注》,上海古籍出版社2007年版,第402页。

本的生产工具耒耜,并推广于天下。

《管子·形势》说:"神农教耕生谷,以致民利。"①这也是只说神农。

《商君书·画策》说:"黄帝之世,不麛不卵,官无供备之民,死不得用椁。事不同,皆王者,时异也。神农之世,男耕而食,妇织而衣,刑政不用而治,甲兵不起而王。神农既没,以强胜弱,以众暴寡,故黄帝作为君臣上下之义(仪),父子兄弟之礼,夫妇妃匹之合;内行刀锯,外用甲兵,故时变也。由此观之,神农非高于黄帝也,然其名尊者,以适于时也。"②从中我们可以看到,神农之世是一个男耕女织、刑政不用、甲兵不起的,大体平等的农耕聚落社会;黄帝之世,开始出现尊卑礼仪,以强胜弱,以众暴寡,外用甲兵,战争突起,这是一个出现不平等、社会发生分化,但尚未产生国家的所谓"英雄时代"。

上引这些先秦文献,在说神农时都没有提到炎帝。但从《商君书》等来看,神农之世是列在黄帝之世的前面的。

(二)单说炎帝的先秦文献

《国语·晋语四》说:"昔少典娶于有蟜氏,生黄帝、炎帝。黄帝以姬水成,炎帝以姜水成。成而异德,故黄帝为姬,炎帝为姜。"这段文献经常被研究古史传说的学者引用,并以此说明炎帝和黄帝的发祥地在姜水和姬水流域。

《山海经·海内经》说:"炎帝之妻,赤水之子听訞生炎居,炎居生节并,节并生戏器,戏器生祝融,祝融降处于江水,生共工,共工生术器,术器首方颠,是复土穰,以处江水。"③这条文献说了炎帝与祝融和共工的关系。

《山海经·海内经》说:"炎帝之孙伯陵,伯陵同吴权之妻阿女缘妇,缘妇孕三年,是生鼓、延、殳,始为侯。"④

① 黎翔凤:《管子校注》,中华书局2004年版,第1183页。
② 陈启天:《商君书校释》,台湾商务印书馆1974年版,第114页。
③ 袁珂校注:《山海经校注》,北京联合出版公司2014年版,第394页。
④ 袁珂校注:《山海经校注》,北京联合出版公司2014年版,第389页。

《左传·哀公九年》史墨曰:"炎帝为火师,姜姓其后也。"关于火师,上引《左传·昭公十七年》也说"炎帝氏以火纪,故为火师而火名"。

还可以举出一些文献,只讲了炎帝而不涉及神农。

(三)炎帝与神农合而为一的文献

最早把"炎帝神农氏"连在一起的,是成书于战国时期的《世本》。《世本·氏姓篇》曰:"姜姓,炎帝神农后。"以"炎帝神农"连称。到了汉代,高诱为《吕氏春秋·季夏纪》作注说:"昔炎帝神农能殖嘉谷,神而化之,号为'神农',后世因名其官为'神农'。"东汉的班固在《汉书·律历志》说:炎帝"以火承木,故为炎帝,教民耕农,故天下号曰神农氏"。《汉书·古今人表第八》也列有"炎帝神农氏"。所以,从战国后期到汉代,"炎帝神农"已合而为一。

二、神农与炎帝的联系和区别

既然在文献中,神农与炎帝有分有合,学术界也就形成了两种观点:一种认为神农和炎帝是一回事情;另一种认为神农是神农,炎帝是炎帝,二者最初不是一人,神农和炎帝合而为一是后起的。例如清代中叶的古史学家崔述,现代学者徐旭生[1]、罗琨等即主张"炎帝"与"神农"原本没有关系,二者发生关系是后起的,罗琨将此称为炎帝与神农的"合户"。

其实,神农与炎帝既有联系又有区别。二者的区别是,作为三皇之一的神农氏,他代表着农业的起源,是发明农业这一历史进步的概括,是一个文化符号,其年代是由农业的起源而进入新石器时代早期,年代约在距今12000—9000年;而作为姜姓的炎帝,在农业上也有杰出的贡献,他的时代在距今7000—6000年前。这二者的联系就在于他们都在农业上有巨大的贡献。神农氏的贡献是在农业的起源,炎帝的贡献是早期农业发展。

---

[1]　参见徐旭生:《中国古史的传说时代》,科学出版社1960年版,第29页。

关于炎帝对农业的贡献,前引《国语·鲁语上》和《左传·昭公二十九年》以及《礼记·祭法》这些先秦文献和注释一再告诉我们:炎帝也号称烈山氏或厉山氏,他的儿子叫作"柱",也称作农业的"农",能种植"百谷百蔬",对农业有重大贡献,因此被视为农业神——稷神,夏代以前的人们都祭祀他;周人的祖先弃(也叫后稷)继承了他,也成为稷神,自商代以来人们祭祀后稷。所以,炎帝对农业的贡献是显著的。

关于农业的起源,在旧石器时代晚期,人们在高级采集狩猎经济中,依据自己对动植物生长规律的认识,开始尝试着谷物的栽培和牲畜的驯养,这种从采集植物过渡到培育植物,就是所谓农业的起源。由此,远古社会也由旧石器时代转为新石器时代。

在考古发现上,作为农业起源阶段的遗址,在南方,有年代距今 1 万年以上的湖南道县寿雁镇白石寨村玉蟾岩遗址[①]、江西万年仙人洞和吊桶环遗址[②],以及年代为距今 10000—8500 年的浙江浦江县黄宅镇上山遗址[③]等;在北方,有距今 11000—9000 年间的河北徐水县南庄头遗址[④]、河北阳原县于家沟遗址[⑤]、北京门头沟区东胡林遗址[⑥]、北京怀柔县转年遗址[⑦]等。

---

① 参见袁家荣:《玉蟾岩遗址》,载宿白主编:《中华人民共和国重大考古发现》,文物出版社 1999 年版;袁家荣:《湖南道县玉蟾岩 1 万年以前的稻谷和陶器》,载严文明等主编:《稻作、陶器和都市的起源》,文物出版社 2000 年版,第 31—42 页;载张文绪、袁家荣:《湖南道县玉蟾岩古栽培稻的初步研究》,《作物学报》1998 年第 4 期。

② 参见郭远谓、李家和:《江西万年大源仙人洞洞穴遗址试掘》,《考古学报》1963 年第 1 期;李家和:《江西万年大源仙人洞洞穴遗址第二次发掘报告》,《文物》1976 年第 12 期;严文明等:《仙人洞与吊桶环——华南史前考古的重大突破》,《中国文物报》2000 年 7 月 5 日;张池:《江西万年早期陶器和稻属植硅石遗存》,载严文明等主编:《稻作、陶器和都市的起源》,文物出版社 2000 年版,第 43—50 页。

③ 参见蒋乐平:《浙江浦江县上山遗址发掘简报》,《考古》2007 年第 9 期;郑云飞、蒋乐平:《上山遗址出土的古稻遗存及其意义》,《考古》2007 年第 9 期。

④ 参见徐浩生等:《河北徐水县南庄头遗址试掘简报》,《考古》1992 年第 11 期。

⑤ 参见泥河湾联合考古队:《泥河湾盆地考古发掘获重大成果》,《中国文物报》1998 年 11 月 15 日。

⑥ 参见赵朝洪:《北京市门头沟区东胡林史前遗址》,《考古》2006 年第 7 期。

⑦ 参见郁金城等:《北京转年新石器时代早期遗址的发现》,《北京文博》1998 年第 3 期。

就一般而言,农业的起源、农耕聚落的出现同新石器文化的兴起,应该是一个问题的两个方面;以农耕畜牧为基础的定居聚落的出现,标志着一个崭新的历史阶段的开始。但历史的发展从来都不是一蹴而就的,而有一个缓慢发展过程,并且还表现出一些不平衡性和多样性。截至今日的考古发现,大约距今 12000—9000 年,即中国新石器时代早期,在中国的南方和北方存在着五类遗址:一是洞穴遗址,二是贝丘遗址,三是盆地中平坦开阔的聚落遗址,四是丘陵地带或山区河谷阶地的聚落遗址,五是平原上的聚落遗址。这五类遗址又可归纳为三大类:洞穴类遗址、贝丘类遗址、盆地或坡地或平原上的聚落遗址。其中,无论是洞穴类遗址还是坡地或平原上的聚落遗址,都因栽培农作物的出现而代表了社会前进的方向。

年代较早亦最有代表性的洞穴农业遗址有湖南道县玉蟾岩、江西万年仙人洞、广西柳州白莲洞、桂林甑皮岩等。洞穴遗址就其居住形态而言,它是承接旧石器文化而来,显得较为原始。但是,1 万多年前的新石器时代早期的这些洞穴遗址的洞口下面的地势平坦开阔,站在洞口望平原,植物茂盛,资源丰富;对丁 1 万年前的原始人来说,在汶野上采集食物固然不成问题,更重要的是此时的他们已开始对稻谷等一些可食性植物进行有意识的栽培,因而这种洞穴内的经济生活与旧石器时代诸如北京猿人、山顶洞人的洞穴生活是不一样的。也就是说,由于在玉蟾岩、仙人洞等遗址中发现有稻作遗存的存在,这就预示着新石器时代之初江南经济类型的发展方向。当然,在农业起源之初,作为食物的来源,主要还不是依靠栽培的农作物,农作物所占食物的比例是较小的。以玉蟾岩遗址为例(见图 2-1)[①],尽管当时已培育出一种兼有野生稻、籼稻、粳稻综合特征的栽培稻(见图 2-2),发明了陶器(见图 2-3),但从出土的生产工具和大量的动植物化石来看,当时的经济类型还主要是广谱的取食

① 参见袁家荣:《玉蟾岩遗址》,载宿白主编:《中华人民共和国重大考古发现》,文物出版社 1999 年版,第 50 页;张文绪、袁家荣:《湖南道县玉蟾岩古栽培稻的初步研究》,《作物学报》1998 年第 4 期。

经济,也就是说,1万余年前的这些洞穴居民,是在采集、捕鱼、狩猎和种植稻谷作物的多种经济共同作用下,过着定居生活。①

图 2-1　湖南道县玉蟾岩遗址外景

图 2-2　玉蟾岩遗址出土的水稻

---

① 参见王震中:《中国古代国家的起源与王权的形成》,中国社会科学出版社2013年版,第71页。

图2-3　玉蟾岩遗址出土的陶器

　　从农业的发明到农耕聚落有了初步的发展,人类经历了漫长时期。因为,并非农业一经发明,它就立即成为当时经济的主要部门。随着培育的农作物在食物中所占比例的增加,先民们就由以前只是从自然界直接获取食物的攫取经济发展到了生产经济。但是,种植的农作物在人们食物中比例的增长,是一个缓慢的发展过程。换言之,在农业起源阶段,其所种植的农作物在食物中所占的比例并不高,采集、狩猎和捕鱼等依旧是重要的食物来源,我们的祖先们采用的是采集、捕鱼、狩猎和种植谷物的广泛的取食经济。这就是神农所代表的农业起源阶段的情形。

　　农业发明之后,又经过一个时期,由于农业生产工具和农耕技术的进步,农作物在食物中的比例也在逐步增大。在距今8000—7000年前,我国新石器时代的农业获得了第一次大的发展,其标志首先是出现耒耜、石铲之类的生产工具,进入了耜耕和锄耕农业,其次是在窖穴等中有相当数量粮食的储存。这样的进步可与炎帝时代相联系。

在生产工具方面,当时整个黄河流域及其东北地区,已出现了包括翻土工具在内的成套农具。从砍伐林木和加工木器用的石斧、松土或翻土用的石铲、收割用的石镰或石刀,到加工谷物用的精美的石磨盘、石磨棒(见图2-4),一应俱全,而且制作精致。南方地区,除上述石器外,因经营的是以稻作为主的水田农业,开挖排灌渠道和翻土整地是主要农活,导致了诸如河姆渡之类遗址的骨耜(见图2-5)、木铲在这些遗址中很发达,石斧出土数量多反映了田野的垦辟比以前扩大了;石铲、骨耜的出土说明当时人们在农业上已懂得并普遍实行翻土,也就是说当时的农业已进入初级粗耕阶段。

图2-4　河南新郑裴李岗遗址出土的石磨盘、石磨棒

在粮食储藏方面,河北武安磁山聚落遗址发现88个用来储存粮食的窖穴,根据其内粮食遗迹堆积体计算,粮食储量达13余万斤。[1] 在江南鱼米之乡的浙江余姚河姆渡聚落,其储存的稻谷也有10万公斤以上。[2] 这样多的粮食储存,再加上家畜饲养、狩猎、捕捞、采集等所补充的食物来源,足以保证一个300多人口聚落的全年需求。

---

[1]　参见佟伟华:《磁山遗址的原始农业遗存及其相关的问题》,《农业考古》1984年第1期。
[2]　参见严文明:《中国稻作农业的起源》,《农业考古》1982年第1期。

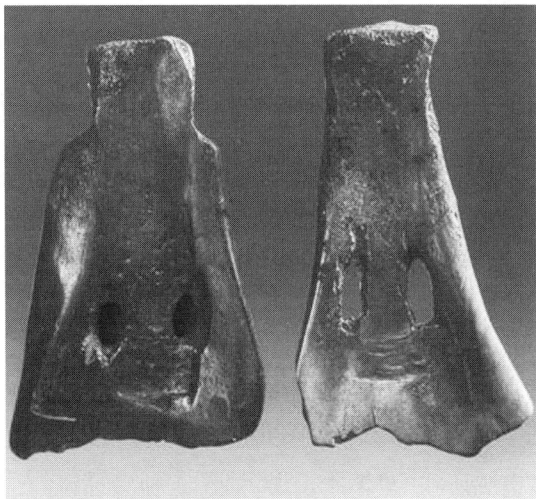

图 2-5　浙江余姚河姆渡遗址出土的骨耜

总括上述,如果用一句话来概括神农与炎帝的区别与联系,这就是:神农氏是对距今 1 万年前后、农业起源时历史进步的概括;炎帝对农业的贡献发生在距今六七千年前,是六七千年前的神农氏。

第三节　炎帝故里

关于炎帝故里,众说纷纭,主要有陕西宝鸡说、山西高平说、湖北随州、湖南会同说等。每一说都有自己的依据,只是其说服力有强有弱。

一、陕西宝鸡说

《国语·晋语四》记载:"昔少典娶于有蟜氏,生黄帝、炎帝。黄帝以姬水成,炎帝以姜水成。成而异德,故黄帝为姬,炎帝为姜,二帝用师以相济也,异德之故也。"①这段话告诉我们,炎帝因为是在姜水成长起来的,所以炎帝姓

_____

① 　(战国)左丘明撰,(三国吴)韦昭注:《国语》,上海古籍出版社 2015 年版,第 235 页。

姜。所谓"成而异德"是说炎帝和黄帝虽都是少典与有蟜氏的后裔,但因活动地域不同,所以不同"德",即习俗不同,以至于"二帝用师以相济也",相互还发生过战争。在这里,姜水所在地就成为寻找炎帝故里的关键。

关于姜水,北魏郦道元在《水经注·渭水》中解释说:"岐水又东迳姜氏城南,为姜水。"认为姜水是今陕西宝鸡渭河流域的一条支流。战国晚期的《世本》、西晋皇甫谧的《帝王世纪》等古籍中也有炎帝"育于姜水""长于姜水"的记载。《史记·补三皇本纪》《路史·炎帝纪》等书也有此说。

著名古史学家、考古学家徐旭生在《中国古史的传说时代》一书中,根据《国语·晋语》所说的"炎帝以姜水成"和《水经注》有关姜水的描述而主张炎帝族的发祥地在宝鸡所在的"渭水上游一带"。他考证说,在宝鸡县城南门外渭水南一二里的地方,有一个村叫作姜城堡,堡西有一小水,从秦岭中流出,叫作清姜河,堡东约一里的地方有一个很大的神农庙。这个姜城堡,《宝鸡县志》说它就是《水经注》所说的姜氏城。为此,他说姜姓炎帝族的发祥地就在今渭水上游的宝鸡一带。① 著名考古学家邹衡也说:"所谓'炎帝以姜水成',我们可以理解为炎帝族最早活动的地方在姜水。古之姜水,据《水经注·渭水》所载是在姜氏城南,即今岐山县周原一带,但不知道确定地点。不过,《大明一统志》载:凤翔府宝鸡县南七里有姜氏城,城南也有姜水。此姜氏城今名姜城堡,往南即益门堡,堡西有一水名今仍名清姜河。古代传说,本来难得考实,以上两说孰是孰非,不必过于拘泥,但总是在凤翔府地,即今宝鸡市区之内。"②

二、山西高平说

在文献中,《山海经·北山经·北次三经》载:"又北二百里,曰发鸠之山,

---

① 参见徐旭生:《中国古史的传说时代》,科学出版社 1960 年版,第 41—42 页。
② 邹衡:《漫谈姜炎文化》,载宝鸡市社科联编:《炎帝论》,陕西人民出版社 1996 年版,第 1 页。

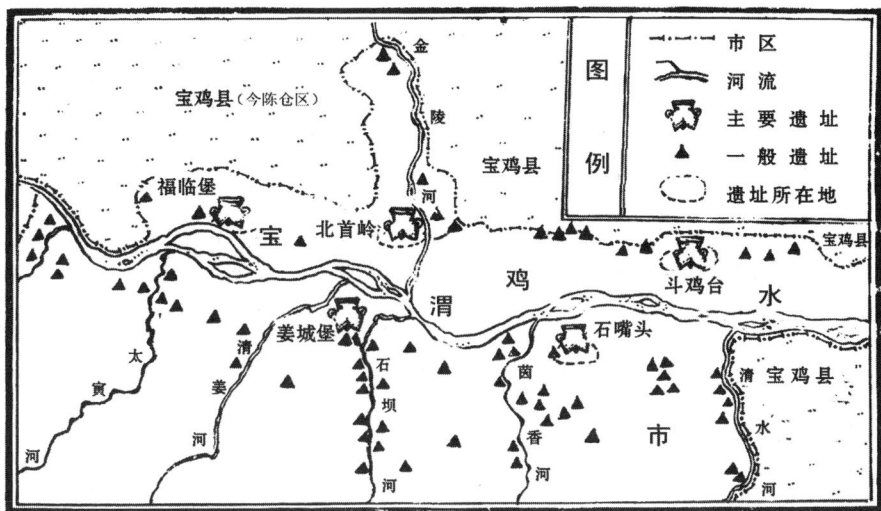

图 2-6　宝鸡清姜河、姜城堡及新石器时代主要遗址示意图

其上多柘木。有鸟焉,其状如乌,文首、白喙、赤足,名曰精卫,其鸣自詨。是炎帝之少女曰女娃,女娃游于东海,溺而不返,故为精卫,常衔西山之木石,以堙于东海。漳水出焉,东流注于河。"①这个"发鸠之山",郭璞注曰:"今在上党郡长子县。"②山西省长子县紧邻高平,同属上党地区。《北次三经》还说:"又北三百里,曰陆山,多美玉。郶水(郭璞注:或作郊水)出焉,而东流注于河。"③《山海经·北山经》说《北次三经》之首曰太行之山",所以这个"郶水"不能理解成海岱地区郯城一带的河流,而且文中说它"东流注于河",它只能属于太行山中的河流。太行山的"郶水"或许是由姜水演变而来。《管子·轻重戊》云:"神农作,树五谷淇山之阳,九州之民,乃知谷食,而天下化之。"一般把这里的"神农"理解为炎帝,"淇山之阳"是太行山中的一座山。这也属于"山西高平说"的文献依据。

---

① 袁珂校注:《山海经校注》,北京联合出版公司 2014 年版,第 83 页。
② 袁珂校注:《山海经校注》,北京联合出版公司 2014 年版,第 84 页。
③ 袁珂校注:《山海经校注》,北京联合出版公司 2014 年版,第 87 页。

　　山西高平说的另一方面的依据是北齐到唐代的碑刻资料。例如，北齐天保二年(551年)的残碑。石碑已残，保留的文字，有"神农圣灵所托，远瞩太行，傍接大□，□沁水之□"，还有"地称唐公，山号羊头"等。该碑距今已有1500余年，是迄今已知记载炎帝事迹最早的碑刻。该碑现存高平市羊头山神农庙内。

　　再如，唐武周朝天授二年(691年)羊头山清化寺的碑文记载："此山炎帝之所居也，昔者摄提纪岁之后，燧人化火之前，穴处巢居，茹毛饮血。爰逮炎皇御宇，道济含灵，念搏杀之亏仁，嗟屠戮之残德。寻求旨味，以替膻腥，遍陟群山，备尝庶草。届斯一所，获五谷焉。记此灵奇，显其神异，石类羊首，遂立为名。于是创制耒耜，始兴稼穑；调药石之温毒，除瘵延龄；取黍稷之甘馨，充虚济众。人钦圣德，号曰神农。历代崇恩，峰亭享庙。其山也，左连修岭，横巨嶂而崎沧波；右接逖峰，列长关而过绛阙。烈山风穴，泛祥气而氤氲；石鼓玉泉，泄云雷而隐轸。芬敷花药，春夏抽丹。蓊郁松萝，秋冬耸翠，人天交集，仙圣游居。譬鹫岭之灵宫，犹鹿苑之佳地。播生嘉谷，柱出兹山矣。"①这段文字详细记载了炎帝"得嘉禾，播五谷，制耒耜，兴稼穑和尝百草、调药石，疗民疾"的伟大功绩；还记载了羊头山(烈山)的气候变化和居住的优良条件；碑文提到了烈山，还提到炎帝的儿子柱，出于此山。这是现发现的早期石刻上详细记载炎帝功绩的碑刻。

　　此外，在唐五代至北宋的几块墓志中也都提到高平境内羊头山下的"神农乡"，有的还提到"烈山"。例如，唐天祐七年(910年)"毕刚墓志"记载："贯居泽州高平县丰溢乡魏庄村，明城里之人也。……维大唐天祐七年岁次庚午正月壬辰朔三日甲午，固迁祖茔。先在神农乡神农里团池店南一达东。……"②五代后晋天福二年(937年)《唐故浩府君墓志铭》记载："贯祧泽郡，户寄高平乡神农

---

① 高平市炎帝文化研究会编：《炎帝古庙》，文物出版社2011年版，第12页。
② 高平市炎帝文化研究会编：《炎帝古庙》，文物出版社2011年版，第14页。

团池村人也。……后倚烈山大岭。"①

唐武周朝天授二年羊头山清化寺的碑刻中有关"烈山"以及炎帝儿子"柱"的记述,以及唐天祐七年《毕刚墓志》和五代后晋天福二年《唐故浩府君墓志铭》有关"烈山"的记述,都极具史料价值。我们知道,《国语·鲁语上》和《左传·昭公二十九年》把神农炎帝称作"烈山氏",并说他的儿子叫作"柱"。《国语·鲁语上》说:"昔烈山氏之有天下也,其子曰柱,能殖百谷百蔬,夏之兴也,周弃继之,故祀以为稷。"韦昭注曰:"烈山氏,炎帝之号也,起于烈山。"《左传·昭公二十九年》说:"有烈山氏之子曰柱,为稷,自夏以上祀之。周弃亦为稷,自商以来祀之。"杜预注:"烈山氏,神农世诸侯。"这个"烈山氏"在《礼记·祭法》写作"厉山氏",并成为"炎帝湖北随州说"的文献依据。然而,高平的唐代碑刻却说高平的羊头山就是烈山,并说"此山炎帝之所居也",炎帝儿子"柱出兹山矣"。高平炎帝庙这些碑刻的记载,不但把炎帝与烈山氏的关联提早到了唐代,而且从湖北随州向北移到了山西高平。这为学术界提出了一个新课题,很值得研究。

二、湖北随州说

湖北随州说见于先秦文献的《国语·鲁语上》《左传·昭公二十九年》和《礼记·祭法》。其中,《国语》和《左传》写作"烈山氏",《礼记》写作"厉山氏"。《礼记·祭法》曰:"厉山氏之有天下也,其子曰农,能殖百谷。夏之衰也,周弃继之,故祀以为稷。"东汉郑玄注《礼记·祭法》说:"厉山氏,炎帝也,起于厉山,或曰烈山氏。"皇甫谧《帝王世纪》记载:"神农氏起列山,谓列山氏,今随厉乡是也。"郦道元《水经注》卷三十二记载:"溳水……东出大紫山,分为二水,一水西迳厉乡南,水南有重山,即烈山也。山下有一穴,父老相传,云是神农所生处也,故《礼》谓之列山氏。水北有九井,子书所谓神农既诞,九井自

① 高平市炎帝文化研究会编:《炎帝古庙》,文物出版社2011年版,第16页。

穿,谓斯水也。"①

此外,西晋司马彪《郡国志》、南朝盛弘之《荆州记》和王存《元丰九域志》等书中,也有大致相同的记载。唐代的《括地志》也说:"厉山在随州随县北百里。山东有石穴,[或]曰神农生于[此],所谓[厉]山氏也。春秋为厉国。"②这些记载构成"湖北随州说"的文献依据。

四、湖南炎帝陵

在各地的炎帝文化研究和祭拜活动中,炎帝陵是重要一项。炎帝陵虽然有多处,如湖南株洲市炎陵县有炎帝陵,山西高平也有炎帝陵,但湖南的炎帝陵是最引人瞩目的。

西晋皇甫谧《帝王世纪》说:(炎帝)"在位百二十年而崩,葬长沙。"③宋代罗泌《路史·后纪》三注引《帝王世纪》说:"神农葬茶陵。"南宋王象之《舆地纪胜》说:"炎帝墓在茶陵县南一百里地康乐乡白鹿原。"这里的"白鹿原"又称为"鹿原陂",在今株洲市炎陵县。据方志《酃县志》,在酃县(今炎陵县)有炎帝陵。这些都是湖南炎陵县炎帝陵的历史渊源。

五、南北炎帝说与民族融合

上述炎帝故里的宝鸡说、高平说、随州说以及湖南炎帝陵等都有自己的依据。如果再做进一步概括的话,宝鸡说和高平说又可合称为北方炎帝说;而随州说、湖南炎帝陵以及近年湖南会同县提出的会同说,则可合称为南方炎帝说。北方炎帝说,在后面的章节还会涉及,这里略对南方炎帝说的其他材料加以补充。

《山海经·海内经》说:"炎帝之妻,赤水之子听訞生炎居,炎居生节并,节

---

① 杨守敬等疏:《水经注疏》,江苏古籍出版社 1989 年版,第 2655—2656 页。
② (唐)李泰等著,贺次君辑校:《括地志辑校》,中华书局 1980 年版,第 190 页。
③ (晋)皇甫谧:《帝王世纪》,中华书局 1985 年版,第 3 页。

并生戏器,戏器生祝融,祝融降处于江水,生共工,共工生术器,术器首方颠,是
复土穰,以处江水。"所谓"降处于江水""以处江水",指示其主要活动地域在
南方。

《墨子·节葬下》:"楚之南有炎人国者,其亲戚死,朽其肉而弃之,然后埋
其骨,乃成为孝子。""炎人国"与"炎帝"不是一个概念,但"炎人国"所崇拜的
宗神,很难说就不能称作"炎帝"。这里"炎人"即炎族人之意,以"炎"名民、
以"炎"名国的"炎人国"位于楚之南,是有助于说明炎帝与南方的关系的。屈
原《远游》:"指炎神而直驰兮,吾将往乎南疑。"依据王逸《楚辞章句》的解释,
这里的炎神即炎帝亦即火神,其位置在南方。

对于"北方炎帝说"与"南方炎帝说"这二说,持北方炎帝说者认为南方的
炎帝及其文化是由北方迁徙传播而至,而持南方炎帝说者则相反,认为北方的
炎帝及其文化是从南方迁徙传播到北方的结果。除此之外,我们提出另一种
解释,即"炎帝"有可能是民族融合体:历史上,烈山氏、列山氏、厉山氏、连山
氏、姜姓的族团这些分散的名称在先,"炎帝"这个统一的名称在后,"炎帝"一
名应当是西周以来随着民族融合而出现的,也就是说,在南方有崇拜火的连山
氏、列山氏、烈山氏、厉山氏等,在北方有崇拜火的姜姓族团,因其都崇拜火,故
其宗神都可以是火神炎帝,或者是如郯子所言"为火师而火名";又因他们对
农业的发展都有自己的贡献,故而很容易与属于"三皇"之一的神农氏合二为
一,被汉代以后的人们称为"炎帝神农氏"。"炎帝"一名是在历史被神话和各
部族之神被人格化以及民族文化融合的错综复杂的过程中,经过将各地不同
的传说以及不同传说中相同的因素进行合并才出现的,是相当漫长的时期民
族文化相融合的结果。① 换言之,在被称为"炎帝"的集团中,有的是在北方的
姜水流域成长起来的姜姓族群,有的是发祥于南方烈山(列山、连山)的族群,
他们共同会合成为春秋战国时期的"炎帝"概念。其实,"黄帝"概念,也是民

① 参见王震中:《南北"炎帝"的由来与民族文化融合》,载赵德润主编:《炎黄文化研究》第
十辑,大象出版社 2009 年版,第43—48 页。

族融合的结果。①

说"炎帝"和"黄帝"这两个名号都是民族文化融合的结果,并不影响它们作为中华民族人文始祖的地位和象征意义。因为从民族形成的过程看,包括"华夏族""汉族""中华民族"在内的世界上所有的民族,并不是一开始就是一个庞大的民族共同体,在最初都是氏族部落或邦国林立,在中华大地上一直发展到尧舜禹时期,《尚书》等文献还称之为"万邦",都是由分散的各个族落团体,经过民族融合和民族文化的融合,最后才形成一个统一的民族,才会出现统一民族的人文初祖的概念和需求,炎黄作为人文初祖的象征意义才突显了出来。

第四节　炎帝族团的图腾

说到图腾,一般认为图腾都是氏族图腾,即一个氏族集体有一个图腾。但是,居住在澳大利亚中部的阿兰达人(Aranda)有六七百个个人图腾,他们是既有氏族集体图腾,又有每个个人自己的图腾。我们提出,在图腾的起源上,先有个人图腾,后有氏族集体图腾,氏族集体图腾是由氏族首领的个人图腾转化而来,②因而,对于一个族团来说,有众多个人图腾毋庸赘言,氏族图腾也绝非一个。炎帝族即是如此,它有火图腾、羊图腾、鱼图腾、鸟图腾等。

一、火图腾

在炎帝族团中,最主要的图腾是火图腾。"炎"字由两个火组成,已表明了其对火的崇拜。《左传·哀公九年》说:"炎帝火师,姜姓其后也。"《左传·

---

① 参见王震中:《三皇五帝传说与中国上古史研究》,载《中国社会科学院历史研究所学刊》第七集,商务印书馆 2011 年版,第 1—46 页;王震中:《商周之变与从帝向天帝同一性转变的缘由》,《历史研究》2017 年第 5 期。

② 参见王震中:《重建中国上古史的探索》,云南人民出版社 2015 年版,第 20—21 页。

昭公十七年》郯子在讲到黄帝、炎帝、共工、太皞、少皞等族团的徽号特征时说:"炎帝氏以火纪,故为火师而火名"。研究中国远古社会图腾的学者,都据此而主张火是炎帝族中重要的图腾。

在仰韶文化中期即庙底沟时期,河南陕县庙底沟遗址出土的彩陶盆上绘有火焰形纹样,在火焰上有一圆点(见图2-7)。① 对于这种由火焰与圆点相构成的图形,我们的解释是:这里的圆点表示的是星辰,星辰放置在火中,表示的是大火星,所以我们称之为"星火"彩陶纹样。庙底沟遗址出土的这类纹样图案,与大汶口文化等出土的"炅"(☉)、"炅山"(☉)陶文②有异曲同工的意义,都与心宿大火有关,只是所属的部族不同而已。③

图2-7　河南陕县庙底沟遗址出土的火焰形纹样彩陶盆

庙底沟遗址位于河南省西部的陕县,庙底沟类型的影响很大,其中心地区在豫陕一带,而这一地区恰处于炎帝族中姜姓一支从陕西宝鸡发祥之后向东

---

① 参见中国科学院考古研究所:《庙底沟与三里桥》,科学出版社1959年版,第34页。
② 参见王震中:《试论陶文"☉""☉"与大火星及火正》,《考古与文物》1997年第6期。
③ 参见王震中:《炎帝族对于"大火历"的贡献》,载王俊义主编:《炎黄文化研究》第五辑,大象出版社2007年版,第61—65页。

发展所经过的途中。① 姜姓的炎帝族发展到中原地区后,以豫西至豫中为其活动中心,而仰韶文化庙底沟类型的中心区域也正是豫西至豫中地区,因此将庙底沟遗址出土的火焰形纹样彩陶盆所反映的对火的崇拜与炎帝族中姜姓这一支相联系,应该说是有根据的。当然,由于炎帝族与黄帝族有长期联姻和联盟的历史,在豫西豫中地区应该不仅仅只是炎帝族居住,也有黄帝族居住,如位于河南灵宝的荆山,《史记·封禅书》就说:"黄帝采首山铜,铸鼎于荆山下。"还有河南新郑,《帝王世纪》说:"新郑,古有熊国,黄帝之所都,受国于有熊,居轩辕之邱,故因以为名,又以为号。"对于陕西宝鸡,《水经注·渭水》:"渭水东过陈仓县西。"注曰:"黄帝都陈仓在此。"《路史》也有黄帝都陈仓的说法。也就是说,从仰韶文化半坡时期到庙底沟时期,西起甘肃、陇西,中经宝鸡和关中地区以及豫西、晋南,东到豫中地区,都是姜姓的炎帝族与姬姓的黄帝族共同活动的历史舞台。

二、羊图腾

炎帝姜姓,"姜"字从羊从女,与"羌"字从羊从人是一个来源,即都与以羊为图腾有关。民国初年,章太炎在《检论·序种姓》中指出:"羌者,姜也。"后来傅斯年在《姜原》一文中说:"地望从人为羌字,女子从女为姜字。"②顾颉刚在《九州之戎与戎禹》中进一步指出:"姜与羌,其字出于同源,盖彼族以羊为图腾,故在姓为姜,在种为羌。"③所以,炎帝族团中姜姓的由来,是以羊为图腾的缘故,已得到学术界的共识。

三、鱼图腾

炎帝族团中也有鱼图腾。《山海经·海内南经》云:"氐人国在建木西,其

① 参见徐旭生:《中国古史的传说时代》,科学出版社 1960 年版,第 41—42 页。
② 傅斯年:《姜原》,《历史语言研究所集刊》第二册,中华书局 1987 年版,第 135 页。
③ 《顾颉刚古史论文集》卷五,中华书局 2010 年版,第 118—142 页。

为人人面而鱼身,无足。"①而《大荒西经》云:"有互人之国。炎帝之孙名曰灵
恝,灵恝生互人,是能上下于天。"②清代学者王念孙、孙星衍、郝懿行均认为:
氐人国就是互人国。③ 氐人是炎帝部落后裔,而氐人是"人面而鱼身"。这种
"人面而鱼身"同半坡类型仰韶文化"人面鱼纹"图样有本质上的相似之处,有
深厚的渊源关系。《山海经》中氐人之"人面鱼身"图应是半坡类型仰韶文化
"人面鱼纹"图样的继承和发展。由此可以推断:半坡类型仰韶文化先民应属
于古代的炎帝部落。④

在考古发现方面,恰恰在距今 7000—5000 年前的炎黄时代,在姜姓炎帝
族活动的中心区域——从渭水流域到豫西、晋南地区的仰韶文化遗址中,发现
有"人面鱼纹"和鱼纹彩陶。

图 2-8 西安半坡出土的"人面鱼纹"彩陶盆

由仰韶文化"人面鱼纹"彩陶是炎帝族鱼图腾的判断出发,我们还可以说
仰韶文化中的鱼纹都属于炎帝族鱼图腾的艺术表现,进而还可以得出从甘肃

---

① 袁珂校注:《山海经校注》,北京联合出版公司 2014 年版,第 247 页。
② 袁珂校注:《山海经校注》,北京联合出版公司 2014 年版,第 350 页。
③ 参见袁珂校注:《山海经校注》,上海古籍出版社 1980 年版,第 280 页。
④ 参见曹定云:《炎帝部落早期图腾初探》,载霍彦儒主编:《炎帝·姜炎文化与和谐社
会》,三秦出版社 2007 年版,第 1—4 页;曹定云:《宝鸡北首岭仰韶文化"人面鱼纹"图腾与炎帝
彤鱼氏——兼论炎帝名号来由》,载赵德润主编:《炎黄文化研究》第十一辑,大象出版社 2010 年
版,第 148—156 页。

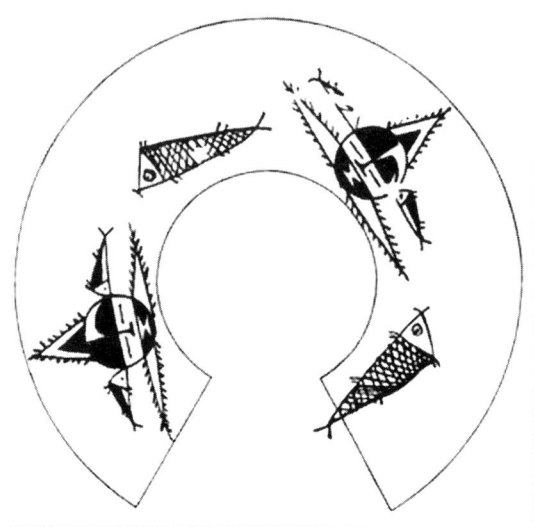

图 2-9　半坡"人面鱼纹"展开图

图 2-10　临潼姜寨出土的"人面鱼纹"彩陶盆

图 2-11　临潼姜寨出土的"人面鱼纹"彩陶盆

图 2-12　西安半坡出土的鱼纹彩陶盆

东部、陕西西部到河南西部和中部,中间包括山西南部和中部,是姜姓炎帝族在仰韶文化半坡期(仰韶文化早期)主要活动区域。实际上,从甘肃东部,经陕西到河南中部,也是黄帝族的主要活动区,炎黄两族在相当长的时间一直是互婚联姻而存在的。[①]

四、鸟图腾

在以往的研究中,一说起鸟图腾,一般认为是东夷族。殊不知,在炎帝族中也有鸟图腾。《山海经·北山经·北次三经》曰:"又北二百里,曰发鸠之

[①]　参见王震中:《三皇五帝传说与中国上古史研究》,载《中国社会科学院历史所研究学刊》第七集,商务印书馆 2011 年版,第 1—46 页。

图 2-13　甘肃秦安大地湾出土的鱼纹彩陶盆

图 2-14　西安半坡出土的"人面鱼纹"和鱼形纹样

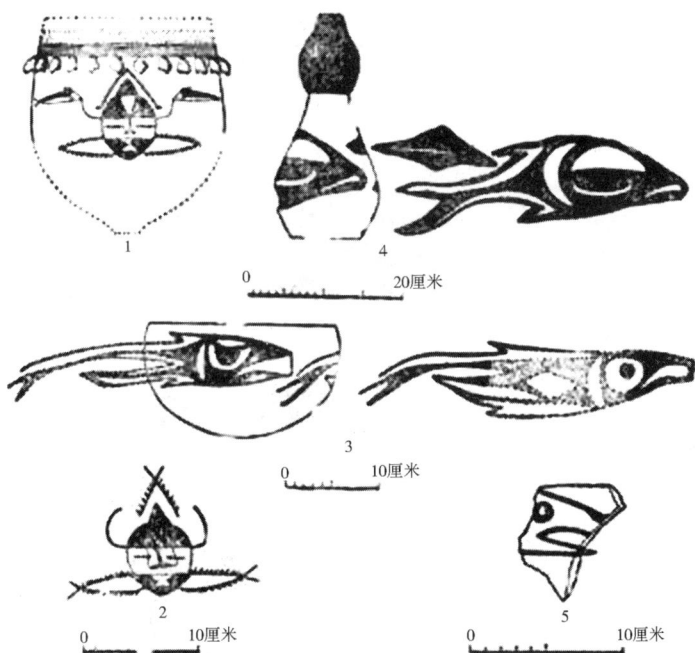

图 2-15 临潼姜寨出土的"人面鱼纹"和鱼纹彩陶纹样

山,其上多柘木。有鸟焉,其状如乌,文首、白喙、赤足,名曰精卫,其鸣自詨。是炎帝之少女曰女娃,女娃游于东海,溺而不返,故为精卫,常衔西山之木石,以堙于东海。"①这是说,精卫是炎帝之女,其形象是鸟,可见炎帝族中也有鸟图腾。

炎帝族团中的鸟图腾,在仰韶文化的彩陶中也有所表现。例如,在陕西华县泉护村遗址既出土了许多鸟纹样的彩陶,也出土了一件鸟造型的"陶鹰鼎";在河南陕县庙底沟遗址以及其他遗址中,也有鸟形彩陶纹样。

---

① 袁珂校注:《山海经校注》,北京联合出版公司 2014 年版,第 83 页。

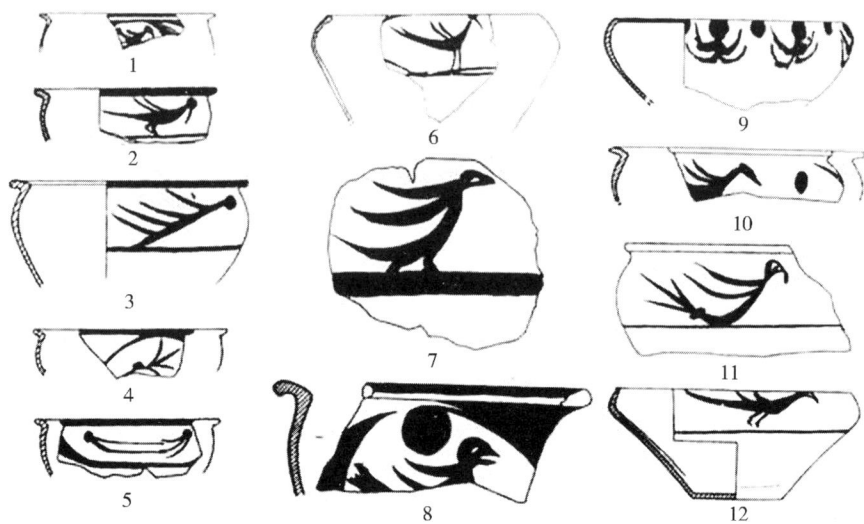

图 2-16　陕西华县泉护村遗址仰韶文化庙底沟类型鸟纹图

图 2-17　陕西华县泉护村太平庄遗址出土的仰韶文化陶鹰鼎

图 2-18　河南陕县庙底沟遗址出土的仰韶文化鸟纹彩陶

第五节　炎帝族的迁徙

讲迁徙,是要勾画出迁徙路线的。对此,徐旭生在《中国古史的传说时代》中曾做过很好的研究。只是严格地说,徐先生所勾画的属于姜姓炎帝族的迁徙。徐先生以《国语·晋语四》"炎帝以姜水成"为依据,考证出炎帝族发祥于今渭水上游宝鸡一带,其后大约顺着渭水东下,来到豫西、豫中乃至东移至山东地区。①

一、晋南和豫西地区

姜姓炎帝族从陕西境内的渭水上游出发,向东迁徙发展的第一个区域就是晋南、豫西地区。徐旭生认为,晋南分布的许多姜姓小国,因为看不出它是在西周分封的,所以应该是炎帝族在由西向东迁徙过程中出现的。

姜姓炎帝族中一支重要的族团是共工氏。《国语·周语下》太子晋对周

① 参见徐旭生:《中国古史的传说时代》,科学出版社 1960 年版,第 42—48 页。

灵王说：

　　昔共工弃此道也，虞于湛乐，淫失其身，欲壅防百川，堕高堙庳，以害天下。皇天弗福，庶民弗助，祸乱并兴，共工用灭。其在有虞，有崇伯鲧，播其淫心，称遂共工之过，尧用殛之于羽山。其后伯禹念前之非度，厘改制量，象物天地，比类百则，仪之于民，而度之于群生，共之从孙四岳佐之，高高下下，疏川导滞，钟水丰物，封崇九山，决汨九川，陂鄣九泽，丰殖九薮，汨越九原，宅居九隩，合通四海。故天无伏阴，地无散阳，水无沈气，火无灾燀，神无闲行，民无淫心，时无逆数，物无害生。帅象禹之功，度之于轨仪，莫非嘉绩，克厌帝心，皇天嘉之，祚以天下，赐姓曰"姒"，氏曰"有夏"，谓其能以嘉祉殷富生物也。祚四岳国，命以侯伯，赐姓曰"姜"，氏曰"有吕"，谓其能为禹股肱心膂，以养物丰民人也。此一王四伯，岂繄多宠？皆亡王之后也。唯能厘举嘉义，以有胤在天下，守祀不替其典。有夏虽衰，杞、鄫犹在；申、吕虽衰，齐、许犹在。唯有嘉功，以命姓受祀，迄于天下。①

太子晋的这段话，我们可提取这样一些信息：四岳乃共工之从孙，姜姓的申、吕、齐、许乃四岳之后裔。作为申、吕、齐、许的四岳后裔，申、吕均在今河南西南部，申在唐河县境内，吕在南阳县境内。许在河南中部的许昌县境内，齐后来到了山东临淄。豫西地区的申、吕、许就是姜姓炎帝族在东边建立的国家，这一现象可以看作是姜姓炎帝族由西向东迁徙过程中造成的。

此外，关于共工氏的活动地域，《汉书·地理志·河内郡》说："共，故国。"汉代的共县，今属河南辉县，所以一般认为共工氏在今河南辉县一带。但《国语·鲁语》说："共工氏之伯九有也，其子曰后土，能平九土。"②《礼记·祭法》的作者认为"九土"就是"九州"，说："共工氏之霸九州也，其子曰后土，能平九州。"这里所说的九州并非泛指整个天下的大九州，而是小九州，是一特定的

---

① （战国）左丘明撰，（三国吴）韦昭注：《国语》，上海古籍出版社 2015 年版，第 66—67 页。
② （战国）左丘明撰，（三国吴）韦昭注：《国语》，上海古籍出版社 2015 年版，第 107 页。

区域,也就是《国语·郑语》所说的"谢西之九州"和《左传》昭公二十二年、哀公四年所说的"九州之戎"之九州。这一九州的核心地区,据《左传·昭公四年》:"四岳、三涂、阳城、大室、荆山、中南,九州之险也。"可知共工氏活动的中心区域应在上述"九土"即小九州境内,亦即豫西、嵩山周围。①

二、河北涿鹿地区

在先秦文献中,炎帝与蚩尤、黄帝曾发生涿鹿之战和阪泉之战,说明姜炎族也曾迁往今河北涿鹿一带。

关于涿鹿之战,《逸周书·尝麦解》说:"昔天之初,□作二后,乃设建典,命赤帝分正二卿,命蚩尤于宇少昊,以临四方,司□□上天未成之庆。蚩尤乃逐帝,争于涿鹿之河,九隅无遗。赤帝大慑,乃说于黄帝,执蚩尤,杀之于中冀。以甲兵释怒,用大正顺天思序,纪于大帝,用名之曰:绝辔之野。乃命少昊请司马、鸟师,以正五帝之官,故名曰质。天用大成,至于今不乱。"②

《逸周书》中的赤帝就是炎帝。"蚩尤于宇少昊"是说蚩尤居住在少昊的地方,这是因为蚩尤有可能是东夷族中九黎部族的首领。③当时,首先是蚩尤与炎帝在涿鹿争夺作战,炎帝族大败,失去大片地方,"九隅无遗",只得求援于黄帝族。炎、黄联合,擒杀蚩尤,然后由少昊代替了蚩尤,恢复了社会秩序。

关于阪泉和涿鹿之战,《史记·五帝本纪》说"轩辕之时",黄帝"教熊罴貔貅䝙虎,以与炎帝战于阪泉之野。……与蚩尤战于涿鹿之野。"④《列子·黄帝篇》:"黄帝与炎帝战于阪泉之野,帅熊、罴、狼、豹、䝙、虎为前驱,雕、鹖、鹰、鸢为旗帜,此以力使禽兽者也。"⑤《史记》和《列子》都说黄帝族与炎帝族在阪泉

① 参见王震中:《中国古代文明的探索》,云南人民出版社2005年版,第276—286页。
② 黄怀信等:《逸周书汇校集注》,上海古籍出版社2007年版,第731—736页。
③ 参见徐旭生:《中国古史的传说时代》,科学出版社1960年版,第48—54页。
④ (汉)司马迁撰,(南朝宋)裴骃集解,(唐)司马贞索隐,(唐)张守节正义:《史记》,中华书局1982年版,第3页。
⑤ 杨伯峻:《列子集释》,中华书局1979年版,第84页。

作战时,黄帝率领有熊、罴、虎、豹等六种猛兽,这实际上是以六种猛兽为图腾的六个氏族。

阪泉、涿鹿在何地,有多种说法。现一般多主张在今河北涿鹿县一带。《史记·五帝本纪》集解引《括地志》:"阪泉,今名黄帝泉,在妫州怀戎县(今河北涿鹿县西南)东五十六里。出五里至涿鹿东北,与涿水合。又有涿鹿故城,在妫州东南五十里,本黄帝所都也。《晋太康地理志》云'涿鹿城东一里有阪泉,上有黄帝祠'"①。

炎帝、黄帝、蚩尤三族之所以在河北涿鹿一带发生冲突和战争,是因为这三族在向外扩展的过程中在涿鹿相遇。对于炎帝族而言,相较于宝鸡——晋南豫西,河北涿鹿地区是其向东迁徙的又一站。

三、齐鲁地区

《史记·封禅书》云:"炎帝封泰山。"这是说炎帝到泰山进行了祭祀活动。对于海岱文明颇有研究的高广仁先生指出:"根据后世姜姓族群的踪迹,可知炎帝的一支,曾由黄土高原的姜水沿黄河而下,活动于太行山以东的冀州","而且有可能分迁到海岱区北部沿海一带","根据文献、金文和考古发现得知,在海岱区北部,现今鲁北一带,曾集中分布有炎帝后裔的逄、纪、齐、州、夷、向等姜姓国家。这些姜姓国家并非直到西周才由西方殖民而来,而是早已落户海岱区的炎帝后裔的旧国"②。

《左传·昭公二十年》载晏平仲的话说:齐国临淄,"昔爽鸠氏始居此地,季萴因之,有逄伯陵因之,蒲姑氏因之,而后大公因之"③。《国语·周语》中

---

① (汉)司马迁撰,(南朝宋)裴骃集解,(唐)司马贞索隐,(唐)张守节正义:《史记》,中华书局1982年版,第5页。

② 高广仁:《从海岱姜姓国史看炎帝族系对中国文明的巨大贡献》,载霍彦儒主编:《炎帝与民族复兴》,陕西人民出版社2005年版,第130—131页。

③ 杨伯峻编:《春秋左传注》,中华书局1981年版,第1421页。

记载伶州鸠讲到一个星座时说:"我皇姚大姜之侄伯陵之后,逢公之所凭神也。"①据此可知逢伯陵为姜姓。《山海经·海内经》也说:"炎帝之孙伯陵。"②实则这三条史料是相关联的,它们共同说明姜炎族的一部分在相当早的时候就迁到了山东地区。

将上述几个地区相连,就可以勾勒出炎帝族由西向东的迁徙路线。除此之外,主张"北方炎帝说"的学者还进一步说:南方有关炎帝的古史传说是炎帝族由北向南迁徙带去的。与此相反,主张"南方炎帝说"的学者则认为:北方有关炎帝的古史传说是炎帝族由南向北迁徙过程中传播过去的。目前无论是"南炎说"还是"北炎说"都还没有完全成为定说,究竟如何,还有待研究的深入和推进。

---

① (战国)左丘明撰,(三国吴)韦昭注:《国语》,上海古籍出版社 2015 年版,第 86 页。
② 袁珂校注:《山海经校注》,北京联合出版公司 2014 年版,第 389 页。

第三章 黄 帝

　　黄帝是中华民族的共同祖先，是我们国家的人文初祖。作为民族与国家的象征，黄帝在炎黄儿女的心目中具有崇高的地位，以至历朝历代的人们都不断地举行对他的祭祀。但是，有关祖先黄帝，人们的认知却似乎还存在某些模糊之处：黄帝仅仅是传说中人物，还是实有其人？黄帝的祖先身份作何理解？他真是众多华夏子孙直接的祖先吗？黄帝的来历又是如何？这些问题，实牵涉到对我国上古历史和古代文化的了解。这里，我们将从历史学与民族学的角度，对上述有关问题进行一些探讨，希望能加深对祖先黄帝的认识。

第一节　作为中华民族共同祖先的黄帝

　　我们讲黄帝是中华民族的共同祖先，首先是因为他是华夏民族的祖先。华夏族是中华民族的主体民族，是汉族的前身。汉族在先秦叫作华夏族。为什么又称她为汉族呢？因为以后有一个强大的汉朝，经历了汉朝以后，人们就把她叫作汉族了。不过华夏族的称呼直到今天我们仍在使用。另外，华夏族也和其他一些少数族有着不可分割的血缘联系。华夏族的形成就包含了不少古代少数族的成分。在其以后壮大发展的过程中，华夏族，也就是以后的汉族，又融汇进了不少新的少数族血统。当然也有一些华夏族或汉族的成员参加到少数族的队伍中。直到今天,这种融合还在进行中,可以说是你中有我,我中有你,我们完全有理由称黄帝是中华民族的共同祖先。

一、战国秦汉之人对祖先黄帝的尊崇

黄帝作为华夏族的祖先,至少可以追溯到我国战国时期。众所周知,我国第一部通史著作《史记》的第一篇《五帝本纪》就是从黄帝讲起的。司马迁在该篇中讲述了黄帝的名号与生平事迹,之后接着说:"学者多称五帝,尚矣。"又说他自己:"余尝西至空桐,北过涿鹿,东渐于海,南浮江淮矣,至长老皆各往往称黄帝、尧、舜之处,风教固殊焉,总之不离古文者近是。"他说当时学者都在称颂五帝。所谓"五帝",是以黄帝为首的华夏族的五位古帝,除黄帝外,还有帝颛顼、帝喾、帝尧和帝舜。司马迁出于崇敬的心情,到各地遍访黄帝的足迹,发现这些地方的长老也都往往称颂着黄帝及尧、舜两位的业绩。这些,都毫无疑问显示出黄帝作为华夏族祖先在华夏先民中的崇高地位。

不仅是普通士民,就是最高统治者,也将黄帝视作自己的祖先而对之秉持着无限之尊崇。《史记·孝武本纪》载,汉武帝"北巡朔方,勒兵十余万,还,祭黄帝冢桥山"。即是说汉武帝带着军队,往北一直巡视到朔方(今内蒙包头一带),回来的路上,特意到了黄帝的陵墓桥山,亲自对黄帝进行祭拜。汉皇室从血缘系统来说是帝尧的后代,武帝对祖先帝尧固然承认,但是他认为黄帝是自己血缘关系以外的另一位祖先,所以在路过黄帝冢时要前往对之进行祭拜。这足证汉朝皇帝对祖先黄帝怀有一种特殊意义的尊崇。

顺便讲一讲《史记》《汉书》所称黄帝冢桥山在什么地方的问题,这个桥山不是现在常举行黄帝祭祀仪式的黄陵县的桥山,而是在今黄陵县以北、延安与榆林交界处的子长县。① 此地有山名高柏山,即过去的桥山。史载桥山在汉阳周县南,阳周县城即在今高柏山北面的靖边县杨桥畔镇。

---

① 《汉书·地理志》"阳周"县条下,班固自注:"桥山在南,有黄帝冢。"汉阳周县即今陕西子长县。

不仅是汉朝皇帝，早在战国时期，列国的统治者就已将黄帝奉为自己膜拜的对象了。《史记·封禅书》即记有战国秦人对黄帝的祭祀。《封禅书》说，秦灵公"作吴阳上畤，祭黄帝"，时间大概是在公元前420年，当战国初期。吴阳在今陕西凤翔县，"畤"是一种祭坛。秦灵公在县北面的吴山之下筑有上畤和下畤，上畤祭黄帝，下畤祭炎帝。众所周知，秦人的祖先本来是少昊，因为秦人起源于东方，是东夷嬴姓族人的后代。大概在商周之际，秦人从东方迁到西方，迁到今甘肃省的天水一带，在那里发展壮大。后又从甘肃发展到陕西。其不忘祭祀自己的祖先，一直祭祀着少昊。秦灵公之前的秦襄公、秦德公，祭祀的都是少昊。后来秦宣公祭祀青帝，即另一位东夷族祖先太昊。但是到了战国时期，秦人在自己的祖先之上又祭祀起了黄帝，把黄帝作为自己新的祭祀对象。这也可以证明，到了战国时期，黄帝作为华夏族的共同祖先，也已受到秦人的尊崇。

秦国之外，东方的齐国亦是对黄帝一派的褒扬。出土青铜器陈侯因资敦即记有田齐威王对黄帝颂扬的铭文。威王在铭文中说，他要"扬皇考昭统，高祖黄帝，迩嗣桓文"。齐威王是战国中期齐国一位有作为的国君，他在这里表示要发扬他父亲的统绪，光大祖先的业绩。"高祖黄帝"，就是要往上一直追溯到祖先黄帝。田齐的祖先本来是颛顼、帝舜，之所以把黄帝奉作远祖，也是出于对共祖黄帝更加尊崇的考虑。

二、黄帝与华夏民族的形成

上述文献表明，从战国到秦汉，当时社会，上至最高统治阶级，下至普通百姓，都无不把黄帝当作自己的祖先，或顶礼膜拜，或加以奉祀。那么，何以战国秦汉时期的人们会对黄帝如此顶礼膜拜，以至将他奉为自己的祖先呢？是因为华夏民族的形成。黄帝之作为华夏族的共同祖先，正是华夏民族形成的一个标识。

这一切，都要从我国华夏民族的形成谈起。

民族是一个历史范畴,民族的形成需要一定的历史条件。那么,我国华夏民族是从什么时候形成的? 她又是怎样形成的呢? 为此,我们要先讲讲民族这个概念。

什么叫民族? 民族就是这么一个共同体或者一个人群,这个人群具有共同的地域、共同的语言、共同的经济生活和反映在共同文化上的共同心理素质。民族是在一定历史时期形成的,不是自来就有的。在民族形成之前,当然有人群,但是早先的人群是以氏族部落这种状态生存的。一群人具有相同的血缘关系,占有一块地域,就是一个邦。天下有很多氏族部落,号称"天下万邦"。他们都在各自的领地上生活繁衍,只是到后来,大家通过不断地交往,包括婚姻、交换以及战争等形式的交往,逐渐融合在一起了,就形成了一个民族。民族有大有小,像我们这个汉民族,或华夏民族,就是一个很大的共同体。她的共同地域,在她刚产生之初,就已经拥有了今黄、淮、江、汉这么一片广大的地盘。在这片区域内,大家都拥有共同的语言,说的都是华语,用的都是我们从甲骨文传下来的语言文字;又都从事以农耕为主,兼营手工业、畜牧业这样的经济生活;还有一条,就是大家都有共同文化,以及共同的心理素质,也就是共同的意识形态和思想方式。

那么我们华夏民族是形成于什么时候呢? 应当是在春秋战国之际。① 或者说,从战国时期开始,在东亚的这片土地上,就基本上形成了这样一个叫华夏的民族。原来黄、淮、江、汉一带的古老部族,到这个时候都逐渐融汇在一起了,形成了这么一个大规模的华夏民族。也有一种观点认为,此时的华夏民族,在民族学理论上,应将其视为"自觉民族"。所谓"自觉民族"就是民族意识特别强烈的民族,春秋战国时期特别流行的"华""夏""华夏""诸夏""诸华"等对华夏民族的称谓就是民族自觉意识的表现。与"自觉民族"相对应是"自在民族",所谓"自在民族"就是民族已存在,但并没有意识到自己的存在,

---

① 参见沈长云:《华夏民族的起源及形成过程》,《中国社会科学》1993 年第 1 期。

即没有自觉的民族意识。作为"自在民族"的华夏民族,是随着夏商王朝国家的出现而形成的。① 总之,战国时代各地都认同黄帝的现象,就属于当时高涨的华夏民族意识的表现之一。

从文献上看,整个夏、商、西周,包括春秋时期,还都是一个天下万邦的部落或部族结构。邦又称作国,或者再通俗些,称作诸侯国,天下有很多的诸侯国,实际上都是这样一种部落部族结构。诸侯国上面虽有一个王朝的架构,有夏王朝、商王朝、周王朝这些政治组织的存在,但是,那个时候的天下实际上是一种复合结构②,王室只能说是诸侯们的共主,下面各个邦,也就是众诸侯,还都是半独立状态。各邦有自己世袭的邦君,不需要中央来任命;有自己的一套官职系统,一套行政系统,也不需要中央来任命;他管理着自己的国土,国土上也仍然分布着各种氏族性质的社会组织。这和我们习知的秦汉以后专制主义中央集权的国家不一样,跟战国时期各中央集权的国家也不是一回事。只是经过长期的各个族邦的交流、互动、融合,当然也有战争、冲突,最终,到了春秋战国之际,才实现了真正的民族融合。

众所周知,春秋战国之际是一个社会大变革的时期,这种变革的一个最重要的表现,就是出现了地域关系。什么是地域关系呢? 就是经过民族融合,最终各氏族部落之间的壁垒被打破了,这些氏族组织就逐渐消失了。氏族消失以后,国家又要对其统治的民众进行管理,就得采取一种新的管理方式,这套新的管理方式,就是我们大家都熟知的郡、县、乡、里这么一套行政系统的管理方式。就像我们今天中央对下面的管理,是省、地区,然后市、县,这么一级级管理下来。这套行政管理方式就是地域管理系统。有了这种地域关系,就意味着国家能够直接对各个地方进行统治和管理了,也意味着过去各个氏族部落部族间的隔阂、半独立状态得以消除。这种管理系统在整个黄、淮、江、汉

---

① 参见王震中:《从复合制国家结构看华夏民族的形成》,《中国社会科学》2013 年第10 期。

② 参见王震中:《中国古代国家的起源与王权的形成》,中国社会科学出版社 2013 年版。

广大地区都是一个模式,尽管这些地区还未最终实现统一,但人们之间的往来交流已没有任何问题,并且也在期待着统一,因而可以视这片土地为居住在它上面的人群更大范围的"共同地域"。这种更大范围的"共同地域"的出现,是民族自觉意识已特别突出的华夏民族在春秋战国之际完全形成的首要标志。

回顾这以前的西周春秋时期,这片区域内大家的语言、生活方式犹未实现完全的统一,一些周边的少数族深入到内地,他们的语言、生活方式便和中原旧族有着很大的差异。例如春秋早些时候居住在"晋南鄙"的姜戎氏,便称自己"衣服饮食不与华同,赘币不通,言语不达"(《左传·襄公十四年》叙戎子驹支语)。而到春秋战国之际,这些隔阂都打破了。大家的生产、生活方式、生活习惯,各种思想、艺术形式,这些东西都实现了趋同。战国之初,孔子的学生子夏便称其时已是"四海之内皆兄弟也"的局面(《论语·颜渊》引子夏之语)。这表明华夏民族已越过了中原地区的局限而包括了更大范围。

三、黄帝作为华夏族祖先地位的确立

接下来的问题,是华夏民族为什么要把黄帝奉作自己的祖先呢?因为一个民族,必须具有一种凝聚自己族群的标识。在讲求祖先崇拜的华夏民族那儿,这种标识就是自己的共同祖先。这也是与上面谈到的作为民族形成的一个标志——民族的共同文化和共同心理素质相联系的。凡认同出自同一个民族的人群,都认为大家原都拥有共同的历史,也认为大家原都出自共同的祖先。虽然从实际上讲,融合进这个民族的各个氏族原本都有各自的祖先。他们原只是祭祀各自的先人,所谓"神不歆非类,民不祀非族"(《左传·僖公十年》引晋狐突之语),不是自己氏族的祖先,不能去祭祀。这个传统,直到春秋时期还在列国保持着。但是大家都成了一个共同的民族,过去祭祀的传统又不能丢,怎么办?那就把各族的祖先都供起来,当作大家共同的祖先。当然也要有所选择,就是把那些在历史上立有大功的有影响的祖先保留下来,将他们

编在一个共同的谱系上,承认他们是我们民族的共同祖先。这就是我们在《史记·五帝本纪》上看见的这个祖先系统。"五帝"就是我们民族的共同祖先。不过这个"五帝"系统不是司马迁最早提到的,战国时期的《世本》《大戴礼记》,还有《国语》都记有这个"五帝"的系统。[①] 也就是说,所谓"五帝"原本都是各地方古老部落或部族集团(部族)的首领,是他们各自奉祀的祖先,后才成为华夏族的共同祖先。上面已经谈到,这"五帝"是黄帝、颛顼、帝喾、帝尧和帝舜。

或许有人会问,"五帝"中怎么没有炎帝呢?不是说炎帝也是我们的祖先吗?炎帝是我们的祖先没有问题,他也是我国古老部族的首领之一。问题是华夏民族形成的时候,各古老部族的势力在各地已有了很大的变化,"五帝"乃是根据已变化了的各个势力集团的现状,把其时最有影响的部族的祖先编织在一起而形成的。一些曾经著名的氏族,其所建立的国家已经灭亡了,到这个时候就不能编入这个谱系。炎帝是建立齐国的姜姓部族集团的祖先,姜姓族在西周中原地区曾经建立起齐、许、申、吕等好几个诸侯国,尤其是姜太公建立的齐国,曾经是一个强大的诸侯国,春秋时期的第一个霸主就是姜姓的齐桓公。但是到春秋以后,许、吕、申几个国家都已走向灭亡,申、吕二国早亡于楚,许国在战国初年亦灭于楚。齐国虽存留到战国末年,但是它的统治集团,却由姜姓氏族变作田姓氏族,由姜姓齐国变成了田齐,这就是历史上著名的田氏代齐事件。这件事发生在战国初年。而这个田齐是颛顼的后代,所以在"五帝"里头,就没有了炎帝,而是把颛顼摆了出来。"五帝"里面的帝舜,也属于颛顼系统。

这就是说,所谓"五帝"系统乃是根据战国时期现存的地方势力,根据他

---

① 按《国语·鲁语上》记展禽提到所谓圣王制定的对以"五帝"为首的古代圣贤的祭祀原则,这些原则是:"法施于民则祀之,以死勤事则祀之,以劳定国则祀之,能御大灾则祀之,能捍大患则祀之。"根据这个原则,所以才有"有虞氏禘黄帝而祖颛顼,郊尧而宗舜;夏后氏禘黄帝而祖颛顼,郊鲧而宗禹;商人禘舜而祖契,郊冥而宗汤;周人禘喾而郊稷,祖文王而宗武王"这套祭祀系统。

们各自的祖先排出来的。为什么把黄帝排在第一位呢？因为黄帝的后代最多，黄帝姬姓，战国七雄中，韩、魏、燕三国都是姬姓。还有一个原因，就是周王朝这个时候名义上还存在，姬姓的周当然更是黄帝的后代。

谈到这里，还要解决一个科学地认识以黄帝为首的五帝谱系的问题。如上所述，这个谱系实出自战国时期人们的观念，是人们为了追求华夏族共同历史而将各国族祖先编织在一起而形成的这样一种观念。我们的古人为了提高祖宗的地位，又在这个基础上将他们一个个都变作古代的圣王，并且编排他们之间具有某种亲属血缘关系。黄帝作为五帝之首，更是其后几位帝王乃至夏、商、周、秦、汉各个王室和皇室的祖先。这种认识当然是不对的。过去，以顾颉刚为首的古史辨派曾对这种说法进行过批判，说它不是真的历史。顾颉刚提出要打破这个五帝系统，包括要打破我国民族出于一元的观念，打破我国地域向来一统的观念，打破古代为黄金世界的观念。① 这些看法，自有其某种合理的成分，但尚缺乏对这个系统更深层次的认识。我们不能说五帝的名号是伪造出来的，因为各个国族的祖先，谁也伪造不出来，人们也不会随便去给自己乱认祖宗。把他们编织在一起，尊为民族的共同祖先，也是出于共同历史文化的需要，不能与伪造完全画等号。只能说这个系统的先后次序，他们的亲属关系，确实出于人们的某种推理或想象。黄帝排在所有祖先的首位，是因为他的后人多，又是周人的直接的祖先；颛顼排第二，也是他后人的阵容强大，不仅齐人、楚人是他的后裔，就是秦人、赵人，也与他有一定的亲缘关系。"五帝"中的帝舜，也属于颛顼系统。其他帝喾、帝尧两位，分别是子姓商族人和唐人的祖先，他们的后人赶不上黄帝、颛顼后人的兴盛，因而排在了黄帝、颛顼的后面。至于黄帝与颛顼之间，以及黄帝与其他古帝之间是否有血缘亲属关系，如《大戴礼记》《世本》之所谓，就难说了，因为没有更早的文献可资证明。这些，只能用民族形成的理论加以解释。总之，从华夏

---

① 参见顾颉刚：《答刘胡两先生书》，载顾颉刚：《古史辨》第一册，上海古籍出版社 1982 年版，第 99—101 页。

民族形成的角度来解释这个五帝系统,我们完全有理由称黄帝是我们民族的共同祖先。

第二节　祖先的来历:作为部族首领的黄帝

上文已经提到黄帝原是周族的祖先,或者说黄帝族与周族属于同一个族系①,所谓五帝,也都原是居住在黄、淮、江、汉一带各个古老部族的祖先。他们原都以氏族部落的状态生活着,直到春秋战国之际才融合成一个共同的民族,也就是华夏民族。那么,黄帝作为周人的祖先,有些什么依据? 周人为什么称自己的祖先为黄帝? 黄帝是周人什么时候的祖先? 黄帝和他的氏族,包括早期周人生活在什么地方? 是怎样生活的? 黄帝又是怎样从周人祖先演变成了整个华夏民族祖先的呢?

一、黄帝是周人最早的祖先

"黄帝"这个称呼,并不是人们凭空想出来的。这个称呼其实本身就蕴含有黄帝是周人祖先的信息。首先,黄帝的"帝"不是生称,不是秦始皇称自己是"始皇帝"那样的生称。它实际上是古代部族对已故去的部族首领的尊称,尤其是三代王族对他们祖先的称呼。"帝"这个字,古文字像一个花蒂。王国维就是这样解说的。② 郭沫若说得更仔细,他说这个字的上部像花的子房,中间部分像花萼,下面张开的是花蕊。因为花蒂能结果,由是引申出它作为万物根源这一层意思,再引申出天帝、祖先等等含义。③ 黄帝的帝当然是祖宗这一层意思了。《礼记·曲礼下》有一句话把"帝"的祖宗这一层意思表达得更清

---

①　参见王震中:《商周之变与从帝向天帝同一性转变的缘由》,《历史研究》2017 年第 5 期;沈长云:《华夏族、周族起源与石峁遗址的发现和探究》,《历史研究》2018 年第 2 期。

②　参见王国维:《观堂集林》卷六,中华书局 1959 年版,第 283 页。

③　参见《中国现代学术经典·郭沫若卷》,河北教育出版社 1996 年版,第 288 页。

楚,它说:"措之庙,立之主曰帝。""措之庙"就是把祖先牌位放在庙里面,
"庙"就是太庙、宗庙,是祭祀祖先的地方。"立之主"是什么意思呢? 就是给
祖宗立一个牌位,这个牌位就叫作"主"。所以,"帝"实际上就是庙主、祖宗,
是后人对祖宗的尊称。殷卜辞里有帝乙、帝甲,帝乙、帝甲都不是生称,而是后
世商王对其已去世的两位祖先的尊称。当年,陈梦家也曾引《礼记·曲礼》这
句话,说"卜辞帝乙、帝甲之义,其义与示相似"①。"示"和"主"是一个意思。
后来一些诗书传家的大户人家,都立有这样的祖宗牌位。西周青铜器铭文中
也有"帝"这个字,指的是周的先王。周初《商尊》铭文中有"帝后"一名,李学
勤认为是周先王之后,帝就是指先王。② 根据这个推断,"黄帝"一定也是某个
部族,或者某个建立了自己统治的王族祖先的称呼。那么,黄帝的"黄"又含
有什么意思呢? 其中一种解释,说黄帝就是黄土高原上生活的那个部族的帝,
是他们的祖宗。虽说是猜测,还是有些道理的。也有从五行的角度考虑,说红
蓝黄白黑,黄色居中,黄帝是居住在中央的帝。这明显是拿后世的观念解释早
期的事物,不足为训。此外,黄帝之"黄",当年杨宽考辨说它通假于"皇天上
帝"之"皇",这样,从神性上讲,黄帝也即"大帝"。③ 我们看先秦时期虞夏商
周各族,只有周人曾经在黄土高原上居住过,而且只有周王称为"天子"(天的
儿子),"黄帝"似乎是"皇天"与"黄土"的合户,是居住在黄土高原的以"皇
天"为至上神的姬姓部族对其祖先的统称,如是,黄帝的称呼确实应当理解为
周人祖先为宜。

　　这里,有必要对《史记》及以后诸书有关黄帝姓氏名号的说法进行一些澄
清。《史记·五帝本纪》一开始就说,黄帝"姓公孙,名曰轩辕",以后《帝王世
纪》等又说黄帝号"有熊"。我们觉得这些都是后起的说法,不一定那么可信。

---

① 陈梦家:《殷虚卜辞综述》,科学出版社 1956 年版,第 440 页。
② 参见李学勤:《西周中期青铜器的重要标尺——周原庄白、强家两处青铜器窖藏的综合
研究》,载氏著《新出青铜器研究》,文物出版社 1990 年版,第 89 页。
③ 对此,可参见本书"绪论"有关的论述。

如说黄帝姓公孙,这一看就不对。为什么不对呢?公孙就是公之孙,公是公、侯、伯、子、男的公,是一种爵称,有了公,才有公孙这个姓。在黄帝那个时代,国家都没有产生,哪有什么公、侯、伯、子、男这些封爵呢?所以这一定是后人的附会,黄帝时代不会有公孙这个姓。再说轩辕。这两个字从车,至少它跟车有关系,黄帝那个时代有没有车,大概很难说。我们中国使用车子是从什么时候开始的?文献载奚仲作车,奚仲是夏朝之人,已在黄帝之后了。现在考古界研究,马和马车是从西方中亚那边传过来的,时间大概在公元前 2000 年以后。公元前 2000 年也已进入夏代了,也在黄帝之后,所以这个说法也不可信。还有黄帝号有熊的说法。查此说出自《史记集解》,集解引徐广曰有这样一个说法。但徐广是汉晋间人,这就更晚了,所以也难以据信。①

黄帝姓氏牵涉到黄帝与周人的关系。有关黄帝姓氏的最可靠说法,其实出自《国语》。这是比《史记》更早的先秦时期的著作,据说出自春秋战国之际的左丘明之手。我们讲先秦古书的史料价值,除了《尚书》《诗经》以外,就是《左传》《国语》了。《国语·晋语》说:"昔少典娶于有蟜氏,生黄帝、炎帝。黄帝以姬水成,炎帝以姜水成。成而异德,故黄帝为姬,炎帝为姜。"它说黄帝姓姬,炎帝姓姜,因为他们分别居住在姬水和姜水。这个说法我以为是可信的。因为过去的姓,一般都是根据氏族所居住的地方而得来,所谓"因生而得姓"。尤其古人一般都居住在水边,说黄帝居住在姬水边、炎帝居住在姜水边,也很近情理,所以黄帝姓姬这个说法没有问题。刚好,周人也是姬姓,无论文献还是铜器铭文都可以证明,毋庸枚举。除周人以外,其他中原各族还有谁是姬姓呢?没有了。夏是姒姓,商是子姓,秦是嬴姓,楚是芈姓,唐人也就是尧的后代为祁姓,舜所在有虞氏属妫姓,所有中原著名氏族,只有周人属姬姓。所以我们说,周人的祖先一定是黄帝。这是黄帝作为周人祖先的第一个理由。

_____

① 对此,徐旭生先生亦有类似看法,他在分析了《国语·晋语》和《史记集解》有关黄帝的记叙后说:"有熊一名同黄帝、少典二名发生关系大约是比较晚近的看法,不足为信据。"(《中国古史的传说时代》,科学出版社 1960 年版,第 41 页)

　　第二个理由,就是黄帝和周人,文献记载他们都起源于陕北。黄帝,包括他所领导的氏族最早居住在陕北,徐旭生先生在他的《中国古史的传说时代》中就有这个说法。① 所谓黄帝冢,也就是黄帝陵,文献记载它在陕西子长县的桥山;同时还记载了子长北面的陕北榆林,也就是汉代的肤施县,后人在那里也建有祭祀黄帝的祠②,由此证明过去黄帝氏族确实是在那一带活动。

　　值得注意的是,不仅黄帝出自陕北,周人也出自陕北。对此,我也曾有过不少论证。我认为周人原本居住在陕北,后才从陕北迁到关中渭水流域去的。③ 当然学术界对周人起源还有一些不同的说法,包括所谓"东来说""西来说"和"本地说",即认为周人分别来自陕西东边的晋南、来自西边的氐羌和出自关中本地。④ 一些学者认为周人属于华夏族,不应该居住在北方少数族分布的地方。陕北自来被视为是戎狄的居所,怎么会与黄帝、周人的发祥地挂上钩来呢? 确实,先秦时期陕北一直为少数族所居,文献记载那里是犬戎或白狄族的居所。但是他们忘了,周人实际就出身于白狄,黄帝实际上也是白狄族的祖先。黄帝既是周人的祖先,也是白狄族的祖先。单就血缘关系来看,华夏民族实际上是有很多来源的,并且也不是所有构成华夏族的族群自来就居住在中原。过去周边的少数族和中原部族往往互相迁徙,那时族群的迁徙实际比今

---

　　① 参见徐旭生:《中国古史的传说时代》,科学出版社 1960 年版,第 43 页。

　　② 《汉书・地理志》"上郡,肤施"下自注:"有五龙山、帝原水、黄帝祠四所。"

　　③ 参见沈长云:《周族起源诸说辨正——兼论周族起源于白狄》,《中国史研究》2009 年第 3 期。

　　④ 周人东来说的最早提出者是钱穆,其主张见其所著《周初地理考》(《燕京学报》1931 年第 10 期),其后主要有吕思勉(《先秦史》,开明书店 1941 年版,第 117—118 页)、陈梦家(《殷虚卜辞综述》,科学出版社 1956 年版,第 342 页)、王玉哲(《先周族最早来源于山西》,《中华文史论丛》1982 年第 3 辑)、杨升南(《周族的起源及其播迁》,《人文杂志》1984 年第 6 期)、许倬云(《西周史》,台湾联经出版事业公司 1984 年版,第 34—35 页)等人;主张周人西来和周人出自本土的学者基本上都是一些考古工作者,其中主张西来说的学者主要有胡盈谦(《姬周族属及其文化渊源》,《亚洲文明》第一集,安徽教育出版社 1992 年版)、卢连成(《扶风刘家先周墓地剖析——论先周文化》,《考古与文物》1985 年第 2 期)等;主张周人出自关中本土的学者主要有徐锡台(《早周文化的特点及其渊源的探索》,《文物》1979 年第 10 期),尹盛平、任周芳(《先周文化的初步研究》,《文物》1984 年第 7 期),张长寿、梁星彭(《关中先周青铜文化的类型与周文化的渊源》,《考古学报》1989 年第 1 期),牛世山(《论先周文化的渊源》,《考古与文物》2000 年第 2 期)等人。

天容易,为什么呢? 今天到处都住满了人,人群不好随便移动。古代地广人稀,迁徙起来容易得多。秦人从东边迁到西边,他在东边的时候叫作东夷,迁到西边以后,人家把他看作西戎了。楚人最早也是居住在东方,后来迁到南方,成了南蛮,周人就把他视为南蛮。羌人,也就是姜姓族人原居住在陕甘一带,后来随周人的分封大量迁往中原、海岱。所以周人最早从陕北迁往关中,一点儿也不足为奇。周人的祖先就是白狄。以前徐中舒先生就提出过周人起源于白狄的主张。他列举了很多证据,其中一条是,在先秦时期记载古帝王和诸侯世系的《世本》一书中,明确记载了周先公的世系,这个世系完全不像以后华夏族人的名字,而类似于戎狄族人的名字。如记公刘以下八代周人的祖先,叫庆节、皇仆、差弗、伪榆、公非辟方、高圉侯侔、亚圉云都、公组绀诸,这些,一看就不像华夏族人的名字,而明显杂有戎狄族语言的成分。公刘以前的一位祖先叫不窋,也像是戎狄族的名字,徐先生认为他是周人真正的祖先。[①] 正因为周人祖先属于戎狄,所以文献记载他们很早就"自窜于戎狄之间",一直到古公亶父迁岐,才"贬戎狄之俗而营筑城郭室屋,而邑别居之"(《史记·周本纪》)。

这样,作为周人祖先的黄帝同时也是白狄族人祖先,也就不奇怪了。对此,先秦古书也有明确记载。《山海经·大荒西经》就说:"有北狄之国,黄帝之孙曰始均,始均生白狄。"是白狄祖先一直可以追溯到黄帝。此外,《山海经·大荒北经》亦记载:"黄帝生苗龙,苗龙生融吾,融吾生弄明,弄明生白犬,白犬有牝牡,是为犬戎。"犬戎也是白狄的一支,白犬就是白狄;黄帝是犬戎的祖先,也是白狄族的祖先。一些人认为《山海经》这个记载不靠谱,说那完全是神话。但是今天的学者大多承认《山海经》的学术价值,因为那里面确实保留了很多先秦时期的宝贵资料。神话传说包含了很多已经失传的史料或历史素材,这是大家都承认的。关键是《山海经》这个说法可以得到其他古书的印证。汉王符所作《潜夫论》有一篇专讲古族姓氏的《志氏姓》,那里面便记载有

---

① 以上徐中舒先生的主张见其所著《先秦史论稿》,巴蜀书社 1992 年版,第 121、119 页。

犬戎和白狄的姓氏，其中很明确地说："隗姓赤狄，妘（姬）姓白狄……妘（姬）即犬戎氏，其先本出于黄帝。"《左传》《国语》也有不少地方记载白狄族属于姬姓，还记载白狄族居住在秦国所居的雍州范围，这些就不一一列举了。①

　　有关周族和黄帝族姓氏渊源的考察可以给我们很多启发。今天的华夏民族也就是汉族从姓氏来源上看并不是那么纯粹的，有很多不同的少数族的血缘成分包含在其中。这是我们华夏族、汉族能变成这么大规模的根本原因。"泰山不择壤土所以成其大"。后来周人因为气候发生了变化，逐渐地往南迁徙，一直到渭河流域安顿下来。然后在那里与姜姓，也就是炎帝的后人结为婚姻。并同时与别的一些氏族相互往来，由此建立起广泛的反商部族联盟。为壮大自己的声势，他又自称为夏，因为"夏"的古训就是"大"。这就是华夏族的起源。② 所以我们说黄帝是戎狄族的祖先同时也是华夏族的祖先，华夏、戎

---

　　①　田昌五先生曾把中国古代的氏族和部落划分为四大部分：一、古夷人各部，二、古羌人各部，三、古戎狄各部，四、古苗蛮各部。其中，古夷人各部主要有太皞、少皞、皋陶、伯益、颛顼、帝喾，共六部。古羌人各部主要有烈山氏、共工氏、四岳、缙云氏、有逢氏。古苗蛮各部主要有三苗和后来的巴郡南郡蛮，以及古蜀人。古戎狄各部主要有黄帝、唐尧等。在把黄帝族归为"古戎狄"族团方面，与本章是一致的。（参见田昌五：《古代社会断代新论》，人民出版社1982年版，第36—52页）王震中在《三皇五帝传说与中国上古史研究》（载《中国社会科学院历史研究所学刊》第七集，商务印书馆2011年版）一文中提出：黄帝族在由西向东迁徙发展时，分为南北两支。其中，靠南部的一支，即黄帝族中的轩辕氏（天鼋氏），从今陕西北部，向东发展，大约顺着北洛水南下，到今大荔、朝邑一带，东渡黄河，沿着中条山及太行山边逐渐向东北迁移，在晋、陕、豫之间一些并非周所封的姬姓小国，如虞、芮、荀、贾、耿、杨、魏、霍等，就有可能是由黄帝族传下来的。这一支还向甘肃青海地区发展。这是西安半坡、临潼姜寨、河南陕县庙底沟等仰韶文化半坡类型和庙底沟类型遗址以及甘肃青海地区的马家窑、半山、马厂文化中出土蛙纹（也有人说是鳖纹）所分布的地区。仰韶文化和马家窑、半山、马厂文化中的蛙纹有可能是青铜器铭文中"天鼋"族徽的前身，而天鼋族徽据郭沫若、邹衡等学者的研究，就是轩辕氏族徽，这既是对《国语·周语》"我姬氏出自天鼋"的最合理的解释，也使上述虞、芮、荀、贾、耿、杨、魏、霍等非周所封的姬姓小国分布在仰韶文化核心区，得到了合理的说明。黄帝族靠北部由西向东迁徙的一支，称为有熊氏，也即邹衡先生所说的青铜器铭文中的"天兽族"。在文献上，《山海经·大荒西经》所说的黄帝与白狄的关系，《大荒北经》所说的黄帝与犬戎的关系，以及黄帝与炎帝战于阪泉之野、与蚩尤战于涿鹿之野（今河北涿鹿县一带）等材料，就与靠北部的这支由西向东迁徙有关系。总之，黄帝族与古戎狄族有关系，是有文献可征的。
　　②　也有学者认为《尚书》中周人自称"我有夏"是以夏朝为正统的缘故。（参见王震中：《中国古代国家的起源与王权的形成》第六章"从部族的国家到民族的国家"，中国社会科学出版社2013年版）

狄原是一家。因为这个缘故,我们又说黄帝是整个中华民族的共同祖先。

二、黄帝部族的活动地域及其后裔的迁徙

和许多古文献,包括甲骨文、金文的称名习惯一样,黄帝不仅是指一个具体的人名,也是一个远古氏族部落的代称。文献或称黄帝为黄帝氏,就是这个意思。[①] 黄帝氏实际就是以黄帝为首领的氏族部落集团。

关于黄帝部族早期活动地域,本章上面实际已经做了回答,那就是陕北及其附近古代白狄族活动的一带地域。具体来说,就是今陕北榆林和延安地区,以及相邻的山西北部、内蒙古中南部一带。不少古文献明确记载了白狄族就生活在这一带。其中《左传·成公十三年》记春秋晋国吕相的绝秦书说:"白狄及君同州,君之仇雠,而我之昏姻也。"其称白狄与秦同处的雍州,即今陕北一带;所谓晋与白狄的婚姻关系,系指晋献公娶犬戎狐姬而生重耳事,《国语·晋语四》记此事曰:"同姓不婚,恶不殖也。狐氏出自唐叔。狐姬,伯行之子也,实生重耳。成而隽才。"韦昭注说:"狐氏,重耳外家,与晋俱唐叔之后,别在犬戎者。"韦昭说狐氏出自唐叔无据,但明言狐氏为犬戎的别支,也就是姬姓白狄。后来重耳为避晋难而奔狄,其地在今陕北清涧、子长一带,那里至今还留有"重耳川"的地名,可见史载之不诬。

其他谈到白狄处于今陕北一带地区的史载还有不少,如《管子·小匡》:"(齐桓公)西征攘白狄之地,遂至于西河","西河"系指今陕晋间黄河两岸地,自包含有陕北一带;后来《史记·匈奴列传》径称白狄"居于河西圁、洛之间",圁水即今无定河(或说为今秃尾河),洛水为今北洛河,是更明确指明白狄所居在今陕北榆林、延安一带。

鉴于黄帝的祖先地位,现在不少地方都争着说黄帝是自己那儿的人氏,或

[①] 《左传·昭公十七年》说:"昔者黄帝氏以云纪,故为云师而云名;炎帝氏以火纪,故为火师而火名;共工氏以水纪,故为水师而水名;太皞(昊)氏以龙纪,故为龙师而龙名。"其称黄帝等人为某某氏,可见黄帝等人的身份原本确实是上古各个氏族部落集团的首领。

说黄帝在自己那个地方留下过足迹。这里面最主要的有中原新郑说(谓新郑是黄帝故里)、古寿丘说(称黄帝出生在今山东曲阜)和古涿鹿说(谓黄帝在今河北涿鹿战胜过炎帝和蚩尤)等几种。这些说法似都有文献依据,不过就我个人的看法,它们却都有不少问题。首先,中原新郑说直接性的文献产生的时间较晚,最早记载这个说法的只可追溯到西晋时期的皇甫谧。其《帝王世纪》称:"(黄帝)受国于有熊,居轩辕之丘,因以为名,又以为号。有熊,今河南新郑是也。"有熊一名不见于先秦古籍,而称"有熊"在今新郑,更无早期的典籍作旁证。对此,当年徐旭生先生就曾明确指出:"实在,古书中只谈到少典,没有谈过有熊。有熊一名同黄帝、少典二名发生关系,大约是比较晚近的事情,不足为信据。"①寿丘说也出自皇甫谧,他的《帝王世纪》称:"少典配附宝,生黄帝于寿丘——寿丘在鲁东门之北。"(《史记·五帝本纪》索隐引)同一个皇甫谧,忽而说黄帝"受国"于今河南新郑的有熊,忽而又说他生于鲁东门以北的寿丘,连他自己都没有准绳,可见其说难以据信。诚然,也有不同的研究。例如,邹衡等学者把《史记·五帝本纪》和《大戴礼记·五帝德》中记载的黄帝"教熊、罴、貔、貅、貙、虎,以与炎帝战于阪泉之野",理解为动用了以兽为名的6支不同图腾的军队,并把它们与青铜铭文中的"天兽"族徽铭文相联系,说它们就是黄帝族的有熊氏及其族徽。② 这在学术界也是很有影响的。至于黄帝在涿鹿与炎帝、蚩尤的战争,有关记载确实较早,不仅见于司马迁的《五帝本纪》,更见于战国时期成书的《逸周书·尝麦解》《逸周书·史记》《山海经·大荒北经》诸篇。不过对于黄帝是否同炎帝与蚩尤在涿鹿一带打过仗,我们对之仍有所怀疑,因为蚩尤作为南方苗蛮族的首领(或说是东夷族的祖先),离这儿毕竟远了一点儿;炎帝作为西方姜姓部落的首领,离这儿也稍远了一点,他们凭什么要在涿鹿这个地方发生冲突呢? 有学者对这个问题进行解释,说这里是多种考古文化的交汇点,这些文化分别代表了黄帝、炎帝和蚩尤集

---

① 徐旭生:《中国古史的传说时代》,科学出版社1960年版,第41页。
② 参见本书"绪论"章"远古社会的人名、族名、图腾名、神名的同一问题:以黄帝为例"。

团,各文化的交流碰撞乃是上古各部族集团在这里发生冲突并从而实现新的人群组合的反映。① 此说虽有一定道理,但考古文化的交流与碰撞是一个长期的潜移默化的过程,将它们归结为古代一两次战争,总觉得不那么贴切。王震中教授把黄帝、炎帝和蚩尤之间发生的阪泉、涿鹿之战,解释为黄帝族从陕西北部由西向东迁徙到今河北涿鹿县一带之后发生的部族碰撞②,这属于"迁徙说",与我主张黄帝族的发祥地在今榆林和延安一带的"陕北说",是不矛盾的。总之,这些说法对于黄帝族的发祥地来说,都显得有些勉强,不如说黄帝族发祥于陕北一带理由充足,著名的古史学家、考古学家徐旭生先生也是主张黄帝族发祥于陕北一带。③

最近,考古工作者在距陕西榆林不远的神木县高家堡后面的石峁山上发现了巨大的古城遗址,我认为这益发证明黄帝活动的地域就在陕北。这个古城始建于公元前2300年,一直使用到公元前2000年,就其始建年代而言,与黄帝所处的年代相近。④ 在石峁周围,包括榆林地区和延安市所属北部县区,还散布着不少同时代同样性质的遗址(如延安的寨峁梁),有的比它早一点,也有的比它晚一点,文化内涵也都差不多,它们应当都是黄帝部族活动的区域。回顾前引《国语》的说法,黄帝的发祥地是在姬水,姬水在什么地方? 文

---

① 参见陈平:《略论阪泉、涿鹿大战前后黄帝族的来龙去脉》,《北京文博》1998年第4期。

② 参见王震中:《三皇五帝传说与中国上古史研究》,载《中国社会科学院历史研究所学刊》第七集,商务印书馆2011年版;徐旭生:《中国古史的传说时代》,科学出版社1960年版,第43页。

③ 参见徐旭生:《中国古史的传说时代》,科学出版社1960年版,第43页。

④ 关于黄帝的年代,最主要有如下诸说:(1)距今5000年左右;(2)距今4609年(孙中山建立民国,以黄帝纪元4609年为中华民国元年)或者公元前2550年(鄡伯赞制定的"中外历史年表");(3)距今4500—4300年[李伯谦在"考古学重建的中国古史体系与传统史学的中国古史体系对应表"中说"炎帝、黄帝"的年代是"距今5000—4500年"(参见李伯谦:《考古学视野的三皇五帝时代》,载王俊义主编:《炎黄文化研究》第八辑,大象出版社2008年版,第12页);又说黄帝应当是在公元前2500年至公元前2300年(参见李伯谦:《祭拜黄帝要达成共识》,《光明日报》2015年9月7日第16版)]。本书一般是按照"绪论"所主张的炎黄时代为距今7000—5000年,其中黄帝的年代为距今5000年左右。但本章我们的学术观点倾向于李伯谦的说法。诚然,如果采取黄帝为距今5000年左右的说法,那么石峁遗址可视为黄帝族后裔的城邑;如果采用公元前2500年至公元前2300年的说法,那么石峁遗址就接近于黄帝称雄时期。

献没有明确的记载,大致是在陕西。是不是陕北,文献没有记载。但是文献记载了其他一些线索,包括前面提到的黄帝陵和有着黄帝祠四所的肤施城,离石峁遗址都不远,所以我们完全有理由把石峁古城当作黄帝部族活动的居邑,并且是黄帝部族活动的中心城邑。从石峁古城的规模来看,黄帝部族当时非常兴盛。据称,这个石峁古城的面积达到 400 多万平方米,分作内城和外城,上有宫室,称作皇城台,全用石头垒成。这么大的规模,同时期的中原及其他任何地方没有能够比得上的。学者曾经计算过修建这么大规模的古城,光石头就有 10 多万立方米,须使用成千上万的劳力经年累月才能建设得起来,说明当时部族的领导者已经具有调动广泛人力物力的组织能力。石峁周围相当大地域的居民无疑应当是被征调的对象,而这座古城也应当是当时陕北相当大范围的一个权力中心,一个复杂社会的权力中心。① 所以我们完全可以说,黄帝和黄帝部族当年就应当活动在这一带地区。②

当然也要交代一下,黄帝氏族的后裔都到哪里去了这个问题,这也是黄帝族迁徙问题。黄帝族有部分留在陕北,这是自然的,他们就是以后生活在这里白狄族的后裔。但是也有相当数量的黄帝族后裔往南往东迁徙,这也是不容否认的。周族就是黄帝族后裔中的一支,后来迁徙到今天的渭水流域,首先是周原,再分散到关中其他地区。他们迁徙的原因大概主要是气候的变迁,气候逐渐变干变凉,引起那一带植被的变化,从而促使陕北地区的居住民向环境更好的地方迁徙。③ 还有相当多的部落因为各种原因东迁,还就是文献所记载的白狄东迁。例如春秋时期活动在今山西北部的一支叫无终的部族,是当时群狄之首,就是由陕北迁过去的。无终,铜器铭文写作亡终,现在这件商代制

① 参见孙周勇、邵晶:《石峁:过去、现在与未来》,载陕西省考古研究院等编:《发现石峁古城》,文物出版社 2016 年版。

② 如果认为黄帝时代为距今 5000 年前后,那么以石峁遗址所在的地望则可推测它是黄帝后裔的城址。

③ 参见田广金、郭素新:《北方文化与匈奴文明》,江苏教育出版社 2005 年版,第 311—312 页。

作的铜器已在陕西绥德被发现,古文字学家裘锡圭揭示了这件铜器铭文,表明它的老家原本在陕北。① 河北省北部玉田地区也有一个地名叫作无终,说明这支部族后来一直迁徙到冀东北地区。还有一支著名的白狄族后裔鲜虞,也是黄帝族的一支,春秋后期见于文献《左传》和《国语》。其东迁所至,到太行山的两麓。开始是在太行山的西麓,即今天山西昔阳县一带,然后继续顺着太行山的山口迁到河北省的西部山区,到战国之初在今河北行唐、定州、灵寿、平山一带建立了著名的中山国。还有肥、鼓、仇由这些小国族,也都是白狄的后代,他们在春秋战国之际都早亡于晋,唯中山一直存在到战国中期,是除战国七雄外实力最强的一个国家。这些白狄族裔都参加了当时的民族大融合,也为华夏民族的形成作出了贡献。

---

① 　参见裘锡圭:《释"无终"》,《裘锡圭学术文化随笔》,中国青年出版社1999年版。

第四章　炎黄与苗蛮、东夷的关系

在远古时期,中华大地上生活着众多不同的氏族,他们生活在不同的地域,有不同的族源,也有着各自不同的发展历程,创造出独具特色的原始文化,如长江中游地区的彭头山文化、大溪文化和屈家岭文化,长江下游地区的河姆渡文化、马家浜文化、崧泽文化和良渚文化,黄河中游的裴李岗文化、大地湾文化、仰韶文化和中原龙山文化,以海岱地区为重心的后李文化、北辛文化、大汶口文化和龙山文化,辽西地区的兴隆洼文化、红山文化等。在漫长的历史时期,有些氏族基于各种原因连同他们所创造的文化一起消失于历史长河之中;一些氏族主动或被动地融合于其他氏族之中;而更多的则是氏族与氏族之间组成联盟,形成部族或族群。在新石器时代晚期距今 5000—4000 年的 1000 年左右时间内,各部族与族群进一步融合,在中原、东方和南方地区形成了三大强势集团,著名历史学者徐旭生先生在《中国古史的传说时代》中将这三大集团概括为华夏集团、东夷集团和苗蛮集团,而华夏集团的核心则是炎黄部族。三大集团(或称族群)之间既有斗争又有千丝万缕的联系,从新石器时代末期一直持续到夏、商、周时代,在冲突、斗争中实现族群的大融合,至秦汉时期最终形成了以炎黄族为核心的汉民族。

下面拟通过对蚩尤等相关事例的分析考察炎黄与苗蛮、东夷的关系。

第一节　蚩尤的族属及蚩尤与炎黄之战

从文献记载来看,炎黄二族早期都是活动在陕西、甘肃地区的史前部族,在新石器时代两部族分别从西部向中原迁徙。苗蛮族是中国古代南方著名的部族,这一部族有传说中的蚩尤、苗人、驩兜等。关于炎黄族与苗蛮的关系,首先需要明确炎黄族与蚩尤、苗人的关系。

蚩尤是我国史前时期一位重要的人物,从文献记载和传说来看,他与炎帝、黄帝处于同一时代,后来在与黄帝族的战争失败而被黄帝所杀。蚩尤可能因其与炎帝族一度有过联盟、共同对抗黄帝族而成为炎帝族杰出的英雄;又由于其在与黄帝之战中表现出非凡的神性特色,成为黄帝族入主中原时最主要的对手,而被后代史书称为史前时代的"战神";蚩尤族在中原失败之后而南迁,融入南方的苗蛮族群之中,从而成为苗蛮族群的始祖。

一、关于蚩尤族属的问题

蚩尤的族属问题是讨论蚩尤的一个重要而且不可回避的问题。以往,结合民间传说、史籍记载、考古发现等进行的各种学术研究所形成的成果,主要有蚩尤属于炎帝族、东夷族、苗蛮族、古吴族和中原土著部族等五种主要观点。

(一)蚩尤属于炎帝族

较早明确记载蚩尤与炎帝关系的是西汉纬书《遁甲开山图》。《遁甲开山图》称:"蚩尤者,炎帝之后。"[1]将蚩尤视为炎帝之后裔。宋人罗泌《路史》卷十三承是说,并进一步发挥云:"阪泉氏蚩尤,姜姓,炎帝之裔也。兄弟八十一人。……帝榆罔立,诸侯携贰,胥伐虐弱,乃分正二卿,命蚩尤宇于少颢,以临

---

[1]　(清)黄奭辑:《黄氏逸书考》,民国二十三年朱长圻补刻本。

四方,司百工,德不能驭。蚩尤产乱出羊水、登九淖,以伐空桑,逐帝而居于涿鹿。兴封禅,号炎帝。乃驱罔两与云雾、祈风雨以肆志于诸侯。顿戟一怒并吞无亲,九隅无遗,文无所立,志士寒心。参庐于是与诸侯委命于有熊氏,有熊氏于是暨力牧、神皇厉兵称旅,顺杀气以振兵。……传战执尤于中冀之野而诛之,……身首异处。"①神话研究专家袁珂的《山海经校注》说:"应龙杀蚩尤与夸父者,盖夸父与蚩尤同为炎帝之裔,在黄炎斗争中,蚩尤起兵为炎帝复仇,夸父亦加入蚩尤战团,以兵败而被杀也。"②

至当代,一些学者从考古学的角度,多方面证明蚩尤与炎帝的关系,或将蚩尤视为炎帝的后裔,或视为炎帝族的重要成员,或云蚩尤是炎帝族的同盟。如常兴照的《炎黄文化东西说》一文认为:"蚩尤是黄河下游北辛、大汶口文化的一个重要集团,它是炎帝族的重要组成部分。"③金宇飞在《涿鹿之战的考古学研究》一文中认为:"半坡类型、庙底沟类型和大司空村类型在内的仰韶文化,它们可能都是同一个氏族——炎帝神农氏的遗迹,而仰韶文化大司空村类型当为蚩尤遗迹。……蚩尤的族系,是属于炎帝的一个分支。"④还有学者认为,蚩尤与炎帝木属于同一人的不同称呼,如历史学家吕思勉在20世纪30年代所著的《先秦史》中说道:"蚩尤、炎帝殆即一人"⑤刘俊男的《炎帝就是蚩尤——兼论太皞神农与炎帝蚩尤之史迹》一文也说"炎帝就是与黄帝作战的蚩尤"⑥。

(二)蚩尤属于东夷族

这一派的代表人物是徐旭生先生,他在《中国古史的传说时代》一书中认

① (宋)罗泌:《路史》(四库全书本),上海古籍出版社 2003 年版,第 20—23 页。
② 袁珂校注:《山海经校注》,上海古籍出版社 1980 年版,第 361 页。
③ 常兴照:《炎黄文化东西说》,《文物春秋》2005 年第 6 期。
④ 金宇飞:《涿鹿之战的考古学研究》,《重庆文理学院学报》(社会科学版)2011 年第 4 期。
⑤ 吕思勉:《先秦史》,上海古籍出版社 1982 年版,第 58 页。
⑥ 刘俊男:《炎帝就是蚩尤——兼论太皞神农与炎帝蚩尤之史迹》,《山东师大学报》(社会科学版)1997 年第 6 期。

为,蚩尤应当属于东夷集团,其活动地域在今鲁西南一带。他主要列举了四方面的证据:其一,《逸周书·尝麦解》记载蚩尤居于少昊之地,从史籍来看,少昊在今天的山东曲阜,是东夷发展史上重要的首领,所以蚩尤也应当属于东夷族;其二,在鲁西南地区有蚩尤祠和蚩尤冢,从秦汉以来民间崇拜蚩尤,说明这一带曾是蚩尤的活动范围;其三,蚩尤为九黎的君长,而古代的九黎族是活动于山东、河北、河南三省交界处的一个部族,这里属东夷部族的地域;其四,《盐铁论·结和篇》说"轩辕战涿鹿,杀两皞、蚩尤而为帝",两皞属东夷,蚩尤与两皞同与黄帝战,所以蚩尤也可能属于东夷集团。[①]

当代还有一些学者也认可这种观点,如李玉洁《战神蚩尤研究——兼谈蚩尤与炎黄二帝的关系》一文认为:"蚩尤属于东夷族,发祥地在山西高平地区。"[②]郑洪春在《炎黄二帝的历史功绩及意义》中说:"蚩尤是大体居住在今山东、江苏北部一带地区九黎族的首领",为了争夺生存空间而从东部地区向河南中部进发,并与炎帝部族和黄帝族发生冲突和战争。[③] 王树明等人认为,蚩尤族是东夷历史上十分重要的部族,这个部族创造了北辛文化晚期遗存和大汶口文化。[④]

(三)蚩尤属于苗蛮族

这一家观点主要源于史籍关于蚩尤为古代九黎之君的记载,于是便勾画出苗蛮之族发展的历史轨迹:九黎—三苗—南蛮(荆蛮)—苗族。就是说苗的先民是九黎,而蚩尤是九黎的首领,所以,苗族人民普遍地将蚩尤视为自己的

---

① 参见徐旭生:《中国古史的传说时代》,科学出版社 1960 年版,第 48—56 页。

② 李玉洁:《战神蚩尤研究——兼谈蚩尤与炎黄二帝的关系》,《信阳师范学院学报》2019 年第 1 期。

③ 参见郑洪春:《炎黄二帝的历史功绩及意义》,载《中国史前考古学研究——祝贺石兴邦先生考古半世纪暨八秩华诞文集》,三秦出版社 2004 年版,第 506 页。

④ 参见王树明、常兴照、张光明:《蚩尤辨证》,《中原文物》1993 年第 1 期。

先祖[①],或者是蚩尤(九黎)—苗民(三苗或有苗)—荆蛮(又称蛮、蛮荆)—武陵蛮(又称五溪蛮)—苗族。[②] 这些学者认为,九黎族在漫长的历史时期逐渐发展成今天的苗族,而苗族的先祖正是蚩尤,同时蚩尤也是今天南方很多少数民族的共同祖先。

(四)蚩尤属于古吴族

周国荣在《龙的起源和古吴族》一文中认为,古代中华民族主要是以羌族为主体的西南系统、以夏族和周族为主体的西北系统、以商族和古吴族为主体的东方系统长期交流、融合繁殖、发展而成。古吴族居长江下游,他们以龙为图腾,在距今 5000 年前后炎黄时期,可能是由于太湖地区的沉降以及海面的上升,古吴族中间一支以蚩尤为首领的龙族向北方迁移,渡过长江进入中原地区,与黄帝族发生战争,最后蚩尤被黄帝所杀,其部族也融入到了炎黄部族,成为华夏族的一个有机组成部分。[③]

(五)蚩尤属于中原古老的土著部族

有学者认为,蚩尤当为史前时期发源于中原地区的一个古老部族,早在20 世纪 40 年代,孙作云先生写过一篇《蚩尤考》的文章,他依据《说文解字》指出"蚩"属虫类,且专指蛇,所以蚩族即为蛇族。蚩尤之"尤"字为"蚩"字的附丽字,或是"蚩"的缓读音。蚩尤氏的故墟应当在河南鲁山县滍水一带。[④] 刘宝山认为蚩尤族文化即是以河南为中心的裴李岗文化。[⑤] 还有专家认为,

---

① 参见钱伯文:《蚩尤与黄帝、炎帝并为中华三大始祖》,《群文天地》2011 年第 4 期。

② 参见顾永昌:《蚩尤族属及其历史地位》,《黔东南民族师专学报》(哲社版)1998 年第 3 期。

③ 参见周国荣:《龙的起源和古吴族》,《东南文化》1988 年第 2 期。

④ 参见孙作云:《蚩尤考—中国古代蛇族之研究——夏史新探》,《中和月刊》1941 年第二卷第四、五期。

⑤ 参见刘宝山:《传说中的三大氏族集团在考古学上的反映》,《东南文化》2003 年第 5 期。

蚩尤族原本是居住于豫北、冀南一带的九黎族,后来向晋东南和山东西部拓展,蚩尤居于山西解州一带,后来与黄帝之战而失败后又越过黄河向南发展至郑州一带,郑州仰韶文化时期的西山古城便是蚩尤所建,蚩尤部族在这里持续生存了两三百年之久。①

综合以上观点来看,各有其学术上的依据,但有些结论还是有商榷的余地的。

关于第一种蚩尤族源于炎帝族的观点,此说最早出于汉代的纬书,而最关注上古族系的《山海经》没有关于蚩尤族源的任何记载,先秦典籍中也没有蚩尤族源的信息,可能是因为古史传说炎帝与蚩尤两族都先后与黄帝族发生过大战,同时《山海经·大荒东经》中又说应龙杀了蚩尤又同时杀了炎帝族的夸父等原因,于是汉代以来人们遂将蚩尤也纳入炎帝一族,并将其视为炎帝族的后裔。

关于蚩尤源于东夷说也有待商榷。史前时期九黎部族的活动地主要在河北、河南及山东交界一带,这一地区是东夷的边缘地带;蚩尤的传说遍布很多地方,很多相关的传说是由于其部族或后裔的迁徙所带过去的,不能因为鲁西南地区有关于蚩尤祠、蚩尤冢等传说便可断定蚩尤族源于此地;古史记载黄帝杀两暤、蚩尤而为帝,因两暤属东夷,那么蚩尤也一定是东夷族,这种说法我们也有不同的看法,如黄帝同时诛杀了炎帝族的夸父,我们当然不能说夸父也是东夷族。

关于蚩尤与苗蛮族的关系较为复杂,先秦时期的苗蛮族是一个多部族的复合体,是在漫长的历史过程中由多个部族相互融合而形成的,它与今天的苗族和西南地区其他少数民族有关联,但却不是一个概念。

蚩尤源于上古时期长江下游的古吴族,只是学术上的一个推测,没有相关的文献学依据,也没有考古学的依据,还需进一步讨论。

---

① 参见杨作龙:《论蚩尤文化与早期黄河文明》,《洛阳师范学院学报》2008年第4期。

我们认为蚩尤族源于中原地区的史前土著部族是相对来说较为客观的观点。在距今 8500—7000 年里,在河南中部地区存在着裴李岗文化,与其相邻的河北中南部地区存在着磁山文化,尽管目前还不能说明这两种文化到底是同一种文化的两种类型还是两种完全不同的文化,但从考古发现来看它们之间有某种共同因素,至少有着一些联系和相互影响。在距今 7000 年前后,中原地区的裴李岗文化衰落甚至消失。而在距今 6500—5000 年,在河南中西部和河南北部以及河北南部形成了多种不同的史前文化,如庙底沟文化、后岗文化、大司空文化、秦王寨文化或称大河村文化等,这些考古学文化多被学术界视为仰韶文化不同的地方类型。但当仰韶文化在河南地区兴起之后,衰落的裴李岗文化中的某些因素却又出现在一些仰韶文化类型之中,如大河村文化、后岗文化等都或多或少有着裴李岗文化因素,而且还有西部仰韶文化半坡类型、庙底沟类型的文化因素。这说明,河南地区的仰韶文化继承了部分裴李岗文化的因素,并且与西部的仰韶文化半坡类型、庙底沟类型存在着一定的文化交流现象。这种现象反映了自然或社会因素导致文化衰落并使部族内部发生分化和大迁徙,而仍然有一部分留在了他们世代生活的中原地区,并且与西部的仰韶文化的族群共同生活、相互融合。

安阳后岗和大司空村、濮阳西水坡等具有仰韶文化特色的遗址所在的地理区域,在很大程度上与上古九黎部族生活的地区相重叠。而这些文化遗址的仰韶文化遗存中大都反映出较多的中原土著的磁山文化、裴李岗文化的因素,且与西部典型的仰韶文化半坡类型、庙底沟类型有较大的差异。所以苏秉琦曾经说过:"冀南、豫北的大司空村类型和后岗类型遗址,两者自身特征明显,不宜归入庙底沟或半坡类型。"[1]这说明,在河北南部、河南北部的仰韶文化遗存是仰韶文化的地方文化类型。创造这些仰韶文化地方文化类型的主人可能是磁山文化、裴李岗文化部族的后裔或是与磁山文化、裴李岗文化部族后

---

[1]　苏秉琦:《关于仰韶文化的若干问题》,《考古学报》1965 年第 1 期。

裔有关系的族群。我们认为分布在河北南部、河南北部及其附近区域的仰韶文化大司空类型直至这一区域内的后岗二期文化之前,即大约在距今5100—4700年,所代表的部族正是蚩尤部族,也是后来史书上所称的九黎部族。

从河北南部、河南北部这些鲜明的仰韶文化大司空类型的文化特征来看,土著的蚩尤部族可能是接受了更加先进的仰韶文化大河村类型的影响,甚至是豫西仰韶文化庙底沟类型的影响。这种文化影响关系实际上反映了双方之间的文化交流关系。河北南部、河南北部地区的仰韶文化大司空类型通过与西部仰韶文化庙底沟类型,以及中部的大河村类型的文化交流,与炎帝部族结成了一定的同盟关系,所以蚩尤被认为是炎帝族的一支或其后裔。

二、炎帝族、蚩尤与黄帝之战

《国语·晋语四》载:"昔少典娶于有蟜氏,生黄帝、炎帝,黄帝以姬水成,炎帝以姜水成。成而异德,故黄帝为姬,炎帝为姜。二帝用师以相济也,异德之故也。"[1]这个说法为后世史家所采信,说明炎帝与黄帝二族都是出自于上古时代陕甘地区的一个大的部族或部落联盟,后来分化成两个不同的部族。炎帝部族较早进入农耕时代,并创造了半坡文化,后来炎帝部族向东发展,进入中原地区,其文化也发展为仰韶文化的庙底沟类型。当炎帝部族进入中原之后,与生活在这里的蚩尤部族相遇,在文化上产生交流。随着蚩尤部族的发展,其与炎帝部族不可避免地发生某些冲突,但当炎帝部族与蚩尤面对从晋西北和河北北部向南发展的黄帝部族时,黄帝既杀蚩尤,又杀夸父,蚩尤与夸父所在的炎帝部族一度都处于黄帝部族的对立面,这似乎是两个部族联合对抗黄帝部族,或者至少处于同一战线,从而发生了史前时代著名的涿鹿之战。涿鹿之战以炎帝部族和蚩尤失败而告结束,但也实现了新石器时代晚期中原文化的新变和族群的大融合。

---

① (战国)左丘明撰,(三国吴)韦昭注:《国语》,上海书店1987年版,第128页。

（一）战争发生的原因与真相

炎帝族、蚩尤与黄帝两族之战说到底是为了争夺生存空间的一场史前时代的大战，是部族与部族之间的生死之战。是黄帝族与炎帝、蚩尤两族联盟所进行的一场战争。

《山海经·大荒东经》载："大荒东北隅中，有山名曰凶犁土丘。应龙处南极，杀蚩尤与夸父，不得复上，故下数旱。"①《山海经·大荒北经》又载："大荒之中，有山名曰成都载天。有人珥两黄蛇，把两黄蛇，名曰夸父。后土生信，信生夸父。……应龙已杀蚩尤，又杀夸父，乃去南方处之，故南方多雨。"②这两条记载说明，蚩尤与炎帝族的后裔夸父都是这场战争的主要参与者，后来两人都被黄帝的手下应龙所杀。对这场战争，《史记·五帝本纪》也有相关记载，按《史记》的记载，在炎帝和黄帝之前有一个神农时代，后来神农氏衰落，各路诸侯相互征伐，而神农氏却不能有效地节制，致使天下陷入混乱，民不聊生，于是黄帝轩辕氏代神农行征伐之事，诸侯归之，蚩尤氏却不听调遣。炎帝也想节制诸侯，但诸侯不听炎帝而归黄帝，所以黄帝便兴兵与炎帝战于阪泉之野，打败炎帝。炎帝败后，蚩尤又作乱，黄帝与诸侯军队与蚩尤战于涿鹿之野，最终擒杀蚩尤，黄帝也因此成为诸侯之首领代替神农氏主政天下。可能是因为司马迁并不相信炎、黄两帝同出于一个部族，或者是出于对历史的忠诚，所以在《五帝本纪》中并没有回避炎帝与黄帝两族作战的事实，并且将两人视为同时代的人物而成为战争的对手。

关于蚩尤、炎帝、黄帝三者的战争，成书年代早于《史记》的《逸周书·尝麦解》也有较详细的描述，《逸周书·尝麦解》中的"赤帝"即炎帝，《尝麦解》记载表达的意思大体上是：在上古之世，上帝命炎帝主治天下，让蚩尤居住于少昊之地管理天下百姓，但蚩尤却私欲膨胀，驱逐炎帝，占领炎帝的土地，致使

---

① （清）毕沅：《山海经新校正》（二十二子本），上海古籍出版社 1986 年版，第 1381 页。
② （清）毕沅：《山海经新校正》（二十二子本），上海古籍出版社 1986 年版，第 1384 页。

"九隅无遗"。炎帝十分害怕,只好求助于黄帝,黄帝在"中冀"这个地方杀了蚩尤,并稳定了天下秩序。在该文中,"命赤帝分正二卿,命蚩尤于宇少昊"是两个并列句子,赤帝(即炎帝)和蚩尤都接受了天之"命",看不出"命蚩尤于宇少昊,以临四方"者是炎帝。但联系下文《路史》"命蚩尤宇于小颛"是炎帝后裔"榆罔"来看,似乎也可以把《尝麦解》"命蚩尤于宇少昊"者理解为炎帝,从而说明在蚩尤与炎帝"争于涿鹿之河"、驱逐炎帝之前,蚩尤似乎被统辖于炎帝联盟之内,蚩尤在"逐鹿之河"与炎帝的战争冲突属于叛臣的犯上作乱。

宋人罗泌《路史》卷十三说:

> 帝榆罔立,诸侯携贰,胥伐虐弱,乃分正二卿,命蚩尤宇于小颛,以临四方,司百工,德不能驭。蚩尤产乱出羊水登九淖,以伐空桑,逐帝而居于涿鹿。兴封禅,号炎帝。乃驱罔两与云雾、祈风雨以肆志于诸侯。顿戟一怒并吞无亲,九隅无遗,文无所立,志士寒心。参庐于是与诸侯委命于有熊氏,有熊氏于是暨力牧、神皇厉兵称旅,顺杀气以振兵。……传战执尤于中冀之野而诛之……身首异处。①

《路史》的记载承《逸周书·尝麦解》和秦汉间其他史料而来,但却将炎帝变成了炎帝后裔榆罔,从历史发展的角度来看,罗泌的考虑更加细致,因为炎帝比黄帝早,故而炎帝本人不可能与黄帝直接发生关系,所以将故事的主人公变成了炎帝的后代仍用"炎帝"之名者榆罔。

相较《逸周书》《路史》和《帝王世纪》等其他相关炎黄之战的文献来说,《史记》有其客观性,但将炎帝与黄帝、蚩尤三人视为同时代的人物且都直接参与到战争中来,似乎又有辨析的余地,对此《路史》将炎帝置换为炎帝后裔榆罔,有可取之处。

从上古传说和文献记载来看,炎帝当然要比黄帝早,也早于蚩尤,所以当黄帝由北向南发展并与炎帝族发生战争时,此时炎帝已不存在,黄帝所征伐的

---

① (宋)罗泌:《路史》卷十三(四库全书本),上海古籍出版社 2003 年版,第 20—23 页。

对象只是炎帝的后裔,而作为炎帝族同盟的蚩尤及其部族则是实力最为强大的,所以黄帝与蚩尤的战争,从《逸周书·尝麦解》和《山海经·大荒北经》①来看,战争进行得相当残酷,也相当持久。

(二)蚩尤、黄帝两族的生死较量

作为仍然具有游牧特征的黄帝一族能够战胜很早就进入农业时代的炎帝部族,可见其部族的实力雄厚,族人善战,且黄帝本人也具有超凡的组织能力、号召力和军事头脑。但是在与蚩尤的战争中却连续失利,后来经过多次战争才勉强获胜,那么蚩尤又凭借什么来与强大的黄帝部族相抗衡呢?

首先,蚩尤部族拥有较为先进的作战武器。《世本》曰:"蚩尤作兵。"②又说:"蚩尤以金作兵器。"③当然,蚩尤时代应该不可能冶炼出铜或铁之类的金属,所以说蚩尤以金作兵器当为后世的附会。而兵器早在蚩尤之前已存在,并非为蚩尤的专利。"蚩尤作兵"的传说只能说明,蚩尤将传统的兵器加以改良,使它比同时代的其他部族的兵器更先进,更有杀伤力。那么蚩尤到底发明或改良了哪些制胜的兵器呢? 据《史记·五帝本纪》正义引汉代纬书《龙鱼河图》云:"(蚩尤)造立兵仗刀戟大弩,威振天下。"④说明蚩尤的主要兵器为刀、戟和杀伤力巨大的大弩。

其次,蚩尤拥有强大的部族联盟。《龙鱼河图》云:"黄帝摄政,有蚩尤兄弟八十一人。"⑤《述异记》云:"轩辕初立也,有蚩尤氏,兄弟七十二人。"⑥无论

---

① 《山海经·大荒北经》:"有人衣青衣,名曰黄帝女魃。蚩尤作兵伐黄帝,黄帝乃令应龙攻之冀州之野。应龙畜水。蚩尤请风伯、雨师,从(纵)大风雨。黄帝乃下天女曰魃,雨止,遂杀蚩尤。魃不得复上,所居不雨。叔均言之帝,后置之赤水之北。叔均乃为田祖。魃时亡之。所欲逐之者,令曰:'神北行,先除水道,决通沟渎'"从这段文字中可以看到黄帝与蚩尤的战争进行得很久很残酷,先是雨季,后转为旱季。

② (清)茆泮林:《校辑世本》(龙溪精舍丛书),中国书店出版社 1991 年版,第 574 页。

③ (清)茆泮林:《校辑世本》(龙溪精舍丛书),中国书店出版社 1991 年版,第 574 页。

④ (汉)司马迁:《史记》,上海古籍出版社 1997 年版,第 3 页。

⑤ (汉)司马迁:《史记》,上海古籍出版社 1997 年版,第 3 页。

⑥ (梁)任昉:《述异记》(百子全书本),岳麓书社 1993 年版,第 4359 页。

是八十一人还是七十二人都是泛指,说明蚩尤集团并非一个氏部,甚至不仅仅是一个部族,而是以蚩尤部族为核心所组成的超级部族联盟。这个联盟中的成员可能包括以蚩尤为中心的中原土著各部族和炎帝族的部分势力,甚至可能有部分原属于东夷族的力量,所《盐铁论·结和》云:"轩辕战涿鹿,杀两皞、蚩尤而为帝。"①也正是因为蚩尤集团笼络了几乎所有的反抗黄帝集团的势力,所以只要打败了蚩尤就是打败了中原和东夷地区所有的部族,因而在杀了蚩尤之后黄帝就顺利地入主中原。

其三,蚩尤族有着超强的战斗力。《龙鱼河图》云:"(蚩尤兄弟)并兽身人语,铜头铁额,食沙石子,造立兵仗刀戟大弩,威振天下,诛杀无道,不慈仁。"②《述异记》说"蚩尤能作云雾"③。《山海经·大荒北经》说:"蚩尤作兵伐黄帝,黄帝乃令应龙攻之冀州之野。应龙蓄水,蚩尤请风伯、雨师纵大风雨。黄帝乃下天女曰魃,雨止,遂杀蚩尤。"④这些记载虽然有神话传说性质,但从中也可见蚩尤及其族人战斗力之强、部族民风之强悍。

其四,蚩尤有着极强的号召力和影响力。能够带领众多部族而成为部落联盟的首领,说明蚩尤有着很高的威信。据说"蚩尤没后,天下复扰乱,黄帝遂画蚩尤形像以威天下,天下咸谓蚩尤不死,八方万邦皆为弭服"⑤。可见蚩尤在当时各部族中的重要地位,连黄帝作为胜利者还要用蚩尤的名义来稳定当时的局势。蚩尤死后,其后裔代代传诵着他的故事,民间将其视为天神,世代祭祀,《述异记》说:"涿鹿今在冀州,有蚩尤神,俗云人身牛蹄,四目六手。今冀州人掘地得髑髅,如铜铁者,即蚩尤之骨也。今有蚩尤齿,长二寸,坚不可碎。秦汉间说,蚩尤氏耳鬓如剑戟,头有角,与轩辕斗,以角抵人,人不能向。今冀州有乐名《蚩尤戏》。其民两两三三,头戴牛角而相抵。汉造《角抵戏》,

① 王利器校注:《盐铁论校注》,中华书局1992年版,第420页。
② (汉)司马迁:《史记》,上海古籍出版社1997年版,第3页。
③ (梁)任昉:《述异记》(百子全书本),岳麓书社1993年版,第4359页。
④ (清)毕沅:《山海经新校正》(二十二子本),上海古籍出版社1986年版,第1385页。
⑤ (汉)司马迁:《史记》,上海古籍出版社1997年版,第3页。

盖其遗制也。太原村落间,祭蚩尤神,不用牛头。今冀州有蚩尤川,即涿鹿之野。汉武时,太原有蚩尤神昼见,龟足蛇首,首疫,其俗遂为立祠"①说明蚩尤其人及其故事在民间流传广泛而且深远。

黄帝虽然战胜了蚩尤,却付出了惨重的代价,《庄子·盗跖》篇以黄帝与蚩尤之战"流血百里"②来夸张地描述战争的惨烈程度。正因为对蚩尤心存忌惮并且为了报复蚩尤的反抗,黄帝在杀了蚩尤之后,将其身首异处,分别填在不同的地方,所以《史记·五帝本纪》集解引《皇览》语曰:"蚩尤冢在东平郡寿张县阚乡城中,高七丈,民常十月祀之。有赤气出,如匹绛帛,民名为蚩尤旗。肩髀冢在山阳郡钜野县重聚,大小与阚冢等。传言黄帝与蚩尤战于涿鹿之野,黄帝杀之,身体异处,故别葬之。"③从民间传说来看,蚩尤墓很多,有些可能是因为蚩尤后裔迁徙的原因而将其传说带至其他地方。在没有比较确切考古发现来佐证的情况下,我们不能轻易断言某处所发现的大墓便是史前时期哪一位传说中人物的墓地。

第二节　蚩尤部族的南迁及其与苗蛮的关系

以蚩尤为首的九黎部族在其首领蚩尤被杀之后,力量大为削弱,部族内部发生分解,一部分融入黄帝族,一部分向东进入东夷族活动区山东等地,而其主体部分在黄帝之后又受到颛顼、尧、舜等不同程度的打击,只好向南方迁徙,进入江南地区,与三苗和两湖地区土著居民相互融合,最终形成苗蛮集团。

一、关于古苗族

早期的苗人,古籍上或称为"有苗""三苗""苗民",在大量记录上古氏族

①　(梁)任昉:《述异记》(百子全书本),岳麓书社1993年版,第4359页。
②　(清)王先谦:《庄子集解》,中华书局1987年版,第262页。
③　(汉)司马迁:《史记》,上海古籍出版社1997年版,第4页。

谱系的《山海经》中也有关于古苗族的记载,《大荒北经》曰:"西北海外,黑水之北,有人有翼,名曰苗民。……苗民厘姓,食肉。"①《海外南经》曰:"三苗国在赤水东,其为人相随。一曰三毛国。"②《山海经》中的苗民或三苗国一在西北,一在南方,都不在中原地区。

对于苗人的族源,《山海经》中也有不同的说法,《大荒北经》云:"颛顼生驩头,驩头生苗民。"③说明苗民是颛顼的后裔,驩头是苗人之父。而《大荒南经》则说:"鲧妻士敬,士敬子曰炎融,生驩头。驩头人面鸟喙,有翼,食海中鱼,杖翼而行。维宜芑苣,穋杨是食。有驩头之国。"④如果说驩头是苗人之父,那么其祖先又变成了鲧,与大禹和夏的开国之君夏启同出一源。

讙头,或称"讙朱""驩兜",也是上古时期比较著名的古老氏族,《尚书·舜典》载,尧时,曾经流共工于幽州,放驩兜于崇山,窜三苗于三危,殛鲧于羽山。《庄子·在宥》也说:尧放讙兜于崇山,投三苗于三危,流共工于幽都。《史记·五帝本纪》说:"流共工于幽陵,以变北狄;放驩兜于崇山,以变南蛮;迁三苗于三危,以变西戎;殛鲧于羽山,以变东夷。"⑤可见当时被尧舜同时驱逐至四裔边远地区的有共工、驩兜、三苗和鲧等四族,这四族应该是相对独立的四个部族,且各有所源。所以,鲧、驩兜、三苗不可能同为一族且为祖孙三代的关系。再者,史载大禹多次讨伐三苗,如果三苗出自于鲧,作为鲧的儿子大禹应当不会不遗余力地对自己的胞族大动干戈,且置之死地而后快。

古苗族或三苗族虽然与鲧、驩兜、共工等族同时被驱逐的,但与其他三族不同的是,鲧、驩兜、共工等三族早期都活动在中原地区,而历史传说和史籍记载都没有关于三苗族在中原地区活动的迹象,说明三苗族并非起源于中原地区,所以在黄帝、颛顼时期也没有征伐苗人的记载,苗人与中原集团的较量只

---

① (清)毕沅:《山海经新校正》(二十二子本),上海古籍出版社1986年版,第1385页。
② (清)毕沅:《山海经新校正》(二十二子本),上海古籍出版社1986年版,第1385页。
③ (清)毕沅:《山海经新校正》(二十二子本),上海古籍出版社1986年版,第1385页。
④ (清)毕沅:《山海经新校正》(二十二子本),上海古籍出版社1986年版,第1382页。
⑤ (汉)司马迁:《史记》,上海古籍出版社1997年版,第20页。

限于尧、舜、禹等时期：

《庄子·在宥》：

> 尧于是放讙兜于崇山，投三苗于三危，流共工于幽都。①

《荀子·成相》：

> 禹劳心力，尧有德，干戈不用三苗服。②

《战国策·秦策一》：

> 昔者神农伐补遂，黄帝伐涿鹿而禽蚩尤，尧伐讙兜，舜伐三苗。③

《淮南子·齐俗训》：

> 当舜之时，有苗不服，于是舜修政偃兵，执干戚而舞之。④

《墨子·非攻下》：

> 昔者三苗大乱，天命殛之。日妖宵出，雨血三朝，龙生于庙，犬哭乎市。夏冰，地坼及泉，五谷变化，民乃大振。高阳乃命玄宫。禹亲把天之瑞令，以征有苗。四电诱祇，有神人面鸟身，若瑾以侍，扼矢有苗之祥，苗师大乱，后乃遂几。禹既已克有三苗，焉磨为山川，别物上下。卿制人极，而神民不违，天下乃静。则此禹之所以征有苗也。⑤

数百年的斗争，以三苗族的失败而告终，他们被迫多次迁徙，一直流落至边远蛮荒地区。

从传说和记载来看，三苗族早期的活动最早在今天湖北、湖南与江西交界一带，《战国策·魏策一》载："三苗之居，左有彭蠡之波，右有洞庭之水。"刘向《说苑·君道》也说："当舜之时，有苗不服，其所以不服者：大山在其南，殿山在其北，左洞庭之波，右彭蠡之川，因此险也，所以不服。"⑥《史记·五帝本

---

① （清）王先谦：《庄子集解》，中华书局 1987 年版，第 92 页。
② （清）王先谦：《荀子集解》，中华书局 1996 年版，第 463 页。
③ 范祥雍：《战国策笺证》，上海古籍出版社 2011 年版，第 141 页。
④ （汉）刘安：《淮南子》（二十二子本），上海古籍出版社 1986 年版，第 1255 页。
⑤ 王焕镳：《墨子校释》，浙江古籍出版社 1987 年版，第 156 页。
⑥ （汉）刘向：《说苑》，中国书店 1991 年版，第 922 页。

纪》载:"三苗在江淮、荆州数为乱。于是舜归而言于帝,请流共工于幽陵,以变北狄;放驩兜于崇山,以变南蛮;迁三苗于三危,以变西戎;殛鲧于羽山,以变东夷:四罪而天下咸服。"①徐旭生在《中国古史的传说时代》一书认为,古三苗族早期地域的中心在今湖北、湖南两省,"独北面的疆域比较明白,东部当以今豫、鄂连境的大别山脉为界,以东邻于东夷集团。西部则北越南阳一带,侵入伏牛、外方各山脉间,以北邻于华夏集团"②。

当尧、舜、禹时期,中原集团的势力范围中心在中原地区,影响所及西至陕西、南达长江北部、北到内蒙以南、东迄山东地区。而三苗主要生活在江南地区,与中原道路迢迢、山关阻隔,为什么会导致尧、舜、禹三个不同时期的大举征讨呢?可能是因为在新石器时代晚期,崛起于两湖的三苗族迅速强大,并越过长江向北部发展,以至于和北方集团发生冲突,这才使中原集团兴师动众与苗人发生旷日持久的争战。

这在考古学上也有所反映,一些学者认为,产生与发展在以江汉流域为中心的屈家岭文化及其后续的石家河文化就是古苗民创造的史前文化,屈家岭文化的年代在距今 5000—4600 年,其后继者石家河文化年代为距今 4500—4200 年,从屈家岭文化晚期至石家河文化时期这一段时间正当尧、舜、禹时代。屈家岭文化的中心区域为江汉平原,在其中晚期则大举向豫西南地区扩张,在河南南阳地区存在着较为丰富、集中的屈家岭文化遗存,代表性的遗址有河南淅川下王岗遗址、黄楝树遗址、下集遗址和邓州市八里岗遗址等。到屈家岭文化晚期,则几乎成为南阳地区的主流文化,遗存遍布南阳地区绝大多数地方,如唐河寨茨岗、影坑遗址,新野的凤凰山、西高营、翟官坟、邓禹台、光武台遗址,社旗的茅草寺遗址,镇平赵湾遗址,淅川双河镇、埠口、雷嘴、马岭遗址,南阳黄山遗址,邓州黑龙庙遗址,方城金汤寨、大张庄遗址,南召二郎岗遗址,内乡香花寨遗址,这些遗址都存在着明显的屈家岭晚期文化因素。接下

---

① (汉)司马迁:《史记》,上海古籍出版社 1997 年版,第 20 页。
② 徐旭生:《中国古史的传说时代》(增订本),科学出版社 1960 年版,第 66 页。

来,屈家岭文化又分两支向北发展:一支沿淮河东进至豫南地区;另一支则穿过伏牛山和外方山,北上进入中原地区。并形成了信阳阳山、李上湾、梨园堆、擂台子、魏庄遗址,淮滨肖营遗址,光山王围孜、赵山遗址,驻马店党楼遗址,泌阳三所楼遗址,确山丁塘遗址,上蔡十里铺遗址,临汝北刘庄遗址,郑州大河村遗址等一系列具有明显屈家岭文化因素的遗存。

屈家岭文化的北渐说明古三苗族的活动范围已由江汉流域扩展至豫西南和豫南地区,并深入到了中原腹地,这与向南发展的中原集团发生了冲突,于是南北两大集团不可避免地发生战争,于是也就有了尧、舜、禹征伐三苗的历史事件。

《吕氏春秋·召类》说:"尧战于丹水之浦,以服南蛮。"①便是尧与三苗族在汉水流域所发生的战争,在尧、舜的进攻下,三苗族逐渐沿长江向东转移,至大禹时期,三苗族的活动中心东移至湖南、湖北和江西交界一带,这就是《战国策》所记载的"三苗之居,左有彭蠡之波,右有洞庭之水"。

到大禹时代,苗人被征服,一部分融入中原集团,而大部分则被赶出了世代居住之地,分别向西南方和西方迁徙。向西方迁徙的一支到达西北的"三危"一带,即今天的甘肃敦煌地区;向西南迁徙的一支则到达云贵和四川一带。

二、蚩尤族的南迁及其与南方土著三苗族的融合

作为远古传说时代的蚩尤在后来被苗族人确认为自己的祖先,这在今天所流传下来的有关苗人史诗、苗族的故事和很多苗族的歌曲中都有所体现,成为苗人心中永久的集体记忆。比如咸宁地区流传的苗族史诗有《格池爷老歌》,诗歌中说苗人始祖叫"格蚩爷老",在苗语中"格"即"伟大的""尊敬的"之意,"蚩爷"即为蚩尤;流传于湘西《湘普相娘》歌的开篇便说:"苗族的祖先

---

① （秦）吕不韦:《吕氏春秋》,线装书局 2007 年版,第 499 页。

叫蚩尤,他英勇无双。"明确将蚩尤视为苗人祖先;黔西北一带的苗民一直将蚩尤奉为祖先,他们为蚩尤立庙,世代供奉;西南一些地区的苗民在祭祖时,也会祭尤公,即蚩尤①;滇南苗族在每年的正月都有一个名叫"采花山"的民俗活动,人们在广场中高高竖起一个旗杆,相传这是自己的祖先蚩尤当年与黄帝作战时因战败而走散,相约来年族人相会,并立杆为志。② 在黔东南等地流传的"鼓社祭",也是为了祭"蚩尤"及苗民的历代祖先。

蚩尤是黄帝时代的人物,而苗族却是在炎黄之战数百年后崛起的部族;蚩尤的活动地在北方中原地区,而苗人却生活在江南一带;蚩尤为史前时期北方九黎族的首领,而苗族却为南方的土著部族。无论是空间还是在时间上,蚩尤似乎都与苗人拉不上关系。那么,为什么后来的苗人这样执着地视蚩尤为自己的祖先呢?

为了解决这一悬念,有学者将九黎族与苗族联系起来,认为古代文献提到的九黎族就是苗民的前身,换言之,九黎族就是古苗族。而蚩尤是黎族的首领,那么当然也就是后来苗族人的祖先了。如闫德亮的《从九黎到三苗再到苗族——兼论蚩尤神话与文化》认为:"蚩尤所统领的九黎族是神话时代东夷集团继太昊、少昊之后崛起的最为强大的部落联盟,它们在与华夏集团黄帝部落联盟的涿鹿之战中或融合于华夏族,或迁徙至江汉地区形成三苗。三苗在与华夏集团尧、舜、禹部落联盟的战斗中或融合于华夏族,或迁徙到西南的云贵川地区,成为今天苗族的祖先。"③钱伯文《蚩尤,与黄帝、炎帝并为中华三大始祖》一文认为:"我们清楚看到了苗族族源的线索,九黎—三苗—南蛮(荆蛮)苗族。就是说苗的先民是九黎,而蚩尤是九黎的首领,所以,苗族人民普遍地将蚩尤视为自己的先祖。"④顾永昌的《蚩尤族属及其历史地位》则画出

---

① 参见胡绍华:《九黎、三苗、南蛮》,载《中国古代民族志》,中华书局1993年版。
② 参见朱净宇、李家泉:《少数民族色彩语言揭秘》,云南人民出版社1993年版,第146页。
③ 闫德亮:《从九黎到三苗再到苗族——兼论蚩尤神话与文化》,《贵州社会科学》2015年第5期。
④ 钱伯文:《蚩尤,与黄帝、炎帝并为中华三大始祖》,《群文天地》2011年第4期。

了更加细致的苗族演变路线图:"蚩尤(其部族为九黎)—苗民(又称三苗或有苗)—荆寒(又称蛮、蛮荆)—武陵蛮(又称五溪蛮)—苗族,基本上是一脉相承的同一族类。因此,蚩尤的族属为苗族,蚩尤是苗族的祖先"①。苗人将蚩尤视为自己的祖先依靠的是从古到今世代口口相传的故事和歌诗,而学者们将蚩尤视为苗人的祖先主要依据则是九黎族就是古苗族。

　　然而从文献记载来看,苗族源于九黎族的说法却没有可靠的证据。《国语·楚语下》载:"及少皞之衰也,九黎乱德,民神杂糅,不可方物。夫人作享,家为巫史,无有要质,民匮于祀,而不知其福。烝享无度,民神同位。民渎齐盟,无有严威。神狎民则,不蠲其为。嘉生不降,无物以享。祸灾荐臻,莫尽其气。颛顼受之,及命南正重司天以属神,命火正黎司地以属民,使复旧常,无相侵渎,是谓绝地天通。其后三苗复九黎之德,尧复育重、黎之后不忘旧者,使复典之。"②这段话记载的是,当少皞衰落之时九黎族扰乱社会,这其实指的是蚩尤带领其族人与黄帝族发生大战的大事件。颛顼时,严格划分神与人、天与地之间的界限,实际上也是强化部族上层包括酋长与祭司等与普通族人之间地位之差异,以此来恢复天下秩序。到尧舜时代,南方的三苗又像当年的蚩尤反抗黄帝族一样来对抗尧舜,尧也重新启用重、黎的后代来平治天下。这就是历来被作为"九黎"与"苗民"有族源关系之依据的"三苗复九黎之德"的含义。这段话里所表达的是:三苗族和上古的九黎族一样是一个不守规矩、破坏社会秩序的部族,但却并没有表明九黎族与三苗族的渊源关系。说三苗为九黎之后较早见于东汉末年郑玄语,《尚书·吕刑》孔疏引郑玄语曰:苗民者,有苗,九黎之后。三国时人韦昭在注《国语·楚语下》时也说:"三苗,九黎之后。"这些大概都是受到了"三苗复九黎"一语的影响。

　　既然三苗族不是九黎族的后裔,蚩尤也不是江南土著三苗人的始祖,那么,蚩尤为什么会成为后来苗人的祖先呢? 这是因为蚩尤族在中原战败之后,

---

① 顾永昌:《蚩尤族属及其历史地位》,《黔东南民族师专学报》(哲社版)1998 年第 3 期。
② (战国)左丘明撰,(三国吴)韦昭注:《国语》,上海书店 1987 年版,第 204 页。

一部分向南经豫西南到达江汉平原,进入古三苗族的居住区,并与三苗族逐渐融合,遂成为三苗族的有机组成部分,而关于蚩尤的种种传说也一同被带入这一地区。所以《山海经·大荒南经》载:"有宋山者,有赤蛇,名曰育蛇。有木生山上,名曰枫木。枫木,蚩尤所弃其桎梏,是为枫木。"[1]蚩尤被杀于北方,如果那时果真有"桎梏",也应遗失在北方,不应当出现在南方,只能说明这是蚩尤的后裔带过去的传说。因为蚩尤的后代经过与黄帝大战的洗礼,又有较为先进的军事技能和武器,于是反客为主,成为江汉平原一带最有实力的部族,久而久之,蚩尤的英雄事迹也被三苗人所接受,并逐渐变成了三苗族共同认可的祖先。当屈家岭文化晚期大规模向北方扩张,并进入到郑州一带,极有可能是蚩尤的后裔中的一支企图返回中原的结果。

融入三苗族的蚩尤后裔在尧、舜、禹连续打击下,最终向更边远的山区迁徙,遂演化成为后天的苗族等少数民族,而蚩尤也由古三苗族文化意义上的祖先变成了苗族集体记忆中的血缘祖先。[2]

三、对蚩尤形象历史改塑的认识

在史前时代,由于生产力相对低下,自然环境恶劣,我们的先民们要面对

---

① (清)毕沅:《山海经新校正》(二十二子本),上海古籍出版社1986年版。第1382页。

② 据王震中教授的意见:中国古代由外来族的人而成为土著族的上层贵族,并进而与土著族相融合而成为土著族的祖先,不乏其例。例如,史书说的"泰伯、仲雍奔吴",成为吴的统治者,这样吴国就由两部分组成:上层贵族统治者与中下层的土著居民。以泰伯、仲雍为首的上层贵族来自姬姓周族。楚国和秦国的王族也是如此。楚为芈姓,属于中原祝融八姓之一。楚王族的屈原,他在《离骚》中说自己是"帝高阳之苗裔兮,朕皇考曰伯庸",他说他是古帝高阳氏的子孙,他已去世的父亲字伯庸。高阳即颛顼。屈原的祖先来自中原的颛顼族。祝融八姓就是在颛顼集团内。秦国嬴姓,嬴姓的大本营在山东,原本属于少暤集团。大概在商末或商周之际,嬴秦自山东迁徙到了甘陕一带的"西垂",所以,秦国人也是由嬴姓的统治阶层、上层贵族和中下层的土著居民组成。这种情况在秦国的墓葬中也有反映:来自东方的统治者和上层贵族实行的直肢葬,当地土著居民实行的屈肢葬。屈肢葬是当地的一种葬俗,直肢葬与屈肢葬不是阶级的差别,而是不同族属葬俗的差别。秦人崇拜颛顼,又祭祀少暤白帝,是因为颛顼与少暤是有关系的。例如,《山海经·大荒东经》说:"东海之外大壑,少昊之国,少昊孺颛顼于此。"秦人崇拜颛顼,祭祀少暤白帝,这些都属于来自东方的统治阶层的意识形态。

风雨雷电侵扰,经受水涝干旱灾害,遭遇各种疾病的困苦,同时更有保证基本温饱的愿望与要求。而一个优秀的酋长、首领能够带领自己的氏族或部族尽量减少大自然所带来的损害,有较为充足的衣食,他或她就会受到自己族人的拥护且在他离世的若干年还会被族人记住,并奉之为部族的英雄,其事迹也会代代传诵,如远古神话传说中女娲补天、后羿射日、神农尝百草、大禹治水等事迹,女娲、后羿、神农、大禹等也就成了远古的英雄和部族的大神。同时,面对各个部族或族群为了争夺生存空间而爆发战争,在战争中能够带领族人有效地抵抗外敌,确保部族成员的安全和自己的领地不被攻占;或使自己的部族力量变得强大,文明得以进步,这些部族首领同时作为部族的英雄而被后人牢记,如伏羲、黄帝、太皞、少昊、尧、舜等。还有一些部族的首领在强大的对手面前经过殊死搏斗却以失败而告终,成为悲剧英雄,但他们也在人类历史上留下精彩的一页,被族人和历史所记住,如传说中的刑天、蚩尤、共工、夸父、相柳、鲧等。

蚩尤作为上古九黎族的首领,带领自己的族人与外来势力黄帝进行不屈不挠的斗争,最后被杀,虽然失败了,却在当时和后世有着巨大的影响力,其故事得以永远流传,甚至被后人视为天神,代代祭祀。但是,这样一位远古时代的部族英雄在后世大多典籍里却被描述成一个十恶不赦的叛逆之臣,《尚书·吕刑》云:"蚩尤惟始作乱,延及于平民。罔不寇贼,鸱义奸宄,夺攘矫虔。"[1]《逸周书·史记解》说:"阪泉氏用兵无已,诛战不休,文无所立,智士寒心,使诸侯畔之,最终灭亡。"《史记·五帝本纪》称蚩尤为"乱臣"。《路史》将蚩尤描述成一位暴君:"顿戟一怒并吞无亲,九隅无遗,文无所立,志士寒心。"[2]《汉书·古今人物表》把蚩尤划入了"下下愚人"序列。无论是正史还是野说,几乎都将蚩尤作为反面人物加以批判。

实际上,将蚩尤视为反面人物是从春秋战国以来才开始的,至汉代基本定

① 《尚书·吕刑》,线装书局2007年版,第257页。
② (宋)罗泌:《路史》卷十三(四库全书本),上海古籍出版社2003年版,第20页。

型。这也正是一批文化精英和史官们企图建立以黄帝为始祖的华夏族帝王世系的时期。作为华夏民族的始祖神一定是至高无上的,是智慧、道德、正义、王道的化身,而蚩尤作为曾经与黄帝殊死搏斗的敌对人物,一定也理当成为集邪恶、残暴、奸佞、无道于一身的典型,惟有如此,才能彰显黄帝的正义形象,从而确立其崇高的地位。

在这一场塑造上古圣贤的文化运动中,不仅蚩尤被改塑为反面人物,那些曾经与黄帝族及其后继者颛顼、尧、舜、禹等进行过斗争的史前英雄都毫无例外地被描述成了丑恶无道之徒。如共工,共工氏族本是活动在以今天河南卫辉市为中心的一个古老氏族,为炎帝后裔,当炎帝族在与黄帝族战争中失败之后,共工族人依然没有放弃抵抗,最后被颛顼、尧等所败,作为一个悲剧英雄,因为反抗黄帝族,所以共工后来就作为一个反面人物而出现在历史上,所以《国语·周语下》说:"共工弃此道也,虞于湛乐,淫失其身,欲壅防百川,堕高湮庳,以害天下。皇天弗福,祸乱并兴,共工用灭。"①《淮南子·兵略训》说:"共工为水灾,故颛顼诛之。"②《国语·周语下》说鲧之所以被杀是因其"播其淫心,称遂共工之过"③,与共工为同类之人。对于这两位史前时期的英雄,当史家将其描述成邪恶之人的同时,也有些人为之鸣不平,如韩非曰:"尧欲传天下于舜,鲧谏曰:'不祥哉! 孰以天下而传之于匹夫乎?'尧不听,举兵而诛杀鲧于羽山之效。共工又谏曰:'孰以天下而传之于匹夫乎?'尧不听,又举兵而流共工于幽州之都。于是天下莫敢言无传天下于舜。"④按韩非的说法,共工与鲧之都是尧的反对者,他们被打击不是个人发动洪水或因治水不力而获罪,皆因部族之间的斗争。

当代一些学者希望能够重新定位蚩尤的历史地位,陈靖在《贵州日报》发

① (战国)左丘明撰,(三国吴)韦昭注:《国语》,上海书店1987年版,第35页。
② (汉)刘安:《淮南子》(二十二子本),上海古籍出版社1986年版,第1274页。
③ (战国)左丘明撰,(三国吴)韦昭注:《国语》,上海书店1987年版,第35页。
④ (清)王先慎:《韩非子集解·外储说右上》,中华书局2003年版,第325页。

表《论苗族在中华民族发展中的贡献》①、潘定智的《从苗族民间传承文化看蚩尤与苗族文化精神》②等都认为蚩尤应当和炎帝、黄帝一样，都是中华文明的建造者和中华民族的先祖，所以应该将炎帝、黄帝、蚩尤确立为中华民族的三大始祖。

中华民族的形成是一个漫长的历史过程，早在史前时代，不同氏族、部族和族群都有着自己的祖先，他们的事迹以神话、传说、史诗为载体通过代代口头流传而得以保存下来，或保存在各种文献之中。如在《山海经》中出现的上古东方英雄帝俊，其在《山海经》中的地位远超炎帝、黄帝、尧、舜、禹等，但他却是东夷族的远古祖先，后世帝王谱系的重建不得不被剔除，从而被淹没在历史文化殿堂的最底层；在神话传说中有着补天、造人大功的女娲是一位母系氏族时代最杰出的女性首领，由于部族的迁徙与融合，她在传说中与伏羲结成了夫妇，最有资格成为始祖的她却丧失了中华民族共同始祖的地位；发明八卦、鱼网、嫁娶之礼等的伏羲，也是东夷族早期的著名祖先之一，虽然在文化发展中占有重要地位，却最终也没有获得公认的民族共同始祖的地位；除这些之外，还有传说中的燧人氏、有巢氏、少皞等。

炎帝和黄帝成为华夏民族的始祖，进而成为中华民族的共同始祖，既有其历史文化的基础，也是漫长历史过程中反复塑造和文化选择的结果。我们不否认女娲、蚩尤、帝俊、伏羲、共工等对史前文明发展的贡献，也不否认他们作为史前时期各个氏部或部族祖先的身份，也可以确定他们作为英雄的地位，而中华民族是几千年来在各个不同氏族、部族乃至各个不同民族融合基础上而形成的，炎黄被确立为中华民族始祖是一种历史的选择，更是文化上的认同。

---

① 参见陈靖:《论苗族在中华民族发展中的贡献》,《贵州日报》1995 年 9 月 27 日。
② 潘定智:《从苗族民间传承文化看蚩尤与苗族文化精神》,《贵州民族学院学报》1996 年第 4 期。

第三节　炎黄族与东夷族的关系

东夷族群在中国历史上具有极其重要的影响,这一族群的先辈在新石器时代曾经创造了辉煌的后李文化、大汶口文化、龙山文化和岳石文化,在夏、商时期多次与中央王朝分庭抗礼,所以夏、商也曾数次出兵征伐东夷,并为此耗费了巨大的人力、物力与财力,在商王朝后期,商纣对东夷的征讨间接地加快了商人灭亡的进程。至西周初年,东夷部族参加武庚之乱,使周成王下决心解决东夷问题,所以命周公东征,经过三年漫长的征讨,灭亡了以奄等为核心的东夷叛乱的主要力量,并将徐国等原来生活于鲁中南的东夷国家驱赶至淮河中下游一带。经过西周至春秋时期周王朝与中原诸侯多次征讨,东夷族群发生大分化,由于迁徙的原因使东夷族群的分布范围也越来越大,因此在不同时期便形成了夷、东夷、淮夷和南淮夷等多个不同的称谓和概念,这种称谓的变化也反映了东夷族群在夏、商、周三代族群演化的历史。

一、东夷族群的形成及其演化

一个大的族群是在漫长的历史时期逐渐形成的,它们可能来自不同的氏族、部族,甚至来自不同的区域,在经过上千年甚至上万年的共同生活之后,渐渐相互融合,从而形成了大型的部落联盟,最后组成一个庞大的族群。东夷族群也是如此,它的组成复杂性可能远远超出我们今天的想象。

（一）东夷族群的组成

1. 东夷地区的原始居民

早在旧石器时代早期,鲁中南地区就生活着史前猿人,如沂源猿人,据研究沂源猿人可能是北方北京猿人的一个分支。在旧石器中期和晚期,也有大量的人类文化遗址,如日照秦家官庄遗址、沂水南洼洞遗址、沂源骑子鞍山的千人洞遗址、新泰乌珠台遗址、郯城望海楼和黑龙潭遗址等,还有新旧石器时代之交的沂源扁扁洞遗址。这些遗址的存在说明在东夷的生活区域内,从旧石器时代到新石器时代就一直有史前人类在这里生息、繁衍,并且在旧石器文化向新石器文化过渡的历史时期,两者存在巨大的关联度,如在扁扁洞遗址出土的石磨盘、石磨棒、陶片等遗物,与后李文化有着相似之处。这些从旧石器时代到新石器时代留下了丰富史前文化遗址的人类,也许有些迁出了该地区,但有些则应当一直生活在这里,无疑成了东夷族群中最早的土著人。

2. 淮河上游的贾湖移民与东夷族群

早在距今 7000 年前,淮河上游的贾湖人离开生活了近 2000 年的中原大地,沿着淮河主干流南北向东方迁徙,其中一支到达鲁南的北辛地区,在吸纳地方文化的基础上创造了北辛文化,[1]北辛文化向北发展,成为后来大汶口文化—龙山文化的源头。这一支来自中原的先民既是文化的传播者,也当然成为新石器时代晚期前段中原向鲁东南地区的第一批大规模的移民,当他们与原来生活在鲁中南的土著居民融为一体之后,也就成了早期东夷族群的一分子。

3. 江南移民与东夷族群

早在崧泽文化时期,长江下游的崧泽人便开始越过长江进入淮河下游地区,有一部分甚至迁徙至鲁南,在良渚文化时期,良渚人沿着前辈走过的路线大批北迁,越过淮河到达江苏的淮河北部和鲁中南地区,这些南方人深入到大汶口人聚居区,并且与当地人和谐相处,如江苏省新沂花厅遗址本属于大汶口文化占主导地位的大汶口人聚居区,但当良渚人到来之后,两个来自不同族群

---

① 参见邵望平、高广仁:《贾湖类型是海岱史前文化的一个源头》,载北京大学考古文博学院编:《考古学研究》(五),科学出版社 2003 年版,又收入《邵望平史学、考古学文选》,山东大学出版社 2013 年版。

的人们共同生活在同一地方,并广泛开展文化交流与融合。① 同时,在龙山文化时期,在鲁中南及胶东半岛也发现具有良渚文化特征的文化遗址,由此说明,这批江南移民中有一部定居于这一区域,也成了后来东夷族群中的一个重要组成部分。

4. 北方族群的南迁与东夷族的融合

在炎黄之战中,由于炎帝族的失败,其中的一支进入东夷区,成为东夷族的有机组成部分。还有观点认为,山东的岳石文化的主要因素是北方草原的夏家店下层文化,由于气候变化的原因,这一支部族南迁至辽东半岛小珠山,然后渡过渤海海峡进入山东半岛并打败了创造山东龙山文化的土著人而入主该地区,夏家店下层文化人在吸收龙山文化精华的基础上创造了岳石文化。至于说岳石文化是否源于夏家店下层文化,学术界尚有争议,但在新石器时代末期到夏代,无论是神话传说还是传世文献,抑或是地下考古材料,都可以说明,北方族群中的分支有进入山东东夷文化区者。②

5. 其他地域先民的迁徙与东夷族群

在东夷族群活动区内,当大汶口文化、山东龙山文化兴盛并向四周扩张之时,来自黄河中游的仰韶文化、中原龙山文化、二里头文化也向东渗透,所以在鲁中南一些地方留下相关的文化遗迹,有些是由于文化传播所致,而有些则可能是由于族群迁徙的原因。③

东夷族群并非是由单一的氏族、部族而发展形成的,它是由多个不同的部族最后经过漫长的融合而成的,由于生活于同一区域,在文化从相互碰撞,到自觉交流,又到相互学习、吸收、融合,最终实现文化的趋同,从而形成了一个

---

① 参见南京博物院:《花厅——新石器时代墓地发掘报告》,文物出版社 2003 年版。
② 多数学者认为,岳石文化是在海岱龙山文化的基础上直接发展而来的。但也有一些学者认为岳石文化有相当大的成分来自北方的夏家店下层文化和辽东半岛的于家村下层文化,例如,张国硕的《岳石文化来源初探》(《郑州大学学报》1989 年第 1 期);方辉、崔大勇的《浅谈岳石文化的来源及族属问题》(《中国考古学会第九次年会论文集》,文物出版社 1997 年版)。
③ 参见王震中:《早期文明演进中的夷夏互化融合》,日本早稻田大学演讲,2018 年 11 月。

具有同一文化基础的庞大群体。这一族群最终形成于新石器末期至夏代前期。

在东夷文化形成的过程中,贾湖文化对其产生了重大影响,前面已经说过,当贾湖人东迁到鲁南之后,创造了北辛文化,并进而影响了大汶口—龙山文化,贾湖人的文化(包括精神文化)也同时注入到这一文化圈中:贾湖人的龟灵崇拜,不仅影响着大汶口文化,同时也与东夷族群的领袖人物之一伏羲氏创造八卦有一定的关系;贾湖人的以犬为牲的葬俗,直接为大汶口文化所继承。影响东夷文化的第二重要因素为崧泽—良渚文化,良渚人的太阳崇拜被大汶口文化所吸收,并与自身的鸟崇拜相结合,从而形成了后来的太阳鸟崇拜系统,这也是后来东夷族群的典型文化之一。

有学者认为:"公元前8000年①至公元前1500年间的山东地区原始文化先后有后李文化、北辛文化、大汶口文化、龙山文化和岳石文化。上述诸文化一脉相承,自成体系,其文化面貌与中原地区截然不同,应属东夷族文化。"②实际上,后李文化、北辛文化、大汶口文化不能称作"东夷文化",只可说是古老的山东地区的地方文化。东夷文化作为一个族群文化正式形成于新石器时代末期到夏代之前,它是在其悠久而厚重的史前文化基础之上,有效地吸纳了周边不同的文化精髓,从而形成了具有独特魅力的地域文化。

(二)东夷族的演化

《后汉书·东夷列传》说:"夷有九种,曰畎夷、于夷、方夷、黄夷、白夷、赤夷、玄夷、风夷、阳夷。"③太昊伏羲氏、少昊金天氏、伯益、皋陶等都是这一族群的首领,最后形成了三个主要集团,即:嬴姓集团、偃姓集团和风姓集团。

---

① 后李文化应为公元前6500年左右。引文中的公元前8000年似乎有误。
② 王恩田:《山东商代考古与商史诸问题》,《中原文物》2001年第4期。
③ (南朝宋)范晔:《后汉书·东夷列传》,中华书局2001年版,第2807页。

1. 嬴姓集团

嬴姓的远祖为少昊,近祖为伯益,相传在尧舜时代伯益曾协助大禹治水。其后代很多成为方国或周时的诸侯国,子孙也多以国为姓。如徐氏(徐国)、郯氏(郯国)、莒氏(莒国)、终黎氏(钟离国)、运奄氏、菟裘氏、将梁氏、黄氏(黄国)、江氏(周代的江国)、修鱼氏、白冥氏、蜚廉氏、秦氏(秦国)、赵氏(赵国)。

最早活动于山东地区的嬴姓中的支族早在夏商时期就开始了向内地的迁徙,伯益的后裔蜚廉氏迁至山西,为赵姓之祖。另一支迁至西方为秦人之祖。原来生活在山东的嬴姓其他支族在夏、商王朝的打击下,不断向淮河流域的中游和上游迁徙,进入江苏、安徽、河南,于是在淮河中下游有徐国,中游有钟离国,上游有嬴姓的养国、江国和黄国。徐、钟离、养、江和黄国都亡于楚。

2. 偃姓集团

东夷族的另一位杰出人物为皋陶,也是少昊的后代,偃姓,相传在舜和大禹时期制定法律,按司马迁的说法,皋陶的法律采用的是德政与法制相结合的方法,以德化人,以德服人;以法威慑众生,以法惩顽冥不化者。如果司马迁所言是事实的话,皋陶当是中国有史以来第一位知名法官和第一位法制思想家。

偃姓部族很早离开祖居的山东地区,迁至淮河中游的今安徽省中部的淮河与长江之间地区。这一支东夷人聚居地比较集中,他们在淮河中游融合当地土著,创造了自己的文明,使淮河流域成了华夏文明的重要发祥地之一。因发展较快,部族力量较为强大,同时,在夏、商和西周初期,因为距离王朝统治中心地带偏远,各王朝势力很难干预,所以才使这一支东夷族几乎一直独立于夏、商时期的统治之外,形成一个强大的地方集团。其后裔在周代建立了英国、六国、舒国、巢国和桐国等。

3. 风姓集团

太皞伏羲是风姓的始祖,这一支早在新石器晚期就开始向中原迁徙,其中一大宗迁至安徽与河南交界处的周口淮阳,并在这里定居,所以古史多称淮阳为太皞之墟。这一批早期迁入中原的风姓人与中原族群相融合,后来又融入黄帝族群之中,从而也失去了对自己族群的记忆与认知。而其原来居住在山东南部的少数风姓人建立了任、宿、须句、颛臾等小诸侯国,以奉祠太皞。

二、炎黄族与东夷族的斗争与融合

在炎黄时代,东夷族群便向炎黄集团的聚居地中原地区迁徙,并带来了东方的大汶口文化。大汶口文化为距今约 6500—4500 年的新石器时代文化,它以泰山地区为中心,东至黄海,北到渤海南岸,西面延伸到河南,南及安徽中部。大汶口文化大规模向西进入河南境内的淮河流域境内始于大汶口文化中期,盛于后期。

大汶口文化和山东龙山文化西进向淮河上游传播与古老的东方民族西迁有关。太皞伏羲氏族的一支东迁至周口淮阳一带,并在此生活、繁衍,《左传·昭公十七年》:"陈,大皞之虚也。"相传太皞(太昊)在陈地定都,陈故地淮阳尚有太昊伏羲陵。史载伏羲氏早于炎帝与黄帝,其主要活动时间当在距今5000 多年前,大汶山文化中晚期,这与周口淮阳平粮台遗址的大汶口文化时限相同。无论从神话传说、史籍记载还是地下考古,都可以说明东方的伏羲部族确实在 5000 多年前西移至以周口淮阳为中心的豫东一带,从而也带来了东方的大汶口文化。在稍后的龙山文化时期,东方部族中的一些分支又陆续西迁至淮河上游地区,使山东龙山文化得以向这一地区传播。

同时,炎黄族中的某些支族也进入东夷活动区,炎帝族后裔进入东夷区主要是由于炎黄之战炎帝族战败之后,炎帝族与蚩尤族的分支东迁至山东地区,在夏、商、周三代成为后天东夷族群的一大宗。《山海经·海内经》记载:"炎帝之孙伯陵,伯陵同吴权之妻阿女缘妇,缘妇孕三年是生鼓、延、殳,始为侯。鼓、延是始为钟,为乐风。"[1]这个伯陵的后代,最终也成为商代东夷族群中的

---

[1]　(清)毕沅:《山海经新校正》(二十二子本),上海古籍出版社 1986 年版,第 1386 页。

一个重要的方国。《国语·周语下》韦昭注曰:"伯陵,大姜之祖,有逄伯陵也,逄公,伯陵之后,大姜之侄,殷之诸侯,封于齐地。"①可见炎帝之裔伯陵及其后代早期就活动于齐地,后来姜尚被封于齐地也正是回到了自己祖居之地。在周代被封为诸侯国的炎帝姜姓后裔还有向国、纪国等。

在炎黄之后的尧、舜、禹和夏、商、周时代,东夷与华夏集团一直是既有斗争又有交流,在此之前的传说时代有尧与舜之间的权力交接,尧为中原集团,而舜则代表着东夷集团。所以《孟子·离娄下》说:"舜生于诸冯,迁于负夏,卒于鸣条,东夷之人也。"②在舜的时期,既是一个多族群大发展的时期,也是英雄辈出的时代,中原集团与东夷集团之间的交流更加频繁,联系十分密切,两个族群之间的势力也相对比较均衡。所以在舜的时期,他的手下便汇集有中原集团的后稷、禹,以及逐渐融入中原族群的炎帝后裔后土、四岳等。东夷集团有商人始祖契③、嬴姓始祖伯益、偃姓始祖皋陶等。尧让于东夷族群的舜,舜让于中原族群的禹,而禹本想让位于东夷族群的伯益。以此来看,在那一个历史时期,中原族群与东夷族群的权力传递是相互移交的。我们不知道这种权力移交是通过联邦推选的方式,还是出于权力平衡的惯例,但它确实反映出两大集团的平衡关系。然而,这种平衡被大禹的儿子夏启所打破,启杀伯益而夺取了本来应属于东夷集团的政权,建立了父子相传的家天下,引起了东夷集团的强烈不满,从而才导致了东夷人后羿取代太康的行为。后羿代夏与其说是后羿个人行为,但从内在的历史逻辑来看,它是东夷族与华夏族的权力之争。少康灭掉东夷势力寒浞及其两个儿子之后,重建夏王朝,这既是夏王朝的历史转折点,也是史前以来东夷族群与中原族群斗争的转折点,从此华夏族一直以压倒的优势统治着中华大地,而东夷族群则处于屈从地位。夏之后商

① (战国)左丘明撰,(三国吴)韦昭注:《国语》,上海书店1987年版,第47页。
② (宋)朱熹:《四书集注·孟子集注》,岳麓书社1987年版,第415页。
③ 据王震中教授研究,商族族源是由简狄代表的有娀氏(北方戎狄)和帝喾代表的高辛氏(东夷)两部分组成。参见王震中:《商族起源与先商社会变迁》,中国社会科学出版社2010年版。

王朝兴起,尽管商人有一部分源于东夷族群,由于其脱离东夷区较早,且在它建国之前的大多数时间活动于华夏区内,所以并不以东夷族群自居,而成了华夏集团的一个有机组成部分。

第五章　炎黄与五帝

在中华远古文化的整体框架上,"炎黄"一题,上接"三皇",下连"五帝"。因此在炎黄学中讲述炎黄,不得不涉及"三皇"以及包括黄帝在内的"五帝"。本章从司马迁《史记》何以不讲"三皇"说起,既对"三皇"做一简单梳理,也以《史记》为枢纽,结合其他文献以及古文字材料中的"五帝"资料,来谈"炎黄"与"五帝"之关系。

第一节　司马迁对"三皇""五帝"学说的批判与选择

一、司马迁批判性地摒弃了诸种"三皇"学说

司马迁的《史记》没有为所谓的"三皇"立传,其原因何在? 是需要我们首先讨论一下的。实际上在司马迁的西汉时代,不仅有几种"五帝"的说法,还有几种"三皇"的说法,合称"三皇五帝"。这几种"三皇"分别是:

伏羲、女娲、神农(《春秋元命苞》);伏羲、神农、祝融(《白虎通义·号》);伏羲、神农、共工(《通鉴外纪》引);伏羲、神农、黄帝(《玉函山房辑佚书》引《礼稽命征》);伏羲、神农、燧人(《白虎通义·号》);轩辕、神农、赫胥(《越绝

书》引战国时人风胡子之语）。

比较可见，在这几种说法中，言神农者最多，有六次；言伏羲者其次，占五次；其他燧人、女娲、祝融、共工、黄帝各一。不仅这些说法不一，而且也缺乏历史学基本要素。例如最多的组合中往往以伏羲、神农为先后，但伏羲为什么在神农之前，既无道理可言，也没有古文献资料依据。

时间是历史学的基本要素，这些组合既缺乏历史的时间要素，又无古文献资料来加以佐证，这应是司马迁摒弃"三皇"说并斥之为"不雅驯"的原因。"雅"为"正"，"驯"为"顺"的通假，也就是说各种"三皇"说皆不正不顺，自然要被摒弃了。

二、司马迁对五帝说的选择

西汉以前有关五帝有以下几种不同的说法：

（1）黄帝轩辕、颛顼高阳、帝喾高辛、帝尧放勋、帝舜重华（《大戴礼记·五帝德》）；

（2）庖牺氏、神农氏、黄帝、尧、舜（《周易·系辞下》）；

（3）宓戏、神农、黄帝、尧、舜（《战国策·赵策二》）；

（4）太皞、炎帝、黄帝、少皞、颛顼（《吕氏春秋·十二纪》《礼记·月令》）；

（5）密畤青帝、上畤黄帝、下畤炎帝、畦畤白帝、北畤黑帝（《史记·封禅书》及索隐）；

（6）苍帝灵威仰、赤帝赤熛怒、白帝白招拒、黑帝汁光纪、黄帝含枢纽（《春秋纬·文耀钩》《周礼·春官·大宗伯》疏引）。

上面几种说法的文献出处皆早于司马迁时代或与其同时，司马迁应该对这些是熟悉的。司马迁《史记·五帝本纪》对上古历史的代表性人物选择了第一种《大戴礼记·帝系》的"五帝"说作为基本的框架，是有原因的。比较可见，其他各种说法都是有些问题的。

第二种见之于《周易·系辞下》和《战国策·赵策二》，庖牺、神农在前面，

"三皇"之说中也是存在的,而且是两个主要人物("庖牺""宓戏"即"伏羲",同音假借)。只是庖牺、神农是什么时代,和黄帝、尧、舜的时代有什么关系?是不清楚的。但是从《周易·系辞下》所述的情况看,庖牺氏"作结绳而为网罟,以佃以渔"应该是狩猎时代;神农氏从其"神农"的名称以及"斫木为耜,揉木为耒"的情况看,应该是农业时代的开始。把这么早的两个时代与黄帝、尧、舜直接相连,而且黄帝和尧舜之间也缺省了许多时代,如像先秦文献中在尧舜之前常见的少昊(少皞)、颛顼、帝喾等都不见了。这是不合适的,这一点后面要作分析的。

第三种说法来自《礼记·月令》以及《吕氏春秋》十二月纪之中。这太昊、炎帝、黄帝、少昊、颛顼五帝是用来和春、夏、秋、冬四季相配合的——只是夏季配备了二帝:孟夏仲夏配炎帝,季夏配黄帝。我们分析作者的用意,也只是与四时相对应,每季节都配备两个帝和神,与时月的变化相对应。五行与四时的运转相配合,春木,夏火,秋金,冬水,季夏土,土配黄帝被放在了季夏,地位却最为重要:居中央之位。四时季节的变化不仅受日月时间因素的制约,还受五行这种神秘力量的制约。显然这是与战国晚期五行相生相克说有关的,作者把五帝与四时相配合,初意要表示五行生克观念而不是表示历史时代关系。

而且在《礼记·月令》与《吕氏春秋》十二月纪中,春季为木,木配太昊帝、句芒神,但"太昊"是谁?是否早于炎黄二帝?学术界有不同的说法。如果太昊是帝喾,那么其时代绝对不会在炎帝、黄帝、少昊、颛顼之前,这就更说明这五帝仅仅是用来和季节月令相配合的,与历史时代更没有关系了。

第四种说法见之于《史记·封禅书》索隐对春秋时期秦国雍四畤上帝的概括,但秦国至统一天下时也只有"四畤",没有为黑帝颛顼建畤祭祀,以至于刘邦称帝后,为自己"立黑帝祠,命曰北畤"(《史记·封禅书》)。然而实际上颛顼高阳是秦人的始祖,不仅《史记·秦本纪》有明确的记述,而且在陕西省凤翔县南指挥村秦宫一号大墓出土的石磬残铭(85 凤南 M1:300)与 1982 年出土的另一块残铭缀合后,其中有以下文字:

> 天子匽喜,龚(共)趄(桓)是嗣。高阳又(有)灵,四方以鼏
> (宓)平。

"高阳有灵"的"高阳"就是颛顼的名号,这可以证明秦人最早高祖的确是颛顼高阳,《大戴礼记·五帝德》所说是对的。既然秦人的高祖是颛顼高阳,那么秦人对颛顼高阳的祭祀就是《礼记·祭统》中的"内祭",而秦人的"四時"是属于郊祭的"外祭"一类。① 秦人把颛顼高阳视为高祖,也必定是以"禘礼"祭祀颛顼高阳的,不在時祭之列;但颛顼是黑帝,秦人尚黑,自认为水德,说明秦人心目中形成了"五色帝"也是可以肯定的。②

第五种说法是源于汉代纬书《春秋纬·文耀钩》之中,谓"太微宫有五帝座星",并以"五色帝"苍帝、赤帝、白帝、黑帝、黄帝与四季加季夏相配,而且还有"五色帝"之名灵威仰、赤熛怒、白招拒、汁光纪、含枢纽。这是与人文系统不同的天宫、不同时节的太微宫五星五色帝系统。另外,汉代《河图》还加上了木、火、土、金、水五行系列的五星:

> 东方青帝灵威仰,木帝也。南方赤帝赤熛怒,火帝也。中央黄帝
> 含枢纽,上帝也。西为白帝白招拒,金帝也。北方黑帝汁光纪,水帝
> 也。(萧吉:《五行大义五》引《河图》③)

《河图》是汉代的纬书,这些纬书不仅把五色帝与东、南、西、北、中五方相配,各有其名;而且还和木、火、土、金、水五行相配,形成了天上太微宫五星五色五行的五帝系统。与之前古史传说中以祖先神为主的五帝有了明显的不同特色。

在这些众多的"五帝"说法中,司马迁《史记·五帝本纪》只选用了第一种《大戴礼记·五帝德》及《帝系》的说法,这不仅是由于西汉中期汉武帝采用了董仲舒"罢黜百家,表彰六经"的政治影响,而且也是受以孔子为首的儒家"述

---

① 参见《礼记·祭统》:"外祭则郊社是也,内祭则大尝禘。"
② 参见王晖:《秦人崇尚水德之源与不立黑帝時之谜》,载秦始皇兵马俑博物馆《论丛》编委会编:《秦文化论丛》第3辑,西北大学出版社1994年版,第254—269页;王晖:《出土文字资料与五帝新证》,《考古学报》2007年第1期。
③ 黄奭辑:《河图》,上海古籍出版社1993年版,第7页。

而不作,信而好古"的影响,选择并继承了来自古代的众多比较可靠、可信的古文献的内容,摒弃了"怪力乱神"的成分,形成了司马迁不仅具有儒家传统又有较为可信新证据的"五帝"历史观。司马迁的这种历史观是需要我们进行分析和讨论的。

第二节 司马迁"五帝"说的文献与古文字资料的依据

首先需要谈谈司马迁"五帝"说中没有炎帝的问题。司马迁继承儒家《大戴礼记·五帝德》《大戴礼记·帝系》的说法,五帝首位就是黄帝,却没有炎帝的位置,似乎是有些问题。《五帝本纪》也承认是炎帝衰弱后而黄帝强大起来,西周时的文献《逸周书·尝麦解》也是这样的说法。

一、炎帝、黄帝与《五帝本纪》淡化炎帝的原因

《逸周书·尝麦解》说:

王若曰:"宗掩大正,昔天之初,□作二后,乃设建典,命赤帝分正二卿,命蚩尤于宇少昊,以临四方,司□□上天末成之庆。蚩尤乃逐帝,争于涿鹿之河,九隅无遗。赤帝大慑,乃说于黄帝,执蚩尤,杀之于中冀。以甲兵释怒,用大正顺天思序,纪于大帝,用名之曰绝辔之野。乃命少昊清司马、鸟师,以正五帝之官,故名曰质。天用大成,至于今不乱。"

《尝麦解》的成文时代,李学勤先生分析其文记述修改刑书,以及比较其篇和西周较早金文记述方式之后,认为其成文时代应该在西周中期穆王初年。[1] 这说明这篇内容成文时代还是比较早的。《尝麦解》中"赤帝"即"炎

---

[1] 参见李学勤:《〈尝麦〉篇研究》,载《当代学者自选文库·李学勤卷》,安徽教育出版社1999年版,第568—577页。

帝"，"二后"应该就是指"赤帝（炎帝）""黄帝"，可见炎帝时代与黄帝时代是基本一致的。这也说明《国语·晋语四》中说炎帝、黄帝皆为少典氏之子而为兄弟关系，不仅血缘是比较接近的；而且从时间上看，也是比较接近的。

《国语·晋语四》就记载说黄帝和炎帝是兄弟，都是少典氏之子："昔少典娶于有蟜氏，生黄帝、炎帝。黄帝以姬水成，炎帝以姜水成。成而异德，故黄帝为姬，炎帝为姜。"大约这时还是母系社会：炎黄二帝的父亲是少典族，其母亲是有蟜氏族。按照这些说法，炎黄二帝为同一部族，故黄帝也就代替了另一位声名显赫的炎帝。

这也使我们明白司马迁为什么没有在《大戴礼记·帝系》《大戴礼记·五帝德》"五帝"系统加上炎帝而为"六帝"：既然炎帝、黄帝几乎同时，黄帝取代炎帝而不单独再列举炎帝也就很有道理了。

《大戴礼记·帝系》《大戴礼记·五帝德》和《史记·五帝本纪》"五帝说"中黄帝、颛顼、帝喾、尧、舜在早期的先秦文献中也的确是显示了先后相承关系。

二、黄帝——轩辕氏

《史记·五帝本纪》云："黄帝者，少典之子，姓公孙，名曰轩辕。"这些文字来自《大戴礼记·五帝德》和《大戴礼记·帝系》而无"姓公孙"。但《五帝德》和《帝系》所记黄帝事迹还是有限的，《五帝德》仅记黄帝与炎帝三战而后败炎帝之事，《帝系》仅记黄帝之父与子孙的世系以及婚姻情况。但《五帝本纪》除了记述黄帝阪泉三战炎帝之事，还记述了黄帝涿鹿战败蚩尤而代炎帝为"天子"的故事；记述黄帝巡游四方、举用风后、力牧等大臣治民等事迹；以及黄帝二十五子得姓十四人等故事。这些内容大概来自《逸周书·尝麦解》《国语·晋语四》以及战国子书等文献。这一点我们后面再作分析。

《国语·晋语四》就记载说黄帝和炎帝是兄弟，都是少典氏之子："昔少典娶于有蟜氏，生黄帝、炎帝。黄帝以姬水成，炎帝以姜水成。成而异德，故黄帝为姬,炎帝为姜。"大约这时还是母系社会:炎黄二帝之父是少典族,其母亲是有蟜氏族,黄帝死后就葬在桥山,也就是有蟜氏族的山上,所以《史记·五帝本纪》十分明确地记载说"黄帝崩,葬桥山"。

商周青铜器中有由"天"字与"龟鳖"(或"青蛙")①组成的族徽,🀫🀫即一个氏族或部族的标志,郭沫若释为"天鼋",认为就是古文献中的"轩辕"②。"轩辕",《史记·五帝本纪》说此即黄帝之名。从铸刻有"天鼋"或"天"族青铜器的出土时代及地望,可考察其部族在商周时代分布在今天的关中西部到陕北延安、榆林一带。北京大学考古文博学院邹衡先生曾收集青铜器中有"天鼋"100多件,有出土地点的仅成王时的献侯鼎二器(《通考》38;《三代》3.50.2和3.50.3),出于陕西乾县。从时代来说,天鼋器也有属于先周文化的,如天鼋父癸方鼎(《宝蕴》16),相当于"殷墟文化第三期";天鼋镞(《武英》71),当属先周文化第二期。③邹衡先生还认为,以"天"为族徽的天族,是周族的一个著名氏族,他找到同样族徽的铜器有50多件。根据有出土地点的9件,他认为天族早期曾居住在陕北绥德,再迁至泾渭地区的岐山、扶风、长武一带,克商后,有的支族迁至河南。并认为"今黄陵县有黄帝陵(《文物》1962:1,封底),其地正在绥德与岐山间。黄帝族早期活动的地域也许就在洛河之东北一带,往后才发展到泾渭地区"④。这些青铜器出土地有陕西的绥德、长武、岐山、扶风等地,从陕北到关中,还有泾河中游的长武,这中间肯定会包括黄帝

---

① 也有学者主张这个族徽是青蛙,如于省吾先生认为青铜器铭文中的"鼋"不能释为龟,而应释为蛙黾之鼋。他说:"我认为鼋即天黾二字的合文。🀫之为天,毋庸赘述。《说文》谓'黾,鼃(蛙)也。'黾与龟都是象形字。但在古文字中的构形迥然不同。龟形短足而有尾,鼋形无尾,其后两足既伸于前,复折于后,然则鼋字本象蛙形,了无可疑。"参见于省吾:《释黾、鼋》,《古文字研究》第七辑,中华书局1982年版,第1—6页。
② 郭沫若:《金文丛考》,载《郭沫若全集》(考古编第5卷),科学出版社2002年版,第114页;又见《殷彝中图形文字之一解》,载《郭沫若全集》(考古编第4卷),科学出版社2002年版,第16—22页。
③ 邹衡:《夏商周考古学论文集》第2版,科学出版社2001年版,第312页。
④ 邹衡:《夏商周考古学论文集》第2版,科学出版社2001年版,第310—312页。

的安葬地——延安黄陵县的黄帝陵。这就是说黄帝的名号,在考古文物资料中找到了证据。

三、颛顼——高阳氏

《史记·五帝本纪》说:"黄帝居轩辕之丘,而娶于西陵之女,是为嫘祖。嫘祖为黄帝正妃,生二子,其后皆有天下:其一曰玄嚣,是为青阳,青阳降居江水;其二曰昌意,降居若水。昌意娶蜀山氏女,曰昌仆,生高阳,高阳有圣德焉。……其孙昌意之子高阳立,是为帝颛顼也。"《史记·五帝本纪》虽然如司马迁本人所说是基本依据《大戴礼记·帝系》写成的,但与《山海经·海内经》及《世本》所说也是基本相近的。

《大戴礼记·帝系》篇云:

　　黄帝居轩辕之邱,娶于西陵氏之子,谓之嫘祖,氏产青阳及昌意。青阳降居泜[江]水,昌意降居若水。昌意娶于蜀山氏,蜀山氏之子谓之昌濮氏,产颛顼。

《山海经·海内经》:

　　流沙之东,黑水之西,有朝云之国、司彘之国。黄帝妻雷祖,生昌意,昌意降处若水,生韩流。韩流擢首、谨耳、人面、豕喙、麟身、渠股、豚止,取淖子曰阿女,生帝颛顼。

《山海经·海内经》郭璞注引《世本》云:

　　黄帝娶于西陵氏之子,谓之雷祖,生青阳及昌意也。[1]

比较可见,《海内经》所述在昌意和颛顼之间比《帝系》《五帝德》《五帝本纪》多了一代(韩流)。我们认为,《山海经》的资料实际上要比《世本》和《帝系》的资料更为可贵,也更应得到应有的重视,只可惜司马迁因为《山海经》是"怪力乱神"而未予足够的重视,并未利用《山海经》的有关资料补充《帝系》

---

① 郝懿行笺疏、范祥雍补校:《山海经笺疏补校》,上海古籍出版社 2013 年版,第 388 页。

等篇的不足,是司马迁受时代局限造成的。

如前所说,陕西省凤翔县南指挥村秦宫一号大墓出土的石磬等残铭的缀合文字有"天子匽喜,龚(共)桓(桓)是嗣。高阳又(有)灵,四方以鼏(宓)平",这石磬铭文是春秋后期秦景公时代,春秋时期秦人以颛顼高阳为高祖,并作为自己的护佑神灵,认为得到高阳神灵的佑助,便可以平定四方。这与《史记·秦本纪》所说颛顼为秦人始祖母女修为颛顼"苗裔孙"是一致的,颛顼之号高阳出现在春秋时秦人的祭祀祀谱之中,以秦人部族祖先神身份出现,这也表明颛顼高阳并非神话人物,而是传说时代的历史性人物。

四、帝喾——高辛氏有关资料

《史记·五帝本纪》继承《大戴礼记·五帝德》的说法,说帝喾高辛是颛顼之子。《大戴礼记·五帝德》记孔子答宰我"请问帝喾"时云"玄嚣之孙,蟜极之子,曰高辛";《帝系》亦云"黄帝产玄嚣……蟜极产高辛,是为帝喾"。司马迁《五帝本纪》也说:"帝喾高辛者,黄帝之曾孙也。"集解引张晏云:"高阳、高辛皆所兴之地名;颛顼与喾皆以字为号。"索隐引宋衷云:"高辛地名,因以为号。喾,名也。"可见,刘宋以来学者认为高辛本为地名,后为其号;喾或以为字,或以为名。但《左传·文公十八年》说:"高阳氏有才子八人……高辛氏有才子八人……此十六族也,世济其美,不陨其名,以至于尧,尧不能用。"依据古注,"高阳氏"是颛顼之号,"高辛氏"是帝喾之号。这刚好说明黄帝之后,不仅有颛顼高阳氏,还有帝喾高辛氏;而且,"此十六族也,世济其美,不陨其名,以至于尧",也暗示了高辛至尧绝非一二世,可能已经经过了很多时代。若高辛"八族"与尧同为帝喾之子,"世济其美,不陨其名",中间有很长一段时间的缺环,《帝系》和司马迁《五帝本纪》把帝喾高辛氏和尧看成直接相互继承的父子,就把漫长的时间挤压成"压缩饼干",时间被高度浓缩了。但高阳氏与高辛氏其后相继,则与《帝系》《五帝德》是一致的。

《礼记·祭法》:"殷人禘喾而郊冥,祖契而宗汤;周人禘喾而郊稷,祖文王而宗武王。"《国语·鲁语上》与《礼记·祭法》之说大同小异,只是《祭法》的"禘喾"《鲁语上》作"禘舜"。韦昭注《鲁语上》云:"舜,当为喾,字之误也。"韦昭之说是对的。这说明商周都把帝喾作为自己最早的先祖。王晖以商代甲骨文和西周金文资料证明商人和周人都把帝喾作为"上帝""帝"来看待,也说明《国语·鲁语上》与《礼记·祭法》所说"殷人禘喾而郊冥""周人禘喾而郊稷"的说法是有根据的。王晖还根据甲骨金文中"喾"写作"夒",字形作 ![](等等,甲骨文中为人的形体者一般是高祖夒,有兽形者一般是狩猎中猿猱之"猱",但兽形的"猱"也有用为高祖"夒"的,这说明此字释作"夒"是对的。[1]指出"喾"古音溪母、觉部,"夒"古音泥母、幽部,韵部二者为阴入对转,而声母差别较大的原因是复辅音现象,解决了学术界对此字释读说法不一的问题。[2]也可见帝喾为商周祭祀的问题在商周甲骨金文中就已经存在了。

五、尧舜的相关资料

据《尚书》中的《尧典》《舜典》《皋陶谟》《益稷》等篇,夏禹之前的古帝是虞舜、虞舜之前的古帝是唐尧,古《尚书》这些也正好与《大戴礼记·帝系》的记述相互印证,这也是司马迁《五帝本纪》后一段尧舜也要采用《帝系》《五帝德》的重要原因。

(一)尧舜时期的古文献资料

尧舜时期道德文献资料比以前诸帝来说,就多多了。除了《大戴礼记·五帝德》之外,还有《尚书》中的《尧典》《舜典》《皋陶谟》《益稷》等。如《尧典》记载推荐首领时,各个部族推荐的有:尧子丹朱、共工,推荐尧的接班人时就举荐了舜:

---

[1] 《说文解字》"夒,贪兽也。一曰母猴,似人。"唐徐锴《系传》谓"夒,今作猱"。可见夒、猱本为古今字,一为象形字一为形声字。

[2] 参见王晖:《古史传说时代新探》,科学出版社2009年版,第16—24页。

帝曰:"畴咨若时?登庸。"放齐曰:"胤子朱启明。"帝曰:"吁!嚚讼,可乎?"帝曰:"畴咨若予采?"驩兜曰:"都!共工方鸠僝功。"帝曰:"吁!静言庸违,象恭滔天。"帝曰:"咨!四岳,汤汤洪水方割,荡荡怀山襄陵,浩浩滔天。下民其咨,有能俾乂?"佥曰:"于,鲧哉!"帝曰:"吁,咈哉!方命圮族。"岳曰:"异哉!试可乃已。"(言余人尽已,唯鲧可试,无成乃退。)帝曰:"往,钦哉!"九载,绩用弗成。

帝曰:"咨!四岳,朕在位七十载,汝能庸命,巽朕位?"岳曰:"否德忝帝位。"曰:"明明扬侧陋。"师锡帝曰:"有鳏在下,曰虞舜。"帝曰:"俞,予闻,如何?"岳曰:"瞽子,父顽,母嚚,象傲,克谐以孝,烝烝乂,不格奸。"帝曰:"我其试哉!女于时,观厥刑于二女。"厘降二女于妫汭,嫔于虞。帝曰:"钦哉!"

这部分文字,有很可贵的地方。我们现在还不能断定这些文字都是真实的,但我们认为,有一些文字是西周春秋时期人写不出的,如感叹词"俞",见于甲骨文之中;又如"师锡帝"之"锡",与西周春秋战国时用法皆不同。

另外,从这些推荐舜的事实中,我们可以看到,舜似乎并无特殊的能力,只是一家人很特殊:"父顽,母嚚,象傲",舜是用孝道使大家很团结。如果在一般情况下并不奇怪,但放在一个特定历史时期,从部族林立的族邦社会走向一个初步的王朝国家社会时期,其中维护团结则是最主要的事务,所以选择舜就成了很理想的人物。

另外我们还应看到,《礼记》等书常常把"有虞氏"和"夏后氏""周人""殷人"称为"四代":

有虞氏瓦棺,夏后氏堲(烧土)周,殷人棺椁,周人墙置翣(棺饰)。周人以殷人之棺椁葬长殇,以夏后氏之堲周葬中殇下殇,以有虞氏之瓦棺葬无服之殇。(《礼记·檀弓上》)

有虞氏未施信于民而民信之,夏后氏未施敬于民而民敬之。……殷人作誓而民始畔,周人作会而民始疑。(《礼记·檀弓

下》）

> 凡养老：有虞氏以燕礼，夏后氏以飨礼，殷人以食礼，周人修而兼
> 用之。（《礼记·王制》）

可见战国时期学者看来，有虞氏、夏后氏与周人、殷人一样，是一个朝代，各种不同礼仪习俗情况已经比较熟悉。

（二）五帝时代口传历史的价值

《国语·鲁语上》展禽曰：

> 黄帝能成命百物，以明民共财，颛顼能修之。帝喾能序三辰以固
> 民，尧能单均刑法以仪民，舜勤民事而野死，鲧鄣洪水而殛死，禹能以
> 德修鲧之功，契为司徒而民辑，冥勤其官而水死，汤以宽治民而除其
> 邪，稷勤百谷而山死，文王以文昭，武王去民之秽。
>
> 故有虞氏禘黄帝而祖颛顼，郊尧而宗舜；夏后氏禘黄帝而祖颛
> 顼，郊鲧而宗禹；商人禘舜而祖契，郊冥而宗汤；周人禘喾而郊稷，祖
> 文王而宗武王。……凡禘、郊、祖、宗、报，此五者国之典祀也。

这段话值得好好品味，可以帮助我们了解春秋时代人物对远古时代的历史及其重要人物的认识情况。

展禽是鲁国僖公时代的大夫，他在反对鲁国另一位执政大臣臧文仲把海鸟"爰居"当作神灵来祭祀时，讲了上面一段话。这段话，春秋中期展禽如数家珍，不仅排列了黄帝、颛顼、帝喾、尧、舜、鲧、禹等古帝王，而且还屡列自上古以来社稷先公先后时代顺序，而且把这些古帝王、先公大臣的各自丰功伟绩说得很清楚。

尤为重要的是，上古这些古帝王先公分别进入虞夏商周四代祭祀祀谱之中，这些祭祀祀谱不仅有禘、郊、祖、宗四种，而且还有报祭的先王先公。这种历史传说更为可信，因为先秦宗族宗法制度盛行时期，特讲究"神不歆非类，民不祀非族"（《左传·僖公十年》）——这是说神灵并不以为非同族同类人们

的祭祀品是馨香的,民众也不会去祭祀非同族的先祖。虞夏商周的这一类祀谱是这些时代的先王先公,是与这些时代具有血缘关系的,是深深烙印在他们记忆之中的先祖,也应是历史存在的真实,不大会是随便编造出来的神话人物。

从上可见,司马迁《五帝本纪》在他之前几种"五帝"说法中,选择早期儒家《大戴礼记·帝系》,却不是盲目崇信儒家;而是有古文献依据的。从上述《山海经》《世本》《国语·晋语四》《鲁语上》等先秦文献来看,《大戴礼记·帝系》"五帝"说是有历史学家文献考据学依据的,这些古帝的时代顺序也是有根据的。

第三节　司马迁《五帝本纪》的研究方法及其成就与缺陷

一、《五帝本纪》的研究方法与成就

从上我们可以看到司马迁在书写《五帝本纪》过程中,虽以《大戴礼记·帝系》和《五帝德》为其主干框架,然而也广泛吸取了《尚书》中的《尧典》《舜典》《皋陶谟》《益稷》《国语》《世本》《春秋左氏传》(司马迁称之为《春秋》)等许多古书的内容,尽管今天看来,仍然有这样或那样的问题,但就《史记》和其他诸篇相较,是一篇具有现代意义的学术研究性的成果。

(一)《五帝本纪》写作的时代背景

《史记·五帝本纪》载有:

太史公曰:学者多称五帝,尚矣。然《尚书》独载尧以来;而百家言黄帝,其文不雅驯,荐绅先生难言之。孔子所传宰予问"五帝德"及"帝系姓",儒者或不传。余尝西至空桐,北过涿鹿,东渐于海,南

浮江淮矣,至长老皆各往往称黄帝、尧、舜之处,风教固殊焉,总之不
离古文者近是。予观《春秋》《国语》,其发明《五帝德》《帝系姓》章
矣,顾弟弗深考,其所表见皆不虚。书缺有间矣,其轶乃时时见于他
说。非好学深思,心知其意,固难为浅见寡闻道也。余并论次,择其
言尤雅者,故著为本纪书首。

这是《五帝本纪》的最后一段文字,文中讲了西汉时期对"五帝"历史的多种传
说的背景和认识情况。正如上述所引《五帝本纪》最后一段记述所见,当时学
者言说"五帝"者甚多,但最早的古书《尚书》只记载尧以来的历史,而当时言
黄帝之文"不雅驯","荐(缙)绅先生难言之","雅驯"是雅正、雅顺的意思,也
就是说当时"缙绅"之士并不言说这些不大雅正的黄帝等传说。此说是有证
据的。

连孔子与弟子宰我问答五帝之事而形成的《五帝德》和《帝系姓》(帝
系),儒家学者也有不信不传的。这是有所指的,就是西汉戴德编成的《大戴
礼记》中收录了这两篇,但影响更大的在大戴《礼记》基础上再进行精选的小
戴戴圣《礼记》中并未收录这两篇。这是司马迁对当时学术界的如实描述,可
见即使在西汉时代,也不全是"信古"者,对古史古事的怀疑也是时常有之。

在这种情况下,司马迁以他的远见卓识和独特的眼光,运用超乎时代的研
究方法写作了《五帝本纪》。

(二)《五帝本纪》最早实践了历史学多重互证的史学研究方法

司马迁本人在《五帝本纪》中明确说明自己的这些做法:"余尝西至空桐,
北过涿鹿,东渐于海,南浮江淮矣,至长老皆各往往称黄帝、尧、舜之处,风教固
殊焉,总之不离古文者近是。予观《春秋》《国语》,其发明《五帝德》《帝系姓》
章矣,顾弟弗深考,其所表见皆不虚。书缺有间矣,其轶乃时时见于他说。"可
见司马迁自己总结的工作有三个方面。

一是利用类似现代田野调查的方法和民间传说相印证。他向西到了空桐

山(甘肃平凉崆峒山),向东到了东海,向北到了涿鹿(今河北涿鹿县),向南到了江淮一带,到这些地方考察时,其地的长老言说黄帝、尧、舜活动之处。这说明尽管在西汉时代,黄帝、尧、舜已去世两三千年了,但在西汉时也是相当边缘的地区,仍有黄帝、尧、舜的传说在流传;司马迁考虑到这些边缘地区习俗教化本来有所不同,他是以这些传说和古文家所见的文献相呼应才选入《五帝本纪》之中。这说明司马迁是最早利用田野调查和民间传说的资料来思考五帝历史的史学家。

二是《五帝本纪》以《五帝德》《帝系姓》(即今《大戴礼记·帝系》)为主线和基本框架,吸收了《春秋》(即《春秋左氏传》)、《国语》等资料,相互发明印证完成了《五帝本纪》。《五帝德》是以宰我与孔子问答黄帝等五帝的形式写出的对话体文献,最早的时代也只是春秋晚期;《帝系姓》写作时代不明,从文体特征看,与《世本》很相近,大约是战国时期的作品。但后者与《五帝德》一样是出自早期儒家之手。既然这些作品可能出自儒家之手,就可能受到儒家思想和眼光的制约。司马迁考虑到这些因素,就利用《春秋左氏传》《国语》等历史学来相互印证。《国语》是春秋各诸侯国语体类文献的集成,《左传》虽然写出时代是战国早期后段——杨伯峻认为《左传》成书于公元前403年至公元前389年①,或战国中期前段——徐中舒认为其书写成于公元前375年至公元前351年②,但其基本文献资料来源于春秋时各诸侯国的史书。春秋时的史书记述的人物所涉及黄帝等传说时代的历史人物和事件,应是远古时代口耳相传到春秋时才记录下来的。虽然有些走形走样,但大致还是可信的。

三是即使据上述文献,五帝时期的历史还是有不少缺环,司马迁就采用其他文献来补足。这就是司马迁《五帝本纪》所说的"书缺有间矣,其轶乃时时见于他说",这些"他说"我们现在能看到有《世本》和《孟子》等书。《五帝本

---

① 参见杨伯峻:《春秋左传注·前言》(修订本),中华书局1990年版,第34—41页。
② 参见徐中舒:《左传的作者及其成书年代》,载《徐中舒历史论文选辑》(下册),中华书局1998年版。

纪》所采自《世本》如前所说,《五帝本纪》解释从尧舜禅让到禹、益、启世袭制度的转变,则采自《孟子·告子上》的内容。

从《五帝本纪》最后专设一段谈到自己这一特殊篇章写作方法来看,司马迁可谓煞费苦心!原因正是三皇五帝传说历史的复杂性,司马迁断然摒弃三皇的历史传说,而多种五帝传说却也是很难选择和证明!尽管儒家《五帝德》和《帝系姓》较有条理,但内容本身就有诸多问题。这一点似乎在《五帝德》孔子宰予二人对话中就有无限的无奈。"孔子曰:'予!禹、汤、文、武、成王、周公,可胜观也!夫黄帝尚矣,女何以为?先生难言之。'宰我曰:'上世之传,隐微之说,卒业之辨,暗昏忽之,意非君子之道也,则予之问也固矣。'"孔子弟子宰我询问老师黄帝300年的说法如何解释,孔子说:夏商周三代的先王先公,可以尽情观察言说;但黄帝等帝时代太早了,很难说清楚他们。但宰我说:上古时代的传说,都是些隐晦模糊的说法,尽一生一世去辨析,还是恍惚幽暗不清楚,推测也确非君子之道!但是宰我说他还是要固执地问一问。在这种不得已的情况下,孔子才谈到了自己所了解的黄帝以及对黄帝300年的看法。

二、司马迁《五帝本纪》的不足与缺陷

司马迁《五帝本纪》虽然早早突破了近代才出现的"二重证据法",也把田野考察和民间传说与古文献充分结合起来,不仅是历史学的典范之作,也为我们提供了重要的历史考据学之方法论,但也还有一些不足和缺陷。

(一)明显不相信《山海经》

司马迁明显不相信《山海经》,在写作《五帝本纪》时也未使用其书的资料。其因大约从孔子"不语怪力乱神"以来,儒家很重视古文献的"雅驯"问题,而《山海经》大概是"神怪"之渊薮,从孔子以来的儒家很少言及,司马迁《五帝本纪》亦不言及,自然就不奇怪了。但是,《山海经》中涉及黄帝、颛顼、帝喾(帝俊)、尧、舜的资料相当丰富,受"不语怪力乱神"观念的影响而不加使

用,实在是一大遗憾。而用《山海经》历史资料讨论古史,也可能是直到近代王国维才开始使用这种所谓的"不雅驯"之书。因此,司马迁写作《五帝本纪》不使用《山海经》资料,是时代的局限,不能全归错于司马迁本人。

（二）颛顼与帝喾以及帝喾与尧的父子关系难以成立

《大戴礼记·五帝德》和司马迁《五帝本纪》中说颛顼和帝喾是父子关系,说帝喾和尧是父子关系;司马迁《五帝本纪》也毫无批判地继承了这些说法。但这是有问题的。我们从今日所见到的上述古文献中见不到这种内容,反而从《左传·文公十八年》"高阳氏有才子八人……高辛氏有才子八人……此十六族者,世济其美,不陨其名,以至于尧,尧不能用","高辛氏"就是帝喾,"世济其美,不陨其名,以至于尧",这里"世"的用法就是王力《古代汉语》中所说的时间名词放在动词谓语之前,表示时间的频数,意思是"世世""代代"。这似乎就是说,帝喾到尧已经经过了许多时代或世代了,二者绝不会是父子关系!《五帝本纪》继承《大戴礼记·帝系》《大戴礼记·五帝德》等古文献的说法,实际上是不对的,这是我们今天要清醒认识的问题。

（三）关于"四凶族"问题

司马迁误读《五帝德》和《左传·文公十八年》太史克所说舜流放四凶族的历史,把原本一事化为二事,并分属尧舜两个时期。

《尚书·舜典》叙述其事云:"舜让于德,弗嗣。正月上日,受终于文祖。……敷奏以言,明试以功,车服以庸。……流共工于幽州,放驩兜于崇山,窜三苗于三危,殛鲧于羽山,四罪而天下咸服。二十有八载,帝乃殂落。"这就是说流放共工、驩兜、三苗、鲧四凶族,是在尧未去世之前尧舜共政期间发生的事件。

而《左传·文公十八年》太史克叙述其事说:"昔帝鸿氏有不才子,掩义隐贼,好行凶德,丑类恶物,顽嚚不友,是与比周,天下之民谓之浑敦。少皞氏有不才子,毁信废忠,崇饰恶言,靖譖庸回,服谗蒐慝,以诬盛德,天下之民谓之穷奇。颛顼有不才子,不可教训,不知话言,告之则顽,舍之则嚚,傲很明德,以乱天常,天下之民谓之梼杌。此三族也,世济其凶,增其恶名,以至于尧,尧不能去。缙云氏有不才子,贪于饮食,冒于货贿,侵欲崇侈,不可盈厌,聚敛积实,不知纪极,不分孤寡,不恤穷匮,天下之民以比三凶,谓之饕餮。舜臣尧,宾于四门,流四凶族浑敦、穷奇、梼杌、饕餮,投诸四裔,以御魑魅。是以尧崩而天下如一,同心戴舜以为天子,以其举十六相,去四凶也。故《虞书》数舜之功,曰'慎徽五典,五典克从',无违教也。曰'纳于百揆,百揆时序',无废事也。曰'宾于四门,四门穆穆',无凶人也。"

比较上述《舜典》和《左传·文公十八年》太史克所说的内容,虽然二文所说"四凶族"名号似乎完全不同,但实际上是一回事。特别是《左传·文公十八年》太史克在叙述了舜举"十六相"、去"四凶族"后,云"故《虞书》数舜之功……曰'宾于四门,四门穆穆',无凶人也",可见太史克所叙述的就是对《舜典》的解释。

太史克解释之语不用原文的名称语词而使用了另外一套貌似不同的术语名词,正是解释的一种需要,把共工、驩兜、三苗、鲧所属部族渊源所自作了交代。二者的对应是没有问题的。

《尚书·舜典》	共工 ↓ 幽州	驩兜 ↓ 崇山	三苗 ↓ 三危	鲧 ↓ 羽山
《左传·文公十八年》	帝鸿氏不才子—浑敦 ↓ 四门 四裔	少皞氏不才子—穷奇 ↓ 四门 四裔	颛顼氏不才子—梼杌 ↓ 四门 四裔	缙云氏不才子—饕餮 ↓ 四门 四裔

但这在《五帝德》中流放四凶族被孔子完全归于尧的功劳,其文云:"宰我曰:'请问帝尧。'孔子曰:'高辛之子也,曰放勋。……伯夷主礼,龙、夔教舞,

举舜、彭祖而任之,四时先民治之。流共工于幽州,以变北狄;放驩兜于崇山,以变南蛮;杀三苗于三危,以变西戎;殛鲧于羽山,以变东夷……'。"

如果说把流放四凶族于四裔,完全归之于尧的功劳,虽然不大符合《舜典》原意,但因为《舜典》中叙述四凶族的流放是在尧舜共政的 28 年之中,也就像《左传·文公十八年》太史克把流放四凶族之功完全归之于舜一样,因此此说也不算是重大错误。

司马迁《五帝本纪》继承了《五帝德》的说法,把流放共工、驩兜、三苗、鲧等四凶族归之于尧时尧的功劳;而把《左传·文公十八年》太史克所说流放帝鸿氏不才子浑敦、少皞氏不才子穷奇、颛顼氏不才子梼杌、缙云氏不才子饕餮于四门的功劳,归之于舜。这样就造成尧舜时有两次讨伐并流放四凶族的历史大事。这可以说是司马迁误读经典、失于考察的一个重大失误。

当然,《五帝德》孔子所述尧的功绩中还有一个失误,那就是他从《舜典》中舜在尧死后才任用的大臣中,选出几个隶属于尧时:"伯夷主礼,龙、夔教舞,举舜、彭祖而任之,四时先民治之。"《舜典》中除了舜之外,伯夷、龙、夔等的任命使用都是在尧死后舜执政之后才出现的历史大事。《五帝德》中孔子所说是不对的。难能可贵的是,司马迁《五帝本纪》中并未继承此说,这是对的,说明司马迁依据《尚书·舜典》之说订正了《五帝德》的说法,亦可见司马迁对《五帝德》中孔子之说亦非完全承继,是值得肯定的。

第六章　炎黄时代的辉煌创造

摩尔根曾说:"在人类进步的道路上,发明和发现层出不穷,成为顺序相承的各个进步阶段的标志。"①如果将文献资料、考古材料与民间传说结合起来进行考察,我们不难发现,炎黄与炎黄时代有着多方面的辉煌创造。这些辉煌创造成为炎黄时代"进步阶段的标志"。其标志主要反映在两方面,即物质创造和精神创造。从文献记载的古史传说看,均将其归在炎黄二帝的名下。但是,用今天历史唯物主义的眼光来审视这些"发明和发现",我们理解,这些辉煌创造,并非炎帝、黄帝一个人或几个人所为,也非炎帝、黄帝一生一世所能完成,而是由多个氏族、部落或部族的众多人物,经过长期的若干世的反复实践创造创新而取得的成果。正如柳诒徵在《中国文化史》(上)一书中所说:"黄帝时之制作,或恃前人之经验,或赖多士之分工,万物并兴,实非一手一足之烈。"②但由于中华民族自古以来有托古、重古的意识,又有崇尚感恩的情怀,于是,便将炎黄时代集体智慧发明创造的物质文化和精神文化成果"层累叠加"在炎黄二帝的身上,使其成为炎黄时代集体发明创造者的代表、旗帜和象征。所以,我们说炎黄时代是中华文明的源头所在,炎黄文化是中华文明的

---

① ［美］路易斯·亨利·摩尔根:《古代社会》,杨东莼等译,中央编译出版社 2007 年版,"序言"第 2 页。

② 柳诒徵:《中国文化史》(上),江西教育出版社 2018 年版,第 15 页。

"魂文化"和"祖文化"。有了这个源和根、魂和祖,才使中华文明源远流长,根深叶茂;一脉相承,永续不绝。

本章以古史传说为线索和依据,以仰韶、龙山早期考古学文化为参照,以民俗文化为补充,对炎黄与炎黄时代所创造的物质文明和精神文明的成果加以探讨。

第一节 炎黄时代的物质创造

炎黄与炎黄时代的物质创造,主要反映在创制耒耜,发展农耕;织麻为布,缫丝制衣;石煮烹食,始作瓦甄;构木架屋,建造宫室;始制舟车,引重致远;耕而作陶、冶铜铸鼎;发明医药,教制九针;日中为市,开创交易等八个方面,涉及社会生活的方方面面。而炎黄与炎黄时代所发明创造的这一系列物质文明成果,为开创中华文明的起源和形成,推动中华民族的发展和壮大,作出了重大而杰出的贡献。

一、创制耒耜,发展农耕

在农业出现前的一二百万年的岁月里,处于蒙昧时代的先民,靠的是采集和渔猎来维持生计。大约到了距今 1.2 万年前后,为了获得较为稳定的生活来源,便开始采用新的手段和方式获取物质生活资料,于是,农业出现了。农业的产生是人类具有划时代意义的一件大事,它不仅在生理上,而且在取得生活资料的方式上,把人与动物彻底区分开来。正如恩格斯所说:"动物仅仅利用外部自然界,简单地通过自身的存在在自然界中引起变化;而人则通过他所作出的改变来使自然界为自己的目的服务,来支配自然界。这便是人同其他动物的最终的本质的差别。"[1]传说,中国原始农业的产生始于炎帝"耕而种

_____

[1] 《马克思恩格斯选集》第 3 卷,人民出版社 2012 年版,第 997—998 页。

之"(《逸周书·尝麦解》)的发明创造,也就是说炎帝(神农氏)是农耕文明的创立者。① 这里从三个方面予以介绍。

(一)培育粟谷

炎帝发明农业之初,最先或者是从野生的植物中,选择可食者加以栽培,不可食者加以淘汰,或者是将使用的野生果实、野菜和种子,无意间掉到地上或洞口附近,被土壤埋起来,当看到这些种子开花结果时,便想到在附近种些种子,等着来年收获。通过多次的尝试和失败,发现了可培育和可种植的"嘉谷"——粟。古文献中多有这方面的传说。是说炎帝时代,人们捕鱼狩猎难以养活自己,于是,炎帝便带领族人"尝百草之实,察酸苦之味,教民食五谷"(《新语·道基》)。经过长期的"尝"和"察",使人们能够区分自然物的有毒与无毒,可食与不可食,可口与不可口,以及酸、甜、苦、辣、辛的品性,从而为下一步筛选、驯化、培育可食可口的粟(谷)、五谷、百谷、百蔬作了必要的准备。农业中的"嘉禾""嘉谷""嘉种",首先是先民通过"尝"和"察"等方式人为选择的结果。传说炎帝是尝百草选择宜食植物根、茎、叶、籽实及蠃、蜕之类动物的带头人,是谷、稻等粟类"嘉种"的发现者。

炎帝时代的人们发现"嘉禾(粟)"、种嘉禾是受到了鸟兽的启示。东晋王嘉《拾遗记》说:在当时有丹雀口衔九穗禾,飞过空中时有掉在地上的,炎帝便拾起来,种植在田地。于是,地上就长出了粟谷或稻谷。我们说,在"与麋鹿共处"的炎帝时代,有人类生息的地方大约就有鸟兽的活动。鸟兽觅食,衔来禾穗,掉在地上被人们捡拾起来,从中受到启示:飞鸟衔来的东西可能为可食之物,品尝结果,味道不错,于是就成了人们食物中的佳品。至于丹雀善解人意,专门为炎帝送来百谷中的"嘉种",那是"历史的神话"。因为佳食与佳种之间还有相当大的距离,不可同日而语。人们循鸟而行,以鸟之佳食为佳种,不仅少走弯路,避免了某些毒伤之害,而且增加了可食之美味。这在当时人心目中自然是一件可喜而神奇之事,再加上后来种植粟谷的成功,从而产生了以鸟为图腾的崇拜心理。

《逸周书》说:"神农之时,天雨粟,神农耕而种之。"《本草纲目》说"古者以粟为黍、稷、粱、秫之总称",或又称禾、谷、穈、麦等。粟是北方古代人民,特别是黄河流域人民的主要食物之一,也是北方地区农作物主要品种之一,而在长江以南则是以稻谷为主,所以,有传说炎帝也是稻作农业的发明者。

在自然崇拜盛行的炎帝时代,人们以粟为神,崇拜五谷之神,这是很自然的事。再说,人们从地上捡拾的"嘉种",是鸟儿衔食从天空飞过掉下来的。因此视粟是神物,是天所降,是"天雨",也便毫不为奇了。其实,由采集经济进入农耕经济,把草木植物转化为农作物粟,这是人们在漫长的生产实践中人为选择和自然选择的结果。如柯斯文所说:"原始人为从多到数不尽的野生植物中挑选、培育上述一系列栽培植物……曾花费了何等长久的时间,何等坚持的劳动,应该是不难想象的啊!"①在原始人年复一年的采集活动中,人们发现采集的狗尾草长过的地方,明年会有新的狗尾草长出,供人们再次采集;在狗尾草籽贮存或散落的地方,遇有适宜条件也会长出新苗、新穗。人们还发现,气候等条件适合,天下雨最容易长新苗、结新穗,便把雨和粟联系起来,谓为"天雨粟"。于是,人们从中受到启发,开始在每年有狗尾草生长的地方自觉地帮助其苗壮成长,以便在采集时有更多的收获。大概从直观感受和直接经验中,人们首先把有碍于粟生长的杂草拔掉除去,这可以说是最原始的"中耕除草"了,它起到了除草、松土、保墒、透光等多种作用。与此同时,人们还

---

① [苏]柯斯文:《原始文化史纲》,张锡彤译,人民出版社1955年版,第82页。

把长期狩猎活动中获得的经验运用于驱赶、捕捉鸟兽,以防止鸟兽对庄稼的危害或与人争食。当然,这里还应包括对虫害的防治。

种子撒在地上,遇有适宜条件便会发芽、成长、结实,这使人类发现了一个绝大的秘密,原来不仅"天雨粟",人也可以种粟。于是,人们便在自己居住地附近,选择适合粟生长的土地、时间等条件,撒下粟种。由人对天然粟的利用、培育到人工种粟,这是农业发展史上的一个重大转折,是真正意义上的农业的开端。它标志着先民从"以获取现成的天然产物为主的时期"而进入"学会靠人的活动来增加天然产物生产的方法的时期"①——农耕文明时代。

在人工驯化、培育粟的同时,其他农作物的培育和驯化也在进行。诚如《绎史》卷四引《周书》所言:"神农之时"不仅"天雨粟",炎帝"耕而种之",而且"五谷兴助,百果藏实"。由"尝百草"而"天雨粟",再到种植"五谷""百蔬",这是一个合乎逻辑的发展过程。因而我们说,被炎帝驯化的农作物,除了粟之外,还有黍、稷等耐旱作物。

这里以生长于黄河流域的粟谷为例,加以说明。粟谷的驯化是与炎帝时代的人们对黄河流域土壤、气候、生态等自然环境的认识和利用分不开的。《淮南子·修务训》说:"神农乃始教民播种五谷,相土地,宜燥湿、肥垆高下。"进入全新世的土壤、气候、生态对粟的生长十分有利。黄土是风化较弱的土壤,表现有疏松、多孔隙、极易渗水等物理性质。土壤内的矿物质,包括比较容易流失的碳酸盐大致尚未溶解流失,保留有相当肥力。② 土壤具有较长期的保湿能力,纵向结构容易形成毛细管作用,把深层水分、肥力带到地表。对较干旱地区来说,这是一种有利于粟谷一类农作物生长的土壤。炎帝时代的人们在种植粟谷的过程中,对土壤的燥湿、肥垆高下进行了认真仔细的辨认和选择。

"正四时之制"是粟得以驯化的又一重要条件。《尸子》说:"神农氏治天

---

① 《马克思恩格斯选集》第4卷,人民出版社2012年版,第35页。
② 参见刘东生等:《黄土的物质成分和结构》,科学出版社1966年版,第2页。

下,欲雨则雨。五日为行雨,旬为谷雨,旬五日为时雨。正四时之制,万物咸利,故谓之神。"这是说炎帝能做到欲雨则雨,天遂人愿,这是对炎帝的神化,或者表达了人们希望有"及时雨",以实现丰收的美好愿望,抑或说明炎帝之时可根据气象和经验预知某些降雨现象。同时,也反映了黄土地区气候较干燥,雨量变率大,但又缺乏灌溉设施,人们不能不以耐旱作物粟谷作为主要粮食作物的情况。但粟谷的耐旱性是有限的,于是人们便在生产实践中注意观察寒温、暑热、雨霜、旱涝对粟谷生长的影响,以便适时播种、耕耘、收获。特别是在粟谷生长的关键时刻,尽可能避开干旱。所以后世多种早谷,而少种晚谷,早谷在谷雨后播种容易避开春旱,农历七八月份雨量集中,再加上高温,对抽穗、结实有利。文献中所谓的"欲雨则雨",以及"行雨""谷雨""时雨"和"正四时之制",正是对种植粟谷最理想的气候、时令、雨量的描述。这是先民关于农业同气候、时令等关系的宝贵经验和知识的总结。

考古资料表明,新石器早期,河北武安磁山文化,陕西大荔文化,河南许昌灵井文化,山西朔县峙峪文化和垣曲县的下川文化,河北阳原县的于家沟文化,北京的东胡林文化,以及河南新郑裴李岗文化,陕西老官台文化等,其遗址里不仅发现多件粮食加工工具,如石磨棒和石磨盘以及石臼等,而且有大量粟贮存,其中磁山遗址粟的窖藏有88个,总体积约109立方米,有学者估算达12万斤之多。① 距今8000—5000年的甘肃大地湾、临夏大和庄、齐家坪等遗址,陕西的宝鸡北首岭、斗鸡台,西安半坡、临潼姜寨,华县泉护村等前仰韶文化、仰韶文化遗址亦均有粟出土。石兴邦先生说:"在炎黄部落活动的秦陇高原,新石器时代的氏族部落文化是以仰韶和前仰韶文化为主体的粟作农业文化。这个文化传统以渭河河谷为中心,东及晋南、豫西、豫北、冀南的汾、沁、洛、漳诸河流域地区。"②根据目前已经掌握和发表的资料,"在距今1万年左

① 参见佟伟华:《磁山遗址的原始农业遗存及其相关的问题》,《农业考古》1984年第1期。
② 石兴邦:《有关炎帝文化的几个问题》,载霍彦儒主编:《姜炎文化论》,三秦出版社2001年版,第16—17页。

右,随着最后一次冰期消退、全球性气候逐渐回暖,中国北方各地的低地丘陵区,亦即山麓或山前地带,在狩猎—高级采集基础上,开始了由谷物收割经济向谷物种植经济的转变,同时也实现了由旧石器文化向新石器的过渡"①。也就是说,我们"完全可以确定中国北方是世界粟作农业的主要发源地"②。另外,在这些遗址还出土有白菜籽或芥菜籽,说明蔬菜种植也已成为当时农作物的内容之一。正与文献记载的"百蔬"相对应。以上说明在新石器早期和中期,华北地区,粟谷种植已经是相当普遍的了。

在长江流域,人工栽培稻谷目前考古发现最早的是湖南道县,距今已有1.2万年。在随后的长江中下游地区,陆续发现了浙江余姚河姆渡和桐乡罗家角等多处含有稻谷食物的遗址。这些遗址均属于公元前5000年至公元前3000年,这正好属于仰韶文化时期即炎黄时代。以河姆渡为例,经考古发现,在遗址第四层4000平方米的范围内,普遍堆积着厚厚的稻谷、稻壳和稻草,最厚处达1米以上,据测算,稻谷的总量高达120吨以上。经鉴定,这些稻谷属于栽培稻籼亚型种中晚稻型水稻。栽培稻谷收获量之大,反映了稻作农业种植规模之大和生产技术之先进。这正好与古史传说的炎帝时代的农耕发展相适应。

尽管黄河流域与长江流域不属于同一种农业类型,前者为粟作农业,后者为稻作农业,对水土、气候及耕作技术的要求也不尽相同,但所种植的都属于粟类农作物,其种子的来源可能是相同的,大概都是由鸟食受到启示,与粟谷的种植一样,是在野生稻谷的基础上经过长期驯化培育的结果。

(二)刀耕火种

最早的农耕生产,仅有最简单的石器农具,种植方法主要是在居住地附近

---

① 王震中:《中国文明起源的比较研究》(增订本),中国社会科学出版社2013年版,第28页。

② 侯毅:《试论我国北方粟作农业的起源问题》,《农业考古》2007年第1期。

或采集地播撒野生粟谷或稻谷的种子,待生长后,拔掉周围的杂草,并以拔下来的杂草分置在作物的根部作为肥料。这种不烧不耕的种植方法,是最原始的耕作方式,被称为"荒耕"或"游耕"。

原始农业的第二个发展阶段便是"刀耕火种"阶段。《左传·昭公十七年》载:"炎帝氏以火纪,故为火师而火名。"《左传·哀公九年》载:"炎帝为火师。"从其名称来源可知,炎帝称谓当与"火"有关。炎帝族之所以崇拜火,并以"火"为族名,可能与炎帝族最早从事"火耕"有关。炎帝又号称"烈山氏"。"烈山"即"烈山泽而焚之"(《孟子·滕文公上》)、"焚林而田",即我们所说的"刀耕火种"。火焚林莽、草地,使土地的开垦、耕种变得较前容易,且能较大面积耕种,草木灰烬留在地表成为肥料,大火除灭了土壤中的病虫害,有利于农作物生长。这比起"荒耕"就要先进得多了。不过,古代放火所焚的山林,不会是高大、整片的森林,有可能是坡地或平地的杂草。因为古代地广人稀,没有放弃平地不先开垦而烧山毁林以辟农田之理。再说,火耕所烧森林必留残根,不易挖出而难以"水耨"。[1]

这种刀耕火种或火耕水耨的原始耕作方式,在我国延续了相当长的时间,不少史料均有相关的记载。《史记·货殖列传》说:南方的荆楚、百越之地,地广人稀,主要以稻和鱼为食,是"火耕而水耨"。《史记·平准书》亦说:"江南火耕水耨。"什么叫火耕水耨?《集解》中应劭解释:"烧草,下水种稻,草与稻并生,高七八寸,因悉芟去,复下水灌之,草死,独稻长,所谓火耕水耨也。"以火助耕是农业发展的一个重要过程。唐启宇说:"中国古代实行火耕农业,是很有名的。"[2]早期的人们对除草、施肥、灌溉等农业技术与观念在还没有完全成熟之际,借火焚来清除杂草并取得肥料,然后再播种、引水,以盼望五谷丰登。这种耕作方式,直至20世纪50年代还仍存在于我国南方的有些少数民

---

① 参见王仲孚:《神农氏传说试释》,载郑杰祥主编:《炎黄汇典·文论卷》,吉林文史出版社2002年版,第326页。

② 唐启宇编著:《中国农史稿》,农业出版社1985年版,第44页。

族中。据史籍记载,我国南方少数民族如土家族、瑶族、畲族、苗族、黎族、高山族、傈僳族、彝族、纳西族、阿昌族、景颇族、普米族、独龙族等山地民族,历史上都曾进行过刀耕火种。① 这种刀耕火种的耕作方式,不仅盛行于古代中国,而且在世界其他民族中也盛行过。苏联著名人类学家柯斯文说:"砍倒—烧光……这种农业过去是很普遍的,并且直到今天仍然在许多落后部落和部族中间持续着……哥伦布来到以前的整个美洲;由北纬十八度至南纬二十二度之间的非洲地带;大洋洲全部;印度尼西亚全部;印度支那全部;印度的一大部分;中国的一部分以及亚洲其他许多地方。对土地加工的这种方式,在整个欧洲,直到进入有史时期以后,也还是广泛传布着的。"②

(三)创制耒耜

英国著名考古学家柴尔德在《人类创造了自身》一书中,提出了由于技术革命,导致新石器革命和城市革命的著名论断。③ 耒耜等农业生产工具的出现,是原始社会的第一次技术革命,将原始农业推进到一个新的发展阶段,从根本上改变了原始社会的生产手段,即生产力。农具的发明是农业走向成熟、走向文明的重要标志,也是农业成为人类主要的经济生产的重要手段。摩尔根说:农业工具的出现,"对于人类的优越程度和支配自然的程度具有决定的意义"④。几千年来,中国以农立国,然而,农具产生于何时? 自古以来,说法不一。古史传说,是炎帝最早发明了农具——"斫木为耜,揉木为耒"⑤。类似

---

① 参见何星亮:《炎帝与中华文明的起源》,载霍彦儒主编:《炎帝与汉民族》,三秦出版社2003年版,第160页。

② [苏]柯斯文:《原始文化史纲》,人民出版社1955年版,第82—83页。

③ 参见[英]戈登·柴尔德:《人类创造了自身》,安家瑗、余敬东译,上海三联书店2008年版,第53—54页。

④ 转引自[德]恩格斯:《家庭、私有制和国家的起源》,《马克思恩格斯选集》第4卷,人民出版社1972年版,第17页。

⑤ 《逸周书·佚文》:"神农之时……斫木为耜……以垦草莽";《周易·系辞下》:"神农氏作……斫木为耜,揉木为耒……"

的内容在其他如《白虎通义》①《史记·补三皇本纪》②等古籍中也有大致相同的记载。但在有些古史传说中,却将耒耜的创制记在黄帝的名下。③ 这可能是农业发展到黄帝时代,与其对耒耜一类农具的改进分不开。

在耒耜之类生产农具尚未出现之前,先民在农业生产中可能靠的是尖木棒刨挖点播。木棒这种人类最初最容易得到的采集、渔猎工具,大约首先在农业生产中使用。先民们用有尖头的木棒刺地松土或掘洞、点播、栽苗,这是最简易的耕种方式。《国语·鲁语上》载:"昔烈山氏之有天下也,其子曰柱,能殖百谷百蔬。""柱"就是尖头木棒。"柱"是"柱耕"农业的象征。"柱"在炎帝时代就有,在发明耒、耜之后依然使用,所以说炎帝裔孙"柱",能种植"百谷百蔬"。

用柱掘土、松土,面积是有限的,不能成为名副其实的翻土工具,于是便产生了耒。耒是在柱的基础上创造出来的。耒有两种形状:一种是在柱的端头处固定一个短小的横木,刺土时以手持上端、脚踩横木入地,这就是最初的单齿耒。这种耕作工具,新中国成立前在一些农村仍在使用,名叫"拐桩"。另一种形状是将柱的尖头经过火烤(揉),使其有一定的弯曲度,且向上微微翘起,成为曲柄斜尖耒。这就是说的"揉木为耒"。甲骨文中的"乀"字就是这种耒的象形字。这种工具不仅可以刺土为洞,又可以翻土、松土;不仅用于种,还可用于耕。随着耕种的需要,单齿耒向三个方向改进:

一是由一齿(一木一端)改进为"歧头",即成为"方"形的双齿或者三齿、四齿(是指木棒前端有两个、三个或四个歧枝)。这种双齿、三齿或四齿之耒,不仅可用于翻土、播种,还可用于翻晒、堆摞作物秸秆。这种木耒在殷墟不少窖穴壁

---

① (东汉)班固:《白虎通义》:"因天之时,分地之利,制耒耜,教民农作,神而化之,使民宜之,故谓之神农也。"

② (唐)司马贞:《史记·补三皇本纪》:"炎帝神农氏……斫木为耜,揉木为耒。耒耨之利,以教万民。"

③ 《世本》:"垂作耒耜。"

上发现其清晰的痕迹,都是双齿。小屯西地 H305 坑壁发现的大形耒痕,齿长 19
厘米、齿径 7 厘米、齿距 8 厘米;大司空村 H112 坑壁发现的小形耒痕,齿长 18 厘
米、齿径 4 厘米、齿距 4 厘米。甲骨文中的"耤"字,作"𦥑",像人侧立执耒举足
刺地之形。这与山东武梁祠汉代石刻神农氏手持之物极为相似。① 时至今
日,在一些偏远山区,仍有使用这种双齿耒的。不过不再用于耕种,而主要用
于晾晒、堆摞秸秆、柴草等。名称改为"杈"。这实际上是耒的改进和流变。

二是将单齿木耒一端头削成板状刃。这说的就是"斫木为耜"。也就是
徐中舒先生在《耒耜考》一文中所说的"耜下一刃"。从其形制看,甲骨文中作
"𣏾"形,像一片有柄的叶子,略似后世的锹头。翻地面积要比单齿耒稍大一
些。所以说,耜比耒要进步一些。

三是耒与耜结合,改进成一种复合工具。柄仍为木制,而耒的前端则或用
石、骨或用蚌壳作材料,用藤条紧缚于木柄上,用作翻地或锄地。这种耜(锄)耕
技术,在炎帝时代虽已出现,但还不是很普遍。所以,反映在考古学上,像这种耜
耕工具在仰韶文化时期,目前仅有两处遗址发现。一处是距今 7000 多年前的浙
江余姚河姆渡遗址,有木质和骨质的耜出土;一处是距今 8000 年前后的陕西宝
鸡关桃园遗址发现的骨耜,与河姆渡出土的骨质耜形状基本相同,仅为大小有
别,均以牛或鹿的肩胛骨制成。其中 H221∶10 骨耜,通长 25 厘米,柄的大径 6.6
厘米,刃部宽 12 厘米,上端以肩胛骨自然曲颈形成握手,往刃部形成三角形且逐
渐放大加宽,刃部有二齿,其加工使用痕迹明显。有的耜,由于长期使用刃部已
磨损去一部分。从耜以曲颈为握手来看,可能先民最初是蹲下身,手握耜颈翻
地或锄地的,后来才将石耜或骨耜捆扎固定在耒上,成为复合工具——耒耜。②
耒耜是与农业生产直接相关的工具,所以成为农业起源的重要标志之一。

---

① 参见苏秉琦主编:《中国通史·上古时代》第三卷,上海人民出版社 2004 年版,第
244 页。

② 参见陕西省考古研究院、宝鸡市考古工作队编著:《宝鸡关桃园》,文物出版社 2007 年
版,第 23、326 页。

图 6-1　浙江余姚河姆渡遗址出土的骨耜

此外,距今 8000—6000 年前,整个黄河流域及其东北地区,以河北磁山、河南裴李岗、甘肃大地湾、陕西老官台、北首岭、半坡、姜寨等前仰韶文化和仰韶文化遗址为代表,发现了包括翻土工具在内的成套农具,石器中有砍伐林木和加工木器用的石斧,松土或翻土用的石铲、骨铲、骨锄,收割用的石镰、石刀,加工粮食用的石磨盘、石磨棒,可以说不仅一应俱全,而且制作精致。长江以南地区,除上述石器外,因经营的是以稻作为主的水田农业,开挖排灌渠道和翻土整地是主要农活,因此导致了诸如河姆渡之类遗址中发现的骨耜木铲很发达,在这些遗址中,石斧出土数量也较多,反映了田野的垦辟比以前扩大了。农耕技术水平较前有了较大提高。

进入黄帝时代,黄帝和其族民们,在继承炎帝时代农耕生产的基础上,又有新的发展。主要表现在以下三个方面:

一是生产工具的多样化、精致化。黄帝时代在继续沿用石刀、石斧、石铲、石磨棒的同时,对炎帝发明的耒耜做了进一步的改进。《世本》云:"垂作耒耜。"垂为黄帝的臣子。这里说的垂作耒耜,肯定不是简单的复制,而是进行了加工改造,使其精致化。考古发现,仰韶文化中晚期及龙山文化早期,大量复合工具的出现,使黄帝时代的先民们,或则"剡耜而耕,摩蜃而耨",或则"斧柯而樵,桔皋而汲"(《淮南子·泛论训》),即如翦伯赞先生所说:"在他们手中,再不是拿的粗糙的打制石器,而是研磨的石斧与石镰。再不是原始的掘土棒,而是进步的鹤嘴锄。"[①]骨耜、石铲等多种复合农具的出土,说明黄帝时代的人们较之炎帝时代已懂得并普遍实行翻土、锄耕,即农业已基本上进入耜耕农业阶段。

二是粮食品种的多样化。黄帝时代开始出现多品种的粟和粟以外的其他农作物品种,如高粱、蔬菜等。《史记·五帝本纪》载,黄帝"蓺五种",《索隐》:"蓺,种也,树也,五种即五谷。"《集解》引郑玄曰:"五种:黍、稷、菽、麦、稻也。"《五帝本纪》又云:"时播百谷草木。"《正义》云:"言顺四时之所宜而布种百谷草木也。"这些粮食品种在仰韶文化中晚期,如陕西泉护村、郑州大河村、湖北屈家岭、甘肃大地湾(晚期)、浙江河姆渡(晚期)等遗址均有发现。在陕西武功赵家来客省庄第二期文化遗址,还发现了麦秆,说明黄帝时代后期开始了小麦的种植。同时,还在甘肃大地湾发现了油菜籽,郑州大河村发现了莲藕、莲子等植物。

三是耕作方式的精细化。黄帝时代由炎帝时代的"刀耕火种"粗放式的耕作转向"轮休"精细化的耕作。古史传说,黄帝始设"井田制",推广"步亩制",公平、互助经营。《黄帝内经》载:"黄帝升为天子,地献草木,述耕种之利,因之以广种。"《路史·疏仡纪·黄帝》载:"经土设井,以塞争端;立步制亩,以防不足。八家以为井,井设其中。"这是说:黄帝划分土地,用来防止争端,建立丈量土地的步亩制度,以防止土地的不足。八家各耕一块地,合为一个井田,中间的公田八家共耕,收入缴纳国家。这些措施反映了黄帝时代开始有了土地管理制度。实际上,据文献记载,井田制最早出现于西周,黄帝时代

---

①　翦伯赞:《先秦史》,北京大学出版社1999年版,第77页。

是否有井田制,还有待进一步探讨。尽管如此,但起码说明一点,黄帝时代的农业耕作技术和田间管理都较前有了较大的提高。

炎黄时代是新石器时期的重要历史阶段,农业的开端、发展,是这个时代最显著的特征。在这个时代,不仅发明了粟谷、耒耜,还掌握了一定的农业耕作技术,使农业从最初的抛荒、刀耕火种农业而逐步走向新的"轮休"、锄耕农业。不仅在中国,即使在欧、亚、非等世界范围内,产生于新石器时代的农业"则成为之后发达文明的基础"①。

二、织麻为布,缫丝制衣

传说炎帝与纺织术的发明也有关系。炎帝"耕而食,织而衣"(《庄子·盗跖》),"身亲耕,妻亲织"(《吕氏春秋·爱类》)。《商君书》②《庄子》③等书中也均有此类记载。其实,原始纺织、"作衣"是经过了一个比较漫长的历史发展过程。

在旧石器时代的中期或更早时期,即蒙昧时代中期以前,先民不知道衣服,为抵御寒冷,"夏多积薪,冬则炀之",平时蔽体则是"衣其羽皮"(《绎史》引《古史考》)、"衣皮苇"(《白虎通义·号》)。这是说人类最初只是把自然形态的兽皮、鸟羽和茅草之类东西,披围到身上,聊以改善赤身露体的状况。但是,这还不能说是衣服的制作,或已产生了衣服。因为"再简单的服装也必须经过人工裁、缝所制成"④。考古证实,北京山顶洞遗址发现骨针为距今约两万年前后,说明这时的山顶洞人已经能够用兽皮一类的材料缝制衣服了,揭开了服饰文化史上最早的篇章。到了新石器时代,尤其是距今六七千年的炎帝时代,形成了以农业为主的综合经济,原始手工业如陶器和纺织工艺也得到较

---

① [美]海斯、穆恩、韦兰:《人类简史:从远古到二十一世纪》,王敬波译,天津人民出版社2017年版,第11页。
② 《商君书·画策》:"神农之世,男耕而食,妇织而衣,刑政不用而治,甲兵不起而王。"
③ 《庄子·盗跖》:"神农之世……耕而食,织而衣,无有相害之心,此至德之隆也。"
④ 沈从文:《中国古代服饰研究》,上海书店出版社2005年版,第4页。

快发展。自然界的东西不仅被广泛利用,还不断为人们加工改造或再生出来。其时各种各样的纺织品的产生和进步,为早期服饰缝纫工艺提供了新材料,并对服饰形制也产生了重大影响。①

首先,纺织的材料除了皮革之类外,已有了葛、麻等天然和栽培的有机材料。《礼记·礼运》篇说:"昔者先王……未有丝麻,衣其羽皮。后圣有作,然后……治麻丝,以为布帛。"有说此"后圣"是指炎帝。亚麻、苎麻在1万年前就已生长,是中国乃至世界古代重要的纤维作物之一。亚麻等灌木植物因较适应于温带和亚热带气候,所以,原产于中国西南地区,以后内蒙古、山西、陕西、山东等北方地区也普遍种植。因为这些天然有机物易于腐朽毁灭,在漫长的历史岁月中是极难保存下来的。所以,在目前的考古发现中,仅浙江钱山漾新石器时代遗址出土的苎麻布和细麻绳,距今就有4700余年。我们现在所能看到六七千年的,只是西安半坡、临潼姜寨、华县泉护村等仰韶文化遗址出土的有关麻布的材料,均为陶器上的印痕。据测定,每平方厘米约有经纬线各10根。尤其江苏吴县草鞋山遗址发现的距今6000年前的织物残片,经鉴定可能是用葛、麻一类的韧皮纤维所织成。可见,葛、麻织物在炎帝时代就得到了广泛的应用。

其次,纺织工具已经出现。最初的"纺织",可能是将葛、麻等纤维置于腿上捻或用双手搓。到了炎帝时代,先民已发明了纺织工具——陶纺轮。开始用陶纺轮纺线。其纺线过程,可能是在葛、麻纤维的一端系上一个陶纺轮,让它自然下垂,拉直葛、麻纤维。然后拨转陶纺轮,这样葛、麻纤维就拧成了一根线。考古中,葛、麻纤维不复存在,但有多件陶纺轮出土。如河北武安县磁山早期新石器时代遗址发现的4件陶纺轮,距今已有7000多年,浙江余姚河姆渡遗址不仅出土有刻纹陶纺轮,还出土了一批木制的织机部件,西安半坡遗址出土有陶、石纺轮,宝鸡北首岭遗址出土陶纺轮多达22件,其样式有5种之

---

① 参见沈从文:《中国古代服饰研究》,上海书店出版社2005年版,第2—23页。

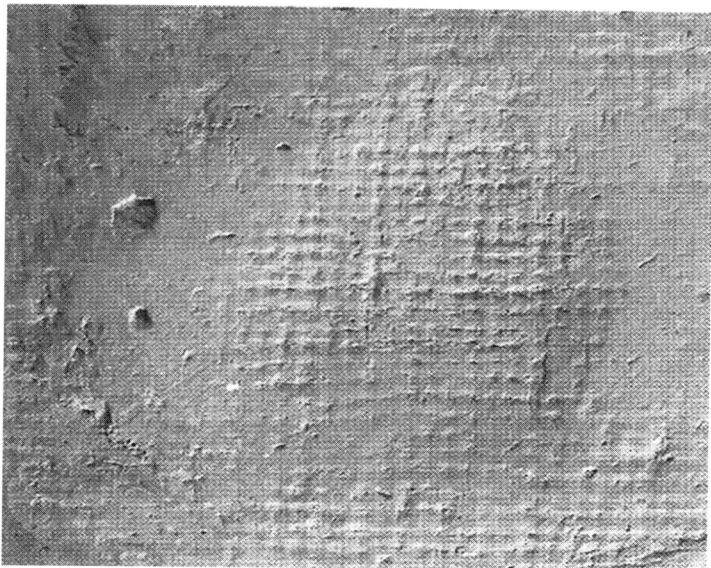

图6-2 仰韶文化西安半坡遗址出土的布纹陶钵底部印痕

多,有扁圆形的,有中间隆起呈半圆形的,有中间隆起而周侧呈凹弧状等。宝鸡福临堡遗址出土的陶纺轮,轮体的平面和侧边均有纹饰,有刺成各种花纹的,也有做成锯牙状的,一般直径2.2—4.8厘米,高1.6—3.4厘米,中间是直径1厘米左右的小孔。石制的纺轮多为扁平体。在已发掘的新石器时代遗址墓葬中,几乎各处都有纺捻纱线的纺轮出土。纺轮的种类之多和制作之精致,表明此时的纺织技术已有了相当的进步,纺织已成为人们生产劳动中的一项重要技艺。从时代相近的半坡遗址发现的种种编织物印痕来看,在机织物未产生之前,也许各种材料加工成的手织物早已为人们所使用,机织技术导源于更古老的编织技术。这就是说,编织启示人们发明了纺织。

《吕氏春秋·爱类》说:"神农之教曰……女有当年而不绩者,则天下或受其寒矣。"说明炎帝时代,不仅有了纺织,而且能够制作衣服。从陶器上留的布纹观察,粗纹像现在的麻袋,细纹与现在的帆布差不多。缝衣服的骨针,纤细精巧,出土的数量也很多。这些原料和用具说明当时人们缝制衣服

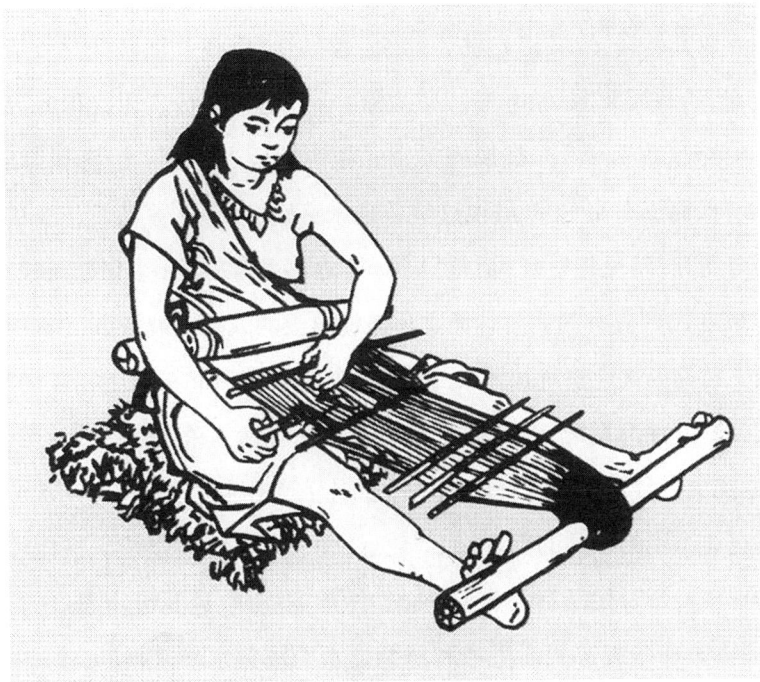

图 6-3　原始腰机使用图

是比较普遍的,已成为先民生产和生活的基本内容之一。以此来看,炎帝时代的纺织和编织,已使用植物纤维(麻类)和兽类毛发编织,其缝制衣物(囊袋之类)的技术水平已有了一定的发展。再从陶器上留下的不少粗细不同的纹样印痕,以及纺织、编织所使用的工具等,都可看出这一工艺在当时的广泛流行。

如果说炎帝时代的"织而为衣"还是初创、发轫时期。那么,到了黄帝时代,其衣服的制作技术、衣服原料等都有了很大的进步,具体表现在以下几个方面:

一是在衣服的用料上,黄帝时代的人们在继续沿用炎帝时代利用葛、麻等天然材料制衣的基础上,发明了丝织物。古史传说,最早将"先蚕"与黄帝元妃嫘祖联系在一起的是《周礼》《礼记》等古籍,其中均有西陵氏之女嫘祖"始教民育蚕治丝茧，以供衣服"①的记载。《路史·后纪五》云："元妃西陵氏曰嫘祖……以其始蚕，故又祀先蚕。"刘恕《通鉴外纪》载："西陵氏之女嫘祖，为黄帝元妃，始教民育蚕，治丝萝以供衣服，后世祀为先蚕。"明代徐光启《农政全书》和孙毂《古微书》亦都说到黄帝元妃西陵氏"始蚕""始育蚕缉麻"，并"以兴机杼，而成布帛"。②虽说这些传说未必真实，但联系考古出土的蚕茧、丝织品等遗存，以及将后来"浴蚕""缫丝"之事推及嫘祖，并非毫无根据和道理。1926年山西夏县西阴村仰韶文化遗址出土的人工割裂蚕茧、1960年山西芮城西王村仰韶文化遗址出土的蛹形陶饰、1960年河北正定南杨庄仰韶文化遗址发现的两件陶蚕蛹，以及距今5500年前后在河南荥阳青台遗址炭化蚕丝织物、浙江吴兴县钱山漾遗址炭化丝绒和绢片等相继出土和在黄河流域、长江流域都有纺织用的工具的出现，如纺轮、纺锤、线垛、棉坠以及织机构件等，则以实物证明黄帝时代已有了养蚕、抽丝、织丝的生产，这是毋庸置疑的。我们说"从殷商时期高级丝绸的生产和丝绸技术的成熟水平来推断，在殷商之前必然有一个较长的发展过程，其时间至少应在新石器时代的中晚期是合乎逻辑的"③。制丝业的产生，是古代劳动人民长期种桑养蚕生产实践经验的总结和成果，因嫘祖地位特殊或贡献大而成为这一成果的代表人物。其实，据古史传说，丝绸生产发轫于炎帝时代。是说炎帝有个女儿名叫"帝女桑"，曾"学道得仙居南阳崿山桑树上"，善于"浴蚕子招丝"（《广异记》）。到了黄帝时代，在炎帝时代初始制丝的基础上，可能经嫘祖的改进、推广，丝绸生产更加专业化、普遍化，所以，后世传说嫘祖是中国养蚕、缫丝的始创者，历朝历代作为"先蚕神"予以立庙立日祭祀。

---

① （明）彭大翼：《山堂肆考》卷一四四《民业》；（明）王三聘：《古今事物考》卷五《礼仪》。参见王子今：《汉代"嫘祖"的历史记忆与文化影响》，载王震中主编：《炎黄文化研究》第十九辑，大象出版社2019年版，第48页。

② 参见王子今：《汉代"嫘祖"的历史记忆与文化影响》，载王震中主编：《炎黄文化研究》第十九辑，大象出版社2019年版，第48—49页。

③ 沈从文：《中国古代服饰研究》，上海书店出版社2005年版，第31页。

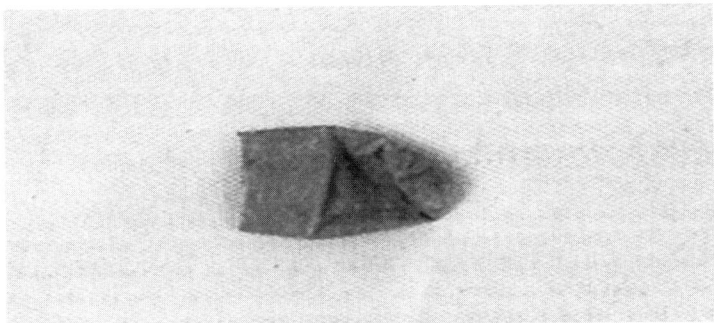

图6-4　仰韶文化山西夏县西阴村遗址出土的蚕茧

二是发明了衣和裳及鞋和帽。《世本》云："伯余作衣裳。"《吕氏春秋·勿躬》云："胡曹作衣"。据高诱注《吕氏春秋》《淮南子》和宋衷注《世本》都说"伯余""胡曹"是"黄帝臣"，也有以"伯余"为黄帝的说法（张澍稡集补注本《世本》）。《物原》云："胡曹作衣，伯余为裳。"据《释名·释衣服》云："凡服上曰衣。……下曰裳。"说明黄帝时已有"衣"和"裳"的区分。考古也提供了这方面的实物。在宝鸡地区的仰韶文化遗址中发现一件彩陶，上有妇女穿衣服采摘果子的侧面图像，衣服是两个三角形，上衣和下裙是分开的。上衣无袖，类似今日的马甲，下衣（裳）像短裙一类形式。① 与此同时，黄帝时代还发明了"冠冕（帽子）"和"扉屦（鞋）"。《世本》云："黄帝作旃""黄帝作冕""胡曹作冕""于则作扉屦"，说明黄帝时代服饰的制作和种类比炎帝时代有了改进和增加。

三是对衣服作用产生了新的认识。如果说炎帝时代对衣服作用的认识仅仅局限于是为了蔽体御寒，那么进入黄帝时代，对衣服作用的认识已发生了改变，赋予了新的理念，即服饰服务于一种等级观念。《大戴礼记·五帝德》云："黄帝黼黻衣，大带黼裳。"注："白与黑谓之黼，若斧文。黑与青谓之黻，若两

---

① 参见石兴邦主编：《陕西通史·原始社会卷》，陕西师范大学出版社1997年版，第140页。

巳相戾。"意思是说黄帝的上衣有黼形和黻形的花纹,下裳又宽又长。《物原》云:"因染彩以表贵贱。"黄帝通过"取法乾坤天尊地卑之义"(《云笈七签》卷一百),将衣服的改进和使用与天尊地卑联系起来,对衣服施设颜色和纹饰,改变衣服的形制,以区别于普通的衣服,以此代表身份地位的贵贱高低。《易传·系辞下》说:"黄帝、尧、舜垂衣裳而天下治,盖取诸《乾》《坤》。"

衣裳是文明的体现,是文明与野蛮的重要分野。从炎帝时代的葛、麻到黄帝时代的丝制品,从炎帝时代的蔽体御寒到黄帝时代的"垂衣而治",说明社会出现了等级和贫富差别,服饰成为地位和身份的象征,也预示着文明社会的萌芽和起源。

三、石煮烹食,始作瓦甑

在人类未发现火之前,茹毛饮血,以生食为食。到了火被发现后,开始了熟食。虽有了火,但在未掌握制陶技术之前,先民们还不可能用鼎锅之类的东西烧煮食物。那时,人们将食物,除了架在火上直接烧烤外,主要靠的是一种"石煮法"或"石烹法"。即前者是指将烧灼的石头,反复不断地投入盛有水和食物的木制或用树皮做的容器内,使之煮熟;后者是指将石板烧灼,把食物放在石板上加热、炙烤。如《古史考》所云:"神农时,民方食谷,释米加烧石上而食之。"《礼记·礼运》郑玄注:"中古未有釜甑,释米捋肉,加于烧石之上而食之耳。"或如《礼记·内则》郑玄所注:"以土涂生物,炮而食之。"是说将食物用泥土包起来,然后放在火中烧干,将此种方法古称"炮"。说明炎帝时代还未有"瓦甑"之类的容器。

到了黄帝时代,随着制陶技术的进步,各种形式的陶器大量产生。先民们除了用陶土作器物外,也开始用竹、木、骨、角、玉石、象牙等作原料,制成各类精美的日用器物。[1] 为此,黄帝对以前炎帝时代的"石煮法"做了改进,发明了

---

[1]　参见蒋南华:《中华古帝与文明研究》,贵州人民出版社 2009 年版,第 83 页。

称"甑"的灶具,开始使用蒸煮的方法,加热食物。如《事物纪原》卷九引《周书》云:"黄帝始蒸谷为粥。"《古史考》曰:"黄帝始蒸谷为饭,烹谷为粥。"又说:"黄帝始造瓦甑,火食之道成矣。"这是说黄帝发明用"甑"这种灶具做饭,蒸煮食物。像这种"瓦甑",在考古上已有发现。如宝鸡北首岭出土的双联陶鼎,距今五六千年马家窑遗址出土的陶炙子,公元前4000年至公元前3000年大溪文化遗址出土的陶甑等,距今6000—5500年前的仰韶文化河南陕县庙底沟遗址出土有陶甑和釜与灶组合的整套陶器,这些都印证了文献记载的"黄帝始造瓦甑"的传说。甑是中国古代的蒸食用具,甑的上半部分,与鬲通过镂空的箅相连,用来放置食物,利用鬲中的蒸汽将甑中的食物蒸熟。这种灶具在当时来说无疑要先进得多。瓦甑发明后,用陶器烧煮食物就成为人们普遍使用的一种炊煮方法。因为这种以夹砂陶器做炊具,不仅耐火,不易破损,而且加热快。在改进人类蒸煮食物、改变人类饮食品种和结构方面,黄帝也作出了重要贡献。

瓦甑的使用,既促进了粮食加工工具、粮食贮藏窖穴的改进,同时也促进了家畜家禽的饲养。《世本》云:"雍父作杵""雍父作臼"。按宋衷的注释,雍父是黄帝的臣子。《易传·系辞下》有"黄帝、尧、舜……断木为杵,掘地为臼,臼杵之利,万民以济,盖取诸《小过》"的记载。仰韶文化之前,即裴李岗文化遗址和磁山文化遗址出土有石磨盘、石磨棒,说明那时人们已用此工具加工粟谷、稻谷之类的粮食。杵臼的出现较磨谷盘进步,因为杵和臼是相配合的复合加工工具,用杵向臼内放置的食物舂捣,要比石磨盘研磨食物的效率高,也易于将粟谷、稻谷的皮与仁分离开来。所以这种粮食加工工具在我国延续了很长时间,直至20世纪五六十年代,在一些偏僻的农村还在使用。考古发现,在黄河流域的半坡仰韶文化晚期遗址、姜寨仰韶文化第四期遗址分别发现杵臼各14件。石杵锤面光滑,有锤击的痕迹。在湖北宜都县红花套的大溪文化遗址,还发现了两个地臼和木杵遗迹。① 由以前的"掘地为臼"发展为陶臼。从

---

① 参见吴汝祚主编:《炎黄汇典·考古卷》,吉林文史出版社2002年版,第305页。

图 6-5　河南陕县庙底沟遗址出土陶甑

图 6-6　河南陕县庙底沟遗址出土一套完整的釜和灶

图 6-7 浙江余姚河姆渡遗址出土的甑釜灶组合炊具

考古来看,最早出现陶臼是在长江流域,可能这与长江流域主要加工稻谷有关。稻谷的加工要比粟谷的加工费力和复杂。湖北郧县青龙泉、房县七里河的石家河文化遗址,发现有完整的陶臼,深腹,筒形,圜底,底部为双层胎,一件底部厚度为 4.4 厘米,一件底部厚度为 6 厘米。用它捣稻谷时,先挖一个圆形坑,然后将陶臼放置坑内,四周再填上土,夯实,故叫"掘地为臼"。与其配合的工具是木杵。[①] 因木制容易腐朽,所以至今未发现实物。杵臼的发明,为后来更为先进的石磨等类粮食加工工具的出现奠定了基础。

随着人们熟食范围的扩大和食品的增多,贮存食物和粮食的窖穴形体也有了进一步扩大,制作更为坚固。如在宝鸡福临堡仰韶文化遗址发现了 4 个子母口窖穴,它是在一个大型的袋状窖穴的底部一侧接连挖一个小型的袋状窖穴。窖穴多较为平整,窖穴四壁涂抹一层泥浆或草泥土,有的还经火烤,以加强防潮。这说明处在仰韶文化中晚期的黄帝时代,粮食产量有了较大提高,出现了余粮。

瓦甑的使用,方便了肉食的加工。于是,也促进了家畜家禽的饲养。《史

① 参见吴汝祚主编:《炎黄汇典·考古卷》,吉林文史出版社 2002 年版,第 306 页。

记·五帝本纪》载:黄帝"淳化鸟兽虫蛾"。《事物纪原》卷九引《周书》云:"黄帝始燔肉为炙。"考古发现陕西的西安半坡、宝鸡北首岭和福临堡、临潼姜寨等仰韶文化遗址及西安客省庄第二期文化遗址,出土的家畜家禽和一些动物遗骨,也印证了文献的记载。在半坡遗址出土的有羊、牛、马及猪、狗等骨骼;在北首岭遗址出土的有猪、狗、牛、鸡等骨骼;在姜寨遗址出土的有梅花鹿等动物骨骼。这表明黄帝时代畜牧业也有了一定的发展。

四、构木架屋,建造宫室

古史传说,炎黄时代已有了房屋、宫室之类的建筑。在炎黄时代的中早期,即炎帝时代,传说已开始建有"明堂"①,"台榭而居"②。榭,意为建在高土台或水面(或临水)上的木屋。不仅如此,还传说炎帝建造房屋,对所建的地方也能按照农耕生产和定居生活的不同要求,"相地之宜";也能依据房屋的不同类型、水源质量的优劣甘苦,择地而居。③ 至于西汉陆贾在《新语》中所谓"至于神农⋯⋯天下民,野居穴处,未有室屋,则与禽兽同域"的说法,与考古学文化的发现是不相符合的。

而实际上早在炎帝时代之前,原始先民就已经在摸索建造房子的技术,开始有了房子的雏形——"巢"。《韩非子·五蠹》说:远古先民"构木为巢,以避群害"。因古籍载有先民"暮栖树上"之说,所以,这种"巢"有可能是搭建于树林或木桩木柱上,还不能与后来出现的房屋、宫室相类比。但不管怎样,我们的先民已有了"构木"即建造房屋的意识。古史传说中,将搭建此类房子的先民称为"有巢氏"。

---

① (汉)刘安:《淮南子·主术训》:"昔者神农⋯⋯祀于明堂。明堂之制,有盖而无四方,风雨不能袭,寒暑不能伤,迁延而入之,养民以公。"

② (南宋)胡宏:《皇王大纪》:炎帝"兴农桑之业,春耕夏耘,秋获冬藏。为台榭而居,治其丝麻为之布帛"。

③ 参见(汉)刘安:《淮南子·修务训》:炎帝"相土地,宜燥湿、肥垆高下,尝百草之滋味,水泉之甘苦,令民知所避就"。

　　如果说"构木为巢"说的是旧石器时代的事,那么,真正房屋的出现可能是在新石器时代的中早期,即炎帝时代及其以前。从考古发现看,中原地区属于裴李岗文化和老官台文化时期的房址,在河南贾湖遗址已发现有30多座,都是平面呈圆形或椭圆形的半地穴式建筑。这种房址分单间、多间两种。多间的有两开间、三开间、四开间,大多是依次扩建的,面积小,仅2—6平方米。[①] 年代距今约8200—7800年的长江中游的湖南澧县彭头山文化遗址,发现的房址,大型的(1号房址)面积有30多平方米,为地面建筑,小型的(2号房址)穴壁自上而下向内倾斜,面积约2平方米。彭头山文化澧县八十垱遗址,发现有地面式、半地穴式、干栏式、台基式4种房屋形式。

　　仰韶文化时期的房屋建筑,较之前仰韶文化的裴李岗文化、老官台文化有了较大发展。在仰韶文化的中早期即炎帝时代,居住遗址以西安半坡和临潼姜寨一、二期文化的遗址为代表。房址主要有圆形和方形两种:

　　方形房址平面呈方形或长方形。建造结构可分为半地穴式和地面建筑两种。半地穴式方形房址有姜寨36、46、47号等。这类房屋面积一般约20平方米,最小的4—5平方米,最大的160平方米。其特点是:四角呈圆角,凹入地下的房基,时间偏早的较深,偏晚的较浅。坑深的以坑壁为墙,坑浅的在坑壁上另筑矮墙,上架屋顶。门向因房的位置不同而异,门道多呈斜坡形,也有作台阶式的。门道与室内之间有门槛。居住面和墙壁涂抹草泥。47号房址,根据遗迹复原,应是一座四面坡大房子。长方形房屋有半坡1号房址,复原后面积达160平方米,房基中间有四根作正方形排列的大木柱,木柱顶端用树杈架设横梁,连同周围的小木柱和"附壁柱"一起支撑屋顶,屋顶上铺盖茅草。屋檐离地面较近,门道较窄,估计约1米宽,5—6米长。地面木构建筑房屋有方形和长方形两种。前者有半坡24、39号等房址,姜寨1、77、103号等房址;后者有姜寨63号房址。根据地面建筑结构推测,这类房屋有些可能是两面坡出

---

① 参见冯沂:《河南舞阳贾湖新石器时代遗址第二至第六次发掘简报》,《文物》1989年第1期。

图 6-8 半坡遗址大型房屋 F1 复原图

檐的平房,有些是四角攒尖式或东西两面坡的房屋。

圆形房屋从结构上分析可分为地面木构建筑、半地穴式和地穴式 3 种。地面建筑有半坡 22 号、姜寨 44 号以及山西芮城东庄村仰韶文化 201 号等房址;半地穴式建筑有半坡 3 号、姜寨 127 号等房址;地穴式建筑有姜寨 124 号等房址。这类房屋的共同特点是:房址平面近似圆形,直径一般约 4—6 米,个别面积较小,门向视房屋所在位置而定,房屋中间对着门口有一灶坑,灶坑有长方形、圆形、瓢形,灶坑与门口之间的门道两侧有隔墙,隔墙有密集的小柱洞,房子周围墙壁内也有许多柱洞,墙壁涂抹草泥,内壁光滑,外壁较粗糙,室内有 1、2、4、6 个不等的柱洞,是支撑屋顶的主柱。从倒塌的屋顶和墙壁残存看,似有紧密排列的木椽、藤条、树枝等上覆以草泥土,屋顶形状大体与屋内木柱分布相适应,有呈圆形、椭圆形的平顶,也有类似"蒙古包"那样的尖锥形。

如果说炎帝时代建造的房屋还处在初创时期,多为地穴、半地穴式结构,是用树枝和泥土混合一起的茅草房①,主要用途是遮风挡雨、防寒避暑以及防

---

① 参见 [美] 海斯、穆恩、韦兰《人类简史:从远古到二十一世纪》:"这种茅草房先由树枝和细树条编织成一个大致的房屋框架,然后在框架表面涂上一层厚厚的泥土,等到泥土晒干,房子也就成了。"(第 15 页)

御野兽侵害的话,那么,进入黄帝时代,"在房屋结构的设计上和建筑工艺技术的发展上,都有明显的晚期超越于早期的进步性"①。房屋不仅仅是为了遮风挡雨,还有了新的用途,出现了规模巨大的城堡和宫室。其主要表现在以下三个方面:

其一,地面建筑多于半地穴式建筑,出现了两面、四面坡房屋,有了较为齐备的功能设施,房屋结构出现了套间,初步有了"前堂后室"的格局。②《路史·疏仡纪·黄帝》曰:"乃广宫室,壮堂庑,高栋深宇,以避风雨。作合宫,建蜜殿,以祀上帝,接万灵以采民言。""即库台,设移旅楹,复格内阶,幽陛提唐,山墙楠幹,惟工,断其材而砻之。"这段话的意思是说,黄帝建造宽大的宫室,高大的正房侧屋,高高的栋梁,宽广的屋檐,又建造宽大的明堂和金蜜宝殿用来祭祀上帝,迎接众神灵;又建库台,设立旅馆,房中的柱子是雕花的,内部台阶都是隐蔽的,外人都看不见,房屋的山墙也都很宽厚漂亮,房屋栏杆都修得很华美,斫削过的材料还要打磨光滑。虽然这里说得有些夸张,黄帝时代的人还不可能造出这样的房屋,这是用后世来推测前世,但是有一点可以肯定,说明了黄帝时代的建筑比起炎帝时代有了很大的进步,这是毋庸置疑的,也是有考古学文化根据的。1972 年发掘的郑州大河村仰韶晚期房基 8 座。其中 1—4 号房基为目前我国发现同时期房屋建筑保存最好的一处,经碳-14 测定,距今已 5040±100 年。它是一组地面起建筑,东西并列、大小不同、门向有连间排房,均为木构房子,其中 1 号房基内有套间,即分堂分间。墙体采用了"木骨整塑"的建筑方法,墙壁及地面用火烧烤成砖红色。这种两面坡式的排房建筑奠定了中国北方传统民居的基本形制,是中国古代建筑史上的一座里程碑。还有一种圆形房子,建在地面,木构,四周有柱洞,面积为 15—20 平方米。

---

① 吴汝祚主编:《炎黄汇典·考古卷》,吉林文史出版社 2002 年版,第 22 页。
② 参见黄石林:《中国古史中的黄帝时代》,载郑杰祥主编:《炎黄汇典·文论卷》,吉林文史出版社 2002 年版。

也有方形房子,面积在 20 平方米左右。房子中间有火塘,内分间。① 这种类型的房子,在西安半坡、临潼姜寨也有发现。这是炎帝时代所没有的。

图 6-9　郑州大河村遗址四间一组的房屋

其二,出现了"宫室"即"宫殿式"的大房子,有了多种功能用途。《新语》云:黄帝"伐木构材,筑作宫室,上栋下宇,以避风雨。"《白虎通义》云:"黄帝作宫室,以避寒暑,此宫室之始也。"《轩辕黄帝传》云:"(黄)帝始作屋,筑宫室……"这些说法在考古学文化上也得到了印证。在陕西扶风案板仰韶文化晚期,发现有一座大型房子,整体平面略呈凹字形,总建筑面积约为 134.5 平方米。其房屋结构较为复杂,有主室,有前廊,仅在墙基内的前廊和主室地面就有柱洞 99 个。这类房子就不仅仅是"避风雨"或"避寒暑",而除此具有了其他多种功能。所以,有专家推测,这座类似于殿堂式的大型建筑,绝非一般的平民房屋,而是一处巫术活动的中心地点,是进行祭祀活动的场所。② 像上

---

① 参见吴汝祚:《中原地区中华古代文明发展史》,社会科学文献出版社 2012 年版,第 62 页。

② 参见吴汝祚:《中原地区中华古代文明发展史》,社会科学文献出版社 2012 年版,第 63—64 页。

面提到的具有"宫室"性质的大房子,在甘肃秦安大地湾仰韶文化晚期、郑州西山仰韶文化古城等遗址也有多处发现。如甘肃秦安大地湾遗址的 901 号房址,以长方形主室为中心,东西两侧有与主室相通的侧室。主次分明,结构严整。总面积达 420 平方米,主室总面积为 132 平方米。更值得注意的是居住面的外观与现代水泥地极为相似,其抗压力据测定每平方厘米为 120 多公斤,约等于 100 号水泥砂浆地面的强度。在距今 5000 年左右的仰韶文化人能够制造出这样的人工制品,充分说明了他们的创造能力。此外,还在该遗址发现了另一座大型房子,即 405 号房址。郑州西山仰韶文化城址发现了一座 100 平方米左右的大房子。这座大房子,"是迄今为止中国史前时期规模最为宏伟的建筑,代表了 5000 年前的仰韶文化中晚期高水平的建筑技术"①,称为中国"五千年前的殿堂"。隋王通《文中子》云:"黄帝有合宫之听。"其意是说黄帝在明堂听取臣子奏议。可见"宫室"不仅是祭祀之地,也是部落或部落联盟的议事之场所。

其三,出现了夯筑城池——城邑。关于史前筑"城"的传说,《吕氏春秋》《淮南子》《世本》等书都说"作城"的人是鲧,但鲧在古史传说中是尧舜时期的人。如果说炎帝发明了原始建筑,那么,到了黄帝时代,由氏族居地而形成为部落或部落联盟聚落,应无问题。所以,对于发明筑"城"的传说,与其归之于鲧,倒不如归诸黄帝,这更符合时代演化的特征。② 从当时作"宫室"的建筑技术来看,可以说黄帝时代已具备了筑城的技术和力量。古代文献中也不乏这方面的记载。如《史记·封禅书》记载方士言:"黄帝时为五城十二楼。"《史记·轩辕本纪》云:"黄帝筑城邑,造五城。"《事物纪原》卷八引《春秋内事》曰:"轩辕氏始有堂室栋宇。"《轩辕黄帝传》云:黄帝"令筑城邑以居之,始改巢居穴处之弊"。但也有文献说:"神农之教,有石城十仞,汤池百步,又城池之

① 吴汝祚:《中原地区中华古代文明发展史》,社会科学文献出版社 2012 年版,第 67 页。
② 参见王仲孚:《黄帝制器传说试释》,载郑杰祥主编《炎黄汇典·文论卷》,吉林文史出版社 2002 年版,第 297 页。

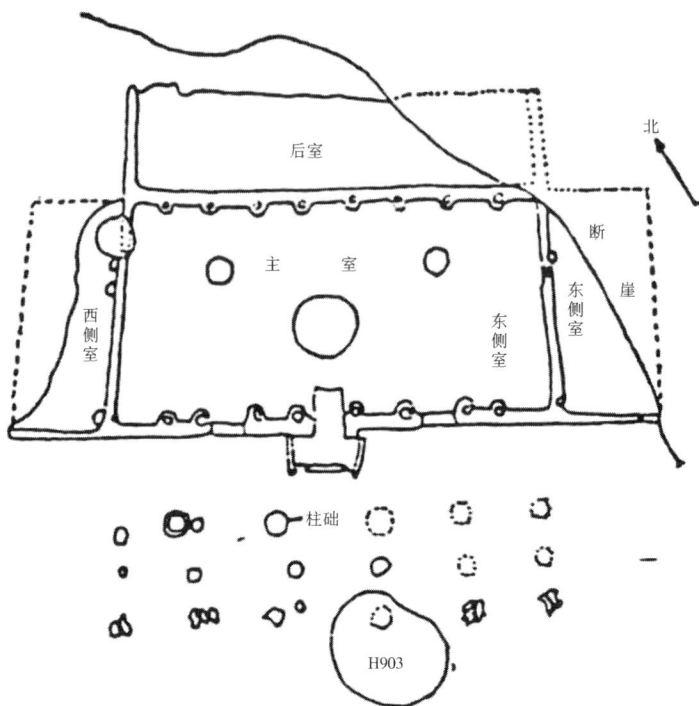

图 6-10　甘肃秦安大地湾遗址 F901 殿堂式建筑（前堂后室、左右有厢房）

设,自炎帝始矣。"(《汉书·食货志》)结合考古发现,夯筑城墙始于黄帝时代是有可能的。从目前考古发现的城池看,时间上限均为距今 6000 年以后,这正好与以黄帝时代为仰韶文化中晚期即距今 6500—5000 年相吻合。在这一时段目前发现的城址有湖南澧县城头山古城址,距今约 6000 年,是我国目前已知年代最早的古城;河南灵宝县西坡城址和辽宁西部牛河梁坛、庙、冢遗址,二者距今约 5500—5000 年,前者面积约 40 万平方米,后者约 290 万平方米,学者们将这两座古城都与黄帝和黄帝族相联系。在郑州西山发现一座仰韶文化晚期古城遗址,年代距今约为 5300—4800 年,平面呈不规则圆形,面积约为10 万平方米。考古发现,墙基底宽约 11 米,城外有宽 5—7.5 米的壕沟。墙体采用方块版筑法夯筑而成,其年代正与黄帝时代大体对应。再如,近年在陕西高陵县姬家乡发现的杨官寨遗址,其年代属于庙底沟和半坡四期文化,即仰韶文化的中晚期,与黄帝时代也正相符合,其面积达 80 万平方米。其址有巨大的环壕,发现"疑似墙基的遗存",出土了"陶祖(男性生殖器)"等一批遗物。所以,考古学家石兴邦先生说:杨官寨遗址"具有鲜明的都邑性质","是炎黄文化中心区域的关中地带,也是全国唯一保存完整的超大型庙底沟城址",其"北区环壕以庙底沟时期全国最大城垣遗存(24.5 万平方米)而与传说黄帝时代政教中心发生绝大关涉,故治历史文化的学者遂谓之为黄帝故都"。[1] 这些都为黄帝时代出现的夯土筑成的"都城"提供了物证。杨官寨遗址发掘者在《陕西高陵杨官寨遗址考古报告》中说:"我们有理由相信,这一遗址也许就是关中庙底沟文化的中心聚落。"又说:"该聚落很可能是一座庙底沟文化的城址。"[2]

都城的出现,是文明起源、形成的重要因素。黄帝时代多处城邑和宫室的出现,标志着黄帝时代开始显现出文明的曙光。所以,摩尔根在《古代社会》一书中说:"住宅建筑本身与家族形态和家庭生活方式有关,它对人类由蒙昧社会进至文明社会的过程提供了一幅相当全面的写照。"[3]

五、始制舟车,引重致远

从古史传说看,炎帝时代及其以前,未见有关于车子的记载。只有到了黄帝时代即仰韶文化的中晚期和龙山时代初期,随着私有制的出现,交易市场的产生,以及外出打猎、祭祀等活动的频繁开展和战争的频频发生,人与人之间、氏族与氏族之间、聚落与聚落之间,相互交往越来越多。原来那种脚走、肩挑、

---

[1]　胡义成:《西安是"黄帝故都"吗?》,载胡义成、曾文芳、赵东:《周文化和黄帝文化管窥》,陕西人民出版社 2015 年版,第 317 页。

[2]　王玮林等:《陕西省高陵杨官寨遗址考古报告》,载胡义成、曾文芳、赵东:《周文化和黄帝文化管窥》,陕西人民出版社 2015 年版,第 297 页。

[3]　[美]路易斯·亨利·摩尔根:《古代社会》(上),杨东莼译,商务印书馆 1977 年版,第 5 页。

图 6-11　郑州西山仰韶文化晚期版筑夯土城墙

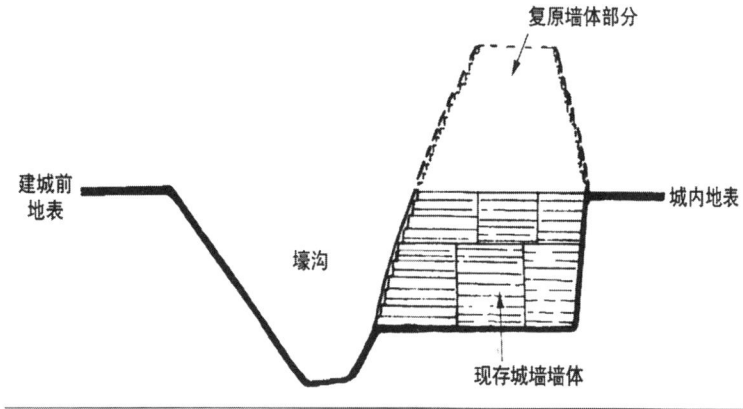

图 6-12　郑州西山遗址城墙、壕沟剖面示意图

背驮、手提已不能适应社会发展的需要,于是,传说在距今 6000 年前后便出现了车和舟。而这个时期正是黄帝时代的早期。所以文献传说是黄帝发明了车和舟。《汉书·地理志》云:"黄帝作舟车,以济不通,旁行天下,方制万里。"《古史考》云:"黄帝作车,引重致远。"《事物纪原》卷二引《易》言:"黄帝服牛

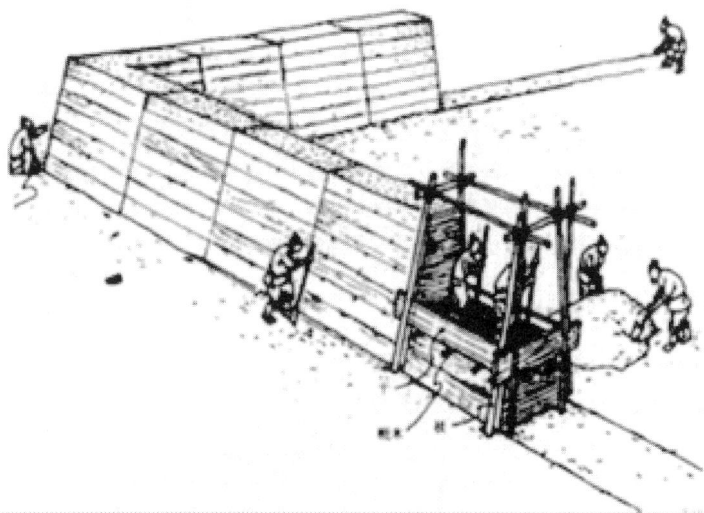

图 6-13　中国古代版筑夯土城墙的建筑方式

乘马,则马驾之初也。"又引《古今注》曰:"指南车起于黄帝战蚩尤作大雾迷四方,于是作指南车也。"《路史·前纪七·轩辕氏》云:"横木为轩,直木为辕,以尊太上,故名轩辕氏。"黄帝因发明了车,所以被号为轩辕①而闻名于世。

黄帝发明车子的传说是受了飞蓬旋转的启示(见《古今图书集成·考工典·车舆部汇考一》),是黄帝与族民们在生产实践中,通过长期观察和体验人们用圆柱滚动重物而经过改造,即改垫为轴,再在两旁加上轮子,便造成了车子。实际上,从文献记载看,我国车的出现相传为夏代,奚仲造车,在河南偃师二里头王都遗址发现有车辙之印痕遗迹。目前考古上出土最早的古代车是在商代晚期的安阳小屯 40 号墓中②,商代的车战闻名于世。那么,黄帝时代是否有车,还有待考古证明。但在黄帝时代有类似于车子功能的"车"的出现

---

①　对轩辕黄帝之"轩辕"的另一种解释是青铜器族徽铭文中的"天鼋",见郭沫若《殷周青铜器铭文研究》卷一,人民出版社 1954 年版,第 7 页;郭沫若:《两周金文辞大系图录考释》(下),上海书店出版社 1999 年版。请参见本书"绪论"。

②　参见孙机:《中国古代物质文化》,中华书局 2015 年版,第 176 页。

是有可能的。

传说舟楫也是黄帝发明的。《世本》(秦嘉谟辑补本)云:"骸作服牛,共鼓、化(货)狄作舟。"注云:三人皆为黄帝臣。《拾遗记》云:"轩辕变乘桴以作舟楫。"从这句话可以看出,黄帝发明舟楫,是受到人们"乘桴"的启示而借用木料制作的,即可能是先找来一段比较粗的木头,中间用石刀、石斧挖空,或将"大型树木烧到一定长度,再用特殊手段把中部烧空"①,便成为舟了。其实从考古发现看,在中国新石器时代的遗址中,最早的舟船、木桨之类水上交通工具发现于江南鱼米之乡,时间也早于黄帝时代。例如,1973 年和 1978 年,浙江余姚河姆渡出土了六支船桨,桐乡罗家角遗址出土过如同船底形的木质"拖泥板";吴兴钱山漾遗址和杭州水田畈遗址都出土过木桨;而最引人注目的当属浙江萧山跨湖桥遗址出土的独木舟。跨湖桥遗址的独木舟停放于近岸水域的水港边,遗址中还出土有划船用的木桨等。跨湖桥等遗址出土的独木舟、木桨等遗物,说明吴越之地的先民早在距今七八千年前就已造舟行船,我国东南沿海地区是发明、行驶独木舟最早的地区之一。舟的实物和模型不仅在长江流域有出土,在北方的渭河流域也有出土。宝鸡北首岭就曾出土一件精美的船形陶器——网纹船形壶。我们虽说这些出土的舟楫遗存早于黄帝时代,但从文献记载在黄帝的名下来说,黄帝时代的舟楫制作技术和使用范围应该有进一步的改进和扩大。

车和舟的发明,大大便利了先民的出行,减轻了人们的劳动强度,使远距离交往和商贸活动成为可能。尤其对推动社会、经济、文化发展起到了积极作用,加速了文明社会发展的进程。

六、耕而作陶,冶铜铸鼎

虽然在文献记载中,昆吾与舜也是作陶的人物(见《世本·作篇》),但其

①　[美]海斯、穆恩、韦兰:《人类简史:从远古到二十一世纪》,王敬波译,天津人民出版社2017年版,第15页。

图 6-14 浙江萧山跨湖桥遗址出土的独木舟

传说的时代要晚。所以,实不如古史传说"神农耕而作陶"(《太平御览》卷八三三引《逸周书·佚文》)之原始。也就是说,文献中"有虞氏尚陶"①,指的是到了龙山时代后期,有虞氏和舜掌握高超的制陶技术,有虞氏尚陶是整个东夷部族在尧舜时代尚陶的缩影,海岱龙山文化精美的陶器和高超的制陶业印证了这一点。② 但是说到更早的陶器制作,则要上溯到炎帝乃至更早的时期。《逸周书·佚文》说:"神农……作陶、冶斤斧","神农制作瓦器"。这说明陶器与农业是同时出现,"一起成长"③的。原始先民发明陶器可能基于两种原

---

① 《周礼·考工记》:"有虞氏尚陶。"《孟子·离娄下》说虞舜是"东夷之人"。

② 参见王震中:《东夷的史前史及其灿烂文化》,《中国史研究》1988年第1期。

③ [美]海斯、穆恩、韦兰:《人类简史:从远古到二十一世纪》,王敬波译,天津人民出版社2017年版,第14页。

图 6-15　陕西宝鸡北首岭出土的网纹船形壶

图 6-16　原始土著民族乘独木舟捕鱼想象图

因:一是人类最初取水、盛水和贮藏食物的需要。因为人每天都要喝水,而水是液体,若无器具则很难把它取到身边;剩余的粮食或吃剩的肉食,需要贮藏,以免腐烂或被野兽偷吃。二是原始先民发明陶器可能是受了"火种"的启示。在刀耕火种的过程中,原始先民发现黏土经过火烧之后会变硬,不再变形,即使遇到水也不会变形渗漏,于是,经过多次试验和探索,陶器发明了。《路史·外纪》说：炎帝"埏埴以为器"。"埏埴"就是把泥土放入模型中制作陶器。同时，陶器的发明还与先民对火的认识、运用和学会对火的控制是分不开的。

从陶器的造型来看，一种是几何体陶器，最常见的有罐、钵、盆、壶、杯、碗、器盖等；一种是仿生型陶器，有动物、植物、人物及其他物体形态（如船等）。这是最能显示当时陶器造型艺术水平的。这里主要对仿生型陶器中的植物和动物（人物型陶器发现较少）两种类型器物予以介绍。

模拟植物型陶器有葫芦形、瓜形盖罐、竹节状瓶、莲蓬器口鬶等。《后汉书·南蛮传》引《魏略》"槃瓠"，记载了有关"槃瓠"的古老传说。传说帝喾高辛氏族中有一老妇用槃（刨瓠为槃）和瓠（葫芦）制成槃与瓠。槃与瓠是古代的一种容器。以此推测，新石器时代的葫芦形（或葫芦变形、葫芦局部）陶器有可能是模仿自然界中生长的葫芦形状而制作的。长期的生活实践，使先民掌握了葫芦外表光洁、质地坚韧、形状美观、掏空能容物的特点，于是在葫芦外表涂敷泥土，烧煮食物。后来发现，经过高温，葫芦可以烧掉，而泥壳尚存，而且变得十分坚硬，又不怕水和其他液体浸泡，于是便产生了模仿葫芦形状来烧制陶器的意识。以后，先民又按不同需要，把各种形状的葫芦从不同部位割截，仿制出各种形状的陶器。如截去葫芦上半部三分之一或一半便成了瓮或缸，截去葫芦长颈的一半或三分之一便成了瓶、壶、杯、豆，自长颈以下及腹部截去三分之二成盆，将长颈连腹的三分之一倒置使腹口向上则成豆或杯，短颈葫芦截去短颈的顶部成壶，截去短颈则成罐，截去自顶以下二分之一成碗或钵……由此可见，葫芦可能是陶器的祖型，陶器是由葫芦而"滋生"的。

先民模拟动物或其他器物制作的陶器有猪形鬶、螺蛳形盉、龟形盉、鸟形彩陶壶、鸡首壶、鸮鼎等。陕西华县出土一件小鸮鼎，整体似一只硕大的鸮鸟，显然是模仿鸮鸟形象塑造的。陕西武功出土的龟形壶，半坡、姜寨出土的鸟头形、兽形、羊头形、蛙形盖钮等可能是模仿动物的某一局部制作的。宝鸡北首岭出土一件造型逼真的船形壶，可能是模仿船制作的。《周易·系辞下》说："刳木为舟，剡木为楫，舟楫之利，以济不通。"是说炎帝时代已有了船。

图 6-17 陕西华县泉护村太平庄遗址
出土的仰韶文化陶鹰鼎

随着制陶技术的不断进步,陶器的种类越来越多,用途也越来越广。从仰韶文化中早期遗址出土的陶器看,炊具有灶、鬲、甑、鼎、釜,食具有杯、豆、盘、碗、钵、盆,盛器有缸、瓮、罐、壶以及汲水器,等等。渭河流域的宝鸡关桃园、北首岭,西安半坡,临潼姜寨等遗址出土的陶器,其火候已达 1050℃;泥料经过淘洗,去杂质,夹砂,使之更坚硬,耐高温;制法不仅有手捏、泥条盘筑法,而且有用慢轮修整,又用快轮制成。

陶器是农耕文明、定居生活出现后先民的一大创造,极大地改进了先民的生活条件,丰富了先民的生活内容,对先民的生产和生活产生了重大影响:一是用作生产工具。陶瓶等用于汲水、灌溉;陶刀用于收割庄稼;陶锉用于脱去谷粒、锉磨工具;陶球用于狩猎;陶纺轮用于纺织等。二是用作贮藏器。贮存粮食可防潮、防虫、防霉变、防鼠吃;贮存水和流质食物可防损耗、污染、腐烂,也便于搬运;还可盛放其他生活资料。三是用作蒸煮器。摩尔根说:"在没有陶器之前,人们烹煮食物的方法很笨拙,其方法是:把食物放在涂着黏土的筐子里，或放在铺着兽皮的土坑里，然后再用烧热了的石头把食物弄熟。"而"陶器则给人类带来了便于烹煮食物的耐用器皿"①，使各种食物都可以用陶具煮熟而成为熟食。这不仅扩大了饮食品种，使之变得易消化、易被人体吸收，更富于营养，更适合生理需要，而且有消毒、灭菌、消灭寄生虫的作用。从而使人们的营养结构得到改善，身体素质得到提高。四是用作饮食器。按照饮食品种的不同，可分别用不同器具来盛，既方便拿取，又提高了卫生水平。另外，陶器还可用于医药和治疗，某些药物的加工、服用离不开陶器，如蒸、煮、焙、炮、炙等。与此同时，人们在制作陶器过程中，通过陶器制形、饰彩、绘图而塑造各种动植物模型的活动，也促进了原始雕塑、绘画艺术的产生和发展。

总之，在人类发展史上，制陶术的发明与种植业的发明一样，都是原始社会的重要创造，也是人类由茹毛饮血的蒙昧时代走向野蛮时代进而迈向文明时代的重要因素之一，为商周各类造型青铜器的产生，提供了样本。犹如摩尔根所说："在人类的进步过程中，制陶术的出现对改善生活、便利家务开辟了一个新纪元。"②

进入黄帝时代，古史传说，在继承炎帝烧制陶器技术的同时，模仿陶器造型，开采铜矿，以铜为原料，冶铜铸鼎。黄帝时代是否有鼎，目前学术界还有不同认识。但从传世文献来看，关于黄帝制器铸鼎的传说故事是流传很广的。从战国、两汉到两晋及至唐宋古史传说里，均有这方面记载。《世本》云："黄帝作宝鼎三。"《拾遗记》卷四还提到宛渠之民告诉秦始皇："少典之子采首山之铜铸为大鼎。"西汉时期，司马迁在《史记·五帝本纪》中说：黄帝"获宝鼎，迎日推筴（策）"。《封禅书》说："黄帝作宝鼎三，象天、地、人。"《汉书·郊祀志》记有公孙卿言方士申公独得黄帝"宝鼎"之说。《洞冥记》云："黄帝采首山之铜铸刀,名鸣鸿,长三尺。"两晋、唐宋文献中关于这方面的记载也比较多,如《晋书·地道记》《水经注·河水》《通典》《元和郡县志》《太平寰宇记》卷四、《元丰九域志》卷三、《舆地广记》卷十都有与上大体相同的记载。

从这一时期的考古来说,在夏代之前至今还未发现铜鼎。但我们认为,并不能以此而否定黄帝时代有鼎的可能。从考古学文化考察,这个时期已有了冶炼技术,发现了铜矿、铜片和铜刀,是不争的事实。如今陕西临潼姜寨仰韶文化遗址出土的一件半圆残铜片、一件残铜管,为我国目前出土最早的铜制品,距今6000多年。陕西渭南北刘遗址出土的铜笄,属于仰韶文化庙底沟类型文物。1977—1978年,在马家窑文化遗址20号房址发现了一件铜刀,经鉴定为青铜刀,形制规整,据测年代距今约5200年。铜鼎的形制是继承陶鼎而来的。这个时期我国考古发现了"陶鼎",再联系到"六千年以前的埃及和西亚一带就已开始使用铜","近东地区的铜匠们就逐渐开始用铜来制造刀、斧和其他工具"[1]的考古发现。以此推测,我们相信,随着考古学的发展,铜鼎是可能会被发现的。所以说,黄帝铸宝鼎是有可能的。

关于黄帝铸鼎地点,《史记·封禅书》云:"黄帝采首山铜,铸鼎于荆山下。鼎既成,有龙垂胡髯,下迎黄帝……故后世因名其处曰鼎湖,其弓曰乌号。"这段话里提到三处地址,即首山、荆山和鼎湖,实际上是两处,鼎湖即荆山。若只说"铸鼎",仅涉及荆山一处。关于荆山和首山的具体地址,唐以前的文献中均未涉及。为此,今人研究,主要有两种意见:一种认为在河南灵宝,一种认为在陕西富平县。前者是以许顺湛先生为代表。他从三个方面加以论证:一是文献资料。现立于河南灵宝"铸鼎原"旧址的唐贞元十七年(801年)《轩辕黄帝铸鼎原碑铭并序》,其碑铭文和序,是由虢州刺史王颜撰写。铭文中有两句话:"铸鼎兹原,鼎成上升""唐兴兹原,名常鼎新"。以后明清历代当地志书和碑文中,依据唐人的碑文,均说黄帝铸鼎地址在阌乡县(该县今并入河南省灵

---

① [美]海斯、穆恩、韦兰:《人类简史:从远古到二十一世纪》,王敬波译,天津人民出版社2017年版,第13页。

宝市）。二是地址地望。许先生认为，首山有五处，只有晋西南的首山（亦称雷首山，即中条山）有铜矿。荆山同名者甚多，只有灵宝的荆山与有铜矿的首山遥相呼应，近在咫尺。《中国古今地名大辞典》明确地说黄帝的铸鼎地在荆山下，其地名曰："鼎湖"。三是考古学文化。考古发现，灵宝铸鼎原周围初步统计有 71 处仰韶聚落遗址，连同距离较近的陕县 34 处仰韶聚落遗址相加，就在铸鼎原周围形成了一个仰韶聚落族团，而这个仰韶聚落族团，基本上都属于仰韶文化庙底沟类型，即距今约 6000—5000 年。这个年代正好与黄帝时代仰韶文化中晚期相对应。再者，近年在铸鼎原周围的西坡遗址又发现了一批墓葬、灰坑和房屋基址，出土了一批文物。其中有一座建筑面积达 516 平方米的大房子基址。另外，还发现有非实用的石器、陶器和玉璧等礼器。这些房子，说明在这个时期，"出现了权贵，出现了贵族领袖人物"。根据以上三个方面，许先生认为将"黄帝铸鼎地望定位在今灵宝县（市）"是可信的。① 另一种意见以杨东晨、胡义成二位先生等为代表。杨东晨先生在《中国都城要览》一书中说："黄帝铸鼎的荆山有湖南衡阳、陕西朝邑、陕西富平、河南灵宝、安徽怀远之说，但陕西富平、河南灵宝记载较多，且陕西富平（荆山部分区域划归今西安市阎良区），距黄帝葬地较近，比较可靠。"也有学者通过对历代文献的梳理，对"漆沮"、"泾渠"和"冯翊怀德（县）"等地名的考证，认为"大禹铸鼎荆山"，如《史记·夏本纪》所说："导洴及岐，至于荆山，逾于河"的"荆山"，是指"岐山东到黄河中游的这个荆山，即我们在古籍中一般看到的雍州荆山，又汉冯翊荆山（地处今富平、三源、阎良一带）"②。黄帝铸鼎和大禹铸鼎是为一处。所以我们认为，对《轩辕黄帝铸鼎原碑铭并序》中的"唐兴兹原，名常鼎新"的"原"，应该"指今陕西的三原、富平、阎良的三角地带。这里不仅有鼎

---

① 参见许顺湛：《追溯铸鼎原的历史辉煌》，载灵宝市文化局：《黄帝铸鼎原论文集》（内部出版），2006 年，第 87—99 页。

② 刘宏涛：《对黄帝铸鼎之"荆山"若干问题的探索》，载胡义成、曾文芳、赵东：《周文化和黄帝文化管窥》，陕西人民出版社 2015 年版，第 402 页。

湖、连湖、连城、锦城,还有三鼎村、鼎崎堡、卧龙村、盘龙村、化龙堡,等等。在这里,不仅黄帝铸鼎,大禹铸鼎,还有"汉武帝祀鼎和武则天再造九鼎"的记载。[①] 从考古来看,富平一带也有较为密集的仰韶文化遗址,特别是近年发掘的仰韶文化杨官寨遗址就在其周围。杨官寨遗址距今约 6000—5000 年,属于庙底沟时期,正与黄帝时代相对应。

以上两个"铸鼎原"均有比较充分的依据,两地近年来都多次召开研讨会,举行祭祀活动。从目前的资料来看,认定某个地方为真正的"铸鼎原"还为时尚早,还须继续加以研究,尤其是对考古学文化的研究。虽对"铸鼎原"遗址还有争议,但并不影响对黄帝采铜铸鼎、发明冶炼技术的肯定。

七、发明医药,教制九针

医药和针灸的发明,也是炎黄时代的一大功绩。古史传说炎帝时代以前的族民有了疾病,不知道吃药,死伤频频发生。到了炎帝时代,炎帝就亲尝草木之滋味,体察草木寒温之性。不仅要亲口尝,而且要亲身试验,有时一日之内要遇七十毒。[②] 有的还传说炎帝尝百草之时,有时一日"百死百生"。炎帝所得到的三百六十种药物,正好是一年的天数。后世人传承为书,谓之《神农本草》。[③] 这些传说,为我们生动地描绘了炎帝在创立医学、为先民治疗疾病中,不怕牺牲、勇于探索、善于总结的高尚品质和精神。

在原始社会,先民在食物上"茹草饮水,采树木之实,食蠃蚘之肉"(《淮南子·修务训》);在居住环境上,穴居野处,风餐露宿,与禽兽相伴,因而"时多疾病毒伤之害"。从各地新石器时代墓地出土的人骨鉴定,那时人们的平均

---

① 参见刘宏涛:《从〈黄帝荆山铸鼎碑铭〉看铸鼎原地望》,载胡义成、曾文芳、赵东:《周文化和黄帝文化管窥》,陕西人民出版社 2015 年版,第 420 页。

② 参见(汉)刘安:《淮南子·修务训》:炎帝"尝百草之滋味,水泉之甘苦,令民知所避就,当此之时,一日而遇七十毒";《史记·补三皇本纪》:"神农以赭鞭鞭草木,始尝百草,始有医药。"

③ 参见(西晋)皇甫谧:《帝王世纪》:炎帝"尝味草木,宣荣疗疾,救夭伤人命,百姓日用而不知,著《本草》四卷"。

寿命只有三四十岁,一二十岁夭折者不在少数,其主要原因当系疾病肆虐。为此,先民除了要解决衣、食、住、行等重大生活问题外,维护自身的健康、同各种疾病作斗争,也是原始先民必须面对的一大难题。

达尔文100多年前在《动物和植物在家养下的变异》一书中,描述非洲人采集野生植物的情景时说:"在原始未开化状态下生存的人们,曾经经常被食物的严重缺乏所迫,不得不试几乎每一种可以嚼碎和咽下去的东西。我们在几乎所有食物植物的效果方面的知识,大概要归功于这些人。"①这里虽然说的是非洲采集食物的情况,但与我国古史传说的炎帝尝百草的情景基本相似。以此推测,我们说医药的发明可能直接源于采集、渔猎等经济活动。原始先民在长期的采集活动中,逐渐地发现,吃了某种植物的根、茎、花、果,可以消除或减轻身体某一部分的病痛,或者可以消解因吃了某些东西而引起的中毒现象。在渔猎经济生活中,又发现吃了某些动物的肢体、内脏,能产生某种特殊的反应,等等。通过如此反复地观察和积累,人们慢慢地能够辨识许多的动植物,渐渐了解和掌握了它们的特性和作用,知道了哪些可以作为食物,哪些可以作为药物。这就是古人所说的"医食同源"。于是,遇到一些常见病,也能有意识地选择某些动植物来进行治疗。久而久之,便积累了许多治疗疾病的经验。当然,在那个时代,人们还不可能借助化学分析的方法来了解动植物的成分和性质,而只能靠亲口品尝。古书上所说的"口尝百草,始有医药",正是这一探索、实践过程的客观描述。

炎帝在发明草药治疗疾病的同时,还倡导熟食,发明了"食疗"。《古史考》说:炎帝时代的人们开始将食物置于石板上面,用火"五味煎煮","以化腥臊",再经过"口别生熟",然后再食用。这样一来,族民就"无兹胃之病"。不仅如此,炎帝还将此种熟食方法推广于天下,让大家都能制作使用熟食的办法。

炎帝时代,保健和预防医学也开始萌生。"尝百草之滋味",即鉴别哪些

①　[英]查尔斯·罗伯特·达尔文:《动物和植物在家养下的变异》,转引自株洲修复炎帝陵筹备委员会编:《炎帝和炎帝陵》,光明日报出版社1988年版,第18页。

可食,哪些不可食;哪些可口,哪些不可口,在"择优而食之"的同时,还"凿井出泉",并对"水泉之甘苦"加以区别,"令民知所避就"。这就避免了因"误食""误饮"而引起疾病或中毒。说明炎帝时代的人们已经懂得了"病从口入"的道理。在保健和预防疾病方面,炎帝时代的人们还懂得了对居住环境的选择和改善。从仰韶文化时期已经出现的用白灰铺地粉墙或烧烤地面来看,可知当时已注意到居住环境的改善。这些预防潮湿、保持清洁的措施,可以预防或减轻因风寒潮湿而患关节炎、风湿等疾病。

炎帝时代,在对药物的使用上,人们开始知道了"配伍";在对疾病的治疗上,由对症治疗走向辨证施治。经验和知识的积累,使人们一方面逐渐掌握了某些病理、药理知识;另一方面又发现人体各部分是相互关联的,病情和病因不是单一的,而是相互影响、综合并发的。因此用药和治疗手段也不能简单化。尤其是药物之间既有相辅相成的一面,又有相反相克的一面,使用时便讲究"配伍"。《世本·作篇》有:"神农和药济人";《广博物志》讲:"神农始究息脉,辨药性",就是指炎帝"尝百草之滋味,察寒温平热之性",运用所掌握的有关药物特性,"配伍"成"剂"以施治,以达到较好的治疗效果。再从《太平御览》卷九百八十四"药部"记载的"太原神釜岗中,有神农尝药之鼎"看,炎帝时代已有了汤剂。这也是药物知识积累的结果。

炎帝发明医药,在考古上亦得到了印证。由于草药易腐烂,不可能在考古中出土,但与治疗有关的一些器具却在考古中时有发现。专家认为,宝鸡北首岭、西安半坡等仰韶文化遗址出土的砭石,就是我国最早的医疗器具。砭石,就是锐利的石刀,用它可以刺破脓肿。这不仅是原始的外科手术器具,而且也是我国针刺术的萌芽。多处仰韶文化遗址出土的石针、骨针、石刀、骨刀等,可能都有与砭石相同的功用。民间传说炎帝发明医药的故事更为丰富,且流传范围很广,如在陕西、山西、河南、甘肃、湖北、湖南等一些地区都有炎帝发明医药的传说。比如现在我们还在服用的"姜""三黄汤""茶""柴胡"等,传说就是炎帝与炎帝时代的人们发明和发现的。

　　进入黄帝时代,黄帝为中医药的发展也作出了重要贡献。如《事物纪原》卷七引《黄帝内传》曰:"(黄)帝升为天子,针经脉诀,无不备也。故金匮甲乙之类,皆祖黄帝。"如果说炎帝时代的医药主要是以草药熬制成汤饮而治病,那么,到了黄帝时代,已出现了"主典医药,以疗众疾"(《帝王世纪》)的"天师"岐伯,有了针刺疗法,可以直接摘除病灶。针刺疗法与火疗相结合,产生了针灸术。《帝王世纪》说:"黄帝有熊氏命雷公、岐伯论经脉,旁通问难八十一,为《难经》。教制九针,著《内外术经》十八卷。"黄帝命令雷公和岐伯论证经脉,与周围人相互对答了解有八十一种难治之病,著为《难经》,并教他们制作了九种针灸术,著《内外术经》共十八卷。说黄帝时代著有《内外术经》十八卷是不可能的,可能是将后世出的著作托名于黄帝名下;但说黄帝时代已出现了"针灸"则是有可能的。当然,这里所说的"针灸"与我们今天所说针灸是不能相提并论的。

　　黄帝时代发明针灸术,这已在考古上得到了佐证。如在半坡仰韶文化遗址发现的骨针中,有的无穿孔,针身较粗圆,一端为锐头,顶部呈圆弧形;也有的两头均呈锐头。有专家研究认为,这类骨针不可能作为缝纫用,可能是用来治病的。用骨针锐头刺破脓包,排除脓血,再用圆弧的一端进行点压。[①] 久而久之,人们发现针刺有治疗疾病的作用,同时发现人体上不同地方(穴位)与治疗某种疾病有关系,针灸术也就随之孕育产生了。这种针刺疗法,就是中国古代医学史上所谓的砭石疗法。《黄帝内经·素问》云:"故其已成脓血,其唯砭石破锋之所取也。"《管子·法法》云:"痤疽(疽)之砭石。"这些都说明了砭石的治疗作用。在宝鸡北首岭仰韶文化遗址曾发现一块石头,考古人员研究后认为,这就是当时古人用来治病的砭石。另外,在湖南的华容、长沙、益阳等地也分别发现了类似于具有砭石作用的小型的镩、刀等形式的医疗器具。

　　中医药和"九针"医术的发现和发明,说明炎黄时代不仅对人体生理和人

体的经络、经穴和经脉有了一定的认识,而且有了"察五气、立五运、洞性命、纪阴阳"(《路史·疏仡纪·黄帝》)的治病理论。为后世我国中医学的发展产生了深远的影响。

八、日中为市,开创交易

古史传说市场贸易的出现,始于炎黄时代的中早期,即炎帝与炎帝时代。北宋司马光的《稽古录》记载:炎帝看到一个人的劳作,不足以满足自己的多种需要,于是教民约定在一定的时间、地点,带上自产所剩之物,以物易物,以调剂物品余缺。先秦的《周易·系辞下》①《竹书纪年·前编》②等古籍中,均有炎帝首创"日中为市"的古史传说。

物质资料的生产,包括生产资料和生活资料的生产是交换发生的物质基础。原始贸易的出现,是社会生产力发展、剩余产品数量和种类不断增加扩大的结果。最初的商品交易,大概只能采取物物交换的形式,而且只可能在氏族集团之间进行。正如翦伯赞先生所说:"在这一时代的交换,并不是进行于个人与个人之间,而是氏族与氏族之间的集体的交换。"③随着交换品种的增多,交换地域的扩大,用来交换的中介物,即类似于今天起货币作用的朋贝等便也产生了。再到后来,随着社会生产力的进一步提高,剩余产品的增多,原始公社制的瓦解,私人财产出现了,个人之间的商品交换也随之出现了。

要进行商品交换,就需要有一个统一的时间、确定的地点。于是,炎帝便发明了"日中为市",即把太阳当顶的正午定为交易的时间,把交通便利的地方定为交换地点。传说宝鸡的交易地点就在距宝鸡市区不远的天台山一个叫"太阳市"的地方,在湖南炎陵、湖北随州也有类似的传说。在考古中,虽不可

---

① 《周易·系辞下》:炎帝"日中为市,致天下之民,聚天下之货,交易而退,各得其所"。
② 《竹书纪年·前编》:炎帝"立历日。日中为市"。
③ 翦伯赞:《先秦史》,北京大学出版社1999年版,第81页。

能直接发现当时交易的场景,但从宝鸡北首岭等仰韶文化遗址中出土的榧螺、贝壳(货币)可以知道,炎帝时代已经有了交易活动。因为,榧螺原产于沿海地区,它在北方出土,可能为交换而来。除此之外,在黄河中下游和长江中游诸遗址也有不少海贝遗存的出土。这不仅是作为饰物从沿海交换而来,从中还可以追溯货币的起源。不论是从甘肃兰州白道沟遗址出土的陶器产品,还是从湖南宜都红花套遗址出土的石器产品,以及它们生产规模及周围环境的发现,都证明其生产目的是交换,即商品性生产。其中红花套石器制作场的产品,推销范围远达周围数百公里。①

"日中为市"这种原始的交易形式,在我国存在了很长时间,尤其是在较偏远的乡镇,至今还存在着。它的产生,不仅开创了原始交易市场,促进了原始经济的发展,而且加强了各氏族、各部落、各集团之间的交往、交流和融合。

第二节　炎黄时代的精神创造

炎黄与炎黄时代不仅创造了辉煌的物质文明,而且在炎帝、黄帝的带领下,族民们以自己的聪明才智,经过长期的实践,创造了丰富的精神文明、政治文明和制度文明。炎黄与炎黄时代在精神文明方面的创造和贡献,主要体现在以德而王,修德振兵;设"正"分治,建政立制;符号记事,造字作书;始设蜡祭,封禅祭祀;作歌兴舞,造律作乐;制作历法,考订星历;婚丧嫁娶,创立礼制;兴作彩陶,绘画雕刻等八个方面。尽管这些发明创造还处在低级阶段,处在孕育、萌芽、起源时期,未形成完整的体系,但是,就是这些发明创造为以后中华精神文明,尤其为中华政治文明、制度文明的创立和形成奠定了基础,成为中国传统文化的"源"和"根"。没有这个"源"和"根",也就没有后来的"流"和"枝"。

---

① 参见严文明:《中国新石器时代聚落形态的考察》,载《庆祝苏秉琦考古五十五年论文集》,文物出版社 1989 年版,第 3 页。

一、以德而王，修德振兵

史传说：炎帝"以德以义"①，就是说炎帝时代是以"德"治理氏族部落。炎帝的执政之道，即使没有赏赐，人民也会努力，没有刑罚，奸佞也会停止。《淮南子·主术训》②《帝王世纪》③《广博物志》④等古籍均有此类记载。还传说炎帝对不听从自己命令的氏族，并不是采取"诛"或"驱"的办法，而是"教而不诛"，以"德"报怨，然后使其归顺于姜炎族。如传说夙沙氏族，不听从炎帝命令还背叛他，但炎帝不是发兵征讨，而是"退而修兵"，使其民"自攻其君而归"，平定了夙沙氏的叛乱。炎帝采取的是"至德之隆"的德政理念，所以"法省而不烦，威厉而不杀"（胡宏：《皇王大纪》），"刑政不用而治，甲兵不起而王""质朴无争，虽无号令，但人皆听从"。使先民过着"日出而作，日落而息""卧则居居，起则于于""无有相害之心"（《庄子·盗跖》）的和谐生活，即使边远地区的氏族部落也"没有不服从的"。因被炎帝的"圣德所感"，所以，炎帝时代出现了"甘雨时降，五谷蕃植，春生夏长，秋收冬藏"（《淮南子·主术训》）的丰收景象，社会上出现和形成了"其俗朴重端悫，不忿争而财足，无制令而民从"（刘恕：《资治通鉴外纪》），"衣食饶溢，奸邪不生，安乐无事，而天下均平"（《淮南子·齐俗训》）的良好风气，各种事情"无不显著"。从炎帝生长、活动过的渭河流域到中原、华北的黄河中下游，以及长江中下游所发现的数以千计的仰韶文化遗址和出土的大量遗存看，此时正是原始社会的繁荣、鼎盛时期，与古史传说的炎帝时代是基本吻合的。

炎帝不仅以"德"治理氏族部落，而且用"德"严格要求自己。古史传

---

① 《吕氏春秋·上德》："为天下及国，莫如以德，莫如行义。以德以义，不赏而民劝，不罚而邪止，此神农、黄帝之政也。"
② 《淮南子·主术训》："昔者神农之治理天下，神不驰于胸中，智不出于四域，怀其仁诚之心。"
③ 《帝王世纪》："诸侯夙沙氏，叛不用命，炎帝退而修德，夙沙之民自攻其君，而归炎帝。"
④ 《广博物志》："神农修德而夙沙至。"

说,炎帝与族民一样,亲自下田与大家一起耕种,作务庄稼,其妻也亲自纺织做衣,夫妇二人时时事事都能走在前面,给大家作出表率。炎帝不仅事事走在大家前头,而且所做之事都是为"天下"人的利益而考虑。据考古发现,仰韶文化的墓葬中,殉葬品已有了数量的差别,说明当时已有了私有财产。但是炎帝作为一位部落首领,尽管"智能自贵于人",却"不望其报";面对剩余产品,却"不贪",与族民共甘苦,同患难;想民之所想,急民之所急,甘于奉献,不怕牺牲。正因为炎帝的智慧、才能、品德"自贵于人",才受到"天下"人的尊敬和祭拜。① 还有文献传说,炎帝为了发明医药,为民治病,遍尝百草,"一日而遇七十毒","百死百生"。一次误尝一种俗名叫火焰子的毒草,中毒而死。炎帝以为民而死实践了他的"修德"理念。传说中还有炎帝的女儿"精卫填海"和后裔"夸父追日"的故事,体现了炎帝及其后裔不屈不挠的拼搏精神。

"作教化民"也是炎帝"德"的一种表现。"作教"是言传身教或口耳相传;"化民"就是用"农耕""熟食"等先进的生产、生活方式来改变先民落后的生产、生活方式。传说炎帝制作耒耜,教导族民耕种五谷;教化族民要"躬勤田亩之事",如此,才能"五谷丰登"(王嘉:《拾遗记》)。他还把"德"推人及物,要善待自然,以省杀生。在炎帝的大力倡导下,"九州之民乃知谷食,而天下化之"(郑樵:《通志》)。农耕生产得到了推广与普及。炎帝还通过发明音乐(乐器),"以通天地之德,以合神人之和"(郑樵:《通志》),教育族民要和睦相处。在"教"的方式方法上,炎帝"顺民之性,育之者也"②。能按照人们的不同性格和需要,而施以不同的教育内容和方法。

到了黄帝称雄的时代(距今 6000—5000 年),随着生产力的发展,社会发生了新的变化,出现了贫富差距,氏族、部落之间为了争夺领导权或土地、财

---

① 《越绝书》卷十三载:"昔者神农之治天下,务利之而已矣。不望其报,不贪天下之财,而天下共富之。所以其智能自贵于人,而天下共尊之。"

② (晋)傅玄:《傅子》卷三载:炎帝"躬身亲耕,妻室亲织,作为天下的表率"。

产,开始频频发生争斗或战争。《史记·五帝本纪》载:"轩辕之时,神农氏世衰。诸侯相侵伐,暴虐百姓,而神农氏弗能征"。于是,黄帝"乃修德振兵",就是说,他一方面"治五气,蓺五种,抚万民,度四方",即修治德政,顺应四时五方的自然环境,种植黍、稷、菽、麦、稻等作物,抚慰千千万万的民众,丈量四方土地使民众安居;一方面用"振兵""干戈",对"侵凌诸侯"的炎帝,"三战,然后得其志",对"最为暴,莫能伐"且"不用帝命"而"作乱"的蚩尤,则是"战于涿鹿之野,遂禽杀"(《史记·五帝本纪》)。但对炎帝族和蚩尤族的族民,不是赶尽杀绝,而是给予安抚,与他们联合,建立起联盟,即早期华夏族,为中华民族的起源和形成作出了重要贡献。由于黄帝能采用"修德"与"振兵"并举的办法来治理部落,管理天下(黄河中下游),所以,才使得诸侯"咸来宾从","咸尊轩辕为天子"。可以说,黄帝时代,中国历史上第一次具有了统一的政治中心。中国历史上从五帝时代到秦汉曾经历了三种背景指向、三个层次的"大一统"思想观念:即与尧舜禹时代族邦联盟机制相适应的带有"联盟一体"色彩的"天下一统"观念;与夏商西周"复合制王朝国家"相适应的大一统观念;与秦汉以后郡县制机制下的中央集权的帝制国家形态相适应的大一统思想观念。[1] 而始于黄帝的五帝时代的"联盟一体"的"大一统"观念,对夏商周乃至秦汉统一天下,建立"大一统"的国家政权产生有重要影响。

二、设"正"分治,建政立制

我们说,炎黄时代虽然国家还未产生,但是,氏族和部落的管理制度已初露端倪。炎黄时代的中早期,即炎帝时代已经开始有了专门的管理职位,分工而治。《南齐书·百官志》说:"建官设制,兴自炎、皡。"皡,指太皡或少皡。《春秋命历序》说:"神农始立州制。"说明炎帝时代开始打破氏族界限,实行分区域管理。《左传·昭公十七年》记载:"炎帝火师而火名。""火师"即"火

---

① 参见王震中:《论源远流长的"大一统"思想观念》,《光明日报》2019 年 6 月 10 日。

正"。在炎帝氏族部落内部,"以火纪官",分设"五正",即春、夏、秋、冬、中五官,分别管理辰星大火、鹑火、西火、北火、中火。正,即官职,也即最初的"政",有治理之义。因火对当时的先民来说,具有非凡的意义,农耕、食物加热、防寒取暖、驱逐野兽等都离不开火,后来还发展到由专职的"火正",通过观察辰星大火而"观象授时",指导和安排农业生产活动。① 这些都符合当时的社会发展实际。又如柱为农正,共工为木正、水正、工正,祝融为火正,使他们来分别管理天地和四季,管理农耕生产。《通鉴外纪》说:"神农命赤冀为杵臼,命巫咸主卜筮,命刑天作《扶犁》之乐,命屏封作种书,命白阜作地理以理天下。"可知赤冀、巫咸、刑天、屏封、白阜都是炎帝的臣僚。还传说白阜不仅"图画地形",管理天下地理,还"通水道之脉"(《事物纪原》卷七),是专司水利的水正。

据考古发现,约在公元前 5000 年前后,开始出现了较为明显的男女分工。② 男耕女织是几千年来中国农业社会性别的主要分工模式。《吕氏春秋·爱类》说,在炎帝时代,男子中如果有人正当年而不种田,则天下就会有人因此而挨饿;女子中如果有人正当年而不纺织,则天下就会有人因此而受冻。③ 像炎帝时代这种男耕女织的分工制度,在其他古籍中也有记载。如《商君书·画策》说:"神农之世,男耕而食,妇织而衣。"《淮南子·齐俗训》《刘子》《绎史》《天中记》等古籍也有大致相同的记载。这种男女分工制度在采集、渔猎时代并不明确,因生产内容简单,男女是共同采集或渔猎,即使有分工,可能也是临时性的;只有农耕出现以后,随着生产领域的扩大,生活内容的丰富,这种男女社会分工才逐渐固定下来,并形成制度。这从宝鸡北首岭、西

---

① 参见王震中:《试论陶文"👤""👤"与"大火"星及火正》,《考古与文物》1997 年第 6 期。

② 参见[德]维尔纳·施泰因:《人类文明编年纪事·经济和生活分册》,董光熙等译,中国对外翻译出版公司 1992 年版,第 3 页。

③ 《吕氏春秋·爱类》:"神农之教曰:'士有当年不耕者,则天下或受其饥矣;女有当年不绩者,则天下或受其寒矣。'"

安半坡等仰韶文化遗址出土的大量骨针、骨锥、陶纺轮等纺织工具可以得到印证。

前面讲到炎帝时代已有"建'正'分治"的初期管理制度建设，但毕竟那时还是草创时期。到了黄帝时代，在继承前代管理制度的基础上，又有了新的发展，较前分工更为细致和明确，已初步具了"前国家"的政权性质。黄帝虽成为天下共主，建立了华夏族团，但实际上实行的还是联盟制，各部族还保持着相对的独立性。于是，黄帝为了便于协和各部族，避免各部族之间发生冲突或战争，开始谋划建立一种新的政治制度，便采取分土建邦的办法，建政立制，分而治之，即"举风后、力牧、常先、大鸿以治民"（《史记·五帝本纪》）。《史记·五帝本纪》正义说："四人皆帝臣也。"集解引郑玄云："风后，黄帝三公也。"引班固云："力牧，黄帝相也。"据《汉书·地理志》云："昔在黄帝……方制万里，划壄分州，得百里之国万区。"颜师古注曰："方制，制为方域也。画，谓为之界也。壄，古野字。"《路史·后纪一》云："黄帝始分土建国。"称黄帝"命风后方割万里，画野分疆，得小大之国万区"。为了管理这"万区"之地，"黄帝立四监，以治万国"（杜佑：《通典》卷三十二《职官十四》），"置左右大监，监于万国"（《史记·五帝本纪》），设立两个大臣帮他处理和监视他们。从此，部落与部落之间有了疆界，人与人之间的耕地也有了分界，据说后来的井田制就是从这里萌芽的。

不仅如此，根据文献记载，黄帝设官分治还反映在其他几个方面。古史传说黄帝统一天下后出现了"云瑞"，于是，以云名官。分设了所谓的"春官青云氏、夏官缙云氏、秋官白云氏、冬官黑云氏、中官黄云氏"（胡宏：《皇王大纪》卷一）。这五种官职，实际上都与农业有关，管理不同季节的农事活动。《周礼·春官》云："以五云之物，辨吉凶、水旱降、丰荒之祲象。"黄帝置三公之职，李贤注《后汉书·张衡传》云："《帝王世纪》曰：黄帝以风后配上台，天老配中台，五圣配下台。"除"三公"之外，文献记载黄帝还设有"七辅""六相""五正"之官职。七辅，《七纬·论语·摘辅象》载："黄帝七辅：风后受金法；天老受天录;五圣受道级;知命受纠俗;窥纪受变复;地典受州络;力墨(牧)受准斥。九州选举,翼佐帝德。"六相,《管子·五行》篇载:"黄帝得六相而天地治,神明至。蚩尤明乎天道,故使为当时;大常察乎地利,故使为廪者;奢龙辨乎东方,故使为土师;祝融辨乎南方,故使为司徒;大封辨乎西方,故使为司马;后土辨乎北方,故使为李。是故春者土师也,夏者司徒也,秋者司马也,冬者李也。"五正,《三坟·地皇轩辕氏政典》曰:"岐伯,天师;后土,中正;龙,东正;融,南正;大封,西正;大常,北正。"以上记载清楚地告诉我们,黄帝时代已有了政权机构:天时、仓廪、手工业、农业等,都有部门和人员分工管理,特别是出现了军事将领和狱官。但按当时的社会发展,黄帝时未必有这么严密的管理部门和这么多的官职,可能是以后世之官制而推测黄帝时代,但那时已命官分职、各负其责却是可能的。

由于黄帝实行新的管理制度,民有居地,官有职位,所以出现了一派鼎盛气象,"时播百谷草木,淳化鸟兽虫蛾……节用水火材物,故民安乐,不使而成,不禁而止。百官无私,天下和,风雨时,五谷登,而人民寿。凤凰巢阿阁,麒麟游于郊"(胡宏:《皇王人纪》卷一)。虽有些夸张,但从中可以看出黄帝时代已跨入了一个"前国家"时代,即从野蛮向文明的过渡时期。从庙底沟文化时期出现的众多城址和大量文化遗存可以看出当时的繁荣景象。黄帝的"画野分疆"、建政分治的政权制度,建立起了新的原始社会秩序,其理念和实践,为尧舜及其夏商周政权建设提供了范例,同时也为大禹将天下划分"九州"奠定了基础。

黄帝在华夏联盟集团政权建设和形成中,注重对人才的选拔和任用。凡是品德、行为端正和有治国理政才能的,都能得到选用。据传,黄帝以大填、封巨、岐伯等为师友,请求他们辅佐。文献中记载黄帝的名臣还有:大桡、黔如、容成、羲和、尚仪、后益、胡曹、夷羿、祝融、仪狄、高元、虞姁、伯益、赤冀、乘雅、寒哀、王冰、史皇、巫彭、巫咸,"此二十官者,圣人之所以治天下也"(《吕氏春秋·勿躬》)。这里提到的二十位大臣各有其职,各有发明创造,共有 20 项。

此外,《世本》还记有"仓颉作书""伶伦造律吕""臾区占星气""隶首作算数""伯余作衣裳""夷作鼓""尹寿作镜""倕作钟""嫘祖缫丝",等等。传说嫫母长相丑陋,但善良、贤淑,便纳为妃。《路史·黄帝纪》记载,黄帝"立四辅三公,六卿三少,二十有四官,凡百二十官有秩,以之共理,而视四民"。他们"各司其序,不相乱也"。当然,黄帝时代未必有这么多的官职和发明创造,根据考古学文化提供的资料,有些在此之前就已经存在,如"弓""矢",有些传说为炎帝时代所发明,如"纺织""医药",有些是后世才出现的,如"仪狄"。传说仪狄为殷商人,而非黄帝时代的人。但因黄帝能任贤用能,各司其职,所以,在他身边才有众多的贤人和有才之士。这也是黄帝能建立起以他为首领的联盟集团,且其治下有众多发明创造的一个重要原因。

三、符号记事,造字作书

传说中国最早的记事制度始于伏羲,在《周易·系辞下》篇里作了较为详细的描述。史传伏羲称王天下的时候,通过观天象、察地理、识鸟文,又通过近观自身、远取诸物形象,发明了"八卦",以此与上天沟通,类比世上万物之情状。① "卦"者,挂也。就是将"记事"的绳子挂在墙上。东汉郑玄在《周易注》里说:"事大,大结其绳;事小,小结其绳。"其实,"结绳"和"八卦"是伏羲发明的一种记事方法。这可以说是符号记事的前身。到了炎黄时代的中早期,即炎帝时代,炎帝在继承伏羲"结绳记事"的基础上,创造了符号记事。《周易·系辞下》:"上古结绳而治,后世圣人易之以书契。"这里的上古是指伏羲时代,后世圣人是指炎帝、黄帝以及尧舜等,书契是指刻画符号。

从考古资料看,炎帝时代从老官台文化到仰韶文化,从黄河流域到长江流域,已发现了较多的有刻画符号的遗存。距今 8000 年的甘肃秦安大地湾一期文化的陶器上发现十余种彩绘符号,与后来的西安半坡、临潼姜寨和大地湾二

---

① 《周易·系辞下》:"古者庖羲氏之王天下也,仰则观象于天,俯则观法于地,观鸟兽之文,与地之宜,近取诸身,远取诸物,于是始作八卦,以通神明之德,以类万物之情。"

期陶器上的符号,形状大小基本相同。发掘者认为,"可能是介于图画与文字之间的一种记事符号"①。距今 8500—7500 年的河南舞阳贾湖遗址,在 20 世纪 80 年代的发掘中出土 16 种刻画符号,分别刻在龟甲、骨器、石器、陶器等不同的器物上。龟甲上的刻符有 9 例,其中 1 例类似于甲骨文中的"目"字,其他的刻画为:"一""＝""八""刂""丿""乂""日"等。骨器刻符中,"丿""一"形直道很多,主要刻在骨笛上,作为制笛时设计孔位用;有一例刻于一牛肋骨上,另一牛肋骨上刻有"厶"。陶器刻符中,在一个罐的上腹部刻有一个光芒四射的太阳纹"☼",在一个陶坠上刻有"十"形纹。② 贾湖遗址出土的这些符号,有研究者认为其中的个别符号"应具有记事的功能"③。1986 年,安徽蚌埠吴郢乡双墩村发掘了一处距今六七千年的新石器时代的遗址。在遗址出土的陶器及残片上,除动物纹、植物纹刻画外,还有 146 例 59 种之多的刻画符号。据整理者研究,这些符号"包括了狩猎、捕鱼、网鸟、种植、养蚕、编织、饲养家畜、记事与纪数"等内容;并认为这些符号在一定范围内是得到认可的,"尽管仍是符号,却具备了文字的某些特征","再次表明在距今六七千年前,黄河和长江流域的许多地方的先民具有一定水平的用符号记事或表现某些概念的能力"。④ 距今 7000 年的宝鸡北首岭遗址出土的一件尖底瓶上,"有黑彩写画的'川、W、Ш、Ш'等多种符号组合在一起,显然有比较复杂的含义"⑤。有学者说:"符号的出现为人类文明发展的一个重要的标志,语言、数学、艺术等最初都是由简单符号起源的。也许这是当时人类用于计数、记忆的

　　① 甘肃省博物馆、秦安县博物馆:《一九八〇年秦安大地湾一期文化遗存发掘简报》,《考古与文物》1982 年第 2 期。

　　② 参见冯沂:《河南舞阳贾湖新石器时代遗址第二至六次发掘简报》,《文物》1989 年第 1 期。

　　③ 王震中:《中国史前文化中的符号与文字:文字的起源》,载王俊义主编:《炎黄文化研究》第十五辑,大象出版社 2013 年版,第 15 页。

　　④ 王震中:《中国史前文化中的符号与文字:文字的起源》,载王俊义主编:《炎黄文化研究》第十五辑,大象出版社 2013 年版,第 17 页。

　　⑤ 中国社会科学院考古研究所:《宝鸡北首岭》,文物出版社 1983 年版,第 131 页。

标志,里面包含了复杂的信息。"①

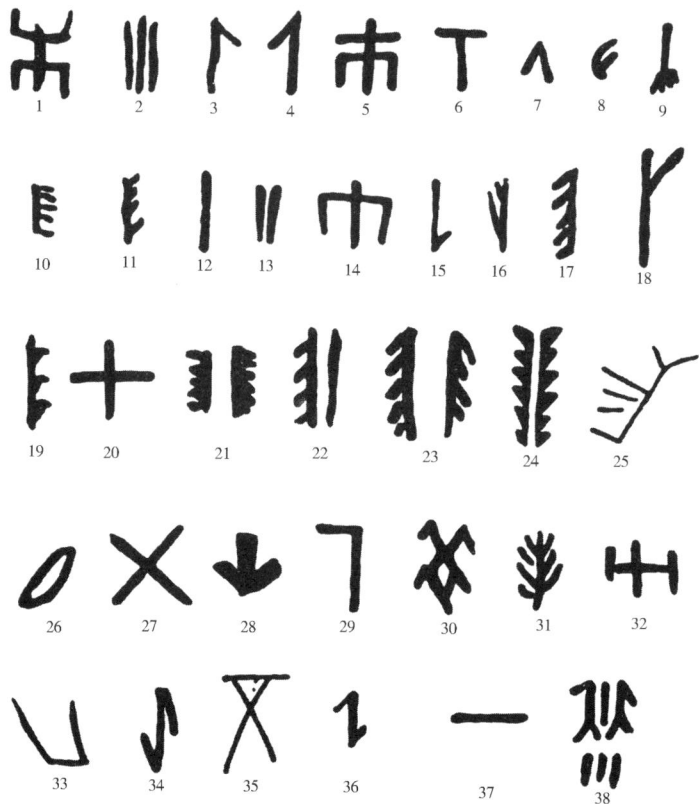

图6-18 陕西临潼姜寨遗址陶器上的刻画符号

当历史进入黄帝时代,即仰韶文化的中晚期,随着农业、畜牧业、手工业等经济社会各方面的进步和发展,炎帝时代的那种符号"文字"自然也出现了新的变化和发展。从考古发现看,黄帝时代不仅符号的数量增多,而且发现的地域也十分广泛,黄河、长江流域均有发现。

那么,这些"具有文字性质"的符号是谁创造的? 在古史传说中,多将文

---

① 尹亚利:《人类最早的画作与史前人类的洞穴壁画》,《光明日报》2018年11月28日。

字的创造记在仓颉的名下。《世本》云:"史皇作书。"史皇即仓颉。又说:"沮诵、苍颉作书。"宋衷注:沮诵、苍颉为黄帝臣子。《韩非子·五蠹》云:"古者苍颉之作书也……"《吕氏春秋·君守》篇云:"苍颉作书。"汉初的《淮南子·本经训》云:"昔者苍颉作书……"《说文解字序》曰:"仓颉之初作书,盖依类象形,故谓之文;其后形声相益,即谓之字。文者,物象之本;字者,言孳乳而寖多也。"①《帝王世纪》曰:"黄帝史官仓颉,取象鸟迹,始作文字。"其他如《史记》《河图玉版》《策海》《路史》《述异记》《春秋元命苞》等古籍以及一些方志、碑文,均将文字的产生归功于仓颉一人,并誉其"造字圣人"。但《荀子·解蔽》云:"古之造书者众矣,而苍颉独传者一也。"荀子将"造书"说成是"众"人,仓颉仅为"独传者"。此说是比较客观的。

因为,考古发现无论是北方的仰韶文化、大汶口文化、马家窑文化,还是南方的大溪文化、屈家岭文化等,都有大量的史前刻画符号乃至史前陶文的发现。如距今 5300 年马家窑文化半山类型彩陶发现了陶文"巫"字②等,还有用墨笔书写的记号,如"七""中""二""口"等。最常见的有"十""一""X"。在青海乐都柳湾发现有 130 余种,当为文字产生以前用来记事的符号。③ 在陕西西安半坡④、临潼姜寨⑤以及湖北杨家湾⑥等遗址出土陶器上,也都发现了较多的刻画符号。其中半坡遗址出土有刻符陶器 113 件,刻符共计 27 种。姜寨遗址出土有刻符陶器 129 件,刻符共计 38 种。山东大汶口文化的晚期(其年代大体与仰韶文化的晚期至庙底沟二期文化相当),先后出土的刻写符号

---

① "文"的本义是"交错的笔画",即"纹";"字"的本义是"孕育"。象其形体而造的是"文"(现在称独体字);在"文"的基础上滋生的是"字"(现在称合体字)。

② 王志安:《马家窑文化彩陶上发现中国最早可释读文字》,《中国文物报》2011 年 8 月 31 日。

③ 分别参见《中国大百科全书·考古卷》,中国大百科出版社 1986 年版,第 305 页。

④ 参见中国科学院考古研究所、陕西省西安半坡博物馆:《西安半坡》,文物出版社 1963 年版,第 196—198 页。

⑤ 参见西安半坡博物馆、陕西省考古研究所、临潼县博物馆:《姜寨》(上),文物出版社 1998 年版,第 141—144 页。

⑥ 参见余秀翠:《宜昌杨家湾在新石器时代陶器上发现刻划符号》,《考古》1987 年第 8 期。

有 17 例 9 种,绘写的 1 例 1 种,共计 18 例 10 种。位于长江中游的大溪文化,考古学者在湖北宜昌杨家湾出土的陶器上,发现有刻划符号 50 多种,其后,在屈家岭文化的陶器上,也发现一些刻画符号,只是数量很少,也很简单。据不完全统计,仅在黄河、长江流域出土各种符号和陶文的仰韶文化遗址,至少不下几十处。而且各地出土的刻符,又具有共同的符样、相同的记号。① 到龙山时期,如安徽蒙城尉迟寺遗址、浙江余姚的良渚文化遗址等,都有史前刻画符号和陶文的发现。前者出土的陶器上有 6 例 "🐜" 的符号;有 1 例 "🐚" 的符号;有 1 例上边是 "🐚"、下边与莒县大朱村 17 号墓出土陶尊上的符号相似。后者在良渚文化的玉器和陶器上,也发现有 "🐚" 或其变体的符号,还发现刻有 V 形、+形、✕形等 10 多种符号。② 美国哈佛大学萨克勒博物馆收藏的良渚文化陶壶圈足内壁发现的刻画文字,确认有 "孑、孒、人、土、宅、氏、肱……育" ③九字。此外,在湖北省天门石家河遗址的陶器上,也发现包括 "🐚" 在内的六七种大汶口文化中曾经发现过的符号。石家河遗址属于石家河文化,其年代与黄河流域的龙山文化的年代相当。④ 其他如青岛赵村的龙山文化遗址出土的陶片、上海马桥第五层出土的某些陶器底上,也都发现了相类似的记号。⑤ 目前发现有刻画符号的陶器有 290 多件,符号有 50 多种。像这种符号在当时能被较为广泛地应用,可能是与记事或传达某种信息有关。

除上面所说刻画符号外,在龙山时代还发现了一些图画文字。如陕西西

---

① 分别参见王志俊:《关中地区仰韶文化刻画符号综述》,《考古与文物》1980 年第 3 期;黄石林:《中国古史中的黄帝时代》,郑杰祥主编:《炎黄汇典·文论卷》,吉林文史出版社 2002 年版,第 579 页。

② 参见王震中:《中国史前文化中的符号与文字:文字的起源》,载王俊义主编:《炎黄文化研究》第十五辑,大象出版社 2013 年版,第 21—22 页。

③ 黄石林:《中国古史中的黄帝时代》,载郑杰祥主编:《炎黄汇典·文论卷》,吉林文史出版社 2002 年版,第 580 页。

④ 参见黄石林:《中国古史中的黄帝时代》,载郑杰祥主编:《炎黄汇典·文论卷》,吉林文史出版社 2002 年版,第 580 页。

⑤ 参见苏秉琦主编:《中国通史·远古时代》第二卷,上海人民出版社 2004 年版,第 342 页。

安客省庄发现一件陶斝足内模上刻着一只蝎子形,与古文"万"字很相似。湖北天门石家河有的大陶尊上刻的杯形等图画文字,其陶尊形状、图画文字所在的部位、刻法等都与大汶口文化晚期陶尊上刻的图画文字的风格相似。大汶口文化的图画文字主要发现于山东莒县陵阳河遗址,共 12 器 14 字,再加上莒县大朱村 4 器 4 字和诸城前寨 1 器 1 字,总计有 16 器(或残片)18 个字。① 良渚文化早期一件玉镯上便刻着一个圆圈加火形的图画文字,与大汶口陶尊上的图画文字完全一样;还有一个璧上刻一鸟立在阶梯形基座上,基座中有一圆圈纹饰,下面有一新月形,其图后部分也跟大汶口文化陶尊上的图画文字相同。② 西安半坡遗址出土的彩陶中的鱼纹、蛙纹、鹿纹;甘肃、青海等地彩陶中的蛙纹、鸟纹、犬纹等,这些精美的彩色纹饰,其中有些被研究者认为是具有记事性质的族徽图形。

图 6-19　大汶口文化 10 种陶文

从上面所举例子,我们不难发现,黄帝时代比炎帝时代,其符号"文字"种类不仅越来越多、分布地域越来越广,而且符号与"文字"之间的距离也越来

---

① 参见李学勤:《论新出大汶口文化陶器符号》,《文物》1987 年第 2 期。
② 参见苏秉琦主编:《中国通史·远古时代》第二卷,上海人民出版社 2004 年版,第 343 页。

越接近,有些个别符号已脱离了画的特征,具有象形、指示和会意、假借等字的特征。这是炎帝时代所没有的。

对黄帝时代出现的这些陶器上的刻画符号,我们如何去认识? 目前,学术界虽见仁见智,还有不同的说法,但随着众多遗址出土陶器上刻画符号和陶文的发现,有更多学者持肯定的态度,认为像这种符号在当时能在比较大的范围内出现,不是偶然或无意所为,而是与某种记事或传达某种信息有关,并将中国文字的源头追溯至炎黄时代,即仰韶文化和龙山文化的早期出现的这些刻画符号。如郭沫若先生说:"刻划的意义至今虽尚未阐明,但无疑是具有文字性质的符号……彩陶上的那些刻划记号,可以肯定地说就是中国文字的起源,或者中国原始文字的孑遗。"[1]苏秉琦等先生认为:"尽管二者还不能算是真正的文字,但距形成真正文字的时间应不会太远。"[2]针对大汶口文化的刻画符号,唐兰先生认为陶器上的这些符号是文字,这些象形文字与商周青铜文字、商周甲骨文字以及陶器文字,都是一脉相承的。[3] 李学勤先生也有相似的观点,认为大汶口文化的刻画符号,"同后世的甲骨文、金文形状结构接近,一看就产生很像文字的感受"[4]。就仰韶文化半坡类型的陶器符号,李学勤先生指出:"符号有的简单,有的则相当复杂,接近文字,比如临潼姜寨的一个符号就很像甲骨文的'岳'字。""总的说来,从仰韶文化以来,陶器符号可以说是向甲骨文那样的文字趋近。"对距今 6000 年左右的蚌埠双墩遗址出土的 600 多个刻画符号,专家认为:具有一定表意、计数和简单的记事功能,是一种地域性的刻画符号,也可以称之为是处于前文字阶段的符号体系。[5] 于省吾先生在其发表的一篇题为《关于古文字研究的若干问题》一文中,通过对半坡出土的陶

① 郭沫若:《古代文字之辩证的发展》,《考古》1972 年第 3 期。
② 苏秉琦主编:《中国通史·远古时代》第二卷,上海人民出版社 2004 年版,第 344 页。
③ 参见唐兰:《从大汶口文化的陶器文字看我国最早文化的年代》,《光明日报》1977 年 7 月 14 日。
④ 李学勤:《论新出大汶口文化陶器符号》,《文物》1987 年第 12 期。
⑤ 参见李陈续:《刻划符号对汉字溯源意义重大》,《光明日报》2009 年 10 月 26 日。

器上的刻画符号的考释指出,既有指事系统的文字,也有象形和假借系统的简单文字,如于先生所解释的"五作×,七作+,十作丨,二十作‖,示作丅,玉作丰,矛作↑,艸作↓,阜作"等字中,"玉、艸、阜"之类就属于象形字,而"五、七"之类的纪数文字,多数古文字学者都认为是假借字。为此于先生强调指出:"不难设想,当时的简单文字不会也不可能只限于陶器上,陶器之外,自然要有更多的简单文字,只是我们现在还看不到罢了。这种陶器上的简单文字,考古学者以为是符号,我认为这是文字起源阶段所产生的一些简单文字。仰韶文化距今约有 6000 多年之久,那么,我国开始有文字的时期也就有了 6000 多年之久,这是可以推断的。"①唐兰先生把""""释读为"""炅"②;李学勤先生将良渚文化玉器上部均作鸟侧立于山上之形的四个图形,将前两个均可释为"岛"字,第三个释为"岛""炅"二字,第四个作鸟在山中之形,也释为"岛"字,是"岛"字的另一种形声文字。③ 王震中先生把大汶口文化陶文中的""""释读为"与火正对于大火星的观察、祭祀和观象授时有关的象形兼会意文字,把上图'大汶口文化十种陶文'中的 8 和 9 分别释为'享'和'豊'(礼)。"④为此,刘大白先生曾指出,最早的义字应有两个来源,一个是图画,一个是记号,而后者应更早。由这两个来源所造的字就是象形字和指示字。⑤由此来看,"我国用刻划符号记事产生于仰韶文化早期的半坡类型,在此之前

　① 于省吾:《关于古文字研究的若干问题》,《文物》1973 年第 2 期。
　② 唐兰:《从大汶口文化的陶器文字看我国最早文化的年代》,《再论大汶口文化的社会性质和大汶口陶器文字——兼答彭邦炯同志》,《中国奴隶制社会的上限远在五六千年前——论新发现的大汶口文化与其陶器文字,批判孔丘的反动历史观》,三文皆收录《大汶口文化讨论文集》,齐鲁书社 1981 年版。
　③ 参见李学勤:《良渚文化玉器符号》,载《湖南博物馆文集》,岳麓书社 1991 年版,第 1—4 页。
　④ 王震中:《中国史前文化中的符号与文字:文字的起源》,载赵德润主编:《炎黄文化研究》第十五辑,大象出版社 2013 年版,第 7—47 页;又见王震中:《中国文明起源的比较研究》(增订本)第七章"从符号到文字",中国社会科学出版社 2013 年版,第 253 页。
　⑤ 参见刘大白:《文字学概论》,转引自苏秉琦主编:《中国通史·远古时代》第二卷,上海人民出版社 2004 年版,第 344 页。

的老官台文化还有画彩的记号,年代约当公元前五千多年。图画文字最早见于大汶口文化晚期,年代约当公元前三千年"①。可见,传说炎帝、黄帝时代开始使用符号文字记事是有其考古学来源的。作为造字的代表性人物——仓颉也不是无中生有、空穴来风,而是有根据的。当然,传说仓颉造字,并不是说由他一个人完成的,而是说他起了"加工整理"或"独传"的作用罢了。犹如鲁迅先生所说:"但在社会里,仓颉也不止一个人,有的在刀柄上刻一点图,有的在门户上画一些画,心心相印,口口相传,文字就多起来,史官一采集,便可以敷衍记事了。中国文字的由来,恐怕也逃不出这例子的。"②所以,我们说文字的发明是时代的产物,是集体创造的结晶,而仓颉只是其中的代表人物、集大成者而已。

总之,前仰韶时代、仰韶时代及龙山时代的陶器、龟甲等器物上出现的刻画,总体上应属于符号的范畴,但也有一些已具备了文字的特征,如一、二、三、四、五、七、十等纪数符号和"𢍔"(岳)、"⚞"(山)、"☼"(日)、"⚮"(鱼)、"⚯"(目)等象形符号。凡是具有文字特征的这些符号,在形状结构上都可看到它与甲骨文、金文的某种联系,因而也就能够用古文字学的方法加以分析、释读,这大概是中国上古从符号到文字演化发展过程中的普遍现象,也是文字文明的重要表征之一。③ 在中华文明起源、形成的过程中,炎黄时代的符号和图画文字的出现,不仅是其重要现象和物化形式之一,而且为后来真正意义上的中国文字体系的形成奠定了基础。

关于刻画符号最早出现的时间,从世界范围来说,有一种观点认为,早在

---

① 苏秉琦主编:《中国通史·远古时代》第二卷,上海人民出版社 2004 年版,第 314 页。

② 鲁迅:《门外文谈·字是怎么来的?》,载《鲁迅杂文全集》(下),群言出版社 2017 年版,第 214 页。

③ 参见王震中:《中国史前文化中的符号与文字:文字的起源》,载赵德润主编:《炎黄文化研究》第十五辑,大象出版社 2013 年版,第 21 页;又见王震中:《中国文明起源的比较研究》(增订本)第七章"从符号到文字",中国社会科学出版社 2013 年版,第 240 页。

7万年前,人类"就已经开始使用有象征意义的符号"①,另有一种观点认为"人类是在4万年前开始使用符号的"②。可见,在距今五六千年前的炎黄时代出现符号文字也就不足为奇了。

四、始设蜡祭,封禅祭祀

炎帝时代以前,原始信仰和意识虽已产生,但还未形成较为固定的、全部落制度化的祭祀和礼仪。"随着农业生产的发展,炎帝部落逐步发展、壮大,融合了众多氏族,成为中原大地最强大的部落集团,为了稳定和凝聚各氏族部落,除了创立一套政治和社会制度外,还创立了一套较为规范的祭祀制度,祭天、祭祖、祭神,有了一定的形式和礼仪规定。"③其中蜡祭、明堂祭、求雨仪式等传说,就是炎帝与炎帝时代所创立的重要的祭祀仪式。

所谓蜡祭,古代有着不同的称呼。《月令章句》说:"蜡祭:夏曰清祀,殷曰嘉平,周曰蜡,秦曰腊",而以"蜡"或"腊"比较通用。蜡祭即腊月之祭,是中国先秦和史前时期重要的一种祭祀形式。蜡祭的对象因时而异,主要是祭祀农业、田猎、畜牧业等诸神,以报岁终之功,祈求来年五谷丰登。《礼记·明堂位》正义注:"蜡是报田之祭。"可见,"报田""报啬"是蜡祭的主要内容。

蜡祭本是原始社会腊月里庆贺农业丰收的答谢礼仪,是农耕文化的产物和重要组成部分。文献传说炎帝初创农耕时,就同时创立了"蜡祭"④。在每年的十二月万物收藏后,"先啬而祭司啬焉,祭百种以报啬也"(胡宏:《皇王大纪》卷一)。这里的"先啬"可能就是指炎帝。而据孔颖达所说,祭"司啬"的蜡

---

① 尹亚利:《人类最早的画作与史前人类的洞穴壁画》,《光明日报》2018年11月28日。

② 李韵:《揭秘青藏高原4万年前的人类活动　这个发现有多重要?》,《光明日报》2018年12月4日。

③ 何星亮:《炎帝与中华民族的创新精神》,载霍彦儒主编:《炎帝与民族复兴》,陕西人民出版社2006年版,第169页。

④ 《史记·补三皇本纪》:"炎帝神农氏以其初为田事,故为蜡祭,以报天地。"

祭并非第一代炎帝所创,而是后来继位炎帝祭祀最早的炎帝。① 在炎帝创立蜡祭的同时,还创立了"祭祀吉礼"②。关于炎帝始设蜡祭,在《礼仪集编》《礼书纲目》《尚史》《玉海》等书中也均有引用《礼记·郊特牲》及《正义》注释的记载。

古史传说,炎帝在进行蜡祭时,要举行盛大的演出活动,即"万民戏于国中"③。传说炎帝还创作了一首有名的《蜡祭歌》,即祝祷词。其词云:"土反其宅,水归其壑,昆虫勿作,草木归其泽。"(《礼记·郊特牲》)表达了先民希冀得到后土的庇护,风调雨顺,五谷丰登的愿望。

蜡祭这种古老的祭祀仪式,在中国延续了数千年。《后汉书·礼仪志》说:"季冬之月,星回岁终,阴阳以交,劳农大享腊。"这里的"腊"即岁终蜡祭之别称。现今流行于神州大地的腊月二十三日祭灶、年三十日守岁及新春佳节等,可能就是炎帝时代蜡祭的传承和发展。

炎帝在除了始设蜡祭外,根据文献记载,他还始设"明堂""求雨"等祭祀礼仪和制度。《论语注疏》"序"说:"明堂是祭天之处。"所以,历来统治者都很重视"明堂"的祭祀。炎帝岁末年终都要向苍天报告一年来的收成,便在"明堂"祭天,以求来年继续有好的收成。④ 古史传说,神农氏祭天的明堂"有盖而无四方"(桓谭:《新论》),即上有顶而四面无墙。

传说"求雨"也与炎帝有关。《神农求雨》一书对此作了详细的记述。⑤ 尽管此书为后人所作,但这种求雨仪式无疑在炎帝时代就已经存在。因为

---

① 《五经正义》:"神农伊耆,一代总号,其子孙为天子者始为蜡祭,祭其先祖造田者,故有先啬也。"

② 《礼记·郊特牲》:"祭祀吉礼起于神农也。"

③ 《路史》卷十二载:(炎帝)"每岁阳月,盍百神率,万民蜡戏于国中,以报其岁之成。"

④ 《淮南子·主术训》:"月岁时考,岁终献功,以时尝谷,祀于明堂。明堂之制,有盖而无四方……"

⑤ 《绎史》卷四载:"春秋雨日而不雨,甲乙不雨,命为青龙,又为火龙,东方小童舞之;丙丁不雨,命为赤龙,南方壮者舞之;戊己不雨,命为黄龙,壮者舞之;庚辛不雨,命为白龙,又为火龙,西方老人舞之;壬癸不雨,命为黑龙,北方老人舞之。如此不雨,命巫祝而暴之;如此不雨,神仙积薪击鼓而焚之。"

"雨水与农业生产关系十分密切,旱或涝对农业生产具有决定性的作用。作为发明农业的炎帝部落集团,无疑十分重视雨水。为祈求风调雨顺,创立了最早的祈雨仪式和制度"①。

考古资料表明,如宝鸡北首岭遗址中墓葬的随葬品,陶瓮棺上开的小孔等,说明当时人已有了灵魂和生死轮回观念。北首岭遗址中间6000多平方米的广场,可能就是记载中所说的蜡祭、明堂祭天求雨的场所。在其他地方,如河北武安磁山的"陷坑"②等,也可能就是炎帝时代的先民们在此搞祭祀活动的场所。还有在武安磁山遗址发现的将成组的陶器和石斧、磨盘、磨棒之类生产及加工粮食的工具放在一起,半坡遗址发现的埋在地下的两个盛有粟米的小罐以及在第二号窖穴中见到的有盖的小陶罐,这些"可能就是与祭祀有关活动的产物,大概是奉献'粟米之神'以求更多的丰收"③。像这种标志宗教信仰仪式的遗存在仰韶文化中早期遗址中有大量发现,这反映了炎帝时代的宗教信仰已比较发达了,不是初创时期的那种简单仪式。

进入黄帝时代,宗教作为一种意识形态,也有了较快发展,并在炎帝蜡祭、明堂祭的基础上,出现了一种新的祭祀形式,即封禅。封禅是古代一种重要的祭天之礼。《史记·封禅书》正义引《五经通义》云:"易姓而王,致太平,必封泰山。"一般认为,在古代帝王中只有有功于世的人,才能有资格去泰山封禅,举行祭天之礼。秦汉至清,上泰山行封禅影响较大的帝王有秦始皇、汉武帝、唐玄宗等,通过封禅将其治国功绩昭告天下,使其帝王之位得到上天的认可。古史传说,在中国历史上最早登泰山封禅的是黄帝。

《史记·封禅书》载:"封禅七十二王,唯黄帝得上泰山封禅。"《韩非子·十过》云:"昔者黄帝合鬼神于泰山之上。"通过封禅,一是昭告天下"统一天

---

① 何星亮:《炎帝与中华民族的创新精神》,载霍彦儒主编:《炎帝与民族复兴》,陕西人民出版社2006年版,第171页。
② 苏秉琦主编:《中国通史·远古时代》第二卷,上海人民出版社2004年版,第171页。
③ 苏秉琦主编:《中国通史·远古时代》第二卷,上海人民出版社2004年版,第171页。

下"之功绩,二是"万国和",以封禅祭天活动加强"万国"的联盟和团结。当然,也有祈求苍天保佑,祈盼风调雨顺、庄稼丰收之意。不仅如此,黄帝还到华山、首山、太室、东莱等名山大川"常游,与神会"。《封禅书》还记载:"黄帝郊雍上帝,宿三月。"雍地中心,指今陕西凤翔一带。《正义》引《括地志》云:"云阳宫,秦之甘泉宫,雍州云阳县西北八十里。秦始皇作甘泉宫,去长安三百里,黄帝以来祭圜丘处也。"圜丘是古代祭天的地方。近年在凤翔雍山考古发现的秦汉血池,据考古人员研究,是秦汉帝王祭天的地方,且在此地发现了一块上刻"上畤"两个字的陶片。① 《封禅书》载:"秦灵公四年,在吴阳设上畤,祭黄帝,设下畤,祭炎帝。"吴阳指吴山之南。在今宝鸡陈仓区境内,与雍山相距仅数十公里。其周围分布有多处仰韶文化遗址,北首岭、福临堡仰韶文化遗址就距此不远。由此可见,黄帝当年在此祭天也是有文献和考古学依据的。

黄帝除了封禅,还继承了炎帝的明堂祭。关于黄帝时代的"明堂"形制,《汉书·郊祀志下》记载:汉武帝时,欲治明堂,但不知其形制,有位叫公玉带的济南人献给汉武帝《黄帝明堂图》,"明堂中有一殿,四面无壁,以茅盖,通水,水圜宫垣,为复道,上有楼,从西南入,名曰昆仑,天子从之,以拜祀上帝焉"。据此可知黄帝时代明堂之规模。当然,根据学者研究,明堂不仅仅是举行大型祭祀活动的地方,还是召开部落联盟会议和发布政令的地方。《事物纪原》卷四引《管子》曰:"轩辕有明堂之议",就是说黄帝在此接见部落首领,与他们共同商议部落联盟大事。

根据《史记·封禅书》记载,黄帝在举行各种形式的祭祀活动的同时,还通过整合,"患百姓非其道者,乃断斩非鬼神者",从而"黄帝时万诸侯,而神灵之封居七千"。这句话是说黄帝痛恨百姓中那些反对他的仙道的人,并处斩了那些诋毁鬼神的人,从而使黄帝时代有万家诸侯,而能主持名山大川神灵祭祀的封国就有七千家,完善了宗教祭祀体系。

---

① 参见张佳:《宝鸡凤翔雍山血池秦汉祭祀遗址发现"畤"字陶文》,《西安晚报》2017 年 6 月 26 日。

　　黄帝时代的祭祀活动,也得到了考古学文化的佐证。如辽宁牛河梁女神庙遗址属于红山文化,距今 5500—5000 年,正好与我们所说的黄帝时代的中晚期相吻合。研究者从遗址庙堂发现的许多女性泥塑造像和陶制品祭器看,"应该是一种公共性的祭祀活动场所"。公元前 3300 年至公元前 2200 年的良渚文化出土的大量精美玉器也证明了这一点。"这表明在黄帝时代或稍前,中国宗教崇拜已经发展到一个相当高的水平,已经超过居民生活点,为多个居民生活点所共同崇拜的偶像系统,并且能够兴建较大规模的祭祀场所。"①

　　宗教祭祀是文明产生的重要因素,炎黄时代大型祭祀场所和频繁祭祀活动的出现,对中华文明的形成和发展,曾作出了重要贡献。

五、作歌兴舞,造律作乐

　　按照《孝经·授神契》所说,伏羲时代就开始有了音乐。其"乐名《扶来》,亦曰《立本》",又说"伏羲乐名《立基》",还说:"少昊乐名《九渊》","祝融之乐曰《属续》"。《乐图论》说:"伏牺有《网罟之歌》,神农有《丰年之咏》,黄帝有《龙衮之颂》,尧有《大唐之歌》。"因而,炎帝时代有音乐也是无疑的。《太平御览·乐书》引《礼记》说神农曾命刑天,"作《扶犁》之乐,制《丰年》之咏,是曰《下谋》也",有些又写为《扶厘》。罗萍注说:"厘、犁,古音同耳。"但由于当时尚未发明文字,对当时人们演唱的歌词和曲调没有任何记载,因此,他们的歌词内容与曲调已无从查考。春秋战国时的《竹书纪年·前编》等古籍也有类似的记载。②《吴越春秋·勾践阴谋外传》所载的《弹歌》:"断竹、续竹、飞土、逐肉",传说为炎帝时代的音乐歌词。

　　音乐(声乐)如何产生的?《孝经·援神契》说:"神农乐名曰《扶持》,亦

――――――

　　① 陕西省地方志编纂委员会编,何炳武、刘宝才主编:《陕西省志·黄帝陵志》,陕西人民出版社 2005 年版,第 47 页。

　　② 《孝经·援神契》:"神农乐名曰《扶持》。"《竹书纪年·前编》:(炎帝)"作《下谋》之乐。"

曰《下谋》……按:《辨乐论》云:'昔伏羲氏,因时兴利,教民畋渔,天下归之,时则有《网罟》之歌;神农继之,教民食谷,时则有《丰年》之咏。'按:《扶来》歌即《凤来》之颂,乃神农之《扶犁》也。扶,凤;来,犁音相同。称是知神农因太昊之乐……"这段话说明,音乐是产生于人们的生产劳动。同时,也说明炎帝之乐又是在继承伏羲和少昊之乐的基础上而发展起来的。

从古史传说和考古学文化看,炎帝在音乐方面的发明主要体现在乐器上。《竹书纪年·前编》说炎帝"作琴""作瑟"。东汉桓谭《新论》里说炎帝通过上观天文,下察地理,"始削桐为琴,练丝为弦"。《世本·作篇》里更为详细地介绍了"神农琴"的规格和音调,即"琴长三尺六寸六分,上有五弦,曰:宫、商、角、徵、羽",说明炎帝时代已出现了器乐。

器乐离不开乐器。传说炎帝发明的五弦琴就是其中的一种。五弦琴这种乐器的制作,也和其他乐器的制作一样,是一种需要专门技艺的复杂劳动。首先要精选上等的桐木材料,经过切割、打磨、组装、调试等一系列工序后才能完成。当然丝弦材料也是有一定讲究的。五弦琴的发明,无疑为中华民族器乐的产生和发展作出了重要贡献。据说到了"五帝"时代,五弦琴仍然是主要的乐器。舜的《韶乐》和《南风》,就是用五弦琴演奏的。又说周文王在炎帝五弦琴的基础上又"增二弦,曰少宫、少商"(《世本·作篇》),以此来演奏《岐山操》《文王操》等乐曲。

若把文献记载中的传说与考古资料加以印证,我们不难发现,炎帝发明原始乐器的古史传说是有其考古学文化依据的。迄今为止,我国境内发现音乐文物遗存的史前遗址已有近百处,出土的乐器和相关文物也不下 500 件。尽管在这数百件文物中,可能因木制器易朽的原因,至今还未发现有传说炎帝发明的琴、瑟等乐器。但在大量出土的乐器文物中,其他乐器如笛、哨、埙、号等吹奏器,鼓、磬等打击器,以及铃、球等摇响器,不仅数量多,而且门类也较齐全。从乐器出土的遗址看,则大多在黄河中下游地区的仰韶文化遗址中。考古发掘出的乐器质料,多以陶、骨所制为主,其中骨笛是目前所知最早的吹奏

器(世界最早的骨笛是 1995 年发现于斯洛文尼亚的迪维·巴贝洞穴,距今
4.3 万年①)。骨笛的发现地点有河南的舞阳贾湖和裴李岗等遗址。研究者
根据形制和地层,将其分为早、中、晚三期,并对其中分属于三期的五支骨笛进
行了测音。早期骨笛开有五孔、六孔,能吹奏出四声音阶和完备的五声音阶;
中期骨笛开有七孔,能吹奏出六声音阶和七声音阶;晚期骨笛开有七孔和八
孔,能吹奏出完备的七声音阶以及七声音阶以外的变化音。这三期骨笛不同
音阶的存在表明,早在距今 9000 年前,贾湖人已具备将音阶中音与音的关系
进行有规律的选择和排列,并用不同的音程关系构成各种音阶的知识。在裴
李岗还出土了一支九孔骨笛,从笛身穿有两排相错的小孔看,有研究者认为,
它不是演奏的乐器,而很有可能属于定音一类的乐器。在山东莒县陵阳河大
汶口文化遗址,出土了一支呈酒杯状的陶笛,可吹奏出四个不同音质的声音,
音响与竹笛音质相似。

图 6-20　河南舞阳贾湖遗址发现的七声音阶骨笛

另外,哨、埙、号等乐器,分别在河南长葛石固遗址(裴李岗文化)和甘肃
永靖大河庄遗址(齐家文化)以及西安半坡、太原义井、万泉荆村、玉门火烧
沟、陕西华县井家堡等仰韶文化遗址出土。② 在宝鸡陈仓区阳平镇双碌碡于
1994 年发现一件仰韶时期的陶号,在陕西华县井家堡,也出土了一件陶号,全
长 42 厘米,中空,一头大,一头小,从其形状看,似由牛角号演变而来,只是牛
角号易腐朽,不易保存,难以发现罢了。陶埙以陶土捏塑而成,外形各异,有橄

---

① 参见郭子月:《史前乐器与音乐的产生》,《光明日报》2018 年 12 月 19 日。
② 参见黄厚明、陈云海:《中国史前音乐文化状况初探》,《先秦·秦汉史》2002 年第 5 期。

榄形、椭圆形、卵形、兽形等形状,中空,有的只有气孔,有的有气孔也有音孔。西安半坡遗址出土两件陶埙,中空,鼓腹,两端略尖,呈橄榄状。其中一件两端各有一孔,长 5.8 厘米,中径 2.8 厘米,孔径 0.5 厘米;另一件只有一吹孔。据专门测定,远在 6000 年前的半坡陶埙,已可吹奏出与今天音程相近的声调。所以,有研究者认为,根据这个陶哨(实为陶埙)所吹出的两个音所构成的音程,我们可以认为当时所应用的音阶存在一个与我们今天所应用的五声音阶中的小三度相接近的音程。也就是说,先民当时应用的音阶和我们今天所使用的五声音阶有一个共同的小三度音程。

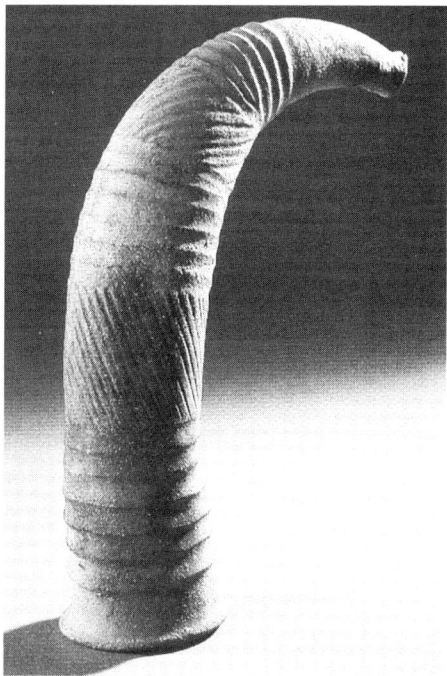

图 6-21　莒县大米村出土的大汶口文化的陶号角

吹奏乐器中的"哨"有骨哨和陶哨。浙江余姚河姆渡遗址出土骨哨数量较多。骨哨用鸟肋肢骨中段制作,长 6—10 厘米不等,骨管一侧钻有两孔,也有少数为三孔,器身微曲,中空,有的还在管中插一细骨,吹奏时推拉细骨以控制、变动音调。时至今日，杭州地区还用竹管做成竹哨，竹管中插入一根铁丝制成的一端包有棉球的"推拉器"，吹奏时来回推拉铁丝，调节音调，演奏者可以吹奏出比较复杂的乐曲。临潼姜寨仰韶文化遗址还发现了石哨，其形制亦呈管状，中有一孔，功能与骨哨类似。在我国南方地区如江苏省吴县草鞋山、苏州梅堰、常州圩墩村等遗址，还发现一种叫"陶勺"的乐器。该器呈球形，中空，有短柄，吹奏时手握短柄，口吹"勺"洞部，即可发出洪亮的声音。音调靠用气大小、吹奏时间长短来控制。陶哨形状有鱼、鸟、人等。时至现代，陕西宝鸡、甘肃陇东等地区，仍有陶哨流行，鱼形哨气孔为鱼嘴，音孔在鱼背；鸟形哨气孔在鸟尾或鸟嘴，气孔在鸟背；人形哨气孔在"人"的头顶端，而音孔在"人"腹部。

　　除了吹奏乐器外，还有打击乐器，如缶、瓮、鼓、钟、磬等。缶、瓮等陶器既是生产、生活中不可或缺的用具，也是先民可资利用的"乐器"。因为缶、瓮之类不仅"叩"之有声，而且因器物大小、薄厚、形状和烧制、原料、火候的不同，敲击时可发出不同的音响，故而可以相互搭配，和谐成"乐"。传说尧时，"缶而鼓之""拊石击石"（《吕氏春秋·古乐》）。广为人知的战国时秦国国君秦昭王"击缶"的故事，就说明了这种"乐器"曾长期流行过。《魏书·乐志五》说："垂钟和磬。"钟、磬是专用的乐器。在河南陕县庙底沟曾发现一件陶钟，泥质为彩陶，器口外侈，器壁向外斜直，中空，上部有柄，肩部两旁各有一孔通内壁，素面光滑。磬是新石器晚期才出现，因其为天然石材打制而成，所以称为石磬。目前主要在陕西、山西、河南的龙山文化遗址出现。《山海经·海内经》说：炎帝有个孙子叫伯陵。伯陵同吴权的妻子缘妇同居，缘妇先后生下鼓、延、殳。炎帝时代之人以鼓为名，透露出鼓是当时一种重要的打击乐器，为人们所崇尚。并传说"鼓、延是始为钟，为乐风"（《山海经·海内经》）。《礼记·明堂位》说："土鼓、蒉桴、苇籥，伊耆氏之乐也。"从目前考古发现看，鼓产生的时间最早、数量最大、品种也最全，质料有木、陶两种。木鼓系用截断的树干凿制而成，鼓身上细下粗，中空，两端蒙皮，出土时鼓皮已朽。根据鼓腔内所见散落的数十枚鳄鱼骨板判断，鼓皮可能是用鳄鱼皮做成的。陶鼓因出土时所蒙皮已朽,所以被认为是一般的陶器,实际上其中相当部分可以视为陶鼓。陶鼓依据其形制和出土地层,可以分为"桶形""喇叭形""直口形"或"侈口形""筒状形"等。它们大都出土于距今 5500—4000 年的黄河中下游的仰韶文化和龙山文化的遗址中。在原始村落遗址还出土两种被称作"手摇器"的乐器,一种为空心陶球,圆形,两面微鼓,内装沙粒,中间有一穿孔,以便安装木棒,手持木棒摇之有声;另一种是陶铃,也是圆形内空,两面微鼓,内装沙粒,直接用手摇,发出特定音响。另外,还有龟铃,也叫龟响铃。前者主要分布于长江中下游地区,后者多分布于黄河中上游地区。

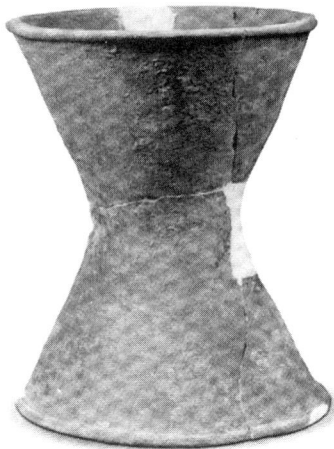

图 6-22 陕西高陵县杨官寨遗址出土的仰韶文化陶鼓

炎帝制琴作乐的目的,不单纯是为了劳动之余的娱乐,更重要的是为了以乐匡正天下,和谐人心,教化民风,"修身理性"①。《白虎通义》曰:"琴者,禁也,禁止于邪,以正人心也。"说明炎帝时代已意识到音乐在先民精神生活中的重要作用。

古史传说,舞蹈也产生于炎帝时代。《诗·大序》曰:"诗者,志之所之也。

---

① (汉)扬雄:《扬子》:"昔者神农造琴以定神,禁淫僻,去邪欲,反其天者也。"《资治通鉴外纪》:"削桐为琴者,绳丝为弦,以通神明之德,合天地之和。"《世本》:"以其修身理性。"(东汉)桓谭:《新论》:"以通万物而考理乱也。"

图 6-23　甘肃永登县乐山坪遗址出土的马家窑文化彩陶鼓

在心为志,发言为诗,情动于中而形于言。言之不足,故嗟叹之。嗟叹之不足,故咏歌之。咏歌之不足,不知手之舞之足之蹈之也。"说明舞蹈的产生基本上与歌咏是同步的。传说炎帝始作傩舞,它源于炎帝时代的驱疫除鬼仪式。这是一种头戴面具,能威慑鬼蜮的舞蹈。这种大傩舞蹈常在蜡祭的前一日进行。按古代人的说法,祭祀之前先要驱疫除鬼,洒扫庭院。在进行傩舞时,身强力壮、彪悍健美的舞者,戴着与氏族图腾、族徽等标志符号有关的面具,随着激荡的傩乐和欢呼声,跳起内容丰富的舞蹈,以表达期望部落兴旺发达、平安无事的共同愿望。从上古"百兽率舞"到"方相氏熊皮铜面"而傩的记载,可以想象当时傩舞场面的盛大和仪式的隆重。这种傩舞的遗绪,在今天的一些地方还可以看到。在今黄河、长江流域一些地方还保留一种赛神、耍社火等习俗。今陕西关中地区有一种"马勺社火脸谱",颇有傩舞之遗风,其脸谱千奇百怪、淳朴生动,显然是对原始傩舞脸谱的一种继承和发展。①

如果说炎帝对音乐的贡献,侧重于对乐器的发明,那么,黄帝对音乐的贡献主要是在音律方面。黄帝时代的人们在通过总结炎帝时代及其以前的音乐

① 参见霍彦儒、郭天祥:《炎帝传》,陕西旅游出版社 1995 年版,第 112—113 页。

成果的基础上,不仅对音乐的音律作了进一步的发展,创作出《咸池》等一批音乐作品,而且将音乐与人们的社会生活结合起来,服务于治国理政。

《世本》说:"命伶伦考八音,调和八风,为《云门》之乐。"又说:"伶伦造律吕。"钱穆先生解释:在十二律里,"从黄钟数起,单数的又单分开叫'律',双数的叫'吕'。黄钟、太簇等就是律,大吕、夹钟等是吕。分称律、吕,合称'律'"①。说明黄帝时代,音律由原来的五音:宫、商、角、徵、羽,发展为七音,由于声调转变的关系,又发展为十二音律,即黄钟、大吕、太簇、夹钟等十二个新名词。《世本》云:"黄帝乐名《咸池》。"《史记·乐书》集解引郑玄曰:"黄帝所作乐名,尧增修而用之。咸,皆也。池之言施也,言德之无不施也。"

关于黄帝对音律的发明,《吕氏春秋·古乐》篇作了较为详细的介绍:古时,黄帝叫伶伦创制乐律。伶伦从大夏山的西方,到达昆仑山的北面,从山谷中取来竹子,选择中空而壁厚均匀的竹子,截取两个竹节中间的一段——其长度为三寸九分——而吹它,把发出的声音定为黄钟律的宫音,吹出来的声音是"舍少"。接着依次共制作了十二根竹管,带到昆仑山下,听凤凰的鸣叫,借以区别十二乐律。雄凤鸣叫有六个声音,雌凤鸣叫也有六个声音。把根据这些声音定出的乐律同黄钟律的宫音相比照,都适度和谐,这些声音都可以由黄钟律的宫音派生出来。所以说,黄钟律的宫音是乐律的本源。黄帝又令伶伦和荣将铸造十二口钟,用以和谐五音,借以展示华美的声音。在仲春的月份,乙卯这天,太阳的位置在奎宿的时候,开始演奏它们,奏出的乐曲命名为"咸池"。②

黄帝对音乐的贡献,还表现在对音乐功用的扩展方面。尤其是进一步加强了音乐在社会生活中的教化作用。《云笈七签·轩辕本纪》云:"(黄)帝以容成子为乐师,帝作《云门》《大卷》《咸池》之乐,乃张乐于洞庭之野。北门成

---

① 钱穆:《黄帝的故事》,载郑杰祥主编:《炎黄汇典·文论卷》,吉林文史出版社 2002 年版,第 155 页。

② 《吕氏春秋·仲夏纪·古乐》之三译文。

曰:其奏也,阴阳以之和,日月以之明,和风俗也。"《初学记》卷九引《归藏·启
筮》还记载了黄帝在擒杀蚩尤后,创作了《枫鼓之曲》十章,以再现当年黄帝与
蚩尤战斗的场面,以此激励军队的士气。传说黄帝还发明了军乐。《黄帝内
传》载:"玄女请(黄)帝制角二十四,以警象;请(黄)帝铸钲、铙,以拟霆之
声。"《古今注·音乐》亦载:"短箫铙歌,军乐也。黄帝使岐伯所作也。所以建
武扬德,风劝战士也。"黄帝时代未必有军乐,但将音乐运用到战争中,以鼓舞
士气是有可能的。

　　黄帝对音乐的贡献,也反映在制造乐器上。《世本》云:"黄帝使伶伦造
磬。"目前在仰韶文化中还未发现形制相同的磬,但在龙山文化中发现了石
磬。《帝王世纪》载:"黄帝损疱(伏)羲之瑟,为二十五弦,长七尺二寸。"瑟可
能因是木制,易朽,至今在考古中还未发现,但在半坡、姜寨等仰韶文化遗址中
发现了其他乐器,如陶鼓、陶埙等。《宋书·乐志》曰:鼓吹"黄帝岐伯所作,以
扬德建武。"在陶寺龙山文化遗址中发现鼓面是用鳄鱼皮蒙的。这也不能排
除黄帝时代已了瑟、琴之类的乐器,而且比炎帝时代有了进一步的改造和
发展。

　　黄翔鹏先生认为,我国有规律的音阶形式的产生,不会迟于距今 5500 年
前的新石器时代。[1] 冯文慈先生认为:"在新石器时代以前,由于生产力十分
低下,人们奋力劳动尚难以生存温饱,审美何以谈起? ……只有到了这时(指
新石器时代——作者注),审美观点才会萌芽,诗歌、音乐、舞蹈相结合的艺术
才会有可能从无到有,成为几千年来人类艺术创造的起点。"[2]炎黄时代不仅
已有音乐,而且已达到较高的程度,这不仅丰富了当时先民们的文化生活,而
且为后来古代音乐走向成熟起到了重要作用。

---

[1]　参见黄翔鹏:《新石器和青铜时代的已知音响资料与我国音阶发展史问题》上,载《音乐
论丛》第一辑,人民音乐出版社 1978 年版,第 184—206 页;《新石器和青铜时代的已知音响资料
与我国音阶发展史问题》下,载《音乐论丛》第三辑,人民音乐出版社 1980 年版,第 126—161 页。
[2]　冯文慈:《中国古代音乐史简述》,载陕西省地方志编纂委员会编,何炳武、刘宝才主编:
《陕西省志·黄帝陵志》,陕西人民出版社 2005 年版,第 30 页。

图 6-24　青海同德县宗日遗址出土的
马家窑文化的舞蹈彩陶盆

六、制作历法，考订星历

古史传说，我国古代天文历法的最早创立者是伏羲。文献中有伏羲"始有甲历"（马总:《通纪》）、"建分八历以应天气"（《春秋内事》）的记载。但是，从文献记载看，炎帝对古代天文历法的发明和运用也作出了重要贡献。古史中有多处"神农立四时"（白居易编:《白孔六帖》卷六十二），"神农颁时令"（罗泌:《路史》），"逮乎炎帝，分八节以始农功"（房玄龄等:《晋书·律历志》），"神农以十一为正月"（《礼记》），"畴昔神农，始治农功，正节气，正寒温，以为早晚之期，故立历日"（杨泉:《物理论》）等传说。恩格斯在《自然辩证法》一书中曾说:"首先是天文学——游牧民族和农业民族为了定季节，就已经绝对需要它。"①炎帝时代既是游牧氏族部落，也是发明农业的氏族部落，所以传说炎帝亦发明天文历法是有可能的。

实际上，我国的天文立法在旧石器时代就已开始萌芽。人们在长期的采

---

① 《马克思恩格斯文集》第 9 卷,人民出版社 2009 年版,第 427 页。

集、渔猎生产实践中,通过对大自然的反复观察和亲身体验,已对寒暑、季节的变化有所了解。到了新石器时代,随着农耕生产的出现,何时耕种,何时收获,人与自然、生产与天文的关系越来越密切。于是,天文历法开始产生了。人们通过长时期地观察和记录日、月、星辰的运转和天体变化,逐渐懂得了一年有12个月,了解到天象的变化与季节的变换之间可能存在的联系,出现了"大火历"①,把"观象授时"运用于农耕生产。

考古发现也为我们提供了这方面的例证。郑州大河村仰韶文化遗址中出土的残损陶钵,其肩部和腹部,绘有光芒四射的太阳纹,经复原,两只陶钵上的太阳纹均为12个,这恰与一年有12个月相吻合。有的陶钵上绘有月亮纹,两个月牙相对,中间绘有一个圆点,这也许是对新月、残月和圆月的不同月相的记录。还在一块陶片上,绘着由直线、曲线和三个圆点组成的图案,可能是对北斗星尾部形象的描述。② 尤其造型独特的彩陶双连壶,被誉为"中国史前最美丽的彩陶"。彩陶中的太阳纹、日晕纹、星座纹等天象图案(图6-25),是目前我国已知最早的天文学实物资料。这可能是"颛顼—祝融"集团在五帝时代观测天象的记录。③

在河南濮阳西水坡仰韶文化遗址45号墓(距今约6500年)中,其墓坑上半部呈圆弧形是最原始的盖天图,这张"盖天图所表示的分、至日的昼夜关系非常合理,特别是春秋分日道,其昼夜关系的准确程度不差分毫"。墓坑形制"选取了春秋分日道、冬至日道和阳光照射界限,再加之方形大地,便构成了一幅完整的宇宙图形。以此说明了天圆地方的宇宙模式、寒暑季节的变化、昼

---

① 参见王震中:《炎帝族对于"大火历"的贡献》,载霍彦儒主编:《炎帝与民族复兴》,陕西人民出版社2006年版,第71页。

② 参见郭德维:《郑州大河村仰韶文化的房基遗址》,《考古》1973年第6期;王震中:《大河村类型文化与祝融部落》,《中原文物》1986年第2期。

③ 参见王震中:《大河村类型文化与祝融部落》,《中原文物》1986年第2期。"颛顼—祝融"集团称雄时间应在五帝时代中期,属于龙山时代中期,但每个族团都有自己源远流长的历史,大河村类型文化就是颛顼—祝融集团称雄之前,即在仰韶时代创造的文化。

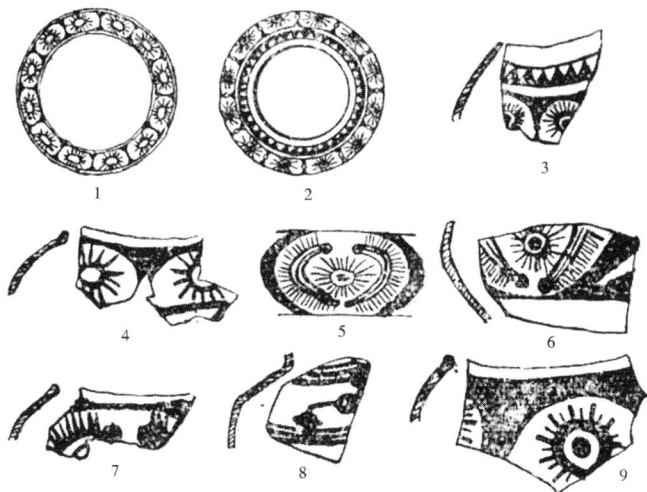

图 6-25　大河村类型所见太阳纹、天象图

1—4、9 太阳纹,5—7 日晕纹,8、星座图。1、2、5 复原图(采自《中原远古文化》图 26)。3、4、6—8(采自《考古学报》1979 年第 3 期)。9、郑州市博物馆谢遂莲同志提供。

夜长短的更替、春秋分日的标准天象以及太阳周日和周年运动规律等一整套宇宙理论"。墓主人骨架左右两侧有用蚌壳摆塑的龙虎图像,有专家认为,这是符合真实天象的特殊天象图。墓内存在着"二象北斗"天象布局,与古代天文学中的二十八星宿和四象的恒星分群系统有着直接的关系,"直接涉及中国二十八宿的起源问题"。蚌塑的摆放,龙塑于墓主人的东侧,虎塑于墓主人的西侧,布列的方位与东方苍龙、西方白虎的格局相一致,反映的是春秋两季。墓主人的北侧有用蚌塑摆放的三角形图案,其东侧横置两根人的胫骨。蚌壳摆塑的三角形图案为斗魁,胫骨为斗杓。这应是北斗的图形。墓中展示图像不仅与真实的天象相吻合,而且也是仰韶文化时期的人们"观象授时"活动的真实记录。这里的"二象与北斗"天象图,也为以后形成的表示天空东、南、西、北四大组星象的"四象"分区法找到了来源。这对研究中国天文学的起源具有十分重要的意义。① 我们知道,炎帝族活动的主要地域在陕西关中和河

───────────────

① 参见冯时:《中国天文考古学》,中国社会科学出版社 2007 年版。

南豫西、豫中及晋东南一带,而上面提到的半坡、西水坡等仰韶文化遗址,正是在炎帝的活动范围以内;从时间来说,这些遗址距今为六七千年,与炎帝所处时代基本吻合。

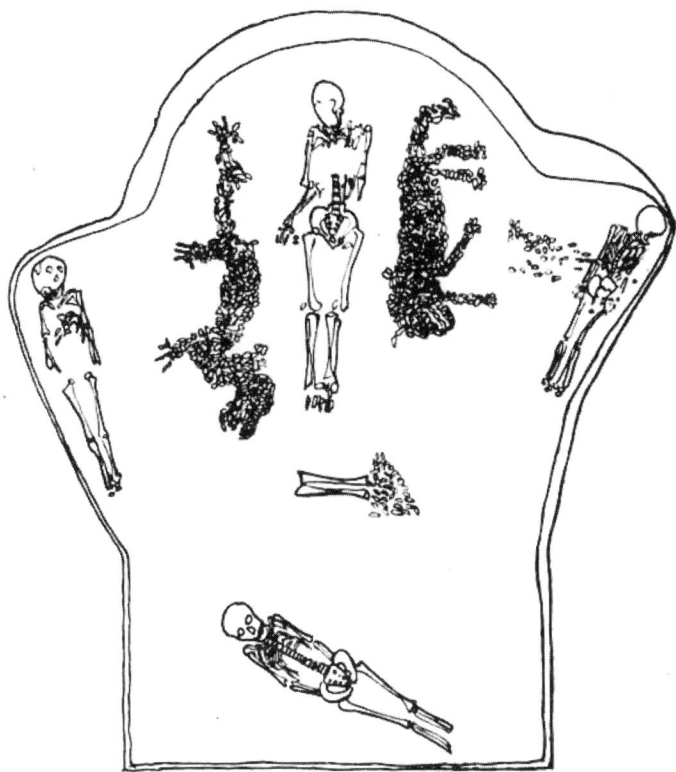

图6-26　濮阳西水坡左龙右虎组合图

《尚书·尧典》载:尧"乃命羲和,钦若昊天,历象日月星辰,敬授人时"。《史记·五帝本纪》云:尧"命羲、和,敬顺昊天,数法日月星辰,敬授民时。"这都说的是唐尧时代制定历法的情况。这一记载已被2003年在山西襄汾陶寺考古发现的古观象台遗址所证实。陶寺古观象台是由13根夯土柱组成,呈半圆形,半径10.5米,弧长19.5米。从观测点通过土柱狭缝观测塔尔山日出方位,确定季节、节气,安排农耕。考古队在原址复制模型进行模拟实测,从第二

263

个狭缝看到日出为冬至日,第 12 个狭缝看到日出为夏至日,第 7 个狭缝看到日出为春、秋分。陶寺遗址距今 4700 年,观象台经测定的年代距今约 4100 年。学术界基本肯定该大型建筑为天文观测遗迹。陶寺遗址被发现后,大多学者认为该遗址为尧都所在地,观象台为尧所建。但是,从文献和考古发现看,尧舜时代的历法已相当成熟了。而要达到如此成熟的程度,必有一个较为漫长的起源、形成过程。所以,古史传说中,分别有伏羲、炎帝、黄帝创立历法的文字记载。关于炎帝时代的历法,我们已经有所了解,炎帝所创制的历法,主要表现在"立四时""分八节",即确立了四季和八种节气。而进入黄帝时代,其历法要较炎帝时代有了进一步的发展。文献中多有这方面的古史传说。《史记·历书》云:"盖黄帝考定星历,建立五行,起消息,正闰余,于是有天地神祇物类之官,是谓五官。各司其序。"《索隐》引《世本》《律历志》云:"黄帝使羲和占日,常仪占月,臾区占星气,伶伦造律吕,大桡作甲子,隶首作算数,容成综合六术而著《调历》也。"伶伦、大桡、隶首、容成均为黄帝的臣子。司马迁认为历法起于黄帝,除过《历书》外,其他如《五帝本纪》《封禅书》等也都提到此说。这几段话说明黄帝是很重视天象观察,为了定星历而专门设立"官吏"进行管理。《五帝本纪》还说到黄帝观测天体是"迎日推策"。"迎日",就是观测日月的运行;"推",就是推算;"策",就是历数。这是说黄帝通过观察、推算,来确定季节的变化。不仅《史记》中记载天文历法起于黄帝,较前的《淮南子·览冥训》也有此记载:"昔者,黄帝治天下,而力牧、大山稽辅之,以治日月之行律治阴阳之气,节四时之度,正律历之数。"《说林》云:"黄帝生阴阳。"《路史·疏仡纪·黄帝》依据前人记载,说得更为具体:黄帝"命臾区占星,斗苞授规,正日月星辰之象,分星次象应,著名始终相验,于是乎有星官之书"。意思是说黄帝命令臾区据星辰测吉凶,命令斗苞传授规矩,来划定日月星辰之象,再把星辰分区分野,说明分野分星的对应验证,于是才有了星官这类书籍。《隋书·天文上》云:"星官之书,自黄帝始。"黄帝命大桡"探五行之情","察三辰(指日、月、星)于上,迹祸福于下,经纬历数",命容成作盖天,"综六术以定气象"，"立正爻以配气，致种爻以抵日，而时节定"。黄帝时代星官之书肯定没有出现，但其中一些星象可能已经有了。考古发现，仰韶时代已经有了天文迹象图。在半坡仰韶文化遗址还发现了羊角形的彩陶图案和人面鱼纹图案，有学者从天文历法的角度分析认为：羊角柱是观测天象的图腾柱，它立于广场是为了立竿测影，二者"构成了最古老的地平日晷"；人面鱼纹是月相周而复始的变化。① 以此可以看出，炎黄时代所创制的历法，为龙山时代尤其是尧舜时代的历法成熟奠定了基础。

七、婚丧嫁娶，创立礼制

传说伏羲创立了嫁娶。实际上，伏羲处于渔猎时代，为旧石器时代的晚期，婚姻制度还是一种群婚制。这种婚姻关系与之前的杂婚不同，这时的婚姻关系，已排除了上下辈的婚姻关系，但不排除同辈包括兄弟姐妹之间的婚姻关系。这从传说的伏羲、女娲兄妹结婚可以知晓。所以那个时代，还不可能出现男婚女嫁的现象。而嫁娶的婚姻，只有到了新石器时代的中晚期，婚姻才从群婚过渡到对偶婚，逐渐演变为嫁娶婚姻，即男娶女嫁。而黄帝时代处在新石器时代的中期稍晚时期，即仰韶文化的中晚期，社会形态已进入了母系氏族社会向父系氏族社会或父系氏族社会初期的转化，也就是说，有些氏族部落可能已进入了父系社会，有些氏族部落还正处于转变阶段。反映在婚姻制度上也可能处在对偶婚向一夫一妻制的转变或已部分出现了一夫一妻制的现象。

所谓对偶婚，就是说有"一个男子在许多妻子中有一个主妻（还不能称为爱妻），而他对于这个女子来说也是她的许多丈夫中的最主要的丈夫"②。在这种婚姻关系或一夫一妻制下，才有可能产生嫁娶制婚姻。《史记·五帝本纪》载："黄帝居轩辕之丘，而娶于西陵之女，是为嫘祖。嫘祖是黄帝正妃。"从这条记载看，正反映了黄帝时代一夫一妻制的婚姻关系已经开始出现，但还存

① 参见陆思贤：《神话考古》，文物出版社 1995 年版，第 153—157、121—124 页。
② 《马克思恩格斯文集》第 4 卷，人民出版社 2009 年版，第 57—58 页。

在着对偶婚。可能这种对偶婚在当时一些地方还占据着主流。《国语·晋语》载:"凡黄帝之子,二十五宗,其得姓者十四人,为十二姓。"这条记载,正好反映了对偶婚的一些特点,即"按照对偶婚制,男子出嫁到妻方氏族去,所生子女以妻方氏族的姓氏为姓氏,这就是所谓的'得姓'"①。按照这种说法,黄帝之子二十五宗中有十四人嫁到外氏族,所以得姓十二,其余两人因嫁同一氏族,所以同姓。而有十一人留在本氏族,留在本氏族的儿子大概同黄帝一样,是从外氏族娶妻进来,所以就随了本氏族的姓。这说明"当时男子出嫁从妻居和男子娶妻女子从夫居的现象同时并存,也就是世系按男子计算的父系制和按女子计算的母系制同时并存。这正是母系氏族社会向父系氏族社会过渡时期所特有的现象。可见黄帝时代是母权制衰亡,父权制确立的转化阶段"②。《通鉴外纪》云:"嫁娶相媒。"《世本》张澍注:"黄帝始制嫁娶。"《路史·疏仡纪·黄帝》云:"氏定而系之姓,庶姓别余上,而戚殚于下,婚姻不可以通,所以崇伦类,远禽兽也。"其意是说,氏定了之后就是姓的分支,庶民就在姓上有了分别,亲戚关系也就有了区别,同姓的人是不可通婚的,用这个来提高人的道德,是和禽兽远远不同的。这说明黄帝时代婚姻可能已进入对偶婚或与一夫一妻制并存的时代,有了同姓不婚的禁忌。这既是婚姻的一个重要进步,也是文明的一种重要体现。

黄帝时代在新的婚姻制度产生的同时,丧葬制度也出现了新的变化。根据考古发现,在旧石器时代早期,没有丧葬礼制,人死去不掩埋,随便乱扔。《孟子·滕文公上》说:"盖上世尝有不葬其亲者,其亲死,则举而委之于壑。他日过之,狐狸食之,蝇蚋姑嘬之。"到了旧石器中晚期已经有了丧葬。进入炎黄时代,丧葬制度已相当完善。《路史·后纪五》说:"棺椁之作,自黄帝

---

① 林祥庚:《中华民族的象征——黄帝及其传说之试释》,载郑杰祥主编:《炎黄汇典·文论卷》,吉林文史出版社2002年版,第350页。

② 林祥庚:《中华民族的象征——黄帝及其传说之试释》,载郑杰祥主编:《炎黄汇典·文论卷》,吉林文史出版社2002年版,第350页。

始。"《路史·疏仡纪·黄帝》说:"(黄帝)乃饰棺衾以送死,封崇木以当大事。"《事物纪原》卷九引《黄帝内传》说:黄帝"斩蚩尤,因置冢墓"。从考古来看,仰韶文化时期的墓葬已出现了瓮棺葬或棺椁葬两种形制。婚丧嫁娶制的确立,也标志着礼制文化自炎黄时代开始起源和萌生。

婚丧嫁娶的产生也催生了原始礼仪制度的诞生。所以,古史传说,古代礼仪文化也萌发于炎黄时代。谯周《古史考》云:"始诸饮食,致敬于鬼神,则祭祀吉礼起于神农也。《史记》云:'黄帝与蚩尤战于涿鹿',则有军礼也。《易·系辞》:'黄帝九事'章云:'古者葬诸中野。'则有凶礼也。又《论语撰考》云:'轩知地利,九牧倡教。'既有九州岛之牧,当有朝聘,是宾礼也……礼理起于太一,礼事起于燧皇,礼名起于黄帝。"[1]《尚书大传·略说》云:"黄帝始……礼文法度,兴事创业。"《白虎通义》说:"黄帝始作制度,得其中和,万世常存。"又说:"黄帝始制法度,得道之中,万世不易。"《云笈七签·轩辕本纪》还说:"(黄)帝始制七情,行十义之教。"这是说黄帝和他的大臣通过祭祀和衣冠制作来推行礼制的情况。

八、兴作彩陶,绘画雕刻

从上文我们知道,陶器是与农耕一起产生的。从考古发现看,大概在距今1万年前后就有了陶器的制作。但最初制作陶器,只是为了使用的方便,并不追求美观。到了仰韶文化中早期,即炎帝时代,一种新的陶器——彩陶出现了。彩陶首次于1921年在河南渑池仰韶村新石器时代文化遗址发现,其后在甘肃、青海、陕西、宁夏、河南、河北、山西、山东等地也陆续有发现。这时的制陶工艺虽已相当成熟,器物规整精美,多为细泥红陶和夹砂红陶,但其上的纹饰简单,或席纹或绳纹,图案颜色单一,还不能完全被认为是绘画艺术。

进入仰韶文化中晚期,即黄帝时代,陶器与绘画结合,成为一门绘画艺术。

---

① (清)阮元:《十三经注疏》(上册),中华书局1980年版,第1223—1224页。

其装饰以彩绘为主,器物上彩绘的精美花纹,反映出黄帝时代的人们生活的部分内容及艺术创作的聪明才智。其装饰手法有磨光、拍印等。彩陶因时间跨度与分布地域的不同,又分为半坡、庙底沟及马家窑、半山和马厂等类型。

图6-27 河南临汝阎村遗址出土的仰韶文化的鹳鱼石斧图彩陶缸

《世本》曰:"史皇作图。"《历代名画记》载:"史皇,黄帝之臣也,始造图画,创造垂法。"《易通卦验》说:"轩辕子苗龙,为画之祖。"考古发现,仰韶文化时期是彩陶绘画最繁荣时期,所以传说黄帝发明了彩陶绘画是完全有可能的。其绘画的内容,以半坡、庙底沟、马家窑等遗址出土的彩陶看,多绘有几何、动物、植物、天文、花鸟虫鱼等各种纹饰和图形,有的陶器上还出现了人物画。如北首岭陶壶上的水鸟衔鱼图;半坡陶盆上的鹿、鱼纹、人面纹、蛙纹、鸟纹、猪纹以及由以上纹样两种或三种组合的纹样;庙底沟彩陶比半坡成熟,点、线、面搭配得当,空间疏朗,纹饰节奏鲜明,韵律感强;马家窑文化制作的彩陶继承了仰韶文化庙底沟类型疏阔、爽朗的艺术风格,表现出精细、绚丽而又典雅的艺术手法,比仰韶文化庙底沟类型有了进一步的发展,艺术成就达到了登峰造极的高度。其早期以纯黑彩绘花纹为主;中期使用纯黑彩和黑、红二彩相间绘制花纹;晚期多以黑、红二彩并用绘制花纹,表现出娴熟的绘画技巧。半山类型彩陶是在马家窑彩陶的基础上发展起来的,纹饰的特点是用红黑相间的锯齿纹构成漩涡纹、菱形纹和葫芦形纹,以及棋盘格纹和瓜子纹等,形成互相联结,有前呼后应、鱼贯而行、连绵不断的艺术效果,与器型共同构成一种雄伟宏大的审美气势。另外,这一时期还有甘肃甘谷西坪陶瓶上的蜥蜴纹,河南临汝阎村陶缸上的鹳鱼石斧图,郑州大河村遗址出土陶钵上的日、月、星天象图,等等,都显示出当时高超的艺术水平。

从这些图画所反映的艺术风格看,既有装饰性的,也有写实性的。前者如庙底沟遗址彩陶上的三角纹、圆点勾叶纹等,华县柳枝镇遗址彩陶上的鸟纹,大汶口遗址彩陶上的三角纹、菱形纹和方格纹等。另外,还有网纹、草叶纹、螺旋纹、锯齿纹、葫芦纹、圆圈纹等几十种之多。后者除前面所举之外,还有人物和动物图形。人物图形主要有人面和人头像,如出土于青海大通上孙家的马家窑文化舞蹈纹彩陶盆,其上画有十五个人的跳舞场面,动物以蛙和鸟为主;动物图形如姜寨二期遗址出土的尖底瓶陶罐上的游鱼图,秦安县王家阴洼半坡类型墓地出土的一件彩陶瓶,环绕腹部画着四条不同姿态的游鱼,构图生动活泼,活灵活现,堪称原始艺术之佳作。

除了彩绘陶,仰韶文化的晚期出现的彩绘图案的描绘也有很大进步,如临潼姜寨出土的彩陶图案,明显特点是复合图案增多,如在器物身上绘有鱼和鸟、鱼和蛙等复合图案,其直线条的转折和交换处逐渐变圆弧,呈现出刚柔兼济的风格。从绘画的颜色看,这时使用的颜料已多样化,由红发展到紫、黑、白等多种颜色。制陶技术上,半坡晚期已大量使用轮制,制陶工具也有了长足发展,如临潼姜寨一座墓葬中出土了成套的绘画工具和颜料,墓主人当是陶工,说明当时出现了制陶专业和分工。[1] 从这些方面看,黄帝时代的彩陶和绘画已达到原始艺术较高的程度,取得了重要成就,即使今天,也具有相当高的审美价值。正如海斯等在其著作《人类简史:从远古到二十一世纪》中所说:"陶器成为人类追求艺术的主要渠道之一。早期制陶者会把心中的一些想法和事物通过烧制黏土的方式留在陶器里","为了更好地装饰陶器,在烧制之前,制陶者在软软的黏土上刻画各种简单的花纹。久而久之,他们开始在那些更精致的瓶子和罐子上刻画真正意义上的图画,人物、船只、野兽、战役等这些复杂

---

[1]　参见陈全方:《从考古资料谈黄帝之功绩》,载《黄帝与中国传统文化学术讨论会文集》,山西人民出版社2001年版,第130页。

又精致的图画成了绘画艺术中的精品"。① 黄帝时代的绘画艺术,为以后绘画艺术的发展奠定了基础,是人类绘画艺术产生的源头所在。

雕塑是黄帝时代产生的又一新的艺术门类。虽在文献上没有明确记载,但在 6000 年前后的仰韶文化遗址中,发现却是十分丰富的,如仰韶文化中的陶鸟、壁虎、陶人头、陶鸮鼎等,大汶口文化中发现的兽形鬶、鸟形鬶和玉龟,红山文化中发现的女神像和玉龙,北首岭发现的一件人头像雕塑。尤其是良渚文化发现的各种玉雕,更是精美绝伦,叹为观止。另外,出土的杯、钵、碗、盆、罐、瓮、盂、瓶、甑、釜、灶、鼎、器盖和器座等器物,种类繁多、造型优美,尤其是双耳尖底瓶,线条流畅、匀称,极具艺术美感。

出现在黄帝时代的绘画和雕塑,其目的是什么? 仅仅是为消遣而已吗? 鲁迅先生曾说:"画在西班牙的亚勒泰米拉(Aitamira)洞里的野牛,是有名的原始人的遗迹,许多艺术史家说,这正是'为艺术而艺术',原始人画着玩玩的。但这解释未免过于'摩登',因为原始人没有十九世纪的文艺家那么有闲,他画一只牛,是有缘故的,为的是关于野牛,或者是猎取野牛,禁咒野牛的事。"②这段话对于我们理解黄帝时代绘画、雕塑的意义是有启发的,不仅反映了当时人们的生活情趣、思想智慧和对自我的认识,以及人与人之间的平等、和谐关系,而且对以后中国古代绘画、雕塑艺术也产生了重要影响。

---

① [美]海斯、穆恩、韦兰:《人类简史:从远古到二十一世纪》,王敬波译,天津人民出版社 2017 年版,第 14 页。
② 鲁迅:《门外文谈·字是怎么来的?》,载《鲁迅杂文集全编》(下),群言出版社 2017 年版,第 213—214 页。

中 编

炎黄学与中华文明和传统文化

第七章　炎黄时代与中国文明
起源和形成

　　炎黄时代,是依据中国古代文献记述的有关内容而提出的。依据先秦文献记载,炎黄时代是继伏羲氏之后、禹夏之前的一个农业文化不断发展、文明起源至文明形成、国家诞生的时代。

　　中国文明起源是一个史学命题。然而,这个问题仅仅依据文献资料说不清楚,只有依赖考古学的发现与研究,结合现代自然科学、工程技术科学和人文社会科学的研究手段,才能探索解决。

　　目前我国发现确认的最早的文献资料,是地下出土的商代晚期的甲骨文。甲骨文的发现,证实司马迁《史记·殷本纪》所记载的商代历史是可信的。据此推测《史记·夏本纪》所记载的夏代历史也应该是可信的,只是直到现今还没有被出土文献资料所证实,仍在探索之中。司马迁在《史记·五帝本纪》中记述了夏代之前的尧舜禹以及尧舜禹之前的黄帝与炎帝,这些历史也未得到证实,有待今后的继续探索。但是,甲骨文的发现与商代史大门的撞开所印证的《史记·殷本纪》的记载这一重大研究成果表明,考古学研究可以结合古代文献记载以探索我国商代之前的"传说时代"。

　　中国古代文献记述中的炎黄时代的各种事物与事件,大都属于人文肇始至中国国家形成时期的现象,主要属于中国文明的起源和形成两个阶段的内容。

所以,本章将中国文明起源和形成的研究与探索中国远古的炎黄时代联系起来,即将探索中国古史中"传说时代"的部分内容与考古学研究结合起来。

第一节　中国文明起源研究的学术史回顾

从学术史的角度看,明确提出中国文明起源问题,并进行实证性探索的是1955年李济在美国西雅图华盛顿大学所作的题为《中国文明的开始》的学术演讲[1],他依据的资料是1928年开始进行的对安阳殷墟10年15次的考古发掘收获。所以,中国文明起源的探索,可以从1928年算起。

自20世纪20年代末以来,中国文明起源研究的历程,大致经历了四个时期。即1928—1976年的资料积累期,1977—1985年的初步探索期,1986—2000年的全面开展期,20世纪以来的深入探索期。

一、1928—1976年中国文明起源研究的主要成果

1928—1976年,中国文明起源研究大体上处于资料积累的初始阶段。1928年,当时的中央研究院历史语言研究所考古组对安阳殷墟的发掘,可作为这一阶段开始的标志。其中又可以1959年中国科学院考古研究所徐旭生为探索夏文化而开展的豫西考古调查发现偃师二里头遗址为标志,将这一时期区分为前后两个阶段。

(1)1928—1958年探索中国文明起源的主要成果,集中在两个方面:一方面是为探索商代文明,对安阳殷墟进行了10年15次的发掘。发现了商代后期王都的宫殿宗庙建筑基址群、甲骨档案库、王陵和千余座为祭祀王陵而牺牲的小墓或祭祀坑,出土了一批反映商文明特点的甲骨文、青铜礼器、兵器、车饰

---

① 李济的演讲,于1957年在美国西雅图华盛顿大学出版了英文版(*The Beginning of Chinese Civilization*)。1970年,万家保译成中文《中国文明的开始》,由台湾商务印书馆出版。2006年收录《李济文集》,上海人民出版社2006年版,第361—400页。

等。这些发掘研究成果，使吕振羽、范文澜、郭沫若、翦伯赞等一批马克思主义
历史学家首先认识到商殷时期已经出现国家。[1] 另一方面是追寻殷墟商文化
的源头，在山东、河南等地探索龙山期文化遗存。

（2）1959—1976 年探索中国文明起源的主要成果，主要围绕对二里头遗
址的发掘与二里头文化的研究来探讨中国古代国家的起源，以及探索黄河流
域新石器时代晚期文化的经济形态和私有制起源问题。

对二里头遗址的发掘，至 1973 年全面揭露出一座面积约 1 万平方米的宫
殿建筑基址，以及一批铜器、玉器和大型石磬等，并将二里头遗址的文化堆积
分为四期，宫殿基址、铜器、玉器大多属第三、四期。这些发掘资料公布后，围
绕夏文化探索或早商文化研究，对中国文明起源问题展开了初步探索。

对黄河流域新石器时代晚期文化的经济形态和私有制起源问题的探讨，
主要是伴随着对各地龙山文化和齐家文化以及大汶口文化研究的深入而展开
的。其中，对大汶口文化研究的深入及有关问题的讨论，是引发对中国文明起
源研究的主要原因之一。

二、1977—1985 年中国文明起源研究的主要成果

1977 年以后，依据考古发现与研究的成果，明确提出了探索中国文明起
源的课题，标志着这一阶段开始的研究工作有两项。

一项是唐兰对大汶口文化陶器刻画符号（或称陶文）的研究，提出中国有
6000 多年的文明史。[2] 唐兰认为，大汶口文化陶尊上的刻画符号"🌣"是文字
"炅"，是我国现行文字的远祖，据此进一步推测大汶口文化是少昊文化，是从
氏族社会进入奴隶制社会初期建立的奴隶制国家；并认为我国奴隶制社会长

---

[1] 参见吕振羽：《殷周时代的中国社会》，不二书店 1936 年版；范文澜主编：《中国通史简编》，新知书店 1947 年版；郭沫若：《殷周是奴隶社会考》，《学习生活》（重庆）第 3 卷第 1 期，1942年 4 月；翦伯赞：《中国史纲》第 1 卷，五十年代出版社 1944 年版。
[2] 参见唐兰：《从大汶口文化的陶器文字看我国最早文化的年代》，《光明日报》1977 年 7月 14 日。

达 3000 余年,分为三期:传说时代中的太昊、炎帝、黄帝、少昊是初期,颛顼、帝喾、尧、舜为中期,夏、商、周三代为晚期。[①] 唐兰对大汶口文化陶器上刻画符号的考释与传统史学中传说时代的人物联系了起来,作为中国进入文明时代的主要论据之一,将中国文明的起源问题赫然地提了出来。

另一项是由安金槐率领的河南省文物考古研究所在开展对夏文化探索过程中,于登封告成镇西发现的王城岗城址。20 世纪 70 年代后期对夏文化的探索,是 1959 年豫西调查后大规模发掘二里头遗址的继续,分别在晋南和豫西展开。1977 年春在豫西登封告成镇西发现"王城岗"城址后,于 1977 年 11 月在登封召开了登封告成遗址发掘现场会,提出了禹都阳城即"王城岗"城址,以及在河南龙山文化晚期探索夏文化、二里头文化是否为夏文化的问题,并展开了热烈的讨论。[②] 这方面研究的深入与讨论的展开,为探索夏文化又迈出了实质性的一步,同时也启发研究者先后在中原、海岱、长江中游等地区寻找距今 4000 年以前的城址。所以,登封"王城岗"这一中原地区公元前 2000 年以前城址的首次发现,实际上也为中国文明起源的研究拉开了序幕。

1977—1985 年,中国文明起源研究尚属初步探索阶段,其特点仍然是以考古探索为主导,在局部领域展开,并依据日益丰富的考古研究成果提出了重新估价中国古代文明,而最重要的是开始了从理论与具体个案的分析中进行研究。

这时期形成的对中国文明起源研究有显著推动作用的成果,主要有以下几项:

(1)开展山西省襄汾陶寺遗址的发掘与研究。提出了国家起源、晋南夏人遗存、尧舜时期的史实、距今 4000 年以前的古国等问题,极大地推进了中国文明起源研究。

---

① 参见唐兰:《中国有六千多年的文明史——论大汶口文化是少昊文化》,《大公报在港复刊卅周年纪念文集》,香港大公报 1978 年版。
② 参见《河南文博通讯》1978 年第 1—4 期。

（2）对环太湖地区良渚文化在中国文明起源中的作用形成初步认识。最主要是江苏省武进寺墩良渚文化玉器墓的发现和对其认识的深化、上海市青浦福泉山良渚文化土墩墓地的全面揭露，为良渚文化的研究获得重大突破，促使研究者对太湖地区良渚文化在中国文明起源中的作用开始引起了重视。

（3）史前城址的发现与研究。至 1985 年，除登封王城岗城址外，发现的史前城址，还有河南省淮阳平粮台、山东省寿光边线王等遗址，都是土筑的城墙。这标志着我国中原地区文明起源的研究开始进入实质性的探索阶段。此外，1983 年在甘肃秦安大地湾遗址发现了一座仰韶文化晚期面积达 290 多平方米的"殿堂"式建筑，①引发后来对仰韶文化晚期已产生中心聚落的思考。

（4）辽西地区凌源东山嘴与建平牛河梁红山文化晚期大型祭祀建筑遗址与积石冢群的发现，为红山文化研究提供了大批全新的资料，促使研究者对中华文明起源史、中华古国史的研究进行新的思考。

（5）夏文化探索中有关研究热点的形成。主要有：夏文化概念的明确，王城岗城址是不是夏都，二里头文化是不是夏文化，以及偃师商城的发现及其为汤都西亳的论证。这些研究热点的形成，极大地推动着中国文明起源研究的展开。

（6）严文明提出龙山时代概念②，以说明距今四五千年间在广大区域内出现的文化趋同现象。龙山时代的提出，标志着我国学术界在探索距今四五千年间的社会历史、文化面貌方面开始获得突破，为后来文明起源研究中对龙山时代进行重点探索奠定了基础。

（7）安志敏等人对早期铜器（指商代以前的铜器）的研究③，对后来开展的中国文明起源研究中青铜器这一文明要素的起源研究产生重要影响。

---

① 参见郭树德：《甘肃秦安大地湾 901 号房址发掘简报》，《文物》1986 年第 2 期。

② 参见严文明：《龙山文化和龙山时代》，《文物》1981 年第 6 期。

③ 参见安志敏：《中国早期铜器的几个问题》，《考古学报》1981 年第 3 期。孙淑芸、韩汝玢：《中国早期铜器的初步研究》，《考古学报》1981 年第 3 期。

（8）田昌五对中国古代社会形态的研究,提出中国奴隶社会形成于夏代之前,开始出现的是部落奴隶制王国,古籍中记载的黄帝、炎帝和蚩尤之间的循环战争,标志着中国文明的开端,而夏朝形成我国历史上第一个统一的奴隶制王朝。① 开始从传统古史的文献角度探索中国文明、国家的起源。1987 年,他发展这一观点,提出中国已有 5000 年的文明史。②

（9）李学勤重新估价中国文明的形成与发展,③提出正确对待有关中国远古历史的文献资料,将考古与文献研究相结合作为探索中国文明起源的方式。为进一步将考古学研究和历史文献研究相结合,通过对传说时代的考古学研究来探索中国文明的起源,开辟了极大的研究空间。

（10）夏鼐对中国文明起源开展的系统研究。夏鼐于 1983 年在日本演讲了《中国文明的起源》④,这是中国文明起源研究史上一篇划时代的文献。他在理论上澄清了以往对文明概念的模糊认识,明确了解决中国文明起源的研究方法与途径,以及探索的对象与范围,初步解决了中国文明的形成问题。

他指出,现今史学界一般把"文明"一词用来指一个社会已由氏族制度解体而进入有了国家组织的阶级社会的阶段。中国文明的起源问题应该由考古学研究来解决;二里头文化,至少是它的晚期,是已达到了文明的阶段;探索中国文明起源的主要对象是新石器时代末期,或铜石并用时代的各种文明要素的起源和发展;中国文明是在中国土地上土生土长的。这些论断,为之后的中国文明起源研究指明了方向、奠定了基础。中国文明起源的研究,在《中国文明的起源》于 1985 年在国内发表之后,才开始全面展开。

---

① 参见田昌五:《古代社会断代新论》第二编《中国奴隶制形态》,人民出版社 1982 年版。
② 参见田昌五:《马克思主义与华夏文明的起源》,《华夏文明》第一集,北京大学出版社 1987 年版。
③ 参见李学勤:《重新估价中国古代文明》,《人文杂志》1982 年增刊。
④ 参见夏鼐:《中国文明的起源》,文物出版社 1985 年版。

三、1986—2000 年中国文明起源研究的主要成果

标志这一阶段开始的研究工作,主要是苏秉琦全面介入对中国文明起源的探索,并提出:辽西发现的红山文化晚期的"坛、庙、冢"等遗存,是中华文明的新曙光;这一发现把中华文明史提前了 1000 年。① 他还提出了"要复原中华五千年文明古国历史的本来面貌,复原中华民族历史在世界史上的地位"的奋斗目标。② 苏秉琦提出的这些新观点,在学术界引起了争论,促进了中国文明起源研究的全面展开。

1986—2000 年,中国文明起源研究的最大特点是:广大学者积极参与,学术思想十分活跃,涉及的研究领域与时空范围空前广泛,突出地展示了与中国进入新的历史发展时期相适应的"百花齐放""百家争鸣"的学术景观,极大地促进了中国史前考古和夏商周考古学的发展,促进了中国先秦史的研究。

1986—2000 年发表的有关中国文明起源研究的论文,数量很大,约有 800 多篇。还出版了王震中的《中国文明起源的比较研究》③、谢维扬的《中国早期国家》④、苏秉琦的《中国文明起源新探》⑤、李学勤主编的《中国古代文明与国家形成研究》⑥、严文明的《农业发生与文明起源》⑦等十多部研究专著,并在前一阶段研究成果的基础上,基本形成了四种有关中国何时进入文明时代的观点。

第一种观点认为,在二里头文化时期中国进入了文明时代。这是因为目

① 参见苏秉琦:《中华文明的新曙光》,《东南文化》1988 年第 5 期。
② 参见苏秉琦:《华人·龙的传人·中国人——考古寻根记》,《中国建设》1987 年第 9 期;苏秉琦:《文化与文明——1986 年 10 月 5 日辽宁兴城座谈会上的讲话》,《辽海文物学刊》1990年第 1 期。分别见《华人·龙的传人·中国人——考古寻根记》,辽宁大学出版社 1994 年版,第88—90、94—99 页。
③ 参见王震中:《中国文明起源的比较研究》,陕西人民出版社 1994 年版。
④ 参见谢维扬:《中国早期国家》,浙江人民出版社 1995 年版。
⑤ 参见苏秉琦:《中国文明起源新探》,生活·读书·新知三联书店 1997 年版。
⑥ 参见李学勤主编:《中国古代文明与国家形成研究》,云南人民出版社 1997 年版。
⑦ 参见严文明:《农业发生与文明起源》,科学出版社 2000 年版。

前从考古学上能够将中国文明社会形成说得比较清楚的仍然是二里头文化。

第二种观点认为,在龙山文化晚期中国进入了文明时代。这主要是众多的考古发现表明,许多文明因素在各地的龙山文化晚期已经形成。

第三种观点认为,在距今四五千年间中国进入了文明时代。这大致是以中原、海岱等各个主要区域内龙山文化形成的年代为依据。其中,中原地区的陶寺文化开始出现高层次的文化内涵应是一个重要的界限。

第四种观点认为,在距今 5000 多年前中国进入了文明时代。这主要是以红山文化晚期、良渚文化早期、仰韶文化晚期等发现的高层次的文化遗存为主要依据。

1986—2000 年对中国文明起源的研究,在宏观上获得的重大进展,主要有以下几个方面。

(1)发现了一大批距今四五千年或 5000 多年的高层次的文化遗存,丰富了中国远古文化的内涵,将中国的一些文化成就向前推进了几百年,甚至是上千年。

(2)对几个主要区域,即自然地理环境条件比较优越的区域,其文明化进程,看得越来越清楚了。其中,中原地区在中国文明起源过程中的作用与地位,也越来越明显,对其有了更加深刻的认识。如龙山时代形成的以中原为中心的文化分布格局,龙山时代中原的陶寺文化及年代晚于它的二里头文化所显示出来的在中国文明进程中的作用等,不可低估。

(3)对中国古代社会的特点,尤其是公元前 1 万年以来或者是距今 6000 年以来至秦统一前的社会特征与特点、发展阶段等问题,加深了认识。

(4)最重要的成果是苏秉琦以中国文明起源研究为题,探索黄帝时代,最终提出了中国国家起源经历了古国、方国、帝国①三个发展阶段和中国国家形

---

① 关于三个阶段的表述,在苏秉琦提出"古国、方国、帝国"之后,严文明提出"古国、王国、帝国"(见严文明《黄河流域文明的发祥与发展》,《华夏考古》1997 年第 1 期),王震中提出"邦国、王国、帝国"(见王震中《邦国、王国与帝国》,《河南大学学报》2003 年第 4 期)。在这些表述中,古国与邦国、方国与王国的具体概念略有不同,但都划分为三个发展阶段是趋同的。

成具有原生型、次生型、续生型三种发展模式，以及中华民族多元一体格局的形成特点等全新的认识。①

四、21世纪以来中国文明起源研究的主要成果

进入21世纪的中国文明起源研究，呈现出三个特点。

第一，在国家科技部支持下开展"中华文明探源工程"，使得21世纪初的中国文明起源研究，呈现出一种有组织、多学科介入的生动局面。

第二，开展系列学术交流活动，推动各区域各种专题研究的深入开展，中国文明起源研究呈现出多区域蓬勃发展的态势。

第三，总结20世纪中国文明起源研究的认识。主要是一批在学术界有影响的学者，将自身的有关中国文明起源研究的成果系统化，形成有代表性的研究成果或是系统性的阶段性研究成果。其中最重要的是张光直与徐苹芳主编、徐苹芳组织的《中国文明的形成》大型著作的出版②，还有对20世纪中国文明起源研究成果资料进行收集与整理，并进行相关的分析与研究，以便供广大学者在深入探索中国文明起源的研究中参考，如《中国文明起源研究要览》③和《中国文明起源研究》④。

21世纪开展中国文明起源研究形成的成果十分丰富，最为重要的有三个方面。

第一，中原地区公元前2000年前后中心性城邑聚落研究获重大突破，主要是再度启动对山西省襄汾陶寺、河南省登封王城岗、新密新砦、偃师二里头

---

① 苏秉琦：《迎接中国考古学的新世纪》《中国考古学会第九次年会上的讲话》《〈中国考古文物之美〉序》《国家起源与民族文化传统（提纲）》《内蒙古自治区文物考古研究所40周年》，分别见《华人·龙的传人·中国人——考古寻根记》，辽宁大学出版社1994年版，第236—251、231—232、233—234、132—134、235页。

② 参见张光直、徐苹芳主编：《中国文明的形成》，中国新世界出版社2004年版。

③ 参见中国社会科学院考古研究所、中国社会科学院古代文明研究中心编：《中国文明起源研究要览》，文物出版社2003年版。

④ 参见朱乃诚：《中国文明起源研究》，福建人民出版社2006年版。

等遗址的大规模发掘,并获得重大进展;并且配合这些中心性城邑发掘开展古植物研究,古动物研究,人工制品研究(包括手工业中铜器、玉器、陶器、石器的制作技术)等经济形态研究,也获得重要进展。

第二,2007 年以来良渚遗址群发现城墙并确认良渚古城,以及古城外围的堤坝等大型水利工程系统、莫角山遗址中心上宫殿宗庙等大型建筑基址,明确了良渚遗址群的布局,良渚文明在整体上得到彰显。

第三,公元前 3800 年至公元前 3300 年一批重要文化遗存的发现,如2007 年第五次发掘安徽省含山凌家滩遗址发现了公元前 3300 年以前文化内涵最为丰富的一座大墓(2007M23)①、2008—2010 年第二次发掘江苏省张家港东山村遗址发现崧泽文化早期的大型墓葬埋葬区②,2004 年以来发掘河南省灵宝西坡遗址发现仰韶文化庙底沟类型的大型房址和高规格的墓葬等③,使得学术界重新审视公元前 4000 年至公元前 3300 年间的社会发达程度,重新审视 20 世纪 80 年代提出的公元前 3000 年前的红山文明问题。

此外,还有学者从理论上对中国文明起源问题进行探索。如王震中从理论创新与实证研究相结合,形成的《中国古代国家的起源与王权的形成》④一书,全面阐述"文明和国家起源路径的聚落三形态演进"(即农耕聚落—中心聚落—都邑邦国)、进入国家社会之后所经过的"邦国—王国—帝国"的发展,以及"夏商周三代为复合制国家结构"的认识。

目前,学术界形成的对中华文明起源与早期发展的认识,基本上可以进行

---

① 参见安徽省文物考古研究所:《凌家滩》,文物出版社 2006 年版;张敬国、杨竹英:《含山县凌家滩新石器时代遗址》,《中国考古学年鉴 2001》,文物出版社 2002 年版,第 174—176 页;张敬国:《安徽含山县凌家滩遗址第五次发掘的新发现》,《考古》2008 年第 3 期。

② 参见南京博物院、张家港市文管办、张家港博物馆编著:《东山村》,文物出版社 2016 年版。

③ 参见中国社会科学院考古研究所、河南省文物考古研究所:《灵宝西坡墓地》,文物出版社 2010 年版。

④ 王震中:《中国古代国家的起源与王权的形成》,中国社会科学出版社 2013 年版。

了12年的"中华文明探源工程"的结项认识为依据。① 兹摘录如下：

大致从公元前3800年开始，黄河、长江中下游以及西辽河等地区出现了文明起源迹象。公元前3300年以来，中华大地各地区陆续进入了文明阶段。公元前1800年前后，中原地区形成了更为成熟的文明形态，并向四方辐射文化影响力，成为中华文明总进程的核心与引领者。

中国进入文明社会的突出特征是社会分工、阶级分化、中心城市和强制性权利等四个方面的发展。

中华文明起源与早期发展过程，证实了中华文明"多元一体、兼容并蓄、绵延不断"的总特征。

"多元一体"，即多元一体文化现象背后的各种地方社会，在其文明起源和早期发展阶段，在各自的环境基础、经济内容、社会运作机制以及宗教和社会意识等方面，也存在各种各样的差别，呈现出多元格局，并在长期交流互动中相互促进、取长补短、兼收并蓄，最终融汇凝聚出以二里头文化为代表的文明核心，开启了夏商周三代文明。中华文明的起源和早期发展是一个多元一体的过程。

"兼容并蓄"，即中华文明在自身发展过程中，广泛吸收了外来文明的影响。源自西亚、中亚等地区的小麦栽培技术、黄牛和绵羊等家畜的饲养以及青铜冶炼技术逐步融入中华文明之中，并改造生发出崭新的面貌。

"绵延不断"，即中华文明在起源与早期发展阶段形成的多元一体格局、兼容革新能力，成为其长期生长的起点，从中孕育出的共同文化积淀、心理认同、礼制传统，奠定了中华文明绵延不断发展的基础。

这个认识是目前对中国文明起源及早期发展研究的一个简要的阶段性认识。其核心内容实际上是20世纪80年代苏秉琦对中国文明起源研究成果中

---

① 2018年5月28日在国务院新闻办公室举行的新闻发布会上由国家文物局副局长关强公布。

部分认识的延续与发展。这个认识在与中国传统古史结合方面,尤其是与炎黄时代研究的结合方面,以及与夏文化与夏王朝探索的结合方面,基本没有涉及。

第二节　炎黄时代与相应的
考古学文化及年代

依据古代文献的记述,炎黄时代可分炎帝时代与黄帝时代。炎帝时代早于黄帝时代。

一、炎帝时代的年代与相应的考古学文化

炎帝又称神农氏,通常作为远古帝王人物或氏族部落名称,或指某一时代名称。

神农氏又称烈山氏、厉山氏,其他称谓还有:农皇、地皇、人皇、赤精之君、赤帝、南方之帝、伊耆氏、大庭氏、魁隗氏等。

在先秦文献中,"炎帝"一名与"神农氏"一名,是分别指称两个不同的人物或两个不同的部族。至西汉司马迁也没有将炎帝与神农氏合称。如《史记·五帝本纪》:"轩辕之时,神农氏世衰,诸侯相侵伐,暴虐百姓,而神农氏弗能征。于是轩辕乃习用干戈,以征不享,诸侯咸来宾从。而蚩尤最为暴,莫能伐。炎帝欲侵陵诸侯,诸侯咸归轩辕。轩辕乃修德振兵,治五气,蓺五种,抚万民,度四方,教熊、罴、貔、貅、貙、虎,以与炎帝战于阪泉之野。三战,然后得其志。蚩尤作乱,不用帝命。于是黄帝乃征师诸侯,与蚩尤战于逐鹿之野,遂禽杀蚩尤。而诸侯咸尊轩辕为天子,代神农氏,是为黄帝。"这里所记的"神农氏世衰"与"炎帝欲侵陵诸侯",完全是两种状态,神农氏与炎帝是两回事。《史记·封禅书》说:"神农封泰山,禅云云;炎帝封泰山,禅云云。"也是将神农氏与炎帝分开的。

将神农氏与炎帝合而为一,是从秦汉之际的《世本》开始的。如《世本》卷七:"姜姓,炎帝神农氏后"。这之后,古文献中时常将神农氏与炎帝合称为一。

先秦文献说明:炎帝与神农氏原本是远古的两个部族或两个部族首领,并且应分属前后不同的两个时期。这两个时期可以合称为炎帝时代。

先秦文献记述的神农氏时期与炎帝时期的社会特征是不一样的,将这两个时期的社会特征对照考古学研究形成的中国新石器时代早、中、晚、末四个发展时期的特征,大致可以明确神农氏时期与炎帝时期的考古学年代范围与文化面貌。

神农氏时期的社会特征,依照先秦文献记述所反映的,主要有原始农业的兴起,农业工具的发明,在地理环境比较优越的几个大的区域,原始农业已经得到了推行与初步发展,以及以物易物、没有征战杀戮的社会特征。根据这些特征,大致可以将神农氏时期对应于中国新石器时代中期及新石器时代晚期前段,具体年代大致在公元前 7000 年至公元前 4000 年。

其中,新石器时代中期(约公元前 7000 年至公元前 5000 年),在我国几个自然环境条件比较优越的区域,农业文化及其社会得到了较快的发展。如黄河流域的裴李岗文化、磁山文化、大地湾文化、后李文化,长江中下游的彭头山文化、上山文化,辽西地区的兴隆洼文化,原始农业都已经兴起并得到初步的发展,产生了专用的农业工具,制作了陶器,存在着以物易物的物品交换与文化交流,社会没有分化,处于平等的氏族社会。

在新石器时代晚期前段(约公元前 5000 年至公元前 4000 年),原始农业文化逐步繁荣,聚落增多,社会稳定发展。如黄河中游地区的仰韶文化半坡类型、后岗类型、黄河下游的北辛文化与大汶口文化早期、长江中游地区的皂市下层文化与汤家岗文化、长江下游的河姆渡文化、马家浜文化,辽西地区的赵宝沟文化与红山文化早期等,原始农业稳定发展,手工业种类增多,建筑技术不断提高,精神文化逐步丰富,社会处于逐步繁荣的平稳发展中,氏族部落之间见不到侵伐现象。

结合考古发现,大致可以明确神农氏时期是农业兴起与初步发展的时期,社会处于没有分化的平等、平稳发展的阶段。

炎帝时期的社会特征,依照先秦文献记述所反映的是,已出现战争,以及农业发展了,农作物种类增多,被誉为"能殖百谷百蔬",还产生了一定的管理制度。表现了社会经济的发展,掠夺性的战争频发,甚至出现了为争夺社会盟主而战的社会特征。根据这些特征,大致可将炎帝时期对应于中国新石器时代晚期后段,具体年代大致在公元前4000年至公元前3000年①。在这一时期,新石器文化遍布全国各地,如黄河中游的仰韶文化庙底沟类型,黄河下游的大汶口文化中晚期,黄河上游的马家窑文化马家窑类型,长江中游的大溪文化,长江下游的凌家滩文化、崧泽文化,辽西地区的红山文化中晚期,珠江三角洲地区的大湾文化、咸头岭文化等。这一时期,农业文化得到了快速发展,产生了百万平方米的大型聚落以及权力集中的现象,社会开始逐步走向分化与不平等。在大约公元前3500年,出现了专用的武器——石钺,还出现了象征军权的玉钺,显示掠夺性战争时常发生。这与文献记载的炎帝时期出现的"用兵无已,诛战不休,并兼无亲"的现象相吻合。

结合考古发现,大致可以明确炎帝时期农业有了明显的发展,社会财富逐步有了剩余,社会开始分化,逐步出现等级而形成阶层,产生掠夺性战争,社会处于逐渐分化、兼并、中心聚落及部族集团形成的发展阶段。

以上简要分析表明,先秦文献所记述的神农氏时期与炎帝时期,实际上可以分为前后两个时期,分别相当于考古学上的新石器时代中期与晚期前段,以及新石器时代晚期后段,年代分别为公元前7000年至公元前4000年和公元前4000年至公元前3000年,前后共跨越了4000年。前后两个阶段的社会发展特征与状态明显不同。

---

① 也可以把包括炎帝时期在内的炎黄时代划分在公元前5000年至公元前3000年,大体相当于仰韶时代,参见本书"绪论"。

如果将神农氏时期与炎帝时期合称为一个时代即炎帝时代,那么可将炎帝时代分为广义的和狭义的两种概念予以区分。广义的炎帝时代,包括神农氏时期与炎帝时期。狭义的炎帝时代,不包括神农氏时期。以下论述的"炎黄时代"是指狭义的炎帝时代和黄帝时代的合称。

二、黄帝时代的年代与相应的考古学文化

黄帝号称轩辕氏、又号称有熊氏,是一个专指的历史时期,即黄帝时期。而黄帝时代又称为五帝时代,黄帝时期则是五帝时代的开始。将五帝作为一个时代,在《周易》中就有反映。如《周易·系辞下》:"神农氏没,黄帝、尧、舜氏作,通其变,使民不倦;神而化之,使民宜之。易,穷则变,变则通,通则久。是以自天佑之,吉无不利。"这里将神农氏与黄帝作为两个时代,而将黄帝与尧、舜作为同一个时代。

关于五帝,有几种说法。先秦文献记述的五帝影响较大的一种说法,是黄帝、颛顼、帝喾、尧、舜。《世本·帝系》明记:"黄帝、颛顼、帝喾、唐尧、虞舜,为五帝。"司马迁《史记·五帝本纪》即以此为本,这也是本书论说五帝的依据。

五帝时代是一个历史发展的时代概念,是由前后五个重要人物及其重要的部落集团所代表,实际上可分为五个时期。然而,按照先秦文献记述的有关内容,可将五帝时代分为前后三个时期,即黄帝时期、颛顼与帝喾时期、唐尧与虞舜时期。

依照文献记载黄帝时代的突出特征,对照考古学研究成果,大致可将黄帝时代(五帝时代)对应于中国新石器时代晚期后段的后半段与新石器时代末期,具体年代大致在公元前3500年至公元前2000年。

其中,黄帝时期,大致在公元前3500年至公元前3000年。这一时期社会的突出特点是,不仅出现了战争,而且逐步频繁;出现了"一人独尊"的现象。这个年代范围,大部分与狭义的炎帝时代的后半段重合,先秦文献记述的炎帝

与黄帝曾同时相处过。如炎帝与黄帝的阪泉之战,以及《逸周书·尝麦解》"赤帝大慑,乃说于黄帝"等。考古学研究揭示,这时期出现战争,玉钺开始出现,军权产生,一人独尊的现象也开始出现。如河南省灵宝西坡遗址发现的仰韶文化庙底沟类型末段的大型墓葬及随葬玉钺的现象;安徽省含山凌家滩遗址发现的凌家滩文化中晚期形成的"风"字形玉钺并用于随葬,最好的一件玉钺出自规模最大、内涵最丰富的2007M23大墓中;海岱地区大汶口文化中期开始出现玉石钺;辽宁省建平牛河梁遗址群发现的大型积石冢及其中心大墓,以及"神庙"与人像遗存;还有甘肃省秦安大地湾遗址发现的仰韶文化晚期的大型殿堂式高等级建筑等。

颛顼与帝喾时期,大致在公元前3000年至公元前2400年。这一时期社会的突出特点是,不仅武力争战频繁,而且祭祀广为流行,"依鬼神以制义",祭祀成为当时社会最为重要的一项内容。祭天敬神,祭地为民,天神与祖先神在祭祀活动中分开分别进行,即颛顼"绝地天通",产生了专门的祭祀成员。这种祭祀活动流行的现象,反映在考古学方面,主要有良渚文化中期出现的十分规整的三色祭坛墓地以及玉器上的神人图像,如浙江省余杭瑶山祭坛墓地、反山祭坛墓地,及其大墓中出土的玉琮、玉钺等高等级玉器上雕琢的神人图像。这种神人图像一直延续发展至良渚文化晚期,在公元前2400年前后逐渐淡化乃至消失。还有江汉地区的屈家岭文化亦流行祭祀活动,如湖北省天门石家河邓家湾等遗址发现的大型祭祀道具——大型陶管状筒形器群。再有,这一时期在黄河流域出现的建筑物奠基遗存,也是祭祀活动频繁状态下的产物。

唐尧与虞舜时期,大致在公元前2400年至公元前2000年。这一时期反映在考古学方面,主要有中原地区的陶寺文化早、中期可以与之相合。如陶寺文化遗存,就具有辽西地区红山文化、河套地区龙山文化、中原地区三里桥文化类型、海岱地区大汶口文化晚期及龙山文化、甘青地区齐家文化、江汉地区石家河文化晚期、太湖地区良渚文化晚期与广富林文化等四方各地的文化因素,犹似形成"合和万国"的态势。还存在着陶寺文化玉器向甘青地区发展的线索,似显示着"迁三苗于三危,以变西戎"的史迹。①

古代文献所记述的黄帝时代的各种事迹,内容错综复杂,经过近3000年来的口耳相传,辗转添色,以及历代文人学者的各种梳理探索,多线条交叉承袭,难免穿凿附会、方枘圆凿。但通过考古学的发现与研究,以及与文献史学的不断整合探索,终究可以揭示隐含在古代文献尤其是先秦文献中的一些史实。

第三节　中国文明的起源和形成

中国文明的起源与形成问题,经过数十年的考古学探索,已经形成了许多认识,但形成的个案研究认识并不多。下面,我们通过对个案的简要分析,阐述炎黄时代是中国文明的起源与形成时期。

一、中国文明的起源

中国文明从何时起源? 这涉及探索中国文明起源的时限。

我们认为,探索中国文明起源应从"文明因素出现,开始了文明、国家起源的新历程"进行探索,探索的时间节点应从公元前4000年开始。公元前4000年,正是上述狭义炎帝时代开始的时间节点。所以,从传统古史的角度,探索中国文明起源,应从炎帝时期开始。

中国文明的起源大致在公元前4000年开始其历程。考古学研究成果的这时间点反映中原地区社会的主要特征,是仰韶文化庙底沟类型在半坡类型发展的基础上孕育而成,并且逐步发展壮大的。在此后的四五百年内,庙底沟

---

① 参见朱乃诚:《齐家文化玉器所反映的中原与陇西两地玉文化的交流及其历史背景的初步探索》,载《2015中国·广河齐家文化与华夏文明国际研讨会论文集》,文物出版社2016年版,第161—177页。

类型的文化面貌影响到大半个中国,东达海岱地区,西抵青海东部,北入河套之北,南涉长江。聚落形态方面,出现上百万平方米的中心聚落以及100多平方米至300平方米的大型房子,体现平等稳定的氏族制度开始出现裂痕,社会开始出现分层现象,聚落联合体逐步产生。社会经济方面,农业出现锄耕农业,手工业制品开始出现精致的作品。意识形态方面,思想活跃,崇尚太阳等天象现象,崇敬鹰、鸟、龟、虎等动物,龙文化意识开始产生。

在公元前4000年至公元前3500年,除了中原地区的仰韶文化庙底沟类型外,在黄河下游的大汶口文化早期,长江中下游的大溪文化早中期、凌家滩文化、崧泽文化早中期,辽西地区的红山文化中期,农业文化普遍得到了发展,精神文化生活开始丰富,社会开始走向分层与分化,呈现出文明起源的一些现象。

至公元前3500年前后,文化发展最为进步的是凌家滩文化。凌家滩文化兴盛期的年代约在公元前3600年至公元前3300年。这时期,凌家滩文化出现了多项属于时代顶尖的文化现象。如面积近3000平方米的大型红烧土块铺装的广场[1],是我国目前发现的距今5300年以前规模最大、形制结构最为进步的人工广场,是凌家滩文化在建筑方面的一大奇迹;产生了面积约1200平方米的祭坛墓地[2],是我国发现的公元前3300年以前规模最大、营建结构最为复杂的一处祭坛墓地;发现约40座墓葬中出土了近1000件玉器,[3]形成了我国第一个,也是最早的玉礼器中心;出现了原始的"玉敛葬"现象,凌家滩2007M23大墓,随葬玉石器约300件,其中玉器有200件[4],用大量的石锛等整齐地铺垫尸身,用大量玉石钺、环、玦、镯、璜等覆盖尸身,是公元前3300年

① 参见张敬国、杨竹英:《含山县凌家滩新石器时代遗址》,《中国考古学年鉴2001》,文物出版社2002年版。

② 参见安徽省文物考古研究所:《凌家滩》,文物出版社2006年版;张敬国:《安徽含山凌家滩遗址第五次发掘的新发现》,《考古》2008年第3期。

③ 参见安徽省文物考古研究所:《凌家滩》,文物出版社2006年版。

④ 张敬国:《安徽含山凌家滩遗址第五次发掘的新发现》,《考古》2008年第3期。

前文化内涵最为丰富的大墓,既体现了当时葬俗思想的空前发展,还体现了氏族部落集权人物的出现。

凌家滩文化的这些突出现象,表明凌家滩文化是同时期诸考古学文化中发展程度最高、意识观念最为复杂的文化,其发展水平为我国公元前3500年前后文化发展的代表,并且对大溪文化晚期、崧泽文化晚期、红山文化晚期、良渚文化产生了重要影响。凌家滩文化的社会发展已然处于文明形成的前夜。

仰韶文化庙底沟类型、凌家滩文化表现的这些高等级的文化现象与特征,是文明的重要因素,昭示着中国文明开始起源并放射出文明的曙光。

二、中国文明的形成

始于黄帝的五帝时代是中国文明的形成时期。我们曾指出:"中国文明的形成,先有各个区域的小区域文明,而后才形成以中原为中心的中国文明"[1]。关于最早的小区域文明,目前依据考古发现能够说得清楚的,主要是红山文明与良渚文明。而以中原为中心的最早的中国文明,目前依据考古发现能够说得清楚的,主要是陶寺文明。

(一)红山文明

我们所说的红山文明,是指分布在辽西地区的红山文化晚期后段,具体年代大致在公元前3360年至公元前2920年[2],即大致在距今5300—4900年。

红山文明的代表性遗存,主要见于辽西地区牛河梁遗址群诸地点的上层

---

[1]　朱乃诚:《红山文明及其对认识中国文明起源的重要意义》,《中国社会科学院古代文明研究中心通讯》2016年第30期。

[2]　朱乃诚:《辽西地区早期文明的特点及有关问题》,《考古》2013年第5期。

积石冢的有关遗存,以及辽宁省喀左东山嘴大型积石冢坛①、阜新胡头沟积石冢②、凌源田家沟多处石棺墓地③、内蒙古自治区敖汉旗草帽山积石冢等④,还有红山文化分布区南部的河北省平泉县发现的红山文化积石冢遗存⑤,在红山文化分布区北部的西拉木伦河以北的内蒙古自治区巴林右旗那斯台遗址发现的这一阶段的勾云形玉佩、兽面玦形玉器等遗存⑥,以及近年来发现的辽宁省朝阳龙城半拉山红山文化墓地⑦。这些遗存几乎遍布红山文化分布区,显示在整个红山文化分布区域内,大致都经历了红山文明发展阶段。而目前的发现则以牛河梁、东山嘴、田家沟、草帽山、半拉山等遗址所处的大凌河上游地区发现的遗存最为丰富,揭示得也较为清晰。并且以牛河梁遗址群的规模最大,档次最高。

分析这些遗存,可以将红山文明分为前后五个发展阶段⑧。其中第一段至第四段是红山文明不断发展的过程。在红山文明形成之初开始出现的大型

① 参见郭大顺、张克举:《辽宁省喀左县东山嘴红山文化建筑群址发掘简报》,《文物》1984年第11期。

② 参见方殿春、刘葆华:《辽宁阜新县胡头沟红山文化玉器墓的发现》,《文物》1984年第6期。方殿春、刘晓鸿:《辽宁阜新县胡头沟红山文化积石冢的再一次调查与发掘》,《北方文物》2005年第2期。

③ 参见王来柱:《凌源市西梁头红山文化石棺墓地的发掘与研究》,载中华玉文化中心、中华玉文化工作委员会:《玉魂国魄——中国古代玉器与传统文化学术讨论会文集(四)》,浙江古籍出版社2010年版,第11—23页;李新全、王来柱:《凌源市田家沟红山文化墓葬群》,载中国考古学会:《中国考古学年鉴2010》,文物出版社2011年版,第189—190页。

④ 参见王大方、邵国田:《敖汉旗发现红山时代石雕神像》,《中国文物报》2001年8月29日;中国社会科学院考古研究所、内蒙古敖汉旗博物馆:《敖汉旗四家子红山文化积石冢》,中国考古学会:《中国考古学年鉴2002》,文物出版社2003年版,第157—158页。

⑤ 参见辽宁省文物考古研究所:《牛河梁—红山文化遗址发掘报告(1983—2003年度)》,文物出版社2012年版,第480页;郑绍宗:《河北平泉一带发现的石城聚落遗址——兼论夏家店下层文化的城堡带问题》,《文物春秋》2003年第4期。

⑥ 参见董文义、韩仁信:《内蒙古巴林右旗那斯台遗址调查》,《考古》1987年第6期。

⑦ 参见辽宁省文物考古研究所、朝阳市龙城区博物馆:《辽宁朝阳市半拉山红山文化墓地的发掘》,《考古》2017年第2期;辽宁省文物考古研究所、朝阳市龙城区博物馆:《辽宁朝阳市半拉山红山文化墓地》,《考古》2017年第7期。

⑧ 参见朱乃诚:《再论红山文明》,载辽宁省文物考古研究所:《庆祝郭大顺先生八秩华诞论文集》,文物出版社2018年版,第199—214页。

积石冢,伴随着红山文明的发展积石冢中心大墓的结构不断发展与完善。在红山文明形成之初出现了随葬玉礼器的现象,玉礼器种类伴随着红山文明的发展而逐步发展,玉礼器的器形也伴随着红山文明的发展而逐步演化。第五段是红山文明的衰落过程。红山文明的衰落,是从出现专用武器——玉石钺开始的。

据我们研究,红山文明形成的基础与动力,主要有三个方面:农业经济的发展、宗教信仰与精神文化的发展,以及外来文化影响与冲击。[1] 红山文明社会的基本特征,最主要的有三项。

第一,形成了等级化社会。依据牛河梁遗址群的发掘成果,可以分析出红山文明的社会分层至少存在着六个等级,社会组织至少存在着四级。[2] 具有四级组织六个等级的社会,应该是一个较为复杂的等级化社会。

第二,形成"一人独尊"的社会现象。牛河梁遗址群属第一等级的中心大墓有三座(N2Z2M1、N16M4、N5Z1M1)(见图7-1[3]、图7-2[4]、图7-3[5]),分属红山文明的前三个阶段,每个阶段只有一座。第四段尚未发现积石冢中心大墓,第五段可能不存在积石冢中心大墓。[6] 这反映了在红山文明发展过程中最高等级的墓葬只有一座,充分说明了红山义明存住着"一人独尊"的社会现象。

第三,盛行祖先崇拜、动物崇拜并神化原始宗教信仰活动维持其社会稳定发展。红山文明盛行祖先崇拜、动物崇拜并神化原始宗教信仰活动,使其社会产生了一些特殊的现象。如红山文明的社会,经济不发达,社会财富积累有

---

① 参见朱乃诚:《辽西地区早期文明的特点及相关问题》,《考古》2013年第5期。

② 参见朱乃诚:《中国早期文明的红山模式》,载辽宁省文物考古研究所:《红山文化学术研讨会论文集》,辽宁人民出版社2013年版,第166—186页。

③ 辽宁省文物考古研究所:《牛河梁—红山文化遗址发掘报告(1983—2003年度)》下册,文物出版社2012年版,图版一一一.1。

④ 辽宁省文物考古研究所:《牛河梁—红山文化遗址发掘报告(1983—2003年度)》下册,文物出版社2012年版,图版二七四.3。

⑤ 辽宁省文物考古研究所:《牛河梁—红山文化遗址发掘报告(1983—2003年度)》下册,文物出版社2012年版,图版二二三.1。

⑥ 参见朱乃诚:《再论红山文明》,载辽宁省文物考古研究所:《庆祝郭大顺先生八秩华诞论文集》,文物出版社2018年版,第195—210页。

图 7-1　牛河梁 N2Z2M1 墓葬

限,但社会等级却表现得十分清晰。又如在红山文明高度发展的第二、三、四
阶段,不见武力现象,没有掠夺性的战争行为,却存在着"一人独尊"所表现的
个人集权现象。还如红山文明的文化发展程度不高,但玉器制作却十分精工,
如兽面玦形玉器(见图 7-4)①、勾云形玉佩(见图 7-5)②、兽面纹玉佩(见图
7-6)③、双兽面玉佩(见图 7-7)④、鸟兽纹玉佩(见图 7-8)⑤、斜口筒形玉器

---

　　①　辽宁省文物考古研究所:《牛河梁—红山文化遗址发掘报告(1983—2003 年度)》下册,
文物出版社 2012 年版,图版六九.左上。
　　②　辽宁省文物考古研究所:《牛河梁—红山文化遗址发掘报告(1983—2003 年度)》下册,
文物出版社 2012 年版,图版二二五.上。
　　③　辽宁省文物考古研究所:《牛河梁—红山文化遗址发掘报告(1983—2003 年度)》下册,
文物出版社 2012 年版,图版九四.1。
　　④　辽宁省文物考古研究所:《牛河梁—红山文化遗址发掘报告(1983—2003 年度)》下册,
文物出版社 2012 年版,图版六三.1。
　　⑤　辽宁省文物考古研究所:《牛河梁—红山文化遗址发掘报告(1983—2003 年度)》下册,
文物出版社 2012 年版,图版九六.上。

（见图 7-9）①、回首凤鸟玉冠饰（见图 7-10）②、双熊首三孔玉梳背（见图 7-11）③、玉人（见图 7-12）④、玉璧形饰（见图 7-13）⑤、玉龟（见图 7-14）⑥、玉鳖（见图 7-15）⑦、玉鸮（见图 7-16）⑧、玉蝈蝈（见图 7-17）⑨等，成为当时的一种特殊财富。这些特殊现象都与当时盛行宗教信仰活动有关。这种盛行的神化原始宗教信仰活动可能形成了一种特殊的社会凝聚力，使当时社会能够得到稳定的发展。

红山文明社会的上述三项基本特征，最具特色的是第三项，即盛行

图 7-2　牛河梁 N16M4 墓葬

① 辽宁省文物考古研究所：《牛河梁—红山文化遗址发掘报告（1983—2003 年度）》下册，文物出版社 2012 年版，图版六八.左上。

② 辽宁省文物考古研究所：《牛河梁—红山文化遗址发掘报告（1983—2003 年度）》下册，文物出版社 2012 年版，图版二七六。

③ 辽宁省文物考古研究所：《牛河梁—红山文化遗址发掘报告（1983—2003 年度）》下册，文物出版社 2012 年版，图版二八四。

④ 辽宁省文物考古研究所：《牛河梁—红山文化遗址发掘报告（1983—2003 年度）》下册，文物出版社 2012 年版，图版二七九.1。

⑤ 辽宁省文物考古研究所：《牛河梁—红山文化遗址发掘报告（1983—2003 年度）》下册，文物出版社 2012 年版，图版二二四.2。

⑥ 辽宁省文物考古研究所：《牛河梁—红山文化遗址发掘报告（1983—2003 年度）》下册，文物出版社 2012 年版，图版八七.左上。

⑦ 辽宁省文物考古研究所：《牛河梁—红山文化遗址发掘报告（1983—2003 年度）》下册，文物出版社 2012 年版，图版二二六.上左。

⑧ 郭大顺、洪殿旭编著：《红山文化玉器鉴赏（增订本）》，文物出版社 2014 年版，第 87 页。

⑨ 辽宁省文物考古研究所：《牛河梁—红山文化遗址发掘报告（1983—2003 年度）》下册，文物出版社 2012 年版，图版二四一.2。

图 7-3　牛河梁 N5Z1M1 墓葬

祖先崇拜、动物崇拜,并神化原始宗教信仰活动以维持社会的稳定发展。而发展到第五段时期,祖先崇拜、动物崇拜等神化原始宗教信仰活动弱化,维持其社会稳定的法则削弱而缺乏约束社会成员的凝聚力,社会出现武力现象,发生动荡,"一人独尊"的现象也随之消失,红山文明自然就衰落并且逐渐消亡。

红山文明的这些特征,决定了她是一个不成熟的文明,也是一个不能延续的早期文明。由于红山文明是在神化宗教信仰活动的基础上产生的,没有形成国家组织的管理机构,社会经济不发达,文化发展迟缓,社会组织又没有得到充分的发展。这样的文明社会,虽然存在"一人独尊""唯玉是葬"的现象,但基础薄弱,自身缺乏进一步发展的能力,当资源匮乏、环境发生变化、社会失去凝聚力之时,其文明自然会随之衰落。

红山文明尚未出现王权与王室现象,她不属王国文明,可以称为"古国文明"。红山文明是我国"古国文明"的代表。

（二）良渚文明

良渚文明是指主要分布在太湖地区的良渚文化中晚期,具体年代大致在公元前 3000 年至公元前 2300 年。

图 7-4　牛河梁 N2Z1M4:2 兽面玦形玉器

　　良渚文明的代表性遗存,最重要的是良渚城址、城内的莫角山"宫殿区"①、反山"王陵区"②、姜家山"贵族墓地"、宫殿区以东的城内南北向主河道——钟家港古河道,城外西北部外围以老虎岭为代表的高坝系统、以鲤鱼山为代表的低坝系统的由 11 条堤坝组成的大型水利系统(见图 7-18)③,形成了较为完整的城结构。还有良渚城址附近的瑶山④与汇观山祭坛墓地、玉架

---

　　①　陈明辉:《杭州市余杭良渚古城遗址》,载中国考古学会:《中国考古学年鉴 2016》,中国社会科学出版社 2017 年版,第 245—246 页。

　　②　浙江省文物考古研究所:《反山》,文物出版社 2005 年版。

　　③　参见王宁远:《良渚古城外围大型水利工程遗存》,载中国考古学会:《中国考古学年鉴 2016》,中国社会科学出版社 2017 年版,第 246—248 页,彩版四。

　　④　参见浙江省文物考古研究所:《瑶山》,文物出版社 2003 年版。

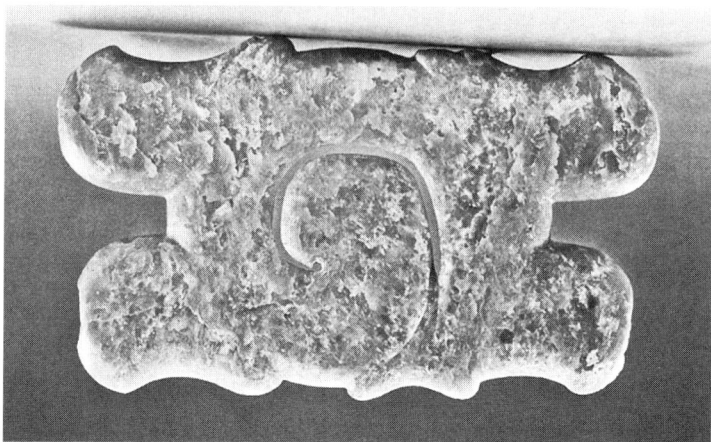

图7-5　牛河梁 N5Z1M1:4 勾云形玉器

图7-6　牛河梁 N2Z1M22:2 兽面纹玉佩

山遗址群,以及上海市青浦福泉山①,江苏省武进寺墩②、兴化市蒋庄③等重要遗址。

　　其中,良渚城址外围由 11 条堤坝组成的大型水利系统,保护利用范围约

<hr>

① 参见上海市文物管理委员会:《福泉山:新石器时代遗址发掘报告》,文物出版社 2000 年版。
② 参见南京博物院:《1982 年江苏常州武进寺墩遗址的发掘》,《考古》1984 年第 2 期。
③ 参见林留根、甘恢元、闫龙:《兴化及东台市蒋庄新石器时代遗址》,载中国考古学会:《中国考古学年鉴 2016》,中国社会科学出版社 2017 年版,第 236—238 页。

图 7-7　牛河梁 N2Z1M26:2 双兽面玉佩

图 7-8　牛河梁 N2Z1M23:3 鸟兽纹玉佩

图 7-9　牛河梁 N2Z1M4∶1 斜口筒形玉器

图 7-10　牛河梁 N16M4∶1 回首凤鸟玉冠饰

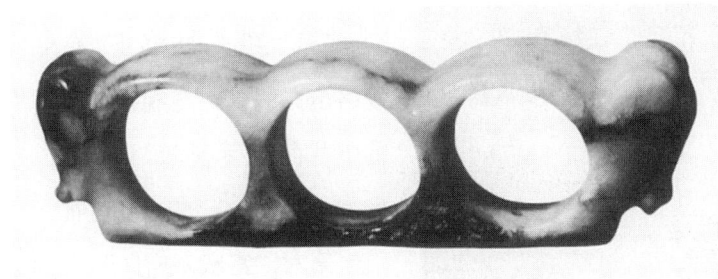

图 7-11 牛河梁 16—79M1∶4 双熊首三孔玉梳背

100 平方公里,堤坝的年代约在公元前 3100 年至公元前 2700 年。良渚城址内城面积约 290 余万平方米。大莫角山宫殿区发现了 7 个面积约 300—900 平方米的房屋台基,呈南北两排分布,可能是良渚文明最高权力机构的体现。反山墓地为人工堆筑的上万立方米的土墩,面积约 2700 平方米,发掘的 11 座墓葬,以墓地中心的 M12 规模最大。反山 M12 墓底筑棺床,随葬玉器、石器、嵌玉漆器和陶器 658 件,是至今发现的规格最高的良渚文化墓葬,为良渚文明的"王陵"。这些高档次的文化遗存,显示了文化内涵十分丰富、充分发展而又独特的良渚文明。

良渚文明社会的主要特征,有以下几项。

第一,出现成套农业工具,显示原始农业发展进入成熟发展阶段。

第二,大批精致的玉器、精美而别致的漆器、象牙制品、陶器等,显示了手工业种类增多以及工艺技术快速发展,也显示了有许多人员进入手工业制作领域。

第三,祭坛、玉器、玉器上的神人图案等反映了当时的精神文化生活较为丰富,原始宗教信仰活动十分频繁,祭祀活动形式高度一致,显示形成了统一的精神文化意识。

第四,玉石钺流行,有的墓内随葬数十件玉石钺,最多的有 132 件石钺,显示社会崇尚武力,战争频繁。

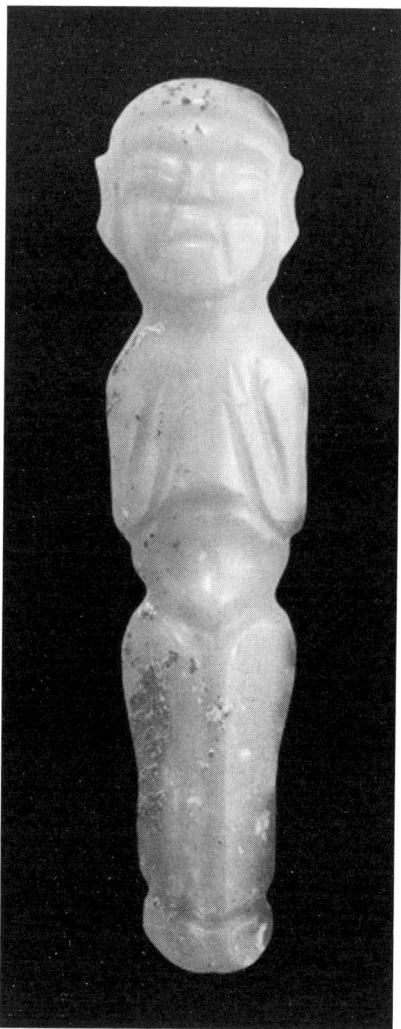

图 7-12　牛河梁 N16M4:4 玉人

第五,反山墓地及 M12 等大墓的出现,显示"王陵"特点及"王权"的形成。规格最高的玉琮与规格最高的玉钺在该墓中共存,显示神权与军权合一,并且是良渚文明"王权"的主要特征。

第六,"宫殿宗庙区""普通建筑",以及"王陵""贵族墓地""普通墓地"等,显示了社会成员形成了高低不同的等级。

第七,工程浩大的城墙的营筑、规模庞大的水利系统的形成,以及良渚遗址群密集的聚落址,显示了人口众多,以及对人力资源调配使用的组织机构的存在。

这些特征表明,在公元前 3000 年至公元前 2300 年,太湖地区存在着一个原始农业充分发展与手工业发达、精神文化意识高度统一、富有祭祀与征战特色、具有神权与军权合一的王权权威及各级管理机构的文明社会。

良渚文明社会最主要的特征是神权与军权合一形成至高无上的王权。这在反山 M12 大墓中得到了集中的体现。如反山 M12 大墓出土的大玉琮(见图 7-19)①与大玉钺(见图 7-20)②及大玉琮上的神人图案(见图 7-21)③。大玉

① 参见浙江省文物考古研究所:《反山》下册,文物出版社 2005 年版,彩版一四一。
② 参见浙江省文物考古研究所:《反山》下册,文物出版社 2005 年版,彩版二九八。
③ 参见浙江省文物考古研究所:《反山》下册,文物出版社 2005 年版,彩版一五六。

图 7-13　牛河梁 N5Z1M1:2 玉璧形饰

图 7-14　牛河梁 N2Z1M21:10 玉龟

图 7-15　牛河梁 N5Z1M1:6 玉鳖

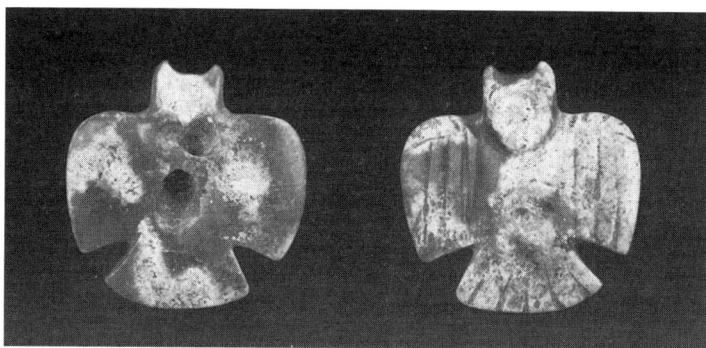

图 7-16　胡头沟 M1:9 玉鸮

钺是用于指挥战争的,是军权的代表,大玉钺上神人图案的含义,可能是表示战神。玉琮可能与原始宗教信仰活动有关,也是权力的象征,具有权杖的含义。大玉琮上刻神人图案可能表明进行原始宗教信仰活动如祭祀活动的主要

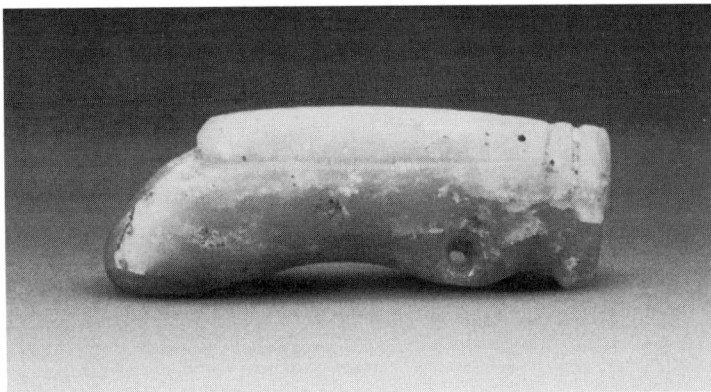

图 7-17　牛河梁 N5Z2M9∶1 玉蝈蝈

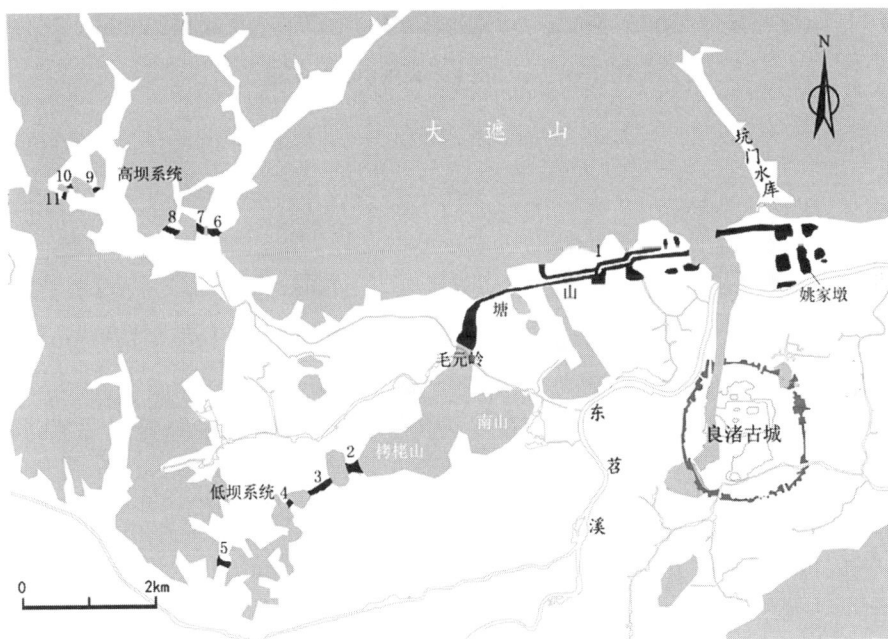

图 7-18　良渚古城及外围水利系统结构图

目的是为赢得战争的胜利。

　　良渚文明还向外部扩张,文化影响与势力所及,到达海岱地区、中原地区、岭南地区,范围达小半个中国。但在公元前 2400 年前后,良渚文明开始衰落,

图 7-19 反山 M12 大墓中的大玉琮

图 7-20 反山 M12 大墓中的大玉钺

图7-21　反山M12大墓中大玉琮上的神人图案

而且在太湖地区没有出现新的文明社会替代良渚文明,直至公元前2300年前后良渚文明消失。

良渚文明衰落的原因,可能与以下因素有关:社会组织机构不完备,社会无序的发展,原始宗教信仰活动的发展超越了社会发展的承受能力,频繁的掠夺性战争又影响社会的发展,社会资源过度消耗,不能适应环境的变化,以及北部文化势力南下太湖地区等。

良渚文明显然要比红山文明进步,但其社会管理机构不完备,不能调节社会无序的发展,虽然形成了"王权"这一"王国文明"的特点,但没有形成"王国文明"的管理制度与体系。当"王权"无力控制社会无序发展时,一旦受到各种不利因素的冲击,文明社会自然会自行衰亡。良渚文明实际上是我国"古国文明"向"王国文明"过渡阶段的代表,可暂称为"古王国文明"。

（三）陶寺文明

陶寺文明是指主要分布在晋西南地区的陶寺文化早中期,具体年代大致在公元前 2450 年至公元前 2000 年。①

陶寺文明的代表性遗存,最重要的是山西省襄汾陶寺文化早期的城址(宫城)、大型窖藏区、6 座大墓(M2001、M3002、M3015、M3016、M3072、M3073),陶寺文化中期的大型城址、较大型的宫殿建筑基址、具有祭祀与观测天象功能的半圆形大型建筑基址、城址西南角的手工业区②、一座随葬品丰富的大墓(2002M22),以及芮城清凉寺墓地的部分墓葬,临汾下靳村墓地的部分墓葬等。

其中,陶寺文化早期城址面积约 13 万平方米③,内有宫殿建筑基址,并发现豪华建筑上的几何形花纹的白灰墙皮④。

陶寺文化早期的大型窖藏区,位于早期城址的东南,面积约 1000 平方米,其内窖穴密集⑤,以竖穴圆角方形或长方形为主,大者边长 10 米左右,小者边长约 5 米,深 4—5 米,多有螺旋坡道由坑口至坑底。大型窖藏区及众多粮仓性质的窖穴,正好与大墓中随葬木质粮仓模型仓形器(见图 7-22)⑥能够互相对应证明。

陶寺文化早期的 6 座大墓,仅一座未被损坏,有 4 座大墓随葬了彩绘蟠龙纹陶盘。如 M3016 大墓,宽 2.52—2.76 米,长 3.1 米,墓中央大部分已遭破

---

① 参见朱乃诚:《良渚的蛇纹陶片和陶寺的彩绘龙盘——兼论良渚文化北上中原的性质》,《东南文化》1998 年第 2 期。

② 参见中国社会科学院考古研究所山西队、山西省考古研究所、山西省临汾市文物局:《2012 年度陶寺遗址发掘的主要成果》,《中国社会科学院古代文明研究中心通讯》2013 年第 24 期。

③ 参见中国社会科学院考古研究所山西队、山西省考古研究所、山西省临汾市文物局:《2013—2014 山西襄汾陶寺遗址发掘收获》,《中国社会科学院古代文明研究中心通讯》2015 年第 28 期。

④ 参见中国社会科学院考古研究所、山西省临汾市文物局:《襄汾陶寺:1978—1985 年考古发掘报告》第四册,文物出版社 2015 年版,彩版六。

⑤ 参见中国社会科学院考古研究所山西第二工作队、山西省考古研究所、山西省临汾市文物局:《2002 年山西襄汾陶寺城址发掘》,《中国社会科学院古代文明研究中心通讯》2003 年第 5 期。

⑥ 参见中国社会科学院考古研究所、山西省临汾市文物局:《襄汾陶寺:1978—1985 年考古发掘报告》第四册,文物出版社 2015 年版,图版二九四.2。

图 7-22　陶寺 M2001∶14 木质粮仓
模型仓形器复原

坏,墓中随葬品残存 35 件。M3015 大墓,宽 2.68—2.5 米,长 3.2 米,深 2 米
多,墓室已遭扰乱,但未伤及墓底,木棺痕迹宽 0.7—1.05 米,长 1.9 米,有朱
砂。墓主为 40 岁上下的男性,随葬器物 74 件。M2001 大墓,宽 2.52—2.54
米,长 2.9 米,保存完整。有长方形木棺,木棺表面涂成朱红色,棺内铺朱砂,
仰身直肢。随葬品丰富、精致,而且未被破坏,位置明确,有 77 件(见图 7-
23)①。陶寺 6 座大墓不仅有彩绘陶器、彩绘漆木器,而且大都还有木俎、木
匣、成套大型石厨刀、石磬、土鼓、鼍鼓随葬。

其中石磬、土鼓、鼍鼓是大型礼乐器,石磬长约 44—95 厘米(见图 7-

---

① 参见中国社会科学院考古研究所、山西省临汾市文物局:《襄汾陶寺:1978—1985 年考
古发掘报告》第四册,文物出版社 2015 年版,彩版一一。

图 7-23　陶寺 M2001 墓葬

24)①,土鼓高约 45—142 厘米(见图 7-25)②,完整的鼍鼓高约 1 米以上(见图 7-26),鼓腔外表饰彩绘图案(见图 7-27)③。这种大型礼乐器还组合使用,组合形式,通常是 1 件石磬、2 件鼍鼓、1 件土鼓。这种使用大型组合礼乐器随葬的现象,在商代仅见于王陵或王室大墓。由此可以推测,陶寺遗址这 6 座大墓是当时王室成员的墓葬,彩绘蟠龙纹陶盘(见图 7-28)④仅限于王室成员使用。

---

　①　参见中国社会科学院考古研究所、山西省临汾市文物局:《襄汾陶寺:1978—1985 年考古发掘报告》第四册,文物出版社 2015 年版,图版二九八。

　②　参见中国社会科学院考古研究所、山西省临汾市文物局:《襄汾陶寺:1978—1985 年考古发掘报告》第四册,文物出版社 2015 年版,彩版二四.1。

　③　参见中国社会科学院考古研究所、山西省临汾市文物局:《襄汾陶寺:1978—1985 年考古发掘报告》第四册,文物出版社 2015 年版,彩版二一、二二。

　④　参见中国社会科学院考古研究所、山西省临汾市文物局:《襄汾陶寺:1978—1985 年考古发掘报告》第四册,文物出版社 2015 年版,彩版一七。

图 7-24　陶寺 M3002∶6 石磬

图 7-25　陶寺 M3072∶11 土鼓

图 7-26　陶寺 M3015∶15 鼍鼓

图 7-27　陶寺 M3015:15 鼍鼓彩绘纹饰

陶寺文化中期的城址,面积约 280 万平方米。发现的陶寺文化中期的大型宫殿夯土建筑基址,面积约 286 平方米,上有三排残存的 18 个柱子洞,是为柱网结构明确的殿堂建筑遗迹。在夯土中还出土了铜器残片及两处奠基的人骨架。① 2002 年发现了陶寺文化中期的两大块装饰绚边篦点戳印纹白灰墙皮和一大块带蓝彩的灰白墙皮。②

---

　　① 参见中国社会科学院考古研究所、山西省考古研究所、临汾市文物局:《山西襄汾陶寺遗址 2007 年田野考古新收获》,《中国社会科学院古代文明研究中心通讯》2008 年第 15 期。

　　② 参见中国社会科学院考古研究所山西第二工作队、山西省考古研究所、山西省临汾市文物局:《2002 年山西襄汾陶寺城址发掘》,《中国社会科学院古代文明研究中心通讯》2003 年第 5 期。

图 7-28　陶寺 M3072:6 彩绘蟠龙纹陶盘

陶寺文化中期的一座大墓(2002ⅡM22),在陶寺文化晚期偏早阶段就已被破坏,尤其是墓室正中的棺室被捣毁,棺内的贴身随葬玉器等情况已不清楚,残留有绿松石饰件、玉钺碎块、小玉璜、木柄、子安贝等 46 件,以及遗留在已被破坏坑内的玉钺、干钺残块、白玉管、天河石和绿松石片等 20 件。在棺室四周未遭破坏部分及壁龛内出土随葬品 72 件(套),包括彩绘陶器 8 件、玉石器 18 件(套)、骨镞 8 组、漆木器 25 件、红彩草编物 2 件,以及猪 10 头、公猪下颌 1 件。①

陶寺文化早中期这些高层次、高品质遗存的发现,反映了陶寺文明的如下一些特征。

第一,初步形成了农业生产与手工业生产管理体系。如陶寺文化中期集祭祀与观测天象的建筑基址,显示当时可能存在敬天授时以发展农业的生产管理体系。陶寺文化中期观测天象的遗存及其知识,不可能是在陶寺文化中期突然出现,推测在陶寺文化早期就已经开始了。又如陶寺文化中期的手工

①　参见中国社会科学院考古研究所山西队、山西省考古研究所、临汾市文物局:《陶寺城址发现陶寺文化中期墓葬》,《考古》2003 年第 9 期。

业区的发现,显示当时对手工业进行集中管理,而陶寺文化早期大墓中出土的各种精致的彩绘陶器、木器、漆器、玉器等,也显示陶寺文化早期的手工业已经相当发达。

第二,初步形成了粮食储备管理体系。如陶寺文化早期的大型窖藏区显示粮食储备管理体系的存在,而大墓中随葬木质粮仓模型仓形器则显示当时对粮食储备及管理的重视。这是防范粮食资源风险的重要措施。

第三,存在着十分明显的"王权"与初显的王室文化现象,体现权力体系已经形成。如陶寺文化早期的宫城、中期的大型宫殿基址、王室大墓,只有大墓才享有的特殊器物——彩绘龙盘、石磬、土鼓、鼍鼓等大型礼乐器。

第四,初级"礼制"已经形成。如出现了固定配套组合的大型礼乐器,而且只有"王室"大墓才有彩绘龙盘、石磬、土鼓、鼍鼓等大型礼乐器与大型漆木器、粮仓模型等豪华器物随葬。显示社会制度正在建立。

第五,社会贫富分化明显,如少数大墓、中型墓,以及数以千计的大量小墓,墓葬规模、随葬品的数量与质量判然有别。还有被杀殉用于奠基或祭祀,社会存在四个以上的阶层。

上述情况表明,在陶寺文化早中期,社会经济空前繁荣,重农务实的社会风气、礼制与等级等社会制度、社会管理体系、王权与王室文化等现象,以及尊卑有序、崇龙尊王等规范行为的思想意识都已经形成,文明已经诞生。

陶寺文明具有鲜明的王权与初步的王室文化的特征,以及较为完备的社会管理体系或称国家管理机构,所以,可以将陶寺文明作为王国文明。陶寺文明是目前所知的中国最早的王国文明。

总括上述,炎帝、黄帝是中华人文始祖,这是数千年来中华文化发展形成的共识。先秦文献中有不少涉及炎帝与黄帝的记载,说明中国历史上确实存在着一个炎黄时代。

自汉初儒生及之后各代文人学者对先秦文献记述的炎黄事迹进行各种注疏、考证、解释,使得炎黄的事迹逐步丰富而庞杂,清代及近代以来一些学者还

对汉以来形成的各种炎黄事迹的记述进行逐字逐句的梳理考证,所形成的炎
黄史料,比先秦记载多出许多倍。但后人的这些考证认识,大都得不到考古学
研究的证实。所以,现今探索炎黄时代所依据的史料,应当首先选择先秦史料
以及考古出土的先秦文献;而探索炎黄时代的途径主要依靠考古学研究,以及
结合先秦文献研究,才能够逐步揭示出炎黄时代的史实真相。

　　中国考古学已有近百年的发展历程。但是,从考古学角度探索炎黄时代
尚没有真正开展起来。1986—1994 年,苏秉琦开展的中国文明起源研究,试
图推进这方面的探索并进行了初步而有效的尝试,但后人未能理解而为之继。

　　目前的考古学研究对于揭开炎黄时代的史实真相,显然存在着很大的距
离,关键一点是没有发现周代之前的有关炎黄时代事迹的文字资料。以上我
们主要依据先秦文献所涉及的炎黄时代的有限史料,以及对目前的中国新石
器时代考古研究的认识,探索炎黄时代与中国文明的起源和形成问题。形成
的主要认识可归纳如下。

　　神农氏与炎帝分属两个历史时期。神农氏时期相当于考古学揭示的公元
前 7000 年至公元前 4000 年,这时期是农业兴起与初步发展的阶段。炎帝时
期(狭义的炎帝时代)相当于考古学揭示的公元前 4000 年至公元前 3000 年,
这一时期是中国文明的起源阶段。

　　黄帝时代(五帝时代)相当于考古学揭示的公元前 3500 年至公元前 2000
年,这一时期是中国文明的形成阶段。黄帝时代(五帝时代)可以分为早、中、
晚三个时期,即黄帝时期、颛顼与帝喾时期、唐尧与虞舜时期。

　　黄帝时代的三个时期分别是中国文明形成的三个过程,能够列举一系列
特征而表明其社会进入"文明"发展状态的考古学文化实体个案,分别以"红
山文明""良渚文明""陶寺文明"为代表。

　　"红山文明"是否代表着黄帝时期的文明雏形,"良渚文明"是否代表着颛
顼与帝喾时期的文明,尚需要进一步的探索与认证。但是,"陶寺文明"所代
表的应是尧舜时期的文明,是夏朝之前与夏朝文明紧密相连的文明。

　　中国文明的形成过程,先是一个个小区域内没有广域王权的文明,而后从夏朝开始形成以中原为核心兼具四方文化特色的具有广域王权与王室文化特征以及具有比较完备的社会管理体系即国家管理体系的"王朝国家文明",这样的文明,因与多元一体的复合制王朝国家结构①及中国历史上"大一统"②观念相联系,因而具有非常独特而重要的历史地位。

---

① 参见王震中:《中国古代国家的起源与王权的形成》,中国社会科学出版社 2013 年版。
② 王震中:《论源远流长的"大一统"思想观念》,《光明日报》2019 年 6 月 10 日。

第八章　炎黄学与中华姓氏文化

炎黄学最重要的关联文化之一是姓氏文化。炎黄学与姓氏文化关系密切,炎黄学的外延包括姓氏文化,姓氏文化的内核则是炎黄文化,姓氏文化是炎黄学的重要内容。中华姓氏中的"炎黄主体"文化现象,也是中华姓氏作为中国特有的文化资源和文化符号的表现。

第一节　中华姓氏文化的基本情况

一、中华姓氏的结构与意义

作为中国人,尤其是中国的汉族以及关系密切的相关少数民族,都有前姓后名结构的中国式姓名,姓名前边的结构,就是中华姓氏。然而,姓与氏,先秦时期与秦汉以后是不一样的。其形成过程,从"三皇"时代的伏羲开始,中华姓氏经历了数千年的酝酿和发展过程。

中华姓氏,在秦代以前姓与氏是分开的。姓在于"别婚姻",氏在于"分贵贱"。姓产生的时间较早,《说文解字》云:"姓,人所生也。古之神圣,母感天而生子,故称天子。"因生而姓,这是说姓有表示血缘关系的一面,这是姓之起源较早的一种。如《史记·补三皇本纪》,有太昊伏羲,"母曰华胥,履大人迹于雷池,而生庖牺于成纪"。伏羲也写为庖牺,其母族为华胥。《史记·殷本纪》也有殷祖契所生之传说,"殷契,母曰简狄,有娀氏之女,为帝喾次妃。三人行浴,见玄鸟堕其卵,简狄取吞之,因孕生契"。所讲最早的也是母性,反映了最早时期认母不认父的历史事实。《史记·周本纪》也有类似的记载:"周后稷,名弃。其母有邰氏女,曰姜原。姜原为帝喾元妃。姜原出野,见巨人迹,心忻然说,欲践之,践之而身动如孕者。居期而生子。"这里讲的是姓产生于母系时代,反映了古姓产生的历史久远性。而从古姓中多有女字偏旁,如姜、姬、姒、妫、姚、妘、嬴等,也可以反映姓最早与母系时代有关。

姓之起源另一种较早的方式是与以族徽为代表的图腾崇拜有关。在原始部落中,每个氏族都有自己的图腾,也就是氏族崇拜的保护神。这些保护神可能是动物,可能是植物,也有可能是自然现象。这种氏族图腾,实际上是氏族的标识,也即甲骨文与金文中的族徽式文字。以伏羲为例,《史记·补三皇本纪》有:"太皞庖牺氏,风姓,代燧人氏继天而王。母曰华胥,履大人迹于雷泽,而生庖牺于成纪,蛇身人首,有圣德。"这里的"风",就是一种自然现象,也可能就是族徽。《史记·殷本纪》有关"见玄鸟堕其卵"与《诗经·商颂》中的"天命玄鸟,降而生商",都反映了商与玄鸟有密切的联系,玄鸟也应属于族徽之类,这也是上古古姓的重要来源。

由上述两个方面可知,姓是用来区别氏族间血缘关系的。后来由于氏族的繁衍,一个姓所包含的族共同体已由氏族发展为部族或部族集团,所以同姓之人所包含的范围大大扩张。

氏,从其"分贵族"来看,有政治团体的含义;又由于这种政治团体可以与宗族群或家族同层同构,而宗族和家族也属另一种层级的族共同体,所以,在周代,我们可以看到,氏每每由特定族群或所形成的职业,所居住的地方或国邑,所担任的官职,所拥有的谥号等而产生,而且数量巨大。应该说至少自周代开始,中国姓氏的主体是氏。从秦汉开始,姓与氏合一,形成了延续至今的中华姓氏,是中国历史文化发展的折射和反映。

尽管从先秦至秦汉,中华姓氏经历了"姓"与"氏"合二而一的演变过程,但总的来说,中华姓氏在一个特定层面上反映了把血缘与文化相结合的"祖根"文化的情形。

二、中华姓氏的总体数量

秦汉及以前已有专门汇集姓氏的文献。《世本》成书于先秦,以清代注本著称。其中有《氏姓篇》将姓与氏明确分开,其中姜、姬、己、任、姞、姚、姒、子、偃、嬴、巳、董、防、妘、曹、芈、熊、归、允、曼等称为"姓"。而公父、中行、司寇、西陵、强梁、乘、曾、嚣、恒、罗等为氏,共收姓氏 145 个,从该文献中可以看出,所收之氏多为复姓,现代大姓似见不到。其他,如汉代史游《急就篇》,收录姓氏 130 个;东汉应劭的《风俗通义》收录姓氏 481 个。其中,《风俗通义》保留的古氏较多,现代大姓方、毛、尹、李、林、段、张、葛、董、蒋、赖、韩、戴等已列入其中,但并不显著。

唐宋时,姓氏著录成为时尚,相关的文献较多。唐代林宝《元和姓纂》,收录姓氏 1232 个;宋代《百家姓》收录姓氏 336 个;宋代邵思《姓解》,收录姓氏 2658 个;宋代郑樵《通志》,收录姓氏 2252 个。其中,《元和姓纂》由唐宪宗时宰相李吉甫命林宝编修而成,全书共 18 卷,是专门记述姓氏源流的书,有得姓方式、由来、名人、郡望等,内容极为丰富。宋代有启蒙读物《百家姓》,钱氏最早版本收录姓氏 410 个;明代版本收录姓氏 504 个,四字一行,便于诵读与读忆。《通志》为南宋郑樵所著大型历史综合类成果,有本纪 18 卷、年谱 4 卷、二十略 52 卷、世家 3 卷、列传 115 卷、载记 8 卷,共 200 卷,500 万字。所述内容从上古至唐,其中专涉氏族 6 卷,以得姓方式分类,收录姓氏。

近世以来姓氏专书,是在元明清的基础上发展而来的。如元代马端临《文献通考》,收录姓氏 3736 个;明代陈士元《姓觿》,收录姓氏 3625 个;明代王圻《续文献通考》,收录姓氏 4657 个。1921 年出版的臧励龢《中国人名大辞典》,共收录人名 4 万余个,涉及姓氏 4129 个。在台湾,王素存《中华姓府》

（1969），收录姓氏 7720 个；邓献鲸《中国姓氏集》（1971），收录姓氏 5652 个。在大陆，阎福卿、樊守志、杨玉柱《中国姓氏汇编》（1984），收录姓氏 5730 个；毛玉良《千家姓》（1990），收录姓氏 2523 个；袁义达、杜若甫《中华姓氏大辞典》（1996），收录汉字姓氏 11969 个；窦学田《中华古今姓氏大辞典》（1997），收录姓氏 12000 余个；袁义达、邱家儒《中国姓氏大辞典》（2010）收录汉字姓氏 23813 个。这里涉及少数民族的汉字姓氏，是反映当代姓氏的权威性成果。

根据中国科学院姓氏专家袁义达教授的研究，当代中国正常使用的姓氏只有 4000 多种，其中李、王、张三大姓将近 2.7 亿人口，约占总人口的 21%；1000 万以上人口的大姓约 129 个，人口达 11 亿，所占比例为 87%；如果把占人口万分之一以上至千分之一范围的姓氏作为常见姓氏的标准，则常见姓氏有 196 个。①

三、中华姓氏的得姓方式

中华姓氏的得姓方式，在文献中也常常涉及。其中姓与氏起初是分开叙述的。如《潜夫论·志氏姓》专门讲到氏的来源："故或传本姓，或氏号邑谥，或氏于国，或氏于爵，或氏于官，或氏于字，或氏于事，或氏于居，或氏于志。"所以其总结的得姓方式（命氏方式），因号、谥、国、爵、官、字、事、居、志等 9 种方式。《通志·氏族略》则分之为以国为氏、以邑为氏、以乡为氏、以地为氏、以姓为氏、以字为氏、以名为氏、以次为氏、以官为氏、以爵为氏、以吉德为氏、以谥系为氏、以国系为氏、以族系为氏、以名氏为氏、以国爵为氏、以邑系为氏、以官名为氏、以邑谥为氏、以爵谥为氏等 20 余种。由于早期的"氏"到秦汉以后每每转化成了"姓"，所以也就成为秦汉以来得姓方式之一，可称为得姓（命氏）方式，即笼统的得姓方式。

中华姓氏常见得姓（命氏）方式，我们认为有以下几种：一是由古帝王或

---

① 参见袁义达、邱家儒：《中国姓氏——三百大姓》（上），华东师范大学出版社 2007 年版。

古姓为氏。如朱襄氏之于朱、尊卢氏之于卢、共工氏之于龚和洪、轩辕氏之于轩辕，都属于此类。姬、姜、妫、姒等亦属于此类。二是以国、邑、乡、亭等行政区建置而形成的姓氏。郑、卫、晋、楚、齐、许、陈等都属于以国为氏（即由氏到姓的姓氏）；毛、樊、甘、召、刘、柳、邹、宁、温、聂、戚、汲、冯、崔等都属于以邑为氏；裴、阎、郝、尸等都属于以乡为氏；欧阳、采、糜等属于以亭为氏。三是以地理方位而形成的姓氏。劳、嵇、涂、乔等属于以山为氏；济、艾等为以水为氏；池、丘等以地形为氏；西门、东门、东郭、北宫、东闾、市南等以方位为氏。四是以官爵与职业而形成的姓氏。云、史、鸟、监、籍、司徒、司寇等为以官为氏；皇、公、霸、侯等以爵为氏；巫、陶、索、屠、车等都是以职业为氏。五是以人名字、行次与谥号命名的姓氏。方、施、孙、游、孔、牛、颜等均以字为氏；大、金、禹、汤、龙、万、段、展、熊等均以名为氏；孟、仲、叔、季等以行次为氏；庄、戴、康、武、文、昭、厉等以谥号为氏。六是以少数民族汉化而来的姓氏。元、海、金等特定民族常见的姓氏；慕容、完颜、拓跋、宇文、赫连等，以及简化而来的姓氏。①

第二节　中华姓氏的源流变迁

一、上古时期的姓氏

（一）黄帝族系的姓氏

《史记》是从"五帝"讲起的，依司马迁之见，五帝之首是黄帝。《史记·五帝本纪》曰："黄帝者，少典之子，姓公孙，名曰轩辕。"这里讲到的黄帝是公孙轩辕，即姓公孙名轩辕的少典之子。又，"黄帝二十五子，其得姓者十四人"。这里黄帝"姓公孙"是后起的，黄帝族"得姓者十四人"中以姬姓为首。《史记

---

① 参见袁义达、邱家儒：《中国姓氏——三百大姓》（上），华东师范大学出版社 2007 年版，"前言"。

索隐》载:"旧解破四为三,言得姓者十三人耳。今案《国语》胥臣云'黄帝之子二十五宗,其得姓者十四人,为十二姓,姬、酉、祁、己、滕、葴、任、荀、僖、姞、儇、衣是也。'"从目前看,黄帝十二姓并没有一定的规律,但应分为若干类型,如姬、姞都是带女字旁的古姓,任、僖似可列入此类。而据《左传·僖公二十一年》载子鱼所言:"任、宿、须句、颛臾,风姓也。实司大皞与有济之祀。"这里的大皞,就是太昊伏羲氏,反映任姓来自太昊的风姓。从《史记》中我们还可以看到,"帝颛顼高阳者,黄帝之孙而昌意之子也"。《史记索隐》载宋衷曰:"颛顼,名;高阳,有天下号也。"高阳,有称高阳氏,也就是说,颛顼来自高阳氏。"帝喾高辛者,黄帝之曾孙也。"喾为其名,《史记集解》载张晏云:"少昊以前,天下之号象其德。颛顼以来,天下之号因其名。高阳、高辛皆所兴之地名;颛顼与喾,皆以字为号,上古质故也。"五帝除黄帝、颛顼、帝喾外,还有尧、舜。《史记》称帝尧,名字叫放勋。《索隐》注解,尧为谥号,放勋为名,姓伊祁氏。虞舜者,名字叫重华,后世文献多论其生于姚墟。虞者,国名;舜者,有称为谥号。从以上《史记》及后世注释看,五帝时代有古姓,但还没有姓名连称的习惯。

(二)上古时期的大量族氏

上古时有大量的氏族,如高阳氏、伊祁氏等,这些氏族因与人物、姓氏纠合在一块,我们称之为族氏。《世本》也提到少昊金天氏、炎帝神农氏等。上古时最具代表性的族氏是"三皇五帝",《周礼》《庄子》《吕氏春秋》也都提到"三皇五帝",尽管大家对其内涵认识有所不同。《易传·系辞下》云:"古者包牺氏之王天下也,仰则观象于天,俯则观法于地,观鸟兽之文与地之宜,近取诸身,远取诸物,于是始作八卦,以通神明之德,以类万物之情。作结绳而为网罟,以佃以渔,盖取诸离。"提到包牺氏、神农氏等,包牺氏就是伏羲氏,是人文初祖。神农氏就是炎帝,与黄帝并称为"炎黄二帝",为人文始祖。《庄子·胠箧》记载了较为完整的上古族氏体系:"昔者容成氏、大庭氏、伯皇氏、中央氏、栗陆氏、骊畜氏、轩辕氏、赫胥氏、尊卢氏、祝融氏、伏羲氏、神农氏，当是时也，民结绳而用之。甘其食，美其服，乐其俗，安其居，邻国相望，鸡狗之声相闻，民至老死而不相往来。"文献中讲的那个时代的社会状况，是在没有文字的情况下，依靠口耳相传，将这些氏族的名字传承下来，被后世的文献所记述。当然，还有以发明火著称的燧人氏，据《韩非子·五蠹》记载：上古时，"民食果蓏蚌蛤，腥臊恶臭而伤害腹胃，民多疾病，有圣人作，钻燧取火，以化腥臊，而民说之，使王天下，号之曰燧人氏。"还有有巢氏，这些氏族都与特定的贡献联系在一块，而且还在出土文献中得到了证实。如上海博物馆收藏的楚简《容成氏》，考释后的简文为："容成氏、大庭氏之有天下，厚爱而薄敛焉，身力以劳百姓，其政治而不赏，官而不爵，无励于民，而治乱不□。故曰：贤及……尊卢氏、赫胥氏、乔结氏、仓颉氏、轩辕氏、神农氏、祝融氏、肤毕氏之有天下也，毕不授其子而授贤。"这反映了上古氏族的情况，是有传承的，是可靠的。《吕氏春秋·古乐》专门提到"昔古朱襄氏之治天下也，多风而阳气畜积，万物解散，果实不成，故士达作为五弦瑟，以采阴气，以定群生。昔葛天氏之乐，三人操牛尾投足以歌八阕"。反映出在先秦文献中可以散见相关氏族的事迹。《汉书·古今人表》不但将伏羲、炎帝、黄帝列为"上上圣人"，也将女娲氏、共工氏、容成氏、大廷氏、柏皇氏、中央氏、栗陆氏、骊连氏、赫胥氏、尊庐氏、混沌氏、昊英氏、有巢氏、朱襄氏、葛天氏、阴康氏、亡怀氏、东扈氏、帝鸿氏等氏族（首领）列为"上中仁人"。这说明在《汉书》中将早期文献中散见的氏族名称系统化。西晋皇甫谧的《帝王世纪》则对上古氏族进行系统描述，其中"太昊帝庖牺氏，风姓也"，这在《左传》中得到印证，风姓应为中国最早的姓。"燧人氏没，庖牺氏代之，继天而王，首德于木，为百王先"，这里讲到了两者的先后，燧人先，庖牺（伏羲）后。"女娲氏，亦风姓也。承庖牺制度。……其末诸侯有共工氏……及女娲氏没，次有大庭氏、柏皇氏、中央氏、栗陆氏、骊连氏、赫胥氏、尊卢氏、浑混氏、昊英氏、有巢氏、朱襄氏、葛天氏、阴康氏、无怀氏，凡十五世，皆袭庖牺之号。"反映这是一个以伏羲为主的氏族体系。由此开始，以氏族为小单元,除伏羲体系外,还有炎帝体系、黄帝体系等。

汉代相关文献也已收集相关的氏族姓氏,也就是族氏。《风俗通义》收录的有:由三皇简化的皇氏、大庭氏简化的大氏、方雷氏简化的方氏、混屯氏简化的屯氏、列山氏简化的山氏、有巢氏简化的有氏、金天氏简化的金氏、赫胥氏简化的赫氏、尊卢氏简化的尊氏、柏皇氏简化的柏氏、有熊氏简化的熊氏,以及轩辕氏、青阳氏等。《潜夫论》讲到的上古古姓,有伏羲的风姓;炎帝的姜姓;黄帝的姬、酉、祁、己、滕、葴、任、拘、釐、姞、嬛、衣姓;祝融的己、秃、彭、姜、妘、曹、斯、芈八姓;以及伯益的嬴姓、帝舜的妫姓等。由此可知上古的古姓,有一些是由氏族名称而形成的族氏,这些都是后世中华姓氏的重要来源。

二、夏商时期的姓氏

(一)夏朝时的姓氏

《史记·夏本纪》记载了夏朝的王系,首讲大禹,正式称之为夏禹。后世注解讲,夏为封国号,禹为夏伯,故称夏禹。禹之父称鲧,所以这时没有称姓氏+名的现代人名。禹的儿子为启,称之为"夏后帝启",这里的"夏"为国号,"后"与"帝"讲的是身份,只有名,没有与姓氏联称。其他夏王,称之为帝太康、帝中康、帝相、帝少康、帝杼、帝槐、帝芒、帝泄、帝不降、帝扃、帝厪、帝孔甲、帝皋、帝发、帝履癸(桀)等,有时单称名,有时还省去"帝"。这时有的名字,如刘累,也不是姓刘名累,而是名字叫刘累,也即刘姓的祖先。这时也称族氏,如涂山氏、有扈氏、夏后氏、有男氏、斟寻氏、彤城氏,以及褒氏、费氏、杞氏、缯氏、辛氏、冥氏、斟氏、戈氏。《世本》也载有夏代王系,称为帝杼、帝芬、帝降、帝皋,以及发与桀。古本《竹书纪年》所记王系,直接称名或以后称,如禹、益、启、太康、帝相、少康、帝杼、后芬、后泄、不降、后昊、后发、不窟、后桀或夏桀等。均反映此时还没有形成完整的姓名体系。

与夏代相关的姓氏,《世本·氏姓篇》姒姓之下有有扈氏、斟灌氏、斟寻氏、有南氏，以及杞、弗、莘等由国而来的氏。其他还有已姓的昆吾，妘姓的夷、寒、鄅、偪阳，以及曾等大姓。《风俗通义》收录的姓氏，如由夏车正而来的邳氏、夏禹之后的禹氏、夏时侯国的胤氏、夏禹臣伯益之后封梁的梁氏、由涂山氏而来的涂氏、夏同姓诸侯斟灌氏而来的斟灌氏与灌氏等。《帝王世纪》专门有“夏”篇，所录人名大致不出前录文献的范畴，有直呼人名的如禹、皋陶、寒浞、商均等；加国号的如夏禹、夏启、夏鲧（也称崇伯鲧）；加帝号的如帝启、帝羿、帝杼、帝芬、帝芒、帝泄、帝不降、帝桀等，反映夏代人名与姓氏是可以分开的。

（二）商王朝时的姓氏

《史记·殷本纪》完整地记载了商朝王系的框架。殷契与夏禹一样，殷为国号，契为名字。契“封于商，赐姓子氏”。殷先公仅称名字，从不在名前加姓氏，如昭明、相土、昌若、曹圉、冥、振、微、报丁、报乙、报丙、主壬、主癸、天乙（汤）。成汤灭夏后殷商王朝建立，商王名字加帝，如帝外丙、帝中壬、帝太甲、沃丁、帝太庚、帝小甲、帝雍已、帝太戊、帝中丁、帝外壬、帝河亶甲、帝祖乙、帝祖辛、帝沃甲、帝阳甲、帝盘庚、帝小辛、帝小乙、帝武丁、帝祖庚、帝祖甲、帝廪辛、帝庚丁、帝武乙、帝太丁、帝乙、帝辛（纣）。这些殷商王系中的商王多以天干地支称之，如称甲者有太甲、小甲、沃甲、阳甲、祖甲等；称乙者有天乙、祖乙、小乙、乙等；称丙者有报丙、外丙等；称丁者有报丁、沃丁、中丁、武丁、庚丁、太丁等。《史记集解》，“张晏曰：禹、汤皆字也。二王去唐、虞之文，从高阳之质，故夏、殷之王，皆以名为号。……《索隐》：汤名履。《书》曰，予小子履是也。又称天乙者，谯周云：夏、殷之礼，生称王，死称庙主，皆以帝名配之。天亦帝也，殷人尊汤，故曰天乙。”所以《殷本纪》所记帝名，以干支所记为庙号，也就是谥号。所谓“十干为谥”，从上甲微开始的37帝，死后以此称之。至于生前他们仅有名字，如天乙之名履，帝辛之名受等。其他名称，伊尹，《索隐》引《孙子兵书》：“伊尹名挚。”孔安国直称“伊挚”。《吕氏春秋》云：“有侁氏女采桑，得婴儿于空桑……母居伊水……命之曰伊尹。尹，正也。谓汤使之正天下。”这样伊尹，实则伊挚。又如傅说,武丁"得说于傅险中。……故遂以傅险姓之,号曰傅说"。也就是傅地之说,伊地之挚,已出现了现代姓名的姓前名后的结构。

以考古发现看,甲骨文金文有大量资料,为我们认识商代姓氏提供了第一手的证据。关于商族的"子姓",应为商族后裔承认,如宋公栾簠讲到的勾敔夫人季子𦝥,就是典型的夫人+排行+父家族姓的构造,总的来说古姓的使用较少。甲骨文中有"妇某"之说,均为王室或贵族家族的女性成员,妇也可能是女性职官;某,有好、良、妊、妥、妕、姅、率、周、妥等数十个,此应为女性所在族氏,是国名与地名,且大多在国地名+女字旁,由此可知商代女子多以族国名相称。在甲骨文中还看不到女子以姓相称。此外,也有以居住地名或土田为称,如单、丙;有以先祖名号为称,如郰,其既是族氏名号,又是先祖名;有以职官名号为称,如册、侯、臣、寝、宁、亚、田、备等。总的来说,商代甲骨文金文中的妇某、寝某、子某等为我们后世中的名字,但其构成主要为族氏名号,其构成有多重内涵,但与身份表明、族别来源、爵官称谓等有关,私名所占比例不会太大。也就是说,商代男子名称的主要构成方式有:族氏名号、职官加族氏名号、亲称加族氏名号、亲称加私名等四种形式,以前三种为主。殷商时期族氏名号的使用范围,上至王室,下至平民,这种姓氏制度与周代及以后的制度,明显是有区别的。[①]

三、两周时期的姓氏

(一)西周时的姓氏

《史记·周本纪》记载周族的始祖为后稷,名弃,为周太王。所谓"后稷",是因其"好耕农",而被帝尧举为"农师",号为后稷,别姓姬氏。周先公有不窋、鞠、公刘、庆节、皇仆、差弗、毁隃、公非、高圉、亚圉、公叔祖类、古公亶父,这些都应是私名。但古公亶父,是周族史上的关键人物,古公是尊称,父在商代

---

① 参见陈絜:《商周姓氏制度研究》,商务印书馆 2007 年版,第一部分。

甲骨文中属于辈分的类称,亶父是其名,后尊为太王。古公亶父的孙子为昌,即所谓"周兴……其在昌"。由季历(公季)、昌(西伯、文王),到太子发(武王)正式建立周。成王诵、康王钊、昭王瑕、穆王满、共王繄扈、懿王囏、孝王辟方、夷王燮、厉王胡、宣王静、幽王宫涅等。从西周开始,周王实行谥号制,其结构基本上是谥号+私名,这种王侯名称结构开启了帝王名称之先河,其与秦以后最大的区别是由私名改为姓名。王子比干、太师疵、少师疆、周公旦、太公望、毛叔郑、康叔封、召公奭等,这种结构基本上是身份加私名,叔度、叔鲜则因其排行在长子之外,所以这样的名称结构在西周初也较为常见,前边加封国名,如蔡叔度、管叔鲜等。祭公谋父、密康公、荣夷公、芮良夫、太子静、虢文公、伯阳甫(父)等,这样的名字结构基本上贯穿于西周。

金文中记录的西周姓氏,相对于其他文献所载更为真实。金文中有卜孟(小孟簋)、史颂(史颂鼎)、史农(史农觯)、吕行(吕行壶)、吕刚(静簋)、吴大父(同簋)等后世通用的姓名结构已出现。但是因职官而来的名字,如作册丰、作册䍙、作册般、作册休等均为担任作册之职的人,内史尹、内史吴、内史驹、内史光等均为担任内史之职的人,均与以职官为氏的构造相似。至于以国为氏,由于封国仍在发展中,仅见国君类的金文,如毛父、毛公、毛伯、毛叔等,或召伯毛、召伯虎等有名的召国君主铭文,以及邢侯、邢公、邢伯、邢叔、邢姜、邢姬等,与邢相关的邢国贵族铭文。

西周王朝建立之后,由于政治上更有利于小族统治大邦,而以"赐姓命氏"为特点进行封邦建国,所封邦国70余个,尤以同姓之国占大多数,仅在《史记·周本纪》中所提到的封神农之后于焦、黄帝之后于祝、帝尧之后于蓟、帝舜之后于陈、大禹之后于杞、封司尚父(太公)于营丘(齐)、微子开于宋,以上为异姓之封;封武王弟周公旦于曲阜(鲁)、召公奭于燕、叔鲜于管、叔度于蔡、康叔于卫等,以上为同姓之封。在西周,"姓之功能在于亲亲……氏的作用,则在于贵贵与尊尊。所谓亲亲就是亲同姓;而贵贵则是毋需辞费的,因为贱者无氏是周代姓氏制度中的一大特色;至于尊尊,就是尊大宗,也即所以别子孙之所出也"①。在西周有所谓同姓、异姓、庶姓、正姓等概念。同姓,就是有共同远祖与血缘标识符号的所有成员,对于周朝而言,就是同为姬姓的族氏共同体。异姓,就是"同姓"之外的血缘族氏组织;也就是除姬姓之外的子姓、姜姓、妫姓、姚姓等血亲政治集团。当然,狭义的"异姓"则指与姬姓有姻亲关系的广义的"异姓"族氏集团中的成员。庶姓,一方面是与姬姓没有姻亲关系的异姓,另一方面是谦卑之称,还有一方面是与大宗即嫡宗相距较远的族氏。正姓恰好就是与"庶姓"相对应的长门、大宗。

(二)东周时期的姓氏

春秋是东周时期第一阶段(前770—前476),这一时期的主要代表性文献是《左传》。这部书中涉及较多的姓氏,反映了当时的基本情况。如共叔段、颍考叔、祭仲、公孙滑、公子豫,以上是一组《左传》中隐公元年(前722)的人名。其中,共、颍、祭,讲的都是地名,叔、仲、公孙、公子,讲的是排行或身份。段、滑、豫讲的是私名。公孙滑是共叔段的儿子,从姓名的角度看,两者无任何联系。公子豫、公孙滑,前者是鲁大夫,后者为郑庄公之孙,共同点两者都是姬姓宗亲。管仲、屈完、辕涛涂、辕宣仲、叔孙戴伯、杜原款、孔叔、宫之奇、贾华、梁由靡等一组人名,采自《左传》中僖公四年至八年(前656—前651)的一组人名,其姓+名的结构与现代姓氏基本一致,反映这种姓名结构已成为当时新的趋势。骊姬、齐姜、杞伯姬为贵族女子之称。

战国是东周的第二个阶段(前475—前221),这一时期的主要代表性文献是《战国策》。这部书中的姓名,可以为我们认识当时的姓氏情况提供直接资料。"东周篇"中有颜率、陈臣思、赵累、景翠、齐明、苏厉、昭献、周最、石礼、吕仓、工师藉、大梁造、金投、祝弗、杜赫、左成、昌他、冯且、阳竖等,这几乎涉及"东周"篇的所有人名,反映战国时姓与名相联已经基本普及,中国人的现代

① 陈絜:《商周姓氏制度研究》,商务印书馆2007年版,第227页。

姓名结构已经形成。在这些名士中,颜率为周人为东周君服务;齐明为田齐而来,但《楚策》标其为楚人却为东周君服务;苏厉为洛阳人为东周君服务,史黶亦为东周君谋臣,吕仓则应追根于齐则为周相,杜赫为楚人为东周所用,反映战国时人才是以个人身份在列国间流动。当然,陈臣思为齐人为田齐服务,石礼作吕礼为齐服务,司马剪、左成均为楚人为楚服务,韩公叔为韩公族为韩服务,反映人才首先在本地服务,但也多有变化,至于他们是哪里人已不重要了。石行秦有称右行秦为周人,则为复姓,晋有右行之官,以官为氏。工师藉,复姓工师,以官为氏;战国铜器铭文中多此姓氏①,如工师巨,魏国右库工师;工师丑,魏国左库工师;工师田,秦国咸阳青铜作坊工师;工师郫,韩国青铜作坊工师;还有工师明、工师初、工师革等,列国均有官营青铜兵器作坊工匠。战国时的工师,也不一定就是姓氏,也可能是身份,但汉代的工师喜,应一定是姓氏了。我们从相关文献的对比中可以发现,春秋早期与西周时姓氏相似,但至少到春秋中晚期开始转变,战国已形成了与现代意义十分接近的姓氏,当然秦汉时已完全完成了由古代族氏向现代姓氏的转变。

第三节　中华姓氏中的"黄帝"主体现象

一、历代谱书中人文始祖谱系情况

历代谱书都会讲到姓氏的起源,这些姓氏源头一般分属于黄帝、炎帝、东夷(太昊、少昊)三大系统。《世本》秦嘉谟本,收录姓氏 145 个。其中出自黄帝者 110 个,占比 75.9%;出自炎帝的 30 个,占比 20.7%;出自东夷者 5 个,占比 3.4%。《元和姓纂》收录姓氏 1714 个,其中出自黄帝者占比 86%,出自炎帝者占比 11%,出自伏羲者及其他源头者占比 3%。

---

① 参见吴镇烽编撰:《金文人名汇编》,中华书局 1987 年版,第 4—6 页。

在当今 100 大姓中,出自黄帝者 86 个,占比 86%;实际人口数量 9.74 亿,占人口总数的 76%。出自炎帝者 13 个,占比 13%,但高、谢、方、洪、龚,还有部分姓源头来自黄帝,实际人口数量约为 6500 万,占人口总数的 5%。出自伏羲者,仅任姓一个,占比 1%。在当今 300 大姓中,出自黄帝者 270 余个,占比 90%;实际人口数量 10.6 亿,占人口总数的 82%。出自炎帝者 25 个,占比 8.1%;实际人口数量 8500 万,占人口总数的 6.1%。其他不超过 5 个,人口数量极少。从古代姓氏谱书与当代姓氏人口数量的对比来看,中华姓氏源头的主体是"炎黄",尤其是黄帝在中华姓氏起源方面占有绝对优势的地位。

二、黄帝为主体的人文架构是中华民族壮大的基石

(一)西周王朝为黄帝一统奠定了基础

西周建立之初,小邦周战胜了大邦商,其稳定政权的关键举措便是分封制。为了有效实施统治,西周封建了大量的同姓侯国。《左传·昭公二十八年》记载:"昔武王克商,光有天下,其兄弟之国者十有五人,姬姓之国者四十人,皆举亲也。"《左传·僖公二十四年》详记了同姓之国:"昔周公吊二叔之不咸,故封建亲戚以蕃屏周。管、蔡、郕、霍、鲁、卫、毛、聃、郜、雍、曹、滕、毕、原、酆、郇,文之昭也;邘、晋、应、韩,武之穆也;凡、蒋、邢、茅、胙、祭,周公之胤也。"以上这些仅仅是文王、武王和周公之后受封的姬姓直系封国。《荀子·儒效》中有所谓周公"兼制天下,立七十一国,姬姓独居五十三人"。周朝的立国基础是同姓诸侯,所谓同姓,即同为姬姓,同为黄帝之后。

《国语·晋语》有:"凡黄帝之子二十五宗,其得姓者十四人为十二姓,姬、酉、祁、己、滕、箴、任、荀、僖、姞、儇、依是也。唯青阳与苍林氏,同于黄帝,故皆为姬姓。"这样,黄帝与姬姓画上了等号,黄帝在周王朝的数百年间成为华夏文化的核心主线。

西周以降,以黄帝为核心的华夏文化的主体架构,虽然已经逐渐形成,但

源头多源的信息仍然保留在文献中。《帝王世纪》中有所谓"太皞帝包牺氏，风姓也"。《左传·僖公二十一年》也强调"任、宿、须句、颛臾，风姓也"。这明显属于伏羲集团。《国语·周语》中有："齐、华、申、吕、由也。"大姜无疑属于炎帝集团。至于《庄子》所记十二氏，如容成氏、大庭氏、柏皇氏、中央氏、栗陆氏、骊畜氏、轩辕氏、赫胥氏、尊卢氏、祝融氏、伏戏（伏羲）氏、神农氏，他们与伏羲与炎帝有着较多的联系，所处时代与族源与两者或多或少都有一定的联系。这样的多元性并不影响黄帝发挥着中华民族凝聚力的作用。

（二）秦汉中央集权制政权的建立与以黄帝为主体的民族架构的形成

经过东周的民族大融合，华夏族——汉族成为中华民族的主体民族，其核心就是黄帝。司马迁在《史记》中不仅在首篇设置了以黄帝为首的《五帝本纪》，而且在纪传中均体现以黄帝为主体架构的印记。以黄帝开始，形成黄帝→昌意→颛顼与黄帝→玄嚣→蟜极→帝喾两大系统。汉王朝刘邦政权属于黄帝—帝喾系统中的帝尧之后，与周王朝的姬姓集团属一个系统。帝舜的族氏谱系为，颛顼→穷蝉→敬康→句芒→蟜牛→瞽叟→重华（舜）。夏族属于黄帝—颛顼系统，颛顼→鲧→禹，为夏族谱系。商族则属于黄帝—帝喾系统，帝喾→契（商始祖）。周族也为黄帝—帝喾系统，帝喾→弃（周始祖），商周两族的谱系比较一致。从《史记》看契、弃与尧为同时代人，属于帝喾的直系后代。这样，黄帝—颛顼系统有舜族、夏族；黄帝—帝喾系统有尧族、商族、周族。《大戴礼记·帝系》有与《史记》类似的架构："少典产轩辕，是为黄帝。黄帝产玄嚣，玄嚣产蟜极，蟜极产高辛，是为帝喾。帝喾产放勋，是为帝尧。黄帝产昌意，昌意产高阳，是为帝颛顼。颛顼产穷蝉，穷蝉产敬康，敬康产句芒，句芒产蟜牛，蟜牛产瞽叟，瞽叟产重华，是为帝舜，及产象、敖。颛顼产鲧，鲧产文命，是为禹。"这是一个完整的谱系，反映了秦汉之前保留的人们认知的上古系统。又，"帝喾卜其四妃之子，而皆有天下。上妃，有邰氏之女也，曰姜原氏，产后稷；次妃，有娀氏之女也,曰简狄氏,产契;次妃,陈锋氏之女也,曰庆都氏,产帝尧;次妃,陬訾氏之女也,曰常仪氏,产帝挚"。周族建立的周王朝,在中华姓氏形成的过程中占有特殊的地位,决定了黄帝—帝喾系统在黄帝架构中的绝对优势。

（三）中华民族黄帝文化架构下的民族融合

以黄帝为主体的中华民族架构,为少数民族的融合预留了较大的空间。在南方,有以楚为代表的蛮族,《史记·楚世家》云:"楚之先祖,出自颛顼高阳。高阳者,黄帝之孙,昌意之子也。"高阳后裔吴回称祝融,祝融八姓之一季连的后裔鬻熊,在荆湘之地建立楚国,对南蛮华夏化起到了至关重要的作用。在东南方向,有诸越。《史记·越王勾践世家》称:"越王勾践,其先禹之苗裔,而夏后帝少康之庶子也。封于会稽,以奉守禹之祀。"又,《史记·东越列传》载:"闽越王无诸及越东海王摇者,其先皆越王勾践之后也,姓驺氏。"东南地区流传的大禹文化,有血缘认同的基础。《史记·匈奴列传》亦云:"匈奴,其先祖夏后氏之苗裔也,曰淳维。"匈奴是秦汉时的北方劲敌,汉武帝时才取得了中央王朝对北方游牧民族的重要胜利。但是从族属的角度而言,两者似乎只能是兄弟之争。五胡十六国乃至五代十国时的民族交融,始终体现为两者(汉族、少数族)的华夏认同,尤其是对黄帝—颛顼系统的认同。如果说,黄帝—帝喾系统代表了中原—华夏的主流,那么黄帝—颛顼系统则实现了对更大族群的包容。

三、黄帝族系的主要姓氏

（一）黄帝族系的两大系统

黄帝—颛顼系统,可分为舜族、夏族和陆终族。舜族有陈、袁、田等姓氏,还有王、胡、夏、陆等姓氏的一部分。夏族有夏、董、禹、鲍等姓氏。陆终族有樊、彭、曹、苏、顾、温、路、朱、邹、颜、倪、罗、孙、熊、白等姓氏。李、张两大姓,也应属于这一系统。

黄帝—帝喾系统,有尧族、商族、周族。尧族有刘,为第四大姓。商族,有邓、殷、商、汤,有林、黎的主支,以及宋、戴、钟、孔、武、牛、萧、邹等姓氏。周族的姓氏最多,有王、杨、周、吴、孙、胡、林、何、郭、韩、郑、冯、于、程、沈、蒋、贾、魏、叶、阎、余、潘、汪、方、石、康、毛、秦、侯、邵、孟、万、段、常、赖、文、庞、兰、施、严、温、季、鲁等姓氏。

黄帝之外的族系,以炎帝族系最为重要。在 100 大姓中,有许、谢、崔、卢、吕、高、丁、方、邱、龚、贺、雷、向等姓氏。

(二)中国人口数量最多的 20 大姓

李,《元和姓纂》曰:"李,帝颛顼之裔。颛顼生大业,大业生女华,女华生咎陶,为尧理官,子孙因姓李氏。"这是一个简略版的主流说法,出自黄帝—颛顼系统,为中华第一大姓。

王,《通志·氏族略》曰:"王氏,天子之裔也。所出不一,有姬姓之王、有妫姓之王、有子姓之王,有代姓之王。若太原、琅邪之王,则曰周灵王太子晋,以直谏废为庶人,其子宗恭为司徒,时人号曰王家。"王氏的源头是多元的,但是其主支仍然是姬姓之王,出自黄帝—帝喾系统,为中华第二大姓。

张,《元和姓纂》云:"张,黄帝第五子青阳生挥,为弓正,观弧星,始制弓矢,主祀弧星,因姓张氏。"张姓来源有黄帝之子、黄帝之孙两种说法,但均为黄帝之后无疑,为中华第三大姓。

刘,《元和姓纂》云:"刘,帝尧陶唐之后,受封于刘。裔孙刘累,事夏后孔甲,在夏后为御龙氏。"夏代孔甲帝的御龙大师刘累,为刘姓始祖。刘累为帝尧之后,出自黄帝—帝喾系统,为中华第四大姓。

陈,《元和姓纂》载:"陈,妫姓,亦州名,本太昊之墟,画八卦之所。周武王封舜后胡公满于陈,后为楚所灭,以国为氏。"陈为帝舜之后,出自黄帝—颛顼系统,为中华第五大姓。

杨，《元和姓纂》载："杨，周武王第三子唐叔虞之后，至晋，出公逊于齐，生伯侨，归周，天子封为杨侯，子孙以国为氏。一云，周宣王曾孙封杨，为晋所灭，其后为氏焉。或曰，周景王之后。"虽然三说，但均出自周朝王室。杨，为姬姓，出自黄帝—帝喾系统，为中华第六大姓。

黄，《通志·氏族略》云："黄氏，嬴姓。陆终之后，受封于黄。今光州定城西十二里有黄国故城。黄，楚与国也。僖十二年为楚所灭，子孙以国为氏。"陆终为颛顼后裔，出自黄帝—颛顼系统，为中华第七大姓。

赵，《元和姓纂》云："赵，帝颛顼伯益嬴姓之后。益十三代孙造父，善御，事周穆王，受封赵城，因以为氏。"赵姓亦为黄帝之后，出自黄帝—颛顼系统，为中华第八大姓。

周，《元和姓纂》曰："周，帝喾生后稷，至太王，邑于周，文王以国为氏。"但，《通志·氏族略》有"郑武公迎宜咎于中而立之，是为平王，徙居东都王城。至赧王，为秦所灭，黜为庶人，百姓号曰周家，因为氏焉"。周姓因周而姓，不论何种说法都离不开周，出自黄帝—帝喾系统，为中华第九大姓。

吴，《元和姓纂》云："吴，周太王子太伯、仲雍封吴，后为越所灭，子孙以国为氏。"吴，出自姬姓，出自黄帝—帝喾系统，为中华第十大姓。

徐，《元和姓纂》云："徐，颛顼之后，嬴姓。伯益之子，夏时受封于徐，至偃王，为楚所灭，以国为氏。"徐，出自黄帝—颛顼系统，为中华第十一大姓。

孙，《元和姓纂》云："孙，周文王第八子卫康叔之后，至武公，生惠孙，惠孙生耳，耳生武仲，以王父字为氏。"孙，出自黄帝—帝喾系统，为中华第十二大姓。

朱，《元和姓纂》曰："朱，颛顼之后。周封曹挟于邾，为楚所灭，子孙去邑以为氏。"朱的来源还有其他的说法，但主支源自黄帝—颛顼系统是没有问题的，为中华第十三大姓。

马，《元和姓纂》曰："马，嬴姓。伯益之后。赵王子奢，封马服君，子孙氏焉。"马，出自黄帝—颛顼系统，为中华第十四大姓。

胡,《元和姓纂》曰:"胡,帝舜之后。胡公封陈,子孙以谥为姓。"胡,为陈胡公之后,出自黄帝—颛顼系统,为中华第十五大姓。

郭,《元和姓纂》曰:"周文王季弟虢叔,受封于虢,或曰郭公,因以为氏。"郭与虢,同音而转,两者一回事,无争议。郭,出自黄帝—帝喾系统,为中华第十六大姓。

林,《元和姓纂》云:"林,殷太丁之子比干之后。比干为纣所灭,其子坚,逃难长林之山,遂姓林氏。"林的来源,还有其他说法,但比干为林氏之祖为主流说法。林,出自黄帝—帝喾系统,为中华第十七大姓。

何,《元和姓纂》云:"周成王弟唐叔虞,裔孙韩王安,为秦所灭,子孙分散江淮间,音以韩为何,遂为何氏。"何、韩同源,因发音遂一分为二。何,出自黄帝—帝喾系统,为中华第十八大姓。

高,《元和姓纂》载:"高,齐太公六代孙文公子高,孙傒,以王父字为氏。"《通志·氏族略》云:"高氏,姜姓。齐太公六代孙文公之子公子高之孙傒,以王父名为氏。"这里记载虽然略有出入,但高氏出自炎帝姜姓之后,是没有问题的。高,为中华第十九大姓。

梁,《元和姓纂》云:"梁,嬴姓。伯益之后秦仲有功,周平王封其少子康于夏阳,是为梁伯。后为秦所灭,子孙以国为氏。"《通志·氏族略》曰:"梁氏,嬴姓,伯爵。伯益之后秦仲有功,周平王封其少子康于夏阳梁山。"梁为伯益之后,出自黄帝—颛顼系统,为中华第二十大姓。

以上我们采用了中国科学院(2006)姓氏人口数量的排序,从前20大姓的姓氏源头来分析,其中19个源自黄帝,只有一个即高姓源自炎帝。在源自黄帝的19个姓氏中,除张姓来源于黄帝的其他系统外,源自黄帝—颛顼系统的姓氏共9个,为李、陈、黄、赵、徐、朱、马、胡、梁;源自黄帝—帝喾系统的姓氏也是9个,即王、刘、杨、周、吴、孙、郭、林、何。以上真实反映了中华姓氏中的黄帝主体现象,反映从古到今中华民族对炎黄尤其是对黄帝文化的认同。

第四节　中华姓氏的重要内涵

一、姓氏的历史内涵

姓氏是特定历史事实的真实反映,其演变与社会历史的发展是相关联的。所以我们说姓氏文化有其历史内涵。关于早期历史的母系时代问题,经典理论虽然有专门的论述,民族学也可以提供较多的范例。《史记》等文献也专门记录了夏、商、周族系来源的感人事迹,尤其是古姓中姜、姬、妫、姒、姚、姞、妘、嬴等,似乎都提供了早期历史与母系时代相关的线索。从目前来看,上古时代社会结构的研究虽然可以依托众多的考古发现来进行一定的复原,但在研究方面缺少一定的理论支撑,尤其是通过对古姓与氏族之间关系的研究,古姓与族氏徽号的关系研究,甚至都可以成为上古历史研究的突破口。从某种意义上讲,对早期姓氏的深入研究,甚或成为中国历史研究的重要突破口。

西周所形成的重要制度,以分封制最具代表性。分封制的基础是宗法制,由此开创的宗族社会,甚或贯穿中国较长的历史时段。中国姓氏的演化,尤其是姓氏合一以后,以姓氏作为符号的宗族文化,无论是在皇帝家族还是臣民社会,无论是在精英文化还是大众文化,无论是在核心区域还是边陲地区,均成为贯穿整个社会的重要线索,只要真正地把握好这条线索,我们就有可能找到解开这个社会内在发展的钥匙。

姓氏构件的核心部分,是人与人所形成的长期积淀而来的宗族文化。但是秦汉以后,随着姓与氏的合一,宗族文化是与周宗法制不一样的获得转型的宗族文化。尤其是在南北朝时期对宗族门第的重视,使得转型了的宗族传统得到了强化,新的宗族文化得到了重视,并使宗族文化传统发展至今,对整体社会仍有重要的影响。中华优秀传统文化,是以人作为代表,由人传承发展而来的,这些人都可以具化到每一个姓氏。反过来看姓氏文化就是中华文化的重要组成部分,其核心的优秀传统,成为当代我们发展和弘扬的重要内容。加强对历史上各个姓氏英雄人物和对社会历史发展作出贡献的具有影响力人物的研究,实际上也是历史研究的重要部分。

二、姓氏的文化内涵

中华姓氏有两个很独特的现象,就是认祖归宗与弃恶扬善。认祖归宗,从大的来说就是认炎黄这个祖,归入华夏正统这个宗,这是一个姓氏宗族立足的关键。从小的来说就是以父系传承而形成延绵数千年的历史,成为宗族延绵壮大引以为傲的资本。弃恶扬善,这是在同宗之内以正确的价值观为导向,传承弘扬正能量。中华姓氏家谱中的攀附现象,就是弃恶扬善的具体体现。以忠臣良将作为自己的祖先,并引以为傲。在家谱中有一个非常有趣的现象,那就是忠臣良将往往有一个非常庞大的后裔群体。比如张姓中很多都是以张良作为自己的祖先,历代张姓名人很多是张良的后裔,以张良为始祖的张氏族系,是一个非常庞大的群体。苏姓中以"三苏"为始祖,尤其以苏东坡为始祖,也是一个十分庞大的族群。而某些奸臣小人,却很少有较大的后裔族群。中华姓氏中这一多一少的现象,十分明显。从某种意义上来说,这是中华姓氏所独有的文化现象,虽然这种独特的文化现象,使我们对姓氏家谱的真实性有所质疑。姓氏中的历史内涵和文化内涵是一个问题的两个方面,两者互为表里,互为补充。中华姓氏的这两个独特现象,实际上是中华民族凝聚、发展、壮大的重要"密码"所在。

三、姓氏的民族内涵

中华民族的主体是汉族,汉族的前身是华夏族。先秦时期华夏族以中原为主要居住地,在此与相关族群融合。这些民族,一方面是位于中原并与华夏族群杂居的少数族群;另一方面则是生活在中原周边地区的东夷、西羌、北狄、南蛮等少数族群。通过战争、通婚、杂居、交流等形式,逐渐融合扩大了华夏族,以及以汉族为主体的中华民族。中华姓氏的扩容与扩大恰好也是中华民族交融扩展的最好见证。最具代表性的案例,是北魏孝文帝实行的拓跋贵族的汉化政策,这次民族融合的中心在洛阳。此后,以洛阳为郡守的河南郡,成为许多姓氏的郡望堂号,这些姓氏实际上是少数民族融合汉化的历史见证。在中国历史上,除了先秦华夏与少数族群的融合、魏晋南北朝民族间的融合,还有一次重要的融合就是从金元开始,到明清所形成的族群融合。中国历史上金朝是由女真人建立的,清朝是由满族人建立的,女真就是满族的前身。女真人最重要的姓氏是完颜,金朝灭亡后,为了生存需要鹿邑的完颜家族,改女真族为汉族,改复姓"完颜"为"王"姓;至 1987 年,才恢复"完颜"复姓,改汉族为满族。清朝灭亡后,许多满族人亦姓汉姓、改为汉族,而逐渐扩展到汉族为代表的中华民族大家庭之中。

中国当代著名的人类学家和考古学家李济,是 20 世纪 20 年代首位在哈佛大学获得人类学博士学位的中国人。他的博士论文题目是《中华民族的形成》。他主要是从人体测量的数据、古代城墙构筑的年代和姓氏源流三个方面,研究现代中国人的族系来源。由此他得出了中国人是由 5 个大的民族单位和 4 个小的民族单位所构成的结论。他对张、陈、朱、胡、郭、李、刘、王、吴、杨等 10 个大姓的族系来源成分进行分析,从而找到中国民族的主要源头是黄帝、匈奴(突厥)、通古斯(契丹、女真)三个源头。实际上,中华姓氏的来源还有许多的细节需要进行认真探究和考证,这些研究一定会对中华民族的形成过程提供一条较为清晰的线索,需要学界更多的力量去关注。

四、姓氏的家国情怀内涵

中国当代最大的政治是中华民族的伟大复兴,改革开放则是实现中国梦的重要路径、国家统一则是民族复兴的重要标志,而凝聚各方力量形成勇往直前正能量则是关键。

在这样的大目标下,中华姓氏的政治内涵表现在两个方面:一方面体现在各个姓氏名人家族中的家风家训,代表的正是家族文化中的正能量。每个家族都有道德高尚的名人,他们就像一座座灯塔,指引着家族中的后来者向着正义之路前行。吴姓中的堂号有"至德堂",表现的是吴氏先祖太伯、仲雍为成全父王,成就大业,而主动让国的至德壮举。"至德"是德行的最高境界,激励着吴氏族群努力效仿。杨姓中有堂号"四知堂",讲的是东汉太尉杨震拒绝受贿,以天知、地知、你知、我知的"四知",告诉人们,人在做天在看,要自我约束,好自为之。在杨姓的族谱中,"四知"的故事成为杨氏子孙谨守的座右铭。每个姓氏,都有这样的榜样,家风家训中的道德伟力成为各个姓氏汇聚而成的民族至高无上的文化风尚,成为民族走向高峰的内在动力,成为中华优秀传统文化中的核心内涵,从而使精神文明建设在吸纳古今、融汇中外的基础上达到新的高峰。另一方面体现在以国家统一为标志的民族复兴。国家统一,是中国历史永恒的主题。国家统一,也是中国梦得以实现的重要前提。姓氏文化中的"黄帝"主体现象,姓氏文化所体现的血浓于水的亲情,是任何说教都无法替代的。姓氏寻根,所体现的宗亲认同、血脉认同,实际上在终端上是与民族认同、国家认同联系在一起的。也是由文化认同,走向经济认同,最终实现政治认同的必由之路。

五、姓氏的经济内涵

中国的改革开放,得益于港澳台和海外华人对祖国大陆的直接投资。1978 年,港澳台与海外华人的寻根意识初醒,恰好正值大陆改革开放大门的打开,寻根与发展有机地融合在一块。东南沿海成为改革开放的先行地区,这与前来寻根的华人在家乡与祖籍地投资密不可分。据统计,从 1979—1994 年,外资直接投资 955 亿美元,其中港澳台与海外华人资本投资达 655 亿美元,占全部投资的 69.63%。在此后的相当一段时间,华人资本在境外投资中所占比例始终在六七成。这些华人资本的投资主要集中在广东、福建、浙江等东南沿海地区,这里不但有交通区位的优势,关键是有侨乡的优势,华人的地域性会馆与姓氏类宗亲组织成为推动文化与经济发展的主要平台,促使资本介入的重点:一方面是对姓氏名人文化遗存的保护建设,以及文教设施的建设;另一方面重点在于投资建厂,姓氏寻根与经济发展有机地融合在一块。从20 世纪 90 年代开始,姓氏寻根由寻近根到寻远根,即寻找姓氏祖根地,也由东南地区到中原,尤其是近些年,大型的姓氏寻根文化园区的建设成为宗亲捐资的新动力。姓氏寻根与地方经济发展、与地方知名度的提高有机地结合,成为姓氏中的经济内涵,这在姓氏文化的发展史中是新出现的。

姓氏文化的五大内涵,决定了姓氏文化的综合性、厚重性与现实性。姓氏文化与炎黄文化的有机融合,使以炎黄为代表的远古文化符号,与当代族群有机地融合在一块,使作为中华基干的"炎黄子孙"的称谓更加厚实,更具说服力。

第五节　中华姓氏寻根的理论与实践

一、寻根起始时间的探讨

寻根热潮,是国际寻根文化潮流的组成部分。1976 年,美国黑人作家阿历克斯·哈利的小说《根》风靡全球,引发美国黑人的寻根潮,这股潮流也影响到了海外华人。1978 年,台湾作家张毅的小说《源》,反映的是台湾"本省人"的先祖自大陆渡海入我国台湾,逐渐在台湾站稳脚跟的故事。由这部小说改编而成的同名电影,也在台湾引起了轰动。相关的展览、书刊、文章成为台湾民众关注的热点。1978 年是中国大陆的改革开放之年,在福建、广东相关的寻根活动应该始于在这之后不太长的时间。

寻根可分为海外华人到祖国大陆的寻根与中国大陆内不同层级的族群对大陆内祖源地的寻根两种类型。其中后一种类型也表现为东南沿海到中原内地的寻根。例如,1981 年 3 月,河南省语言学会成立大会在郑州举行。应邀参加这次会议的省外嘉宾有厦门大学的黄典诚教授,他在会议上发表了热情洋溢的贺词。4 月 22 日,这篇文章以《寻根母语到中原》的题目发表在当天的《河南日报》上。黄先生此次的中原之行,还专门安排了他的两位研究生分别到固始考察闽南方言、到灵宝考察客家方言。

　　黄典诚先生的河南之行,具有三个重要的学术意义。其一,黄先生作为闽南漳州人,他的祖先来自河南省光州(今潢川县)固始。"光州固始"是闽南漳州、泉州和厦门人所认可的中原老家,承载了极强的文化记忆。随着闽南人远赴台湾,这种文化记忆也成为台湾闽南族群共有的精神财富,成为联结海峡两岸三地的重要精神纽带。他的这趟中原之行,具有极强的族群寻根的意义。其二,黄先生作为闽南语的著名专家,他的河南之行有极强的学术性。其重点是对闽南方言与客家方言中的中原元素进行田野考察,获取了第一手的民间资料,以丰富他对闽南语源头的认识,具有极强的文化寻根的含义。其三,黄先生的河南之行,发生在叶剑英委员长对台湾的公开讲话发表之后的初期,和平统一的大旗高高飘扬,黄先生贺词中无不洋溢着极为强烈的国家统一、民族复兴的热情。也可以说,河南的寻根热,从一开始就具备了极为强烈的政治担当。① 应该说,河南寻根的起始,在中华姓氏寻根中具有代表意义。

二、中原寻根历程的分期与特点

　　中华姓氏的寻根活动,至今已有 40 多年的时间。在这样一段时间里,寻根活动不仅在东南地区全面展开,而且在中原内陆地区也有了极大的发展,呈现出许多错综复杂的新特点。目前,我们还没有对整个大陆的寻根活动进行阶段性的划分,但我们可以"河南寻根"(即中原寻根)作为代表的寻根活动,并以此为出发点,对中原寻根历程作出阶段性的划分。

　　第一阶段(1981—1990 年):寻根河南的起步期。这一阶段,海外华人到

---

① 参见张新斌主编:《寻根河南》(上),大象出版社 2019 年版,"绪论"。

河南寻根,呈现出个体性、偶发性的特点。如香港的方润华先生,他为了寻找中华方氏的祖根地,先后到河南固始、禹州进行考察,并最终将禹州方山作为方氏的祖根地。马来西亚的邓威廉先生,对中华邓氏祖地河南邓州的寻根考察,实现了先祖的寻根梦想。这一阶段的姓氏研究,刚刚兴起。在陈氏、谢氏、郑氏、林氏的研究方面,推出了初步的成果。

第二阶段(1991—2001年):寻根河南的初兴期。这一阶段,海外华人到河南寻根,呈现团队性、主动性、连续性的特点。1991年,全欧客属总会客家宗亲245人,到洛阳寻根。1992年、1994年海外郑氏宗亲,到荥阳大规模寻根。1993年海外林氏宗亲527人,到卫辉寻根。河南学术界出版了由谢钧祥主编的《中原寻根——源于河南千家姓》一书,这部集体成果在河南姓氏文化研究方面具有奠基意义。由此,河南涌现出了一批在国内知名的姓氏文化研究专家,并在国内各大出版社出版了数十本相关的成果。

第三阶段(2002—2010年):寻根河南的繁荣期。这一阶段,以海内外宗亲大规模寻根活动与世界性寻根联谊大会在河南召开为代表。如第十八届世界客属恳亲大会(2003)在郑州召开,第二届世界谢氏宗亲恳亲大会(2004)在南阳召开,第二届世界温氏文化交流大会暨首届世界温氏祖地温县恳亲大会(2004)在温县召开,世界刘氏第四届寻根联谊大会(2004)在鲁山召开,世界张氏总会第二届恳亲大会(2005)在濮阳召开,首届世界范氏宗亲联谊会暨范氏始祖范武子授姓2600周年纪念大会(2005)在范县召开,全球董杨童宗亲第十届恳亲大会(2005)在灵宝召开,第十二届世界钟氏宗亲联宗大会(2005)在长葛召开,等等。2004年、2006年中华姓氏文化节在周口连续举办两届。2006年,河南新郑黄帝故里拜祖大典首次由省部级主办,开始成为河南每年"祭拜季"的标志性活动。2009年,首届中原根亲文化节在固始举行,"闽台祖地"的品牌逐渐叫响海峡两岸。2004—2009年,河南省委统战部与省社科院联合编撰的《中华姓氏河南寻根》一书由河南人民出版社正式出版,该书为河南姓氏文化研究的标志性成果,受到海内外华人的欢迎。

第四阶段(2011年至今):寻根河南的鼎盛期。这一阶段,相关理念被河南省和中央有关文件采纳,"老家河南"的品牌叫响全国,省内姓氏研究机构得到很大的扩展,海内外华人广泛参与,姓氏祖地建设得到极大强化。2011年9月,《国务院关于支持河南省加快建设中原经济区的指导意见》正式发布,全球华人根亲文化圣地成为河南发展的五大战略定位之一。"老家河南"经中央电视台持续宣传,已成为河南旅游文化的知名品牌。河南省姓氏文化研究会自1995年成立以来,在这一阶段得到持续的扩展,二级学会达到100余个,相关活动此起彼伏。濮阳的张姓祖地建设、卫辉的林姓祖地建设、鲁山的刘姓祖地建设、潢川的黄姓祖地建设、息县的赖姓祖地建设、淮滨的蒋姓祖地建设、荥阳的郑姓望地建设、偃师的丘姓望地建设等都达到了一定的高度。河南新郑黄帝故里拜祖大典持续举办,在海内外有较大影响。黄河文化、黄帝文化、河洛文化、客家文化的研究,也取得了重要成果。2019年,张新斌主编的《寻根河南》(上、下)正式出版,为河南寻根近40年历程的回顾和总结。①

三、寻根理论与概念研究

伴随着20世纪80年代开始的改革开放,"寻根"成为与改革开放并行的热门词汇。"以文学寻根为主带动了文艺界的民族文化热,以姓氏寻根为主带动了海外华人的族群寻根热,以历史文化研究为主带动了全社会的传统文化热,以相互交织的人群寻根带动了寻根文化旅游热,这些热潮最终可以归结为文化寻根与族群寻根两大主流,并形成了若干特征。"②与文学寻根同时兴起的地域文化热、炎黄文化热,在全国各地此起彼伏。陕西黄陵、河南新郑的黄帝祭拜活动;湖北随州、湖南炎陵、陕西宝鸡、山西高平等地的炎帝祭拜活动,均在海内外产生了较大影响。从80年代兴起的"寻根之旅",成为海外华人认识祖国大陆的重要路径。河南、陕西、山西、山东等地,在以炎黄为主的人

---

① 参见张新斌主编:《寻根河南》(上),大象出版社2019年版,"绪论"。
② 张新斌:《寻根文化热潮的三大特征及发展态势》,《中原文化研究》2015年第4期。

文始祖资源和姓氏文化资源方面均具有历史优势。相关活动的举办,对于当地的经济发展和改革开放亦具有重要意义。

关于寻根概念及相关理论的研究。由寻根引发的对"根文化"资源的认识,在各省研究中的相关称谓有所不同。福建利用得天独厚的侨乡优势,提出了"同根文化"①的概念;山西利用晋南地区的人文始祖文化优势,提出了"根祖文化"②的概念;河南则利用人文始祖和姓氏文化优势,很早就提出了"祖根文化"的概念,这个概念最早是围绕着豫闽台一脉相承的关联而提出的③,以后在姓氏文化、炎黄文化等方面均被长期使用。但是从资源特征而言,从长期的寻根实践看,中原文化有"根文化"的本质特点。2002年,我们在历史文化资源开发就是生产力的命题中特别强调了"河南历史文化中特有的根文化,在增强海内外华人凝聚力以及实现祖国统一方面发挥特有的作用"④。在这里,因为根文化在国内首次提出,我们特别对根文化加了引号,在最初"根文化"的使用中,我们都以这样的表述方法,以示谨慎。从此之后,"根文化"的概念不但被学界接受,而且还在相关的政府文件中被正式使用。从2006年开始,在信阳的寻根实践中,当地创造了"根亲文化"这一概念。这一概念不是学术界讨论的结果,而是政界率先使用,我们在最初的时间里非常谨慎地使用这一概念,直到寻根河南30周年之际,我们才在相关的文章中对根亲文化作了自己的解读。我们认为,"根亲文化是在寻根多年实践的基础上,在对河南根文化资源认识的前提下而形成的,是对根文化的最新认识"⑤。在这里我们

① 欧潭生:《一千年前是一家——台闽豫祖根渊源初探》,《中州今古》1983年第5期。
② 王宝霞:《以根祖文化为特色构建民族凝聚力工程》,《中共山西省委党校学报》2011年第2期。
③ 参见张新斌主编:《寻根河南》(上),大象出版社2019年版。
④ 张新斌:《寻根文化热潮的三大特征及发展态势》,《中原文化研究》2015年第4期。
⑤ 张新斌:《中原寻根中的"信阳现象"——中原寻根三十年的记忆与思考》,《信阳师范学院学报》2012年第5期。

提出了根亲文化的第一层含义,那就是"寻根找亲"①。在后来的研究中,我们认为,"根亲文化与寻根文化、根文化关系密切,三者既有联系又有区别。根亲文化理念在寻根文化、根文化理念的基础之上逐步形成而非同步形成,正是反映了三者之间的联系与区别,而三者不是一个替代关系,而是一个问题的三个方面,一个潮流的三个层面"②。在这里,我们除了提到根亲文化的"寻根找亲"之外,又提到了"因根而亲"③是前提。

在姓氏寻根研究中,从区域的角度而言,家底的盘点、数字的概括是非常重要的。谢钧祥先生是对河南姓氏家底盘点得最早的学者之一。他在20世纪90年代,在对中科院依人口数量多少而排列的100个大姓的祖根进行研究时,提出了起源于河南或部分源头在河南的姓氏占73个。所以他的结论是:"我们可以毫不夸张地说,当今海内外多数华人的祖根大都在今河南。"④1999—2004年,张新斌团队在对河南根文化家底进行盘点,提出依中科院所列300个大姓中,有171个祖根在河南,98个姓氏的郡望在河南;100个大姓中祖根在河南者达77个,另有23个姓氏在起源过程中与河南有关。而依中科院2006年的姓氏排序,祖根在河南者78个,这种数字概括,在其他省域还没有。这也反映了河南姓氏根文化是河南文化中的闪光亮点。

中华姓氏是炎黄学非常重要的组成部分,中华姓氏和炎黄文化在很多方面都是有机地融合在一块的。要想讲清楚中华姓氏文化必须讲清楚炎黄文化,而炎黄文化的当代价值更多的是在姓氏文化中得到体现。

---

① 张新斌:《中原寻根中的"信阳现象"——中原寻根三十年的记忆与思考》,《信阳师范学院学报》2012年第5期。
② 张新斌:《根亲文化的讨论与思考》,《中原文化研究》2014年第2期。
③ 张新斌:《根亲文化的讨论与思考》,《中原文化研究》2014年第2期。
④ 谢钧祥:《姓氏起源于河南》,《河南社会科学》1994年第1期。

第九章　炎黄时代与中华龙
文化的起源和形成

　　"龙"是中华民族的象征。在中华民族文化中,"龙"是流传最广、影响最大的文化现象之一。

　　龙文化是中华传统文化中的一项重要内容,有着广泛的民族文化基础和数千年的文化根基。在历朝历代都有许多关于龙的感人故事,产生了各种正能量的龙的造型。同时,由于龙象征着吉祥、象征着一种奋勇向上的大无畏的精神,所以,在龙文化的演化过程中,又逐渐将"龙"敬奉为一种神。久而久之,使得大家以为古代各种文献记载的"龙",是一种传说故事。

　　然而,考古发现的许多龙文化遗存,显示着中华龙文化的产生、发展有着复杂的历史背景和深厚的文化底蕴。中华龙作为一种传承至今并被普遍认同的文化意识观念,其最初的形成并不是古代文人虚构的神话故事,而是与中国文明的起源和形成有关。追溯中华龙文化现象,最早产生于炎黄时代,距今已有 6000 多年了。

　　本章所论述的炎黄时代,是指狭义的炎帝时代和黄帝时代。狭义的炎帝时代,相当于考古学上的新石器时代晚期后段,年代约在公元前 4000 年至公元前 3000 年。黄帝时代又称五帝时代,相当于考古学上的中国新石器时代晚期后段的后半段与新石器时代末期,具体年代大致在公元前 3000 年至公元前

2000 年①,又因黄帝乃五帝之首,故在五帝时代中狭义的黄帝时期当在公元前 3000 年左右,或者称为五帝时代初期。

本章将依据历史文献的记述、考古学的发现,追索中华龙文化的源头,分析炎黄时代的龙文化现象及具体的文化内涵,探索中华龙文化的起源和形成。

第一节　文献所记炎黄时代的龙文化现象

我国古代文献记述的炎黄时代的龙文化现象,内容很多。汉代及之后的文献记述中有关炎黄时代的龙文化现象,内容相当庞杂,不便从中分析出炎黄时代龙文化现象的实质。所以,我们拟以先秦文献、甲骨文的记述为主,结合司马迁《史记》的记述,分析炎黄时代的龙文化现象。

这些文献记述的炎黄时代的龙文化现象,大致分为以下三种情况。

第一种,将"龙"作为氏族部落的名号,或族名、徽号。

《竹书纪年统笺》记述:黄帝"龙颜有圣德,劾百神朝而使之。应龙攻蚩尤,战虎、豹、熊、罴四兽之力,以女魃止淫雨"。这是指"应龙"这一部族与"龙"有联系,"龙"是该氏族部落的名号,或族名、徽号。

《左传·昭公十七年》载郯子说:"太皞氏以龙纪,故为龙师而龙名。"太皞部落有飞龙氏、潜龙氏、居龙氏、降龙氏、土龙氏、水龙氏、青龙氏、赤龙氏、白龙氏、黑龙氏、黄龙氏等氏族部落名号。这些氏族部落都以"龙"作为名号,或族名、徽号。

共工氏有蛇龙名号。如《左传·昭公二十九年》曰:"共工氏有子曰句龙,为后土。"《山海经·大荒北经》记:"共工臣名曰相繇,九首蛇身,自环,食于九土。"《归藏·启筮》也记:"共工,人面蛇身,朱发。"

陶唐氏中也有龙的名号。如《左传·襄公二十四年》《国语·晋语八》都

---

① 参见朱乃诚:《炎黄时代与中国文明的起源和形成》,《信阳师范学院学报》2019 年第 3 期;又见本书第七章。

记载陶唐氏的后裔范宣子说："昔匄之祖,自虞以上为陶唐氏,在夏为御龙氏。"这是说夏时期御龙氏的先祖是陶唐氏。陶唐氏与"龙"有关系。

而夏后氏、禹以龙为化身,如青铜器铭文中"禹"字的构形为蛇形之龙。《列子·黄帝》说:"夏后氏蛇身人面"。丁山曾考证"夏后氏祖禹而姒姓,当演自以蛇为图腾之神话"①。王震中进一步认为:"蛇龙既是禹个人的图腾,也是夏族代表性图腾,带有族徽的含义。"②

以上介绍的这些将"龙"作为氏族部落的名号,或族名、徽号,并且将部族首领的形象与龙联系起来的现象,显示炎黄时代的这些氏族部落已经将自身作为"龙"的化身,显示自身强盛的状态与美好的愿望。

第二种,将"龙"与始祖的形象或活动联系起来,"龙"象征神。

如《竹书纪年统笺》记述:"黄帝轩辕氏,母曰附宝,见大电绕北斗枢星,光照郊野,感而孕二十五月,而生帝于寿丘。生而能言,龙颜有圣德。"这是将黄帝的形象与龙联系了起来,黄帝的形象有"龙颜"。

又如《韩非子·十过》记述:"昔者黄帝合鬼神于泰山之上,驾象车而六蛟龙,毕方并辖,蚩尤居前,风伯进扫,雨师洒道,虎狼在前,鬼神在后,腾蛇伏地,凤皇覆上,大合鬼神,作为《清角》。"这说明黄帝能够驾驭"龙"。

还如《史记·孝武本纪》云:"黄帝采首山铜,铸鼎于荆山下。鼎既成,有龙垂胡髯,下迎黄帝。黄帝上骑,群臣后宫从上龙七十余人。龙乃上去,余小臣不得上,乃悉持龙髯。龙髯拔,堕黄帝之弓。百姓仰望,黄帝既上天,乃抱其弓与龙胡髯号"。这显示"龙"是一种神物,黄帝能够驾驭这种神物。

此外,在西汉《焦氏易林》《纬书集成》《列仙传》等文献中也有许多将龙与黄帝联系起来的记载。

---

① 丁山:《论禹为姒姓,姒象蛇身自环形》,《古代神话与民族》,商务印书馆 2015 年版,第 249—250 页。

② 王震中:《重建中国上古史的探索》,云南人民出版社 2015 年版,第 43—44 页。

第三种,将"龙"作为一种神物(具有神性的动物)进行记述。

如《易经·文言》曰:"见龙在田,天下文明。"《易经·乾》载"飞龙在天,大人造也"。《左传·昭公十九年》:"郑大水,龙斗于时门之外洧渊。"《左传·昭公二十九年》载:"龙见于绛郊。"这些记载显示,"龙"是一种实际存在的动物,而且这种动物的出现,是一种吉祥的征兆。

商代甲骨文中也有将"龙"作为一种农业神进行记述。如《甲骨文合集》13002 曰:"乙未卜:龙亡其雨?"《甲骨文合集》29990 载:"其作龙于凡田,有雨?"甲骨文的这些记载说明:"龙"这种动物的出现与天降雨的现象早在商代就被人们注意到了。商代晚期进行占卜,求龙、降雨,这应与当时的农业生产活动有关。

以上这些记述,甲骨文中将"龙"的出现与雨水相联系,作为一种吉祥的动物。流传下来的先秦文献中既是将"龙"的出现作为一种能降雨的有神性的动物,还记述了多个氏族部落将"龙"作为自身的名号,或族名、徽号,还记述了"龙"是重要首领黄帝、禹的化身,陶唐氏、夏后氏都与"龙"有关系。而据西汉司马迁《史记》等文献来看,"龙"是一种神物,是神的化身。汉代巳将炎黄时代的"龙"神圣化了。

甲骨文及先秦文献记述表明,炎黄时代存在着的"龙",与黄帝、太皞、共工、大禹等关系密切,被认为是"龙"的化身。这是龙作为中华民族象征的历史文化渊源。

第二节　考古发现的年代最早的龙遗存及龙文化的起源

我国早期文献以及甲骨文记述的"龙"以及与"龙"有关的一些文化现象,内容很丰富。而考古学发现的先秦时期的"龙",数量也很多,主要是"龙"的形象与"龙"图案等遗存。

如商周时期的湖北省荆州熊家冢东周楚墓中出土的人乘龙玉佩(见图9-1)①、陕西省长安沣西张家坡西周井叔墓地中出土的一件青铜牺尊上有龙的造型(见图9-2)②,河南省安阳殷墟妇好墓出土的蟠龙铜盘(见图9-3)③、铜圈足觥上的龙纹铜觥盖(见图9-4)④,等等。不胜枚举。

图9-1　熊家冢东周楚墓中的人乘龙玉佩

依据考古发现,"龙"确实是存在的一种动物,因为"龙"这种动物与人的

①　参见荆州博物馆:《湖北荆州熊家冢墓地2006~2007年发掘简报》,《文物》2009年第4期,第19页,图38.5。
②　参见中国社会科学院考古研究所编著:《张家坡西周墓地》,文物出版社1999年版,第163页,图122。
③　参见中国社会科学院考古研究所编著:《殷墟妇好墓》,文物出版社1980年版,第34页,图二二。
④　参见中国社会科学院考古研究所编著:《殷墟妇好墓》,文物出版社1980年版,第61页,图四〇。

图 9-2 张家坡西周墓中的青铜牺尊

图 9-3 妇好墓中的蟠龙铜盘

活动、与社会有关,所以形成了"龙文化"现象,并且逐步形成"中华龙文化"。先秦文献记载的"龙"以及考古发现的商周时期的龙的实物造型或图案,都是在"中华龙文化"意识形成之后"龙"这个概念的演变发展的产物。这显示着

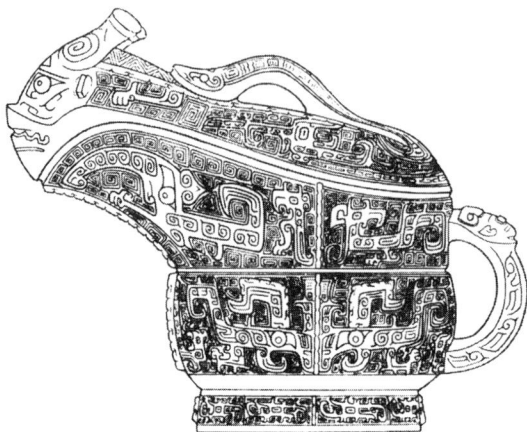

图 9-4 妇好墓中的铜圈足觥

"中华龙文化"的产生、发展有着复杂的历史背景。

根据目前的考古发现,"龙"的形象及其概念产生很早,约在距今 6000—5000 年以前。产生的缘由,大概是当时的人们对某种动物的敬畏与崇拜。

但是,目前对中华龙文化起源的研究,大多受"龙图腾""龙"是一种"神"等传统观念的影响,将考古发现的一些遗存现象与之比附并进行随意解释,或是将"中华龙"追溯至距今 8000 年前,或是将各地发现的距今 5000 年以前的"熊""虎""鱼"等动物形象及其变形作为"龙"来认识,或是将某个晚期的"龙"遗存作为早期"龙"遗存,等等。从而使得近 40 年来对中华龙文化起源的探索,所依据的某些考古学资料而再次陷入"神话"的窠臼。所以,在阐述考古发现的中华最早的龙遗存时,需要对那些早期"龙"遗存进行仔细的甄别。

一、部分早期中华龙遗存的甄别

目前学术界提出的早期中华龙遗存,有一些在我们看来不属于龙的遗存,例如辽宁省阜新查海遗址发现的约距今 8000 年的一条石块堆筑遗存、辽西地区发现的红山文化晚期的兽面玦形玉器、安徽省含山凌家滩遗址 M16 号墓葬中出土的距今 5500 年前后的环形动物玉雕作品等。

(一)查海"龙"形石块堆塑不是龙遗存

查海"龙"形石块堆塑是 1994 年在辽宁省阜新市查海遗址发现的。查海遗址于 1982 年被发现,现存面积 1 万多平方米,1986—1994 年期间先后进行了七次发掘,发掘面积 8000 多平方米,发掘出一座有围沟的聚落址。发现东南西北成排的房址 55 座,房址附近有储藏食物的窖穴。最大的一座房址位于居住区中心偏北,面积约 120 平方米。居住区中心区域没有房址,而是一小片墓地和一条所谓的龙形堆石(见图 9-5)①。这条龙形堆石,是在基岩脉上采用红褐色大小均等的石块堆塑而成,全长 19.7 米,宽 1.8—2 米。方向基本与房址一致,其文化性质为兴隆洼文化,年代约为距今 8000 年前后。

图 9-5　查海石块堆塑遗存

---

　　①　参见辛岩、方殿春:《查海遗址 1992—1994 年发掘报告》,载辽宁省文物考古研究所编:《辽宁考古文集》,辽宁民族出版社 2003 年版,第 13 页,图二。

这个由石块堆塑的形象,是否可以称为龙,是要打问号的,所以发现者用"龙形堆塑"一词来称之。

我们认为,这不是龙文化遗存,因为其象征的是何种动物没有明确的特征。从这个石块龙形堆塑位于聚落址中央的房址之间、在石块龙形堆塑附近还分布着小型墓葬与祭祀坑等现象分析,推测这个石块堆塑很可能是当时用石块铺筑的一条道路的遗存,或是与祭祀活动有关的一条特殊道路的遗存。这条特殊的道路,现经考古发现的,可能已不是当初完整的情况,所以,容易使人从某种动物等形象的角度去分析,实际上并不是象征龙。

(二)红山文化晚期兽面玦形玉器象征的是熊

目前考古发现的红山文化晚期的兽面玦形玉器有 16 件,另有一批传世品,俗称"玉猪龙"。这些兽面玦形玉器有着共同的特征。形体蜷曲呈玦状,首部较大,以一对竖立肥大的双耳作为首部的轮廓线,并饰有象征双眼、鼻、嘴的纹饰,身体蜷曲,首尾相对,颈部穿一孔。这些共同的特征是将它们称作"兽面玦形玉器"或"玉猪龙"的主要依据。如在建平牛河梁一带采集的兽面玦形玉器,高 15.6 厘米、宽 10.7 厘米、厚 4.2 厘米(见图 9-6)。[1] 但也有细部的差异,主要表现在耳及首部所占整个兽面玦形玉器比例的大小与形制变化,眼、鼻、嘴的纹饰区别,首尾相对处的玦口开口状况,以及吻部与尾部形制的区别等方面。这些是区分兽面玦形玉饰不同形式的主要依据。如在辽西地区征集的一件小型兽面玦形玉器,玦口开口略大,高 4.2 厘米、宽 3.4 厘米、厚 1.4 厘米(见图 9-7)。[2] 这种兽面玦形玉器的年代在距今 5300 多年至距今 5000 年。

---

① 参见辽宁省文物考古研究所编著:《牛河梁—红山文化遗址发掘报告(1983—2003 年度)》下册,文物出版社 2012 年版,图三一九。

② 参见郭大顺、洪殿旭编著:《红山文化玉器鉴赏》(增订本),文物出版社 2014 年版,第 164 页。

图 9-6 建平兽面玦形玉器(玉猪龙)

是否可将这种兽面玦形玉器(玉猪龙)称为龙,需要作进一步的分析。

以往将这种兽面玦形玉器称作"玉猪龙",主要是由孙守道等考证三星他拉玉龙和兽面玦形玉器具有猪首特征而引发的。[①] 1997 年,郭大顺先生等又提出了前述建平兽面玦形玉器首部形象象征的是熊首,并将这种兽面玦形玉器统称为"玉雕龙"。[②]

我们认为,将兽面玦形玉器的兽面理解为熊首比理解为猪首更准确些。

红山文化兽面玦形玉器的形制和兽面纹饰经历了一个有规律的演变过程,其中兽面由形象向抽象演变。[③] 按照已抽象化的兽面纹饰去探讨其象征的含

---

① 参见孙守道:《三星他拉红山文化玉龙考》,《文物》1984 年第 6 期;孙守道、郭大顺:《论辽河流域的原始文明与龙的起源》,《文物》1984 年第 6 期。

② 参见辽宁省文物考古研究所编:《牛河梁红山文化遗址与玉器精粹》,文物出版社 1997 年版,第 50 页。

③ 参见朱乃诚:《红山文化兽面玦形玉饰研究》,《考古学报》2008 年第 1 期。

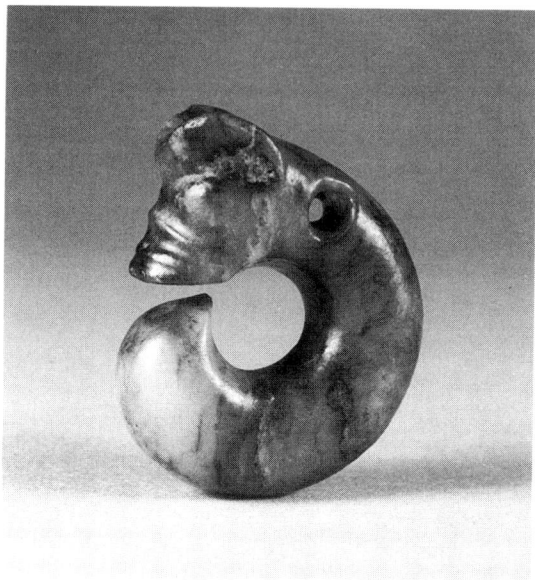

图 9-7　辽西兽面玦形玉器(玉猪龙)

义,必然是难解其意。所以应以最初形象的兽面纹饰去探求其象征的本义。

红山文化兽面玦形玉器的兽面,目前所知其最初的形象是辽宁建平兽面玦形玉器,其兽面特征表现的应是熊首(见图 9-6),其象征的自然应是熊。但形象的熊首不久就演变得十分抽象了(见图 9-7),其抽象的兽面纹饰是否仍然象征着熊首或是象征着猪首等其他兽面,根据已发现的这些兽面玦形玉器的兽面纹饰等特征分析,是很难考证的。这现象显示在当时制作、使用抽象化兽面纹饰的兽面玦形玉器时,其兽面是否象征着熊首已不是十分重要的了,重要的是使用这种兽面玦形玉器的传统意义与社会作用。

将这种兽面玦形玉器(玉猪龙)称为"龙"主要是认为这种"玉猪龙"最后演变为"C"字形玉龙(见图 9-41、9-42)。其实,玉猪龙与"C"字形玉龙,实际上是两种形状的器物,他们之间没有直接的演变关系。理由有两点。

第一,"C"字形玉龙的年代不是距今 5000 年,而是距今不足 4000 年,比玉猪龙要晚 1000 年(见后述)。这两种器型相隔约 1000 年,时间上不支持它们之间存在着直接的演变关系。

第二,从形态上分析,兽面玦形玉器(玉猪龙)与"C"字形玉龙没有直接的演变关系。红山文化兽面玦形玉器最主要的特征是形体如玦形,肥首大耳,双耳竖起,圆目,首尾相对,吻部朝向尾部。其演变的趋势是:玦口逐渐变大,但没有超脱玦口特点;首部逐渐变小,但双耳特征明显;吻部前突,但始终朝向尾部。这些演变特征与"C"字形玉龙都互不相关。尤其是三星他拉"C"字形玉龙的飞鬣、梭形眼、吻部朝前而不是朝向尾部、颚底刻细密方格网纹等特点,在兽面玦形玉器(玉猪龙)中是见不到的,即使在兽面玦形玉器演变至最后的形制,也是难觅其踪。所以从器形演变关系的角度分析,红山文化兽面玦形玉器(玉猪龙)不可能直接演变为"C"字形玉龙。

以上两点说明,红山文化兽面玦形玉器(玉猪龙)与"C"字形玉龙是两种器型,后者("C"字形玉龙)是龙形而前者(玉猪龙)不是龙形,它们之间没有直接的演变关系。所谓的"玉猪龙",其原本的象征含义,既不是猪,也不是龙,而是熊。

(三)凌家滩"玉龙"是玉虎

凌家滩"玉龙"是1998年秋在安徽省含山凌家滩遗址 M16 号墓葬中发现的,是一件环形动物玉雕作品,被称为"玉龙"。呈偏心穿孔的环状,首尾相接,在接近尾部的一侧有一可穿线系挂的小孔。长径4.4厘米、短径3.9厘米、厚0.2厘米(见图9-8)①。其首部圆雕呈兽面,沿环一周外侧刻一规整的弧线,表示脊背线,与脊背线相连的有17条向外放射的斜线。该"玉龙"的内涵主要体现在兽面及脊背纹饰上。被描述为:"吻部突出,阴线刻出嘴、鼻,阴刻圆点为眼,头部阴刻几条线呈皱纹和龙须,头雕两角。龙身脊背阴刻规整的

---

① 参见安徽省文物考古研究所:《凌家滩——田野考古发掘报告之一》,文物出版社2006年版,彩版一五七.2;安徽省文物考古研究所:《凌家滩玉器》,文物出版社2000年版,第11页;安徽省文物局:《安徽省出土玉器精粹》,众志美术出版社2004年版,第21页。

弧线,表现龙为圆体,连着弧线阴刻 17 条斜线,表示为鳞片。"[1]

我们认为,凌家滩"玉龙"的首部表现的是虎首,环蜷的身躯表现的是虎身。所谓"玉龙",实际上是虎头虎身。这件玉雕作品应改称为"环形玉虎"。

该"玉龙"首部的兽面特征为:吻部突出,上下唇微启,橄榄形眼,上下一对獠牙位于嘴角根部,上獠牙齿尖位于眼后,额部隆起,双耳位于头顶,并耸向后方。这些兽面吻部、嘴唇、獠牙、眼、额、双耳的特征,由于器形较小、刻线潦草,不易辨认。但与凌家滩遗址出土的玉雕虎造型的作品进行对比,可以比较容易地辨认出来。

图 9-8　凌家滩环形玉虎

凌家滩 85M1:7(87 含征 3)虎首玉璜。玉璜的一端雕一卧虎的上半身,另一端残缺。残长 14.7 厘米、宽 1.5 厘米、厚 0.6 厘米,断面呈扁圆形。虎首刻纹清晰,突出表现了虎首的嘴、眼、双耳的特征。嘴部露出上下两排牙齿,上

---

① 安徽省文物考古研究所:《凌家滩——田野考古发掘报告之一》,文物出版社 2006 年版,第 196 页。

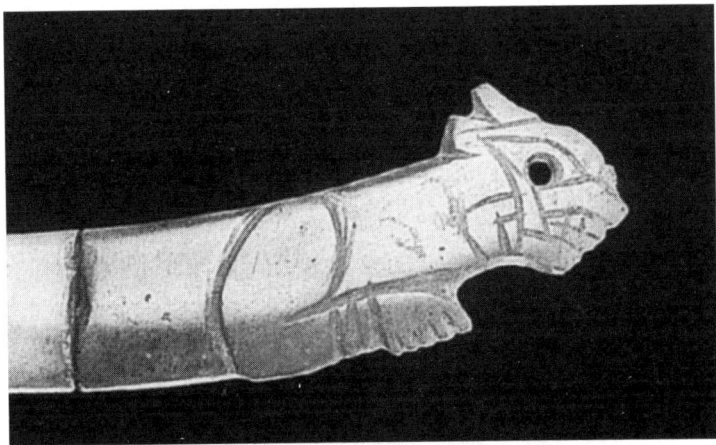

图 9-9　凌家滩 85M1:7(87 含征 3)虎首玉璜

下一对獠牙外伸。梭形眼,对穿圆孔为睛。高额,双耳以上下落差的方式表示,并向后耸立。前腿俯卧,刻纹表现虎腿、虎爪及腕部的纹饰。有 5 爪(见图 9-9)①。这是目前在凌家滩遗址发现的最为形象的虎的形态(虎的上半身),以刻划上下两排牙齿及外伸的獠牙突出表现虎的凶猛的特征,一望便知其为虎首。

将凌家滩"玉龙"与这件玉璜的虎头进行对比分析,可以确认凌家滩"玉龙"的首部表现的是虎首。因为两者的一些基本特征和表现风格是相同的,如上下獠牙,橄榄形眼,以上獠牙齿部线条同时也作为橄榄形眼刻纹线的一部分,上下错落并向后耸的双耳,额部突出等。凌家滩"玉龙"首部应是虎首。

凌家滩"玉龙"呈环形,除相接的首尾部分外,其他部分为其身躯。因整器为环形,身躯蜷曲,容易使人误认为其蜷曲的身躯为龙的身躯,而将其上的刻纹误认为龙身上的鳞片。其实,蜷曲的身躯是因为器形为环状使然。而沿环一周外侧刻一规整的弧线,其表现的无疑是脊背线,与该弧线相连的 17 道放射斜线,应是表现动物脊背的特征。由于已经确认其首部为虎首,那么其脊

---

①　参见安徽省文物局:《安徽省出土玉器精粹》,众志美术出版社 2004 年版,第 32 页。

背上的 17 条放射斜线应是表现虎背上的或是身躯上的鬃毛,而绝不可能是
鳞片。

至此,可以确认以往指认的凌家滩"玉龙"实际上是玉虎,是目前所知年
代最早的玉虎。

此外,有研究者把陕西省宝鸡北首岭遗址出土的蒜头彩陶壶上的"鱼"形
象作为"龙"(见图 9-10)①,实际上这是鱼鹰捕鱼彩陶图案中的"鱼"。

以上这些考古发现的所谓的"龙",实际上与公元前 3000 年前的"龙"概
念都没有关系。

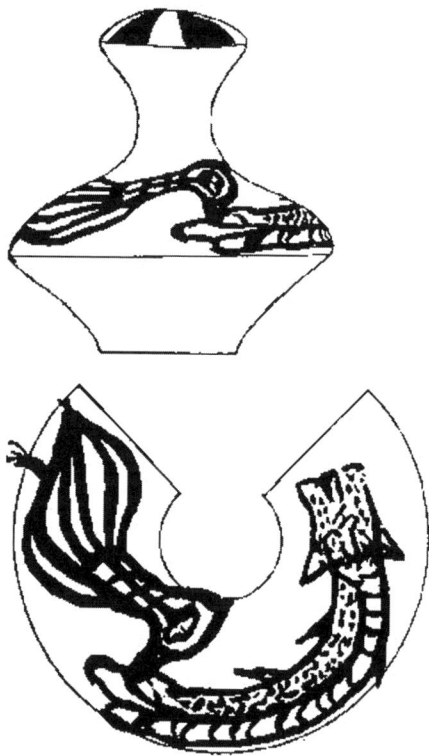

图 9-10　北首岭彩陶壶

---

①　中国社会科学院考古研究所编著:《宝鸡北首岭》,文物出版社 1983 年版,第 105 页图八
六.1。

二、濮阳西水坡发现的"龙"遗存及其意义

目前在中国发现的年代最早的"龙"文化遗存,经研究能够确认的是河南省濮阳西水坡"龙"。

濮阳西水坡"龙",1987 年发现于一座形式奇特的墓葬(M45)内(见图 9-11、图 9-12)①。该墓中部有一具成年男性骨架,大体呈头南足北的仰卧直肢姿势,在人骨架的东西两侧用蚌壳摆塑了龙、虎图案。龙、虎头北尾南,与人骨架的头脚方向相错。蚌壳龙位于人骨架的东侧,长 1.78 米,呈昂首曲颈,弓躯伸尾。蚌壳虎位于人骨架的西侧,虎背与龙背相对,相距约 1.5 米。虎长 1.39 米,头微低,尾下垂,四肢交递。这座墓葬的年代约在距今 6000 年②。

图 9-11　西水坡龙虎墓(M45 号墓)

濮阳西水坡这座"龙虎墓"在揭露时,遭到局部损坏。考古发掘所见到的仅是该墓接近墓底的状况,如围绕人骨架可见到浅穴坑的边缘。蚌壳摆塑的

---

① 参见张光直、徐苹芳主编:《中国文明的形成》,新世界出版社 2004 年版,第 88 页图 3-44。
② 参见濮阳市文物管理委员会、濮阳市博物馆、濮阳市文物工作队:《河南濮阳西水坡遗址发掘简报》,《文物》1988 年第 3 期。

龙、虎贴近人骨架摆放,可知这龙、虎是专门为这具人骨架摆放而随葬的。这是目前发现的唯一一座以龙、虎形象随葬的新石器时代的墓葬。

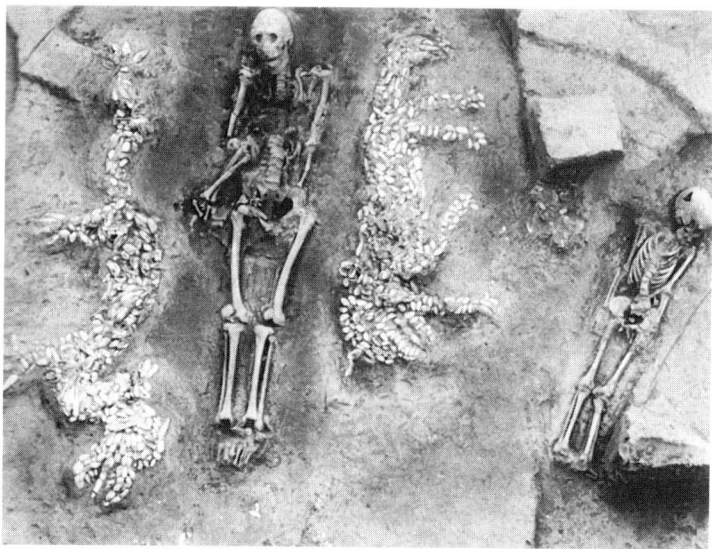

图 9-12　西水坡龙虎墓(M45 号墓)与儿童墓

对这座墓中"龙"的解释,应当将墓主与其两侧摆放的蚌壳龙、虎结合起来进行。有人用汉代"左青龙右白虎,前朱雀后玄武"四象中的青龙白虎来解释。也有可能是让龙虎一左一右保佑死者。而更有可能是墓主生前曾经制伏过龙与虎,他死后,人们为了歌颂纪念他,在他的身边用蚌壳摆塑了龙与虎,可能还举行某种纪念活动。这位墓主人应是力大无比、有智有勇,可能是当时部落的首领。

尽管种种解释尚属于主观推测,但濮阳西水坡龙虎墓的发现,说明中原地区在距今 6000 年前,龙文化意识已经起源。

濮阳西水坡龙虎墓中的虎的形象(见图 9-13)①,特征鲜明,与生物界中

---

① 参见濮阳市文物管理委员会、濮阳市博物馆、濮阳市文物工作队:《河南濮阳西水坡遗址发掘简报》,《文物》1988 年第 3 期,第 4 页图五。

的虎以及与后世人们创造的虎的形象接近,很容易辨识,是距今6000年前对虎的一种写实艺术创作。而墓中的龙也应该是当时写实艺术创作的另外一种动物(见图9-14)①。蚌壳摆塑的龙与虎都应是当时人们见到的两种动物形象的艺术表现。

图9-13　西水坡蚌壳摆塑虎

图9-14　西水坡蚌壳摆塑龙

那么濮阳西水坡"龙"到底是一种什么样的动物呢?

从蚌壳摆塑龙形象的特征分析,大概是鳄鱼。也就是说,在中原地区距今6000年前后起源的龙文化意识所象征的实体原形可能是鳄鱼。

---

① 参见濮阳市文物管理委员会、濮阳市博物馆、濮阳市文物工作队:《河南濮阳西水坡遗址发掘简报》,《文物》1988年第3期,第4页图五。

鳄分为湾鳄和鼍。湾鳄在中国已经绝迹;鼍是中国的特产动物,又名扬子鳄、中华鳄,俗名土龙、猪婆龙,全长 1.5—2 米,现在主要分布于长江中下游及其以南地区。1973 年,浙江省余姚河姆渡遗址发现属扬子鳄的上颌骨一个、下颌骨一个、残破缺失的颌骨 30 多块、肱骨和股骨 24 根、牙齿数颗。这证明距今 6000 年前扬子鳄在长江下游地区生存。①

鳄是一种凶猛而不易驯服的动物。据《中国大百科全书·生物卷》记载:"鳄凶猛不驯,成鳄经常在水下,只眼鼻露出水面,耳目灵敏,受惊立即下沉,午后多浮水晒日,夜间目光如炬,幼鳄则带红光","成鳄吼鸣,声可传很远";"扬子鳄……四肢粗壮,前肢较短,五指,后肢较长大,第五趾常萎缩。趾间有蹼,内侧三枚,皆有爪……"

唐代吴郡人张籍《白鼍吟》诗文中记有:"天欲雨,有东风,南溪白鼍鸣窟中。"诗文描述了鳄鱼的生理习性。

这些记述表明,扬子鳄除了形象凶猛具有威慑力之外,其吼声及仅首部浮露水面、夜间目光如炬的习性,也使人们对它产生敬畏之感,而且扬子鳄的吼声又与天将要下大雨的气象现象有联系,更容易使人们产生扬子鳄有通天神威的联想了。

从鳄鱼与天欲雨的关系角度分析,中国先秦文献中记述的所谓的"龙",实际上都与鳄鱼有关。如前述《左传·昭公十九年》记载:"郑大水,龙斗于时门之外洧渊";商代甲骨文如《甲骨文合集》13002 记载:"乙未卜:龙亡其雨?"《甲骨文合集》29990 记载:"其作龙于凡田,有雨?"

这些记述中的龙,应是鳄。说明商周时期已注意到鳄与天下雨的关系了。

据考古发现,在距今 4000 年以前,扬子鳄的生存范围到达黄河流域。如

---

① 参见浙江省文物管理委员会、浙江省博物馆:《河姆渡遗址第一期发掘报告》,《考古学报》1978 年第 1 期;浙江省博物馆自然组:《河姆渡遗址动植物遗存的鉴定研究》,《考古学报》1978 年第 1 期。

在山东省汶上东贾柏遗址、兖州西桑园遗址出土了距今 6400 年以前的北辛文化时期的扬子鳄头骨、皮下骨板及残骸,有的被烧过。① 在山东省兖州王因遗址出土了北辛文化晚期至大汶口文化早期的扬子鳄骨骸,有头骨、下颌骨、牙齿与颈、背、躯干的皮下骨板等,至少可以代表 20 个个体,这些残骸有的被烧黑、被打碎,与其他食物垃圾一起被弃置在 10 个灰坑内,证明当时扬子鳄是作为一种食物被捕获的。②

距今 4000 年前,中原还使用鳄鱼皮制作鼍鼓。如在山西省襄汾陶寺大墓中出土了鼍鼓,在鼍鼓鼓腔内有数枚扬子鳄皮下骨板,表明当时已经利用扬子鳄皮蒙鼓面,制作礼乐器物了。③ 在山东省泗水尹家城 M15 号龙山文化大墓中出土了 3 堆 130 多块扬子鳄皮下骨板。④ 而《诗经·大雅·灵台》中有"于论鼓钟,于乐辟廱,鼍鼓逢逢,蒙瞍奏公"的诗句。考古发现和古代文献记载都说明鼍鼓是中国先秦的一种礼乐器物。

这些扬子鳄遗骸的发现,表明在距今 6000 年以前,人们就捕食扬子鳄,并在距今 4000 年前利用扬子鳄皮制作礼乐器。

以上对文献资料和考古实物资料的分析,都说明在距今 6000 多年至夏商时期,人们对鳄鱼这种动物是比较熟悉的。

鳄是一种比较凶猛的动物,不易驯服。在距今 6000 年前,人类能否制伏驯养鳄鱼呢?

鳄虽然凶猛,但它是可以被人驯服的。在现今鳄鱼繁殖生存率较高的地

---

① 参见中国社会科学院考古研究所山东队:《山东汶上县东贾柏村新石器时代遗址发掘简报》,《考古》1993 年第 6 期;胡秉华:《兖州县西桑园北辛文化遗址》,《中国考古学年鉴(1989)》,文物出版社 1990 年版,第 169—170 页。

② 参见周本雄:《山东兖州王因新石器时代遗址中的扬子鳄遗骸》,载中国社会科学院考古研究所编著:《山东王因》附录三,科学出版社 2000 年版,第 417—423 页。

③ 参见中国社会科学院考古研究所山西工作队、临汾地区文化局:《1978—1980 年山西襄汾陶寺墓地发掘简报》,《考古》1983 年第 1 期;中国社会科学院考古研究所、临汾地区文化局:《襄汾陶寺》下册,文物出版社 2015 年版,第 636—639 页。

④ 参见山东大学历史系考古教研室编著:《泗水尹家城》,文物出版社 1990 年版,第 156 页。

区,不乏人驯养鳄鱼的记录。在大洋洲的一些原始民族,可能曾有驯服鳄在海中遨游的历史,并制作人骑鳄遨游的模型。美国纽约大都会博物馆曾展览着近代征集的"祖先骑驯鳄"的木雕标本。人俯骑在鳄的颈部,裸体,男性,俯身,两手紧扣鳄嘴两侧,两腿夹住鳄的腹部。①

中国商周时期有可能驯养了扬子鳄。如在战国时期的青铜器上见有人驯鳄形龙的图案。日本学者梅原末治曾介绍过一件战国时期的蟠螭豢龙纹青铜卣,上有一人左手执鞭驱赶一只鳄形龙动物(见图9-15)。②

据先秦文献记载,在尧舜时期与夏代,可能驯养"龙",即驯养扬子鳄。如《左传·昭公二十九年》载:"秋,龙见于绛。……古者畜龙,故国有豢龙氏,有御龙氏。……昔有飂叔安,有裔子曰董父,实甚好龙,能求其耆欲以饮食之,龙多归之,乃扰畜龙以服事帝舜,帝赐之姓曰董、氏曰豢龙,封诸鬷川,鬷夷氏其后也,故帝舜氏有畜龙。及有夏,孔甲扰于有帝,帝赐之乘龙。河汉各二,各有雌雄,孔甲不能食,而未获豢龙氏。有陶唐氏既衰,其后有刘累,学扰龙于豢龙氏,以事孔甲,能饮食之。夏后嘉之,赐氏曰御龙,以更豕韦之后。"这里所记述的龙,应是扬子鳄。

战国时期出现的人御龙神话,如湖南省长沙子弹库(73)M1号墓出土的战国帛画上的人物御龙图(见图9-16)③;以及汉代产生的降龙伏虎的神话,如画像石中降龙伏虎的图案(见图9-17),可能就是由早期人们制伏鳄鱼与老虎的事件演化而来。

---

① 1999年10月26日上午、2018年7月21日下午我们两次参观纽约大都会博物馆所见,该标本陈展在该博物馆的大洋洲馆中。

② 参见[日]梅原末治:《战国式铜器の研究》,东方文化研究院京都研究所研究报告第七册,昭和十一年(1936年),第42—43页图版77.2。

③ 湖南省博物馆:《新发现的长沙战国楚墓帛画》,《文物》1973年第7期;湖南省博物馆:《长沙子弹库战国木椁墓》,《文物》1974年第2期;湖南省博物馆、湖南省文物考古研究所、长沙市博物馆、长沙市文物考古研究所:《长沙楚墓》,文物出版社2000年版。

图 9-15　战国青铜卣上的人驯鳄图案

图 9-16　长沙子弹库帛画人物御龙图

图 9-17　汉画像石降龙伏虎图

三、"龙"概念的产生与中华龙文化的起源

濮阳西水坡龙虎墓的发现,表明中原地区在距今 6000 年前后开始产生了"龙"的文化概念。

虽然我们现在不能确知当时的人们将摆放在龙虎墓中的鳄鱼称作"龙"还是称作"鼍"(鳄鱼),但作为与后世有联系的"龙"的形象开始产生了。至于中原地区距今 6000 年前后的"龙"是一件模仿鳄鱼形象的随葬品,但是由于墓主人身份特殊而增添了文化上的含义。

墓主人生前曾经可能制伏过龙(鳄鱼)与虎,是一位力大无比、有智有勇的部落的首领,是受到大家拥戴、崇敬的有"威信"的人物。蚌壳摆塑的龙(鳄鱼)、虎与这位人物相伴,于是也就沾上了"威信""力量""能力"的社会含义。再加上鳄鱼本身的凶猛、不易驯服,以及特殊的吼叫声等习性,使人们逐步对它产生敬畏与崇拜的心理。

"龙"文化概念的产生,大概是源于原始社会人们对某种①动物的敬畏与崇拜的心理,并且逐渐增加神秘的色彩。据此我们认为,"龙"文化概念的起源不会局限于某一地区某一时间段,可能在不同地区、不同时间段、不同的部

---

① 所谓"某种"动物,意味着龙的动物原型也可能不止一种。例如王震中即主张"有爪之龙"的动物原型是鳄鱼,"无爪之龙"的原型是加了兽角的蛇蟒,远古先民,有的把地上的鳄鱼和天上的雷电视为同一,称为"龙",有的把蛇蟒与雷电视为同一,称为"龙"。参见王震中:《龙的原型与神性》,载《重建中国上古史的探索》,云南人民出版社 2015 年版。

族或不同的民族都有可能产生"龙"的概念。也就是说,"龙"文化概念的起源是多元的。

濮阳西水坡龙虎墓显示,当时的"龙"文化已经产生,并由此可知,中华龙文化在距今 6000 年时已经起源。

第三节　中华龙文化的形成

"龙"文化的起源是多元的。但是,作为在中国传承至现今,并且被普遍认同的"中华龙"及"中华龙文化",一种被普遍认同的文化意识观念的最初形成,不应是古代文人虚构的神话故事,而是在特定的地区、特定的时间、具备了特定的社会背景才形成的。

"中华龙文化"意识的起源和"中华龙文化"意识的形成,是两个不同的概念。这需要从理论上对两个概念进行分析以便区分。

一、"中华龙文化"意识起源与形成

在关于龙的起源及其原型的研究中,有两种做法:其一是,王震中把新石器时代到春秋战国的龙形象按照是否有爪而划分"有爪之龙"与"无爪之龙"两大类,在此基础上提出"有爪之龙"的原型是鳄鱼,亦即文献中的"蛟龙","无爪之龙"的原型是蟒蛇,亦即文献中的"勾(句)龙"(蟠龙),在原始思维中的神秘主义的原逻辑思维的"互渗律"作用下,有的原始氏族部落把地上的鳄鱼与天上的雷电视为同一,称之为"龙";有的氏族部落把地上的蟒蛇与天上的雷电视为同一,亦称之为"龙",从而出现了龙既可在地上或水中又在天上的神秘现象。[①] 其二是,一般不对龙作有爪无爪的分类而探讨龙的起源,本章即是如此。

---

① 参见王震中:《龙的原型与神性》,载《重建中国上古史的探索》,云南人民出版社 2015 年版,第 55—66 页。

中华龙文化意识的起源很早,前文分析表明,是在距今 6000 年前后,那么能不能说中华龙文化意识形成于距今 6000 年呢? 当然不能,因为起源与形成是两个概念。

龙文化意识的起源,是指人们开始有意识地塑造龙形象,并对此寄托某种思想。但这一时期塑造的龙形象及寄托的某种思想或说象征的社会意义,并没有在当时社会上大的范围内流行或得到认同,其社会意义仅仅局限于某一区域某一人群。不同地区不同人群塑造的龙形象以及形成的龙文化意识存在着较大的区别。所以,龙文化概念的起源是多元的。史前时期塑造的龙形态,大多是某种动物,较为形象,与历史时期的龙形态,既有联系又有变化。

龙文化意识的形成,是指当时社会上对龙文化概念有一种普遍的认同感,这种认同感的产生,可能与"龙"的神性由某些固定的人群向外广泛扩散有关。最初崇拜"龙"的这些人群在当时社会上有一定的地位和影响,受到人们的尊重,由此对这个人群崇拜的"龙"形成了普遍的认同感,"龙"甚至成为这群人的化身或一种特殊的符号,并且这种龙文化意识伴随着社会的发展而作为一种共同价值传承下来了。这种在社会上有一定地位并被普遍认同而传承下来的龙形象及龙文化现象,延绵几千年而至今不衰。

二、中华龙文化形成的时间与地域及社会背景

关于中华龙文化形成的具体时间与地区及社会背景,参照中华龙文化意识形成的概念,分析考古发现的濮阳西水坡蚌壳"龙"之后至夏时期后段的二里头文化"龙"遗存及其社会作用与意义,大致能够得出一个恰当的结论。

目前考古发现的濮阳西水坡蚌壳"龙"之后至二里头文化的"龙"遗存,主要见于崧泽文化晚期、良渚文化、石家河文化晚期、二里头文化、夏家店下层文化,以及陶寺文化。涉及的年代大约在距今 5500—3530 年之前的近 2000 年内。下面对考古发现的这些"龙"遗存作简要的分析。

（一）崧泽文化晚期的"龙"遗存

长江下游地区崧泽文化晚期的"龙"遗存,主要有兽首玉饰与兽首玉珠。如浙江省桐乡普安桥遗址 M8 墓葬出土的兽首玉饰与 M17 墓葬出土的兽首玉珠、海宁达泽庙遗址 M10 号墓出土的兽首玉饰、海盐仙坛庙遗址 M51 墓葬出土的兽首玉珠等。

普安桥 M8:28 兽首玉饰,器形较小,为不规则椭圆形,高 3.1 厘米、宽 1.3 厘米、厚 1.6 厘米,正面(侧立面)浮雕兽首的嘴、鼻、眼、耳,为长吻,圆鼓眼,嘴下向内切割 1 厘米许后向上切割至眼角后侧(见图 9-18)①。

普安桥 M17:2 兽首玉珠,器形很小,为不规则圆环状,长径约 1.2 厘米,短径 1.1 厘米、厚 0.4 厘米,孔径约 0.25 厘米,在一侧边雕出兽首,有微凸的双眼和象征性的长吻,以及脑后微凸的双耳(见图 9-19)②

达泽庙 M10:4 兽首玉饰,高 2.8 厘米、宽 1.1 厘米,下部为兽首的吻部,中部两侧为一对微凸圆眼,双眼间及双眼之上施刻上扬的飘带线纹,象征着双耳,双眼间下面有三道弧线相连。上下端中部分别穿一系孔(见图 9-20)③。

仙坛庙 M51:2 兽首玉珠,器形很小,为不规则圆环状,直径约 1.1 厘米,厚 0.4 厘米,孔径 0.5 厘米,在一侧边雕出兽首,有微凸的双眼和象征性的长

---

① 参见普安桥中日联合考古队:《桐乡普安桥遗址早期墓葬及崧泽风格玉器》,载《浙北崧泽文化考古报告集(1996—2014 年)》,文物出版社 2014 年版,第 134—159 页;浙江省文物考古研究所、良渚博物院:《崧泽之美——浙江崧泽文化考古特展》,浙江摄影出版社 2014 年版,第 201 页。

② 参见普安桥中日联合考古队:《桐乡普安桥遗址早期墓葬及崧泽风格玉器》,载《浙北崧泽文化考古报告集(1996—2014 年)》,文物出版社 2014 年版,第 134—159 页;浙江省文物考古研究所、良渚博物院:《崧泽之美——浙江崧泽文化考古特展》,浙江摄影出版社 2014 年版,第 205 页。

③ 参见浙江省文物考古研究所、海宁市博物馆:《海宁达泽庙遗址的发掘》,载《浙江省文物考古研究所学刊》第 3 辑,长征出版社 1997 年版,第 94—112 页,线图见第 105 页图 13.6;古方主编:《中国出土玉器全集·浙江》,科学出版社 2005 年版,第 27 页;浙江省文物考古研究所、良渚博物院:《崧泽之美——浙江崧泽文化考古特展》,浙江摄影出版社 2014 年版,第 198、199 页。

吻,以及脑后的双耳(见图9-21)①。

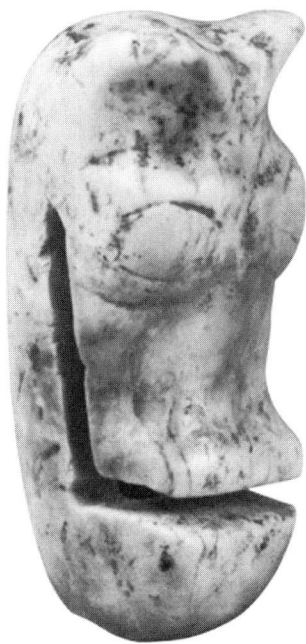

图 9-18　普安桥 M8:28 兽首玉饰

普安桥 M8：28 兽首玉饰与达泽庙 M10：4 兽首玉饰,以及普安桥 M17：2 兽首玉珠与仙坛庙 M51：2 兽首玉珠的兽首特征,与鳄鱼的首部特征可作比拟,可能象征着鳄鱼首部的形态。这可能是目前发现的年代最早的象征鳄鱼首部的一批玉雕作品②,也可能是目前发现的年代最早的一批象征龙的玉雕作品,可称为"龙首玉饰"与"龙首玉珠"。

崧泽文化晚期这批"龙首玉饰"与"龙首玉珠",年代在距今 5300 年之前。这种"龙首玉饰"与"龙首玉珠"出自普通墓葬中,墓主人的社会地位不高,不是氏族首领一类人物。这"龙首玉饰"与"龙首玉珠"还是一种普通的装饰品,其不可能显示当时已经形成对"龙"的特殊地位的认同感。

(二)良渚文化的"龙"遗存

良渚文化是由崧泽文化直接发展而来。目前发现的良渚文化的"龙"遗

---

① 参见浙江省文物考古研究所:《海盐仙坛庙的早中期遗存》,载《浙北崧泽文化考古报告集(1996—2014 年)》,文物出版社 2014 年版,第 160—186 页,线图见第 179 页图 19.2;古方主编:《中国出土玉器全集·浙江》,科学出版社 2005 年版,第 26 页;浙江省文物考古研究所、良渚博物院:《崧泽之美——浙江崧泽文化考古特展》,浙江摄影出版社 2014 年版,第 197 页。
② 参见朱乃诚:《夏商时期玉虎的渊源与流变》,《中原文物》2019 年第 2 期。

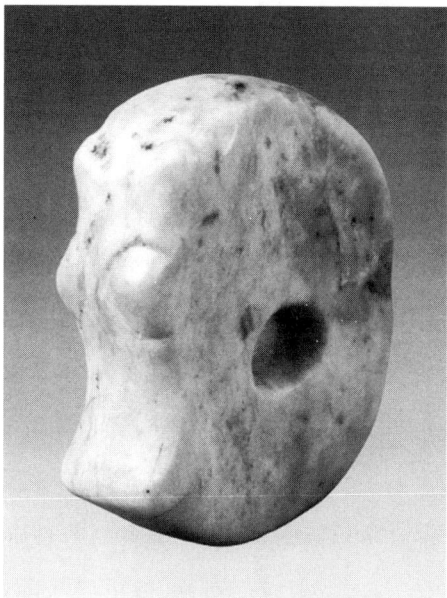

图 9-19　普安桥 M17:2 兽首玉珠

存有两种:一种是玉雕龙首,另一种是陶器上的刻画"龙"图案。

良渚文化玉雕龙首作品见于良渚文化早期与中期,是由崧泽文化"龙首玉饰"与"龙首玉珠"发展演化而来。

良渚文化早期有龙首玉珠与龙首玉冠状饰。龙首玉珠,器形与崧泽文化晚期的龙首玉珠接近,器物都很小,为圆环状,在一侧边雕出龙首,有微凸的双眼和象征性的长吻,以及脑后微凸的双耳(角)。如浙江省余杭官井头 M65:20 龙首玉珠,直径 1.6 厘米、孔径 0.7 厘米、厚 0.55 厘米(见图 9-22)①;官井

① 参见赵晔:《官井头——大雄山丘陵史前文化的一个窗口》,《东方博物》2013 年第 48 辑,彩图见第 14 页图二十;浙江省文物考古研究所:《良渚官井头遗址崧泽文化遗存》,载《浙北崧泽文化考古报告集(1996—2014 年)》,文物出版社 2014 年版,第 341—377 页;浙江省文物考古研究所、良渚博物院:《崧泽之美——浙江崧泽文化考古特展》,浙江摄影出版社 2014 年版,第 208 页下图。

图9-20 达泽庙 M10:4 兽首玉饰

头 M47:9 龙首玉珠,直径 1.4 厘米、孔径 0.4 厘米、厚 0.6 厘米(见图 9-23)①;余杭后头山 M18:1 兽首玉珠,直径 1.4 厘米、孔径 0.4 厘米、厚 0.6 厘米(见图 9-24)②。

良渚文化早期龙首玉冠状饰,将龙首饰于玉冠饰上部两端。如浙江省余杭官井头 M64:4 玉冠饰,器形很小,高 3.3 厘米、上宽 4.7 厘米、下宽 3.85 厘米、厚 0.35 厘米,在上部两端施刻龙首。龙首与器身垂直,面向上,额部靠外端,雕出微凸的双眼和凸鼓的吻部,以及双耳(角),两侧还刻出脸庞线(见图 9-25)③。

良渚文化早期的龙首玉珠是崧泽文化晚期的普安桥 M17:2 龙首玉珠与仙坛庙 M51:2 龙首玉珠的进一步演化。

---

① 参见赵晔:《官井头——大雄山丘陵史前文化的一个窗口》,《东方博物》2013 年第 48 辑;赵晔:《良渚玉器文史新证——官井头几件新颖良渚玉器的解读》,载《玉魂国魄:中国古代玉器与传统文化学术讨论会文集(六)》,浙江古籍出版社 2014 年版,第 243—255 页;浙江省文物考古研究所、良渚博物院:《崧泽之美——浙江崧泽文化考古特展》,浙江摄影出版社 2014 年版,第 208 页中图。

② 参见浙江省文物考古研究所、杭州市余杭文管会:《浙江余杭星桥后头山良渚文化墓地发掘简报》,《南方文物》2008 年第 3 期;第 31—49 页,线图见第 44 页图二五.15,彩图见封三.2;浙江省文物考古研究所、良渚博物院:《崧泽之美——浙江崧泽文化考古特展》,浙江摄影出版社 2014 年版,第 208 页上图。

③ 参见赵晔:《官井头——大雄山丘陵史前文化的一个窗口》,《东方博物》2013 年第 48 辑,彩图见第 14 页图十九;赵晔:《良渚玉器文史新证——官井头几件新颖良渚玉器的解读》,载《玉魂国魄:中国古代玉器与传统文化学术讨论会文集(六)》,浙江古籍出版社 2014 年版,第 243—255 页。

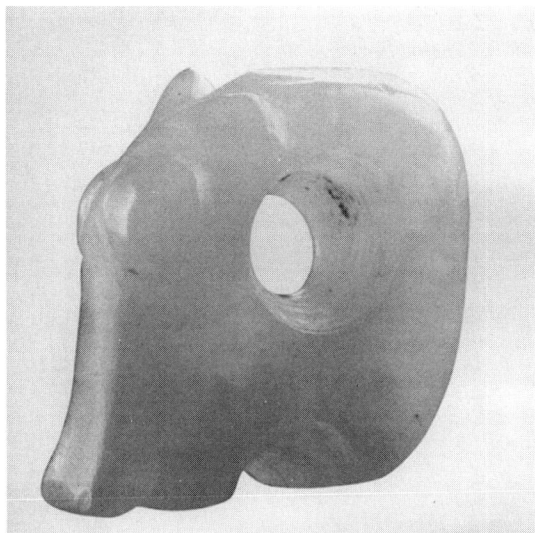

图 9-21 仙坛庙 M51:2 兽首玉珠

而良渚文化早期的玉冠饰上的龙首装饰则是崧泽文化晚期的普安桥 M8:28 兽首玉饰与达泽庙 M10:4 兽首玉饰的进一步演化。良渚文化早期随葬龙首玉珠与龙首玉冠饰的墓,规模都不大。良渚文化早期的龙首玉珠与龙首玉冠状饰是一种装饰品,还不能说明当时已经形成对"龙"的特殊地位的认同感。

良渚文化中期的玉雕龙首作品,数量较多,有龙首玉环、龙首玉牌饰等。如浙江省余杭瑶山 M1:30 玉镯,直径 8.2 厘米、孔径 6.2 厘米、高 2.65 厘米。在玉镯外壁四等分饰四个龙首(见图 9-26)①。

良渚文化中期玉琮等玉器上盛行施刻神人兽面纹饰。如浙江省余杭反山墓地 M12 墓葬出土的 M12:98 玉琮(见图 9-27)②、M12:100 玉钺③等玉器上的神人兽面纹饰。这种完整的神人兽面纹饰图像在反山墓地出土的玉器上有

① 参见浙江省文物考古研究所:《瑶山——良渚遗址群考古报告之一》,文物出版社 2003 年版,第 216 页彩图 13。

② 参见浙江省文物考古研究所:《反山》上册,文物出版社 2005 年版,第 56 页,图三八。

③ 参见浙江省文物考古研究所:《反山》下册,文物出版社 2005 年版,第 127 页,彩版二九八。

图 9-22　官井头 M65:20 兽首玉珠

26 个,而兽面纹饰图像在良渚文化玉器上发现数量很多。这种兽面纹饰实际上是由崧泽文化晚期的龙首经良渚文化早期的龙首演化而来,象征的是龙的正面形象。前述表明这种龙的原形是鳄鱼,良渚文化神人兽面纹饰图案表现的实际上是人骑鳄鱼的正面形象[1],即人骑龙的正面形象。

良渚文化中期的这类龙首装饰的玉器以及施刻神人兽面纹饰的玉器,大都出自贵族墓中。

---

① 参见朱乃诚:《凌家滩的玉人玉龙和良渚文化的神人兽面纹饰——神人兽面纹饰含义新探》,《海峡两岸古玉学会议论文集》,(台北)台湾大学地质科学系 2001 年版,第 259—268 页;朱乃诚:《夏商时期玉虎的渊源与流变》,《中原文物》2019 年第 2 期。

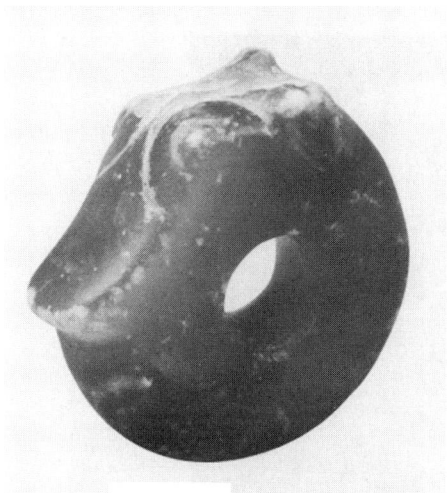

图 9-23　官井头 M47:9 兽首玉珠

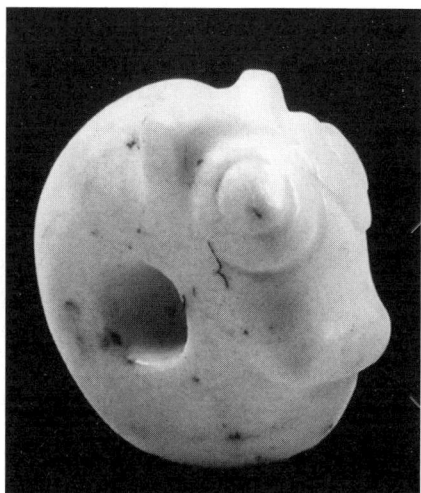

图 9-24　后头山 M18:1 兽首玉珠

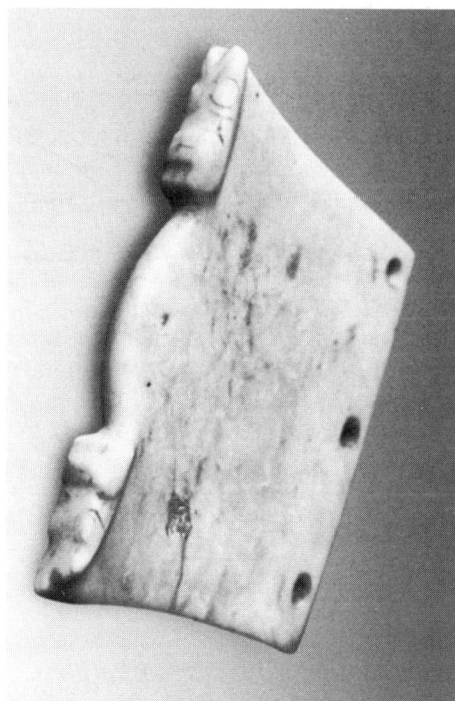

图 9-25　官井头 M64:4 兽首玉冠饰

图 9-26　瑶山 M1:30 玉镯

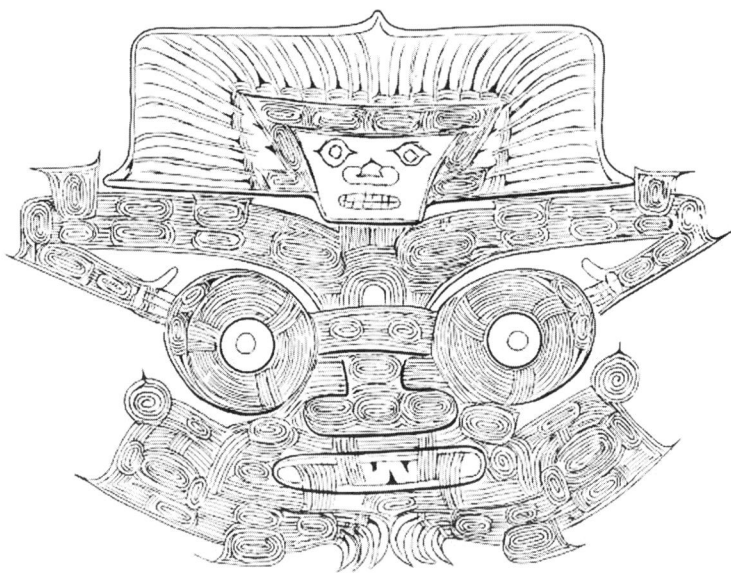

图 9-27　反山 M12:98 玉琮上神人兽面纹饰图像线图

　　良渚文化陶器上的刻画"龙"图案,主要见于良渚文化晚期。如 1997 年在浙江省海盐龙潭港良渚文化墓葬中出土的 1 件宽把陶杯的腹部刻画了一种

动物的纹样,是上下两条,形态相同(见图 9-28)①。2000 年前后在浙江省余
杭良渚遗址群内的庙前遗址又发现了刻画在陶器残片上的这种动物纹样的首
部和尾部纹饰(见图 9-29、9-30)②。早在 1936 年最初发现良渚遗址群时,施
昕更就曾发现了一件陶片上刻画有蟠曲身躯的动物纹样(见图 9-31)③。
2007 年,在浙江省余杭良渚遗址群内的城址发现的 1 件宽把陶壶的腹部刻画
了一种动物纹样(见图 9-32)④,重点表现了动物的首部。

图 9-28　龙潭港 M12 宽把陶杯及龙形纹饰

良渚文化陶器上施刻的这些动物纹样表现的可能是同一种动物,从首部
特征可知是鳄鱼。整个图案是已经抽象化的鳄鱼图案或是图案化的鳄鱼纹
样。诚然,良渚文化神人兽面之"兽"究竟是鳄鱼还是其他兽的图案,在学者
中见仁见智,但依据前述濮阳西水坡龙的原形是鳄鱼,良渚文化的这些陶器上
的刻画动物纹样若也是鳄鱼,则我们就可以把这些动物纹样称为"龙"图案。

————————————————

①　参见浙江省文物考古研究所、海盐县博物馆:《浙江海盐县龙潭港良渚文化墓地》,《考
古》2001 年第 10 期,图见第 36 页图一二.2。

②　参见浙江省文物考古研究所:《庙前》,文物出版社 2005 年版,第 236 页图一七五.3、4。

③　参见施昕更:《良渚——余杭县第二区黑陶文化遗址初步报告》,浙江省教育厅出版
1938 年版,插图四.1;朱乃诚:《良渚的蛇纹陶片和陶寺的彩绘龙盘——兼论良渚文化北上中原
的性质》,《东南文化》1998 年第 2 期。

④　参见浙江省文物考古研究所编:《浙江考古新纪元》,科学出版社 2009 年版,第 148 页。

也是一种龙文化现象,是龙文化遗存。

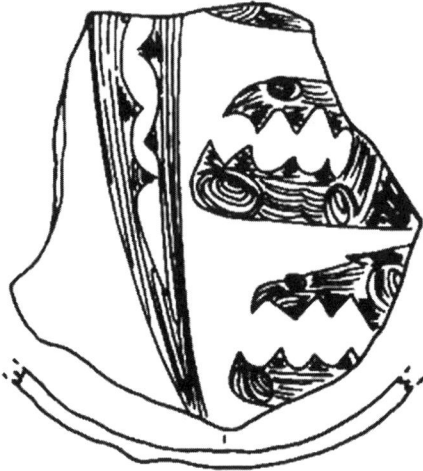

图 9-29 庙前 H3 残陶片龙首纹饰　　图 9-30 庙前 H3 残陶片龙尾纹饰

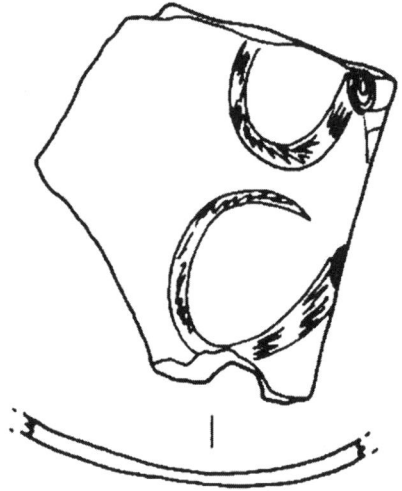

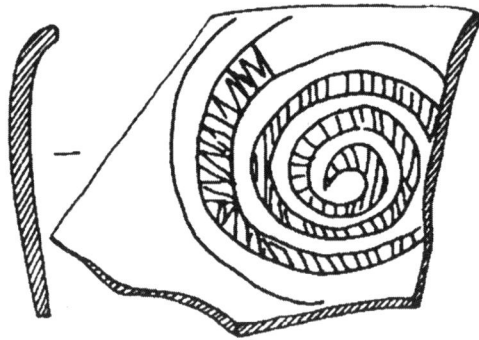

图 9-31 良渚蟠曲纹饰陶片

　　良渚文化早期龙首玉珠、龙首玉冠饰,年代约距今 5300—5000 年,出自规模不大的墓葬中,与崧泽文化晚期"龙首玉饰""龙首玉珠"的性质相同,是一种普通的装饰品,其不可能显示当时已经形成对"龙"的特殊地位的认同感。

　　良渚文化中期玉器上的"龙首"等龙文化遗存,年代在距今 5000—4800

图 9-32 良渚陶壶鳄鱼纹饰

年前后,而且大都出自贵族墓中,甚至是规模最大的"王陵"中,这显示当时"龙"的使用是在一个固定的人群中,而这个人群在当时社会上有一定的地位和影响,受到人们的尊重,在良渚文化中对这种"龙"形成了普遍的认同感。但是,良渚文化中期玉器上的"龙首"等龙文化现象,在良渚文化晚期被简化而直至消失。这种龙文化遗存及其体现的龙文化意识没有传承下来。

良渚文化晚期施刻"龙"图案的陶器,年代距今 4800—4300 年。这种陶器通常出自普通墓葬中,墓中随葬品主要为陶器,墓葬主人的社会地位不会太高,显示当时的"龙"图案是一种普通的装饰,反映了当时还没有形成对"龙"的特殊地位的认同感。而且这种陶器上的"龙"图案不久就消失了,没有传承下来。

综合上述可以看出,良渚文化中期已经形成了龙文化现象,产生了龙文化意识,形成了在一个区域内对龙文化的认同,但是,这些"龙"形象、"龙"图案,很快演化得面目全非,最终消失,在之后的中国历史上没有被继承发展下来。所以,良渚文化的"龙"遗存是处于中华龙文化意识起源阶段向形成阶段的过渡时期。

(三)石家河文化晚期的"龙"遗存

长江中游地区石家河文化晚期的"龙"遗存,已明确的是湖北省天门市石家河肖家屋脊 W6:36 玉盘龙,直径 3.8 厘米、体宽 1.2 厘米、厚 0.8 厘米,形态较为原始,龙首及其五官特征不明显(见图 9-33)[1]。这件玉雕盘龙出自一座瓮棺中。这座瓮棺是当时一个墓地中规模与档次最高的,随葬玉器 56 件,有玉神人头像、虎头像、蝉、飞鹰、璜、管、坠、笄、柄形饰、盘龙等。这座墓葬的

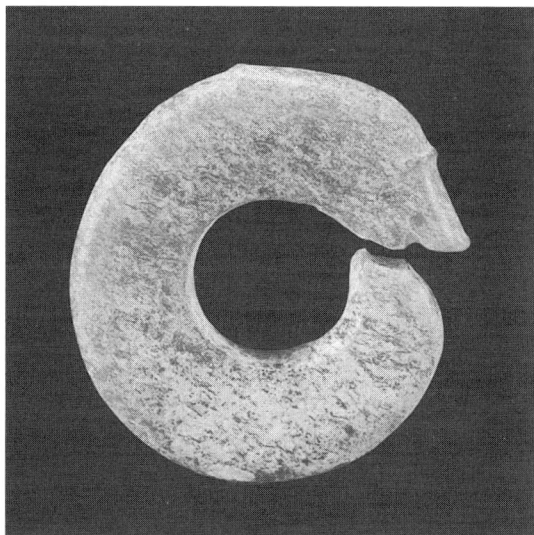

图 9-33　肖家屋脊 W6:36 玉盘龙

---

① 参见古方主编:《中国出土玉器全集·湖北·湖南》,科学出版社 2005 年版,第 9 页;荆州博物馆编著:《石家河文化玉器》,文物出版社 2008 年版,第 96 页。

主人应是当时社会某个部落或某一级社会组织的首领。这一现象似乎表明在长江中游地区的石家河文化晚期,龙文化意识已经形成。但是,其年代在公元前 2000 年前后。玉盘龙的形制,很可能与中原地区对江汉地区的文化影响有关。[①]

(四)二里头文化的"龙"遗存

主要分布在中原地区的二里头文化的"龙"遗存,分为两种。

一种是陶器上的刻画装饰图案。如二里头遗址出土的残陶器上的龙纹图案,刻纹较深,为一头二身,头朝下,梭形眼,凸鼻(见图 9-34)。[②] 又如二里头 VT210④B:3 残陶片上的龙纹图案,刻纹较细,龙首残缺,可辨有龙首部的眼,弯曲的躯体与长尾,飘逸的鬣和张扬的龙爪(见图 9-35)。[③]

图 9-34　二里头陶器上的龙形纹饰

---

① 参见朱乃诚:《论肖家屋脊玉盘龙的年代及有关问题》,《文物》2008 年第 7 期。

② 参见方酉生:《河南偃师二里头遗址发掘简报》,《考古》1965 年第 5 期。

③ 参见中国社会科学院考古研究所编著:《偃师二里头——1959 年—1978 年考古发掘报告》,中国大百科全书出版社 1999 年版,第 199 页。

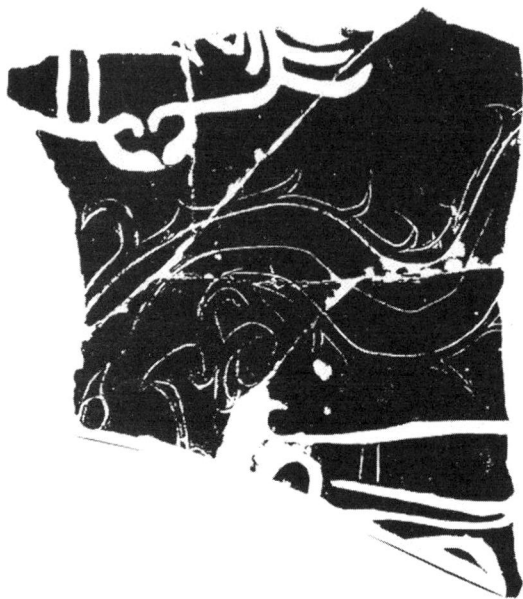

图 9-35　二里头 VT210④B:3 陶片上龙纹图案

　　另一种是绿松石片组合或镶嵌形成的"龙"遗存。这种"龙"遗存单独成器,一般出自墓葬。如二里头文化二期早段的二里头 2002VM3:5 绿松石龙形器(见图 9-36),由 2000 余片各种形状的绿松石片组合而成,底部的有机物已腐朽,仅存碧龙。长 64.5 厘米,中部最宽处 4 厘米。龙首部较大,为四边梯形,长 11 厘米,宽 13.6—15.6 厘米,由绿松石片粘嵌拼合成有层次的浅浮雕状。龙头略呈椭圆形,吻部略突出,两侧有卷曲弧线表现的龙须。以 3 节半圆形青、白玉柱组成额面中脊和鼻梁,鼻端为整块的蒜头状绿松石。眼为梭形,眼眶内另嵌绿松石为眼角,以弧凸面的圆饼形白玉为睛。龙身呈波状曲伏,从颈部至尾部以中脊线为中心,以绿松石片粘嵌有 12 个依次排列的菱形纹,龙尾内卷。在龙身中部有铜铃与玉质铃舌。[1] 又如二里头文化二

————————

　　[1]　中国社会科学院考古研究所编著:《二里头:1999—2006》肆,文物出版社 2014 年版,彩版一四四.2。

期晚段的二里头 81VM4:5 镶嵌
绿松石铜牌饰,平面呈长圆形,
中部内收。在铜牌饰上面粘嵌
绿松石片组合成以兽面纹为主
要特征的动物纹样。长 14.2 厘
米,宽 9.8 厘米(见图 9-37)。①
这种镶嵌绿松石铜牌饰一直延续
至二里头文化四期及四期之后,
形制也在不断地发生演化。如二
里 头 文 化 四 期 的 二 里 头
84VIM11:7 绿松石铜牌饰(见图
9-38)②、二里头 87VIM57:4 绿
松石铜牌饰(见图 9-39)。③

　　二里头文化的这两种龙文化
遗存,绿松石龙遗存出自墓葬中,
墓葬级别相对较高。如出绿松石
铜牌饰的墓,通常墓底铺朱砂,有
木棺,随葬品较为丰富,有铜器、
玉器、漆器随葬。铜器主要有铜

图 9-36　二里头 2002VM3:5 绿松石龙形器

铃,与绿松石铜牌饰一起位于人骨架的腰部。玉器有玉柄形饰、玉管、玉戚璧、
玉圭、玉刀、玉戈、玉月牙形器等。漆木器有漆钵、漆鼓、漆盒、漆觚、带柄容器
等。有的还有一组陶礼器和以海贝组成的颈饰等。从墓葬形制、随葬品种类

---

　　①　参见杨国忠:《1981 年河南偃师二里头墓葬发掘简报》,《考古》1984 年第 1 期。

　　②　参见杨国忠、张国柱:《1984 年秋河南偃师二里头遗址发现的几座墓葬》,《考古》1986
年第 4 期。

　　③　参见杜金鹏:《1987 年偃师二里头遗址墓葬发掘简报》,《考古》1992 年第 4 期。

图 9-37　二里头 81VM4:5
绿松石铜牌饰

图 9-38　二里头 84VIM11:7
绿松石铜牌饰

等现象推测,这些墓葬的主人是当时社会的贵族阶层。而陶器上的龙纹装饰,则显示当时的龙文化现象是一种较为常见的现象。

随葬大型绿松石龙形器的墓,位于宫殿的庭院中,社会地位更明确些。宫殿应是王室成员居住的,而宫殿庭院中的墓葬应与宫殿的主人有关系,可能是王室的成员,也可能是保卫或侍奉宫殿主人的近臣。这说明当时使用"龙"不是一般的贵族,而是与王室有关的重要贵族。这类贵族使用龙,尽管我们还不知道其使用方式和具体的作用,但可以明确"龙"在当时社会中,具有重要的作用与意义,与王室活动有着密切的关系。

从发现数量看,二里头文化时期,即距今 3750—3530 年,龙遗存是一种较为多见的现象,龙遗存与当时的王室活动密切相关,可能是当时王室文化的一部分。龙形象又大致相同,是当时社会上得到普遍认同的龙形象,而且龙形象

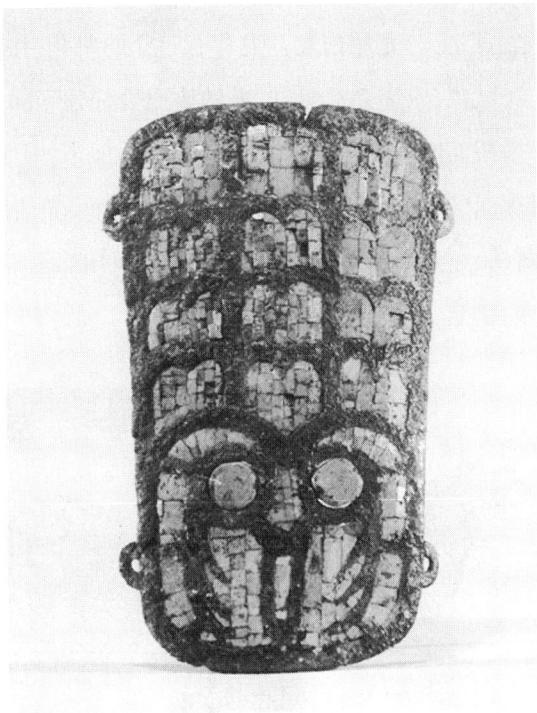

图 9-39　二里头 87VIM57∶4 绿松石铜牌饰

的早晚演化规律比较清楚。① 这类龙形象在商周时期得到了传承与发展,并经秦汉以降的演变,延续至今。这显示中华龙文化意识在二里头文化时期已经形成,其最初的形成可能更早些,应在二里头文化之前。

(五)夏家店下层文化的"龙"遗存

辽西地区夏家店下层文化的"龙"遗存,可分为两种。

一种是玉龙。如三星他拉玉龙,于 1971 年春在内蒙古翁牛特旗三星他拉村北山岗地表下挖出。呈墨绿色。龙体蜷曲,呈"C"字形。吻部前伸,嘴紧闭。鼻端截平,有对称双圆洞,为鼻孔。双眼突起呈细长梭形。额及颚底皆刻

---

① 参见朱乃诚:《二里头文化龙遗存研究》,《中原文物》2006 年第 4 期。

细密的方格网状纹。颈脊处有扁薄片状长鬣,弯曲上卷,末端尖锐。长21厘米,占龙体三分之一以上。龙尾内卷。龙背有对穿的单孔,孔外径0.95厘米、内径0.3厘米。经试验,以绳系孔悬挂,龙的头尾恰好处于同一水平线上。龙体通高26厘米,横截面略呈椭圆形,直径2.3—2.9厘米。① 这件大型玉龙是由一整块玉料雕琢而成,细部运用浮雕表现,通体琢磨,光洁圆润。龙体伸曲刚劲有力,长鬣高扬,显得极有生气(见图9-40)。② 1984年,孙守道论证这件玉龙是红山文化的作品,年代在距今的5000年。③

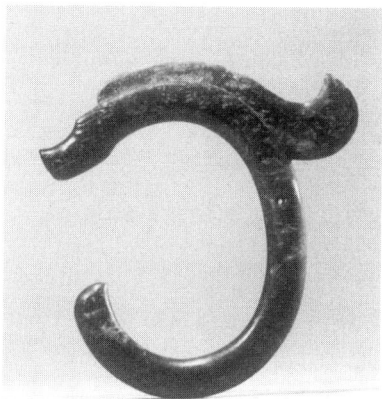

图9-40　三星他拉玉龙　　　　　　　　图9-41　黄谷屯玉龙

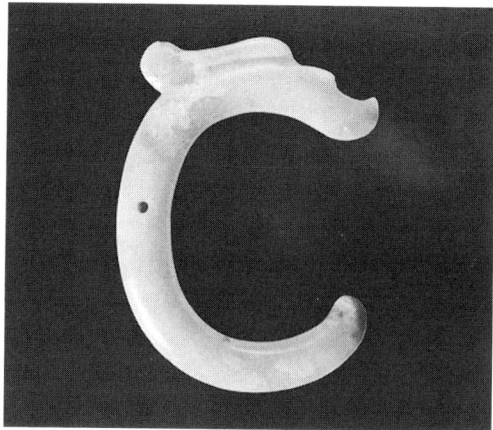

　　黄谷屯玉龙,于1987年在内蒙古翁牛特旗广德公乡黄谷屯(后来考证地名为东拐棒沟)出土,形制与三星他拉玉龙相同,只是器形略小,雕琢工艺较为粗劣、简单,龙颈脊部位的鬣长7.2厘米,比较短。④ 制作时利用玉石天然赭黄色石皮作为龙的吻部及尾端,使吻部及尾端的色泽与龙体为优质黄色不

---

　　① 参见翁牛特旗文化馆:《内蒙古翁牛特旗三星他拉村发现玉龙》,《文物》1984年第6期。
　　② 参见古方主编:《中国出土玉器全集·内蒙古·黑龙江·吉林·辽宁》,科学出版社2005年版,第17页。
　　③ 参见孙守道:《三星他拉红山文化玉龙考》,《文物》1984年第6期。
　　④ 参见贾鸿恩:《内蒙古又发现一件新石器时代玉龙》,《中国文物报》1988年4月8日。

同,呈赭黄色,具有玉器制作的俏色工艺特点(见图9-41)。①

关于这两件玉雕龙的年代,许多研究者认为是红山文化,年代在距今5000年前,并繁衍出许多与此相关的认识。但是,我们对此有不同的看法,认为这两件玉雕龙不是红山文化而可能是夏家店下层文化的作品,主要理由如下。

第一,玉雕龙首部的形态,与陶寺文化早期4条彩绘龙的最晚一条龙(见图9-46)的首部形态接近。而"C"形的龙躯又与蟠曲的蟠龙有联系,可能是蟠龙蟠曲形态的进一步发展演化所致。

第二,玉雕龙颈脊部位的飞鬣,见于二里头文化刻画在陶器上的龙纹(见图9-35)。

第三,玉雕龙的雕琢工艺相当进步,如三星他拉玉龙的细长梭形眼、下颌关节部位的表现方式(见图9-40),又如黄谷屯玉龙吻部及尾端的俏色工艺特点(见图9-41)。这些进步的玉雕工艺,通常是在距今4000年以后才产生。

这种玉雕龙的产生,可能与中原地区陶寺文化龙、二里头文化龙有联系,可能是陶寺文化龙在向二里头文化龙演化过程中产生的又一种龙的形态。

这两件玉雕龙发现于辽西地区,二里头文化时期的辽西地区分布着夏家店下层文化,夏家店下层文化中又存在彩绘龙。所以,我们推测这两件玉雕龙可能是夏家店下层文化的作品,年代可能在距今4000—3400年。诚然,我们的这一看法属于学术探讨,还有待于考古学上地层的证据。

另一种是彩绘陶器上的彩绘龙图案(见图9-42)②。彩绘陶器大都出自墓葬中,是聚落墓地中级别较高的墓葬才出彩绘陶器。

辽西地区夏家店下层文化中使用"龙"的应该都是当时的贵族,只是这个贵族的层次目前尚不能明确。这种现象显示辽西地区在距今4000—3400年

---

①　参见古方主编:《中国出土玉器全集·内蒙古·黑龙江·吉林·辽宁》,科学出版社2005年版,第18页。

②　参见孙守道:《三星他拉红山文化玉龙考》,《文物》1984年第6期。

的夏家店下层文化时期,龙文化意识已经形成。但是,夏家店下层文化中的龙文化遗存不是辽西地区文化传统自身发展而产生的,而是在受到二里头文化的影响下形成的。①

图 9-42 大甸子彩绘龙

(六)陶寺文化的"龙"遗存

陶寺文化的"龙"遗存,目前发现有 4 件彩绘蟠龙纹陶盘,分别出土于山西省襄汾陶寺遗址的 M3072、M3073、M2001、M3016 等 4 座大墓中。属于陶寺文化早期,年代在距今 4400—4150 年。

陶寺 M3072:6 彩绘蟠龙纹陶盘,口径 40.7 厘米,高 9 厘米,在内壁以红彩在黑色陶衣的底色上绘出红、黑相间的蟠龙纹,蟠龙蟠曲一圈多,图案鲜艳醒目,盘心绘圆形红彩,已磨蚀不清(见图 9-43)②。

---

① 参见朱乃诚:《红山文化兽面玦形玉饰研究》,《考古学报》2008 年第 1 期;朱乃诚:《论三星他拉玉龙的年代》,《中国社会科学院古代文明研究中心通讯》2008 年第 15 期。
② 参见中国社会科学院考古研究所、山西省临汾市文物局:《襄汾陶寺——1978—1985 年考古发掘报告》第二册,文物出版社 2015 年版,第 616 页图 4-119。

图 9-43　陶寺 M3072:6 彩绘
蟠龙纹陶盘

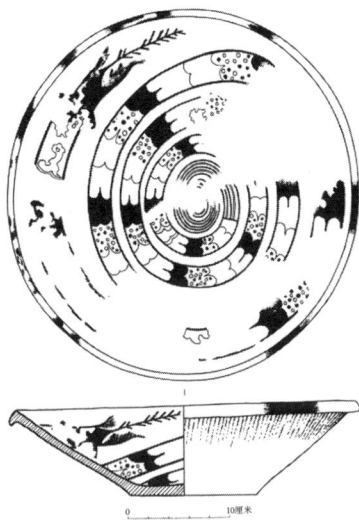

图 9-44　陶寺 M3073:30 彩绘
蟠龙纹陶盘

陶寺 M3073:30 彩绘蟠龙纹陶盘,口径 34.4 厘米,高 8.7 厘米,在内壁以红、白二色在黑色陶衣的底色上绘出红、白、黑相间的蟠龙纹,蟠龙蟠曲 5 圈,龙尾蟠卷至盘心。蟠龙的绘制十分精致,但彩绘脱落,大部分残损不清(见图 9-44)①。

陶寺 M2001:74 彩绘蟠龙纹陶盘,口径 40.9 厘米,高 11.6 厘米,在内壁以红、白二色在黑色陶衣的底色上绘出红、白、黑相间的蟠龙纹,蟠龙蟠曲两圈(见图 9-45)②。

陶寺 M3016:9 彩绘蟠龙纹陶盘,口径 36.6 厘米,高 6.8 厘米,在内壁以红彩在黑色陶衣的底色上绘出红、黑相间的蟠龙纹,蟠龙蟠曲近两圈,盘心绘

---

　　①　参见中国社会科学院考古研究所、山西省临汾市文物局:《襄汾陶寺——1978—1985 年考古发掘报告》第二册,文物出版社 2015 年版,第 618 页图 4-121。
　　②　参见中国社会科学院考古研究所、山西省临汾市文物局:《襄汾陶寺——1978—1985 年考古发掘报告》第二册,文物出版社 2015 年版,第 617 页图 4-120。

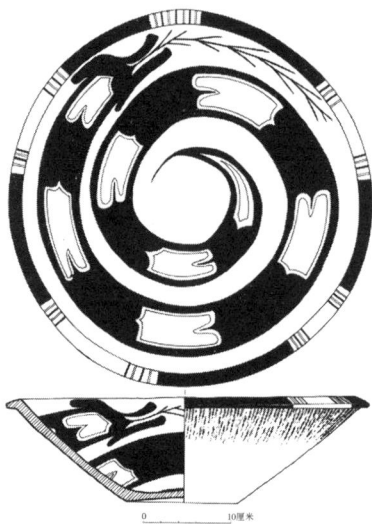

图 9-45　陶寺 M2001:74 彩绘
蟠龙纹陶盘

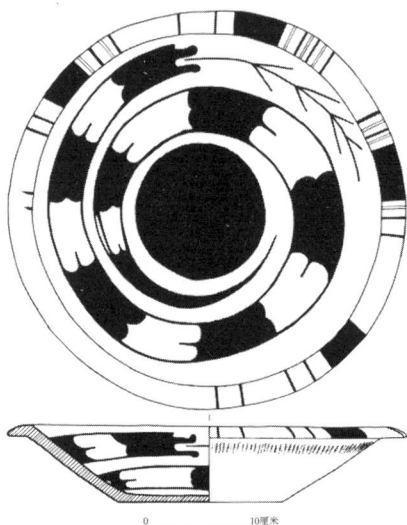

图 9-46　陶寺 M3016:9 彩绘
蟠龙纹陶盘

大圆形红彩(见图 9-46)。①

　　陶寺遗址发掘墓葬 1300 多座,发现的大墓只有 6 座(另外两座大墓分别是 M3002、M3015),其中只有 M2001 一座大墓是基本完整的。M2001 大墓,宽 2.52—2.54 米,长 2.9 米。有长方形木棺,木棺表面涂成朱红色,棺内铺朱砂,仰身直肢。随葬品丰富、精致,而且未经扰动,位置明确,有 77 件。其中陶器 31 件(3 件陶斝、14 件陶豆、2 件陶壶、2 件陶尊、4 件大口陶罐、1 件陶盂、1 件小口高领折肩陶罐、1 件陶瓶、1 件单耳小罐、1 件彩绘蟠龙纹陶盘、1 件陶灶,其中朱绘、彩绘陶器 26 件),彩绘木器 29 件(1 件木案、5 件仓形器、16 件木豆、1 件木俎、2 件圆木案、1 件木盆、3 件其他木器),玉石器 5 件(1 组玉骨组合头饰、1 件腕饰、3 件石厨刀),骨蚌器 8 件(5 件骨匕、1 件骨镞、2 枚蚌指

_____

　　① 参见中国社会科学院考古研究所、山西省临汾市文物局:《襄汾陶寺——1978—1985 年考古发掘报告》第二册,文物出版社 2015 年版,第 614 页图 4-118。

环),已炭化腰饰、臂饰各1件,不明彩绘痕迹2处,9件猪骨。[①] 其他被破坏的5座大墓,规模与规格比M2001大墓更大、更高。

4件彩绘蟠龙纹陶盘都见于大墓中,表明只有大墓的墓主人才有资格随葬彩绘蟠龙纹陶盘,而且每墓只有1件。这显示彩绘蟠龙纹陶盘的规格很高,蟠龙图案非同一般纹饰,在当时社会上应具有特殊的含义。

陶寺6座大墓,规模大,随葬品丰富、精致,不仅有彩绘陶器、彩绘漆木器,而且大都还有木俎、木匣、成套大型石厨刀,以及石磬、土鼓、鼍鼓等大型礼乐器随葬。这6座大墓是当时王室成员的墓葬,彩绘蟠龙纹陶盘仅限于王室成员使用。仅限于王室成员使用的龙文化遗存应是当时"王室文化"的组成部分。这表明在陶寺文化早期已经形成了龙文化意识。

三、中华龙文化的形成

依据以上对考古发现的距今5500—3530年近两千年内"龙"遗存及其社会作用与意义的分析,可以看出中华龙文化的最初形成,是在陶寺文化早期,大致在距今4400—4150年的中原地区。

在陶寺文化早期,"龙"的含义得到了升华,升华为王室的一种文化因素。而"龙"的形象也脱离了动物实体的形态,并且逐渐向威严神秘而神圣的象征性形象演化。这显示"龙"的社会意义有了很大的提高,文化含义自然就丰富了。"龙"与王室文化相结合,成为王室文化的组成部分。这是中华龙文化形成的主要社会背景。

陶寺文化早期的"龙"遗存与二里头文化的"龙"遗存在年代上没有衔接,相隔约300年,反映在"龙"的形象上,两者存在明显的区别。但是,二里头文化中与龙遗存关系密切的铜铃,以及漆器、重要墓葬铺撒朱砂等现象,都可追

---

① 参见中国社会科学院考古研究所、山西省临汾市文物局:《襄汾陶寺——1978—1985年考古发掘报告》第二册,文物出版社2015年版,第458—462页,第460页图4-38(A),第461页图4-38(B)。

溯至陶寺文化。所以,推测二里头文化的"龙"遗存的前身应与陶寺文化的"龙"遗存有联系。二里头文化龙形象在商周时期得到了传承与发展,并经秦汉以降的演变,延续至今,而其源头可能是陶寺文化早期的龙。这显示陶寺文化早期的"龙",是目前所知传承至今最早的龙遗存。

陶寺文化早期作为王室文化组成部分的抽象形"龙"形象的出现,并且传承至今,标志着"中华龙文化"及其"中华龙"概念的形成。

第四节　中华龙文化的起源和形成

文献记述的炎黄时代的龙文化现象,大都是西周以来对先祖文化的追记,其中不免存在着对先祖的美化或对龙文化内涵的夸大成分。而考古发现的距今6000—4000年前后的龙文化遗存,则印证了文献记述的炎黄时代的龙文化现象有一定的史实背景。

考古发现的年代最早的龙文化遗存,距今6000年,大体与狭义的炎帝时代的年代接近,反映了炎帝时代存在着龙文化现象。而考古发现的陶寺文化和二里头文化的龙遗存,则与《左传·昭公二十九年》记述的尧舜时期"有畜龙"以及夏孔甲时乘龙与养龙的现象可以互相印证。

陶寺文化中的龙遗存是王室文化的组成部分,文献所记尧舜时期"畜龙"现象属王室活动的文化内容,两者也能互相印证。如果再结合夏代后期二里头文化中存在着大量高档次的龙文化遗存,显示文献所记的夏后氏、禹以龙为化身,蛇龙与夏族、与禹有着文化上的密切关系,应当有着一定的史实背景。

尧舜时期的龙文化现象是当时王室活动的文化内容,龙与王的关系密不可分,将龙作为王室部族的名号、徽号,不是不可能。

由于距今6000年确实存在着龙文化现象,尧舜时期的龙文化现象确实与王室有关,后人在追记炎帝、黄帝时期的文化现象时,将尧舜时期的王室与龙关系的文化现象,运用在炎帝、黄帝及同时期的重要部族及其首领身上,这是完全有可能的。当然,也不排除炎帝、黄帝及同时期的重要部族及其首领与龙文化有着直接的关系,这有待考古的进一步发现与研究证实。

依据以上的分析,可以看出中华龙文化是在炎黄时代起源与形成的。其中尧舜之前是中华龙文化的起源阶段,而且存在着多元起源的可能。从河南濮阳西水坡的龙形象来看,它主要脱胎于鳄鱼这种动物;从山西襄汾陶寺出土的蟠龙形象来看,王震中提出这类龙主要脱胎于蛇蟒。① 总之,是因为龙这种"动物"与人们的活动发生了关系,并逐步具有了社会文化的含义,才有了龙文化的产生。

尧舜时期是中华龙文化的形成时期。这一时期中华龙文化的形成还与中国文明的诞生有关。因为考古发现的陶寺文化早期的龙遗存、龙的形象,由实体动物形象转变为威严、神秘而神圣的象征性形象,并且限于在王室成员中使用。这与陶寺文化的社会发生了质的变化有关,其主要原因,是中原地区在陶寺文化早期,文明就已经诞生了。

迄今对陶寺遗址的考古发掘成果显示,在彩绘蟠龙纹陶盘流行的陶寺文化早期,大约在公元前 2400 年至公元前 2150 年,除了出现王室大墓外,还出现了宫城与宫殿建筑,面积约 1000 平方米的大型窖藏区,以及一批与宫殿建筑相匹配的高档次的文化遗存。这些现象说明当时作为国家的管理机构已经在运行,文明已经诞生。② 这些现象充分显示,中华龙文化的形成是与中国文明的诞生同步的。

中华龙文化的起源与形成可以追溯至距今 6000—4000 年的炎黄时代。中华龙文化意识在文明形成之后又不断地得到了强化与发展,逐步使得龙成

---

① 在王震中"有爪之龙"与"无爪之龙"的分类中,河南濮阳西水坡的龙形象主要脱胎于鳄鱼,山西襄汾陶寺出土的蟠龙形象主要脱胎于蛇蟒。参见王震中:《龙的原型与神性》,载《重建中国上古史的探索》,云南人民出版社 2015 年版,第 55—66 页。

② 朱乃诚:《中国文明的起源与形成》,《信阳师范学院学报》2019 年第 3 期;又见本书第七章。

为中华民族的象征。中华龙文化的起源与形成以及发展这个过程,说明"龙"是中华民族的象征具有 6000 年的历史背景和文化根基,也说明中国人自称"龙的传人"是具有丰富、翔实的历史依据与长期的文化积淀的。

中华龙起源、形成、发展的这种历史背景和文化根基,不是虚构,而是炎黄文化持续不断发展的结果。

第十章　炎黄与中华传统文化

　　炎黄与中华传统文化,作为炎黄学的研究内容,阐释的是炎黄与中华民族的文化自觉,即"生活在一定文化中的人对其文化有自知之明"①。那么,首先要回答的是炎黄在哪里? 作为历史或本体的炎黄,邈远无极,无影无形,何其遥远;作为记忆或描述的炎黄,则以各种记忆符号存在于我们日常生活中,可视可见,充满温情和敬意,又何其现实! 因此,我们研究炎黄与中华传统文化,实际上研究的是炎黄记忆与中华传统文化,属于认识论范畴。

　　当以中华民族的文化自觉为主线,审视所有炎黄记忆符号时,炎黄学是距我们最近的一幅,最清晰可辨。为了重构以往的炎黄记忆,从距我们最近的炎黄记忆符号出发,由今及古地"逆推"已知景象的历史起点时,我们发现:炎黄学是炎黄文化的学科化;炎黄文化是炎黄记忆传统的再创造,是一种新的炎黄记忆符号;炎黄记忆是炎黄传说的固化或文本化;炎黄传说是各种炎黄记忆符号的最初形态,是炎黄记忆的历史起点。而当我们从炎黄记忆的历史起点出发,由古及今地"顺述"其结构过程时,我们则发现,炎黄传说时代的文化,经考古学印证是中华文化的源头;中华文化最基本的文化基因,蕴含于各种炎黄记忆文本中;20 世纪 80 年代兴起的新"炎黄热",实质上是炎黄记忆传统的再

---

① 费孝通:《关于文化自觉的一些自白》,《学术研究》2003 年第 7 期。

发现或再创造,也是中华传统文化复兴的表征;炎黄文化的学科化成果,炎黄学的问题意识则是以学科化传承发展中华优秀传统文化。

如此"逆推顺述式"的研究①,很难通过发现新材料,成就新学问。毕竟新材料总有发现完的时候;若不能发现新材料也不能坐吃山空、守株待兔!况且炎黄学"发现新材料"的机会十分有限。我们更期待"从人人能看得到、人人已阅读过的旧的普通史料中研究出新的问题"②。因此,我们的研究将接续"史观派"解释历史的研究取向,研究活动主要集中在叙述和诠释层面;而对古史传说的客观性追求,"不在于它的真相而在于它存在的客观性"③。也就是暂时放弃具体的历史考辨,把记忆或描述的炎黄视为时人和后人为表达文化新期待凝聚而形成的历史记忆,或许能在远古史实考辨的断港绝潢之处,另辟一条历史诠释的新途。

第一节　炎黄与中华文化的源头

本体的炎黄何其遥远,而最初走近我们的是炎黄传说。已有学者把炎黄文化称之为"发端于炎黄时代并在炎黄时代以后对炎黄传说进行阐发的文化"④。也有人把炎黄学定义为"研究炎黄时代所发生的文化,历代对炎黄传说所进行的阐释、认同和重构的文化,以及炎黄二帝发祥与迁徙之地和炎黄文化的传播之地所发生的文化的学科"⑤。至于已涉入炎黄与炎黄文化研究的主体学科,史学家侧重的是诠释炎黄传说的史籍记载所包含的实际意义及炎黄时代的历

---

① 参见赵世瑜:《中国历史人类学研究的三个概念》,《清华大学学报》2018 年第 1 期。

② 严耕望:《治史三书》,上海人民出版社 2007 年版,第 21 页。

③ 顾颉刚:《答李玄伯先生》,载顾颉刚:《顾颉刚古史论文集》,中华书局 2011 年版,第313 页。

④ 高强:《近百年炎黄文化研究的回顾与思考》,载王俊义主编:《炎黄文化研究》第五辑,大象出版社 2007 年版,第 31 页。

⑤ 霍彦儒:《炎黄学论纲》,载赵德润主编:《炎黄文化研究》第十四辑,大象出版社 2012 年版,第 60 页。

史地位；考古学家更关注炎黄传说与中国考古学文化的联系；哲学家企图概括炎黄传说的抽象意义及对中国古史传说认识的一般法则。① 虽各有所见，但都以炎黄传说为研究对象。炎黄学研究炎黄与中华文化，同样应以炎黄传说为逻辑起点②，依据炎黄传说内容，确定传说所处历史时代及其在中华文化中的地位。

一、炎黄传说

中华民族和世界上其他民族一样，在文字尚未成为历史载体之前，有一段漫长的传说时代；人们以口耳相传的形式保存过去的历史。如钱穆在《国史大纲》中称"各民族最先历史无不从追记而来"③。炎黄及炎黄时代的历史文化就是靠人们口耳相传得以留存至今，其间由于借助不同媒介呈现为多样的记忆文本。④ 如至今仍鲜活地存在于我们的日常生活中的口述歌谣故事，系最原始形态的炎黄传说；部分传说内容大约传至战国时期，经后人追记，始"行之于笔墨，著之于简册"⑤，成为研究炎黄学的主要文献依据；也有的传说内容在流传过程中被物化为物质留存，最具典型意义的是黄帝陵、炎帝陵等；还有的炎黄传说历经历史沉淀而以风俗习惯、宗教仪式等非物质文化遗产形式融化为一种文化传统，如持续不断的炎黄祭祀活动。以各种形式保存至今的炎黄传说，不仅内容丰富、文本多样，而且地域分布极其广泛。2002 年，中华炎黄文化研究会整理出版的《炎黄汇典·民间传说卷》，从陕西、河南、河北、甘肃、湖南、湖北、四川、山西、山东、浙江、贵州、云南、重庆等 13 个省市采

---

① 参见田晓岫：《炎黄文化的民族学思考》，载黄爱平、王俊义编：《炎黄文化与中华民族》，中国人民大学出版社 1996 年版，第 84、92 页。

② 王震中认为，"从学科的归属上讲，古史传说既不能单纯地归属于神话学，也不能单纯地归属于历史文献学，而把它放入炎黄学之中，学科归属则可得以理顺"。参见王震中：《炎黄学：炎黄文化研究的创造性转化与创新性发展》，《信阳师范学院学报》2018 年第 3 期。

③ 钱穆：《国史大纲》，商务印书馆 2010 年版，第 8 页。

④ 参见尹全海：《炎黄记忆传统的当代表达——炎黄学叙论》，《信阳师范学院学报》2018 年第 3 期。

⑤ 西周金文中追美祖先，最多及于文王、武王，春秋时的齐国器叔尸钟，才提到成汤、禹，战国时齐国器，陈侯因资簋，其中有"高祖黄帝"之语。

录的"带着浓郁乡土气息和民族多地域特征、至今还活在老百姓口头上的200余篇民间传说"①,按传说内容分为"炎帝篇""黄帝篇""蚩尤篇""战争篇""文明篇"5类②,基本上包括了炎黄传说的主要内容。

关于炎黄传说的意义与价值,是炎黄学研究争议最为集中的话题。李学勤甚至认为,"从现代的古代史和考古学的角度,怎样看待我国世代相传的炎黄二帝事迹,是一个长期没有得到解决的课题"③。所谓"长期没有得到解决",起因是20世纪初兰克史学传入中国,被"史料派"("实证派")全盘接受,以实证史学方法研究中国古史,认为没有当时系统文字记载的历史不能称之为信史;"古史辨派"以广义史学质疑先秦诸子至司马迁确立的"古史框架",本质上质疑的是以文献为研究对象的狭义史学的治学传统,从而回答"何为历史"及"如何研究历史",而不是中国传统疑古思想的延伸。④ 与之对应的是郭沫若等以马克思主义理论研究中国古史,关注的是"如何解释历史",由此形成两种不同的中国古史系统。针对20世纪以来学界对古史传说的两种不同态度⑤,徐旭生提出"传说时代历史的研究方法",主张把传说和神话的价值区分开来,挖掘古史传说的"历史素地",尹达认为要揭示古史传说的背景和内涵,"需结合考古学研究"⑥。钱穆和郭沫若则强调"远古历史有相当一部分是通过传说留在古文献的"。若排斥或删除古史传说的意义与价值,不仅其史料价值"将成为一个永远无法统计的未知数",古史传说中炎黄二帝的事迹也将永远得不到解释,而且仅仅依靠不会说话的历史文献和见物

① 贾芝:《民间传说与历史》,《炎黄春秋》增刊《炎黄文化研究》第10期,《炎黄春秋》杂志社2003年,第28—29页。
② 参见贾芝主编:《炎黄汇典·民间传说卷》,吉林文史出版社2002年版,第1—2页。
③ 李学勤:《古史、考古学与炎黄二帝》,载王俊义、黄爱平编:《炎黄文化与民族精神》,中国人民大学出版社1993年版,第14页。
④ 参见徐旭生:《中国古史的传说时代》,科学出版社1960年版,第1、21—22页。
⑤ 郭沫若认为,在对待古史传说上有两种倾向:一种是把传说当作真人真事,进行烦琐考证,结果是治丝益棼;另一种是对传说材料持全盘否定的态度。参见郭沫若主编:《中国史稿》第1册,人民出版社1976年版。
⑥ 尹达:《衷心的愿望——为〈史前研究〉的创刊而作》,《史前研究》1983年第1期。

不见人的考古发现,还原或重建的中国古史"将不成为一个整体"①。炎黄学不排斥炎黄传说在古史研究中的意义和价值,将在广义历史层面及"上古史三幕剧"中,确认考古材料、古史传说和历史文献各自扮演的角色及其意义。

二、炎黄时代

运用考古资料、古史传说和文献记载,搭建炎黄时代的时空框架,并将其纳入中国古史系统,是炎黄学研究的重要内容;要确认炎黄传说内容所处的年代,首先要明确炎帝和黄帝之间的关系及先后时序。

关于炎帝、黄帝二者的关系,在先秦文献中二帝常是并提的,如《国语·晋语》记曰:"昔少典娶于有蟜氏,生黄帝、炎帝。黄帝以姬水成,炎帝以姜水成。成而异德,故黄帝为姬,炎帝为姜。二帝用师以相济也,异德之故也。"据此可知炎黄二帝是古史传说中同时并存和发展于不同地域的史前时期的两个伟大人物。因其成长地域不同而分为姬姓和姜姓;因其所处同一时代而在军事上或对抗或合作。至于炎黄二帝的先后时序,首推《系辞传》对古史传说时代先后的划分:"庖牺氏没,神农氏作,神农氏没,黄帝、尧、舜氏作",司马迁《史记·五帝本纪》亦记有"轩辕之时,神农氏衰",炎帝应在黄帝之前。但据《史记》所载黄帝事迹,先是黄帝"教熊罴貔貅䝙虎,以与炎帝大战于阪泉之野,三战,然后得其志",又遇"蚩尤作乱,不用帝命,于是黄帝乃征师诸侯,与蚩尤战于涿鹿之野,遂禽杀蚩尤","诸侯咸尊轩辕为天子,代神农氏"②。在传播和接受的历史叙事中,黄帝的地位一下子超越了炎帝,以至于较早编排古史系统的《大戴礼记》及《史记》之后的文献,炎黄叙述顺序变成了黄帝、炎帝,也有文献是在叙述黄帝事迹时提到炎帝。

确定炎黄二帝的先后时序之后,接下来即可探讨炎黄传说所处的年代。关于中国古史的年代、世系,以《史记》十表记最早,其中《十二诸侯年表》始于

---

① 苏秉琦:《试论传说材料的整理与传说时代的研究》,载苏秉琦:《苏秉琦文集》二,文物出版社 2009 年版,第 58 页。

② (汉)司马迁:《史记》,中华书局 2013 年版,第 3 页。

共和元年(公元前841年),之前仅有《三代世表》,而无年;三代以上,既无年,也无世,只有帝系,说明中国古史纪年最早为共和元年,之前无记载。根据2000年公布的"夏商周断代工程"的标志性成果,夏的始年为公元前2070年①,从而把我国的历史年代由公元前841年向前推进了1200多年。据司马迁《史记·五帝本纪》记载可知,夏、商、周"三代"之前是黄帝、颛顼、帝喾、唐尧、虞舜"五帝时代"。按照"由已知推未知"的进路,依据"夏商周断代工程"确认的夏的始年为公元前2070年等已知信息,再依据《春秋命历序》所记五帝时代的帝世、年数和历史年代:"黄帝传十世,1520年;颛顼传九世,350年;帝喾传十世,400年;帝舜一世,50年"②,以及古本《竹书纪年》说,"黄帝至舜为三十世"等。可推知帝舜一世50年,当在公元前2120年至公元前2070年,帝喾十世400年,当在公元前2520年至公元前2120年,颛顼九世350年,当在公元前2870年至公元前2520年,黄帝十世1520年,当在公元前4390年至公元前2870年。③ 如此五帝时代从公元前4390年至公元前2070年,前后延续2000多年。另按《三皇本纪》司马贞注,炎帝"凡八世,530年",炎黄时代当在公元前4920年至公元前2870年,距今约7000—5000年。当然,炎黄时代的年代框架,学界尚未完全一致,有距今7000—5000年之说④,有距今6000—4000年之说⑤,也有距今5000—4500年之说⑥,但五帝时代的下限距今4000年左右,与"夏商周断代工程"的结论是一致的。至此,传统史学中国古史体系广义的炎黄

---

① 夏商周断代工程专家组:《夏商周断代工程1996—2000年阶段成果报告》(简本),世界图书出版公司2000年版,第82页。
② 许顺湛:《五帝时代研究》,中州古籍出版社2005年版,第26页。
③ 许顺湛:《炎黄文化研究的回顾与展望》,载赵德润主编:《炎黄文化研究》第十二辑,大象出版社2011年版,第21页。
④ 参见王震中:《三皇五帝传说与中国上古史研究》,载《中国社会科学院历史研究所学刊》第七集,商务印书馆2011年版。
⑤ 参见刘宝才:《论炎黄时代》,载《先秦文化散论》,陕西人民出版社2001年版,第17页。
⑥ 参见李伯谦:《考古学视野的三皇五帝时代》,载王俊义主编:《炎黄文化研究》第八辑,大象出版社2008年版,第128页。

时代,对应于考古学文化的新石器时代中晚期,社会形态属于从部落联盟到族邦联盟①,或古国诞生初期②,主要经济生活方式有农业、畜牧业和手工业。

三、中华文化的源头

至今所见流传于民间和文献记载的炎黄传说,很多内容是有关炎黄二帝的造器故事。如先秦文献,《周易·系辞下》记曰,"包牺氏没,神农氏作,斫木为耜,揉木为耒,耒耨之利,以教天下";另有"日中为市,致天下之民,聚天下之货,交易而退,各得其所"之记载。《白虎通义》认为,正因为炎帝"制耒耜,教民农作,神而化之,使民宜之,故谓之神农也"。《淮南子·修务训》还记有神农"尝百草之滋味,水泉之甘苦,令民知所避就,当此之时,一日而遇七十毒"之民间传说。据此可知,炎帝是原始农业、医药的发明者和集市交易的首倡者。黄帝的创造活动更多。黄帝不仅"时播百谷草木,淳化鸟兽虫蛾",还"刳木为舟,剡木为楫",是舟车的发明者;"伐木构材,筑作宫室,上栋下宇,以避风雨",是宫室的发明者;"垂衣裳而天下治,作冕作衣",是衣冠的发明者;"采首山之铜,铸鼎荆山之下",开展铜器冶炼。黄帝元妃嫘祖"始教民养蚕",黄帝史官仓颉"始作文字",黄帝臣胡曹"作衣裳服九章",等等。

传说是对存在的描述而不是存在本身,炎黄传说反映的是炎黄时代的文明特征并不一定对应于具体的人。为恢复和重构这一失落的远古文明记忆,蒙文通、傅斯年和徐旭生等都曾提出过探索方向,而李玄伯断言,"要想解决古史,唯一的方法就是考古学。若想解决这些问题,还要努力向发掘方面走"③。但 20 世纪 30 年代前后的中国考古发现不够充分,炎黄传说无法与考古资料进行比照;而没有考古学参与印证的炎黄传说仍然是描述的文本而不

---

① 参见王震中:《中国古代国家的起源与王权的形成》,中国社会科学出版社 2013 年版。
② 参见李伯谦:《中国古代文化历程的启示》,《人民日报》2015 年 3 月 6 日。
③ 李玄伯:《古史问题的唯一解决方法》,载顾颉刚:《顾颉刚古史论文集》,中华书局 2011 年版,第 317 页。

是史实本身。随着中国新石器考古取得的新进展,这个问题将得到解决。比如,安阳殷墟的发掘,《史记》所记载的商代被考古学证实了。依据考古工作者在磁山、裴李岗文化和老官台文化发现的许多磨制精致的石斧、石铲、石镰等石质农具,以及石磨棒、石磨盘之类的粮食加工工具,①说明传说中炎黄时代属于开始使用末耜进行农业生产的粗耕农业阶段。仰韶文化遗址,如陕西华县柳子镇等遗址发现的稻壳灰迹,郑州大河村遗址发现高粱,西安半坡村遗址发现菜籽,可视为黄帝"播种五谷"的历史留存。仰韶文化姜寨遗址发现的黄铜片,甘肃马家窑文化东乡林家遗址和蒋家坪遗址发现有青铜刀和铜渣表明,黄帝在河南灵宝一带"采首山铜铸鼎"及"黄帝作冶"之传说并非无稽之谈。河南舞阳贾湖遗址发现的龟甲契刻符号,可印证黄帝部族创造文字是完全可能的。② 因此,炎黄时代的考古学文化,有距今 8000—7000 年的中原地区裴李岗文化、冀南豫北地区磁山文化、渭水流域老官台文化,以及距今7000—5000 年左右的仰韶文化。其中老官台文化和仰韶文化半坡类型是以炎帝及部族为首亦包括一部分黄帝部族而创造的,属于新石器时代中晚期;裴李岗文化和仰韶文化后岗类型是炎黄两集团发展到中原之后以黄帝及其部族为首而创造的该族较早的文化,为新石器时代中晚期。③ 而主要分布于黄河

---

① 参见苏秉琦主编:《中国通史·序言》,上海人民出版社 2018 年版,第 7 页。
② 有学者认为,甲骨文还不是最早的文字。甲骨文 4500 个字,发展到《说文解字》9353 个字,约历 1500 多年,而传说中的黄帝时代到甲骨文时代,亦约历 1500 多年,所需时间正好与传说中的黄帝史官仓颉造字的年代相衔接,从而印证了仓颉造字传说的可信度。洪成玉:《祭祀是中华文化的重要组成部分》,载黄帝陵基金会编:《黄帝祭祀与中华传统文化学术研讨会论文集》,陕西人民出版社 2007 年版,第 11 页。
③ 李绍连:《炎帝和黄帝探论》,《中州学刊》1989 年第 5 期;《炎黄文化与炎黄子孙》,《中州学刊》1992 年第 5 期。杨亚长根据考古发现和古史传说资料初步推测:"分布于关中地区的老官台文化和仰韶文化半坡类型为炎帝族的考古学文化,分布于河南中部的裴李岗文化为黄帝族的早期文化,分布于豫北、冀南地区的仰韶文化后岗类型和分布于黄河中游地区的仰韶文化庙底沟类型为黄帝族战胜蚩尤族和炎帝族之后的考古学文化。"参见杨亚长:《炎帝、黄帝传说的初步分析与考古学观察》,《史学史研究》1987 年第 4 期。王震中则认为,创造渭河流域至豫西的仰韶文化(包括半坡类型和庙底沟类型)的主人既有炎帝族亦有黄帝族。参见王震中:《三皇五帝传说与中国上古史研究》,载《中国社会科学院历史研究所学刊》第七集,商务印书馆 2011 年版。

中游地区的仰韶文化庙底沟类型则是炎黄时代炎黄两集团共同创造的。

　　我国新石器时代中晚期考古发现表明,类似于文字的龟甲契刻符号、铜器及炼铜活动、宫殿庙宇及大型建筑等文明要素,在与炎黄时代相对应的仰韶文化遗址中均有发现。而且仰韶文化(庙底沟类型)、河南(中原)龙山文化、二里头文化,与夏商周三代相继,考古学文化发展序列连续而清晰。据此可知炎黄时代的文化是中华文化的源头,是炎黄奠定中华文化的第一座基石。

第二节　炎黄记忆与中华文化的基本特征

　　传说和历史在本质上都是个人或群体对过去的记忆;炎黄及炎黄时代的历史文化就是借助炎黄传说得以保存至今的。炎黄记忆不仅是炎黄后裔对炎黄传说的保存和传播,还包括炎黄后裔的解释和建构活动,并在历史长河中固化为不同的记忆文本。分布于单个区域的炎黄记忆文本,属于区域性历史记忆,但其所保存的文化基因是超越单个区域之上、为中华民族所共享的文化传统,反映的是中华文化的基本特征。比如,炎黄传说"二事并重"特征以及炎黄作为中华文化的象征,反映的是中华5000多年文明绵延不断、历史悠久的特征;炎黄遗存分布的广泛性及地方文献所载的炎黄事迹,体现的是中华文化源头的多元性与文化发展的统一性特征;炎黄子孙寓意在时间上的传承性和空间上的开放性特征,及其持续不断的始祖祭祀传统,从一个侧面反映了中华文化的连续性。[①]

一、炎黄是中华文化的象征

　　自董仲舒倡导"独尊儒术",人们都认为孔子是中华文化的象征。但孔子是春秋末年鲁国人,晚年修订《六经》,创立儒学,毕生精力投身于平民教育事

---

　　① 考虑到本书设计有"炎黄文献"和"炎黄祭祀与国家认同"专章内容,本章仅就炎黄传说、炎黄遗存和炎黄子孙三种炎黄记忆文本所反映的中华文化基本特征展开论述。

业,倡导"有教无类",是中国著名的教育家思想家,是中国历史上精神文明的集大成者,"对中华民族精神文明的发展作出了重要的贡献,但对于物质文明的发展却影响不大"①。在孔子创立儒学以前的炎黄时代,以黄河流域和长江流域为中心的中华文化就在孕育、形成,且已有了高度发展。现代考古学已经印证炎帝神农氏和黄帝轩辕氏是中华文化的开创者,炎黄时代的文化是中华文化的源头,"中华文明的生命力、凝聚力和创造性的主要遗传基因,也形成于炎黄时代"②。著名学者张岱年在研究炎黄传说与民族精神时发现,炎黄传说有"三事并重"之特征。三事即"正德、利用、厚生"。正德,端正品德;利用,便利器用;厚生,丰富生活。按照张岱年的解释,"正德是提高品德,利用是改进技术,厚生是使生活丰足起来,兼重精神与物质"。这是对文化内容的全面概括。从炎黄传说的事迹看,一部分内容反映的是炎黄发明创造活动,如尝百草种五谷,养蚕制衣,制作舟车房屋,饲养牲畜,制造各种器物等,几乎涉及中国古代物质文明的所有层面。③ 还有一部分内容反映的是炎黄二帝的精神创造④。如黄帝娶妻、黄帝战蚩尤、黄帝梦游华胥、黄帝鼎湖升天等传说,蕴含着中华民族深厚的价值意识。而黄帝娶王母娘娘的侍女嫘祖为妻的神话,表达的是人们对黄帝不以貌取人、为民谋利(养蚕)的赞美;黄帝战蚩尤的神话,反映的是人们对黄帝一统华夏诸邦、实现部族融合,使百姓安居乐业的期盼。传说黄帝"修德振兵",与炎帝战于阪泉之野、与蚩尤战于涿鹿之野,开创天下诸侯"咸尊黄帝为天子"的和平局面,反映其爱好和平、以战促和的精神;炎帝为发明医药,亲尝百草,误食断肠草而亡的传说故事,反映的是炎帝"和药济人"的奉献精神。从炎黄追溯中华文化的起源,其蕴含的明显特点就是人文精神

---

① 张岱年:《炎黄传说与民族精神》,载王俊义、黄爱平主编:《炎黄文化与民族精神》,中国人民大学出版社 1996 年版,第 8 页。

② 罗琨:《炎黄时代与中华文明基因的形成》,载黄爱平、王俊义编:《炎黄文化与中华民族》,中国人民大学出版社 1996 年版,第 6、9 页。

③ 参见于右任:《黄帝功德记》,陕西人民出版社 1987 年版,第 28—37 页。

④ 参见本书第六章"炎黄时代的辉煌创造"第二节"炎黄时代的精神创造"。

和创造精神；炎黄二帝致力于发明创造以造福于民，本身就是"自强不息、厚德载物""刚健有为""以民为本"的具体体现。

从物质文明与精神文明同等重要的意义上讲，炎黄传说所见的炎黄二帝致力于发明创造，从衣食住行到弓箭、文字，以至音乐、舞蹈，以造福于人民，及其发明创造活动所体现的"创新精神""奉献精神""以战止战、爱好和平的精神"，都是中华民族最基本的文化基因。与自谓"述而不作"的孔子而言，炎黄二帝是中国上古时代伟大的"作者"，不仅是中国古代物质文明的集大成者，也是中国古代精神文明的奠基者；①孔子创建儒学，与之前的黄帝、周公，之后的董仲舒、朱熹等一样，是中国历史上不同时期精神文明的集大成者。炎黄不仅是中华人文始祖，还是中华民族始兴和统一的象征；中华文化以始祖称说，更易完整反映中华5000多年文明绵延不断、历史悠久的特征。

二、炎黄遗存与中华文化源头的多元性

考古发现已经证明，中华文明起源的各个因素不是产生于一个地方，而是分别酝酿和出现于若干个地区，黄河流域和长江流域都是中华民族和文化的摇篮。从炎黄故里、归葬地及其活动地域的历史遗存分布，以及地方文献所载的炎黄事迹分析，有人主张炎帝的活动地域主要在长江流域和南方地区，黄帝的活动地域主要在黄河流域和中原地区，所谓"南炎北黄说"。事实上，在长江流域，除了随州炎帝故里和神农架有关炎帝的历史遗存、地方文献及民间传说之外，宜昌附近还有轩辕洞和黄帝之妻嫘祖庙等黄帝遗存，说明黄帝的活动也流传到长江流域。而炎帝故里除随州之外，先秦文献所说的"炎帝以姜水成"的地望，许多学者都主张是在宝鸡，且宝鸡有关炎帝的遗物、传说也并不次于随州。此外，黄帝在涿鹿大战蚩尤，而较为传统的说法则认为蚩尤是南方

---

① 也有学者认为炎黄时代的文化具有"器物—制度—精神"三位一体的文化学意义。参见陈昆满、王晓清：《现代民族源典与人文传统精神》，载湖北省炎黄文化研究会编：《炎黄文化与现代文明》，武汉出版社1993年版，第119页。

苗蛮的祖先①,以至于东夷、西戎、南蛮、北狄等种族部落的祖先,也都是中华文化源头的组成部分。②

目前所见具有代表性和较大影响的炎黄遗存,主要有陕西黄陵黄帝陵、湖南炎陵炎帝陵、湖北随州神农故里、河南新郑轩辕故里、陕西宝鸡炎帝祠、湖北宜昌嫘祖庙、四川盐亭嫘祖故里、河北涿鹿大战遗迹、河南灵宝黄帝铸鼎原、山西上党(高平)炎帝文化遗迹等十处。其中,河南两处(新郑轩辕故里、灵宝黄帝铸鼎原),陕西两处(黄帝陵、宝鸡炎帝祠),河北一处(涿鹿大战遗址),山西一处(上党炎帝文化遗迹),湖南一处(炎帝陵),湖北两处(随州神农故里、宜昌嫘祖庙),四川一处(盐亭嫘祖故里)。当然,全国有炎黄文化遗存的地方,远不止十处③。至今所见,描述炎黄遗存的地方志书,涉及全国 25 个省市自治区,炎黄传说遍布全国 13 个省市,④炎黄影响地域之大、范围之广,由此可见一斑。

由于远古时代祖先下葬时是"不封不树",人们今天看到的炎黄遗存,无论作为历代国家祭祀场所,或是民间拜祖圣地,没有一个是当时的实际陵墓,都是后来的人造物像。但从民俗学的角度看,凡由地方志书收录记载,或经文人墨客以诗歌传诵,以及由民间故事物化而成的炎黄遗存,都是炎黄二帝(族)曾在那里生存和活动过,是中华民族繁衍生息的土地。有人将如此现象称为中华文明起源的"两河流域",即黄河流域和长江流域。⑤ 当然,黄河流域

① 参见钱伯文:《蚩尤,与黄帝、炎帝并为中华三大始祖》,《群文天地》2011 年第 4 期;顾永昌:《蚩尤族属及其历史地位》,《黔东南民族师专学报》1998 年第 3 期。
② 参见田昌五:《古代社会断代新论》,人民出版社 1982 年版,第 36—52 页;李侃:《炎黄文化与现代文明的初步思考》,载湖北省炎黄文化研究会编:《炎黄文化与现代文明》,武汉出版社 1993 年版,第 33 页。
③ 参见鲁谆:《图文兼备相得益彰》,载《炎黄春秋》增刊《炎黄文化研究》第 10 期,《炎黄春秋》杂志社 2003 年,第 27 页。
④ 参见张岱年:《永恒的炎黄情结》、贾芝:《民间传说与历史》,载《炎黄春秋》增刊《炎黄文化研究》第 10 期,《炎黄春秋》杂志社 2003 年,第 17、28 页。
⑤ 参见李学勤:《古史、考古学与炎黄二帝》,载郑杰祥主编:《炎黄汇典·文论卷》,吉林文史出版社 2002 年版,第 462 页。

的文化和长江流域的文化,成为中华文明的源头并不是偶然的。至少从新石器时代开始,黄河、长江这两大河的中下游地区条件是最优越的,那里的文化发展水平一直处于领先地位,到铜石并用时代,这些地区都先后表现出走向文明的迹象,其他地方的居民要想获得先进文化的信息和帮助,就必须同这个地区的文化保持一定的关系,无形中发展了一种文化向心作用。[1] 如此文化向心的结果是中华文明从"满天星斗"的文明源头[2],即一幅"万邦"林立的画卷,发展到三代王朝国家形成时的"三代之居,皆在河洛之间",反映了中华文化文明起源的多元性及发展的统一性特征。

炎黄遗存分布的广泛性,是炎黄记忆空间分布的表征。有炎黄活动史迹的地方才有相应的炎黄传说和地方文献记载;而炎黄遗存是炎黄传说或炎黄文献的物化,其历史源头是炎黄活动的史迹。炎黄传说、炎黄遗存、地方性炎黄文献,以及炎黄祭祀活动,形式上分布于若干单个区域,属于区域性历史记忆,但其所保存的文化基因,是超越单个区域之上、为中华民族所共享的历史记忆和文化传统,是中华民族最基本的文化基因。

三、炎黄子孙与中华文化的连续性

有学者研究,1906 年 7 月,《复报》发表《〈新民丛报〉非种族革命论之驳议》称"就令天不佑汉,不能尽恢复中原,使得祖国一片干净土以为炎黄子孙驻足地"为"炎黄子孙"概念之首出[3],这显然不是炎黄学的研究对象。文献所见陈侯因𫍣簋"其惟因扬皇考,绍踵高祖黄帝"之铭文,为黄帝后人血缘追认之最早记载,也就是炎黄子孙的最初寓意。《国语·晋语》以"黄炎之后"描

---

① 　参见严文明:《炎黄传说与炎黄文化》,载王俊义、黄爱平编:《炎黄文化与民族精神》,中国人民大学出版社 1993 年版,第 58 页。

② 　费孝通将 20 世纪 70 年代末苏秉琦提出的中国文明起源"满天星斗"及"区系类型理论"之下的文明"多元论"和严文明在《中国史前文化的统一性和多元性》演讲中提出的中国史前文化的"重瓣花朵结构",总结为多元一体模式。

③ 　参见高强:《炎黄子孙称谓的源流与意蕴》,三秦出版社 2006 年版,第 153 页。

述鲧与黄帝、共工与炎帝之血缘关系,开启"黄炎之后"对炎黄的线性溯源。《国语·鲁语》称:"有虞氏禘黄帝而祖颛顼,郊尧而宗舜;夏后氏禘黄帝而祖颛顼,郊鲧而宗禹;商人禘舜而祖契,郊冥而宗汤;周人禘喾而郊稷,祖文王而宗武王。"直接把黄帝作为虞、夏、商、周四代帝王的共同祖先。至司马迁作《五帝本纪》,"自黄帝至舜禹,皆同姓而异国号","三代之系皆黄帝后裔";"黄帝后裔"由是成为秦汉至明清2000多年中华帝国的传承符号,或可谓之道统与治统合一。20世纪初,黄帝的血缘追溯发生根本变化,先是1908年同盟会在东京遥祭黄陵首称"我皇祖轩辕黄帝",及至1935年中国国民党中执监委员会致祭中华民族始祖轩辕黄帝,司马迁《五帝本纪》建构的"帝王谱系"被纳入中华民族发展脉络中;"黄帝后裔"成为中华民族的象征。1983年1月2日,廖承志在全国归侨、侨眷、侨务工作者先进个人和先进集体表彰大会上说:归侨、侨眷和海外侨胞,都是炎黄子孙,伟大祖国的女儿。此时作为中华儿女基干的炎黄子孙寓意包括中华民族在内的全球华人、华侨,统称中华儿女。炎黄子孙的当下性寓意才是炎黄学的研究对象。①

作为中华儿女基干的炎黄子孙的当下性特征,并不仅仅是近代国族建构的产物,而是其最初寓意的历史延续。一方面,司马迁《史记》设计的古史框架,夏商周三代帝王及其支裔,尽管族别不同,发祥地各异,都尊奉黄帝为共同始祖,都是黄帝子孙,"蛮夷戎狄"华夏边缘诸国之国君,也自称黄帝后裔,祖祭黄帝。如春秋末期吴王自认为姬姓之国。"吴太伯,太伯弟仲雍,皆周太王之子","自太伯作吴,五世而武克殷,封其后为二:其一虞,在中国;其一吴,在夷蛮"。越国之君为"禹之苗裔,夏后少康之庶子",亦属黄帝之裔。西戎秦人以黄帝后裔之姻亲自称,其先祖"帝颛顼之苗裔孙,子孙或在中国,或在夷狄"。南蛮楚国之先祖"高阳者,昌意之子也"。原被华夏视为蛮夷戎狄的华

---

① 1983年6月18日,邓小平会见出席北京科学技术政策讨论会的外籍华人专家时说"我们都是炎黄子孙"。参见虞家复、柴世宽:《记邓小平同志会见外籍科技专家》,《瞭望》1983年第7期。

夏边缘族群,借由"炎黄子孙"纳入华夏之内。《史记》描述的炎黄子孙,无论是作为民族还是文化,在空间上是一个开放、模糊的边界,不具有排他性。正所谓"夷狄入中国,则中国之;中国入夷狄则夷狄之"[①],炎黄文化由是成为中华民族的传统文化。

另一方面,司马迁《史记》以族谱格式设计的古史框架,列传隶属世家,世家隶属本纪,本纪之首为"五帝","五帝"首书黄帝,被之后的正史、地方志书和姓氏族谱接受、仿效。《史记》之后,无论是汉人建立的朝代,还是少数民族建立的朝代,官修一代之史同称"正史",且"上记轩辕,下至于兹"。汉晋地方志书同样以黄帝为本土历史叙述起点,如晋人常璩著《华阳国志》,叙述巴蜀历史起源时称:"黄帝为其子昌意娶蜀山氏之女,生子高阳,封其支庶于蜀,世为侯伯。"晋末边塞"五胡"入居华北,北方少数民族纷纷南下建立政权,皆尊奉黄帝、夏禹为祖先,他们的上层不仅有汉姓,而且还溯及与炎黄的家族记忆。如《晋书》称鲜卑人为"有熊氏之苗裔,世居北夷"。慕容氏自称"高阳氏之苗裔"。《周书》称北周皇室宇文氏"其先出于炎帝神农氏",稽胡是"匈奴别种"。唐宋之后,科举取士,更多的士族之家直接或间接成为黄帝后裔。家族族谱"姓氏源流"功能之一,就是把一群人的起源与黄帝直接或间接连在一起。

作为炎黄学的研究对象,炎黄子孙是一种当下性存在及当下性寓意,时间上的传承性和空间上的开放性特征,寓意中华文化是中国各民族共同创造的,不会因政治权力的转移出现文化中断或断层。秦汉之后延续 2000 多年的中华帝国,不断出现改朝换代,无论是统一时期的汉唐、明清,还是割据时期的魏晋南北朝、五代十国;无论是汉人建立的政权,还是其他少数民族建立的政权,都承认自己是炎黄子孙。炎黄子孙及其不绝如缕的炎黄祭祀活动,从侧面反

---

① 王学典:《中华文化再出发的伟大时刻已经到来》,《学习时报》2018 年 2 月 2 日。

映了中华文化的连续性特征。①

第三节　炎黄文化与中华传统文化的复兴

　　炎黄文化貌似久远,如有人称炎黄文化萌生于距今 5000 年左右的炎黄时代,实乃 20 世纪 80 年代之后,伴随着中国改革开放进程,人们从中华传统文化中发现并提炼而成、用于推动中国改革开放事业的文化软实力,即我们所说的炎黄文化。炎黄学研究的炎黄文化,是炎黄记忆传统在当代复活、改造或创造的产物,是一种"被发明的传统"。如同有研究者认为黄帝文化的内容包括"黄帝的历史史迹、历史记载、神话传说和历代对黄帝的赞颂、信仰、祭祀等内容"②一样,炎黄文化是对历史上已经形成的炎黄记忆符号,如炎黄传说、炎黄文献、炎黄遗存、炎黄祭祀的再创造,是一种新的炎黄记忆符号。在炎黄记忆传统被发明或再创造过程中,炎黄文化的广义化、中华炎黄文化研究会的学术旨趣及其关于炎黄与中华文化研究的标志性成果,以及以恢复或重建的炎黄祭祀活动为代表的新"炎黄热",可谓中华传统文化复兴的重要表征。

一、炎黄文化的广义化

　　广义的炎黄文化既包括炎黄二帝及其时代的文化,亦包括炎黄子孙所创造的文化。仅就从炎黄子孙创造的文化而言,炎黄文化似为一个晚近的概念,从概念内涵的逻辑一致性观察,先有炎黄子孙,后有其传承的炎黄文化,即炎黄子孙创造的文化。炎黄子孙作为炎黄学的研究对象,既有历史意义,亦有当

---

　　① 参见刘庆柱:《中华文明五千年不断裂特点的考古学阐释》,《中国社会科学》2019 年第 12 期。

　　② 赵馥洁:《论黄帝文化中历史与价值融合的特征》,载王俊义主编:《炎黄文化研究》第七辑,大象出版社 2008 年版,第 24 页。

下性寓意。所谓当下性寓意,即 1983 年 1 月 2 日,廖承志在全国归侨、侨眷、侨务工作者先进个人和先进集体表彰大会上说的归侨、侨眷和海外侨胞,同年 6 月 18 日,邓小平会见出席北京科学技术政策讨论会的外籍华人专家时说的"我们都是炎黄子孙"①。结合 1990 年初中华炎黄文化研究会注册成立时,国家民政部建议将"炎黄二帝巨型塑像筹备委员会"更名为"中国炎黄文化研究会"这一事实②,"炎黄文化"一词首次提出的时间,应该是在 1983—1990 年,至于最早时间现已难确考;该词被广泛使用于 20 世纪 90 年代初,学术界是没有异议的。

　　由于对炎黄文化的研究对象、研究目的和意义有不同理解,以至于何为炎黄文化,学界至今仍有狭义、中义、广义三种表述。狭义的炎黄文化是指炎帝和黄帝时代的中国文化,也就是本章所阐释的"炎黄时代的文化",是中华文化的根源和龙头。中义的炎黄文化是指"发端于炎黄时代并在炎黄时代以后对炎黄传说进行阐发的文化,如黄老学、托名炎黄的典籍,中医学里的黄帝、神农,道教中的炎黄,民间的炎黄传说,历代对炎黄的祭祀,历代对炎黄二帝的研究"。高强、霍彦儒等认为"中义的炎黄文化概念,既突破了狭义炎黄文化的时间限制,又弥补了广义炎黄文化失之宽泛的不足"③。广义的炎黄文化不仅是炎黄时代的文化,而且是"始于炎黄二帝,前后承接不断、相沿至今的中国传统文化",或强调"泛指中华文化"。如戴逸认为,"我们所说的炎黄文化,通常是指中国各民族祖先共同创造的历史文化成果的总和",李侃也曾指出:"炎黄文化的内涵,不但早已大大超出了传说中炎黄时代的文化,而且也大大超出了封建时代的文化。它已经成为从古到今一脉相承而又不断发展、不断

　　①　虞家复、柴世宽:《记邓小平同志会见外籍科技专家》,《瞭望》1983 年第 7 期。

　　②　参见尹全海:《炎黄记忆传统的当代表达——炎黄学叙论》,《信阳师范学院学报》2018 年第 3 期。

　　③　高强:《近百年炎黄文化研究的回顾与思考》,载王俊义主编:《炎黄文化研究》第五辑,大象出版社 2007 年版,第 31 页;霍彦儒《炎黄学论纲》,载赵德润主编:《炎黄文化研究》第十四辑,大象出版社 2012 年版,第 60 页。

更新的中华民族文化的总体代称。"①王震中在界定炎黄文化的概念时称,"广义的炎黄文化不但包括炎黄二帝及其时代所创造的文化,也包括炎黄子孙所创造的文化,冠以炎黄文化实际上与中华传统文化具有一致性"②。目前多数学者所说的炎黄文化,即为广义的炎黄文化,也就是中国传统文化,这恰恰是我们的问题意识。

我们的关注点不是人们如何界定炎黄文化的定义,即人们"到底在说什么",而是把人们对炎黄文化的定义作为研究炎黄文化的文本,从炎黄文化的多元定义,特别是社会各界普遍从广义理解、研究和阐释炎黄文化这一现象出发,发现其背后的深层结构关系,揭示人们"到底想说什么"。换言之,我们更感兴趣的是,通过文献地层学发掘发现,是什么样的社会情境导致炎黄文化的多元定义和广义化?仅从改革开放之初,人们热衷于从中华传统文化中挖掘用于推动中国改革开放事业的优势资源这一普遍现象观察,社会各界更愿意相信炎黄文化就是中国传统文化,或是中华传统文化的代称,并希望借助炎黄文化这一特定符号,推动中华传统文化再度复兴,助力改革开放。也正因为如此,我们把炎黄文化视为 20 世纪 80 年代之后,在中国改革开放大背景下提炼而成的一种新炎黄记忆符号。

二、中华炎黄文化研究会的学术旨趣

1991 年在北京成立的中华炎黄文化研究会,不仅是 20 世纪 80 年代新"炎黄热"达到高潮的标志,还在此后的学术研究中主导着炎黄文化的阐释方向。时任中华炎黄文化研究会执行会长萧克在中华炎黄文化研究会成立大会

---

① 戴逸:《研究炎黄文化,建设现代文明》;李侃《炎黄文化与现代文明的初步思考》,载湖北省炎黄文化研究会编:《炎黄文化与现代文明》,武汉出版社 1993 年版,第 21、30 页;李侃:《炎黄文化与创造精神》,载王俊义、黄爱平编:《炎黄文化与民族精神》,中国人民大学出版社 1993 年版,第 135 页。

② 王震中:《〈炎黄文化研究〉与文化走出去战略》,载赵德润主编:《炎黄文化研究》第十六辑,大象出版社 2013 年版,第 5 页。

上的讲话中明确指出：辉煌灿烂的中华文化是中国各族人民共同创造的。
"中国文化的融合，开始众派分流，然后汇成巨川，最终奔向大海，形成以炎黄
文化为主体的波澜壮阔的中华民族文化。近年来亦称之为中华炎黄文化"①。
中华炎黄文化研究会研究的炎黄文化就是中华文化，即广义的炎黄文化；而且
中华炎黄文化研究会"从一开始，就从广义上来理解、研究和弘扬炎黄文化，
并以此来开展工作"②。炎黄文化研究会成立之初，就以修建凝聚中华儿女感
情的炎黄二帝塑像，办好《炎黄春秋》杂志，筹备编纂《中华文化通志》，作为认真
抓好的三项具体工作。至 2010 年，中华炎黄文化研究会联合各地学术团体，通
过举办以"炎黄文化与民族精神""炎黄文化与现代文明""炎黄文化与中华民
族""黄帝与中华传统文化""黄帝祭祀与中华传统文化"等为主题的学术研讨
会，宣传中华文化，推动中华传统文化研究。汇聚炎黄二帝及其时代历史文化
资料的 8 卷本《炎黄汇典》和会通中华 5000 年文化精神的百卷本《中华文化通
志》，分别于 2002 年、2010 年出版。至于中华炎黄文化研究会主办的《炎黄文化
研究》杂志，最初十年是以《炎黄春秋》增刊的形式出现的。自 2004 年开始出版
的《炎黄文化研究》，其办刊宗旨"就是取广义的炎黄文化概念，弘扬中华人文始
祖——炎黄二帝的功绩，研究中华优秀传统文化的传承与创新，团结凝聚海内
外中华儿女，促进中华民族在新世纪的伟大复兴"③。《炎黄文化研究》发刊词
明确指出，"我们所说的炎黄文化，就是指中华民族的传统文化"④。因此，在
栏目设计上，有炎黄二帝及其时代、中华文明探源、祭祀文化、文献整理与研
究、地域与民族、思潮与学派、探索与争鸣等，体现办刊宗旨和研究特色。

---

① 王俊义、黄爱平编：《炎黄文化与民族精神》，中国人民大学出版社 1993 年版，第 2 页。
② 鲁谆：《世纪之交的炎黄研究与中华文化》，《炎黄春秋》增刊《炎黄文化研究》第 6 期，
《炎黄春秋》杂志社 1996 年，第 96 页。
③ 王震中：《〈炎黄文化研究〉与文化走出去战略》，载赵德润主编《炎黄文化研究》第十六
辑，大象出版社 2013 年版，第 6 页。
④ 《炎黄文化研究》发刊词，载《炎黄春秋》增刊《炎黄文化研究》第 1 期，《炎黄春秋》杂志
社 1994 年。

中华炎黄文化研究会自成立以来,集聚全国学术力量,就炎黄与中华文化研究取得一系列标志性成果。如对炎黄二帝的理解,学者们通过以历史说明神话传说,而不是用神话传说说明历史的研究思路,确认炎黄二帝是远古时代的人物,是人不是神,"几千年来,在中国人心目中占据重要地位的黄帝,正是历史上真正的黄帝与传说中的黄帝的统一体"。关于炎黄二帝所处的时代及其贡献,依据新中国成立以来中国新石器时代考古取得的成果,确认炎黄时代属于新石器时代仰韶文化时期,距今 7000—5000 年;考古发现也印证了文献记载的炎黄二帝发明创造活动的客观性,炎黄是中华人文初祖,炎黄时代的文化是中华文化的源头。关于炎黄二帝的活动范围,学者们结合历史遗存、文献记载和民间传说,认为炎帝的发祥地以陕西宝鸡、湖北随州、湖南九嶷山三说更为可信;炎帝的归葬地亦有湖南炎陵、陕西宝鸡、山西高平三说并存。黄帝的发祥地以陕西北部、河南新郑、河北涿鹿、山东寿丘、甘肃天水诸说具有代表性;黄帝的归葬地,因陕西黄陵县清明节祭黄陵习俗历史久远,得到中华儿女的普遍认同。研究表明,黄河流域和长江流域都曾是炎黄二帝活动范围及中华民族繁衍生息核心之地。关于炎黄文化的含义,学者们普遍认为是指中国各民族祖先共同创造的历史文化成果的总和,不仅包括远古先民的原始文化,也包括其后裔,即生息在中国土地上各民族所创造的文化总和。总之,学者们在中华炎黄文化研究会主导下,借助新石器考古发现,通过研究炎黄文化,不断加深人们对中华文化起源、特征和发展进程的认识。

三、新"炎黄热"反映的社会本相

20 世纪 80 年代兴起的新"炎黄热",除全国各地纷纷成立炎黄文化研讨会、开展各种学术研讨活动之外,最为生动的表现是全球华人的始祖寻根活动。为顺应如火如荼的新"炎黄热"①,年久失修或曾被毁坏的陕西黄帝陵和

---

① 鲁谆:《世纪之交的炎黄研究与中华文化》,载《炎黄春秋》增刊《炎黄文化研究》第 6 期,《炎黄春秋》杂志社 1996 年,第 91 页。

湖南炎帝陵于 1984 年和 1986 年相继得以修复;清明节公祭黄帝陵和重阳节公祭炎帝陵活动,中断多年后亦于 1980 年和 1993 年相继恢复。与此同时,全国各地炎黄祭祀活动不断升温,陕西宝鸡炎帝故里、湖北随州神农故里、山西高平炎帝故里、陕西黄陵黄帝陵、河南新郑黄帝故里、湖北宜昌嫘祖庙、四川盐亭嫘祖故里等,每年都要举行纪念活动,迎来成千上万的炎黄子孙前来祭祀。更为壮观的是自炎黄时代各种文献记载和民间传说的炎黄活动遗址遗迹,纷纷被发现。比如炎帝的发祥地出现在陕西、湖南、山西、甘肃、山东、河南、四川、河北数省;黄帝的发祥地亦遍布陕西、河南、河北、甘肃、山东、辽宁、内蒙古、广西诸省。

由于中华文化源头,实不止一处,全国范围内的炎黄祭祀活动,或因历史传统中断而恢复;或依据历史传说、文献记载进行符号再造,或附会民间传说的"遗迹""遗物"留存解释成"一家之言"[1],也有将历史传统进行形式转化后,最终被物化、活化和仪式化。比如炎帝的归葬地原本有湖南炎陵和山西高平两处,明代著名学者朱载堉曾著有《羊头山新记》记曰:高平县北四十里有羊头山,山之东南八里曰故关村,村之东二里曰换马镇,镇东南一里许有古冢,"相传为炎帝陵"。又记"神农冢,天下有二焉:其一在胡广衡州府酃县,载于祀典;其一即此冢"。1992 年 7 月,台湾民道院寻根团一行百人来宝鸡寻根,在市南郊九龙泉看到先祖被安置在一间小房子里,台湾同胞为此伤心流泪。同年 12 月 16 日宝鸡市政府决定,在天台山之北的常羊山上建筑一座炎帝陵,欢迎海外同胞宝鸡寻根。[2] 从此炎帝安葬处湖南炎陵、山西高平、陕西宝鸡三说并存,各有所据。宝鸡市政府还根据《史记·封禅书》记载,秦灵公三年"在吴山之阳作下畤,祭炎帝",而于 1993 年在滨河公园修建炎帝祠,并于每年清

---

[1]　李侃:《炎黄文化与现代文明的初步思考》,载湖北省炎黄文化研究会编:《炎黄文化与现代文明》,武汉出版社 1993 年版,第 33 页。

[2]　参见霍彦儒:《炎帝传》,陕西旅游出版社 1999 年版,第 195 页。

明节、炎帝生日、炎帝忌日在炎帝祠举行祭祀活动。[1] 1987 年,河南郑州黄河游览区王仁民发起筹建炎黄二帝巨型塑像,也是有感于海外华人心系祖国,以中华文化为荣。炎黄二帝巨型塑像的筹建,不仅促成了中华炎黄文化研究会的成立[2],而且还实现了清明节陕西黄陵祭祖大典和农历三月三河南新郑黄帝故里拜祖大典,同样列入国家祭典和国家非物质文化遗产名录。

在炎黄遗址遗迹被发现或同时浮现的过程中,首先是地方政府希望通过举办炎黄祭祀活动,吸引海外中华儿女寻根旅游、投资兴业,发展地方经济。其次主要是中华炎黄文化研究会在其中发挥了积极推动作用。早期如河南新郑 1991 年"全国轩辕故里文化研讨会"和 1992 年"炎黄文化与中原文明学术研讨会",1992 年湖北随州"炎黄文化与现代文明学术研讨会";近者如 2000年浙江缙云"中国首届黄帝文化学术研讨会"、2007 年湖南会同"炎帝故里文化研讨会"、2016 年山西高平"神农炎帝文化学术研讨会",等等,都是由中华炎黄文化研究会与地方政府联合主办。学术研讨会的结果,往往促成炎黄祭祀活动的定期举办,最终列入国家非物质文化遗产名录,得到国家认可。如河南新郑黄帝故里拜祖大典、湖北随州神农祭典、山西高平海峡两岸公祭神农炎帝大典、陕西宝鸡中国宝鸡炎帝节、浙江缙云轩辕祭典等,都是学术研讨会在前,节庆活动随后。至 2011 年,仅有山西高平"海峡两岸公祭神农炎帝大典"和陕西宝鸡"中国宝鸡炎帝节"尚未列入国家非物质文化遗产名录;湖南会同的"炎帝故里文化研讨会"由于起步太晚(2007 年),至今尚未进入仪式化。

新"炎黄热"呈现的炎黄文化研究团体、炎黄文化学术研讨会、炎黄祭祀及节庆活动一时之间遍地开花,看似眼花缭乱,实乃由于民间、学术界、地方政府的共同参与,基本形成民间酝酿、学术界研究、地方响应、国家认可的生成模式,并在具体活动中被社会大众感知而产生社会意义,具有突出的社会性。20

---

[1] 参见霍彦儒:《炎帝传》,陕西旅游出版社 1999 年版,第 191 页。

[2] 参见尹全海:《炎黄记忆传统的当代表达——炎黄学叙论》,《信阳师范学院学报》2018年第 3 期。

世纪 80 年代的新"炎黄热",作为一种社会表象,反映的是中国改革开放大背景下,社会各界向传统文化寻求改革开放优势资源、推动复兴传统文化的社会期待和社会本相。[①] 同时,随着炎黄文化研究、炎黄祭祀及节庆活动的开展,新"炎黄热"不断被社会各界观看、阅读、获知,甚至成为一种日常活动,不断重复,与炎黄记忆传统取得合理的联系,进而强化社会各界的炎黄认同,成为中华传统文化再度复兴的重要标志。

第四节　炎黄学与中华传统文化的传承与发展

20 世纪 80 年代以来,社会各界把炎黄文化定义为"泛指中华文化",或强调"炎黄文化与中华传统文化具有一致性",是中华传统文化复兴的表征之一。本章所涉及的炎黄文化,更接近多元炎黄文化定义中的中义炎黄文化,是历史上已经形成的各种炎黄记忆文本,是动态的结构过程,而不是固定的历史概念;因此新时代炎黄文化是炎黄记忆传统的时代性转化,是一种新的炎黄记忆符号。炎黄学是中义炎黄文化的学科化,而不是广义或狭义炎黄文化的学科化。从炎黄文化到炎黄学,是对炎黄文化知识的提升和系统化,并依据炎黄学学科理论与方法,形成学科体系、课程体系和教材体系,承担着中华优秀传统文化传承发展的重大学术使命。炎黄学的问题意识、研究内容及其所反映的文化自觉,以及炎黄学的课程建设、教材建设和人才培养,就是以学科建设来传承发展中华优秀传统文化。

一、炎黄学的问题意识

目前所知,建立炎黄学的最初动因,是 2010 年 4 月在北京召开的"新时期炎黄文化研究的回顾与思考"学术研讨会上,陕西学者李养民就如何推动炎黄文

---

① 参见王明珂:《反思史学与史学反思——文本与表征分析》,上海人民出版社 2016 年版,第 71 页。

化研究进一步发展,开拓炎黄文化研究的新局面,提出"建设多学科联合攻关的炎黄学"①。两年后,霍彦儒发表《炎黄学论纲》认为,20 世纪 80 年代以来,炎黄文化的研究成果,为建立炎黄学打下了坚实的基础;"建立炎黄学,就是为了使炎黄文化研究成为一门学科研究,构建系统完整而科学的炎黄学研究理论体系"②。2017 年 12 月 23 日,在北京召开的"炎黄学学科建设暨信阳师范学院炎黄学研究院成立大会"上,中国社会科学院学部委员、信阳师范学院炎黄学研究院学术委员会主任王震中,从 6 个方面系统阐发了炎黄学学科建设的意义。③

    炎黄学,从概念提出到进入学科建设阶段历时 8 年,其间并不是因为李养民"多学科联合攻关"的建设思路不可行,也不是因为霍彦儒的学科定义有什么不妥。霍彦儒把炎黄学定义为"研究炎黄时代所发生的文化,历代对炎黄传说所进行的阐释、认同和重构的文化,及炎黄二帝发祥与迁徙之地和炎黄文化的传播之地所发生的文化的学科"。与中义的炎黄文化内涵基本一致,是很有见地的,遗憾的是未能引起学界注意。原因是缺乏社会契机,也就是时机不成熟。本章认为炎黄学能够进入学科建设阶段的最大契机,是 2017 年 1 月 25 日,中共中央办公厅、国务院办公厅发布《关于实施中华优秀传统文化传承发展工程的意见》(以下简称《意见》)。《意见》指出,在 5000 多年文明发展中孕育的中华优秀传统文化,是当代中国发展的突出优势。《意见》要求,到 2025 年基本形成中华优秀传统文化传承发展体系,并通过"创造性转化和创新性发展",创造中华文化新辉煌。④ 而学科化是建构中华优秀传统文化传承

---

① 王志光:《开拓炎黄文化研究的新局面——"新时期炎黄文化研究的回顾与思考"学术研讨会综述》,载赵德润主编:《炎黄文化研究》第十二辑,大象出版社 2011 年版,第 282—283 页。

② 霍彦儒:《炎黄学论纲》,载赵德润主编:《炎黄文化研究》第十四辑,大象出版社 2012 年版,第 52、60 页;高强:《近百年炎黄文化研究的回顾与思考》,载王俊义主编:《炎黄文化研究》第五辑,大象出版社 2007 年版,第 31 页。

③ 参见沈文慧、朱国伟:《炎黄学:中国传统文化的龙头之学》,《光明日报》2018 年 1 月 20 日;梁枢:《国学学科化趋势前瞻》,《中山大学学报》2017 年第 5 期。

④ 参见《关于实施中华优秀传统文化传承发展工程的意见》,《人民日报》2017 年 1 月 26 日。

发展体系的一种结构性支撑。2017 年 10 月 21 日,《光明日报》开设"依托学科　推动'两创'·国学学科化建设"专栏时,其"开栏语"就特别强调,构建有中国底蕴、中国特色的思想体系、学术体系和话语体系,要依托学科化;中华优秀传统文化的研究阐发、保护传承、创新发展、传播交流等,也要依托学科化来进行;学科化是实现"两创"的根本要求。① 当然,信阳师范学院在全国率先成立炎黄学研究院,也是为了"推动以炎黄学为代表的国学学科化进程,努力实现中华优秀传统文化的创造性转化、创新性发展"②。所以,炎黄学就是以学科建设传承发展中华传优秀统文化。

关于炎黄学的问题意识,在学术史梳理上,不宜过度夸大"疑古思潮"对中国古史研究的负面影响。③ 其实,顾颉刚等所谓"疑古"仅仅是作为方法或手段,冯友兰也承认,"疑古一派的人,所作的工夫即是审查史料。释古一派的人所作的工夫,即是将史料融会贯通……无论疑古释古,都是中国史学所需要的,这其间无所谓孰轻孰重"④。胡适、傅斯年、顾颉刚等"疑古",其出发点是"如何研究历史";目的是重建中国古史,与中国考古学的学科目标一样,促进中国史学的近代化。炎黄学研究若以疑古思潮为逻辑起点,或过度夸大疑古的影响并试图开展纠偏工作,等于犯了疑古者所犯的相同错误,客观上强化了疑古思潮的历史记忆,对炎黄学学科建设目标的实现是不利的。

二、炎黄学与中华民族的文化自觉

以现代学科知识复原中华 5000 多年文明史,是当代中国学人义不容辞的历史使命。考古学家邹衡曾饱含情感地回忆 1990 年在美国洛杉矶参加"夏文化国际研讨会"的感慨。1990 年洛杉矶"夏文化国际研讨会",是首次在国外

---

① "依托学科　推动'两创'·国学学科化建设"开栏语,《光明日报》2017 年 10 月 21 日。
② 沈文慧、朱国伟:《炎黄学:中国传统文化的龙头之学》,《光明日报》2018 年 1 月 20 日。
③ 参见邹衡:《夏商周考古学论文集·再续集》,科学出版社 2011 年版,第 290 页。
④ 冯友兰:《古史辨·序》,载顾颉刚:《古史辨》第六册,上海古籍出版社 1982 年版。

讨论夏文化问题,当时的讨论大致有三种意见。其中欧美学者基本持否定态度,认为夏朝充其量是神话传说时代,不能具体有所指。他们的根据基本上是基于中国《古史辨》的疑古学派的文章。邹衡回忆说,"通过这次讨论,我最大的感受就是,国外学者对1949年以来新中国考古在学术上的收获特别是夏商周的重大突破,似乎都不甚了解";"这将给我们提出一个问题:我们今后应该如何对外宣传新中国的考古收获,特别是有重大学术意义的考古收获"①。事实上,中国考古学飞速发展,不断取得惊人的成就,以殷墟为中心构建的殷商信史就是中国考古学在20世纪取得的最瞩目的成就,"二里岗期文化、二里头文化等相继发现,中国文明的起源一步一步向前推移"②。"夏商周断代工程",已将中华民族文明历史的最早年代,从共和元年(公元前841年),向前推至公元前2070年,使"夏文化从虚无缥缈的传说逐渐变成清晰可见的历史真实"③;五帝时代的研究成果,再将中华民族文明历史的最早年代,从公元前2070年,向前推至公元前4920年至公元前2870年的炎黄时代,即新石器时代仰韶文化时期。炎黄学的学术使命就是借助中国新石器考古发现探寻中国文明的源头,从学理上回答了我们是从哪里来的。

在疑古思潮出现之前,梁启超、章太炎、邓实等就有重写中国古史计划,1904年夏曾佑出版的中国近代第一部新式通史《最新中学中国历史教科书》,虽然认为"中国信史者,必自炎黄之际始"④,但仍把"太古三代"之上古史称为传疑时代。徐旭生为回应"疑古思潮",把中国古史一分为二,同样把殷墟

---

① 邹衡:《研究夏商文化的历程》,载邹衡:《夏商周考古学论文集·再续集》,科学出版社2011年版,第290页。

② 郑光:《考古发掘与中国文明探源》,载王俊义、黄爱平编:《炎黄文化与民族精神》,中国人民大学出版社1993年版,第28页。

③ 李伯谦:《从中国文明化历程研究看国家起源的若干理论问题》,《中原文化研究》2016年第1期。

④ 1904年商务印书馆出版时,书名为《最新中学中国历史教科书》第一册,1906年出版第二、三册。1933年,该书列入"大学丛书"再版时,更名为《中国古代史》。夏曾佑:《最新中学中国历史教科书·凡例》第一册,商务印书馆1904年版。

时代之前依靠传说保存下来的历史称为传说时代,自殷墟时代起"进入狭义的历史时代"①。至 1924 年李玄伯在《现代评论》发表《古史问题的唯一解决办法》指出,"要想解决古史,唯一的办法就是考古学"②,但真正进入以考古学重建中国古史的时代,还是在考古学取得突破性成就之后。20 世纪 90 年代,苏秉琦、张忠培和严文明完成的《中国通史·远古时代》,才第一次写出了"远古时代没有文字的历史"③。20 世纪 90 年代初,王震中出版的《中国文明起源的比较研究》也属于以考古学为骨干、以文献为血肉、以人类学为参照系而对中国远古史的新建构。④ 中国古史体系中的炎黄时代从"传疑时代""传说时代",最终定位在远古时代。炎黄学接续中国考古学重建古史的研究思路,借鉴中国文明起源研究的考古学文化区系类型学理论和苏秉琦提出的中国古代文明发育于发达的古文化,而经过"古城""古国""方国",进入秦汉帝国(或"邦国—三代王朝国家—帝制国家")的概括⑤,把炎黄时代作为中华文明史的叙述起点,研究阐释中华文化的历史渊源、发展脉络和基本走向,书写与崛起的中国相适应的国家叙事。

炎黄学把炎帝黄帝时代相关历史文化及中华人文始祖群体研究、中华文明起源和形成研究、中华传统文化研究、炎黄文化与中华民族凝聚力、炎黄文化的当代价值和实践应用研究等纳入学科研究范围,等于把炎黄与中华文明

①　徐旭生:《中国古史的传说时代》,科学出版社 1960 年版,第 20 页。

②　李玄伯:《古史问题的唯一解决办法》,载顾颉刚:《顾颉刚古史论文集》,中华书局 2011 年版,第 317 页。

③　苏恺之:《我的父亲苏秉琦:一个考古学家和他的时代》,生活·读书·新知三联书店 2015 年版,第 349 页。

④　参见王震中:《中国文明起源的比较研究》,陕西人民出版社 1994 年版;王震中:《中国文明起源的比较研究》(增订本),中国社会科学出版社 2013 年版。

⑤　苏秉琦:《中国文明起源新探》,辽宁人民出版社 2013 年版,第 95 页。苏秉琦提出的是"古国—方国—帝国"的概括。也有学者提出其他概括,如严文明提出"古国—王国—帝国"的概括(严文明:《黄河流域文明的发祥与发展》,《华夏考古》1997 年第 1 期);王震中提出"邦国—王国—帝国"的概括(王震中:《邦国、王国与帝国》,《河南大学学报》2003 年第 4 期),后来王震中新表述为"邦国—三代王朝国家—帝制国家"。这三种概括所使用的概念略有差异,但从发展阶段上都划分出三大阶段,是一致的。

的起源、炎黄文化与中华文化、炎黄学与中华优秀传统文化的创造性转化与创新性发展等有效结合起来。既回答了中华文化从哪里来、如何形成发展,也界定了中华文化的基本特征和发展趋势。研究思路上,把人们以往对炎黄文化的自我认识放在科学的、系统的学理基础之上,进行学术建树、学科建设和文化弘扬,使炎黄文化研究成为一门学科研究;炎黄文化学科化的过程,实质上就是从文化自知达到文化自信和文化自觉的过程。① 学科理论建设方面,综合运用历史文献学、考古学和人类学理论与方法,不仅有利于复原中华文明悠久历史,还更有利于深刻认识中华文明最基本的文化基因及其结构过程。② 因此,炎黄学研究内容反映的是中华民族的文化自觉。

三、炎黄学学科建设与中华文化传承发展载体

把中华文化的龙头文化炎黄文化提升为炎黄学,就是要充分发挥炎黄学在中华优秀传统文化研究阐发、教育普及、保护传承、创新发展、传播交流等方面的学科优势,推动炎黄学进课程、进教材,建构中华文化传承发展载体。

提炼标识性概念,打造易于为国际社会所理解和接受的新概念、新范畴、新表述,引领国际学术界开展研究和讨论,不仅是中国特色哲学社会科学话语体系建设的重要内容,也是传承发展中华优秀传统文化的重要途径。炎黄学就是立足中国,从中华优秀传统文化资源中提炼出来的"与当代文化相适应、与现代社会相协调"的标识性概念。炎黄学概念的提出,打破了 20 世纪初梁启超以"汉之经学,隋唐之佛学,宋及明之理学,清之考证学"叙述秦汉以来中国学统③,以及当世学者以"先秦学术、两汉经学、魏晋玄学、隋唐儒道释之学、

---

① 参见王震中:《炎黄学:炎黄文化研究的创造性转化与创新性发展》,《信阳师范学院学报》2018 年第 3 期。
② 参见沈文慧、朱国伟:《炎黄学:中国传统文化的龙头之学》,《光明日报》2018 年 1 月 20 日。
③ 参见梁启超:《清代学术概论》,上海古籍出版社 2004 年版,第 1 页。

宋明理学、清代学术"对中华传统学术进行分期的方法。① 虽然当世学者把中国传统学术起点由两汉前移至秦代,但就中国传统学术叙述逻辑而言,仍属于儒学叙述模式,即从春秋战国时期以孔孟荀为代表的儒学原型,到汉代以董仲舒为代表的官方经学,宋明时期以程朱陆王为代表的理学和心学,直至清代的考据学,截断了黄帝至颛顼与帝喾时期的文化创造和融通生成的学术形态。② 而从黄帝时期到颛顼与帝喾时期作为"五帝时代"第一阶段的文化成果,恰恰是儒学传统未能述及的。炎黄学作为黄帝时期至颛顼与帝喾时期的学术形态,与先秦子学、两汉经学、魏晋玄学、隋唐佛学、宋明理学、清代学术,直至当下正在建设的中国特色社会主义文化相衔接,"中国特色的社会主义文化,源自于中华民族五千多年文明历史所孕育的中华优秀传统文化"③。从而保证了中华文明和中华传统学术的完整叙述。一个国家的学术话语体系,本质上是一种国家叙事,以炎黄学作为中华文化标识性概念,并以此为起点叙述中华学统,最终可还原中华学统渊源有自、绵延不绝的历史原貌。

在大学课堂开设炎黄学通识课,作为中华优秀传统文化必修课,推动中华优秀传统文化相关学科建设,在广大师生中传播炎黄学知识,培养炎黄学研究与传播的各级各类人才,是传承发展中华优秀传统文化的基本载体和主要途径。信阳师范学院在历史学、文学等文科专业本科生和研究生中开设的炎黄学公开课,系统介绍炎黄学专业知识,内容包括炎帝、黄帝、炎黄与五帝、炎黄与东夷和苗蛮、炎黄时代的发明创造、炎黄与中华文明的起源和形成、炎黄与

---

① 参见张立文主编:《中国学术通史》,人民出版社 2004 年版,"总序"第 7 页。

② 五帝时代代表了华夏文明演进的 3 个阶段:黄帝,标志着以生产力发展为基础的军事盟主的出现;帝颛顼和帝喾,代表了世俗权力和宗教权力的整合;帝尧和帝舜时期,德治观念形成;参见孙庆伟:《传说时代与最早中国》,《遗产》2019 年第 1 期。也有人按照古史传说,把五帝时代分为两大阶段:黄帝至尧之前为第一阶段,尧及其以后为第二阶段;参见苏秉琦:《重建中国古史的远古时代》,《史学史研究》1991 年第 3 期。而先秦儒学言必称尧舜,《礼记·中庸》记"仲尼祖述尧舜,宪章文武",帝尧、帝舜,列入儒学源头。

③ 习近平:《决胜全面建成小康社会 夺取新时代中国特色社会主义伟大胜利——在中国共产党第十九次全国代表大会上的讲话》,《人民日报》2017 年 10 月 28 日。

中华传统文化、炎黄与中华姓氏文化、炎黄祭祀与国家认同、炎黄文化与中华民族凝聚力、黄帝与中华文化共同体溯源、炎黄精神与当代价值等，目前已成功运行两年，并取得积极效果。炎黄学课程建设，还可以按照一体化、分阶段，有序推进，如高校历史专业可以开设"炎黄文献研究""炎黄学史"等。针对目前炎黄文化知识普及不充分，以及长期以来中华5000多年历史文化的普及读物出版甚少，有关炎帝黄帝及其时代的读物更为缺乏，已经出版的读物，涉及中国上古时，往往不能完全摆脱疑古思潮否定炎帝黄帝的影响，或者依旧当作神话人物来描述，而缺乏实事求是的说明等现实问题，①可在中学开设"炎黄文化读本"及"炎黄传说""炎黄祭祀"等课程。还可以在中小学道德与法治、语文、历史等课程中，增加炎黄故事介绍，插图炎黄遗存图片，教育普及炎黄学知识；在小学和幼儿园，可以通过创作系列绘画、童谣、儿歌、动画等读本，传播炎黄文化；也可以面对社会大众开设公开课，如"炎黄遗存""炎黄祭典"等，培养国民对炎黄文化遗产的保护传承意识。通过在不同教育阶段开设炎黄学课程，把中华优秀传统文化教育贯穿国民教育全过程。与此同时，考虑到炎黄学研究的作为中华民族基干的炎黄子孙寓意中华儿女，包括全球华人、华侨，炎黄学课程建设也应当根据几千万海外华人华侨及其后代的需要，出版他们喜欢的有关炎黄文化在海外传播的各种读物，如"炎黄文化在海外的传播"或"海外炎黄"等。

炎黄学教材建设，是培养各级各类炎黄学研究和传播人才最基础性工作，也是传承发展中华优秀传统文化的重要载体。同样依据教育阶段及开设的炎黄学课程特点，选取不同素材，编写炎黄学教材。炎黄学教材建设中《炎黄学概论》是最为基础性的工程。其基本功能是以高标准的学术要求向高校大学生系统介绍炎黄研究对象和炎黄学学科理论知识。具体内容涉及炎黄学核心概念如炎黄、炎黄学、炎黄记忆、炎黄记忆文本的解释与界定；炎黄学学科性

---

① 参见鲁谆：《世纪之交的炎黄研究与中华文化》，载《炎黄春秋》增刊《炎黄文化研究》第6期，《炎黄春秋》杂志社1999年，第98页。

质与特点的提炼与概括,以及炎黄学与相关学科如历史学、考古学、民俗学、历史人类学等之间的关系;炎黄学的研究对象及其特征的叙述与阐释,如炎黄传说、炎黄文献、炎黄遗存等记忆文本的产生与保存;炎黄学研究的基本理论、从事炎黄学研究的方法、炎黄学的历史与现状,以及海外炎黄记忆等。炎黄学基础性资料的积累,也是炎黄学教材建设必不可少的学术资源。炎黄学教材建设,实质上是炎黄学研究成果的应用性转化,针对广大群众特别是青少年的认知水平和知识结构,把高水平的学术研究成果转化为多层次、多形式的通俗读物,学术性、知识性和趣味性完美结合,更利于炎黄文化的传播与发展。

综上所述,司马迁《史记》所记商代以前的历史,由于缺乏确切的考古资料,被视为传说,中华文明叙述起点成为国内外广为关注的话题。自 20 世纪 30 年代,郭沫若励志书写恩格斯《家庭、私有制和国家的起源》的中国续编,到 80 年代苏秉琦提出以考古学重建中国远古时代的设想,为探寻中华文明源头指示了方向。国家"夏商周断代工程"和"中华文明探源工程"等一系列研究成果,使中华 5000 多年文明历史演进脉络呈现在世人面前。21 世纪初的中国学界,已经有能力复原中华 5000 多年文明古国历史的本来面貌和中华民族在世界历史上的地位。

炎黄学接续苏秉琦以考古学重建中国古史的研究路径,综合评价历史文献、古史传说和考古发现,在中国古史重建进程中的意义和价值,解决了考古发现"见物不见人"、古史传说"见人不见物",以及非文字时代文献记载的局限性问题,将传说中的炎黄时代纳入中国古史系统,书写没有文字记载的远古时代的历史。具体到炎黄与中华文化之研究,以我们日常生活中充满温情和敬意的炎黄记忆符号为叙述对象,按照"逆推顺述式"的研究方法,确认炎黄传说时代的文化是中华文化的源头,中华文化以始祖称说,炎黄是中华文化的象征;炎黄时代的文化创造和融通生成的学术形态炎黄学,不仅是中华文化标识性概念,还是中华学术的源典,与先秦子学、两汉经学、魏晋玄学、隋唐佛学、宋明理学、清代学术,直至当下正在建设的中国特色社会主义文化,共同叙述中华学统;中华 5000 多年学术文化演进脉络、中华文明基本特征(文化基因)、中华文化发展方向,以及中华民族的文化自觉清晰可辨。

以炎黄记忆研究炎黄与中华传统文化,研究中华文化的创造者,突破时代限制,把当下的炎黄文化和炎黄学与历史上业已形成的各种炎黄记忆传统,如炎黄传说、炎黄文献、炎黄遗存和炎黄祭祀等有机联系在一起,合理说明了炎黄文化、炎黄学的文化渊源及学术统绪,以及炎黄记忆传统在当代的延续与活化。以炎黄子孙为基干的中华儿女作为中华文化的创造者和炎黄学的研究主体,不仅使我们的炎黄学更有现实感和亲近感,充满温情,而且还将赋予中华儿女为实现中华民族伟大复兴而奋斗的使命感和历史责任感,这也应该是炎黄学的问题意识。

下 编

炎黄学与中华民族共同体

第十一章　炎黄祭祀与国家认同

祭祀问题本质上是一个文化认同问题。认同是一个复杂的社会认识论系统,包括民间、国家与民族等不同层面的认同。这里讨论的是炎黄祭祀与国家认同问题,牵涉炎黄祭祀文化认同的各个层面,在其中,人们对炎黄二帝有不一样的认同。民间层面不同于国家层面,国家层面又与民族层面有别,同时,它们又有共同之处,因为无论是哪个层面的认同都是对炎黄的文化认同,三者的关系可以概括在"一体两面"这个框架结构中。

第一节　炎黄祭祀之国家认同的实质

炎黄祭祀国家认同是以国家为主体对炎黄进行祭祀的活动,它体现的是国家意识,是一个国家对自己治理中华民族的合理性、合法性和正义性的认同。

一、炎黄祭祀的国家认同体现的是国家意识

炎黄祭祀的国家认同历史悠久。据文献记载:"秦灵公作吴阳上畤,祭黄帝;作下畤,祭炎帝。"(《史记·封禅书》)秦灵公作上下畤的时间一般认为在公元前422年。这个时间往前推11年(公元前433年)就是曾侯乙编钟埋于

地下的时间,在曾侯乙墓中,我们发现曾国祭祀大火星,而大火星正是炎帝在天文学上的表达。可见早在先秦时期,秦国就将炎黄祭祀上升为自觉的国家意识。这种国家意识历代不绝如缕。显然炎黄祭祀国家意识的主体,就是国家。它表明炎黄祭祀是以国家为主体对炎黄进行祭祀的活动,是一个政权对自己治理中华民族的合理性、合法性和正义性的认同。"国之大事,在祀与戎。"(《左传·成公十三年》)二事之中祀在事首,故《礼记·祭统》云:"礼有五经,莫重于祭。"今天看来,祀之所以如此重要,是因为它体现了国家尊重谁,以谁为范的基本价值取向。炎黄自古以来就是国家祭祀的对象,据《礼记·祭统》记载,炎黄等人能法施于民、以死勤事、以劳定国等等,所以他们都被称为民族的文化英雄,属于祭祀的对象。在国家的祭祀活动中,他们都被认同为立国之始祖,教民之圣王。祭祀炎黄就体现了国家对炎帝与黄帝的尊重,体现了以炎黄为范的基本价值取向。

这种国家意识是通过多种祭祀形式来体现的。《炎黄国祭论》通过对周金文资料的考察,发现我国古代仅祭祖礼,就有禘、告、御、报、湮、燎、牢、尝、丞、朋等20种之多。这里将祭祀分为3个大类:一类是因对象不同而形成的祭祀。首先是禋祀、实柴、槱燎。所谓禋祀即祭祀昊天上帝之名;所谓实柴即祭日月星辰之名,其要点是把牺牲放在柴上烧烤,以为享祀;所谓槱燎即祭司、司命、风师、雨师之名,其要点是以牲体置柴堆上焚之,扬其光炎上达于天,以祀天神。其次是血祭、狸沈、副辜。所谓血祭,又称红祭,是对社稷、五祀、五岳的祭名,基本要点是以宰杀牛、羊、马作为牺牲,敬献给神灵;所谓狸沈是对山林川泽的祭名,其要点是向水中投祭品,所以祭川泽曰沉;所谓副辜,是对四方百物的祭名,其要点是用刀将牺牲剖开。二类是因重要性的不同而形成的祭祀。这里有禘祭和郊祭之分,禘祭和郊祭是中国古代的大祭礼。在禘祭中,有所谓祫祭;在郊祭中,又有所谓配祭。禘是"大祭",是"祭祀鼻祖",古代君王祭祀其所追尊的始祖之前的远祖,即所谓"禘"。"禘"与上帝配。《孝经·圣治章》云:"昔者周公宗祀文王于明堂,以配上帝。"与禘祭相匹配的,是所谓祫祭。此祭是古时天子诸侯宗庙祭礼之一，"祫"这个字，从示从合，凡合祭皆为祫，其义之要，是合远近祖先的神主于太祖庙大合祭。禘祫二者谁重，千古聚讼不已。不过总的看来，儒家将禘祭视为治国之本，禘祭制度在封建制度下的皇权世系中有着特殊的地位。郊祭，就是在郊外祭天地之礼，原属于自然崇拜的一种，但至夏商周时，"天"已由自然属性的天，转而为自然属性与社会属性合一的"天"，既是社会的"至上神"，又是周人王权合法性的来源。所以，在周代，它是最为隆重的祭典。其语出于《礼记·郊特牲》："郊之祭也，迎长日之至也。"孔颖达疏："此一节，总明郊祭之义。迎长日之至也者，明郊祭用夏正建寅之月……今正月建寅，郊祭通而迎此长日之将至。"祭天于南郊，时间为冬至，皇帝必须亲自去。祭地于北郊，时间为夏至，皇帝或亲去或派人去。祭日于东郊，祭月于西郊。统称为祭郊。祭祀之处分别为天坛、地坛、日坛、月坛。与郊祭相联系的，还有一个"配祀"的问题。所谓配祀，就是合祭、祔祀，就是在祭祀天地之时，要合祭祖先。与天地配，足以说明这个时候所祭的古帝王体现了天地之道，他们是祖亦是道，祭他们是尊天地之道的一种表现。三类是四时祭。《礼记·祭统》云："凡祭有四时：春祭曰礿，夏祭曰禘，秋祭曰尝，冬祭曰烝。"所谓礿，是夏殷时代天子、诸侯于春季举行宗庙之祭。所谓禘，前面已经讲过，此略。所谓尝，《诗经·鲁颂》有云："秋而载尝。"《集传》："尝，秋祭名。"《礼记·月令·七月》："立秋之日，天子亲帅三公、九卿、诸侯、大夫，以迎秋于西郊。"由此可知，尝祭属于举行迎秋的"郊祭"。尝祭，也叫尝禾。《史记·封禅书》云："四大冢鸿、岐、吴、岳，皆有尝禾。"裴骃集解引孟康曰"以新谷祭"。秋季，是新谷登场季节，应该祭以报神，所以尝祭即为尝禾之祭，郭璞注云"尝新谷"。值得注意的是，尝祭也影响到了日本。其有大尝祭，是由庆祝水稻丰收的节日"尝新节"发展而来的日本独有的登基仪式，体现了日本国家与水稻的渊源。平安时代初期的日本天皇即位礼仪主要分为即位式、大尝祭、仁王祭、八十岛祭4种。即位式为天皇即位时接受朝臣的庆贺，是具有唐风的中国仪式；大尝祭是日本本土神道化的即位仪式；仁王祭是祈求治世平安昌盛的佛教仪式;八十岛祭是阴阳道的去灾仪式。在这4种仪式中,日本最为重视大尝祭,因为天皇在此仪式中完成"现人神"。其实,不论日本的大尝祭多么本土神道化,从中仍不难发现中国尝祭的影子。所谓蒸即冬祭。《后汉书·明帝纪》载:"冬十月,蒸祭光武庙。"西周晚期、春秋时期的金文,虽然没有记载蒸祭所行的时间,但《诗经》中已反映这一时期的蒸祭是秋收后的祭祖活动,即丰收祭。此外,对祭还可以做庙陵之分,还有所谓明堂之祭、殿祭等等,种类之多,限于篇幅这里就不多介绍了。

二、炎黄祭祀的国家认同体现的是国家统绪

汉高祖死后,汉统治者令各郡及诸侯王国皆立高庙,以祀高祖。但仅有高庙还只能体现刘氏一家的治统,还没能体现与古帝王一脉相承的道统。我们讲一个国家有治统、有道统等。治统是政治的一种合法性的地位,或者说正宗地位的一个传统;道统是国家在道德上的合法性的一种传统。到汉文帝时,汉统治者于长安东北渭河北岸建五帝庙,祭五天帝(即青帝、赤帝、白帝、黑帝、黄帝),每帝各设一殿,殿各一门,殿门之色与各天帝色同,这可能是于同一庙内集中祭祀五天帝之始。这是目前所能看到的最早的材料,还会不会有更早的材料呢? 现在还没有掌握,也许有一天考古工作人员在一个什么地方发掘出来,上面的记载可能比它更早,这未可知。近年来考古发现不断刷新了我们对历史的认识。2020年,在湖北天门石家河又有重大考古发现,它的时间是公元前5300年至公元前4800年,就是我们讲的炎黄这个时期,发现了很多玉制品、玉器,很精美。这些玉器的形状跟过去在三星堆发现的文物很接近。过去人们常常问三星堆是不是从西方传来的? 或者说是不是天上掉下来的? 那么,现在石家河考古文明的发掘说明三星堆的文物与长江中游的石家河文明是一脉相承的,是有连续性和共同性的。它不是外来的,是中华文明自身发展的产物。所以考古发现会不断刷新我们的认识,带给我们一些新的看法。高庙与五帝庙并立体现的是治统与道统的同一性,不仅祭刘家,也祭五帝,就是

自古以来的五帝体现的是一种道统。放在一起祭，说明治统与道统的合一。但此时还没有完全将两庙合一，直到唐玄宗时，情况才发生变化。

唐玄宗于 747 年正月十一日，敕令"三皇五帝，创物垂范，永言龟镜，宜有钦崇，三皇：伏羲，以句芒配；神农，以祝融配；轩辕（黄帝），以风后、力牧配。五帝：少昊，以蓐收配；颛顼，以元（玄）冥配；高辛，以稷、契配；唐尧，以羲仲、和叔配；虞舜，以夔、龙配"①。它是祭三皇五帝，然后用其他的神祇来相配，和他一起来祭祀。天宝七年（748 年）唐玄宗又发《诏书》谕天下："上古之君，存诸氏号，虽事先书契，而道著皇王，缅怀厥功，宁忘咸秩。其三皇以前帝王，宜于京城内共置一庙，仍与三皇五帝庙相近，以时致祭天皇氏、人皇氏、有巢氏、燧人氏。其祭料及乐，请准三皇五帝庙，以春秋二时享祭。"

这段话讲得很清楚，对他们祭祀就是缅怀其功。缅怀的目的就是体现自己治统和道统的合一，体现政权的合法性、合理性、正义性。此事亦见于《旧唐书·本纪第九·玄宗下》，但比较简单。其云："三皇以前帝王，京城置庙，以时致祭。其历代帝王肇迹之处未有祠宇者，所在各置一庙。忠臣、义士、孝妇、烈女德行弥高者，亦置祠宇致祭。"这里讲了，除了讲祭三皇，还祭祀忠臣义士等人物。

总的来看，在唐玄宗天宝年间，于京城长安建置两个帝王庙，曰三皇庙五帝庙、曰三皇以前帝王庙。从此以后，统治者都在京城设置帝王庙，京城在哪里，帝王庙就设在哪里。在这些所祭的对象里面，他包括现代的帝王，还有历史上的名臣，比如祭太昊、女娲、炎帝、黄帝，同时祭夏禹、成汤、周文王武王、汉高祖、后汉世祖、唐高祖、唐太宗等等。元代崇祀先代帝王之典不废，值得称道的是，元代增建了一批古帝王庙，如至元十二年（1275 年），立伏羲、女娲、舜、汤等庙于河中解州、洪洞、赵城（俱在陕西境内），至元十五年（1278 年）修会川盘古王祠等。明代京城立庙祭祀五帝、三王及汉、唐、宋的创业之君。

① （宋）王溥：《唐会要》卷二十二《前代帝王》，中华书局 1955 年版，第 430 页。

明代洪武皇帝朱元璋于 1373 年在南京钦天山之阳修建了历代帝王庙。这是继唐玄宗于国都长安建立三皇五帝庙之后,又一次于京城正式建立历代帝王庙。南京历代帝王庙,正殿五室,中一室祀三皇(太昊伏羲氏、炎帝神农氏、黄帝轩辕氏);东一室祀五帝(少昊金天氏、颛顼高阳氏、帝喾高辛氏、帝尧陶唐氏、帝舜有虞氏);西一室祀夏禹、商汤、周文王;又东一室祀周武王、汉光武、唐太宗;又西一室祀汉高祖、唐高祖、宋太祖、元世祖。洪武皇帝的政权是从元接过来的。这个时候祭祀的对象是什么样的呢? 这时庙中所祀十六位帝王皆塑衮冕坐像,只有伏羲、神农不加冕服,因为那时候还没有衣服。历代帝王庙建成后,规定每年春秋仲月上旬甲日致祭。洪武皇帝曾亲自到庙中祭祀先代帝王。明代都城先是建在南京,后迁都北京,明代嘉靖九年(1530 年)又在北京设立帝王庙,①祭祀先祖,其政治地位与太庙和孔庙相齐,合称为明清北京三大皇家庙宇。

清代在帝王庙纠正了明代只让元世祖入帝王庙享祀而冷落辽、金之主及名臣的偏颇,而且也没有忘记刚刚被灭亡的大明国开国之君及主要功臣,从而使入历代帝王庙内享祀的帝王增加到 21 位,从祀的名臣增加到 41 位。1722 年 12 月,雍正皇帝增祀帝王和名臣神牌,并立碑以纪。这些新增祀的帝王神牌,按照朝代与原祀帝王加以合并,供在一龛。这样,景德崇圣殿中有的五龛增为七龛。每龛供奉的帝王分别是:伏羲、神农、黄帝为一龛。少昊、颛顼、帝喾、帝尧、帝舜为一龛。增祀的 13 位夏王、25 位商王,与原祀的夏禹、商汤共四十王,合为一龛。增祀的 31 位周王,与原祀的武王共三十二王,合为一龛。增祀的汉十九帝和唐十四帝,与原祀的汉高祖、光武帝、唐太宗共三十六帝,合为一龛。同时增祀的辽五帝、宋十三帝和金三帝,与原祀的辽太祖、宋太祖、金太祖、金世宗共二十五帝,合为一龛。增祀的元九帝和明十一帝,与原祀的元太祖、元世祖、明太祖共二十三帝,合为一龛。这样,清代历代帝王庙正殿分设

---

① 位于今北京市西城区阜成门内大街 131 号。

七龛,供奉的历代帝王总计 164 位。至清代乾隆皇帝时,清政权规定凡帝王曾在位者,除无道、被弑亡国之主,尽应入庙。又增将晋元帝等 25 位帝王列入历代帝王庙祀典,从而使历代帝王庙内享祀的帝王增加到 188 位。其目的就是中华统绪不绝无限。

从这里面就可以非常清楚地看出,统治者祭祀的中华统绪包括本朝与前朝,祭祀本朝的先帝属于国家的治统,而祭祀本朝之前的帝王,一直追溯到远古的炎帝和黄帝就超越了历代政权的含义。它既有不同民族所建立的国家,又有共同维护的神圣领域,这就是中华的道统。只有维护了中华统绪,一个朝代的"治统"才能在"道统"的意义上得到合理性、合法性和正义性的体认与支撑。就此而言,国家祭祀炎黄,实际上是对一个国家在中华"道统"中的地位的肯定。

第二节　炎黄祭祀之国家认同的两种形式

在"一体两面"这个概念框架中,炎黄祭祀的国家认同至为重要。因此,本节不仅要对它的实质进行研究,而且还要比较详细地介绍一下它的表现形式。炎黄祭祀的国家认同有两种形式,一是地方行政机构的认同,二是中央政府的认同。这两种认同实际上可以总称为"国家认同"。因为"地方"作为权力机构,也属于国家行政机构这个范畴。在狭义地使用"国家认同"这个范畴时,它通常是指"中央政府的认同"。

一、地方性认同

人们在炎黄之地立庙建陵拜祭炎黄二帝当属于合情合理之事,全国出现多处拜祭炎黄的庙陵亦在情理之内,所以亘古以来拜祭炎黄二帝是中国的普遍的民俗。当然,各地的拜祭之风有浓烈程度之分,有的淡一些,有的则浓烈一些,甚至于将此拜祭之风固化为古迹,进而涵养成一种特色鲜明的地域文化,形成了"故里"。"故里"从祭祀的角度看,是一个地方的官方认同。一个地方如果有比较浓郁的祭祀炎黄的民俗以及比较丰厚的炎黄传说,那么这些民俗及传说就能形成凝聚乡民情绪于一体的文化力量,就会引起地方政府的重视,它将依照国家的价值取向,对本地有关炎黄的民间认同做选择性的认同,这就形成了炎黄祭祀中的官方或地方性认同。在此认同过程中,它形成的地方自豪感和所谓的"乡愁"在官方的控制之中,因而成为地方治理的重要手段和力量。

目前,炎黄祭祀的地方认同包括炎帝祭祀的地方认同和黄帝祭祀的地方认同两类。炎帝祭祀的地方认同主要涉及地有湖北随州、湖南炎陵、陕西宝鸡、山西高平等地。这里以湖北随州和湖南炎陵的地方认同为例,略作叙述。随州于夏商周时期,特别是在周代,是鄂、随(曾)、厉、唐、贰等侯国所在地,春秋战国时期,此地以随为最,史称"汉东之国随为大"。从关于这一时期的考古发掘中,我们得知早在战国早期,曾国(随国)就已经认同了此地民间祭祀神农的风俗。祭神农是曾国的国祭,但是秦汉以后,这种官方认同似乎又降到民间了。《汉书·地理志》说:"随,故国。厉乡,故厉国也。"这里讲了"厉乡,故厉国也",但是它并没有将厉乡与列山氏联系起来。东汉郑玄将"厉山氏"与"厉山"联系了起来,说"厉山氏,炎帝也,起于厉山,或曰有烈山氏"。到了西晋时,皇甫谧在其《帝王世纪》中留下这样的句子:"神农氏起于烈山,谓列山氏,今随厉乡是也。"南宋王象之《舆地纪胜》卷十三对随州的神农庙多有记载,并且认同神农"宅于兹土"。《舆地纪胜》还记载说:"《荆州记》:'厉山下一穴,神农所生。穴口神农庙存。汉东道院赋曰:昔神农氏之神圣兮,故当宅于兹土。'《礼记·祭法》云:'厉山氏之有天下也,其子农能殖百谷。'注云:'厉山氏,炎帝也,起于厉山。'西汉志注云:'随,故厉国也。'皇甫谧曰:'厉山,今随之厉乡也。'《荆州记》曰随郡有厉乡村,有灵山厉山。《左传》僖公十五年注云义阳随县北有厉乡,即所谓伐厉以救徐是也。《九域志》引郡国志云:'庙在厉乡村。又云:厉山神农所生,厉山庙炎帝所起。'"

　　炎陵旧称酃县。古属荆地,有"长沙国"。《汉书·地理志下》记载:"长沙国,秦郡,高帝五年为国。莽曰填蛮。属荆州。户四万三千四百七十,口二十三万五千八百二十五。县十三:临湘,莽曰抚睦。罗,连道,益阳,湘山在北。下隽,莽曰闰隽。攸,酃,承阳,湘南,《禹贡》衡山在东南,荆州山。昭陵,茶陵。泥水西入湘,行七百里。莽曰声乡。容陵,安成。庐水东至庐陵,入湖汉。莽曰思成。"是知酃县和茶陵在汉代为长沙国的两个建制机构。南宋绍兴九年(1139 年)为茶陵军地,于南宋嘉定四年(1211 年)设县。所以从方志的角度看,酃县对祭祀炎帝的地方认同可能较晚。大约在清代,同治十二年的《酃县志》为炎帝陵设专卷,从而使关于炎帝陵殿制、建置、祀典、碑文等文字资料得以完整留存。

　　黄帝祭祀的地方认同主要涉及陕西黄陵与河南新郑等地。黄陵在周代为雍州之域,春秋战国时属白翟。西汉始置阳周县,王莽新朝更名渔县,东汉复名翟道县。隋开皇三年(583 年)改为内部郡,唐武德三年(620 年)复称中部至五代、宋、元、明、清。民国三十三年(1944 年),因本县系轩辕黄帝陵寝所在地,改称黄陵县。新中国成立后,黄陵曾于 1958 年与宜君合县,仍称黄陵县;1961 年与宜君分县至今,县名未再发生变化。方志中,本地先后六次修志。明正德嘉靖年间当为首修,称《中部县志》。因无存本,其怎样记黄陵,现无从得而知之。清康熙三十二年至三十四年(1693—1695 年),县令李暄倡导修志,史称李志,即《中部县志》。本志三卷二十五条,在前志的基础上,对明万历三年(1575 年)以后的资料作了详细补充。其陵墓篇小序云:"桥陵衣冠,《史记》所载,不可泯也。君子过墓而哀,是以房琯之莺啼,徐君之挂剑。千古而下,有余思焉。作陵墓志。"首篇即为"轩辕桥陵",云:"在县城北山上。世传轩辕黄帝生于坊州(今隆坊),后黄帝乘龙升天,其臣取衣冠葬于此。"寺观篇首篇为"上古桥陵",云:"县城北山上"。该志的艺文篇收录明太祖洪武四年(1371 年)御制祝文,其中有"皇帝谨遣中书省管勾甘,敢昭告于黄帝轩辕氏"这样的句子。由此可知,最迟在明初期,当地政府对轩辕黄帝之臣葬衣冠于本地的"世传"是认同的,并且以志的形式将这种认同固定了下来。清嘉庆十二年(1807年)丁瀚《中部县志》有祀典志,其庙宇篇篇首即"轩辕庙",云:"在位百年,年百十有一岁,葬于桥山左徼,立庙祀之。帅诸侯群臣岁时朝焉。在桥山之西。宋开宝中,易建于此。元至正中,王九皋重修。本朝康熙十九年,知府王廷弼重修。寻复倾圮。康熙三十四年邑侯李暄重修。雍正七年,邑侯何任详请重修。乾隆二十五年,邑侯巩敬绪详请重修。乾隆三十七年,邑侯董延楷详请重修。乾隆五十五年,邑侯罗南英详请重修。嘉庆十二年,邑侯丁瀚现在详请重修。"民国以后,中部县改黄陵县,其间(1942—1944年),陕西省第三区行政督察专员余正东号召本区各县续修县志。该志采用门目体,分二十一卷,因出版时黄陵县更名已获批,故书名为《黄陵县志》,内文仍为《中部县志》,内容包括图像、黄帝本纪、黄帝陵庙祀典及碑刻、桥山风景及题咏等,首开《黄帝陵庙志》专志之先河。此后,《中部县志》均称《黄陵县志》。这就意味着自民国起本地视祭祀黄陵为最重大的事务。

河南新郑在西周时期为郐国。公元前770年,郑国将国都从咸林迁到今新郑溱洧水间,仍为郑,历395年,称郑。公元前375年,韩哀侯灭郑,将国都自阳翟迁于郑城。韩人都郑后在此设郑县,治所在外廓城内。公元前221年,秦始皇统一六国,实行郡县制,此地仍为县,为了区别陕西之郑县,称之为新郑县,从此沿用千年不改。在方志记载中,我们发现成书于天顺五年(1461年)的《大明一统志》记载:"轩辕丘在新郑县境,古有熊氏之国,轩辕黄帝生于此故名。"清顺治十七年贾汉复《河南通志·帝王》云:"黄帝有熊氏,少典之子,姓公孙,名曰轩辕。""都于轩辕之丘,在位百年。按一统志,轩辕丘在开封府新郑县。"此外,《开封府志》《新郑县志》、蒋廷锡《(钦定)古今图书集成》、刘统勋等编著的《御批历代通鉴辑览》皆记述:轩辕黄帝氏,少典之子,母曰附宝,见电光绕斗感而有孕,生帝于轩辕之丘(在今河南开封府新郑县),故曰轩辕氏。与新郑近邻的密县,清嘉庆二十八年、民国十九年《密县志》里记载:密县大隗镇南3里许,有七圣庙,新郑轩辕丘距此四十余里。此外,新郑还有一个高 131 厘米、宽 44 厘米的石碑。它立于清乾隆二十九年（1764 年），其上有碑文云：

> 玄帝行在建于邑之北门外，坐北而南，向为邑之镇，不知创于何时。古传郑邑为轩辕氏旧墟，行在北有轩辕丘遗迹，乃当年故址，故建行在于前以为镇。现访其事而残碣无存，□□或然不然？古传，郑邑为轩辕旧墟，行在北有轩辕丘遗址，乃当年故址。

可见在明清之际方志记载中，河南新郑对自己的最大认同是：上古为"有熊"，轩辕黄帝在此建都。之所以说是"最大认同"，是因为它认为"上古为'有熊'，轩辕黄帝在此建都"这一点，高于新郑的其他历史文化。比如《新郑县志》卷之十三是"人物志"，其云："地自轩辕氏徙都后，数千百年，而有郑有韩。其间开疆辟土，生聚教训，厥功巨矣！夫古人饮食必祭先代，始为之者何？不忘本也。郑之为郑，其敢忘诸君之力乎？虽然轩辕氏古之圣帝，郑与韩则国君也，未可与乡大夫并列，故别为一卷。录太史公所撰帝纪及世家而继之世系诸图，以冠传首。并录风后氏者，亦书法附见之义也。"这就是说，它不将轩辕氏、郑与韩与乡大夫并列，而在这一卷中，轩辕氏又为之首。其有"黄帝本纪"，且附黄帝世系图云："按杜预注，帝鸿即黄帝也。而《路史》云：嗣立之帝是为帝休。纬书复有元孙帝魁。《国语》曰：黄帝之子二十五宗，其得姓者十四人，为十二姓，姬、酉、祁、己、滕、箴、任、荀、僖、儇、姞、依是也。外纪云：元妃嫘祖生昌意、元嚣、苗龙。二妃女节生休及清。三妃肜鱼氏，生挥及夷鼓。四妃嫫母生苍林、禹阳。余子无考。《史记》云：嫘祖生子，一曰元嚣，是为青阳，二曰昌意《帝王世纪》云夷鼓一名苍林。《汉书》云：黄帝之子青阳，其子孙名挚是为少皞。所见各不同。又按：《春秋命历序》：黄帝传十世，一千五百二十岁。"

祭祀炎黄地方性认同的主要特征在于它的地方性。它虽然是由地方官员主持的官方祭拜活动，但是更多讲的是"地方话"。从价值的正态分布来看，在"以乡观乡"的思维方式即地方性思维方式支配下，它有利于形成爱家乡的乡愁情结,但是其负面价值也是明显的。一是经济博弈将神圣的祭祀文化变成了经济发展的手段。各地认同自己是炎帝或黄帝故里,在经济社会联系度并不是很大的古代封闭社会里,各地是可以相安无事的。但是在市场经济如此发达的今天,这种相安无事的局面已经结束了。市场一体化带来的就是地区经济发展的激烈竞争。在这种情况下的"故里之争"表面上看是学术之争、民俗之争,但实际上,地方政府将它视为经济博弈的手段。二是存在将中华文明特有精神标识矮化成为地方神,从而导致国家性话语权失控。在这种情形之下,中华民族的精神无法得到全面的表达,必须从国家认同的高度,即从国家拜祭,并且是炎黄合祭的视角解决这些问题,才能实现共有文化资源的合理和有效的配置,才能在神圣化、国家化、规范化、严肃化的形式中,实现炎黄文化的全民认同和全面表达。三是地方认同中还有一个炎、黄分祭的问题。目前各地举行的炎黄祭祀,或者祭黄,而不祭炎,或者祭炎,而不祭黄。这不是炎黄一体的表达。其实,合祭炎黄是最大限度地团结海内外炎黄子孙的重要举措,而这在地方认同中是无法实现的。

二、中央政府认同

所谓炎黄祭祀的中央认同,实际上就是将祭祀炎黄的话语权由地方性上升为国家性,也就是由中央政府表达出来的各地均须执行的炎黄认同的话语,其中心话语是将炎黄视为缔造国家制度的始祖,关于这一点,在上面已经看到,历朝历代都是将炎黄当作中华统绪之祖来祭祀的。

炎黄祭祀的中央认同具有如下特征。一是国家性。在古代国家,国家祭祀是指由天子率领群臣举行的祭祀典礼,它体现的是国家意志。二是规范性。对包括炎黄在内的古代帝王的祭祀不是随意的,而是有规范性的,称之为"祭法"。《礼记》对祭祀对象、祭礼形式、祭祀级别作出了系统的规定。例如,关于祭祀的对象,其云"有虞氏禘黄帝而郊喾,祖颛顼而宗尧。夏后氏亦禘黄帝而郊鲧,祖颛顼而宗禹。殷人禘喾而郊冥,祖契而宗汤。周人禘喾而郊稷,祖

文王而宗武王"。而祭祀的形式包括禘、郊、宗、祖等,至于级别,规定得细而
且详。如王立七庙,一坛一墠。诸侯立五庙,一坛一墠。大夫立三庙二坛。庶
士庶人无庙,死曰鬼。这里的庙与黄帝有关,至于与神农有关的社,王为群姓
立大社,自为立王社。诸侯为百姓立国社、自为侯社等,可谓等级森严。三是
认同的统一性。对炎黄祭祀的祭文由最高权力机关制定。例如,同治八年
《随州志》卷十九收录了 3 篇祭炎帝文,它们都是清帝制定的,称为"祭告炎帝
陵文"。它们是:

祭告炎帝陵文(康熙五十二年)

自古帝王,继天出治,建极绥猷,莫不泽被生民,仁周寰宇。朕躬
膺宝历,仰绍前徽,夙夜孜孜,不遑暇逸。兹御极五十余年,适当六旬
初届。所幸四方宁谧,百姓安和;稼穑岁登,风雨时若。惟庶征之协
应,爰群祀之虔。特遣专官,式循旧典;冀益赞雍熙之治,尚永贻仁寿
之休。俯鉴精忱,用垂歆格!

祭告炎帝陵文(康熙五十八年)

自古帝王,受天景命,建极绥猷;垂万世之经常,谨一朝之典祀。
朕钦承帝祖,临御九围,夙夜惟寅,敬将祀典,兹以皇妣孝惠仁宪端懿
纯德顺天翼圣章皇后神主升祔太庙礼成,特遣专官,代将牲帛;用展
苾芬之敬,聿昭禋祀之虔。仰冀明灵,尚其歆享!

祭告炎帝陵文(雍正二年)

自古帝王,体天立极,表正万邦,恺泽遍于寰区,仁风及于奕祀。
朕丕承大统,遥契曩徽,兹于雍正元年十一月十五日,恭奉圣祖合天
弘运文武广哲恭俭宽裕孝敬诚信功德大成仁皇帝王配圜立礼成,特
遣专官,虔申昭告,惟冀永赞,修和之治,益昭安阜之庥。鉴此精诚,
尚其歆格!

引用这些祭文是为了说明一个问题:在中央认同的层面,各地方祭炎黄之
文不能自说自唱,必须服从最高权力机关的统一规制。比如,湖北随州这个地

方向来没有炎陵,只有神农(炎帝)庙,或神农(炎帝)社,按照随州地方的特色,那么其炎帝神农之祭应该是庙祭,而不是陵祭。但是清代随州的炎帝神农之祭必须服从清帝的统一安排,宣读制式统一的"祭告炎帝陵文"。

第三节　炎黄祭祀之民族认同

炎黄祭祀不仅有一个国家认同的问题,而且还有一个民族认同的问题。是国家认同的,也是民族认同的;是民族认同的,也是国家认同的。这二者的逻辑关系是:由国家认同而走向境内多民族认同,而境内多民族认同则成为更深一层的国家认同。它们构成了炎黄祭祀认同问题的"两面"。

一、中华、中国与以炎黄精神为本源的文化认同

"中华"一词是中国传统文化所固有的,不是外来的。它与"中国"基本上属于同义词,包括地域性和文明性两个方面。含义是地域性的"中华"一词,可以见之于三国魏晋时期,南北朝时期使用比较普遍。此时"中华"相对于"边陲"而言,即指中原地区。含义是文化性的"中华"一词,其前身即为先秦时期"华夏"一词。"华夏"的内涵是指礼仪之大、服章之美,这些,正是文化的标志。如《唐律疏议》云:"中华者,中国也。亲被王教,自属中国,衣冠威仪,习俗孝悌,居身礼义,故谓之中华。"中华或中国与炎黄是联系在一起的。在地域性上,它是指炎黄后裔所居住之地;在文化上它是指炎黄及其后裔所创造的文明成果的总和。中华认同其实是以炎黄精神为本源的文化认同。

这个文化认同不仅指"国家",而且也指"民族"。"民族"一词中国古已有之,但是具有近代意义的"民族"概念却是梁启超从日本学来的。梁启超最初使用"民族"一词指"汉族",他又称之为"炎黄遗族"。1902年,梁氏创造了"中华民族"一词,其内涵包括了中国各民族认同的一体特征。"凡遇一他族而立刻又'我中国人'之观念浮于斯脑际者,此人即中华民族之一员也。"这里

的"中华民族"又含有"国家"的意义。

今天使用"中华民族"这一范畴，从民族构成讲，是指中国境内各民族，这些民族各有其语言、文化和心理素质，这就是说，它们都有自己的特殊性，体现出了中华的多元性，但是这些不同的民族都有一个自觉的民族认同，即都认同自己是一个"中国人"，其民族属于"中华"。很显然，炎黄祭祀的国家认同与民族认同是一体的两面。

二、近代中国诸民族对中华民族认同举例

在近代中国，中华意识在各少数民族中得到了强烈彰显，他们有强烈的中国意识。例如 1911 年 12 月 1 日，当时一些蒙古王公在沙俄指使下，在库伦成立了以哲布尊丹尼为"大汗"的所谓"大蒙古帝国"。1912 年，哲里木盟原副盟长、科尔沁右翼前旗多罗扎萨克图郡王乌泰发布《东蒙古独立宣言》。针对这样的分裂行为，1913 年初，西蒙古王公在归绥（今呼和浩特）召开会议。内蒙古西部 22 部 34 旗王公一致决议"联合东蒙反对库伦"，并通电全国申明："蒙古疆域，与中国腹地唇齿相依，数百年来，汉蒙久成一家。……我蒙同系中华民族，自宜一体出力维持民国……"[1]在这个政治文件中，少数民族代表人物共同决议宣告自己的民族属于中华民族这是第一次。当时的民国总统袁世凯于 1912 年 3 月 12 日致电库伦活佛哲布尊丹尼："外蒙同为中华民族，数百年来，俨如一家。现在时局阽危，边事日棘，万无可分之理。"[2]

在西藏近代史上，虽然国内外的敌对势力总是相互勾结，通过开展各种或隐蔽或公开的活动，企图把西藏从中华民族大家庭中分裂出去，但其结果总是以失败告终。这里的原因很多，不仅有一个藏族人民对"中华"的认同

---

[1]　西盟王公招待处编辑、乌兰托娅点校：《西盟会议始末记》，载《北部边疆》第 2 卷，黑龙江教育出版社 2014 年版，第 46—47 页。

[2]　周学军：《民国元年袁世凯与哲布尊丹巴八世往来电报日期考》，《西部蒙古论坛》2013 年第 1 期。

问题,而且还有一个深层的原因,就是藏族与汉族血脉相连。藏族未形成以前,其先民即与汉族的先民在血缘和文化上存在着千丝万缕的联系。藏族和汉族在血缘上、文化上自古就是一家。现在大量的研究发现,汉语和藏语是从同一个原始汉藏语系发展过来的,藏语的读音大致相当于汉语上古的发展阶段,与上古的汉语读音有着极大的相似性。藏族苯教和汉族的原始道教是同源的,它们都源于上古华夏民族的萨满教。藏汉民族有着共同的底层原始宗教世界。如此之深的血脉关系足证藏族是中华民族的重要组成部分。

再来看一看壮族。壮族是中国历史上一个古老的民族,先秦时期,其先为百越的一支。唐后多以"獠"见汉史书,宋朝以后又以"獞""僮""土"等名称见于史册。大家看"獠""獞"都是"犭"旁,这是对少数民族的一种侮辱性的称呼。称他们为动物,没有文化,这是不尊重他们。新中国成立以后,提倡民族平等,民族团结,民族和谐,中央非常重视民族问题。后来在1964年遵照周恩来总理的倡议,经国务院批准,把"僮"改为"壮"。这个民族的语言文字与汉字有许多惊人的相似。有些字词不仅同音,而且同义,甚至连感情色彩都有着惊人的相似性。比如壮族人讲"岜",其意为石山,而与汉语中"爸"同音,"岜"表示壮族人以大山为父,他们自豪地自称是"大山之子"。妲,在现代汉语里只剩下代表姓氏,在《辞海》里还保留有女性的意义,而在壮族语言中的"妲"就是青年女性的意思。后来由于历史的演变,往往集中到一个人身上"妲己"。我们现在常说,金窝银窝不如自己的栏窝。"栏"在现代汉语里即栏杆的意思,而壮语的"栏"是"家"的意思。壮族古人的房子是以栏为主,围着猪、牛、鸡等家禽牲畜。这和汉字的"家"字很相似。"家"字义为:宝盖头下面有一头猪。所以壮族学者认为,有些壮语中的汉字隐藏着尘封的壮族文化密码,壮族也是中华文明的创造者之一。壮族的语言和汉字,不仅同音,而且同义,甚至连感情色彩都有惊人的相似,这个事实本身也表明壮族和壮语对"中华"的自觉认同。

再来看彝族。彝族学者提出了"中华彝人"的概念,也表达了他们对中华民族的认同。在中华人民共和国成立之前,彝族被称为"倮倮"或"夷人"等;中华人民共和国成立之初,被称为"夷族"。其实,彝族原来自称"罗倮",在彝语中"罗"(音)的意思是"虎","倮"(音)意思是"龙",他们以这两种神秘无畏的动物自称,意思是说彝族是勇敢和强大的民族。在更多的意义上,这种自称反映了彝族人对自己民族的自豪感,在中华人民共和国成立之前,各民族之间缺乏交流,外人称彝族人为"倮倮族",这带有某些侮辱性。中华人民共和国成立以后,国务院开展对各个少数民族名称的确定工作,毛泽东和周恩来在北京会见彝族代表时提到以前彝族名称不统一,其中"夷族""倮倮族"都带有侮辱性的意思,毛泽东提出了把"夷"字改为"彝"字的建议,他认为鼎彝是宫殿里放东西的,房子下面有"米"又有系,有吃有穿,代表日子富裕。对此彝族代表一致表示赞成。从此"彝族"就被正式定为彝族各支系的统一族称。"龙"是中华民族的象征,而彝人也崇"龙",说明彝与中华民族有着内在的联系。可见"中华彝族"这个概念表示彝族是由各兄弟民族组成的"中华民族"大家庭中的一员。

再来看看回族。达浦生(1874—1965年),现代中国伊斯兰教学者、大阿訇、教育家,与王静斋、哈德成、马松亭并称"四大阿訇"。他在抗日战争时期曾只身出国,赴埃及、沙特阿拉伯等中东伊斯兰国家和印度,进行抗日外交宣传活动。在埃及,他用阿拉伯文撰写了《告世界回教同胞书》,揭露日寇侵华的一系列罪恶事实,介绍中国人民英勇抗敌的情况,号召世界各国穆斯林兄弟支持中国人民的抗日战争,引起中东各国各界人士的广泛关注与支持。1938年,达浦生大阿訇在受埃及国王接见时讲了这样的话:"我整个中华民族上下一致,同心同德,众志成城,共赴国难,咸存玉碎之心,不为瓦全之念,日本虽强,亦不能占我片土,制我民心。"[1]在这里,达浦生明确表明中国回教同胞对

---

[1]　达浦生:《伊斯兰六书》,宗教文化出版社2003年版,第576页。

"中华民族"的国家认同,并且强调了中国穆斯林是"中华民族"的一部分,这又是民族认同。

第四节　国家认同的民众基础

在讨论炎黄祭祀的国家认同问题时,我们还可以将国家认同与民间认同联系起来,进一步揭示国家认同的广泛群众基础。

首先要强调炎黄祭祀的民间认同与国家认同是有区别的。从主体上看,前者是由一些现实社会生活中的具体个人所组成的,称之为"民众",其心理学内涵即为"民众"对炎黄精神的体认,它具有很强的群体性特征。这种群体性特征认同的基本点是视炎黄二帝为保护神,即是济危解困的神灵。从这个角度看,民众性认同其实是一种宗教性的认同。

一、炎帝神农氏的民间认同深入人心

从湖北随州和湖南炎陵两地的资料中可以看到,随州对炎帝的祭祀在民间是将炎帝当作神或神话人物来祭拜的。这是许多研究者的共识,如陈良文等在《民间祭祀炎帝神农氏民俗研究》一文中认为,民间祭祀炎帝神农氏的类型之一,就是"把炎帝神农氏视为一个能保佑民众的'神'而进行祭祀朝拜"的,从随州的方志中,能看出这一特点。如清同治八年《随州志》收录几篇宋元明代炎帝祭祀情况的文章,如《炎帝庙像服记》《神农洞天碑记》等,反映了宋元明时期随州祭祀炎帝的情况。《炎帝庙像服记》云:

> 随州厉乡,炎帝所起,民因立庙祠炎帝至今岁。时水潦旱暵,灾
> 沴病疵,有祷焉,辄应。禽鸟蝼蚁至,不敢近游其庙。民以此益;草畏
> 之,其庙中偶土为帝像,而首之形如牛。

从引文可知,在《炎帝庙像服记》一文出现之前,随州厉乡的炎帝庙中以"偶土为帝像,而首之形如牛",可见,宋代以前随州所立之"炎帝",在随州百

姓的心目中,就是他们的保护神。禽鸟蝼蚁至,不敢近游其庙,所以每当"水潦旱暵,灾诊病疵",老百姓就到庙中进行祈祷,很是灵验。因为灵验、灵异,所以,老百姓对炎帝及与之有关的事物是又敬又畏。又如《荆州记》云:神农宅、神农所生。神农既育九井自穿。旧言汲一井则八井震动。《寰宇记》亦云:县北百里人不敢触。可见在老百姓的心目中,作为神的炎帝神农氏是多么神圣。

湖南炎帝陵方圆数百里的土地上也流传着许多与炎帝神农氏相关的习俗,颇有远古遗风,农耕余韵。在这些习俗中,除了"过年""尝新节""祭灶神"之外,还有每年的农历六月十一日至十三日都要举办的火龙会。火龙,用稻草扎编而成,有龙头、龙身、龙尾,扎成之后,在适当的部位绑上木棒,将木棒兴起,便是一条栩栩如生的龙了,然后在草龙身上遍插点燃的线香,或固定好已烧红的特制炭球,便成了火龙。"舞火龙"一般以自然村为单位,由年轻力壮的小伙子承担。六月十一日,夜幕刚降临,各村的火龙便出发了。前以灯笼火把开道,后以锣鼓唢呐压阵。先在村内串家走户,每户在火龙身上插上几支点燃的线香,到后来越插越多。这时,舞龙人便随着锣鼓点子,唢呐调子,不断变换花样,或上或下,或前或后,疾走狂舞。只见由无数线香亮点组成的火龙,盘旋起伏,翻滚腾跃,在夜幕的衬托下,千姿百态,活灵活现。走完各家各户之后,便走向田野,围着田垄舞上一周,边舞边喊号子,随行的男女老少跟着吆喝。在较大的平川上,可以同时看到十几个村的火龙队,有的还在开阔地会合比赛。在舞火龙的同时,村民点燃用铁篓子装着的松明火,插在田埂上。一时间,田野上一片火海,火龙在火海中游弋,蔚为壮观。

火龙会源于一个动人的故事。传说有一年,正当稻禾扬花时节,炎帝陵附近的村庄,接连发生旱灾和虫灾,人们日夜在田里捕打飞蝗,几天几夜未曾合眼。到晚上,大家十分困乏,便坐下休息,不知不觉就睡下了,村里有个唐老汉,在梦中看见一位老者,叫他回去睡觉。只见他把龙头拐杖往空中一丢,就不见了。唐老汉猛然醒来,叫醒大家,只见田野上空,一条火龙来回飞腾,口喷烟火,追杀蝗虫,火龙转了七七四十九个圈,才朝村里点头三下,呼啸而去。大家都认为是炎帝显灵,纷纷朝着炎帝陵方向叩头致谢。第二天晚上,火龙又飞来,这一次转了八八六十四个圈才离开。第三个晚上,又转了九九八十一个圈才飞去。火龙飞去后,紧接着电闪雷鸣,下了一场透雨。第四天大家到田里一看,虫灭了,干旱的禾苗返青了,众人十分惊喜,这一年稻谷获得了丰收。大家掐指一算,火龙灭虫的时间正是六月十一日至十三日。此后,当地老百姓不管是否有虫灾,每年的这三天,都要举行"火龙会"。

可见"火龙会"源于炎帝显灵,炎帝能制止旱灾和虫灾,所以人们对炎帝陵要叩头致谢,这与随州志书所讲的"时水潦旱暵,灾疹病疵,有祷焉,辄应"是一个道理。因为"有祷焉,辄应",所以在民间,人民心目中的炎帝神农氏也就是有求必应的神灵。

二、黄帝祭祀亦深入人心

同炎帝一样,黄帝也被民间视为神灵。黄帝"古书上也写做'皇帝',它的意思实在就是'皇天上帝'"。从陕西黄陵的民俗来看,民间就是把黄帝当作神来祭祀的。北宋以来,民间祭祀黄帝的活动,在每年阴历九月九日(即重阳节)那天举行,因为相传这一天是轩辕黄帝乘龙升天的日子。民间祭祀的规模很大。根据民国三十三年(1944年)的《黄陵县志·民俗志》记载,此项活动由宜君、洛川、富县与中部县(今黄陵县)四县民间共同举办。祭祀活动一般会持续三至五天,有戏班唱戏助兴。民间祭祀没有固定的仪式和程序,往往根据祭奠者的愿望、习俗自己确定。一般而言,民祭活动的规模、时间和频率往往与社会的安定程度、当年收成丰歉相关,是中国历史发展的晴雨表。民间祭祀黄帝有一个重要项目,就是闹社火。社火表演是综合性文艺活动,它将音乐、舞蹈、戏曲、说唱、体育、美术、杂耍融为一体,粗犷、豪放、活泼、风趣、滑稽、诙谐。上至七八十岁老人,下自七八岁孩幼童,都可以参加。但是凡闹社火,首场必须到各大庙宇去"敬神",然后在村内广场(麦场)上活动,谓之为

"打官场子"。此后,每天轮流去各家各户拜年或"串门子",表示迎喜接福,主家备烟、酒、糖、茶、果等招待,有时还要给若干赏钱。民谚谓之曰:锣鼓一响,黄金万两。表示祈福。可见在民间黄帝祭祀中,黄帝也是神,祭祀黄帝就是"敬神"。

在陕西黄陵还有杜甫叩拜黄帝陵的传说。说是某天杜甫徒步来到翟道城桥山脚下,打问去三川驿的路程,才知道从这里到三川驿还有一天的路途。而此时已是夕阳西下,只好打消继续赶路的念头,他只身坐在桥山脚下的沮水河畔休息,并且即时作了一首《晚行口号》:

　　三川不可到,归路晚山稠。落雁浮寒水,饥乌集戍楼。

　　市朝今日异,丧乱几时休。远愧梁江总,还家尚黑头。

杜甫吟诗后在路旁草丛中睡着了。这时夜幕降临,一位挎着竹篮的祭陵老人①往桥山上走去。睡着了的杜甫把祭陵老人绊倒了,他向老人道歉。祭陵老人一看是个过路人,也没发火。在交谈中,杜甫了解到,老人是祭祀黄陵的,之所以要祭祀黄陵,是因为唐军和叛军打仗,百姓不得安宁。听说唐军收复洛阳,百姓欢天喜地,盼望早日过上太平日子,所以特意上山祭奠黄帝。杜甫听罢,方知此地乃黄帝之陵。祭陵老人一再邀请杜甫随他回家过夜,杜甫因心情不快,执意不肯,老人走后,杜甫独自一人站在月光下,面向桥山黄帝陵进行叩拜礼。可以说,在民间,黄帝是保一方百姓平安的神。

不过,在历史上,作为神的黄帝经过儒家"理性主义"化神为人的工作,已经全无最初的古怪形象。其实,在远古,黄帝的形象与炎帝一样,都是很古怪的,比如,他有"四面"。这"四面"的古怪形象,尽管被儒化了的历史性事件所遮蔽,但其最初在民间作为神灵被认同,并没有被完全地遮蔽起来。

综上所述,民众所祭拜的炎帝、黄帝实为偶像,而且表现为带有图腾性的具体人格、炎帝人身牛首、黄帝四面等。后来的道家将炎帝当作镇安宫的主

---

① 古代祭黄陵没有固定的时间。

神,称为"五谷神大帝",黄帝被作为道教信仰的一面旗帜等等,实则源于炎黄的民间认同。其与民间偶像崇拜的价值取向是一致的:祈祷以避灾求福。

在古代的国家祭统中,炎黄的这种"去民之蠹"的民众认同,因其"有功烈于民",所以也被包括在国家祭统中了。从这个角度看,炎黄祭祀具有民本性,是培育社会主义核心价值观的重要传统文化资源。

第五节　炎黄认同在维护中华
统绪中的重要作用

一、历史上少数民族政权与"中华统绪"

在中华民族多元一体的格局里,凡建立了政权的民族,无论是汉族,还是少数民族,尤其是少数民族,如果要实现对于全国的治统,都要以对炎黄的认同为前提。他们或者以炎黄子孙自称,为其入主中原寻求统治权的合理性、合法性根据;或者虽然不自称炎黄子孙,但他们敬重炎黄二帝,承认炎黄二帝在中华统绪中的至尊地位。"中华统绪"中的炎黄认同包括两种形式:一是宣称自己就是炎帝、黄帝后裔,其统治中华合理合法;二是遵循旧制遵天,而炎黄是天的代表,所以,授命于天,也就是授命于炎黄。

据《晋书·慕容廆》记载,慕容鲜卑就认定自己是黄帝的苗裔。"慕容廆,字弈洛瑰,昌黎棘城鲜卑人也。其先有熊氏之苗裔,世居北夷,邑于紫蒙之野,号曰东胡。"有熊氏,是指黄帝,苗裔即"子孙后代"。可见慕容鲜卑认为自己是黄帝子孙后代。宋代史学家郑樵所作《通志·氏族略》也记载鲜卑慕容氏是黄帝后人。据《通志·氏族略》的记载,慕容氏出自中古时期,部族首领高辛氏的后裔,建立鲜卑国,自言慕二仪(天地)之道,继三光(日、月、星)之容,因此以慕容为姓,称为慕容氏。高辛氏,又名帝喾,为黄帝的曾孙。《十六国春秋·前燕录》载:"昔高辛氏游于海滨,留少子厌越居于北夷,邑于紫蒙之野。"跟前面说过的相关记载相同。慕容鲜卑人起初没有自己的文字，世事全凭世代口口相传。但慕容鲜卑人关于自己是黄帝后人的记忆十分明确，明代杨慎在《升庵诗话》中曾写道："慕容氏自云轩辕之后。"这里的轩辕即指黄帝。因为慕容氏是黄帝之后，所以他们入主中原自然也就合理合法了。

据《北史·魏本纪第一》记载，鲜卑族的拓跋，也认为自己是黄帝后人。如"魏之先，出自黄帝轩辕氏。黄帝子曰昌意，昌意之少子受封北国，有大鲜卑山，因以为号。其后世为君长，统幽都之北广莫之野，畜牧迁徙，射猎为业，淳朴为俗，简易为化，不为文字，刻木结绳而已。时事远近，人相传授，如史官之纪录焉。黄帝以土德王。北俗谓土为托，谓后为跋，故以为氏"。这里除了明确说明了黄帝之孙"受封北国"外，还明确说明"拓跋"一词就是"黄帝后人"的意思。

当然，在鲜卑族里，也有认为自己是炎帝后裔的。如北周封建政权宣称其先出于炎帝神农氏。"太祖文皇帝姓宇文氏，讳泰，字黑獭，代武川人也。其先出自炎帝神农氏，为黄帝所灭，子孙遁居朔野。有葛乌菟者，雄武多算略，鲜卑慕之，奉以为主。遂总十二部落，世为大人。其后曰普回，因狩得玉玺三纽，有文曰'皇帝玺'。普回心异之，以为天授。其俗谓天曰宇，谓君曰文，因号宇文国，并以为氏焉。"[1]因为宇文是炎帝的后代。而且其统治又为"天授"，所以其入主中原自然也就合理合法了。

契丹族建立辽政权，其史"赞"其炎帝后裔。如"辽之先，出自炎帝，世为审吉国，其可知者盖自奇首云。奇首生都菴山，徙潢河之滨。传至雅里，始立制度，置官署，刻木为契，穴地为牢。"[2]《辽史》中还有一段话很有意思，其云：

> 庖牺氏降，炎帝氏、黄帝氏子孙众多，王畿之封建有限，王政之布濩无穷，故君四方者，多二帝子孙，而自服土中者本同出也。考之宇文周之书，辽本炎帝之后，而耶律俨称辽为轩辕后。俨志晚出，盖从

---

①　(唐)令狐德棻等：《周书》卷一《帝纪第一·文帝上》，中华书局1971年版，第1页。
②　(元)脱脱等：《辽史》卷二《本纪第二·太祖下》，中华书局1974年版，第24页。

周书。盖炎帝之裔曰葛乌菟者,世雄朔陲,后为冒顿可汗所袭,保鲜
卑山以居,号鲜卑氏。既而慕容燕破之,析其部曰宇文,曰库莫奚,曰
契丹。契丹之名,昉见于此。

再来看蒙古族也很有意思,元朝是我国历史上少数民族建立的并统治中
国全境的一个王朝。元朝统治者虽然没有像辽政权那样宣称自己是炎帝或者
是黄帝的后裔,但是他一建立政权就要求建三皇庙。除祭祀伏羲、神农、轩辕,
还要祭祀孔子。所以在元朝,祭祀炎黄和孔夫子都是为了表明其政权的合法
性。还有一件事值得留意,就是元朝泰定二年(1325年),元帝也孙铁木耳收
到一个案子,诉有歹人弄火烧了黄陵的殿宇。也孙铁木耳对此事极为重视,下
圣旨保护黄陵,这是中华民族史上第一道保护黄帝陵的法令。它被刻成了碑
文,如今仍然保存在陕西黄陵县。

再来看满族。满族统治者入关后,更是重视祭祀炎黄。他们认为,祭祀炎
黄是自古帝王继天立极的表现。例如,清世祖顺治八年(1651年)对黄帝的祭
文是:"自古帝王,受天明命,继道统而新治统。圣贤代起,先后一揆,功德载
籍,炳若日星。明禋大典,亟宜肇隆。敬遣专官,代将牲帛,神其鉴享!"据统
计,清朝顺治以下的十帝中,除宣统外,所有的帝王都祭祀了黄帝,同时也祭炎
帝。所以可以看出来少数民族对炎黄的态度,或者认为自己是炎黄的后裔,或
者认为自己虽然不是炎黄的后裔,但自己要尊重炎黄,要祭祀炎黄,以此来求
得政权的合法性。前面谈到的是少数民族,那么汉族的政权是怎么样的呢?
毫无疑问,汉族的政权没有哪一个不祭祀炎黄的,都把炎黄祭祀和自己密切联
系起来。

为什么历代统治者,不论是汉族的,还是少数民族的,在中华统绪中总要
将其政权合理性、合法性与炎黄二帝联系起来呢?

有两个方面的原因:一是历史意义。从中国的宗法历史上看,一个政权的
建立,实际上是对中华祖业即炎黄事业的继承。而在宗法统绪中,只有中华祖
先的嫡系才具有继承大统的合理性、合法性。所以,对炎黄的认同其实就是对

自己统治的合理性、合法性的确立。二是神授意义。所谓君权神授,就是如此。其基本观点为:君王的权力是神给的,具有天然的合理性,君王代表神在人间行使权力,管理人民。所以在这个意义上,炎黄是天命的代表者,或者说是天的象征与标识。有了这样的合理性、合法性的认同,少数民族入主中原一方面可以增加人口最多的汉族对其认同感,另一方面又为本民族接受汉族文化提供依据。由此,可以看出少数民族祭祀炎黄尊崇中华文化一方面是出于政治上的考虑,另一方面是出于一种文化上融合的考虑。入主中原的少数民族政权,发现自己在文化上落后于汉族,于是就要学习这些文化以改变他们文化落后的面貌。所以,祭祀炎黄,崇尚中华文化,一方面有政治上寻求政权的合法性、合理性的考虑;另一方面还有文化上的考虑,要让本民族的精英和老百姓都来学习汉文化,接受汉文化,来强大自己、完善自己,以此适应这样一个新的局面,新的形势,新的任务,使自己的政权能够长治久安,使自己的民族也能成为一个有文化的民族。

二、近代国共两党的黄帝祭拜与中华民族凝聚

中国进入近代社会,自发的中华民族实体在重构中华民族的过程中,将祭祀炎黄作为团结中华儿女抵抗外敌的号召和出师表。辛亥革命成功后,孙中山于1912年3月曾委派一个由15人组成的代表团赴黄帝陵致祭,还以中华民国临时大总统的名义,写了篇祭文让代表团在黄帝陵前宣读。文曰:"中华开国五千年,神州轩辕自古传。创造指南车,平定蚩尤乱。世界文明,惟有我先。"①

上述祭文中的"世界文明,惟有我先"一句体现出了强烈的民族自信心和自豪感,已经成为孙中山推崇和理解黄帝的名言。在国民党要人中,于右任的黄帝情结也颇让人感念。他于1918年回陕祭陵,返南京即约友人搜集整理先

---

① 黄帝陵轩辕庙古柏院碑文。

秦以来有关黄帝事迹和传说的记载,花了十数年时间,分目编纂,详加考证,辑成一书,取名《黄帝功德纪》,于 1935 年出版。1942 年冬,当时任国民党总裁兼国民政府行政院长和军事委员会委员长的蒋介石,曾题写"黄帝陵"三字,刻成高大石碑,立在黄帝陵。

抗日战争时期,即 1937 年,中国共产党和中国国民党都对黄帝进行了祭祀。中国国民党中央执行委员会的祭文云:维中华民国二十六年民族扫墓之期,追怀先民功烈,欲使来者知所绍述,以焕发我民族之精神,驰抵陵寝,代表致祭于我开国始祖轩辕黄帝之陵前曰:

> 粤稽遐古,世属洪荒;天造草昧,民乏典章。维我黄帝,受命于天;开国建极,临治黎元。始作制度,规距百工;诸侯仰化,咸与宾从。置历纪时,造字纪事;宫室衣裳,文物大备。丑虏蚩尤,梗化作乱;爰诛不庭,华夷永判。仰维功业,广庇万方;佑启后昆,恢廓发扬。追承绩猷,群情罔懈;保我族类,先灵攸赖。怀思春露,祀典告成;陈斯俎豆,来格来歆! 尚飨!

中国共产党的祭文由毛泽东亲撰,他与朱德派代表林祖涵代表中华苏维埃全体人民以鲜花时果之仪致祭黄帝。其云:维中华民国二十六年四月五日,苏维埃政府主席毛泽东、人民抗日红军总司令朱德敬派代表林祖涵,以鲜花时果之仪致祭于我中华民族始祖轩辕黄帝之陵。而致词曰:

> 赫赫始祖,吾华肇造;胄衍祀绵,岳峨河浩。聪明睿智,光披遐荒;建此伟业,雄立东方。世变沧桑,中更蹉跌;越数千年,强邻蔑德;琉台不守,三韩为墟;辽海燕冀,汉奸何多! 以地事敌,敌欲岂足;人执笞绳,我为奴辱。懿维我祖,命世之英,涿鹿奋战,区宇以宁。岂其苗裔,不武如斯,泱泱大国,让其沦胥! 东等不才,剑屦俱奋,万里崎岖,为国效命。频年苦斗,备历险夷,匈奴未灭,何以家为! 各党各界,团结坚固,不论军民,不分贫富。民族阵线,救国良方,四万万众,坚决抵抗。民主共和,改革内政,亿兆一心,战则必胜。还我河山,卫

我国权,此物此志,永矢勿谖。经武整军,昭告列祖,实鉴临之,皇天

后土。尚飨!

两党祭文均为四言体。国民党的 32 句祭文中未提团结抗日大事,除小序"焕发我民族之精神"一语有点时代感外,通篇限于追述黄帝功业,且很程式化。共产党方面的 56 句祭文,有写黄帝伟业的,但主要写中华民族的现实遭遇和中国共产党对时局的主张,通篇以国家和民族的命运为念,"万里崎岖,为国效命"的民族情怀溢于言表,被视为中国共产党及其所领导的武装力量奔赴抗日前线的"出师表"。

从 1935 年到 1948 年,中华民国政府每年清明节都要派员去黄帝陵祭奠。1948 年和 1949 年,国民党在西安设灵堂遥祭。在此之前的 1944 年 7 月,经国民政府政务院批准,中部县改为黄陵县。而中国共产党则于 1948 年派陕甘宁边区政府和西北人民解放军有关领导前往黄帝陵祭祀。1949 年清明节,又派陕甘宁边区教育厅和黄龙专区专员前往黄帝陵致祭。

最后,我们归纳一下本章的内容,主要讲了以下意思:一是认为祭祀问题本质上是一个文化认同问题,它包括民间、国家与民族等不同层面的认同;二是指出炎黄祭祀中国家认同与民族认同是"两面"关系,而民众认同是"一体",这就是"一体两面";三是指出炎黄祭祀是历代统治者维护中华统绪的重要手段;四是炎黄祭祀是中华民族各民族历史上形成文化认同和国家认同的基本途径;五是强调炎黄祭祀也是今天我们培育爱国主义精神、增强民族团结的重要方式,要善加运用,使之在新时代为中华民族伟大复兴发挥更大的作用。

第十二章　黄帝与中华文化共同体溯源

对于炎黄,怎么指称他们? 学界观点不尽相同,但基于父系血缘的共同体,这是共识所在。"炎黄学概论"从姓氏学、图腾、祭祀、精神、文献、传说等不同视角所指向、不同进路或框架所努力呈现的,正是基于父系血缘的共同体。共同体为我们概论的编写提供了逻辑合法性。

传说时代的古代民族形成走的是一条共同体之路。在传说时代漫长的历史进程中,无论是氏族演进为宗族,还是融合部落或部落联盟,走向部族,走向王国,始终是以血缘共同体为主体的。因而共同体既是逻辑的起点,也是历史的起点。

第一节　共同体的方法意义

一、20世纪的炎黄文化研究遭遇重大危机与挑战

这是近代中国所面临"三千年未有之变局"的一个重要侧面或组成部分。炎黄文化研究所面临之"变局"是深刻的、严重的,究其实质,这个"变"是要解构世代真儒讲了几千年、中国人信了几千年的中国文化之"道统叙述"。这个道统叙述一旦解构,中国人是谁、中国人是从哪儿来的等等关乎一个民族的安身立命之本,都成了问题,成了一笔糊涂账。问题的严重性在于,一个民族连

自己是谁、从哪儿来的都讲不清楚,何以在这个世界上立足? 合法性何在?!

什么是中国文化的道统叙述? 首先,是将中国 5000 多年的文明史统为一系,即归结为五帝三王同宗共祖的黄帝谱系,亦称一元谱系。它"把五帝视为远古大一统国家的帝王,而且相信他们之间具有血缘亲属的继承关系。黄帝作为五帝之首,更是其后几位帝王,包括颛顼、帝喾等人以及夏、商、周、秦、汉各个王室和皇室的直接的祖先"①。

20 世纪 20 年代形成的疑古学派提出"层累地造成的中国古史",认为"周代人心目中最古的人是禹,到孔子时有尧、舜,到战国时有黄帝、神农,到秦有三皇,到汉以后有盘古"②。层累说从道统叙述,也就是文化圭臬、"顶层设计"的高度猛烈冲击三皇五帝的古史体系。

中国文化的道统叙述面临解构,随之带来的便是对中国传统文化全面而系统的怀疑与否定。五四新文化运动的很多思想精英,痛斥自己的文化乃劣根文化,并系统地指出中国人劣根性的种种表现,有人甚至认为中国人的语言文字都应该取消。这些观点,正是缘于对中国文化在道统叙述这个根本层面上的怀疑和否定。层累说从提出到现在已将近 100 年了,在一定意义上,其影响仍在持续。

中国文化的道统叙述还有一个重要内容:黄帝不仅是远古中国第一位大一统国家的帝王,中国人血缘意义上的老祖宗,而且还是一系列重要文化的发明者、创造者,这也是黄帝作为人文始祖的一条重大理由或根据。比如张岱年先生就曾指出:"炎黄二帝是中国上古时代最伟大的文明创造者。"③

近年来,考古发现一个日渐明显的趋势,就是很多原本以为是在炎黄时代或者晚出的文化,实际存在的时间越来越早。以水井为例,徐旭生先生推测水

---

① 沈长云:《人文始祖——黄帝》,《光明日报》2018 年 11 月 24 日。

② 顾颉刚:《与钱玄同先生论古史书》,载顾颉刚:《古史辨》第一册,上海古籍出版社 1982 年版,第 60 页。

③ 张岱年:《炎帝黄帝是中国古代文明的象征》,载郑杰祥主编:《炎黄汇典·文论卷》,吉林文史出版社 2002 年版,第 527 页。本文原载《炎黄文化研究》(《炎黄春秋》杂志增刊)第 1 期,1994 年 7 月。

井是在夏禹治水时发明的。实际上这个观点已经是对一些古代文献的修正了。《世本·作篇》："黄帝见百物始穿井"，说黄帝是凿井技术的发明者。《周书》："黄帝作井"。1973年，考古人员在距宁波市区约20公里的余姚市河姆渡发现了迄今中国最早的水井，距今约7000年，属于新石器时期文化。这一考古发现把中国人发明水井的历史提前了好几千年。除了水井，许多发明创造，如农业种植或农耕文明、城市、祭祀等，原本是作为炎黄时代的重要节点性环节或要件，寄于炎黄二帝名下，却都被考古证明其实在炎黄时代到来之前早就存在。中国社科院考古所前所长刘庆柱在很多会上都不无焦虑讲到，我们的"文明探源工程"把炎黄"说没了"。这不该发生的故事，其实是对于近年来考古发现所呈现的文明要素年代越来越早的趋势，一种选择性的回应。虽然无奈，却可避免李学勤先生所言的"误会甚至混乱"。

中国文化的道统叙述真是"破屋偏遭连阴雨"。

这是炎黄文化研究继五帝三王的大一统叙述被层累说解构之后，所面临的又一次解构之虞。两次解构相互叠加，共同构成今天炎黄文化研究的问题背景。

二、我们的应对：在文化废墟上重建古史的努力

下面我们来评述一下具有代表性的几种思路或观点。

第一，与血缘相区隔。有学者在研究中国早期文明时，刻意地将文化认同与血缘因素相区隔。① 之所以如此，很有可能是为了避开同源共祖，也就是为

① 严文明先生认为，黄帝第一个建立了政权，官以云名，"置左右大监，监于万国"。这个政权也许不像传说中那么整齐有章法，"但毕竟与那种基于血缘关系建立起来的氏族、部落乃至部落联盟大不相同"。这就是说黄帝的政权不是基于血缘的。在谈及黄帝与北狄的关系时说，"它们表面上说的是亲族关系，实际上反映的则是文化认同的思想"。把血缘与文化认同继续区隔开来。在谈到为什么炎黄的传说会那么广，"几乎整个华夏民族都自认是炎黄的后裔"时，严先生认为有两个原因：一是由于炎黄族系人逐渐向外扩展的过程中把炎黄的传统传播出去了。但这个原因不是主要的。二是文化上的认同思想。这是最主要的原因。这里讲的文化认同仍然没有将血缘因素介于其中。参见严文明：《炎黄传说与炎黄文化》，载郑杰祥主编：《炎黄汇典·文论卷》，吉林文史出版社2002年版，第464—474页。

了避免陷入与一元谱系同样的逻辑。换言之,你只要承认炎黄文化基于血缘,那么顺着这个血缘脉络往前追溯,不管是氏族,抑或宗族,还是族邦。① 只要是个"族",就一定会有个起点,有个开端,一定有个老祖宗等在那里。这就很可能又回到一元谱系的死路上去了。

中西方古代社会的发展路径有很大的不同,对此学界有着高度共识。20世纪 40 年代,侯外庐先生曾有精辟的概括。他说,古代西方的文明路径"是从家族到私产再到国家,国家代替了家族";古代中国的文明路径"是从家族到国家,国家混合在家族里面,叫做'社稷'"。② 当代学者姜广辉、陈谷嘉、谢维扬、沈长云、王震中、王晖等人也都有很精到的论述。

古希腊时代的城邦民主制是在摧毁了氏族制后建立的,氏族成员也因此脱离了氏族制的脐带,而变为自由民小农。在这个过程中,以男性血缘为轴心的氏族组织形式,逐渐沦为要被摆脱、打碎和无可挽回地退出历史的旧制度,血缘关系是步入文明时代的"障碍"。

与此不同,在古代中国,国家共同体的建设始终是在以父系血缘联结的家族——宗族结构基础上进行的。在这个过程中,血缘关系乃社会进步的"资源",而且是可以不断被重复利用和深度开发的"可再生"资源。

从五帝到三代,中国"古人之大体"经历了从"公天下"(或曰"官天下")向"家天下"的历史转型。在此过程中,私有财产出现,贫富分化,分工和阶级产生,原始共产主义逐渐瓦解。此乃中西文明进程之通例。但是在中国,本应逐渐退出历史的血缘、宗族等"公天下"的社会组织形式,却被作为结构性的资源,用以自觉自为地建构社会共同体。中国人始终作为共同体的成员,而不是共同体瓦解后的单子而存在。在私有财产、贫富分化、分工和阶级产生等等一系列的中西通例之历史冲击面前,基于血缘之共同体表现出惊人的容纳力。"从家族到国家,国家混合在家族里面"而非"从家族到私产再到国家,国家代

① 参见李桂民:《黄帝史实与崇拜研究》,中国社会科学出版社 2014 年版,第 35 页。
② 侯外庐等:《中国思想通史》第一卷,人民出版社 1957 年版,第 11 页。

替了家族"这一事实,表明血缘政治已由氏族行为上升为国家意志。在此过程中,宗统仍然作为社会最高组织原则,在总体上规定国家的性质。在家国同构的社会共同体实践中,"为公"并没有被"为己"逐出历史,而是作为共同体这一社会基本结构被保留下来,"为己"与"为公"在小康社会形成了你中有我、我中有你的局面。

由此走出了一条与中西通例之历史相反的曲线,开创了文明进程的中国路径。

"相反曲线"这个概念逻辑地包含着这样一种应有之义:如果有史可考的三代,其社会组织是以父系血缘的宗族共同体为中心的,那么比这更早的传说时代,血缘的作用只能更大而不可能是相反。换言之,炎黄时代只能是浸透在血缘性之中,若把基于血缘这条拿掉,文化就失去了"根"与"魂"。

第二,炎黄二族之分。代表学者有王献唐,其基本观点认为,"自黄帝以后,商周以前,历代兵戈,大抵为民族而战,即所谓炎黄二族之战也"。阪泉之战为二族第一战,之后黄帝以四术平二族之怨。"二族之战争,非止唐、虞、夏、商亦然",甚至秦汉以下,愈演愈烈。但年久而忘本,民族之观念日渐稀薄。虽然时有战争,但黄与黄战,炎与炎战,但为城池,不为民族。加之"土地杂居,血统混合,已无所谓炎,无所谓黄,皆中国之而矣"。①

第三,多元一体、平行并进。这是炎黄文化研究的主流观点,它奠定了中国古史的基本格局。主要著作和代表有傅斯年的《夷夏东西说》、蒙文通的《古史甄微》,以及徐旭生的《中国古史的传说时代》。② 按照徐先生的观点,古代部族的分野大致可分为三个集团。炎黄代表华夏,皞代表东夷,羲代表苗蛮。相遇之后开始互相争斗,此后又和平共处,终结完全同化,才逐渐形成了后来的汉族。显然,这与以司马迁为代表的汉儒学者的观点是有根本性分歧的。如果我们把

① 王献唐:《炎黄氏族文化考》,载郑杰祥主编:《炎黄汇典·文论卷》,吉林文史出版社2002年版,第360—370页。
② 参见李桂民:《黄帝史实与崇拜研究》,中国社会科学出版社2014年版,第2页。

一元谱系的观点称之为一元一体，那么徐先生的观点用费孝通先生的说法则是"多元一体"。而张光直先生的说法，中国文明的进程是"平行并进式的"。

第四，总结：

> 《国语·晋语》载："昔少典娶于有蟜氏，生黄帝、炎帝。黄帝以姬水成，炎帝以姜水成。成而异德，故黄帝为姬，炎帝为姜。"①

我们用这段经典文献对上述观点作一个分析性总结，尤其关注一下这几种观点对于文献中"生"字所作的不同解读。

王献唐所理解的"生"与一元谱系所言之"生"基本契合，是在"血缘亲属的继承关系"上使用的，讲的是父生子之生。他一方面认为这条文献不可信，所谓少典所生子虚乌有，"炎、黄同父之说不攻自破"；但同时充分关注并肯定了炎黄二族是基于血缘的共同体，充分关注并肯定了原本不是一家人的二族在由分到合，最终变成一家人的过程中，族群血缘所表现的"资源"意义。徐旭生的观点则暗合了近年来考古新趋势，将炎黄置于更大的文化大场景中。他所理解的"生"是在族与族的关系上使用的，讲的是裂变与分化。较之一元谱系，他讲的"生"，其主体是族而非人。在长期的历史演进中，由于族外婚、族群繁衍等原因，家（按：即氏族）不能不分成若干小团体。少典、有蟜只是华夏族中的两个氏族，之后"生"出炎黄二族，之后又分别不断地"生"出新的氏族。华夏族中还有别的氏族，华夏族之外，还有东夷、苗蛮，他们内中也是分化出很多氏族。他们共同构成了"氏族林立"的局面。而若摒血缘于文化之外，则跟上述两种观点基本上不在同一个语境中。

三、共同体的方法意义

（一）共同体是一种语境

《说文解字》女部曰："姓，人所生也。"也就是说姓源于生，古代学者多持

---

① （战国）左丘明撰，（三国吴）韦昭注：《国语》，上海古籍出版社2015年版，第237页。

此说。《说文注笺》:"姓之本义谓生,故古通作生。"《白虎通·姓名》:"姓,生也。人所禀天气所以生者也。"

从直观的意义上看这些说法,是说人一生下来就有姓了。为什么人一生下来就有姓呢:第一,既然言生,总要有人将人生出来。生下来了就与不生或死划出了界限。第二,生人之人以及所生之人,以及生这件事的发生,总是在某一个具体的"族"里的,这个族一定是有姓的,而且这个族永远不会改自己的姓。第三,此人是我生的,意味着排除了此人是你生或他生的可能,同时意味着是此族生而非彼族生。也就是说你一生下来,就有一个属于你的既定的家族或族群。第四,这个姓,以及它所标示或代表的族群,在你之前早已存在;在你之后,会由你的后代,也就是又生出来的人接着往下传。第五,姓与生的关系也是同样的道理。

概而言之,中国人所言生,是以基于父系血缘的共同体为其语境的。李玄伯:"扩而言之,人可以性相近,人之性可善可恶,而物亦可有性,则'性'实即'马那',亦就是图腾的性质。故'性''姓''旌'实皆出于一物:'生'。中国古代社会所谓'生',亦即现代原始社会的图腾。并且姓、性、旌三字的偏旁实后来所加,极古时当皆谓之曰'生'。姓即图腾的结果。"①

中国人在共同体语境中不仅以性释生,而且以德释性。

以德释性,这是周族的思想贡献。《诗经·清庙》:"济济多士,秉文之德。"意为氏族子孙,秉承文王之德。以德释性是说进一步将好的,也就是周族的历史文化中敬天保民的传统、品德、执政合法性凝结为性。以生承载性,以性承载德,基于血缘,传于血缘。中国人所言生是族之生,是不断地把族再生产出来。生所指称的是族的不断繁衍,持续地存在。

中西文化差异的发生在于,古希腊自耕农成为生产主体,公民社会替代血缘氏族而建立。族与血缘退出历史了。因而古希腊哲学家关于人性的讨论,

① 李玄伯:《中国古代社会新研》,开明书店1948年版,第34—35页。

也就不会以基于血缘的共同体作为基本语境了。性、德、善,即使有讨论,也被其自有的历史文化所预设。而在中国,这个族,这个基于血缘的族,按照余敦康先生的说法,是宗统为组织原则的宗族,始终作为共同体的基本形式在场,故性、姓,始终是宗族之性、姓,始终是以共同体的方式,在共同体的语境中释生,是以共同体之性释生,以共同体之德释性。

语境把思想置于一种打开的客观性中:他的话是什么意思,与他为什么这么说联系起来考虑,这是语境分析的一个重要特点。为什么司马迁非要把五帝三王理解为一元谱系呢? 就是被基于血缘共同体的语境所预设。而共处同一个语境,则让徐旭生、王献唐们与古人心有戚戚焉,每每有如在进行着跨越时空的对话。一方面,他们与司马迁一样,只能从基于血缘这个文化大传统中"接着讲";另一方面,这"接着讲"又不是照着讲,一元谱系走不通的地方,他们必须加以变通,进行创造性转化。变则通,通则久。旧的拖住新的,死的拖住活的。接着讲是返本开新,是创新与固本、转化与坚守的统一。在一元谱系面临解构的问题背景下,新一代炎黄学人重新古史,在基于血缘这个根本点上表现出一种可贵的辩证精神,一方面努力避免拘泥于血缘,线性地理解其作用及其性质的倾向;另一方面又要总结 20 世纪学人于层累说,文化认同中存在的否定血缘作用的倾向。站在新的时代高度上,有所批判,有所提高。

语境是思想者的精神家园。它为思想者提供合法性,如同为人们提供空气、土壤、水一样。思想家的价值观、思维方式、心理结构构成了这种合法性的内核。语境将之语言化,也就是"编码"。人们思考的每个片段、碎片,都会被"语境化"地处理,与其语境相悖的会被遮蔽或过滤,余下的则被语境有机地串联起来,形成一个相互支持、彼此关照、心有灵犀的思想之网。用黑格尔的话说,这是"一种隐秘的和谐,一种主体与外界双方的共鸣"①。

我们从世代炎黄学者的学术思考中,看到了这种"隐秘的和谐"。而其实

---

① [德]黑格尔:《美学》第一卷,朱光潜译,商务印书馆 1979 年版,第 325 页。

这种"隐秘的和谐"就在本书的章节结构中。

先看姓氏学这一讲。谢维扬曾指出,黄帝二十四子是按父系血缘来确定的。这讲得很对。父系血缘是个前提,是个历史起点,姓氏学正是以此为起点,通过谱牒学或世系,勾勒出炎黄这个父系血缘共同体繁衍的基本脉络。再看炎黄祭祀。父系血缘这个起点,同时也就是炎黄共同体祭祀的起点。因为既然是基于父系血缘的共同体,一定要为这个共同体找到自己的"老祖宗"。由这个起点出发,才有了中国人慎终追远的大传统。图腾是父系血缘共同体的标识。同样,它也是各种文献,特别是那些相互矛盾的文献中,最大的公约数。这些不同的视角、进路或框架,都被基于父系血缘的共同体所预设。基于血缘的共同体是这些章节之间的内在联系,也是炎黄学概论的逻辑前提和内在根据。把这个前提和根据拿掉,这些章节所代表的向度、进路,就无法存在和展开。"不识庐山真面目,只缘身在此山中。"共同体是炎黄时代纷繁复杂的文化现象背后共同的,也是唯一的主体。它就潜藏于我们的章节逻辑中,我们对此应有足够的文化自觉。

把共同体语境中这种"隐秘的和谐"彰显出来、表述出来,就是共同体方法意义的一个重要方面。

作为语境的共同体,第一,能够帮助我们于炎黄文化中找到中华民族固有的根本,也就是我们的"根",帮助找到我们的核心价值观,也就是我们的"魂"。第二,能够帮助我们找到中华民族最深沉的精神追求,以及这种精神追求如何于历史文化的演进中积淀为我们民族的永恒记忆与文化基因。第三,能够帮助我们找到中华文明的独特标识,梳理出文明进程的中国路径。

(二)共同体是"精神中心"的策源地

梁漱溟在《中国文化要义》中谈道:"中国以偌大民族,偌大地域,各方风土人情之异,语音之多隔,交通之不便,所以树立其文化之统一者,自必有为此一民族社会所共信共喻共涵育生息之一精神中心在。惟以此中心,而后文化推广得出,民族生命扩延得久,异族入而先后同化不为碍。此中心在别处每为一大宗教者,在这里却谁都知道是周孔教化而非任何一宗教。"①周孔之教亦并非此精神中心之源发者,它同样是接着讲。接着谁讲? 滥觞于远古炎黄时代,基于血缘的共同体才正是这一中心精神的策源地。

基于父系血缘的共同体是自炎黄以来中国文化的大传统。作为复合型民族国家,"合"或"和"是我们历史发展的总结局,是至今仍然向着未来持续挺进的大趋势,是中国文化的"硬道理",最突出的文化软实力,是中华文明方式的重要标识,是中华民族"中心精神"的凝聚与体现。我们可以否认同宗共祖一元谱系,甚至我们可以质疑炎黄二帝存在的历史真实性,但我们无法否认,中国人是沿着共同体这条独特的文明路径一路走过来的。这条路源于哪里,谁是第一个开路人,谁是中华民族的始祖,我们还回答不上来。但回答不上来,不等于这条路不存在。这条路乃中国文化的中心大道,它承载着中华民族的中心精神,从历史深处走向未来。炎黄学的一个重要的学科价值就在于,我们用不断地追溯这条中心大道的源头,不断地追溯中心精神的策源地,来彰显中国文化的独特性与凝聚力。

（三）共同体是一种结构

近年来的考古发现,使得很多原本以为是在炎黄时代或者晚出的文化,实际存在的时间越来越早。这种趋势暗示着,存在着一个远比炎黄文化更为广阔的文化大场景,炎黄只是这个大场景发展到一定时期才出现的。这需要我们重新思考,我们根据什么把炎黄看作人文始祖,"人文始祖"这个词应该在什么意义上使用。

"黄帝能成命百物,以明民共财,颛顼能修之。帝喾能序三辰以固民,尧能单均刑法以仪民,舜勤民事而野死"(《国语·鲁语上》),"施惠承天,一道

---

①　梁漱溟:《中国文化要义》,载《梁漱溟全集》第三卷,山东人民出版社 2005 年版,第103 页。

修德,惟仁是行,宇内和平"(《韩诗外传》),黄帝"始作制度,得其中和,万世长存"(《白虎通义》)。

从这几段文献置于共同体的语境中便可读出,黄帝主要不是发明者,而是命名者,不是第一个大一统的帝王,而是第一个惟仁是行者。不是族群的始祖,而是第一个用制度管理族群者。

换言之,黄帝代表着一种文化结构的形成。炎黄文化是一种结构性的存在:第一,基于父系血缘的共同体是以宗统作为组织原则的社会组织,以父系血缘作为最基本的资源和纽带。第二,它以黄帝二十四子为最基本的姓氏,以慎终追远为其大传统,以龙为图腾。第三,这个以农耕文明作为基本生产方式的族群,后来又从中自然地发展出"内平外成"[1]这一处理族群内部,以及族群与族群之间的关系的方式,这一方式不断地使族群向心凝聚,不断地释放包容力,从而不断地实现异姓而同德的文化融合。第四,这些因素以既定的方式相互联结,以既定的机制持续运行。它把基于血缘的共同体不断地再生产出来。

这个结构一以贯之地构成了中国文化的独特性,是文明进程中国路径的核心意涵。炎黄时代是这一结构肇始、创建的时代。它给文化大场景带来一种前所未有的文明方式,并成为这一方式成型或定型的标识。

炎黄文化,是一种结构式的文化再创造。有了这个结构,一切可以交给时间,由分而合而大一统的结果就必然会出现。换言之,早期文明由分而合而大一统,是这一结构的外在表现。炎黄学的任务,主要的不是去在文化大场景中寻找中国人的"根"和"源",而是要找到这一结构形成或成型的节点。所谓根祖文化,所谓人文始祖,都是上述结构的结构性语言。文明探源工程把炎黄"说没了",这是我们建构炎黄学的问题背景。这也在一定程度上,从反面预设了炎黄学的主旨。我们要从炎黄是华夏文明大场景的创造者的原有回应中转变自己,用一以贯之于中华文化的结构的创建作为炎黄文化的核心意涵。

---

① 引自《左传·文公十八年》:"举八元,使布五教于四方,父义、母慈、兄友、弟恭、子孝。内平外成。"

第二节　中国早期文明的分与合

一、分是起点，合是结果

20 世纪以来，在徐旭生、蒙文通、傅斯年等几代炎黄学人的共同努力之下，传说时代氏族社会晚期以来的中国社会基本面貌已经被大体上勾勒出来。按照徐先生的观点，古代部族的分野大致可分为三个集团。炎黄代表华夏，皞代表东夷，羲代表苗蛮。相遇之后开始互相争斗，此后又和平共处，终结完全同化，才逐渐形成了后来的汉族。徐旭生先生强调指出，战国及秦汉时代的人民常自称为华夏是错误的。他们实在是华夏、东夷、苗蛮三族的混合。也就是说，中华民族是先分后合：分是起点，合是结果。若按费孝通先生"多元一体"说来表述，那么多元是起点，一体则是结果，由分到合，也就是由多元而一体。显然，这与一元谱系的观点是有根本性分歧的。在后者看来，五帝三王血缘上同宗共祖。换言之，从起点上，中国就被看成是一个大一统的国家，不但结果是"合"，而且起点也是"合"。

"分"是早期文明一个基本现象。《史记·五帝本纪》："黄帝置左右大监，监于万国。"《春秋左传正义》卷五十八："禹合诸侯于涂山，执玉帛者万国。"《后汉书·郡国志》记载，在商汤时期有三千余国，西周时有一千七百七十三国，春秋时有一千二百国。

而在炎黄之前，氏族林立。仅就华夏集团来说，华夏族内中有少典与有蟜，两氏族互通婚姻。中国古代文献一般都把炎黄二帝说成"兄弟"，表明他们是同一祖先的后裔，后来分别成为姜、姬两部落首领。少典生炎帝、黄帝，是说这两个部族最初是从少典氏族或部落裂变而来的。

人类的进化大约是从原始群渐进而有氏族，三大集团为氏族社会发展的后期，是由很多氏族结为部落或部落联盟。按照王震中先生的理论，颛顼时开始进入都邑国家形态,族群融合进一步发生,到了夏禹进入了有组织的王国时期。到春秋战国之际,统一的华夏民族才最终形成。可见这个"合"经过了相当长的历史过程。

"合"作为结果出现,并不是没有原因的。若把"合"看作是不管怎样、无论如何都会出现的结果,而不可能有第二个结果,那就不对了。实际上在早期文明的发展过程中,离心力是与向心力或凝聚力一直并行存在的一种力量。《三国演义》:"天下大势,分久必合,合久必分。"这就是说,向心力与离心力是一种张力结构。离心力大了,天下就分了;向心力大了,天下就合了。

在基于父系血缘的共同体中,分与合两种趋势始终彼此纠葛,相伴而行。

《国语·晋语四》:"昔少典娶于有蟜氏,生黄帝、炎帝。……二帝用师以相济也,异德之故也。异姓则异德,异德则异类。异类虽近,男女相及,以生民也。"①

第一,作为共同体结构性的产物,同姓族群在其分化中,由于受到不同地域文化的涵泳和培育,一定会发展出不同的风貌与气质,从而秉赋异德。第二,异德的向度是异类。第三,由异德而异类,原本同姓、同根,同属一个族群,其相互关系不外乎沿着两个历史向度朝前走。

据徐先生考证,黄帝族东迁过程中,在今陕西临潼一带骊戎氏族,河北正定一带的鲜虞,都是黄帝氏族的分族。"因为它们不能跟着时代进化,所以周时遂被称为戎或狄。"②

骊戎、鲜虞之于西周同根相煎,将异类之"分"推至敌我关系的地步。我们不妨将此向度称之为"血缘团体"的向度。

与此相反的另一个向度,可称作"道德团体"的向度。王国维说,"欲观周

---

① (战国)左丘明撰,(三国吴)韦昭注:《国语》,上海古籍出版社 2015 年版,第 237 页。
② 周幽王时,废掉申后及太子宜臼,立其宠爱的褒姒为后,伯服为太子。公元前 771 年,申后之父申侯勾结犬戎攻破镐京,周幽王被杀于骊山,西周灭亡。即位的周平王后于公元前 770 年,迁都至洛邑,开始了东周的历史。

之所以定天下,必自其制度始矣。……其旨则在纳上下于道德,而合天子、诸侯、卿、大夫、士、庶民以成一道德之团体"①。据沈长云等人的观点,黄帝姬姓,是周人的祖先。"道德团体"的建构,作为一项伟大的文化创造,一定有其始于萌芽、雏形,于历史演进中不断完善和丰满的过程。换言之,在"道德团体"的建构上,周族是集大成者,而非始作俑者,是"接着讲",是传统的继承者和光大者。

"道德团体"的建构基于血缘,同姓、同根这一资源会被有效地开发出来,为异类之间的团结和睦提供合法性,凭此来唤醒与激活流淌在血脉中的文化基因:大家本来就是一家人;而血缘集团的建设不但删除,也就是选择性遗忘同根,且还通过战争动员等机缘或方式,对内进行本土一体化建构,对外形成边界清晰的族群间关系。

二、"分"与"合"的分水岭

李玄伯在《中国古代社会新研》中提出邦的概念。② 邦系氏族族长联合组成,一邦为一国。邦上有王,执行邦的事务,但要事皆须咨询各族长。后者在其族中,仍有无限权威。李先生指出,古代邦的特殊性质在于,此邦与彼邦毫无共同。一邦的宗教、典礼、法律,皆他所自有。各邦的纪年不同,各有其史记、礼记。每邦自有其疆域。

我们不妨以李先生所言的"毫无共同"作为"分"与"合"的分水岭。中国的历史文化走上了合的道路,沿着"道德团体"的历史向度,逐渐把"毫无共同"转化为和而不同,最终形成一个差异逐步减弱的统一民族、一个复合型的民族国家。英国著名历史学家阿诺德·汤因比曾经赞叹道:"就中国人来说,几千年来,比世界任何民族都成功地把几亿民众,从政治文化上团结起来。他们显示出这种在政治、文化上统一的本领,具有无与伦比的成功经验。这样的

---

① 王国维:《殷商制度论》,载《观堂集林》第十卷,中华书局 1959 年版,第 453—454 页。
② 参见李玄伯:《中国古代社会新研》,开明书店 1948 年版,第 11—15 页。

统一正是今天世界的绝对要求。"①

而若沿着"血缘团体"的历史向度,把"毫无共同"进行到底,结果就是三大集团无法融于一体的局面,就只能是你死我活的种族战争。这个战争若一直进行下去,中国早期文明的历史就会改写了,夏商周三代的社会性质与社会面貌就会有很大不同。与中国文明发展路径不同,这种基于战争的"分"的趋势正是欧洲单一民族国家之路的滥觞。这种趋势一直持续至今。

三个集团无法融入,把"分"进行到底,就只能是你死我活的种族战争,战争就会产生掠夺,以及大量的战俘。在单一民族发展史上奴隶制是一个必然的结果。而对于中国这样的复合民族国家,宗法宗族共同体的条件下,即便是有奴隶现象,也不会成为支撑整个社会,带有根本性、全局性的社会制度。

在中国为什么找不到在奴隶制国家历史文化上屡屡出现的巨型石制建筑,如埃及金字塔、雅典的竞技场、波斯人在设拉子的城堡等等。一个可能的原因是这样的巨型石制建筑,在当时的生产力条件下,其建造所需的劳动人数之众,周期之久,强度之高,伤亡之重,均非奴隶所不能。

中华民族为什么会从分走向合?又是怎么从分走向合的,也就是说,原本不是一家的中国人是如何成为一家人的?为什么合而不是分成为中国文明最终的结果,为什么复合型民族国家会成为中国的文明发展路径?这是本章要认真面对的基本问题。

第三节　传说时代的共同体之路

传说时代的共同体建构经历一个漫长的历史过程。我们借助文献以及学者相关的研究成果,从中撷取一些节点性的重要事件,并将这些节点于共同体的语境

---

① ［日］池田大作、［英］阿·汤因比:《展望21世纪——汤因比与池田大作对话录》,苟春生、朱继征、陈国梁译,国际文化出版公司1999年版,第284页。

中联结起来,形成脉络,以便直观地了解早期文明从分走到合的具体路径。

一、绥怀炎族、蚩尤

徐旭生先生认为,炎帝族发祥地是在今陕西西部偏南的渭水上游一带,黄帝族发祥地在今天陕西的北部。两族相距并不很远。到了后来,两族一部分后裔,也就是"生"出来的氏族,向东迁徙。炎帝族的路径大致顺渭水东下,再顺着黄河南岸向东。最远的进入山东,也就是蚩尤领导的东夷势力范围。炎族先与蚩尤发生冲突,败于蚩尤,又与黄帝族冲突。王献唐先生认为炎黄冲突是缘于争夺黄河流域,阪泉之战乃炎、黄争黄河流域之第一战也。正是在二族的冲突中,黄帝开启了由分到合的共同体之路。

黄帝族是如何收抚炎族,从而使二族合在一起的呢?①

(1)兵力服之,举族迁之。黄帝战胜炎族,夺其黄河流域,逆知炎裔不甘,时时起而反抗。盖以久居其地,根深蒂固,声气相通,动易号召,叛变遂由此起。黄帝遂令炎族中"强项不肯随和者"向外迁徙。

(2)择其优秀和平者,予以官爵以羁之,封之国上以容之,崇其明祀以縻之,化暴戾之气,使不思叛变。《山海经》《世本》说,炎帝器生子三人,矩为黄帝师,伯陵为黄帝臣,祝庸为黄帝司徒。此外帝喾之臣垂,尧、舜之四岳,都是炎帝后裔,举不胜举,皆以官爵者也。炎帝姜姓之国十有三,皆黄帝所封,初步居此,因而封之。当时所谓国,即后世部落。聚族而居,安心乐业,不至铤而走险。后代异族分封,此皆容以国土者也。其先世有德者,崇而祭之。

(3)以婚姻之好,平二族之怨。最巧妙之处在于"以炎裔姜妃所出还治其地也",也就是以黄帝族娶来炎族之妃妾所生男子还封其地,归使治之。虽是黄帝之子,而受封之地,则为其母族,血统相属,谊气相关,如家人父子,无间彼此,数传而后,忘其初心,久则融洽就范也。

---

① 参见王献唐:《炎黄氏族文化考》,载郑杰祥主编:《炎黄汇典·文论卷》,吉林文史出版社2002年版,第360—370页。

炎族之外,黄帝还打败了蚩尤。对于蚩尤,黄帝同样不是赶尽杀绝,而是仇必和而解。他从东夷族里面找出能同他合作的首领少暤出来,绥怀东夷旧部,也就是安抚归顺者。史家注意到,黄帝的做法,被其后继者周族所发扬:周武王在杀了商纣之后,又立武庚和微子。不惟古人,不绝他族的祭祀,这也是后世的"兴灭国,继绝祀,举逸民"的滥觞。

绥怀而非播种仇恨,消解对立面,仇必和而解。不把人往绝路上逼,给自己、也给别人留退路。绥怀的文化向度是把本不是一家人的两个族群,变成一家人。这就是典型的共同体之路。

二、合符釜山

黄帝战败蚩尤与炎帝,"诸侯咸尊轩辕为天子,代神农氏,是为黄帝"①。接着,黄帝继续四方征战,"东至于海,登丸山,及岱宗。西至崆峒,登鸡头。南至于江,登熊、湘。北逐荤粥",遂"合符釜山,而邑于涿鹿之阿"。② 于釜山与诸侯合验符契,在逐鹿山的山脚下建起了都邑。合符釜山实现了各族邦之间的政治会盟,对于进一步形成由分到合的文化大趋势,是一个具有里程碑意义的事件。

诚如徐旭生先生所说,传说时代的中国文明一共发生了三次巨变。③ 以上形成了第一次巨变,由两个阶段构成:一是华夏族炎黄融合,氏族林立的局面形成了若干大部落;二是华夏东夷逐渐融合,作为这一融合的结果是,高阳氏(帝颛顼)、有虞氏(帝舜)、商人出现。

三、颛顼改革

颛顼时代大抵可与公元前 2600 年开始的这一时代的晚期,亦即龙山时代

---

① (汉)司马迁:《史记》,中华书局 1982 年版,第 3 页。
② (汉)司马迁:《史记》,中华书局 1982 年版,第 6 页。
③ 参见本书第十三章第一节。

之初相对应。颛顼改革初步确立了天神与祖先崇拜的信仰体制。这是后世敬天法祖的宗法性宗教的滥觞。

天神崇拜属于自然崇拜,源于万物有灵。随着氏族向部族或部落联合体发展,人们意识到大家面对的其实是同一个自然界。各个氏族部落所分别崇拜的日、月、星辰、雷、雨、水、火、山岳、河流,遂被整理成一个系统,且有一个至上神——天神;各氏族被整合为部落或联合体,也要尊一位首领。这个首领比如颛顼,同时也应是宗教领袖。只有他可以与天神沟通,而有此之前,各氏族部落奉行自己的原始巫教,且没有专业神职人员,夫人作享,家为巫史。

颛顼改革的另一方面是建立祖先崇拜。在此之前,地域性部落联合体尚未建立,各个不同氏族部落的祖先崇拜限制在血缘谱系的狭窄的范围内,同姓则同德,异姓则异德。颛顼担任部落联合体的首领,命火正黎司地以属民,对这种无序混乱的现象进行整顿,统合各个氏族部落的血缘谱系,建构起为各个氏族部落普遍认同的祖先崇拜制度,使之适应部落联合体公共秩序的需要。

颛顼改革开启了中国人祖先崇拜的大传统。这个大传统预设了中国式信仰的一种基本向度:信仰始终作为共同体的建构因素、向心的因素,而非趋向外在超越的实体。这种信仰一方面坚定地维护和保持同姓之同德;另一方面又面向万邦打开族之边界,不断地释放包容与协和,为异姓而同德提供信仰支持。

颛顼改革意义非凡,为中国人由分到合,为从原本不是一家人变成一家人的共同体建构提供了信仰的基础,因此构成了传说时代的第二次巨变。①

---

① 《国语·楚语下》:"古时民神杂糅,不可方物。"袁行霈先生主编《中华文明史》言,针对这一状况,颛顼进行改革绝地天通。此书坚称,这一改革属中西通例。我以为,这一说法没有在共同体语境中看问题,有失绝对。颛顼的绝地天通若真走到中西通例的地步,中国人的信仰就可能趋向于外在超越的实体,而与一神教相类或"通例"了。事实上,在基于血缘的共同体中,祖先崇拜与慎终追远成为大传统,这使得"杂糅"始终是中国人信仰的一个特点;不但礼介于信仰之中,且以信仰打通阴阳两界、生死两轮,信其有,祭如在。甚而,没有生死杂糅与打通,"九族"概念都难以成立。故绝地天通之后,中国文化的独特性还在。

宗教改革的另一项成果，是开始形成"专业知识精英"阶层，专门服务于建构为各个氏族部落普遍认同的祖先崇拜制度。他所设置的"祝""宗"两类神职人员是从各个不同的氏族部落中选拔出来的德才兼备的优秀人才，其本人出身是"先圣之后""名姓之后"，能够敬恭神明，心率旧典，熟悉各氏族的谱系和祭祀礼仪。把他们选拔出来，担任奉行祖先崇拜的神职人员，负责整理高庙之祖、宗庙之事，按照礼制奉献牺牲之物、玉帛之类，通过对祖先神灵世界的合理安排，来促使子孙的世俗世界整齐有序，团结和睦。①

四、契创五伦

契，是殷商之祖先。据《国语·鲁语》："契，殷之祖，为尧司徒。"因是殷商的开国之君，史又称他为殷契。契有着不同寻常的出身和经历："殷契，母曰简狄，有娀氏之女，为帝喾次妃。三人行浴，见玄鸟堕其卵，简狄取吞之，因孕生契。契长而佐禹治水有功。"②历史上还有种说法，舜在做尧的大臣时，推举了八位贤能来协治天下，契就是其中一位，据《左传》，舜命契③"举八元，使布五教于四方"，注曰："契作司徒，五教在宽，故知契在八元之中。"《左传·文公十八年》："举八元，使布五教于四方，父义、母慈、兄友、弟恭、子孝，内平外成。"

---

① 按徐旭生先生观点，颛顼宗教领袖的身份同时是一种传统，时间上世代相传，空间上作为炎帝族与东夷族同化的结果，逐渐"扩展"至各大集团。这种身份的传承，一定是以基于血缘的氏族为主体的。《逸周书·程典解》："工不族居，不足以给官"，从这一制度中，仍可以窥见身份世代传承这一传统。祝、宗之后"专业知识精英"的情况。西周及之前乃古之道术、王官之学。春秋时代，畴官师儒，从其父学，担负了保存西周文物仪式的职责。战国时期，按《庄子·天下》所言之思想史线索，由圣王宗族而缙绅先生，复由缙绅先生而显学而诸子百家。此外，从秦人占据周地后由祭祀太昊改祭黄帝，汉武帝由宣称汉人乃尧后改祭黄帝这两件事，也依稀能看见"心率旧典"者的身影。

② （汉）司马迁：《史记》，中华书局1982年版，第91页。

③ 余敦康先生打通了《国语·楚语》与《尚书·尧典》两条文献，认为尧继承了颛顼的做法：颛顼通过对祖先神灵世界的合理安排，来促使子孙的世俗世界整齐有序；尧则主要由尊明的俊德之士，以亲九族、平章百姓、协和万邦，而舜又继承了尧的做法。

前述骊戎、鲜虞等古戎狄部,于西周晚期成为大患。据钱穆先生《国史大纲》讲,当时戎狄已进入并割据周人核心地带,而并非止于周边。时过境迁,至秦汉时期,原来割据核心地区的戎狄早已成为绝迹。王和等学者对此曾作分析。究其原因,农耕文明提供了必要条件:周人生活区域适宜农业,较之游牧业,农耕生产方式具有先进性,后者又以其先进性,不断向外蚕食、扩张;而同时,五伦则提供了充分条件,以文化方式的改变配合生产方式的转型,"远人不服,则修文德以来之。既来之,则安之"。于是,"夷狄入中国,则中国之"。

五伦是中国人于传说时代又一项伟大的文化创造。它基于血缘,又超越血缘。它产生于基于父系血缘的共同体文化方式,却又打破了"血缘团体"狭隘的局限,将九族、百姓、万邦结成三位一体。它体现和标示着中国文化超乎寻常的适应力与包容性。五伦之内平外成是构建人类命运共同体的中国方式。五伦的建立,预示着由分而合已成为中国文化之大趋势,且不可逆转。

五、夏禹治水

大禹所治之水患造成了不得不合的共同体"生态"或问题背景。而治水有力地促进或者说加快了"合",也就是共同体的建设步伐。若没有这个偶然的"外来"因素,夏禹开启的三代很可能不会这么早到来。治水的主体,一是禹和四岳,二是皋陶和伯益。从氏族来源上看,前者是华夏集团与东夷集团融合之有虞氏,后者是东夷集团。

夏禹治水于十几年间,在东方的大平原上大规模地疏导。[1] 黄河下游水势散漫,但总有主流若干条。大禹的办法就是把主流加深加宽,使"水由地中行",水由所归。然后再把其他涣散的流水决流,导入主流,水就以渐干,久即可耕。这个办法后来一直在用,成为中国人治水的基本经验。夏禹治水,第

---

[1]　参见徐旭生:《中国古史的传说时代》(增订本),科学出版社 1960 年版,第 144—153 页。

一,使水势大定,人民"桑土既蚕,是降丘宅土",休养生息。第二,治水是在万邦之间开展的一个长期的、大规模的专业协作,大家共同干一件事。这件事成了一个巨大的引力轴心,在周围松散的氏族间,围绕此轴心形成了一个不断向外扩展的同心圆,把大家逐渐凝聚成为一个整体。随着治水的开展,向心力越来越大,离心力越来越弱。

同心圆是如何将氏族由分散、独立的状态,转变为一个命运共同体的?治水这件事是引力轴心,大禹是治水的最高负责人,他的氏族所在地阳城,自然就渐渐成了四方走集的都会,也就是轴心之地。朝觐、讼狱、讴歌这些功能原本构成各族邦或宗族政治的基本内容,逐渐地不再转移,而是被固化于禹城,禹城于是自然而然地成为政治中心。这样一来,原来拥有这些权力、政治的宗族,其都邑国家权力功能结构就被实际地解构了,所在的宗族、邦也就自然地被整合进入"王国"。大禹死后,也没有改变这一政治格局,禹的儿子启,作为王国的继任者已是势在必得了。中国第一个王朝——夏就这样开启了。王国的性质,仍然是基于血缘的宗族共同体,它是共同体的新的、高级形态。徐旭生先生称之为第三次巨变,认为由此结束了原始氏族社会制度。相比之下,王震中先生的表述更为合理:都邑国家到王国的转变。在后者的框架中,宗族这一代表中国路径的所谓最大特色,其作为共同体基本方式,一直被强调。

王国作为文明发展的结果而产生,有没有强制与暴力在其中起作用呢?当然有。三大集团的战争或冲突自不必说,儒家所歌颂的发生于尧舜禹之间的禅让制度,自古以来亦一直被人怀疑或诟病。但这些因素在共同体建构过程中始终是局部的而非全局的,次要的而非根本性的,其作用及影响是从属性的,而非决定性的。它们都从属于合这个大趋势。从总体上看,王国这个结果不是打出来的,合、向心是主旋律、主体、主流。

总括上述,五个重大事件构成了传说时代共同体之路的主要节点,也可以说是里程碑。我们作一个总结。

第一,共同体是在什么意义上使用的?王震中着眼于考古学所发现的聚落遗址,将中国文明起源和国家形成划分为三大阶段:即大体平等的农耕聚落形态,发展为含有初步分化和不平等的中心聚落形态,再发展为都邑国家形态。第一阶段,其社会组织结构表现为家庭—家族—氏族。第二阶段父权家族确立,个体家庭包含在家族之中,家族包含在宗族之中,出现了宗族共同体。于是家族—宗族结构代替了原来的家族—氏族结构。第三阶段相当于考古学上的龙山文化和传说时代的颛顼、尧、舜、禹时期,出现了与父权家族—宗族结构相结合的带有强制性的公开权力和一定规制的礼制。[①] 家庭、家族、氏族、宗族、族邦、王国都是共同体的具体形式。三代社会,九族、国、邦、室、大同、小康、"古人之大体"……,用法不一,用处不同,但皆为古代共同体的具体形式,于漫长的历史进程中留下了丰富的共同体之中国表达。

第二,为什么要把传说时代古代民族形成的历史进程称之为共同体之路呢? 中华民族是先分后合。分是起点,合是结果。但即便是作为起点的分,也并非单个的人,而是以氏族共同体为主体的。在传说时代漫长的历史进程中,分也好,合也好,叠加为宗族,融合部落或部落联盟,走向部族,走向王国,始终是以血缘共同体为主体的。以共同体而非个人作为主体,是传说时代的历史事实。单子化是后来才发生的。因而共同体既是逻辑的起点,也是历史的起点。

第三,分与合、向心力与离心力在传说时代共同体历史进程中始终存在,并构成张力结构。一方面,中国人讲同根而异德,也就是说即便是源于一宗,不同氏族、宗族、王国之间也会相分,也会因相分而"陌生化",甚至成为敌人。这是一个事实,也是世代中国人经常面对的"问题背景"。面对这个背景,强调异姓而同德,仇必合而解,也就是不同氏族、部族、邦、都邑之间"合"的趋

---

① 徐旭生先生始终讲氏族,王震中所列三个阶段中氏族同样是基本单位;徐先生认为炎黄及颛顼时代为氏族社会发展的后期,大约已进入部落及部落联盟时期,部族即将兴起。王用宗族—氏族,以及都邑国家形态概括,只是说法不同而已,或言分得更细;王之大致平等的氏族—家族即徐之氏族,徐之部落即王之宗族—氏族,徐之部族即王之都邑,却无本质区别。余敦康先生则强调宗族组织是最大特色,旨在中国路径。

势,也就是文化彼此交融同化的趋势,这是世代中国人的基本选择。如果把不同历史时期这些选择连接起来就会发现,我们的先人在传说时代广大的历史文化原野上,留下了一条前后相继、始终一贯的轨迹,走出了一条自己的路,形成了一条与西方迥然相异的文明路径。如果用一个概念来指称这一条文化轨迹和文明路径,那么最贴切的概念就是共同体。共同体构成了中国文化的大传统,预设了文明进程的中国路径,标识着中国文化的独特性。

第四,传说时代的中国人由多元最终融合为一体,这是个实际的历史结果。我们需要回答的是,这个结果是怎样产生的、为什么产生,而共同体提供一种解释框架。借助于此,炎黄学人可以于零散的、混乱的、相互矛盾的文献中,去粗取精,去伪存真,梳理出传说时代中华民族形成、发展的基本脉络,绘制出了我们的祖先如何由多元而一体的路线图。

从上述五个重大事件依次发生的历史文化脉络中,共同体之基本特征也相继呈现于我们眼前了。

第一,基于血缘。对此,我们在论及一元谱系解构条件下,20世纪炎黄学人如何在文化废墟上重建古史系统时,已作出较为详尽的论述,并用"相反曲线",以及炎黄文化的"根"与"魂",来为基于血缘这一条作为共同体基本特征提供合法性。需要补充说明的是,汉儒为什么笃信五帝之间是直接血缘相承关系,原因之一是非族不歆其祀,而一元谱系将中国人从发生学的意义上变成一个族,于是家国同构、天下一家便是合乎逻辑的局面。不仅是在政治制度、意识形态意义上的认同或向心,而且在社会组织、宗教信仰、文化或族群心理上也会形成一家人的共同理念。

五大事件中,血缘对于共同体的资源性意义是很典型的,可以说无处不在。绥怀对手,要借助婚姻与繁衍子嗣来化敌为友,变成一家人。与盟友盟誓,不但要请"名山名川、群神群祀"作证,更要请"先王先公、七姓十二国之祖"明鉴。(见《左传·襄公十一年》)颛顼改革中祝、宗的工作与职能,在很大程度上就是用血缘这个基本脉络,去把各氏族情况搞清楚,在此基础上加以整合,克服不歆其祀、异姓而异德的问题,形成了井然有序的统一的信仰体系。五伦同样是基于血缘的一种角色伦理,要靠血缘为其提供合法性。李玄伯先生笔下的一个"团"给人感觉是一种建构,围绕祖火一连串的动作,节目设计与编排,显现出在凝聚人心与族群上的古代智慧。可是别忘了,一个团最基础的东西就是血缘。拿掉这个东西,合法性就没有了。这是一种纽带作用,无论是氏族林立,还是三大集团分峙局面,走出合的结果来,是多种因素综合作用的结果,但哪一种因素背后都有血缘提供支撑。

第二,道德、制度、信仰三者互为中介。共同体离不开信仰力量的护佑。这从"九族"这一概念就可窥见。九族制度在实现家国同构的同时,跨越阴阳两界,把去世的亲人、在世的亲人,以及还未出生的亲人联成一个整体,把过去、现实和未来融为一体。信仰在其中的作用是显而易见的。族性的凝聚与强调,讲的是同姓同德,但共同体讲的是异姓而同德,是合。宗教改革以及祝、宗的工作,直到五帝谱系的建立,都在用信仰的方式给予合以合法性。基于血缘的共同体,慎终追远是其大传统。宗族、宗子、宗庙之于国家与社会生活构成三大支柱。其中,宗族是核心,源于一宗之宗系国家之合法性所在,宗子是宗族的首领,是宗的代表和象征,尊宗子也就是尊宗族,反之亦然;宗庙以祭祀而"祖"宗,《吕氏春秋·务本》:"安危荣辱之本在于主,主之本在于宗庙。"

按徐旭生先生的说法,颛顼是个大教主。这个职能在基于血缘氏族——宗族社会中,与宗统相互摄涵,会形成颛顼氏族世代相继的传统。这使得宗教或信仰的力量就成为一种实际存在的政治势力。教统(宗统)与政统之间因此会形成一种张力结构。在张力的作用下,原本作为共同体维护力量,与道德、礼等同为关系性因素的信仰,有实体化的可能。徐先生的研究表明,商人是颛顼的后代,其笃信皇天有亲,注重鬼神祭祀的做法,可谓渊源有自。至殷周之际,天命靡常,天人两分。在这个历史赐予的特殊语境中,周人意识到:皇天无亲。对于支撑天命神学的旧有逻辑,这一发现无异于釜底抽薪。得之于内的德,若还说是"天命",只能说是天赐予周族的一种"资格",可以去"得"的资格;但要想真正"得"到手,还要将这个"得"化于外。也就是说,还得有德行。这叫作得之于内而化于外。资格是天赐予的,而"德行"却是皇天无亲,得靠自己。于是,道德意识被唤醒了。德就是周人解决问题的方案。

第三,尊亲结构。夏禹治水,促成王国的产生。原本存在于宗族内部宗子与族人之间的尊、亲,由此扩展到王与民之间,变成了全局性的政治关系。尊尊要亲亲成为共同体领导人最大的德。[①] 共同体是一个结构性的存在,而尊亲则是这结构中的结构。信仰的力量从属于共同体,主要是指从属或服务于尊亲结构。商人笃信皇天有亲,但因此不把百姓放在心上,就会出问题。商人的教训表明,光靠威权、诅咒恐吓是不行的。关键在于尊尊亲亲。这个尊的德之行、德之性非常重要。要完成变成一家人的任务,领导要有德才行,行为与品德都要像个大家长的样子,尊德的建设是贯穿共同体历史的大根本。

第四,九族、百姓、万邦三位一体。九族、百姓、万邦,是三个不同层阶的共同体。以亲九族是建构自家的共同体,平章百姓、协和万邦是建构别人的共同体。

什么叫作三位一体? 内平外成。内指诸夏,外指夷狄。诸夏夷狄皆从其教,是为内平外成。余敦康先生解释说,由于五常之教所有的普遍的伦理意义,不仅为诸夏所认同,也为夷狄所认同,诸夏夷狄皆从此教,消除了族姓的界限,而整合成为一个内平外成的文化共同体。这也就回答了这三个共同体为什么能够成为一体的问题:基于血缘的五伦、五常,是三个共同体所以建构起来的共同的基础。换言之,三种共同体之所以都是共同体,是因为他们都是基

①　共同体成员是按照"与先祖远近不同的世系距离"来确定自己所在的位置,以及权利和义务关系。钱杭先生指出:据汉代人说,"亲亲"在商代已是统治阶级的一种指导思想,所谓"殷道亲亲"(《史记·梁孝王世家》)。至周代又加入了"尊尊"。周代以"亲亲"和"尊尊"共为"人道之大者也"(《礼记·丧服小记》)。《周礼》还将"亲亲""尊尊"提到了国策的高度(所谓"诏王驭万民"的八统之二)。"亲亲""尊尊"是周代亲属观念的基本特征和理论概括,由此构成了周代宗法制度和宗族制度的基础。

于血缘的五伦社会。平章百姓和协和万邦是以亲九族的一种扩大或放大。三者共时共为。没有以亲九族的平章与协和是不存在的。而"百姓"与"万邦"对于一个九族共同体的生存与发展,同样也是不可或缺的。《尧典》三位一体的逻辑就在于,爱亲如果不扩展至百姓与万邦,九族建构不起来。爱亲也难以单独存在。共同体的生存之道就在于,只有向外扩张爱,达至天下,才能有九族即睦的局面这就是复合型中华民族形成的动力机制,凝聚力正由此而来。

第十三章 炎黄文化与中华民族凝聚力

炎黄文化指的是炎黄二族在炎黄时代创造的并经后世传承、阐释和重构的文化,是中华民族的文化根脉与基因。中华民族凝聚力指的是中华民族赖以生存与发展的向心力和内聚力,它发端于炎黄文化,是中华民族生生不息的源泉与动力。本章试图把炎黄文化与中华民族凝聚力置于中华民族多元一体格局形成与发展的过程中去探究二者之间的互动关系,阐明在全球化的背景下继续弘扬炎黄文化以增强中华民族凝聚力的必要性与可能性。

第一节 炎黄文化的滥觞与中华民族的起源

一、炎黄时代与三大部族集团的形成

中国第一部纪传体通史——《史记·太史公自序》"自黄帝始"。1904年,夏曾佑在中国"第一部有名的新式通史"[1]中说:"故言中国信史者,必自炎黄之际始。"[2]这种中国文明史开端于炎黄时代的观念是有历史依据的。炎

---

[1] 齐思和:《近百年来中国史学的发展》,《燕京社会科学》1949年10月第二卷。
[2] 夏曾佑:《中国古代史》,河北教育出版社2000年版,第18页。

黄时代相当于考古分期的新石器时代晚期,约距今 7000—5000 年①。炎黄时代是中华文明初创的时代,也是中华民族起源的时代。

　　从农业、冶铜、玉器、祭祀、文字、筑城及聚落形态等方面综合考察便会发现,炎黄时代与中国文明和中华民族起源之间有着十分密切的关系。据《逸周书》《周易》《管子》《新语》《史记》《淮南子》《白虎通》等典籍记载,炎帝神农氏是中国农耕文明的创造者,其发明创造主要表现在培育粟谷、制作耒耜、耕而作陶、发明医药、日中为市等方面。至今在陕西宝鸡、湖北随州、湖南炎陵、山西高平等地,还流传着炎帝神农氏培育粟谷、制作耒耜、发明医药的故事。② 考古发现证明,中国不仅是粟作农业的起源地,也是亚洲栽培稻的起源地,而炎黄时代是粟作农业和稻作农业的起源和早期发展期。炎黄时代后期中国已经有了铜的冶炼和使用,出土了大量精美绝伦的玉器,已经进入到铜石并用时代。《世本·作篇》曰:"黄帝使仓颉作书。"炎黄时代已有文字的雏形,"中国史前文化中大量存在的陶器、玉石器上面的符号,确有可能与文字起源相关。其中一部分只是符号,另一部分则应视为原始文字。"③炎黄时代,大型聚落中心出现,目前发现的史前城址近百座。良渚古城面积 290 万平方米,应为当时浙江北部、江苏南部地区的中心聚落。陶寺城址面积 280 万平方米,应为龙山晚期山西南部、河南西部地区的中心聚落。石峁遗址面积 400 万平方米,可能是整个内蒙中南部、山西北部、陕西北部的中心聚落。沈长云先生认为,"石峁古城就是活跃在这一地区的黄帝部族的居邑"④。大量史前城址的发现,证明"炎黄已有城矣"的可信性。

　　炎黄时代,社会分层,贫富分化,战争频仍,"古国"诞生,氏族也由分散到

　　① 参见李伯谦:《考古学视野的三皇五帝时代》,载王俊义主编:《炎黄文化研究》第五辑,大象出版社 2008 年版,第 14 页。
　　② 参见王震中:《三皇五帝传说与中国上古史研究》,载《中国社会科学院历史研究所学刊》第七集,商务印书馆 2011 年版。
　　③ 李学勤:《文字起源研究是科学的重大课题》,《中国书法》2001 年第 2 期。
　　④ 沈长云:《黄帝之时以玉为兵》,《光明日报》2015 年 10 月 12 日。

聚合,中华民族开始萌发、凝聚。考古发现的早期中国文明经历了从"满天星斗"到"中原独秀"的变化,这与文献记载的从"万邦林立"到黄帝"监于万国,万国和"是一致的。黄帝脱颖而出,成为万邦之首,成为人文初祖,这既是后世祖先一统和民族凝聚的需要,也是当时社会发展的产物。

李伯谦先生通过比较研究红山、良渚、仰韶大墓的随葬玉器,找寻"红山古国、良渚古国消亡了,唯独仰韶古国得以承续发展,绵延不绝,成为数千年不曾间断的中华文明史的主干"的原因。他认为,"红山'古国'采取的是无限扩大神权的模式,良渚'古国'虽神权、军权、王权相结合但仍是以神权为主的模式,神权高于一切,应该是两者最终均走向消亡的根本原因"。"古代历史上出现的王权国家,因能自觉不自觉地把握社会可持续发展的方向,避免社会财富的浪费,因而要高于、优于神权国家。仰韶文化从进入分层社会开始,社会上层即选择了在军权、王权结合基础上突显王权、发展王权的道路,并为后继者所传承,这应该是由仰韶古国创造的文明模式得以发展、数千年绵延不断的根本原因。"①相对朴实世俗的仰韶古国延续下来,而奢华神秘的红山古国和良渚古国却消失了,故而主要生活在仰韶文化区域的华夏集团成为中华民族的主体。

徐旭生先生认为,华夏集团发祥于今陕西省的黄土高原,散布于陕西、山西、陇东、豫北、河北地区。华夏集团以炎黄二族为核心,"是三集团中最重要的集团,所以此后它就成了我们中国全族的代表,把其他两集团几乎全掩蔽下去"②。东夷集团以太昊、少昊、蚩尤等为首领,最盛时包括山东、豫东、豫东南、皖北、苏北地区。苗蛮集团以祝融氏族为主,主要居住在湖北、湖南、豫南、江西等地。华夏集团逐渐沿着黄河两岸向东扩展,到达冀鲁豫交界处,与东夷集团冲突,发生了涿鹿之战。华夏集团获胜后,黄帝与东夷族首领少昊合作,

---

① 李伯谦:《中国古代文明演进的两种模式红山良渚、仰韶大墓随葬玉器观察随想》,《文物》2009 年第 3 期。
② 徐旭生:《中国古史的传说时代》(增订本),科学出版社 1960 年版,第 40 页。

绥怀东夷旧部,华夏族与东夷族逐渐融合。黄帝"合符釜山","监于万国,万国和"(《史记·五帝本纪》)。从前氏族林立的中国经过涿鹿之战,渐渐合并起来,这实在是中国远古历史上第一个巨大的变化。黄帝之孙颛顼"绝地天通","命南正重司天以属神,命火正黎司地以属民"(《国语·楚语下》),进行宗教改革,统一教权,区分人神,这是中国远古历史上第二个巨大的变化。① 颛顼之孙大禹在伯益、后稷等氏族首领的辅助下,治水成功,"氏族制度就渐渐解体,变成了有定型,有组织的王国。这是我国古代历史上第三个巨大的变化"②。徐旭生先生所谓的三个巨大变化,正是中华文明和中华民族形成之初的三个里程碑。黄帝通过涿鹿之战统一了东夷部族,颛顼通过宗教改革统一了教权,大禹通过治水整合了各个部族,他们催生了早期中国,凝聚了中华民族。中华民族是在炎黄时代孕育的,中华民族凝聚力是在炎黄时代发端的。中华民族从一开始就打上了炎黄的烙印,流淌着炎黄的血液。

二、夏商周统一王朝与华夏民族共同体的出现

夏商周都是自黄帝下来一直平行存在的三个集团。③ 夏商周三族都与炎黄有着千丝万缕的联系,都是构成华夏族的主要力量。夏是中国第一个王朝,夏王朝统治期间各部族陆续融入以炎黄为核心的共同体,后世将这个共同体称作"华夏"。"华"者,美也;"夏"者,大也。商人尊神的主要对象是祖先神。从殷墟卜辞看,商人对祖先的祭祀,重近世,轻远世,重直系,轻旁系,已经有了区分嫡庶、亲疏的宗法制度的雏形。④ 这可能就是商人祭祖最远只到喾与契,

---

① 王震中认为,中国进入文明社会即都邑国家诞生始于颛顼时期,颛顼时期是"前国家"与"国家"的分界线。这样的划界与徐旭生先生所说的颛顼乃中国远古历史上第二个巨变,是高度契合的。参见王震中:《中国古代国家的起源与王权的形成》,中国社会科学出版社2013年版,第378—379、381—382页。
② 徐旭生:《中国古史的传说时代》(增订本),科学出版社1960年版,第8页。
③ 参见张光直:《中国青铜时代》,生活·读书·新知三联书店2013年版,第73页。
④ 参见常玉芝:《商代宗教祭祀》,中国社会科学出版社2010年版,第345页。

而不及炎黄的原因。周人兼有姬姜二姓的血缘,"炎帝黄帝似姜姬两部的始祖"①,姬姜二族世代通婚。虽说夏商周三族的族源并不完全一样,但却都是在黄帝所开创的大部落联盟的基础上发展起来的,他们已初步把不同来源的祖先汇聚到以黄帝为始祖的大系统之中。② 西周时,夏人、商人、周人已融合成一个以"华夏"为称号的民族共同体。到春秋战国时,黄帝终于成为这个民族共同体尊奉的始祖。

春秋战国时期,各诸侯均与炎黄存在着血缘上或文化上的紧密关系。《史记·秦本纪》曰:"秦之先,帝颛顼之苗裔。"秦景公墓出土的石磬铭文曰:"高阳有灵"。《史记·楚世家》说:"楚之先祖出自帝颛顼高阳"。屈原在《离骚》中自称"帝高阳之苗裔兮"。虽然我们无法确认秦人、楚人究竟是不是炎黄苗裔,但秦楚之人对炎黄文化的认同却毋庸置疑。正是因为有了这种认同,秦人才会不断东进,一统中国;楚人才会问鼎中原,亡秦建汉。秦收周余民,称霸西戎,与晋楚联姻,融合巴蜀之人,成为中国西部地区各族群的融合中心。楚国是中国南方各族群的融合中心,楚人成为由南方各族群融汇而成的共同体。齐国占据着东夷部族旧地,是黄河下游地区各族群的融合中心,稷下学宫是炎黄文化的整合之地。齐国始封君姜太公出自姜姓族人,田齐第二代国君齐威王宣称黄帝是自己的高祖。杨向奎先生指出:"先秦时代,齐鲁为中国文化之中心地带,而鲁为黄帝体系,齐则为炎黄两系之融合。"③春秋战国时期是炎黄二帝尤其是黄帝成为华夏共祖的关键时期,是各族群融合、中华民族孕育的第一个高潮期。

道、法为了抗衡儒、墨,抬出了比尧舜更古老的神农、黄帝。《庄子·盗跖》中所说的"世之所高,莫若黄帝",反映了战国时期人们对黄帝的尊崇。

---

① 李宗侗:《中国古代社会新研》,中华书局 2010 年版,第 66 页。
② 参见陈连开:《中国·华夷·蕃汉·中华·中华民族——一个内在联系发展被认识的过程》,载费孝通:《中华民族多元一体格局》,中央民族大学出版社 1989 年版,第 75 页。
③ 杨向奎:《论〈吕刑〉》,《管子学刊》1990 年第 2 期。

《管子》《商君书》《韩非子》中不乏言说神农、黄帝之处。阴阳家喜欢谈炎黄，炎黄被神化在很大程度上是拜其所赐。阴阳五行学说将炎黄纳入到五方五色五帝的系统中去，炎帝火德居于南方，黄帝土德居于中央，后世炎黄作为感生帝和五方帝受到祭祀，无不受其影响。纵横家和兵家十分推崇黄帝，奉黄帝为兵战之祖。诸子喜谈炎黄的原因正如《淮南子·修务训》所云："世俗之人，多尊古而贱今。故为道者必托之于神农、黄帝而后能入说。"各家为了宣传自己的学说，纷纷托辞于黄帝、神农，其中虽不免有增益附丽之处，但必有所本，否则会被别人"釜底抽薪"，轻易驳倒。

《国语》是最早记载炎黄起源、姓氏、世系、事功、祭典且比较可信的典籍。《国语·周语》云："夫亡者岂繄无宠，皆黄炎之后也。"《国语·鲁语》曰："故有虞氏禘黄帝而祖颛顼，郊尧而宗舜；夏后氏禘黄帝而祖颛顼，郊鲧而宗禹；商人禘舜而祖契，郊冥而宗汤；周人禘喾而郊稷，祖文王而宗武王。"《世本》记录了黄帝轩辕氏、炎帝神农氏等远古帝王直至周代王侯公卿大夫的世系、姓氏、居邑及制作等，其中帝系篇、氏姓篇梳理了炎黄世系及其后裔，堪称我国谱牒、姓氏书之祖。《世本》为我们展示的炎黄族谱，其血缘上的真实性值得怀疑，但其文化上的真实性却毋庸置疑。"世之所高"的黄帝通过祖先一统最终成为各族共同认同的祖先，成为中华民族的始祖。

第二节　炎黄文化的传承流变与中华民族的自在发展

一、秦汉时期的大一统与民族凝聚

公元前 221 年，秦国完成了统一大业，建立了中国历史上第一个大一统的中央集权制帝国。《吕氏春秋·序意》曰："尝得学黄帝之所以诲颛顼矣"，旨在表明秦国要像颛顼继承黄帝大一统功业那样统一天下。秦始皇推行"车同轨,书同文,行同伦"的政策,极大地加强了中国各地及各族之间的联系,强化了大一统观念。秦朝灭亡后,取而代之的汉王朝进一步巩固了大一统的局面,形成了以辽阔的封建王朝统治版图为基础的疆域一统,以中央集权制度为标志的政治一统,以农耕生产为特色的经济一统,以吸纳和杂糅了各家学说的儒家思想为核心的文化一统。从秦始皇到汉武帝"这段时期是中国国家凝成民族融合开始走上大一统以后一段最光明灿烂的时期"①。"故中国之教,得孔子而后立。中国之政,得秦皇而后行。中国之境,得汉武而后定。三者皆中国之所以为中国也。"②秦统一中国的过程,实际上也是中国各族群交融、华夏族进一步发展的过程。秦人本身是多元一体的,同时也是多元一体的汉民族的重要来源,是中华民族多元一体格局的一个缩影。

中国历史上真正"大一统"国家始于秦朝,但在这之前,"中国的大一统思想观念源远流长,经历了不同的发展阶段"③它有三种背景指向、三个层次的发展轨迹。王震中提出:"从尧舜禹经三代再到秦汉,伴随着国家形态和结构的变化,先后产生了三种背景指向的'大一统'观念:即与尧舜禹时代族邦联盟机制相适应的带有联盟一体色彩的'天下一统'观念;与夏商西周'复合制王朝国家'相适应的大一统观念;与秦汉以后郡县制机制下的中央集权的帝制国家形态相适应的大一统思想观念。这三种背景指向、三个层次的'大一统'思想观念,是历史发展的三个阶段的标识。在我国历史上,大一统的思想观念对国家的统一和稳定一直发挥着深远而积极的影响,大一统的思想观念已构成中华传统文化中基因性的要素之一。"④

崇尚一统与追求统一是中国文化的核心特质,也是中国人最基本的价值取向之一。大一统观念萌芽于炎黄时代后期,初步形成于周代,最终确立于秦

---

① 钱穆:《中国文化史导论》(修订本),商务印书馆1994年版,第93页。
② 夏曾佑:《中国古代史》,河北教育出版社2000年版,第245页。
③ 王震中:《论源远流长的"大一统"思想观念》,《光明日报》2019年6月10日。
④ 王震中:《论源远流长的"大一统"思想观念》,《光明日报》2019年6月10日。

汉时期。尽管中国历史上曾经多次出现分裂局面,然而统一却是常态与趋势。傅斯年先生指出:中国人"未统一时,梦想一统,既统一时,庆幸一统;一统受迫害时,便表示无限的愤慨"①。钱穆先生认为,"中国历史之伟大成就,首要在其'大一统'理想之实现"②。杨向奎先生指出:"一统和大一统思想,三千年来浸润着我国人民的思想感情,这是一种向心力,是一种回归的力量。这种力量的源泉不是狭隘的民族观念,而是一种内容丰富,包括有政治、经济、文化各种要素在内的'实体',而文化的要素有时更占重要地位。"③中国能如此广袤辽阔,中国人能如此生生不息,中国文化能如此绵延不绝,大一统意识所造就的向心力、凝聚力居功至伟。

汉高祖刘邦起兵时"祠黄帝,祭蚩尤于沛庭"(《史记·高祖本纪》),并且编造了赤帝子斩白帝子的故事,暗示汉代秦乃天意,炎帝成为汉王朝的感生帝。汉文帝立渭阳五帝庙和长门五帝坛,与原有的五畤一起构成了祭祀五帝的中心场所。文景时黄老学曾盛极一时,进一步抬高和夯实了黄帝的地位。汉武帝羡慕得道升天的黄帝,他曾感叹道:"嗟乎!吾诚得如黄帝,吾视去妻子如脱屣耳。"(《史记·封禅书》)公元前110年,汉武帝在正式封禅之前,"北巡朔方,勒兵十余万。还,祭黄冢桥山"(《史记·封禅书》)。

两汉时期的统治者中最尊崇黄帝的非王莽莫属。王莽曾下书说:"予以不德,托于皇初祖考黄帝之后,皇始祖考虞帝之苗裔……"(《汉书·王莽传》)王莽之所以大张旗鼓地宣称自己是黄帝、虞舜之后,无非是在为自己找寻代汉的合法性,这与战国时取代姜齐的齐威王颂扬"高祖黄帝"有异曲同工之妙。黄帝不是齐威王、王莽等少数统治者为了功利的目的制造出来的,而是在漫长的历史进程中通过文化的交流和古族的融合而自然形成的,并且得到广大民

①　林文光选编:《傅斯年文选》,四川文艺出版社2010年版,第176页。
②　钱穆:《民族与文化》(新校本),九州出版社2012年版,第26页。
③　杨向奎:《大一统与儒家思想》,北京出版社2011年版,第1页。

众的认可。① 统治者只是利用了在民众中拥有崇高地位的黄帝,并且使之更加彰显和尊贵罢了。

真正把黄帝人文初祖和华夏始祖地位确立下来的是司马迁。司马迁把《五帝本纪》列为《史记》首篇,又把黄帝尊为五帝之首,称赞其"法天则地,四圣遵序"。司马迁梳理华夏谱系,整合华夏历史,认定黄帝为各族共祖。在司马迁笔下,不仅尧、舜、禹、汤、文王、武王这些圣贤明君是黄帝子孙,而且秦、晋、卫、宋、陈、郑、韩、赵、魏、吴、楚、越等诸侯们也是黄帝之后,甚至匈奴、闽越之类的蛮夷原来亦为黄帝苗裔。杨向奎对此评价道:"炎黄子孙,华夏文明,固一统而照耀千古者。司马迁的法后王主张和他的歌颂大一统可以结合起来,这是司马迁历史哲学中的精华所在!"②司马迁从黄帝开始叙史,上承"百家杂语",下启"二十四史",对于中国人认同炎黄文化起了至关重要的作用。

如果说《史记》把炎黄的始祖地位典籍化了的话,汉画像石则将其具象化。汉画像中声名最著者莫过于山东嘉祥武梁祠画像。武梁祠右壁的古帝王图描绘了十一位古帝王,每位古帝王的画像上均有榜题,其中神农氏像铭:"神农氏因宜教田,辟土种谷,以振万民";黄帝像铭:"黄帝多所改作,造兵井田,制衣裳,立宫宅。"巫鸿先生认为,"与武梁祠这部图像历史最为接近的文字历史是早于它出现的司马迁的《史记》"③。武梁祠画像的作者明显受到《史记》的影响,其《古帝王图》是对《史记》所载远古历史的图像化。

两汉时期中国形成了两个民族凝聚核心:汉人是中原农耕区的凝聚核心,匈奴是北方草原游牧区的凝聚核心。两个凝聚核心之中汉人这个核心作用更大,其原因一是汉人数量占据绝对优势,二是中国是一个农业国家,汉人占据

---

① 参见罗琨:《"人文初祖"考略》,载王俊义主编:《炎黄文化研究》第一辑,大象出版社 2004 年版,第 24 页。

② 杨向奎:《大一统与儒家思想》,北京出版社 2011 年版,第 126 页。

③ 巫鸿:《武梁祠:中国古代画像艺术的思想性》,生活·读书·新知三联书店 2006 年版,第 167 页。

着中原农耕区,也就占据了经济和文化的高地。

二、魏晋隋唐：民族融合的第二次高潮期

魏、蜀、吴及统一三国的晋在争夺正统地位、宣扬出身高贵方面都不甘人后。南朝的宋、齐、梁、陈完全继承了两汉三国的文化传统,认为自己是炎黄以来的华夏正统。石勒、苻坚、赫连勃勃等游牧民族贵族竞相表达对黄帝的尊崇,建立了北魏政权的鲜卑族贵族更是以黄帝苗裔自居。北魏孝文帝迁都洛阳,力推华夏化,促进了鲜卑族与汉族的融合,为中华民族的发展壮大作出了突出贡献。北魏道武帝"幸桥山,遣有司祀黄帝"。北魏太武帝"历桥山,祀黄帝"(《魏书·礼志》)。此外,还有"侑祭黄帝""祭先农"之举。魏晋南北朝墓志中祖述炎黄者比比皆是。魏晋南北朝是一个大分裂的时期,同时也是中国民族融合的第二次高潮期,而且是更高层次上的融合,汉、匈奴、鲜卑、羯、氐、羌等都发挥了凝聚核心的作用。

在道教神仙榜上,有"玄圃真人轩辕黄帝"[1]"北太帝君"炎帝[2]。导致东汉王朝覆灭的太平道是民间巫术与黄老崇拜相结合的产物,其首领张角"奉事黄老道",宣称"苍天已死,黄天当立"。葛洪是魏晋以来神仙道教最杰出的代表和集大成的理论家,他认为"黄帝能治世致太平,而又升仙"(葛洪:《抱朴子·明本》)。

隋大业十年(614年),炀帝"亲御戎服,祃祭黄帝"(《隋书·炀帝纪》)。唐开元二十三年(735年),玄宗"亲祀神农于东郊"。天宝十年(751年),"移黄帝坛于子城内坤地"(《旧唐书·礼仪志》)。安徽黄山原名黟山,传说是黄帝与广成子、浮丘公炼丹之地,唐玄宗敕定更名为"黄山"。"姓氏之学,最盛于唐。"(《通志·氏族略》)"言姓者,本于五帝。"[3]姓氏源于炎黄的观念在唐

① 陶弘景:《真灵位业图校理》,中华书局2013年版,第101页。
② 陶弘景:《真诰·阐幽微第一》,中华书局2011年版,第269页。
③ (清)顾炎武著,黄汝成集释:《日知录集释》下,上海古籍出版社2006年版,第1275页。

代非常流行。唐代墓志中直接祖述炎帝神农氏和黄帝轩辕氏的不乏其人,而自称尧、舜、夏后、姬周、嬴秦之后,实际上间接祖述炎黄的更是不胜枚举。唐墓志中有斛斯人自称是黄帝之后①,粟特人自称是夏后氏之后②。各族各姓争相将自己的来源追溯至炎黄,无疑是文化认同的产物,这从一个侧面反映出炎黄文化强大的向心力和中华民族强大的凝聚力。

隋唐是胡汉杂糅、多民族联合执政的王朝,"自隋以后,名扬于时者,代北之子孙十居六七"(《资治通鉴·晋记》)。唐太宗说:"自古皆贵中华,贱夷狄,朕独爱之如一。"(《资治通鉴·太宗记》)630年,西域、北疆各族君长共尊唐太宗为"天可汗"。唐人这种包容精神和博大胸怀,造就了辉煌的大唐盛世,促进了中华民族的发展壮大。隋唐时期,汉文化与各民族文化交相辉映,异彩纷呈;汉民族的胡化和少数民族的汉化并行不悖,相辅相成。"自从贵主和亲后,一半胡风似汉家。"(陈陶:《陇西行》)"洛阳家家学胡乐"(王建:《凉州行》)。中原地区的文化已不再是单纯的汉文化,而是多元融合、丰富多彩的中华文化。汉族已不再是两汉时期的汉族,而是吸纳了部分北方的匈奴、鲜卑、突厥、乌丸、氐、羌及南方的蛮、俚、僚、傒等族群的新汉族。

《新唐书·宰相世系表》里详细胪列了各种姓氏的来源,其中源自炎黄二帝的有90余姓,直接出自姬姓的有30余姓,直接出自姜姓的有10余姓,基本上涵盖了常见姓氏。宋人邓名世的《古今姓氏书辨证》是研究姓氏源流的力作,与林宝的《元和姓纂》、郑樵的《通志·氏族略》鼎足而三,他们均将姓氏的来源追溯至炎黄二帝。

三、宋元明清:中华民族多元一体格局的波澜起伏

赵匡胤登基后,派人遍访远古帝王陵墓,但就是找不到炎帝陵。据说有天晚上,"太祖抚运,梦感见帝,于是驰节觅求,得诸南方"(《路史·后纪》)。于

---

① 参见周绍良、赵超主编:《唐代墓志汇编》上,上海古籍出版社1992年版,第343页。
② 参见周绍良、赵超主编:《唐代墓志汇编》上,上海古籍出版社1992年版,第267页。

是下诏建陵。南宋孝宗"诏衡州葺炎帝陵庙"(《宋史·孝宗本纪》)。宋真宗曾对大臣们宣称自己梦见了天尊,天尊曰:"吾人皇九人中一人也,是赵之始祖,再降,乃轩辕皇帝。"(《宋史·礼志》)宋真宗曾下诏"崇饰诸州黄帝祠庙","禁文字斥用黄帝名号故事"(《宋史·真宗本纪》),"其经典旧文不可避者阙之"(《续资治通鉴长编》卷八十二)。宋代及其以后的蒙学读物除了识字这一基本功用外,突显了伦理教化的功能。《三字经》曰:"自羲农,至黄帝,号三皇,居上世。"蒙学读物是传播炎黄文化的重要载体,其贡献不亚于官修正史。

契丹统治者自称是炎帝后裔。《辽史·世表》曰:"庖牺氏降,炎帝氏、黄帝氏子孙众多,王畿之封建有限,王政之布濩无穷,故君四方者,多二帝子孙,而自服土中者本同出也。考之宇文周之书,辽本炎帝之后,而耶律俨称辽为轩辕后。俨志晚出,盍从周书。"辽亡后,契丹大多数融入汉、蒙古、女真等族,少数融入土、哈萨克、维吾尔等族,至金代已有"契丹、汉人久为一家"(《金史·卢彦伦传》)的说法。女真人控制北方后,"猛安谋克杂厕汉地,听与契丹、汉人昏因以相固结"(《金史·兵志》)。如此长期通婚交往的结果是"猛安人与汉户今皆一家"(《金史·唐括安礼传》)。金亡后,女真人大多数融入汉族,部分融入蒙古族,仍居住在东北地区的后来演变为满族。元朝第一次实现了中国农耕区与游牧区的完全统一。元代礼先农,以蒙古胄子代耕藉田,祝文曰:"皇帝敬遣某官,昭告于帝神农氏。"曰:"元贞元年初命郡县通祀三皇,如宣圣释奠礼。太皞伏羲氏以勾芒之神配,炎帝神农氏以祝融氏之神配,轩辕黄帝氏以风后氏、力牧氏之神配。"(《元史·祭祀志》)元泰定皇帝曾颁旨给陕西行省保护黄帝陵。

辽宋夏金元是汉族、契丹、女真、党项、蒙古诸族大碰撞、大交流、大融合的时期,是中国民族融合的第三次高潮期。契丹、女真是辽金时期北方民族凝聚的核心之一,蒙古族是元代中国民族凝聚的核心之一。这一时期,民族融合的事例很多。河南濮阳发现的《大元赠敦武校尉军民万户府百夫长唐兀公碑铭》及当地发现的杨姓族谱,证明现今居住在濮阳城东柳屯乡杨十八郎村等

10 余个自然村中的 3500 多杨姓居民为西夏土著唐兀氏的后裔。① 陕西岐山王家村、凤翔紫荆村、甘肃泾川老鸦窝、永登红城镇、皋兰新湾村有女真、蒙古族后裔的聚居地。②

明朝对炎黄二帝的尊崇主要表现在陵祭、庙祭、殿祭、先农坛祭上。洪武三年(1370 年),朱元璋遣使谒祭炎帝陵、黄帝陵。除了短祚的建文帝外,明朝诸帝皆派遣官员祭祀过炎帝陵、黄帝陵,这是以往历朝未曾有过的。1651 年,顺治皇帝遣官致祭炎帝陵、黄帝陵,祭文曰:"自古帝王,受天明命,继道统而新治统。圣贤代起,先后一揆。"③自顺治以下清帝中,除宣统帝溥仪外,皆遣官致祭过炎帝陵、黄帝陵,次数远胜前朝。北京历代帝王庙是明清两代皇帝祭祀三皇五帝和历代帝王的地方,共举行过 662 次祭祀大典。历代帝王庙以伏羲、炎黄二帝为祭祀中心,是中国现存唯一的集中祭祀三皇五帝、历代帝王和文臣武将的皇家庙宇,是中华民族一脉相承的历史见证。

天子亲耕的传统,可以追溯到周朝。汉代,皇帝不仅亲耕,而且祭祀神农。《汉旧仪》曰:"春,始耕于藉田,官祀先农。先农即神农,炎帝也。"唐太宗、唐玄宗、唐肃宗、宋高宗等曾亲耕藉田,元代建先农坛,始祭神农。明永乐十八年(1420 年),仿照南京先农坛在北京南郊建造先农坛。雍正谕言:"国以民为本,民以食为天。"定议:顺天府尹、直省督抚及所属府、州、县、卫,各立农坛藉田。(见《清史稿》卷八十三)此后西起乌鲁木齐,东到上海,北起吉林、呼和浩特,南到广东、云南,先农坛遍布全国各地,成了各地祭祀坛庙系统中不可或缺的标准配置。先农坛藉田礼是明清两代重要的国家祭祀典礼,也是炎帝神农氏祭祀的重要组成部分。

有清一代,满族和汉族同为中华民族的凝聚核心。满族作为统治者,掌控

---

① 参见任崇岳、穆朝庆:《略谈河南省的西夏遗民》,《宁夏社会科学》1986 年第 2 期。

② 参见何志虎:《少数民族融入汉族的五件实物证据》,《宝鸡文理学院学报》2007 年第 2 期。

③ 李学勤、张岂之总主编,曲英杰主编:《炎黄汇典·祭祀卷》,吉林文史出版社 2002 年版,第 270、387 页。

着国家政权,又是民族政策的制定者和主导者,起着其他民族无法替代的作用。汉族由于人口众多,又处于经济、文化的高位,并且在中国历史的大多数时间里控制着中央政权,故而不仅在清代,而且在中华民族多元一体格局形成与发展的整个过程中发挥着凝聚核心的作用。匈奴、鲜卑、突厥、契丹、女真、蒙古族、满族等在不同历史时期发挥了凝聚核心的作用,使得中华民族经常拥有两个或多个凝聚核心,形成双核凝聚或多核凝聚的状态,使得中华民族拥有更强大的凝聚力。与其说哪个民族是中华民族的凝聚核心,不如说以炎黄文化为基础的融合了各民族文化的中华文化是中华民族凝聚力的源泉。

第三节　炎黄文化的勃兴与中华民族的自觉

一、清末民初

鸦片战争后,中国面临"数千年来未有之变局""数千年来未有之强敌",[1]中华民族面临从未有过的危机。正是这种危机刺激着中国人,一方面要向西方学习,富国强兵;另一方面要利用传统文化,塑造国魂。炎黄文化正是在这样一种背景下勃然兴起,成为摆脱民族危机的药方和反清反帝的旗帜。

1903 年,受拒俄运动、沈荩案、《苏报》案等一系列事件的刺激,革命派日趋激烈。他们普遍认为,欲救亡必先反清,欲反清必先排满,欲排满必先尊黄,"欲保汉族之生存,必以尊黄帝为急"[2]。于是,大量使用"黄帝子孙""炎黄子孙"称谓,尊崇炎黄为汉族始祖,使用黄帝纪年,拜谒黄帝陵。鲁迅的"我以我血荐轩辕"[3]呐喊出了无数辛亥革命志士的共同心声,成为一代热血青年矢志

---

① 中国史学会主编:《中国近代史资料丛刊·洋务运动》(一),上海人民出版社 1957 年版,第 42 页。

② 张枬、王忍之编:《辛亥革命前十年间时论选集》第 1 卷,生活·读书·新知三联书店 1960 年版,第 722 页。

③ 《鲁迅全集》,人民文学出版社 1973 年版,第 861 页。

救国的生动写照。

1905 年 2 月，邓实、黄节、刘师培等人在上海发起成立以"发明国学，保存国粹"，反对"醉心欧化"为宗旨的"国学保存会"，并创办《国粹学报》。何为国粹？黄节曰："黄帝尧舜禹汤文武周公孔子之学。"①许之衡指出："若是则可以为国魂者，其黄帝乎？近日尊崇黄帝之声，达于极盛。以是为民族之初祖，揭民族主义而倡导之，以唤醒同胞之迷梦，论诚莫与易矣。"②国粹派开出的摆脱民族危机和文化危机的药方是塑造国魂、弘扬国粹，而黄帝就是国魂。

辛亥革命时期，革命派宣传炎黄文化，激发国人的民族意识和排满意识，最终加速了清王朝的覆灭。辛亥革命后，革命派用"五族共和"取代了"驱除鞑虏"，用反帝民族主义取代了排满民族主义，"炎黄子孙"亦由汉人的同义语转变为中国人的代名词，中华民族成了包括汉、满、蒙、回、藏等中国境内各民族在内的国族，从而完成了对炎黄文化的重构。

清末勃兴起来的炎黄文化，在民国时期得到进一步传播。五四运动中有份广泛散发、张贴的传单，上面写着："我黄帝子孙，如何甘受辱，利用此时机，急急国恢复，秘约终毁灭，青岛还掌握。"③闻一多创作了包括《七子之歌》在内的一批爱国诗歌，他在《我是中国人》中深情地表白："我是中国人，我是支那人，我是黄帝的神明血胤。……我是神农黄帝的遗孽。"④

二、抗战时期

抗战时期是中华民族最危险的时候，同时也是中华民族奋起抗争，空前团结，最终浴火重生，赢得民族解放的时期。自鸦片战争以来逐渐觉醒的民族意

---

① 张枬、王忍之编：《辛亥革命前十年间时论选集》第 2 卷，生活·读书·新知三联书店 1960 年版，第 43 页。
② 邓实、黄节主编：《国粹学报》叁，广陵书社 2006 年版，第 86—87 页。
③ 彭明：《五四运动史》扉页及插图，人民出版社 1984 年版。
④ 《闻一多选集》，四川文艺出版社 1987 年版，第 147—148 页。

识得到前所未有的张扬,一个真正自觉的中华民族开始屹立于世界东方。炎黄成为号召与激励海内外华人共同抗战的旗帜。

　　抗战时期国共两党都尊奉炎黄为民族始祖,同祭黄帝陵,都以"炎黄子孙"自居,炎黄文化成为促进两党再度合作的催化剂。1934 年 6 月 30 日,蒋介石在日记中写道:"呜呼! 国家被辱至此,何以为人! 凡有血气之伦,黄帝子孙,其将何以雪此奇耻!"①1935 年,于右任委托友人汇编黄帝资料而成的《黄帝功德纪》一书在南京出版。于右任在序中说:"中华民族之全体,均皆黄帝之子孙也。……黄帝不惟为中华民族之始祖,抑又为中国文化之创造者也。"②1936 年 3 月 1 日,毛泽东起草并与彭德怀联名发表《中国人民红军抗日先锋军布告》指出:"我中华最大敌人为日本帝国主义,凡属食毛践土之伦、炎黄华胄之族,均应一致奋起,团结为国。"③1937 年 2 月 10 日,中共中央致中国国民党三中全会电称:"我辈同为黄帝子孙,同为中华民族儿女,国难当前,惟有抛弃一切成见,亲密合作,共同奔赴中华民族最后解放之伟大前程。"④表明中国共产党基于民族大义,愿与国民党等所有中华儿女一起共赴国难。

　　1937 年清明节,国共两党首次同时派出代表共祭黄帝陵,这是大敌当前两党捐弃前嫌、联合抗日的重要信号。此次祭典由国民党中央执行委员张继、陕西省政府主席孙蔚如主祭,中共代表林伯渠、广西代表、东北军代表等参祭,盛况空前。祭典上国民党中央代表、国民政府代表、中共代表、广西代表分别恭读了祭文,中共祭文由毛泽东亲自撰写,言辞恳切,大气磅礴,被任弼时誉为"八路军抗日的《出师表》"。1942 年,蒋介石手书"黄帝陵"三字,立石陵前。1944 年 7 月,经国民政府批准,黄帝陵所在的陕西省中部县正式更名为黄陵

---

　　①　黄自进、潘光哲编:《蒋中正"总统"五记·省克记》,(台北)"国史馆"2011 年版,第96—97 页。
　　②　于右任:《黄帝功德纪》序,陕西人民出版社 1987 年版。
　　③　《毛泽东文集》第一卷,人民出版社 1993 年版,第 383 页。
　　④　王桧林主编:《中国现代史参考资料》,高等教育出版社 1988 年版,第 161 页。

县。1940 年 10 月 10 日,第九战区司令长官兼湖南省主席薛岳遣省府秘书长李扬敬等致祭炎帝陵,并题写了《重修炎帝陵记》。

学者们用自己最擅长的方式来鼓舞和团结全国民众进行抗战。1932 年,王芸生出版《六十年来中国与日本》一书,开篇即言:"知耻近勇,中华民族之复兴系焉。……炎黄子孙受凌至此,岂不愧对先民哉?"[1]1938 年,陈子怡发表《中华民族,黄帝子孙,一耶? 二耶?》一文,认为"现在共认之中华民族,只是文化上之一名词","所以后世之人,咸谓中华民族皆黄帝子孙也。"[2]1944年,钱穆在《黄帝》一书中认为,"我们自称为'炎、黄子孙',是很有道理的"[3]。历来强调治史"只当问真不真,不当问用不用"的顾颉刚,在九一八事变后创办《禹贡》杂志,力促中国边疆史和中国民族史研究。1932 年 3 月,顾颉刚在致友人的信里说:"从前人说中国人全为黄帝子孙,这并非用开玩笑的态度假造古史,实有团结各个不同的民族为一个大民族之作用在内。"[4]1939 年 2 月,顾颉刚在《益世报·边疆周刊》上发表题为《中华民族是一个》的文章,引发了一场关于"中华民族"的争论,傅斯年、白寿彝等表示支持,费孝通、翦伯赞等提出质疑。顾颉刚强调中华民族的一体性,费孝通则看到了中华民族的多元性。顾颉刚为了强调一体性而否认多民族的存在,这是"中华民族是一个"理论的缺陷,但却对半个世纪以后费孝通提出"中华民族多元一体"理论有积极意义。[5] 抗战时期关于"中华民族是一个"的辩论,促进了中国民族理论的发展,奠定了"中华民族多元一体格局"理论的基础。

20 世纪 30—40 年代中国民族史研究的热潮,与中华民族的严重危机以

---

① 王芸生:《六十年来中国与日本》第一卷,生活·读书·新知三联书店 1979 年版,第1 页。

② 陈子怡:《中华民族,黄帝子孙,一耶? 二耶?》,《西北史地》第 1 卷第 1 期。

③ 钱穆、姚汉源:《黄帝》,生活·读书·新知三联书店 2004 年版,第 7 页。

④ 顾洪编:《顾颉刚学术文化随笔》,中国青年出版社 1998 年版,第 3 页。

⑤ 参见周文玖、张锦鹏:《关于"中华民族是一个"学术论辩的考察》,《民族研究》2007 年第 3 期。

及执政的中国国民党构建"国族"的努力密不可分。虽然这一时期的研究难免会受到民族主义情绪的影响,仍然有坚持中华民族一元论的缺陷,但毕竟激励了全国民众的抗战斗志,构建了中国民族史的体系,梳理了中国各民族演进的脉络,对此后的中国民族史研究产生了较大影响。

第四节　炎黄文化的重构与中华民族的复兴

一、改革开放以前

中华人民共和国的成立,使得中国成为社会主义国家。以 1979 年为界,之前的 30 年,炎黄文化逐渐淡出国人的视野;之后的 30 多年,炎黄文化再度勃兴,出现了"炎黄热"。

1948 年 3 月 9 日,西北人民解放军解放黄陵县。4 月 5 日,举行了解放后的首次黄帝陵祭典。与此同时,丢掉了黄陵县的国民党却不愿丢掉拜祭黄帝陵的权力,连续两年在陕西省政府办公地西安新城大楼北面举行遥祭黄陵大典,后一次代总统李宗仁还专门发来了祝文。从 1950 年到 1954 年政府未致祭黄帝陵,从 1955 年到 1963 年,陕西省人民政府连续九年致祭黄帝陵。从 1964 年到 1979 年,黄帝陵祭祀活动陷入停顿状态,黄帝陵、庙一度无人管护,变成了"乱坟岗"。1955 年,因香客失火,湖南炎帝陵主殿和行礼亭被焚,剩余建筑在十年浩劫中被当作"四旧"全部摧毁。

1963 年 12 月 9 日,时任中共湖南省委书记处书记兼湘潭地委书记的胡耀邦,在酃县视察工作时专程参观了炎帝陵,并希望能够重新修建炎帝陵。他在酃县机关党员干部会上说:"这里的塘田乡鹿原陂,安葬着我们中华民族的老祖宗——炎帝神农氏。炎帝神农氏一生勤勤恳恳,发明创造过很多东西,为后代的繁衍发展做了许多事情。……因此,几千年来,大家都记住他,尊他为中华民族文明之始祖,亿万人民则皆以炎黄子孙自谓。……好好地为人民服务,多做好事,多干实事。如果能这样,人民也是不会忘记我们的。"①胡耀邦同志抓住了炎帝精神的实质,号召广大党员干部为人民服务,多做好事,多干实事。

改革开放以前,炎黄文化在中国大陆的相对沉寂,主要是受意识形态的影响。在阶级斗争的话语系统里,没有传统文化的位置,也就不可能有炎黄文化的位置。

二、改革开放以来

炎黄文化的转机出现在1979年。是年元旦,第五届全国人民代表大会常务委员会发表《中华人民共和国全国人大常委会告台湾同胞书》:"如果我们还不尽快结束目前这种分裂局面,早日实现祖国的统一,我们何以告慰于列祖列宗? 人同此心,心同此理,凡属黄帝子孙,谁愿成为民族的千古罪人?"②以1979年元旦为开端,"黄帝子孙""炎黄子孙"等称谓的使用进入到一个新的高峰期,由政府主持的清明节祭扫黄帝陵、炎帝陵的活动也先后恢复。炎黄文化的再度勃兴看似突然,实则为当时中国内外政策转变的必然结果。1978年12月,中共十一届三中全会作出了"全党工作的着重点应该从一九七九年转移到社会主义现代化建设上来"的正确决定。当代炎黄文化的复兴是实事求是、拨乱反正、重新重视传统文化的产物,是以民族团结和经济建设取代阶级斗争和政治运动的结果,是全面发展对外关系、广泛团结海外华人、和平统一祖国的需要。

1984年10月1日,邓小平在中华人民共和国成立三十五周年庆典上指出:"我们主张对我国神圣领土台湾实行和平统一,有关的政策,也是众所周

---

① 胡耀邦:《为人民多做好事》,载株洲市修复炎帝陵筹委会、酃县修复炎帝陵工程指挥部编:《炎帝和炎帝陵》,光明日报出版社1988年版,第1页。
② 第五届全国人民代表大会常务委员会:《中华人民共和国全国人大常委会告台湾同胞书》,《人民日报》1979年1月1日。

炎黄学概论

502

知和不会改变的,并且正在深入全中华民族的心坎。"①1986 年 9 月 2 日,邓小平在回答美国哥伦比亚广播公司记者华莱士提出的"台湾有什么必要同大陆统一"的问题时说:"这首先是个民族问题,民族的感情问题。凡是中华民族子孙都希望中国能统一,分裂状况是违背民族意志的。"②1994 年 4 月 5 日,中共中央政治局常委、全国政协主席、黄帝陵基金会名誉会长李瑞环参加了公祭黄帝陵活动,他在视察整修黄帝陵工程时指出:"黄帝是中华民族历史上最有代表意义的旗帜,整修黄帝陵是全世界炎黄子孙的一件非常重要的大事。对于弘扬中华文化,激励爱国热情,增强民族凝聚力,促进祖国和平统一大业,都将产生不可估量的作用和影响。"③

2005 年 4 月至 7 月,中国国民党主席连战、亲民党主席宋楚瑜、新党主席郁慕明相继访问大陆,他们均以炎黄子孙自居。2009 年 4 月 3 日,马英九亲自主持在台北圆山忠烈祠举行的"中枢遥祭黄帝陵典礼",成为第一位主持遥祭黄帝陵典礼的台湾地区领导人。同年 10 月 17 日,中国国民党中央委员会复电中国共产党中央委员会,感谢中共中央对中国国民党第十八次代表大会召开的祝贺。复电中说:"至盼共同继续努力,增强互信,共创双赢,为两岸人民谋幸福,为炎黄子孙开太平。"④2012 年 11 月 8 日,中国国民党中央委员会致电中国共产党中央委员会,祝贺中国共产党第十八次全国代表大会召开。贺电中表示:"由衷期望两党在现有基础上,巩固两岸关系和平发展的成果,进一步扩大及深化交流,提升互信,共谋炎黄子孙的福祉,共创两岸光明的前途。"⑤2015 年 11 月 7 日,马英九在新加坡举行的两岸领导人见面会上说:"两岸人民同属中华民族,都是炎黄子孙,应互助合作,致力振兴中华。"这些

---

① 《邓小平文选》第三卷,人民出版社 1993 年版,第 70 页。

② 《邓小平文选》第三卷,人民出版社 1993 年版,第 170 页。

③ 《陕西日报》1996 年 4 月 5 日。

④ 《中共中央电贺中国国民党第十八次代表大会召开》,《人民日报》2009 年 10 月 18 日。

⑤ 《中国国民党中央委员会电贺中国共产党第十八次代表大会召开》,《人民日报》2012 年 11 月 9 日。

充分说明炎黄文化至今仍然是拉近国共两党关系和增进海峡两岸同胞感情的重要纽带。

2015 年春节前夕,习近平总书记在陕西视察时指出:"黄帝陵是中华文明的精神标识。"①这句话言简意赅,准确地概括出黄帝陵祭祀的意义和实质。习近平总书记之所以认为"黄帝陵是中华文明的精神标识",盖因黄帝是中华民族的人文始祖,是中国统一的象征,是中华民族精神的代表。

当代炎黄文化的再度勃兴,得益于四个方面的高度重视。其一,国家重视。面对全球化的浪潮,面对改革开放的新形势,面对文化的多元化,需要充分利用炎黄文化来激发国人的民族精神,增强中华民族的凝聚力。其二,地方重视。各地希望借助炎黄文化来提升本地的文化品位,提高自己的知名度,促进当地经济文化的发展。其三,民众重视。中国人素有"慎终追远""法祖敬宗"的传统,炎黄祭祀顺应了广大海内外华人"文化寻根"和"文化自觉"的需要。其四,学界重视。学界之所以重视炎黄文化研究,是因为炎黄文化与中国文明的起源、中华民族的形成、发展及复兴息息相关。

第五节　全球化背景下的炎黄文化与中华民族

一、全球化的影响

全球化既非恶魔,也非天使。人们对全球化最大的担忧来自全球化会摧毁民族国家,造成世界的"西方化"和"公司化"。此外,"全球化遭到攻击的原

---

① 赵世超:《以文化人,以史资政——学习习近平总书记关于黄帝陵指示的体会》,载陕西省公祭黄帝陵工作委员会办公室编:《"文以载道·文以化人"清明黄帝文化学术交流会论文集》,陕西人民出版社 2015 年版,第 9 页。

因之一就是它看似破坏了传统的价值观"①,破坏了文化的多样性。哈佛大学教授丹尼·罗德里克并不看好"全球化治理"的前景,他主张保留民族多样性、以民族国家为中心的"温和全球化"②。斯塔夫里阿诺斯在《全球通史》的结尾部分写下一段耐人寻味的话:"在铲除了所有可能的对手之后,我们人类不再面对任何敌人。我们面对的只有我们自己。与我们内在的自己、而不是与外部世界的对抗是一项很艰巨的任务。这不仅要求我们具备更多的知识和技术——实际上这方面我们已经被证明是所向无敌的——还需要我们为知识的王冠添加一个伦理的指南针,以便提供正确的目的和方向。"③斯塔夫里阿诺斯说得没错,人类当下最缺乏的不是技术,而是精神,一种保障人类和平与正义的精神。

中国学者也在思考着同样的问题。费孝通先生曾经风趣而又深刻地说:"全球化的特点之一,就是各种'问题'的全球化。"④他指出:"全球一体化固然可以认为是历史的前景,但是如果不解决如何一体化的过程,在这过程中不解决一系列的矛盾,这一体化的结果是不容易出现的。现在看来在多种文化接触中,最难以多元取得一体的是文化的价值观念。正是因为这个原因我才特别提出'美美与共'的问题,这是一个人文价值怎样取得共识的问题。"⑤在他看来,人类的各种问题中最重要的就是关于不同文明之间应该如何相处的问题。为此,他提出了"文化自觉"的理论。"文化自觉"不是"文化复古",而

---

① [美]约瑟夫·斯蒂格利茨:《全球化及其不满》,李杨、章添香译,机械工业出版社 2010 年版,第 211 页。

② [美]丹尼·罗德里克:《全球化的悖论》,廖丽华译,中国人民大学出版社 2011 年版,第 200 页。

③ [美]斯塔夫里阿诺斯:《全球通史:从史前史到 21 世纪》(第 7 版)下册,董书慧等译,北京大学出版社 2005 年版,第 790—791 页。

④ 费孝通:《"美美与共"和人类文明》,载《文化与文化自觉》,群言出版社 2010 年版,第 447 页。

⑤ 费孝通:《人文价值再思考》,载《文化与文化自觉》,群言出版社 2010 年版,第 208—209 页。

是在"自知之明"的基础上加强对文化转型和文化进步的自主能力。作为中华儿女,必须明白炎黄文化的来龙去脉、内涵特色,这样才能做到"文化自觉",树立"文化自信",才能寻到中华文化之根,找到中华民族之魂,才不至于在现代化、全球化的浪潮中迷失自我。

2001 年 11 月 2 日,联合国教科文组织第 31 届大会发表《世界文化多样性宣言》,强调"文化多样性是交流、革新和创作的源泉,对人类来讲就像生物多样性对维持生物平衡那样必不可少"①。人是二元生物,作为理性生物的人具有社会性,有趋同性;作为感性生物的人具有非社会性,追求个性,这必然导致群体文化的多样性。正如全人类不可能变成一种思维模式和一种生活方式一样,各民族的文化也不可能在全球化中完全同质化。经济的全球化并不必然导致文化的全球化,甚至反而会激发各民族文化的自我保护意识,促进文化的多元化,这就是全球化的悖论。全球化在冲击炎黄文化的同时,并未真正消解炎黄文化,反而刺激了炎黄文化的复兴。

人类与动物的本质区别在于人类有历史,有文化,有思想,有精神。人类能否走出困境,继续发展下去,关键要看人类能否少一些兽性,多一些人性;少一些狭隘,多一些宽容;少一些自以为是,多一些"美美与共"。要做到这一点恐怕不能指望文化全球化,而是取决于各种文化能否在多样化的前提下取得更多的共识,做到"和而不同""己所不欲,勿施于人""万物并育而不相害,道并行而不相悖",做到"各美其美,美人之美,美美与共"。肇端于炎黄文化的中华文化是世界多元文化中的重要一元,是一种贵和、执中、求仁、重义、尚礼、包容的文化,在促进人类各种文化交流交融、互鉴共荣的过程中可以发挥积极作用。

我们应该坚决反对极端民族主义,但不应一概否定民族主义。"重要的是民族主义的发生形式与程度不尽相同,不能将它们统统塞在一个'极端主

① 范俊军编译:《联合国教科文组织关于保护语言与文化多样性文件汇编》,民族出版社 2006 年版,第 100 页。

义'的标签之下。"①"人类历史的目标既不是含糊不清的世界主义,也不是狂热的民族自我盲目崇拜。"②我们需要的是理性的温和的进步的民族主义。"进步的民族主义不仅在理论上是一种可行的力量,而且在全球共同体中将变得极为重要。"③正如黑格尔所说:"一个民族,当它从事于实现自己的意志的时候,当它在客观化的进程中抵抗外部暴力、保护自己的动作的时候,这一个民族是道德的、善良的、强有力的。"④如何鼓励、培育理性、温和的民族主义,在民族虚无主义和极端民族主义的夹缝中蹚出一条路,是人类必须面对和解决的难题。简而言之,我们必须为民族主义注入包容意识、民主意识,这是稀释和化解民族主义狭隘性、排他性的不二选择。各民族只有"美人之美",才能"美美与共",和平共处。

二、多元一体的中华民族

中华民族是多元一体的,中国各民族共同书写了中华民族的历史,创造了中华民族的文化,缔造了中华民族的辉煌,承受了中华民族的苦难,憧憬着中华民族的复兴。中华民族是一个命运共同体,其中包含的各民族相互交融,难以分离。炎黄文化是早期中国各氏族共同创造的,中华文化是中华各民族共同创造的,我们必须有"大炎黄"的概念与意识,必须有"大中华"的气度与胸怀。不仅中华民族是多元一体的,构成中华民族的汉族、满族、回族、藏族、彝族、维吾尔族等也是多元一体的。基因研究表明:"中国北方汉族同北方少数民族基因相近的程度超过了中国北方汉族与南方汉族相近的程度;同样,中国

---

① 〔英〕安东尼·史密斯:《全球化时代的民族与民族主义》,龚维斌、良警宇译,中央编译出版社 2002 年版,第 183 页。
② 〔印度〕泰戈尔:《民族主义》,谭仁侠译,商务印书馆 1982 年版,第 2 页。
③ 〔英〕安东尼·吉登斯著,郭忠华编:《全球时代的民族国家:吉登斯讲演录》,江苏人民出版社 2010 年版,第 18 页。
④ 〔德〕黑格尔:《历史哲学》,王造时译,上海书店出版社 2001 年版,第 75 页。

南方汉族同南方少数民族基因相近的程度超过了它同北方汉族相近的程度。"①即便是清代才从境外迁入,最后加入中华民族大家庭的俄罗斯族,也不是一元的。据 2000 年统计,全新疆共有俄罗斯族 8935 人,其中除少数纯血统的俄罗斯人(主要是吉尔加克人)外,其余绝大多数都是中俄混血人。在中国,俄罗斯族绝大多数都是中俄混血人,尤其是在东北地区,几乎达到了百分之百。②

上海交通大学医学院以张海国先生为首的课题组,对中华民族包含的 56 个民族的肤纹进行了长达 30 年的研究,最终建立了中华 56 个民族肤纹基因库。肤纹即皮肤纹理,包括指纹、掌纹和足纹。肤纹是民族外在的生物学性状,在揭示民族间遗传标志的差别方面有很大作用。肤纹研究表明:"所有各地(华东、西北、东北、西南)的汉族样本都与当地的民族聚类一样,中华民族多元一体,汉族是中华民族集合的后代。"③"汉族之间的差异远远大于汉族与其他民族的差异,表明汉族与各民族有较充分融合。"④"藏族肤纹表现北方群特征,是北方民族,非'南来(印度)'之民族。藏族的族源与古羌族等有关。""台湾的闽南人和客家人肤纹更接近于大陆北方人,闽南人和客家人源自北方,群体遗传学的'回归现象'使肤纹发生'岛式积淀'现象,使他们的肤纹特征比北方人还北方人。"⑤肤纹学研究的结论与历史学、考古学、人类学研究相互印证,进一步证明在中华各族长期交往的过程中,不仅文化上相互影响,血缘上也相互交融,中华各族是多元一体的。

民族和国家构成了一个共生现象⑥,就像一枚硬币的两面一样。"中华民

---

① 金冲及:《中华民族是怎样形成的》,《江海学刊》2008 年第 1 期。
② 参见唐戈:《中俄混血人:族群认同与国家认同》,载吴晓萍、徐杰舜主编:《中华民族认同与认同中华民族》,黑龙江人民出版社 2009 年版,第 372 页。
③ 张海国:《中华 56 个民族肤纹》,上海交通大学出版社 2012 年版,第 186 页。
④ 张海国:《中华 56 个民族肤纹》,上海交通大学出版社 2012 年版,第 191 页。
⑤ 张海国:《中华 56 个民族肤纹》,上海交通大学出版社 2012 年版,第 4 页。
⑥ 参见[俄]季什科夫:《民族政治学论集》,高永久、韩莉译,民族出版社 2008 年版,第 6 页。

族既是一个民族共同体概念,也是一个国族概念。"①中华民族与中国所具有的一体两面的关系,是中国历史发展道路的特色所在,是由国家与民族(即国家与国族)的内在关系所规定的。② 因此,中华民族认同与中国国家认同及中华文化认同,具有一定的重叠性和一致性。当一个国家是单一民族国家时,国家认同与民族认同、文化认同是一致的。但当一个国家是多民族国家时,国家认同与民族认同、文化认同并不一定一致。如何处理和协调国家认同与民族认同、文化认同之间的关系? 韩震先生认为,首先,必须把国家认同放在高于民族认同的地位;其次,应该通过构造中华民族共同的文化基础和文化象征符号的重建,增加民族认同与国家认同的重叠内容;最后,强化国家认同还必须有政策和法规的支撑,中华民族共同体意识必须从各族人民共同塑造共和国历史的活动中生成和提取。③ 姚大力先生认为,"在推进中国人国家认同的策略方面,我们现在正面临着一个迫切需要实现历史性转换的原则时刻。这就是要通过加快国家政治民主化的进程,以此作为要求人民认同国家并且对国家保持政治上忠诚的合法性基础"④。炎黄文化是多元、开放、包容的,中华文化是属于包括 56 个民族在内的中华民族共有的文化。我们在保持各民族文化多样性的同时,应当强化中华民族文化的整体性,强化中华民族认同与中国国家认同。

　　当下中国人对炎黄文化的认知究竟如何? 我们曾发放了 1500 份调查问卷,结果显示:91.5% 的被调查对象同意炎黄二帝是中华民族始祖的说法,94.8% 的被调查对象认为自己是"炎黄子孙",74.3% 的少数民族被调查对象认为自己是"炎黄子孙",91.7% 的被调查对象认为应该祭祀炎黄二帝。⑤ 这

　　① 马大正:《论中国古代的边疆政策》,《光明日报》2003 年 7 月 29 日。

　　② 参见王震中:《强化国家认同与民族凝聚》,《人民日报》2015 年 10 月 15 日。

　　③ 参见韩震:《全球化时代的文化认同与国家认同》,北京师范大学出版社 2013 年版,第84—88 页。

　　④ 姚大力:《北方民族史十论》,广西师范大学出版社 2007 年版,第 278 页。

　　⑤ 参见高强:《炎黄文化与中华民族凝聚力》,人民出版社 2019 年版,第 404—406 页。

说明,大多数民众认为祭祀炎黄二帝、弘扬炎黄文化是增强中华民族凝聚力的重要方式。通过调查,我们发现,不同社会亚文化特征的被调查对象对炎黄文化感知的差异,并不十分显著。这说明对中国各民族成员来讲,在中华民族多元一体格局形成与发展的过程中,已经逐渐形成了一些共同的文化记忆和文化基因,炎黄文化就是中华民族的共同记忆和文化基因。

炎黄文化既是传统的,也是现实的,其求富求强、奋发有为的进取精神,为民谋利、为民造福的民生取向,凝聚统一、和谐团结的爱国精神,符合民族精神和时代精神,理应成为社会主义核心价值观的宝贵资源。当然,我们在继承和弘扬炎黄文化时,应该有所取舍,有所扬弃。我们应该摒弃神格化的炎黄和帝王形象的炎黄,颂扬作为"人文初祖"和"华夏始祖"的炎黄。炎黄文化的仪式化(非宗教化),如炎黄二帝祭典等;炎黄文化的通俗化,如介绍炎黄文化的普及读物、网站、微博、微信等;炎黄文化的具象化,如炎黄雕塑、画像等;炎黄文化的艺术化,如炎黄题材的影视剧、动漫、小说、诗歌等,都是可以采取的有效形式。

综上所述,战国时期、西汉初年、辛亥革命时期、抗日战争时期和改革开放时期,先后出现过五次尊崇黄帝的高潮。第一次和第二次高潮处于中华民族的滥觞与形成期,第三次和第四次高潮正值中华民族的危机与抗争期,第五次高潮适逢中华民族的复兴期,二者亦步亦趋,若合符节,从一个侧面体现出炎黄文化与中华民族之间双向互动、密不可分的关系。

民族是在文化、血缘、经济、政治、宗教和风俗习惯等多种因素共同作用下形成的稳定的"利益共同体"和"命运共同体"。① 民族凝聚力来自文化、血缘、地域、经济、政治、宗教等方面的共性和认同,有共性,能认同,就有凝聚力。"民族凝聚力实质上是民族文化的凝聚力"②,共同的血缘、地域、宗教、经济生

---

① 高强:《炎黄文化与中华民族凝聚力》,人民出版社 2019 年版,第 7 页。
② 孔庆榕、张磊主编:《中华民族凝聚力学》(修订本),中国社会科学出版社 2008 年版,第 7 页。

活、政治制度都会产生民族凝聚力,但共同的文化可以发挥更为显著的作用。"慎终追远""法祖敬宗"是维系宗族乃至国家的重要观念,也是中国传统文化中根本的价值取向之一。德国学者卡西尔指出:"在几大宗教中,以祖先崇拜为根源并似乎原封不动保持其原始特征的,首推中国的宗教。在祖先崇拜盛行之处,个体不仅感到自己通过连绵不断的生育过程与祖先紧密相连,而且认为自身与祖先同为一体。"①美国学者史华慈认为,"对于祖先崇拜的取向是如此无处不在,对中国文明的整个发展又是如此至关重要"②。人类学家林惠祥先生认为,中国人"对于祖先的崇敬,可谓达于极点"③。任继愈先生认为,"祖先崇拜是人们懂得父系传宗接代开始。陶祖和石祖的出现,标志着图腾崇拜的衰落和祖先崇拜的兴起"④。中国的祖先崇拜兴起于炎黄时代,至周代完全定型。《礼记·大传》云:"是故人道亲亲也。亲亲故尊祖,尊祖故敬宗,敬宗故收族。"尊崇祖先发自本性,同时能够凝聚宗族。《国语·楚语下》曰:"宠神其祖,以取威于民。"统治者如果不尊崇祖先,就不能使民众信服与顺从。

　　炎黄二帝是中华民族的共同祖先,炎黄文化是中华民族凝聚力的重要源泉。费孝通先生指出:"几千年来,炎黄二帝作为中华民族始兴和统一的象征,对于海内外中华儿女的民族认同和增强凝聚力、向心力,发挥了巨大作用。"⑤在中华民族形成与发展的过程中,其成员或认同炎黄为血缘始祖,或认同炎黄为人文初祖,炎黄为凝聚中华民族提供了必要的血缘认同和文化认同,而血缘认同从根本上讲也是一种文化认同。中华民族在创造和重构着炎黄文化的同时,炎黄文化也在凝聚和形塑着中华民族,炎黄文化与中华民族相生相伴,共存共荣。

① [德]恩斯特·卡西尔:《神话思维》,中国社会科学出版社1992年版,第196页。
② [美]本杰明·史华慈:《古代中国的思想世界》,江苏人民出版社2004年版,第20页。
③ 林惠祥:《文化人类学》,商务印书馆1991年版,第246页。
④ 任继愈:《中国哲学发展史》,中华书局1972年版,第66页。
⑤ 费孝通:《弘扬炎黄文化　振奋民族精神》,《光明日报》2002年4月9日。

第十四章 炎黄文化的民族认同价值

炎黄文化的民族认同价值,谈的是通过文化认同而达到民族凝聚。这既是对历史文化的研究,也有助于筑牢当代中华民族共同体意识,体现出炎黄文化的当代价值。中华民族命运共同体源于炎黄时代所奠定的华夏民族和孕育的炎黄文化,炎黄文化乃中华民族血脉之根与文化之根的重叠,我们弘扬炎黄文化、培育炎黄学,是与振兴中华民族大业联系在一起的。

第一节 炎黄文化乃中华民族血缘之根与
文化之根的重叠

一、血缘之根与文化之根的重叠

实现中华民族伟大复兴需要巩固和发展最广泛爱国统一战线,发挥其凝聚人心、汇聚力量的政治优势。中华民族作为一个有着 5000 多年文明历史的伟大民族,在其发展的历史进程中,经过远古氏族、部落、部族,到各民族交流、交汇与融合,形成了多元一体格局的中华民族命运共同体。在中华民族命运共同体中,其中文化起着核心作用,任继愈认为,"中华民族把文化认同看得比种族血统认同更重要"[1]。田兆元也曾提出:"中华民族的统一不是种族血

---

[1] 任继愈:《天人之际》,上海文艺出版社 1998 年版,第 338 页。

缘的统一,而是文化的统一。中华民族的祖先并不全是真正意义上的血缘之祖,而只是一种文化之根。"①对此,我们部分赞同,也想作部分修正。

一般而言,文化是民族的血脉,然而,炎黄文化的特征则表现出它乃中华民族血缘之根与文化之根的重叠。在历史上,五帝时代的炎黄集团在其形成时,姓族这一血缘因素曾起着主要作用。即使进入夏商西周时代,由炎黄凝聚而来的华夏民族,从社会基层到高层贵族,宗族血缘关系与政治权力也是同层同构。② 从"以王国为依托的王朝国家"③来看,这时的华夏民族内包括有姬、姜、子、姚、妫、酉、祁、己、滕、箴、任、荀、僖、姞、儇、依,以及"祝融八姓"等众多族姓。由于每一个姓族就是一个以血缘为根的血缘团体,所以血缘脉络是社会的基本脉络,但夏商周三代王朝的每一个王朝内又都包含有众多的姓族,呈现出既以血缘为基础又不局限于一个血缘一个王朝的格局,只是无论是夏朝、商朝还是周朝,王族的血缘是王朝的核心,具体说来,夏为姒姓,商为子姓,周为姬姓。因而,说此时的华夏民族已属于"文化民族",这是基于整个王朝内既包含王族的姓族亦包含其他姓族而超越了单一血缘,但无论是作为社会基础中的各个姓族,还是高高在上的王族,都保持自己的血缘谱系,所以是"血缘之根与文化之根"的重叠。

从先秦时期的华夏民族,到秦汉以来的汉民族以及中华民族,一方面都是以华夏文化为核心为主干的文化民族,另一方面又都是认同血缘之根的民族共同体,④以炎黄文化为龙头的中华文化是中华民族的血脉。新时代,我们要实现"铸牢中华民族共同体意识,加强各民族交往交流交融,促进各民族像石

---

① 田兆元:《论北朝时期民族融合过程中的神话认同》,《上海大学学报》2000 年第 3 期。

② 参见王震中:《中国文明起源的比较研究》,陕西人民出版社 1994 年版,第 435—436 页。

③ 王震中:《近四十年中国文明与国家起源研究的主要趋势与反思》,《澳门理工学报》2019 年第 2 期。

④ 参见王震中:《国家认同与中华民族的凝聚》,《红旗文稿》2016 年第 1 期。

榴籽一样紧紧抱在一起,共同团结奋斗、共同繁荣发展"①的任务,我们必须搞清楚、弄明白中华民族是怎么形成的? 有什么内在的精神? 在民族自知的基础上,做到民族自觉、坚定民族自信。炎黄文化是中华传统文化的根祖文化、龙头文化,积淀着中华民族最深层的基因,代表着中华民族特有的精神标识,从古至今,"中华""中国"之称谓,都是与炎黄紧密联系在一起的。从地域角度而言,它指的是炎黄后裔所居住的地方;从文化方面而言,它指的是炎黄及其后裔所创造的文明成果。尽管中国各民族都有自己的特殊性,但是大家都有一个自觉的"中华"认同,即都是"中国人"。加强炎黄文化的研究,有助于培养和提升中华民族共同意识、增强民族认同和民族凝聚力,能极大提升民族自信、促进国家团结统一和中华民族伟大复兴。徐光春先生在《光明日报》上从继承和弘扬中华优秀传统文化、坚定文化自信、培育和践行社会主义核心价值观、增强民族的团结统一等方面,提出了研究炎黄文化的必要性。② 下面,我们着重从中华民族命运共同体的角度探讨炎黄文化的独有价值。

二、炎黄时代族群大融合与"华夏共同体"之路的开启

民族是在文化、血缘、经济、政治、宗教和风俗习惯等多种因素共同作用下形成的稳定的"利益共同体"和"命运共同体"。③ 恩格斯在《家庭、私有制和国家的起源》中对部落融合民族进行分析,他指出:"住得日益稠密的居民,对内和对外都不得不更紧密地团结起来。亲属部落的联盟,到处都成为必要的了;不久,各亲属部落的融合,从而分开的各个部落领土融合为一个民族[Volk]的整个领土,也成为必要的了。"④中华民族是由众多分散的小氏族融

---

① 习近平:《决胜全面建成小康社会 夺取新时代中国特色社会主义伟大胜利——在中国共产党第十九次全国代表大会上的讲话》,《人民日报》2017 年 10 月 28 日。
② 参见徐光春:《谈谈炎黄文化》,《光明日报》2018 年 7 月 21 日。
③ 高强:《炎黄文化与中华民族凝聚力》,人民出版社 2019 年版,第 7 页。
④ 《马克思恩格斯选集》第 4 卷,人民出版社 1995 年版,第 164 页。

合成大氏族、"氏族—部落—部族"联盟而最后形成的,而炎黄二族在其中起着核心与主导作用。

中华民族源于炎黄时代所奠定的华夏民族。从现有文献的记载看,炎帝、黄帝是中华民族的人文始祖,中华民族源起于炎黄时代,中华文明亦肇始于这一时期。朱乃诚认为:炎黄时代是继伏羲氏之后、虞夏之前的一个农业文化不断发展、文明起源至文明形成、国家诞生的时代。① 中国第一部纪传体通史、西汉时期伟大的史学家司马迁所著的《史记》,把"五帝本纪"作为《史记》的开篇,明确讲"自黄帝始"(《史记·太史公自序》)。夏曾佑在被学人称为中国近代史学史上"第一部有名的新式通史"即《中国古代史》中提出:"故言中国信史者,必自炎黄之际始。"②关于炎黄的由来有不同的说法,比较获得普遍认可的是《国语·晋语》里面说:"昔少典娶于有蟜氏,生黄帝、炎帝。黄帝以姬水成,炎帝以姜水成。成而异德,故黄帝为姬,炎帝为姜。"③就是说黄帝姓姬,炎帝姓姜,他们分别居住在姬水、姜水。这段话启示我们:(1)黄帝、炎帝不是专指两个人,而更多是指两个部落的存在和发展,从这个意义上讲,炎黄更多是指炎黄时代。(2)氏族林立在炎黄之前就存在,仅就华夏集团来说,华夏族内中有少典与有蟜,两氏族互通婚姻。黄帝、炎帝分别代表两个不同的氏族或部落,他们在自身发展过程中,又融合和分支出了其他氏族。例如,《山海经·大荒北经》记载:"黄帝生苗龙,苗龙生融吾,融吾生弄明,弄明生白犬,白犬有牝牡,是为犬戎,肉食。"④《国语·晋语四》还说:"凡黄帝之子,二十五宗,其得姓者十四人为十二姓:姬、酉、祁、己、滕、箴、任、荀、僖、姞、儇、依是也。唯青阳与苍林同于黄帝,故皆为姬姓。"可见黄帝族是以姬姓为根基的一个大

---

① 参见朱乃诚:《炎黄时代与中国文明的起源和形成》,《信阳师范学院学报》(哲社版)2019年第3期。

② 夏曾佑:《中国古代史》,河北教育出版社2000年版,第18页。

③ (战国)左丘明撰,(三国吴)韦昭注:《国语》,上海古籍出版社2015年版,第235页。

④ 《山海经·大荒北经》,见郑慧生注说:《山海经》,河南大学出版社2008年版,第235页。

部落乃至部族,姬姓之外的这十一姓也可以视为黄帝族在自身发展过程中衍生出的众多分支。与此同时,在这片古老的土地上,还生活着其他不同的氏族和部落。大体上有散布于今陕西、山西、陇东、豫北、河北地区的以炎黄二族为核心的华夏集团,散布于海岱地区以太昊、少昊为核心的东夷集团,以及散布于今湖北、湖南、豫南、江西等地的苗蛮集团。① 这三大集团相遇之后开始互相争斗,此后又和平共处,终结完全同化,才逐渐形成了后来的汉族。

华夏集团的黄帝族与炎帝族经过阪泉之战,逐渐融合在一起,形成了以炎黄二族为主体的华夏集团;后来,华夏集团向东、向南扩张,分别与东夷、苗蛮集团通过战争而相互融合。三大部落集团融合后,以华夏集团为核心凝聚成了最初的华夏族——华夏民族之前身。从其生成过程中的融汇性来看,三大部族集团融合后,华夏族在血缘上并不是某一特定族群的延续,而是形成了一个新族群——由不同姓族血缘关系组成的又以血缘为基础的一个"文化共同体"。自此开始,"华夏民族—汉民族—中华民族"在"滚雪球"式的发展过程中②一直是沿着血缘与文化叠合在一起的道路发展而发展的,只是在这个伟大的民族共同体之中,作为显著的特征,"炎黄"既为核心的血脉基因,亦为核心的文化基因。

炎黄时代的族群大融合,适应了当时社会对外发展的需要,是对原有氏族制度的一种超越,形成了超越亲属部落联盟的新型联合体的雏形,确立黄帝的领导地位,拉开了英雄时代的帷幕。③ 据《史记·五帝本纪》记载,黄帝之时,天下未定,"诸侯相侵伐,暴虐百姓",于是黄帝"修德振兵",先与炎帝战于阪泉之野,"三战,然后得其志";后又"征师诸侯,与蚩尤战于涿鹿之野,遂禽杀蚩尤"。打败炎帝、擒杀蚩尤之后,"诸侯咸尊轩辕为天子",黄帝由此成为"天下共主"。对于战败者,黄帝从不赶尽杀绝,而是以仁爱、宽容之心善待对方。

① 参见徐旭生:《中国古史的传说时代》(增订本),科学出版社1960年版,第3页。
② 参见王震中:《国家认同与中华民族的凝聚》,《红旗文稿》2016年第1期。
③ 参见李际均等:《中国军事通史》第一卷,军事科学出版社2005年版,第34页。

阪泉之战后,黄帝想方设法安抚炎帝族人,"择其优秀和平者,予以官爵以羁之,封之国土以容之,崇其明祀以縻之"①。黄帝采取怀柔策略,通过"予以官爵""封之国土"和"崇其明祀"等举措,让原本兵戎相见的炎黄二族,最终得以化解积怨、消除隔阂,视对方为同族,彻底融合在一起。擒杀蚩尤后,黄帝同样也是采用怀柔策略安抚蚩尤旧部,让他们心悦诚服地归附自己。后世圣王,特别是那些开国明君,纷纷仿效黄帝这一做法。如商灭夏后,商汤"封夏之后"(《史记·夏本纪》);周灭商后,周武王"封纣子武庚、禄父,以续殷祀"(《史记·殷本纪》)。黄帝以战促和,以德报怨,成功推动了中国历史上第一次族群大融合,也开启了中华民族的"共同体"之路。

从炎黄到尧舜,再到夏商周三代,在不断地征伐与融合中,东夷、苗蛮、夏人和商人消失了,他们最终与周人一起融合成为一个新的大族群。这个新族群,其名称依然叫作"华夏"。到了春秋战国之际,中原地区的诸侯都自称是"华夏"之后。"诸夏"之说,即源于此。可见,这一时期的"华夏",已经具有了强大的吸引力与凝聚力。在秦汉建立大一统帝国之前的战国时代,华夏族就与蛮夷戎狄各族迅速融合,从秦汉开始又形成了一个人口众多、文化趋同的汉民族。海纳百川,有容乃大。汉民族在其后的发展过程中,又不断地融合其他民族,直至形成了今天多元一体、休戚与共的中华民族共同体。

第二节　炎黄奠定了"中华民族 共同体意识"的根基

中华民族共同体直接源于华夏族。《尚书·武成》说:"华夏蛮貊,罔不率俾。""夏,大也。故大国曰夏。华夏谓中国也。"夏商周三代以来的华夏民族的主体和核心是来自远古的炎黄部落。阪泉之战后,炎黄结盟;涿鹿之战后,

---

① 王献唐:《炎黄氏族文化考》,青岛出版社 2006 年版,第 34 页。

黄帝"合符釜山""监于万国,万国和",这就说明中华民族从一开始就打上了炎黄的烙印,成为流淌着炎黄文化血液的民族。如果说中华文明源远流长、中华民族根深叶茂的话,那么,炎黄就是中华文明之源、中华民族之根。"故当今预言中国文化,当名为炎、黄文化。欲论中国民族,当名为炎、黄民族"①。

一、炎黄—华夏谱系奠定了中华民族共同体的民族基因

王震中把民族分为"古代民族"与"近代民族"两个范畴,"古代民族"是传统意义上的自然属性的民族,"近代民族"是与近代以来形成的资本主义的民族市场和民族贸易相联系,与"民族国家"(nation-state)相关联。中华民族形成于"古代民族",带有家族和宗族的血缘文化的自然属性。②"在历史上,夏商周各族都以始祖诞生神话和族谱或姓族的形式展开自己的历史记忆,因此族共同体中的血缘色彩是其特征"③。

中国最早的一部国别史著作《国语》,是最早记载炎黄起源、姓氏、世系、事功、祭典且比较可信的典籍。《国语·周语》云:"夫亡者岂繄无宠,皆黄炎之后也。"《国语·晋语四》称"黄帝为姬,炎帝为姜"。关于炎帝的族谱或姓族,《左传·哀公九年》亦称"炎帝为火师,姜姓其后也"。《山海经·海内经》曰:"炎帝之妻,赤水之子听訞生炎居,炎居生节并,节并生戏器,戏器生祝融,祝融降处于江水,生共工,共工生术器,术器首方颠,是复土穰,以处江水。共工生后土,后土生噎鸣,噎鸣生岁十有二。"从这段记载中,炎帝与祝融似乎有衍生关系。春秋时期姜姓人群不仅数量众多,分布也广泛。《国语·周语中》称"齐、许、申、吕由大姜",韦昭注曰:"四国皆姜姓也,四岳之后,大姜之家也。"沈镕注曰:"齐,今山东东北部及直隶南境。许,今河南许昌县。又河南

① 王献唐:《炎黄氏族文化考》,青岛出版社 2006 年版,第 132 页。
② 参见本书第十二章"黄帝与中华文化共同体溯源"。
③ 王震中:《中国古代国家的起源与王权的形成》,中国社会科学出版社 2013 年版,第364 页。

南阳县北有申城,西有吕城,故申、吕国也。"又《国语·周语下》云:"祚四岳
国,命以侯伯,赐姓曰姜,氏曰有吕。谓其能为禹股肱心膂,以养物丰民人
也。"韦昭注曰:"姜,四岳之先,炎帝之姓也。炎帝世衰,其后变易,至四岳有
德,帝复赐祖姓,使绍炎帝之后。"据徐旭生《中国古史的传说时代》与王献唐
《炎黄氏族文化考》考证,炎帝后裔的姓氏,除姜、齐、许、申、吕之外,还有伊、
纪、向、甘、薄、赖等。

司马迁的《史记》,记载了上至上古传说中的黄帝时代,下至汉武帝太初
四年间共3000多年的历史,他不仅把《五帝本纪》作为中国历史之开篇,而且
以黄帝为五帝之首、并从宗族的血缘文化上进行历史叙述。《五帝本纪》云:
"黄帝二十五子,其得姓者十四人。"司马迁此说原出自《国语》。《国语·晋语
四》云:"凡黄帝之子二十五宗,其得姓者十四人,为十二姓。姬、酉、祁、己、
滕、箴、任、荀、僖、姞、儇、依是也。"据《史记·五帝本纪》记载,黄帝的后人有
两大分支:一是黄帝—昌意—颛顼(舜、禹),《世本》曰:"黄帝生昌意,昌意生
颛顼,颛顼生鲧。"《史记·夏本纪》曰:"禹者,黄帝之玄孙而帝颛顼之孙也。"
一是黄帝—玄嚣—蟜极—帝喾(尧、商、周),《史记·五帝本纪》:"帝喾高辛
者,黄帝之曾孙也。高辛父曰蟜极,蟜极父曰玄嚣,玄嚣父曰黄帝。自玄嚣与
蟜极皆不得在位,至高辛即帝位——帝喾溉执中而遍天下,日月所照,风雨所
至,莫不从服。"不仅尧、舜、禹(夏)、商、周为黄帝后裔,就连楚、越、匈奴也被
《史记》纳入黄帝谱系。如"楚之先祖出自帝颛顼高阳"(《楚世家》),"越王勾
践,其先禹之苗裔"(《越王勾践世家》),"匈奴,其先祖夏后氏之苗裔也,曰淳
维"(《匈奴列传》)。郑樵《通志·氏族略》云:"虞有二姓,曰姚曰妫。因姚墟
之生而姓姚,因妫水之居而姓妫。"陈、田、姚等皆出自舜族。禹族姓氏有禹、
夏、党等,楚族姓氏有熊、屈、伍等,尧族姓氏有刘、祁等,商族姓氏有殷、商等。

以上的文献记载充分反映了炎黄在中华姓氏谱系中的源头地位,说明中
华民族是以认同炎黄为血缘始祖,或认同炎黄为人文初祖发展起来的,这种血
缘性的文化认同,是中华民族的一种内在的独特性,也是中华民族具有强大凝

聚力和向心力的精神标识,即"民族成员表现在民族意识上的自觉认同以及这种文化及心理认同的深沉性、继承性和强大性"①。随着社会的发展、民族的进步,具有血缘认同特征的姓氏谱系会赋予新的内容和形式,但民族文化的根脉对于促进民族认同、民族凝聚,依然发挥着十分重要的作用。

二、炎黄时代辉煌创造乃中华民族文明的源头

文明是社会进步的状态,与"野蛮"相对。中国早期的先民们在认识自然、利用并改造自然的物质和精神成果,最早表现为农业文明,因为"农业是整个古代世界的决定性的生产部门"②。炎黄时代是距今 5000 年左右的仰韶文化时期③,仰韶文化遗址证明了中国新石器时期农业文明的发展。炎黄二帝作为炎黄时代的标识或代表,在早期先民关于农耕认识的基础上,进行总结、提升和创造,成为中国农耕文明的开创者。我们可以从先秦及秦汉等典籍记载中找到答案。

如果说语言的产生是"人猿相揖别"的重要标志的话,那么文字的发明及应用则是人类社会文明的标志。恩格斯在《家庭、私有制和国家的起源》中肯定了摩尔根的看法,指出:"由于拼音文字的发明及其应用于文献记录而过渡到文明时代。"④中国文字是一种象形文字,最早发现在刻画于龟甲、骨片和陶器上的符号。郭沫若认为"彩陶上的那些刻符记号,可以肯定地说就是中国文字的起源,或者中国原始文字的孑遗"⑤。从文献的记载看,黄帝遣仓颉造字。《世本·作篇》曰:"黄帝使仓颉作书。"《说文解字》序讲:"黄帝之史仓颉,见鸟兽蹄迒之迹,知分理之可相别异也,初造书契。"

---

① 李禹阶:《华夏民族与国家认同意识的演变》,《历史研究》2011 年第 3 期。
② 《马克思恩格斯选集》第 4 卷,人民出版社 1995 年版,第 149 页。
③ 参见王震中:《三皇五帝传说与中国上古史研究》,载《中国社会科学院历史研究所学刊》第七集,商务印书馆 2011 年版。
④ 《马克思恩格斯选集》第 4 卷,人民出版社 1995 年版,第 22 页。
⑤ 郭沫若:《古代文字之辩证的发展》,《考古》1972 年第 3 期。

　　与农业文明相关联的更多是农耕生产和生活的发明、创造。炎黄在此方面的创造主要有:(1)农作物生产,《管子·形势》曰:"神农教耕,生谷以致民利。"《管子·轻重戊》曰:"神农作,树五谷淇山之阳,九州之民乃知谷食,而天下化之。"《淮南子·修务训》:"古者民茹草饮水,采树木之实,食蠃蟭之肉,时多疾病毒伤之害。于是神农乃始教民播种五谷,相土地,宜燥湿、肥墝高下。"《国语·鲁语》曰:"黄帝能成命百物,以明民共财。"(2)农业工具,一是耒耜的发明和使用。《周易·系辞》云:"包牺氏没,神农氏作,斫木为耜,揉木为耒,耒耨之利,以教天下。"《逸周书·尝麦解》曰:"(神农)破木为耒耜锄耨,以垦草芥,然后五谷兴。"《周易·系辞下》曰:黄帝"断木为杵,掘地为臼,臼杵之利,万民以济"。耒耜的发明提高了古代先民们的耕作效率,体现了先民们利用创造物服务生产的思想。二是陶冶技术。《皇王大纪》曰:神农"作为陶冶,合土范金";《事物纪原》曰:"陶冶于炎帝民矣。"在烧制高温陶器的过程中,黄帝进一步尝试冶铜。《史记·封禅书》曰:"黄帝采首山铜,铸鼎于荆山下。"(3)人们的社会生活,体现在衣食住行和社会组织方式上的新发展。《新语·道基》曰:"天下人民,野居穴处,未有室屋,则与禽兽同域。丁是黄帝乃伐木构材,筑作宫室,上栋下宇,以避风雨。"《周易·系辞下》曰:"黄帝、尧、舜垂衣裳而天下治。"《世本·作篇》云:"黄帝造火食。"《管子·轻重戊》曰:"黄帝作,钻燧生火,以熟荤臊,民食之,无肠胃之病,民食之,无兹胃之病,而天下化之。"《帝王世纪》曰:炎帝神农氏"尝味草木,宜药疗疾,救夭伤之命,百姓日用而不知,著《本草》四卷"。《周易·系辞下》曰:黄帝"刳木为舟,剡木为辑,舟楫之利,以济不通,致远以利天下"。(4)社会管理,《淮南子·主术训》曰:神农之治天下"怀其仁诚之心""养民以公""因天地之资,而与之和同"。《尚书大传·略说》曰:黄帝"礼文法,兴事创业"。《史记·五帝本纪》曰:黄帝"官名皆以云命,为云师。置左右大监,监于万国",等等。总之,炎黄时期的发明创造是方方面面的,是我国农业文明早期发展的集大成者,是中国早期的先民们摆脱原始"野蛮"的见证。

第三节　炎黄确立了中华文明民族
凝聚力的精神内核

一、炎黄确立了中华民族凝聚力的精神内核

费孝通先生提出了中华民族多元一体格局的理论,并将中华民族的形成、发展分三步。第一步是华夏族团的形成,第二步是汉族的形成,第三步是"两个统一体的汇合才是中华民族作为一个民族实体进一步的完成"①。作为中华民族共同体第一步的华夏族团的形成则是开创性的一步。朱乃诚先生对此又进行细分,认为这种多元一体最早体现为:先是小区域内没有"王权"的部落氏族,而后是产生初具"王权"而缺乏有序管理机构,仍然是小区域特色的"古王部族",最终形成以华夏或中原为核心融合四方各部族文化特色的华夏民族。② 炎黄时代正是这一阶段的体现,从这个意义上讲,炎黄开启了中华民族命运共同体之门。炎黄为什么能成为华夏族这一中华民族源头的标识,根本原因是炎黄所具有的内在精神。霍彦儒认为:炎黄二帝在其缔造中华民族、创建中华文化和中华文明的过程中,逐渐形成了一种精神——炎黄精神,并将炎黄精神定义为,"就是以炎帝为首的姜炎族和以黄帝为首的姬黄族及其后裔在与自然和社会斗争中,在摆脱愚昧和野蛮、追求先进和文明的过程中,逐渐形成的实干、创新、务实、进取、和合、献身等伟大精神"③。在这种精神的指导、激励和驱使下,炎黄部族不断发展壮大,但真正促使炎黄部落联盟走向华夏族的共同体根本内核是炎黄文化的凝聚力,主要表现为共襄和合精神。

---

① 费孝通:《中华民族多元一体格局》,中央民族大学出版社 1989 年版,第 5 页。
② 参见朱乃诚:《炎黄时代与中国文明的起源和形成》,《信阳师范学院学报》(哲社版) 2019 年第 3 期。
③ 霍彦儒:《试论炎黄精神及其当代价值》,《信阳师范学院学报》(哲社版) 2018 年第 3 期。

共襄就是合作、互助。所谓襄,解衣而耕谓之襄。主要意思有帮助、辅佐,引申义为相辅相助,使事情办成功。"和合"是中华民族先贤在实践中孕育的智慧,具有丰富的内容。就词义本身而言,"和"指和谐、和平、祥和,"合"是结合、合作、融合。"和合"是实现"和谐"的途径,也是人类孜孜以求的自然、社会、人际、身心、文明中诸多元素之间的理想关系状态;但"和合"更是蕴含了融合发展的理念,所谓"和实生物,同则不继"。

共襄和合精神体现在炎黄为民担当的情怀上。炎帝作为姜炎部族的首领,坚持"与民并耕而食";坚持公心待人,《越绝书·外传枕中》载:"昔者神农之治天下也,务利之而已矣。不望其报,不贪天下之财,而天下共富之。天下共尊之。所以,其智能自贵于人。"为了提高生产、减轻辛劳、改善人们的生活,进行了许多发明创造。史传炎帝发明了耒耜、粟谷、医药、市场、纺织、琴瑟,等等。黄帝除了与炎帝一样与民共甘苦、进行发明创造外,注重社会管理,善于集思广益,发挥团队的智慧和力量。例如,《尚书大传·略说》载:"黄帝始……礼文法度,兴事创业。"《白虎通义》载:"黄帝始作制度,得其中和,万世长存。"史书记载,黄帝与其臣子的发明创造达二三十种之多。

共襄和合精神体现在战争促进"和合"的过程中。战争是手段,"和合"才是目的。"和合"是指多种并存的、矛盾的,甚至是对立的事物处于一种协调和融合、统一与发展的状态。这里的"和合"是指不同氏族之间的和平合作、融合为多元一体格局。这是因为炎黄时代是氏族林立、大动荡的时代,除了炎黄外,还有东夷集团、苗蛮集团诸多氏族。根据《史记·五帝本纪》正义引《龙鱼河图》记载,"诸侯相侵伐",百姓苦难,而"神农氏世衰","弗能征"。蚩尤是"造立兵仗刀戟大弩,威振天下,诛杀无道,不慈仁"。于是,黄帝"修德振兵","与炎帝战于阪泉之野","与蚩尤战于涿鹿之野"。黄帝通过与炎帝和蚩尤的战争,终于形成了"诸侯咸尊黄帝为天子"的局面,实现了天下的第一次融合、统一。而成为"天下共主"的黄帝,并未对战败者赶尽杀绝,而是表现出一种宽容博大的胸怀和气度,"抚万民,度四方"。这说明中华民族早期的大融合奠定了多元一体的民族格局,也孕育了"和合"的中华文化。

共襄和合精神体现为对不同族群文化的包容。不同的氏族有不同的文化或精神标识,黄帝在形成"诸侯咸尊黄帝为天子"的局面后,通过与其他部族的"和合",实现民族新的融合发展。比如,对炎帝部落,与其结盟和通婚联姻。《国语·晋语》曰:"黄帝以姬水成,炎帝以姜水成,成而异德,故黄帝为姬,炎帝为姜,二帝用师以相济也,异德之故也。"有人解释"黄帝与炎帝两族互为婚姻,是姻亲部落,是相亲近合作的两族",是相互帮助又相互竞争的两族。① 对待蚩尤部落,在擒杀蚩尤后,黄帝遂画蚩尤形象以威天下,八方殄服。②

共襄和合精神体现在图腾综合中。图腾是一个群体的象征,最早起源于原始民族对大自然的崇拜,后演变为一种具有团结群体、维系社会组织和互相区别的文化现象。民间传说,中华民族是龙的传人,而龙是黄帝(大龙)综合各部落图腾(小龙)而成的图腾象征。其实在我国古代氏族发展中,各氏族均有不同的图腾,《列子·黄帝》曰:"黄帝与炎帝战于阪泉之野,帅熊、罴、狼、豹、貙、虎为前驱,雕、鹖、鹰、鸢为旗帜",少昊部落以鸟为图腾等。所以,大龙身上既有鹿之角、牛之头、虾之须,也有小龙的身子,即朱雀的爪子,浑身长满鱼之鳞,是一个各部落图腾的合和体。③

正是炎帝、黄帝的这种共襄和合精神,使炎帝部族、黄帝部族不断发展壮大,在与其他部族战争、融合发展后,实现"合符釜山"会盟天下、"万国和",一举奠定了华夏族共同体的基础。华夏特有的"天下"观念涵盖了早期华夏国家和民族认同的一致性,反映了华夏民族共同体所特有的宗族与民族同构合

---

① 参见刘起纡:《炎黄二帝时代地望考》,载王俊义主编:《炎黄文化研究》第一辑,大象出版社 2004 年版。
② 参见李昉等:《太平御览》卷七九引《龙鱼河图》,中华书局 1960 年版。
③ 参见李秀芳、肖云儒:《中华传统文化的精神母题和人格模型》,载郑杰祥主编:《炎黄汇典·文论卷》,吉林文史出版社 2002 年版,第 587 页。

一的现象①,这正说明了炎黄文化在中华民族命运共同体中具有不同于西方民族的独特价值。

二、"炎黄—中华传统文化"乃中华民族凝聚力之所在

在中华民族形成和发展过程中,与中华民族共同体意识相联系的中华民族的凝聚力究竟是什么? 王震中教授提出:中华民族的凝聚力可概括为三种认同与三种情怀:即中华文化认同与乡土情怀、国家认同与家国情怀、全国各族平等互惠的民族关系的认同与各民族兄弟般感情之情怀。这三种认同与三种情怀分属于文化、国家、民族关系三个层面,它们既适用于古代中国,也适合于当代。在这里,我们仅就中华文化认同与乡土情怀而言,它可以追溯到炎黄文化。

炎黄文化是"祖根文化",是中华传统文化的"龙头文化"。在 20 世纪 70 年代末 80 年代初,随着改革开放的到来,海内外华人兴起了"寻根热",而且至今经久不衰。张新斌先生把它概括为"文化寻根与族群寻根"②,这一概括是精准的。"寻根热"与炎黄文化作为中华传统文化的龙头文化有着天然的联系。这种天然联系表现为:(1)炎黄乃中华民族的人文初祖;(2)独具特色的中华姓氏文化的源头在炎黄时代;(3)广义的炎黄文化即指中华儿女所创造的中华传统文化。

中华文明连续不断 5000 多年,是世界文明古国中唯一延续至今的。在历史的长河中,我们的国家经过无数次的政治风云变幻,经历了惊涛骇浪中的生死沉浮,始终存在着坚如磐石的文明纽带和不可摧折、不可磨灭的精神维系,这就是以炎黄为龙头、为祖根的中华文化。时代变迁,文化也在变化,但文化乃民族的血脉是不变的。中华文化历久弥新,伴随着中华民族的形成和发展,

---

① 参见李禹阶:《华夏民族与国家认同意识的演变》,《历史研究》2011 年第 3 期。
② 张新斌:《寻根文化热潮的三大特征及发展态势》,《中原文化研究》2015 年第 4 期。

它经历了古代中华文化、近代中华文化和当代中华文化的演变,每个阶段、每种形态的中华文化都在当时发挥着培育中华儿女共同的心理素质、凝聚人心、传承文明的作用。

在中华文化的培育和熏陶下,即使离开家乡的中华儿女,无论走到哪里,无论是在国内还是国外,乡土情怀、思乡情结都根深叶茂。改革开放以来全球华人慎终追远、祭拜祖先的"寻根热"就是这样一种表现。我们经常看到,一个有乡土情怀的人,只要有能力,总是要为家乡做些事情,为家乡的建设和发展出力。这种对中华文化的认同和乡土情怀,就是发自内心深处的中华民族凝聚力的具体表现。党的十八大以来,以习近平同志为核心的党中央继承和发展邓小平爱国统一战线思想,用"实现中华民族伟大复兴的中国梦"作为团结海内外中华儿女的最大公约数的新理念,将过去以社会主义、爱国主义的政治认同,发展到以中华民族伟大复兴中国梦的文化认同。习近平总书记在2015年会见基层民族团结优秀代表时明确提出"中华民族命运共同体"的概念,并指出"我国56个民族都是中华民族大家庭的平等一员,共同构成了你中有我、我中有你、谁也离不开谁的中华民族命运共同体"①。中华民族命运共同体源于炎黄时代所奠定的华夏民族和孕育的炎黄文化,因此,我们弘扬炎黄文化、培育炎黄学,其对中华民族命运共同体的价值也体现在中华民族凝聚力方面。

---

① 习近平:《中华民族一家亲　同心共筑中国梦》,《人民日报》2015年10月1日。

第十五章　炎黄精神及其当代价值

　　炎黄二帝在缔造中华民族、创建中华文化和中华文明的过程中,逐渐形成了炎黄精神。这种精神,既是中华民族自立于世界民族之林的一面旗帜,又是中华文化和中华文明传承发展、与时俱进的不竭动力,同时为中华民族精神的形成,孕育了最基础的"基因"。这种发端于上古、绵延数千年的炎黄精神,已成为不同时期、不同地域人们共有的一种民族精神和力量源泉,成为今天社会主义核心价值观和构建中华民族精神家园的重要内容,是"铸牢中华民族共同体意识"的重要基石,其创造创新精神在今天新时代仍然具有积极意义和强大生命力,为丰富今天"以爱国主义为核心的民族精神和以改革创新为核心的时代精神"[1]提供了有益基础,具有重大的价值。

第一节　炎黄精神的内涵

　　所谓"精神",从字义理解,精是指精华、精粹、精髓,神是指神采、神灵、神韵,精神是指事物的精髓、神韵。[2] 据《辞海》解释,从哲学含义理解,精神是相

---

　　① 习近平:《在庆祝中国共产党成立95周年大会上的讲话》,人民出版社2016年版,第13页。
　　② 参见鲁谆:《试谈炎黄精神》,载王俊义主编:《炎黄文化研究》第八辑,大象出版社2008年版,第31页。

对于物质而言,指人的内心世界现象,包括思维、意志、情感等有意识的方面,也包括其他心理活动和无意识的方面。合两者为一体,整合哲学与心理学的含义,"精神"还有"政治社会学"的引申概念:即将某种价值观念、世界观加以精炼提升,准确概括,并通过激发人们的积极心理状态,进行宣传教育,以期在社会实践中充分发挥其作用。如雷锋精神、焦裕禄精神、白求恩精神等,常常用人物或专有名词来命名,作为这种"精神"的概括或标识。

所谓炎黄精神,就是以炎帝为首的姜炎族和以黄帝为首的姬黄族及其后裔在与自然和社会斗争中,在摆脱愚昧和野蛮、追求先进和文明的过程中,逐渐形成的实干、创新、务实、进取、和合、献身等伟大精神。这种精神既是炎黄时代的时代精神,也是中华原始先民所共有的精神。

从文献记载和传说看,炎黄二帝对中华民族的伟大贡献是多方面的,而他们在作出这些重大贡献的实践中所逐渐形成和表现出来的伟大精神也是极其丰富的。概括起来讲,炎黄精神主要表现在如下六个方面。

一、敢为人先的实干实践精神

炎帝作为姜炎部族的首领,其实干实践精神是"与民并耕而食",即与他的族民们一样,上山狩猎,下田耕种。在生产实践中,在与自然界的斗争中,日积月累,逐渐认识,不断总结,以自己的聪明才智,发明创造了丰富的物质文明和精神文明。而这些发明创造,都是他敢为人先的大胆探索、反复实践的结果。《左传·昭公十七年》载炎帝"火师"而"火名",他不仅善于利用火蒸煮食物,以化腥臊,防治疾病,而且他还善于把火推广应用到农耕生产方面,刀耕火种,即用火烧荒,开垦土地。这种"刀耕火种"的农耕技术,就是他在与自然界的长期较量中,农耕生产的实践中,逐渐认识、总结出来的。又如,粟谷的发现,医药的发明,都是他长期驯化、遍尝百草的结果。炎帝的实干实践精神还不仅仅在于他的亲身参与,而更重要的在于他的敢为人先。也就是说,炎帝所实践的领域,都是他人未能或未敢闯入的"禁区"。尝百草就是一例。

黄帝与炎帝一样,也是一位敢为人先的有为者、实干者实践者。他敢为人先的实干实践的精神主要体现在他与族民们进行的一系列的发明创造。《鬻子》说:"黄帝十岁,知神农之非而改其政。"说明黄帝从小就树立了要发展社会、治理天下、建功立业的远大志向。等到长大,他看到各个部落生产能力低下,族民生活困难,相互抢劫,争斗不断,便立下建立联盟、统一天下、让百姓安居乐业之大志,于是,他首先从自身做起,推行德治,又通过征伐,与炎帝族和蚩尤族联盟。黄帝所有的发明创造和煌煌功绩,都来自他敢为人先的实干和实践。正是在他利民利族的实干精神和敢为人先的实践精神感召和带动下,他身边的臣子也都有发明创造,如羲和占日、常仪占月、臾区观星、伶伦律吕、仓颉造字、史皇作图,等等。由于黄帝有多方面想干事、干实事、干大事的有为的团队和人物,因而为中华文明的产生和发展作出了重大贡献。也正是黄帝及其臣子的这种利民利族的实干和身体力行的实践精神,创造了黄帝的盛世时代。

《淮南子·览冥训》载:

> 昔者黄帝治天下,而力牧、太山稽辅之,以治日月之行,律治阴阳之气;节四时之度,正律历之数;别男女,异雌雄;明上下,等贵贱;使强不掩弱,众不暴寡;人民保命而不夭,岁时孰而不凶;百官正而无私,上下调而无尤;法令明而不暗,辅佐公而不阿;田者不侵畔,渔者不争隈;道不拾遗,市不豫贾;城郭不关,邑无盗贼;鄙旅之人,相让以财;狗彘吐菽粟于路,而无忿争之心。于是日月精明,星辰不失其行;风雨时节,五谷登孰;虎狼不妄噬,鸷鸟不妄博,凤皇翔于庭,麒麟游于郊;青龙进驾,飞黄伏皂;诸北、儋耳之国,莫不献其贡职……

上面的描述,未必是黄帝时代的真实写照,可能为作者所想象和向往的理想社会。但从中也不难看到,黄帝统一天下后,由于他与其臣子的实干而使社会有了很大进步,族民们过着定居的农耕生活确是不争的事实。这也被大量出土的仰韶文化中晚期的各类文化遗存所证明。有为才有位,实干才被尊。

正因为黄帝敢为人先的实干实践精神,才受到族民们的拥戴,"诸侯咸归黄帝",尊黄帝为天子。

二、百折不挠的创造创新精神

创造创新是炎黄时代的主旋律。

史传炎帝发明了耒耜、粟谷、医药、市场、纺织、琴瑟,等等。但这些发明创造不可能是一朝一夕所能完成的,其中需要经过多少次的失败,经受多少回的挫折才能成功,不难想象。更何况是在那样简陋的条件之下,其艰难程度也就不言而喻了。《淮南子·修务训》记载炎帝发明医药,"一日而遇七十毒","百死百生";《周易·系辞下》记载炎帝发明耒耜,"斫木为耜,揉木为耒";《新论·琴道》记载炎帝发明琴弦,"上观法于天,下观法于地";《世本》记载炎帝"削桐为琴,练丝为弦";等等。从这些记载里,我们可以清楚地看到,炎帝为了发明创造这些东西,付出了多少艰辛的劳动,甚至不惜牺牲生命。正是他的这种百折不挠、坚忍不拔的创造、创新精神,才使他在创业实践中敢为人先,大胆探索,不怕挫折和失败,为中华文明的产生和发展,作出了卓越的贡献。

黄帝不仅是一位卓越的政治领导人物,而且是一位杰出的科技发明者、创造者。据史书记载,黄帝与其臣子的发明创造达二三十种之多,不仅涉及人们日常生活衣食住行等方面,而且涉及"国家"制度等多个方面。《尚书大传·略说》载:"黄帝始……礼文法度,兴事创业。"《白虎通义》载:"黄帝始作制度,得其中和,万世长存。"又说:"黄帝始制法度,得道之中,万世不易。"这里都是说,黄帝是法度的创造者、发明者。孔颖达在《礼记·正义》中依据古史传说和纬书残篇详细论述了五礼产生的时代和经过。其中在讲到礼起源时说:"礼有三起,礼理起于太一,礼事起于燧皇,礼名起于皇(黄)帝。"孔氏认为,黄帝之前有"礼理""礼事",但没有形成"礼名",黄帝时代才有了"礼"之名,肯定了黄帝对制度文明的创造。《云笈七签》卷二说:"三皇之后,而有轩辕黄帝……黄帝以来,始有君臣父子,尊卑一别,贵贱有殊。"《玉海》卷一○二引《通历》说："黄帝兴封禅之礼。"说明中华礼仪文化形成于黄帝时代。黄帝对制度文明的创建,还反映在创嫁娶制度和创丧葬制度等方面。这些创造发明,不仅反映了黄帝是一位具有大智慧的人,聪明超群,才能出众,勇于探索,善于思考,而且反映了黄帝善于集思广益,发挥团队的智慧和力量。所以我们说,黄帝的创造精神也是与其大智大勇、百折不挠分不开的。这种精神是中华民族的传统品格。正是这种大智大勇、百折不挠的创造创新精神,才使中华民族一步步走到今天,而且愈走愈强。

三、造福于民的求真务实精神

不管是炎黄二帝的实干实践精神,还是炎黄二帝的创造创新精神,归结到一点,都是与他们脚踏实地、造福于民的求真务实精神分不开的。

炎帝的求真务实精神,就是一切以氏族、部落的利益为最高利益,以为全体氏族、部落成员谋福利为其出发点和归宿。考察炎黄二帝的发明创造,无不与氏族、部落的前途命运攸关,与族民们的生死存亡相联系。炎帝发明耒耜,是为了提高农耕生产水平,解决族民们吃饭穿衣问题;发明"日中为市",搞物物交换,为了便利族民们的生产生活,促进经济发展;发明琴弦,是为了丰富族民们的精神文化生活,并以乐舞和谐族民们之间的关系,加强姜炎、姬黄部族的团结。

黄帝元妃嫘祖发明养蚕缫丝,是为了改善族民们的服饰衣着;发明房屋宫室,是为了改善族民们的居住条件;发明舟车,是为了族民们便于"引重致远",行走天下;黄帝臣子仓颉作书(文字),是为了族民们便于相互交流和记事;等等。因为炎黄二帝的每一项发明创造,都与族民们的生产生活息息相关,急族民之所急,想族民之所想,诚心诚意地为族民谋利益,实实在在地为族民办实事,所以,被族民推举为首领。后世人们赞誉炎帝为"火神""太阳之神""农业之神""医药之神",尊炎黄二帝为"人文初祖",嫘祖为"蚕神",仓颉为"造字圣人"等,自称自己为"炎黄子孙"。

四、自强不息的开拓进取精神

除上面所说的三种精神外,自强不息的开拓进取精神,也是炎黄二帝创业精神的重要内容。

炎帝自强不息的开拓进取精神,不仅体现在他所作出的众多贡献上,而且还体现在他为中华民族始兴和统一所作出的不懈努力上。为了姜炎部族的生存、繁衍和壮大,他在其生息之地姜水之畔建聚落,使族民们过上定居生活;随着氏族人口的增长,炎帝又带领姜氏族民迁徙四方,开拓新的生活之地。涿鹿、阪泉之战后,炎帝虽则失利,但他并不因此而退却、气馁,除一部分族民继续留居中原、晋东南等地,与黄帝联盟,共同开发黄河中下游地区外,又带领一支族民,迁徙于江汉及衡湘地区,建立新的生活、生产区,并把以农耕为主要内容的姜炎文化传播到迁徙之地,与当地土著族民共同发展姜炎文化,从而使姜炎文化辐射中华大地,成为中华文明的源头之一,与黄帝文化,共同构成炎黄文化,连绵数千载而不衰。

黄帝的开拓进取精神,主要体现在不满足于局促的生活环境,为部落、部族发展不断开辟新的生存空间和领地。根据《国语·晋语》记载,黄帝与炎帝早期共同生活于渭河中上游地区,而随着部落的发展壮大,带领族民迁往四方各地,东到东海,西至甘青,南越长江,北达晋冀北部,地域相当于现在的大半个中国。《史记·五帝本纪》记载黄帝"迁徙往来无常处,以师兵为营卫。""天下有不顺者,黄帝从而征之,平者去之,披山通道,未尝宁居。"正是因为黄帝这种不满足现状,奋斗不止、勇往直前的开拓精神,才使华夏族有了不断发展壮大的生存空间,像滚雪球一样越滚越大,才有了今天拥有14亿多人口的大国,也才有了广袤无垠的960多万平方公里的国土。追溯其源头,就是来源于黄帝。

五、崇德尚仁的共襄和合精神

和合就是和平、和谐。炎黄二帝的共襄和合精神,就是说炎黄二帝在其各项社会活动中,在处理族与族、人与人、人与自然等之间关系时所表现出的胸怀若谷、包容宽厚、相互协作的品德。

《越绝书·外传枕中》载:"昔者神农之治天下也,务利之而已矣。不望其报,不贪天下之财,而天下共富之。所以,其智能自贵于人,天下共尊之。"因炎帝在治理天下时,能秉公办事,不求回报,不贪天下之财,"身自耕,妻亲织,以为天下先",所以,族民们都拥戴他,"共尊之"。而另一方面,炎帝在治理天下时,还能"怀任诚之心……养民以公",所以,《淮南子·主术训》称:"其民朴重端悫,不忿争而财足,不劳形而功成,因天地之资,而与之合同。"因炎帝能以"仁诚之心"对待族民们,能把"养民"当作为部落的公事,所以,大家面对财物没有纷争,互相谦让,彼此襄助,因而财物很丰足,不劳顿身心,而能取得成功,因有天地的帮助,建立起人与人、人与自然之间的"合同"关系。因而,《淮南子·齐俗训》称炎帝时代是"衣食饶溢,奸邪不生;安乐无事,而天下均平",社会公平和谐,族民团结友爱。

黄帝的共襄和合精神主要体现在四个方面:

一是以战争促和。战争既是流血的征服,同时也是流血的文化交流。中华民族早期的大融合,就是通过战争而实现的。黄帝当时所处时代是一个大动荡、大重合的时代。根据《史记·五帝本纪》正义引《龙鱼河图》记载,"诸侯相侵伐",百姓苦难,而"神农氏世衰","弗能征"。蚩尤是"造立兵仗刀戟大弩,威振天下,诛杀无道,不慈仁","作乱,不用帝命"。于是,黄帝"修德振兵","与炎帝战于阪泉之野","与蚩尤战于涿鹿之野"。黄帝通过与炎帝和蚩尤的战争,终于形成了"诸侯咸尊黄帝为天子"的局面,实现了天下的第一次融合、统一。而成为"天下共主"的黄帝,并未对战败者赶尽杀绝,而是表现出一种宽容博大的胸怀和气度,"抚万民,度四方",即"东至于海,登丸山,及岱宗。西至于空桐,登鸡头。南至于江,登熊、湘。北逐荤粥,合符釜山,而邑于涿鹿之阿。"所到之处,"治五气,蓺五种",即顺应天时地理,"时播百谷草木,淳化鸟兽虫蛾",继承、推广炎帝重稼穑、善农耕的传统,促进了黄河流域游牧经济向农耕经济的转变和发展。并通过"官名皆以云命,为云师,置左右大监,监万国",促进了"万国和"。使黄河流域各部落相融合,走向联盟、统一的局面。

二是黄帝的共襄和合精神还反映在以分封促社会和合方面。据《国语·晋语》记载,黄帝有子二十五宗,只有两姓与黄帝同姓姬。据《路史·国名纪》记载,黄帝不论异同,封其子孙约七十国,分布于今天的河南、河北、山西、山东、陕西、安徽、广东、四川、湖北、江苏、内蒙古、青海等地。通过分封子孙,治理各地,不仅进一步巩固了和合的统一局面,而且奠定了中华古国最早之版图和以后中华民族之雏形。以后一些少数民族如西藏之羌、回族之安息、苗黎族之禺号、蒙古族之匈奴、东胡族之鲜卑等,据史学家考证,也自称为黄帝子孙而繁衍发展所形成。①

三是黄帝的共襄和合精神还体现在图腾综合中。民间传说,中华民族是龙的传人,而龙是黄帝(大龙)综合各部落图腾(小龙)而成的图腾象征——龙。所以,大龙身上既有鹿之角、牛之头、虾之须,也有小龙的影子,即朱雀的爪子,浑身长满鱼之鳞,一个各部落图腾的合和体。②

四是黄帝的共襄和合精神还体现在他善于团结各类人才,协作共同做事。据有关文献记载,黄帝有近两百个辅佐自己的臣子,他们组成政治、科技等不同团队,而黄帝都能将他们团结在自己周围,"咸尊轩辕为天子",服从黄帝的调遣和管理。

炎黄二帝的共襄和合精神是与他们的"崇德""尚仁"品格分不开的。《淮南子·道应训》:"昔宿沙之民,皆自攻其君而归神农。"说明炎帝是善于团结、襄助其他氏族,所以,宿沙族民才离开本族首领,而归顺炎帝族。贾谊《新

---

① 参见李秀芳、肖云儒:《中华传统文化的精神母题和人格模型》,载郑杰祥主编:《炎黄汇典·文论卷》,吉林文史出版社2002年版,第587页。

② 参见李秀芳、肖云儒:《中华传统文化的精神母题和人格模型》,载郑杰祥主编:《炎黄汇典·文论卷》,吉林文史出版社2002年版,第587页。

书·修政语上》载:"黄帝职道义,经天地,纪人伦,序万物,以信与仁为天下先。"意思是说,黄帝把行道义作为职责,取法天地,建立人伦关系,排列好万物,首先在天下实践诚信和仁义。《韩诗外传》卷八载:"黄帝即位,施惠承天,一道修德,惟仁是行,宇内和平。"说明黄帝统一天下,做了天子后,给百姓以实惠,注重德治,施行仁爱,达到了"宇内和平"。黄帝对其"敌人"也不是要杀便杀,而是"以仁义不能禁止蚩尤"后,"乃长天而叹",在"万民欲令"下,才不得已"行天子事",擒杀蚩尤。"蚩尤没后,天下复扰乱",而黄帝没有像杀蚩尤一样去对待蚩尤族的其他成员,而是如《史记·五帝本纪》正义引《龙鱼河图》所记"遂画蚩尤形象以威天下,天下咸谓蚩尤不死,八方万邦皆为弭服"。说明黄帝共襄和合精神是与"德治""仁义"紧紧连在一起的。为此,我们可以说炎黄时代是中华民族德治、仁义思想的开端。

我们说,正是炎帝、黄帝的这种共襄和合精神,使炎帝部族、黄帝部族和蚩尤部族,形成了华夏联盟集团,开创了中国历史上第一个和谐社会,为形成华夏族(汉民族前身)乃至中华民族,建立"大一统"国家奠定了基础。

六、无私无畏的奉献献身精神

我们知道,炎黄所处的时代,是中国原始社会由母权制到父权制,由新石器时代中期到新石器时代晚期,由蒙昧、野蛮到文明的转折时期。历史每前进一步,都要经受血与火的考验、付出惨重的代价。炎帝以及我们的原始先民要开创完成这一划时代的转变,要跨越这个历史的门槛,而进入到一个新的时代、新的生活天地,不难想象,他们要付出多么巨大的代价,甚至不惜付出生命。更何况,我们的原始先民,从衣食来源来说,"食草木之实,鸟兽之肉;饮其血,茹其毛","衣其羽皮","未有火化","时多疾病毒伤之害";从居住环境来说,"冬则居其营窟,夏则居其橧巢","与麋鹿共处";从生产手段来说,生产工具极其简陋,使用的是粗制的石器和骨器。险恶多变的自然环境,无法科学认识和控制的天灾人祸,时时都在压迫、威胁着先民的生存和安全。但是,从前文所说的炎帝、黄帝的创业来看,面对如此凶悍强大的自然遭遇,以炎帝为首的姜炎族和以黄帝为首的姬黄族,没有退却,没有屈服,而是以坚忍不拔、顽强拼搏、自强不息的无私而无畏的奉献献身精神,以超人的智慧和才能,一步一步艰难地创造着人类的先进文明,改造着自己的生存环境和生活条件,推动着历史车轮的前进。最能说明炎帝无私而无畏的献身精神的是典籍中记载的,炎帝为了发明医药,亲尝百草,"一日而遇七十毒","一日百死百生"。民间传说,炎帝在辨尝百草中,误食了一种毒性极强的草——断肠草而死。这个传说虽有很大的附会性,但有一点是可以肯定的,他的"死"是与救死扶伤,创造人类先进文化、文明分不开的。联系到炎帝建立的多方面历史功绩,这种"死"不正是他创业和献身精神的真实写照吗?

据文献传说,黄帝将自己的一生全部奉献给了自己的部落、部族和族民。黄帝曾周游天下,其目的是为部落找到一处适宜的居住环境。在游历中,他学习各地先进的耕作和制陶等技术,并将这些生产知识和技术带回部落,发展本族的农耕生产和手工业生产。还有传说,黄帝为了与炎帝族搞好关系,当黄帝听说九黎族人抢走了炎帝族谷种,而炎帝却怀疑这是自己族人干的事情后,他将自己的母亲作为人质,不顾身家性命,去追赶抢谷种的九黎族人。炎帝知道后,与黄帝族重新和好。黄帝时代虽是实行对偶婚制,但在一些偏僻地方还存在着抢娶漂亮女子的习俗。黄帝为了大家和睦相处,禁绝此类事情发生,便率先垂范,娶了丑女嫫母为妻,树立了重德重情的婚姻观。还有文献传说,当黄帝打败了蚩尤、炎帝后,他不是急于祝贺其取得的功绩,而是考虑如何安置因战争而使蚩尤族那些无家可归的人,组织他们发展农耕生产和手工业,其精神感动了蚕神和大地,蚕神为他献丝,"乃称织维之功";大地为他献草木,"述耕种之利,因之以广耕种"。等到社会稳定,族民安居乐业后,他又开始寻求新的家园和治国之道,"披山开道,未尝宁居","迁徙往来无常处"。① 可以说,

---

① 参见李秀芳、肖云儒:《中华传统文化的精神母题和人格模型》,载郑杰祥主编:《炎黄汇典·文论卷》,吉林文史出版社 2002 年版,第 588 页。

黄帝的一生,既是开拓、创造的一生,也是奋斗、奉献的一生,"鞠躬尽瘁,死而后已"。这是黄帝无私无畏的奉献精神的真实写照。

总之,炎黄在其创业活动中所表现出来的精神内涵是极其丰富的。正是这种伟大的实干实践、创造创新、求真务实、开拓进取、共襄和合、奉献献身的精神,才使炎黄二帝创造出一个个人间奇迹,为中华民族留下了宝贵的物质财富和精神财富,成为今天中华民族精神形成的重要源头,构成了传承千年的中华民族优秀传统品格的丰富内涵。

第二节　炎黄精神的当代价值

炎黄精神,作为一种优秀的文化传统,随着中华民族的形成、发展和壮大,其内涵在不断地丰富和深化,塑造了中华民族的人文品格,升华为中华民族的民族精神和价值追求,成为渗透于中国政治、法律、文学和人们的人生观、价值观及道德观等领域的精神元素,并代代流传,积淀而成为中华民族的优秀传统和稳定的心理素质,这是中华儿女智慧和精神力量的源泉。不论是古代的四大发明、周秦帝业、汉唐鼎盛,还是近代以来无数次地抵御列强侵略、抗击自然灾害,等等,我们无不看到炎黄精神的存在,看到炎黄精神在凝聚中华民族、实现民族伟大复兴中国梦和推进中华文明发展征程中所起的强大的感召和激励作用。

今天,我们所处的时代,虽则与炎黄生活的时代有天壤之别,发生了翻天覆地的变化,但炎黄精神作为一种升华了的民族精神和价值追求,在我们今天仍有着很强的现实性,应该继续发扬光大。正如习近平所说:"中华文明源远流长,蕴育了中华民族的宝贵精神品格,培育了中国人民的崇高价值追求。自强不息、厚德载物的思想,支撑着中华民族生生不息、薪火相传,今天依然是我们推进改革开放和社会主义现代化建设的强大精神力量。"[①]因而,我们今天缅怀炎

---

① 《习近平谈治国理政》,外文出版社 2014 年版,第 158 页。

黄二帝,光大炎黄精神,就有着更为重要的现实意义和深远的历史意义。

一、炎黄精神构成了中华民族精神的丰富内涵

首先,从中华民族精神的形成、发展来看,炎黄精神不仅是中华民族精神形成和发展的源头,而且构成了中华民族精神的丰富内涵。张岱年先生说:"关于中华民族的民族精神,我提出一项见解,认为《周易大传》的两句话'自强不息'、'厚德载物'是民族精神的集中表述……自强不息的哲学基础是重视人格的'以人为本'的思想,厚德载物的哲学基础是重视整体的'以和为贵'理论。"并说:"炎黄二帝致力于发明创造以造福于人民,正是'自强不息'、'厚德载物'的形象。"[①]张岂之先生说:"什么是炎黄精神? 一句话,这就是人文精神。""人文精神可以称之为'以人为本'(或'以民为本')的精神。"[②]鲁谆先生说:"炎黄精神与中华民族精神是相一致的。民族精神是一个民族在其历史活动中表现出来的最富有生命力和代表性的思想、品格和意志,是一个民族赖以生存和发展的精神支撑。炎黄二帝是中华民族公认的人文始祖,他们的精神理所当然地是中华民族精神的源头和重要组成部分。"[③]习近平指出:"中国人民的特质、禀赋不仅铸就了绵延几千年发展至今的中华文明,而且深刻影响着当代中国发展进步,深刻影响着当代中国人的精神世界。中国人民在长期奋斗中,培育、继承、发展起来的伟大民族精神,为中国发展和人类文明进步提供了强大动力。"[④]习近平并将中国人民的伟大精神概括为"创造""奋斗""团结""梦想"四种。

其次,炎黄精神与中华民族精神是一脉相承,有传承有发展。中华民族精

① 张岱年:《炎黄传说与民族精神》,载王俊义、黄爱平编:《炎黄文化与民族精神》,中国人民大学出版社1993年版,第11—13页。

② 张岂之:《炎黄精神就是中华人文精神》,《炎黄文化研究》2001年第8期。

③ 鲁谆:《试谈炎黄精神》,载王俊义主编:《炎黄文化研究》第八辑,大象出版社2008年版,第31页。

④ 《习近平谈治国理政》第三卷,外文出版社2020年版,第140页。

神内含着炎黄精神,炎黄精神又体现着中华民族精神。二者相辅相成,相融相交。因此,深入研究炎黄精神,传承、弘扬炎黄精神,不仅有助于更好地认识、弘扬与培育中华民族精神,构建中华民族的共有精神家园,而且有助于培育和践行社会主义核心价值观,坚定文化自信和增强文化自觉,铸牢中华民族共同体意识和构建人类命运共同体。

二、从我国国情的角度认识炎黄精神的当代价值

从我国国情的角度认识炎黄精神的当代价值,需要加强以下三个方面的认识。

(一)国家的昌盛,民族的振兴,人民的富裕,需要弘扬炎黄精神

首先,是由"我们穷,底子薄,教育、科学、文化落后"[1]的欠发达的基本国情所决定的。毛泽东曾经指出:"要使全体干部和全体人民经常想到我国是一个社会主义大国,但又是一个经济落后的穷国,这是一个很大的矛盾。要使我国富强起来,需要几十年艰苦奋斗的时间。"[2]邓小平也曾指出:在这种国情下搞四个现代化,就"要老老实实地艰苦创业……要有一个艰苦创业的过程"[3]。如此,才能改变我国贫穷落后的面貌,实现社会主义现代化,自立于世界民族之林。

其次,这是由我国实现"两个一百年"的宏伟目标所决定的,即实现中华民族伟大复兴的中国梦。党的十九大报告指出:在 2020 年全面建成小康社会、实现第一个百年奋斗目标的基础上,再奋斗 15 年,在 2035 年基本实现社会主义现代化。从 2035 年到本世纪中叶,在基本实现现代化的基础上,再奋斗 15 年,把我国建成富强民主文明和谐美丽的社会主义现代化强国。[4] 要完

---

① 《邓小平文选》第二卷,人民出版社 1994 年版,第 257 页。
② 《毛泽东文集》第七卷,人民出版社 1999 年版,第 240 页。
③ 《邓小平文选》第二卷,人民出版社 1994 年版,第 257 页。
④ 参见《深刻把握"分两步走"的新目标》,新华网,2017 年 11 月 23 日。

成这"两个一百年"所设计的艰巨的历史任务,就必须要继承和发扬自力更生、艰苦奋斗的创业、奉献精神,扎扎实实、兢兢业业地把我们的各项工作做好。正如习近平所指出的:"中华民族伟大复兴,绝不是轻轻松松、敲锣打鼓就能实现的。全党必须准备付出更为艰巨、更为艰苦的努力。""全党一定要保持艰苦奋斗、戒骄戒躁的作风,以时不我待、只争朝夕的精神,奋力走好新时代的长征路。"①并引用《战国策·秦策》里的一句话:"行百里者半九十"来说明坚持到最后,才能取得胜利。

再次,这也是由世界各国激烈竞争和挑战所决定的。当今世界复杂多变,正处在大发展大变革大调整时期,随着世界多极化、经济全球化深入发展,科学技术日新月异,各种思想文化交流交融交锋更加频繁。为此,世界各国之间的经济竞争、文化竞争和政治、军事竞争,尤其是以美国为首的西方发达国家欲以经济、文化的实力和政治、军事上的强权施压而称霸世界的竞争愈演愈烈。尽管经过40多年的改革开放,我国的社会、经济、文化、军事、科技等方面有了较快发展,但以美国为首的西方国家并不喜欢我们的崛起,千方百计采取各种手段,予以遏制、打压,甚至扼杀。或是挑起"贸易战",或是叫嚣南海"航行自由",或是扬言要"武力制服中国",对我们的压力、威胁也愈来愈大。面对如此激烈的竞争、挑战和压力,我们亦需要继承和发扬自力更生、艰苦奋斗的创业和奉献精神,抓住机遇,迎接挑战,把我们的经济搞上去、科技搞上去、军事搞上去,否则,就会再次失去机遇,与发达国家的差距越拉越大,重蹈挨打受气的覆辙。

(二)文化的繁荣,文明的提升,道德的重建,需要弘扬炎黄精神

建设现代化的社会主义强国,既要抓好物质文明建设,同时也要抓好精神文明建设;既要有经济的硬实力,也要有文化的软实力。如果"只重视物质的

---

① 习近平:《决胜全面建成小康社会 夺取新时代中国特色社会主义伟大胜利——在中国共产党第十九次全国代表大会上的报告》,《人民日报》2017 年 10 月 28 日。

作用,而轻视精神的作用;只重视物质文明,不重视精神文明,对国家对民族对人民都是一种危险的倾向"①。在当今迈入历史新时代,在全面建成小康社会如期实现,进入全面建设社会主义现代化国家新征程的关键时期,一个很重要的方面就是要全面提升全中华民族的精神文明素质,全面提高全体公民道德意识,确立"富强、民主、文明、和谐,自由、平等、公正、法治,爱国、敬业、诚信、友善"的社会主义核心价值体系,所以,在文化繁荣、文明提升、道德重建中,也需要弘扬炎黄精神,传承和弘扬中华优秀传统文化。因为"在5000多年文明发展中孕育的中华优秀传统文化,积淀着中华民族最深沉的精神追求,代表着中华民族独特的精神标识,是中华民族生生不息、发展壮大的丰厚滋养,是中国特色社会主义植根的文化沃土,是当代中国发展的突出优势,对延续和发展中华文明、促进人类文明进步,发挥着重要作用。"②所以炎黄精神作为中华民族精神的源头精神,炎黄文化作为中华民族优秀传统文化的祖根文化,无疑也包含在5000多年的文化、文明之中。

(三)国家的统一,民族的团结,社会的和谐,需要弘扬炎黄精神

我国是一个由多民族组成的国家,"尽管民族学和历史学已经证明华夏族并非单一祖先,但是,后人却一直把炎黄二帝作为中华民族始兴和统一的象征",作为共同的祖先加以供奉。"这种发端于上古,绵延数千年的观念,成为不同时期,来源于不同地域的人们所共同具有的民族意识"③。炎黄二帝以艰苦创业、无私奉献的精神而创立的炎黄文化,"成为一种反映民族共同感情的

① 《江泽民论社会主义精神文明建设》,中央文献出版社1999年版,第11页。
② 中共中央办公厅、国务院办公厅:《关于实施中华优秀传统文化传承发展工程的意见》,人民网,2017年1月26日。
③ 萧克:《弘扬中华民族优秀文化,促进社会主义精神文明》,《光明日报》1991年3月11日。

联系纽带,体现和包融了华夏族形成一个统一性的自我意识。"①正因为如此,几千年来,"尽管各民族之间或民族内部,产生过种种矛盾、冲突,以至于战争,也曾造成国家的分裂和地区之间政权的对立",但"统一的时间长于分裂时间,而且越到后来,统一的时间越长,统一的局面越巩固"②。这种巨大的凝聚性和牢固的稳定性、和谐性,正是这种以炎黄文化、炎黄精神为核心的传统文化的体现。

今天,我们进行改革开放和现代化建设,要实现中华民族伟大复兴的中国梦,特别重要的一条,就是要有一个稳定、和谐的社会环境。而稳定、和谐的社会环境,首先是来自国内各民族的大团结、大和谐。要加强各民族的大团结、大和谐,弘扬炎黄精神,继承和光大中华民族优秀传统文化,是团结中华各民族的思想基础,是凝聚中华各族人民的精神纽带。

习近平指出:"深化民族团结进步教育,铸牢中华民族共同体意识,加强各民族交往交流交融,促进各民族像石榴籽一样紧紧抱在一起,共同团结奋斗、共同繁荣发展。"③"铸牢中华民族共同体意识",这是维护国家统一的思想基石,是促进民族团结的必要和首要条件,是实现中华民族伟大复兴的中国梦的必然要求。而要筑牢民族共同体意识,加强中华民族大团结,长远和最根本的是要增强文化认同。而要实现文化认同,其中一条就是要坚定文化自信,继承和大力弘扬中华民族优秀传统文化,在尊重差异、各美其美、兼收并蓄中实现各民族文化交融共生、和谐发展,形成各民族同呼吸、共命运、心连心、美美与共的强大精神纽带。而这个精神纽带,就是炎黄文化,炎黄精神。正如习近平所说:"早在先秦时期,我国就逐渐形成了以炎黄华夏为凝聚核心,'五

---

① 萧克:《弘扬中华民族优秀文化,促进社会主义精神文明》,《光明日报》1991 年 3 月 11 日。
② 萧克:《弘扬中华民族优秀文化,促进社会主义精神文明》,《光明日报》1991 年 3 月 11 日。
③ 习近平:《决胜全面建成小康社会　夺取新时代中国特色社会主义伟大胜利——在中国共产党第十九次全国代表大会上的报告》,《人民日报》2017 年 10 月 28 日。

方之民'共天下的交融格局。"①

　　同时,我们进行改革开放和现代化建设,实现祖国统一,还需要世界各国尤其是海内外中华儿女的支持。而炎黄精神作为一种文化认同,民族的精神纽带,既有利于沟通海峡两岸中华儿女的相互理解和交融,也有利于加强同海外中华儿女的相互交流和对民族、国家的认同。近年来,海外中华儿女,怀着强烈的思乡之情,回大陆寻根祭祖、旅游观光并以各种方式支持祖国的现代化建设,就是这种民族向心力和认同感的生动体现。

　　如上所述,炎黄精神虽说对当今社会有其重要价值和意义,但是,它毕竟产生于远古时代,与我们今天所处时代还有很大的距离不同,其所讲的精神内涵也是有区别的。那么,如何使炎黄精神适应新时代的需要,也就是说,如何从中挖掘新时代可资利用的东西,这就要求我们必须做好两方面的工作:一是"创造性转化",一是"创新性发展"。只有在"创造"和"创新"上下功夫,才能做好"转化"和"发展"。

　　何为创造? 何为创新? 创造,就是对炎黄文化、炎黄精神注重发掘和利用,找到与现实的契合点,深入挖掘蕴含其中有用的价值观念、道德规范、治国智慧,将其转化成我们今天的价值观念、道德规范和治国智慧。比如前面提到的"六种"炎黄精神,对今天构建中华民族共有精神家园和铸牢中华民族共同体意识,实现中华民族伟大复兴的中国梦,就有着很大的启示和借鉴作用。因为历史往往具有很大的相似性,炎黄时代正是炎黄二帝的创业时代,今天我们所处的新时代正处在民族复兴也正是创业的时代。创新,就是在继承炎黄精神的基础上,结合新时代、新气象、新作为,创新出适应新时代所需要的新的民族精神、国人品格。比如,习近平所讲的中国人民伟大的"梦想"精神,就是在总结前人梦想、追梦精神的基础上而提出来的一种新的民族精神,这是对中华民族精神内涵的丰富和发展。再如,我们所践行的社会主义核心价值观,也是

———————
　　① 习近平:《在全国民族团结进步表彰大会上的讲话》,《人民日报》2019年9月28日。

对中华民族精神的丰富和发展,既是对炎黄精神的继承,也是对炎黄精神的创新。所以,"创造性转化"和"创新性发展",是新时代继承和弘扬包括炎黄文化、炎黄精神在内的一切中华民族优秀传统文化的根本途径和最佳方法。

今天,我们研究炎黄精神,继承和弘扬炎黄精神,不仅是实现"两个一百年"奋斗目标和全面建设社会主义现代化的时代需要,也是在本世纪中期实现中华民族伟大复兴中国梦的历史需要。为此,我们要依据新时代、新征程、新要求做好炎黄精神"创造性转化"和"创新性发展",使炎黄精神成为永远激励我们亿万中华儿女的强大力量源泉。

后　记

　　本书是国家社科基金特别委托项目的结项成果,该项目负责人是信阳师范学院校长李俊教授。这个项目之所以能够高质量地如期完成,与信阳师范学院炎黄学研究院院长、中央马克思主义理论研究与建设工程咨询委员会主任,河南省委原书记徐光春先生以及信阳师范学院各级领导的关怀、支持和参与分不开。从2017年12月信阳师范学院炎黄学研究院的成立,到"炎黄学概论"项目的立项,再到为该项目的完成而举行的各种研讨会和工作会议,徐先生付出了许多心血,而且每每亲临指导。现已调到郑州大学任校党委书记的宋争辉先生,在担任信阳师范学院党委书记期间,作为炎黄学研究院执行院长之一,对炎黄学研究院的创立以及"炎黄学概论"的立项和炎黄学研究院各项工作给予了极大支持和帮助。信阳师范学院校长李俊也兼任炎黄学研究院执行院长,从炎黄学研究院的创立,到炎黄学研究院各项工作的展开以及《炎黄学概论》撰写,都给予大力支持和强有力领导,《炎黄学概论》工作会议和集体统稿会议都是在李俊校长的主持下召开的,李校长还撰写了《炎黄学概论》第十四章等。中国社会科学院学部委员、信阳师范学院炎黄学研究院学术委员会主任王震中先生,对于炎黄学学科建设更是付出甚多。无论是炎黄学研究院及其学术委员会、专家委员会的成立,还是"炎黄学公开课"的框架设定、《炎黄学概论》的章节安排等,都离不开王震中先生的学术指导,都包含王震中先生所付出的极大心血和对这一学科建设的情感。王震中先生还亲自撰写了《炎黄学概论》7万多字的"绪论""炎帝"等章,并为第六章等章节提供了大量插图;"炎黄学公开课"共十五讲,王震中先生自己就讲授了四讲。王震中先生还是《炎黄学概论》集体统稿的学术负责人,并就各章的修改,反复同作者们沟通、商讨,《炎黄学概论》书稿最终也是由王震中先生负责审定。信阳师范学院炎黄学研究院学术委员会副主任、《光明日报》"国学版"原主编梁枢先生,从推动炎黄学研究院的创立,到"公开课"的开设,集体备课,再到"概论"写作的展开,集体统稿等,精心策划,辛勤工作,付出良多。信阳师范学院文学院院长沈文慧教授,在具体领导炎黄学研究院的各项工作(包括"炎黄学公开课"以及《炎黄学概论》等各项工作)中,付出了极大心血,工作卓有成效。她还为炎黄学学科建设,多次奔波于信阳、北京、郑州之间,尽心尽力,作出了很大贡献。信阳师范学院文学院党委书记吴圣刚教授,自炎黄学研究院成立以来,一直不辞辛劳,热情支持研究院的各项工作。信阳师范学院文学院副院长姚圣良教授,无论是对"炎黄学公开课"的组织管理,还是在《炎黄学概论》以及炎黄学研究院其他工作中,几乎事无巨细,均亲力亲为,不辞辛劳,付出了极大努力,令人感动。信阳师范学院历史文化学院院长尹全海教授,不但承担《炎黄学概论》第十章的撰写以及"炎黄学公开课"的讲授,还精心组织历史文化学院的本科生和研究生参与"公开课"的学习,在炎黄学的科研与教学相结合上做了很好的践行。信阳师范学院社会科学处处长金荣权教授,在承担《炎黄学概论》第四章的撰写之外,始终大力支持炎黄学学科建设,与学校同仁们形成一种合力。除上述信阳师范学院诸位同仁之外,参加《炎黄学概论》撰写工作的还有河北师范大学沈长云教授,陕西师范大学王晖教授,湖北省人大常委会副主任、华中师范大学周洪宇教授,宝鸡炎帝与周秦文化研究会会长霍彦儒研究员,宝鸡文理学院图书馆馆长高强教授,中国社会科学院考古研究所朱乃诚研究员,河南省社会科学院历史与考古研究所所长张新斌研究员。这些先生也是"炎黄学公开课"的授课老师,有的随着"炎黄学公开课"授课教师的本土化,讲课虽由信阳师范学院老师接替,但对《炎黄学概论》的撰写则一直尽心尽力,有的还几易其稿,为炎黄学的建设作出了贡献。此外,中国社会科学院学部委员刘庆柱先生、河南大学李玉洁教授、湖北省社会科学院原副院长刘玉堂教授、苏州科技大学叶文宪教授,也都参与了"炎黄学公开课"的教学。特别是刘庆柱先生,无论是在"公开课"的教学上,还是参与《炎黄学概论》的研讨会,对炎黄学的建设贡献良多。

在《炎黄学概论》的撰写过程中,编委会先后召开过两次集体统稿会。统稿集体由四五人组成,先由每人阅读其他人的三篇稿子,提出修改意见,然后汇总到编委会,再由编委会和王震中与各章作者进行沟通,确定如何修改。两次集体统稿,都是贯通全书各章的统稿,用力点主要是协调各章之间的矛盾和冲突,反复商讨,用心良苦。尽管我们费了许多心血对全书已作出学术创新体系的设计,也有体例一致的要求,全书理应前后一贯,相互照应;但是,由于全书的学术性是由各章的学术性和学术前沿性来体现的,各章作者都有自己早已形成的学术观点和学术个性,让各位作者做太大的改变,实属不易。在统稿修改方式上,有些修改是在正文中做调整修改,有些是加注释予以说明。总之,若有损伤各位作者原有观点的情况,我们对此深表歉意! 若因此引出错误,则由我们负全责。

《炎黄学概论》是炎黄学学科建设中一项基础性工程。路漫漫其修远兮,吾将上下而求索。我们将沿着《炎黄学概论》和"炎黄学公开课"所开辟的道路,继续走下去,也希望得到学术界、教育界和社会上更多同仁的爱护和支持。

信阳师范学院《炎黄学概论》编委会

2021 年 3 月 26 日

责任编辑：段海宝　崔秀军　武丛伟　郭彦辰　刘海静　杨文霞　沈　伟
封面设计：王欢欢
版式设计：胡欣欣
责任校对：容　华

图书在版编目（CIP）数据

炎黄学概论/信阳师范学院《炎黄学概论》编委会 编著;李俊,王震中 主编;
　梁枢,姚圣良 副主编. —北京:人民出版社,2021.11
ISBN 978－7－01－023996－5

Ⅰ.①炎…　Ⅱ.①信…②李…③王…④梁…⑤姚…　Ⅲ.①中华文化-概论
　Ⅳ.①K203

中国版本图书馆 CIP 数据核字(2021)第 227869 号

炎黄学概论

YANHUANGXUE GAILUN

信阳师范学院《炎黄学概论》编委会　编著

李　俊　王震中　主编

梁　枢　姚圣良　副主编

人民出版社 出版发行
(100706　北京市东城区隆福寺街 99 号)

北京新华印刷有限公司印刷　新华书店经销

2021 年 11 月第 1 版　2021 年 11 月北京第 1 次印刷
开本:710 毫米×1000 毫米 1/16　印张:35.25
字数:484 千字

ISBN 978－7－01－023996－5　定价:125.00 元

邮购地址 100706　北京市东城区隆福寺街 99 号
人民东方图书销售中心　电话 (010)65250042　65289539